WEIHAI SHENGCHAN ANQUAN XINGSHI FANZUI
BANAN ZHIYIN

危害生产安全刑事犯罪办案指引

最高人民检察院第二检察厅 编著

中国检察出版社

图书在版编目（CIP）数据

危害生产安全刑事犯罪办案指引/最高人民检察院第二检察厅编著． —北京：中国检察出版社，2022.4
ISBN 978-7-5102-2728-8

Ⅰ.①危… Ⅱ.①最… Ⅲ.①安全生产法–刑事犯罪–案例–中国 Ⅳ.①D924.115

中国版本图书馆 CIP 数据核字（2022）第 051492 号

危害生产安全刑事犯罪办案指引
最高人民检察院第二检察厅　编著

责任编辑：	李冬青
技术编辑：	王英英
封面设计：	曹　晓
出版发行：	中国检察出版社
社　　址：	北京市石景山区香山南路 109 号（100144）
网　　址：	中国检察出版社（www.zgjccbs.com）
编辑电话：	（010）86423753
发行电话：	（010）86423726　86423727　86423728
	（010）86423730　86423732
经　　销：	新华书店
印　　刷：	河北宝昌佳彩印刷有限公司
开　　本：	710 mm×960 mm　16 开
印　　张：	37.75
字　　数：	777 千字
版　　次：	2022 年 4 月第一版　2022 年 9 月第三次印刷
书　　号：	ISBN 978-7-5102-2728-8
定　　价：	118.00 元

检察版图书，版权所有，侵权必究
如遇图书印装质量问题本社负责调换

编委会

主　　任：陈国庆
副主任：元　明　黄卫平　张建忠
主　　编：郭竹梅
参编人员：薛　慧　岳　阳　高　昊　吕山山
　　　　　杨文慧　唐敬丹　韩少冲

编写说明

安全生产事关企业健康发展，人民群众人身财产安全，社会和谐稳定。党中央历来高度重视安全生产工作，习近平总书记多次对安全生产工作作出重要指示批示，党的十八大以来，安全生产工作不断加强、整体水平明显提高，安全生产形势总体稳定。党的十九大报告指出，要"树立安全发展理念，弘扬生命至上、安全第一的思想，健全公共安全体系，完善安全生产责任制，坚决遏制重特大安全事故，提升防灾减灾救灾能力"。2020年4月，国务院安全生产委员会印发《全国安全生产专项整治三年行动计划》，部署了专项行动。《中共中央关于加强新时代检察机关法律监督工作的意见》明确提出要依法从严惩治危害安全生产犯罪，切实保障民生福祉。

2020年初最高人民检察院参加了平安中国建设协调小组公共安全组，在加强公共安全形势分析研判和监测预警，推动完善公共安全监管机制，与应急管理部等有关部门共同应对重大公共安全事件等方面承担重要职能。2021年1月27日，最高人民检察院与应急管理部共同召开新闻发布会，发布以办理危害生产安全刑事案件为主题的第二十五批指导性案例。该批案例聚焦危害生产安全常见罪名和疑难问题，展示了检察机关以办案促安全生产和社会治理的成效，为检察机关办案提供参考和指引，同时进行普法宣传，提高安全生产领域从业者和社会公众的法治意识、安全意识。最高人民检察院结合检察职能，经对事故责任人依法追诉案件情况深入调研分析，发现安全生产监管工作中存在一些突出的共性问题，需要认真研究解决。为此，最高人民检察院2022年2月18日向对安全生产工作具有综合监督管理职能的应急管理部制发了安全生产溯源治理的八号检察建议，并抄送中央纪委国家监委、国务院安全生产委员会、公安部、交通运输部等11个相关部门，共促安全生产治理体系和治理能力现代化。

为深化对第二十五批指导性案例的解读，充分发挥案例指导作用，进一步推动落实八号检察建议，加强对危害生产安全刑事案件办理工作的指导，提升此类案件的办理质效，通过办案促进安全生产社会治理，努力实现"办理一案，治理一片"的良好效果，最高人民检察院第二检察厅组织人员编写了本书。

本书共分为五个部分。第一部分为第二十五批指导性案例、案例解读。第二部分是典型案例。此部分我们选取了在制发指导性案例的过程中收集的部分办理效果较好、具有一定典型性的案例，同时，考虑到罪名覆盖的全面性，又选取了江西省吉安市陈某某、任某某等九人消防责任事故案等案件。此外，《刑法修正案（十一）》新增了危险作业罪，从实施以来的情况看，对该罪名如何适用和把握，实践中认识还不统一，因此，选取了两件危险作业罪的典型案例。第三部分选取了全国部分地区安全生产社会治理方面的检察建议供各地参考。第四部分是办理危害生产安全刑事案件相关法律规定，此部分摘录了有关刑法规定、司法解释、有关批复等，如《最高人民法院、最高人民检察院关于办理危害生产安全刑事案件适用法律若干问题的解释》《最高人民法院关于进一步加强危害生产安全刑事案件审判工作的意见》《最高人民法院、最高人民检察院、公安部关于办理涉窨井盖相关刑事案件的指导意见》（节录）等，并附上有关解读文章，便于实践中正确理解和准确适用。第五部分是安全生产相关行政法规、规章、条例等规定。此部分摘录了国务院和有关部门制定的安全生产方面的行政法规、部门规章等，除附综合规定外，对矿山、交通运输、危险化学品、消防等重点领域有关规定也进行了摘录。

本书编写过程中，得到了各地检察机关重罪检察部门的大力支持，在此一并表示感谢。本书难免有疏漏和不足之处，敬请指正。

最高人民检察院第二检察厅
2022 年 3 月 15 日

目 录

一、第二十五批指导性案例及解读

关于印发最高人民检察院第二十五批指导性案例的通知 …………… 3
 余某某等人重大劳动安全事故重大责任事故案（检例第94号）…… 4
 宋某某等人重大责任事故案（检例第95号）…………………………… 10
 黄某某等人重大责任事故、谎报安全事故案（检例第96号）……… 15
 夏某某等人重大责任事故案（检例第97号）………………………… 21
最高人民检察院第二十五批指导性案例解读 ………………………… 26

二、危害生产安全刑事案件典型案例

北京市通州区许某某、王某甲重大责任事故案 ……………………… 41
天津市林某等人重大责任事故案 ……………………………………… 45
天津市魏某某等四人重大责任事故案 ………………………………… 50
上海市嘉定区袁某、陈某危险作业案 ………………………………… 56
上海市奉贤区白某红、周某书等四人危险物品肇事案 ……………… 59
上海市杨浦区陈某某重大责任事故案 ………………………………… 63
浙江省湖州市南浔区余某某危险作业案 ……………………………… 67
浙江省江山市曾某某重大劳动安全事故案 …………………………… 71
安徽省巢湖市刘某重大责任事故案 …………………………………… 74
江西省吉安市永丰县陈某某、任某某等九人消防责任事故案 ……… 77
广东省广州市胡某某交通肇事、卢某某、古某某重大责任事故案 …… 81
广东省云浮市云城区李某军、买某瑞等四人重大责任事故案 ……… 86

四川省达州市廖某权等人重大责任事故案 …………………… 91
陕西省聂某某等十四人重大责任事故案 …………………… 95

三、部分地区安全生产社会治理方面检察建议

河北省沙河市人民检察院检察建议书………………………… 103
山西省临汾市襄汾县人民检察院检察建议书………………… 105
内蒙古自治区乌海市海南区人民检察院检察建议书………… 107
辽宁省鞍山市人民检察院检察建议书………………………… 109
黑龙江省伊春市铁力市人民检察院检察建议书……………… 112
上海市金山区人民检察院检察建议书………………………… 115
江苏省常州市金坛区人民检察院检察建议书………………… 119
江苏省苏州市姑苏区人民检察院检察建议书………………… 123
江苏省盐城市人民检察院检察建议书………………………… 126
浙江省绍兴市诸暨市人民检察院检察建议书………………… 129
福建省漳州市南靖县人民检察院检察建议书………………… 132
江西省九江市永修县人民检察院检察建议书………………… 136
江西省萍乡市人民检察院检察建议书………………………… 138
山东省烟台市招远市人民检察院检察建议书………………… 141
河南省三门峡市灵宝市人民检察院检察建议书……………… 143
湖北省武汉市江岸区人民检察院检察建议书………………… 145
湖南省娄底市人民检察院检察建议书………………………… 147
广东省揭阳市人民检察院检察建议书………………………… 151
广东省湛江市霞山区人民检察院检察建议书………………… 154
广西壮族自治区贺州市平桂区人民检察院检察建议书……… 157
海南省三亚市城郊人民检察院检察建议书…………………… 159
重庆市开州区人民检察院检察建议书………………………… 162
四川省成都市金堂县人民检察院检察建议书………………… 165
四川省成都市新津县人民检察院检察建议书………………… 168
贵州省黔东南苗族侗族自治州镇远县人民检察院检察建议书…… 173

云南省玉溪市红塔区人民检察院检察建议书……………………… 175
西藏自治区林芝地区墨脱县人民检察院检察建议书……………… 177
甘肃省白银市景泰县人民检察院检察建议书……………………… 179
青海省海东市民和县人民检察院检察建议书……………………… 181
宁夏回族自治区中卫市沙坡头区人民检察院检察建议书………… 183
新疆维吾尔自治区克拉玛依市独山子区人民检察院检察建议书… 185

四、办理危害生产安全刑事案件相关法律规定

中华人民共和国刑法（节录）……………………………………… 191
中华人民共和国安全生产法………………………………………… 194
最高人民法院、最高人民检察院关于办理危害生产安全刑事案件适用法律若干问题的解释……………………………………… 212
附一：
　最高人民法院工作人员《关于办理危害生产安全刑事案件适用法律若干问题的解释》的理解与适用……………………… 216
附二：
　最高人民检察院工作人员《关于办理危害生产安全刑事案件适用法律若干问题的解释》理解和适用…………………………… 227
最高人民检察院、公安部关于公安机关管辖的刑事案件立案追诉标准的规定（一）（节录）………………………………………… 235
最高人民检察院、公安部关于公安机关管辖的刑事案件立案追诉标准的规定（一）的补充规定（节录）……………………… 237
最高人民检察院关于渎职侵权犯罪案件立案标准的规定（节录）… 238
最高人民法院关于进一步加强危害生产安全刑事案件审判工作的意见… 240
最高人民法院研究室关于被告人阮某重大劳动安全事故案有关法律适用问题的答复……………………………………………… 244
最高人民法院、最高人民检察院、公安部关于办理涉窨井盖相关刑事案件的指导意见（节录）…………………………………… 245
最高人民法院关于依法妥善审理高空抛物、坠物案件的意见（节录）… 246

最高人民法院、最高人民检察院、公安部、监察部、国家安全生产监督管理总局关于严格依法及时办理危害生产安全刑事案件的通知……… 247

最高人民法院关于充分发挥审判职能作用切实维护公共安全的若干意见（节录）……………………………………………………… 250

最高人民法院、最高人民检察院等关于依法加强对涉嫌犯罪的非法生产经营烟花爆竹行为刑事责任追究的通知……………… 251

最高人民法院关于审理道路交通事故损害赔偿案件适用法律若干问题的解释…………………………………………………………… 253

最高人民法院关于审理铁路运输人身损害赔偿纠纷案件适用法律若干问题的解释……………………………………………………… 257

最高人民检察院关于推进行政执法与刑事司法衔接工作的规定………… 259

五、安全生产相关行政法规、规章、条例等规定

（一）综合

行政执法机关移送涉嫌犯罪案件的规定……………………………… 263

中共中央办公厅、国务院办公厅转发国务院法制办等部门关于加强行政执法与刑事司法衔接工作的意见……………………… 266

安全生产行政执法与刑事司法衔接工作办法………………………… 269

安全生产许可证条例…………………………………………………… 274

安全生产培训管理办法………………………………………………… 277

安全生产执法程序规定………………………………………………… 283

安全生产监管执法监督办法…………………………………………… 293

生产经营单位安全培训规定…………………………………………… 297

安全评价检测检验机构管理办法……………………………………… 303

（二）矿山和电力安全

煤矿重大事故隐患判定标准…………………………………………… 313

国务院关于预防煤矿生产安全事故的特别规定……………………… 319

电力安全生产监督管理办法…………………………………………… 324

金属与非金属矿产资源地质勘探安全生产监督管理暂行规定……………………329

（三）交通运输安全

铁路安全管理条例……………………………………………………………333
中华人民共和国道路交通安全法实施条例…………………………………346
公路水运工程安全生产监督管理办法………………………………………362
中华人民共和国内河交通安全管理条例……………………………………371
放射性物品运输安全管理条例………………………………………………382

（四）建筑施工安全

建设工程质量管理条例………………………………………………………392
建设工程安全生产管理条例…………………………………………………402
建设项目安全设施"三同时"监督管理办法…………………………………412

（五）消防安全

消防安全责任制实施办法……………………………………………………418
消防监督检查规定……………………………………………………………426
火灾事故调查规定……………………………………………………………435

（六）危险化学品安全

危险化学品安全管理条例……………………………………………………442
危险化学品输送管道安全管理规定…………………………………………462
民用核安全设备监督管理条例………………………………………………468
民用爆炸物品安全管理条例…………………………………………………476
烟花爆竹安全管理条例………………………………………………………485

（七）劳动安全保护

工伤保险条例…………………………………………………………………492
女职工劳动保护特别规定……………………………………………………502
未成年工特殊保护规定………………………………………………………505

使用有毒物品作业场所劳动保护条例……508
煤矿作业场所职业病危害防治规定……520

（八）应急管理

突发事件应急预案管理办法……531
生产安全事故应急条例……536
生产安全事故应急预案管理办法……542
生产安全事故报告和调查处理条例……549

（九）法律责任

安全生产行政复议规定……556
安全生产违法行为行政处罚办法……563
安全生产监管监察职责和行政执法责任追究的规定……575
国务院关于特大安全事故行政责任追究的规定……585

一、第二十五批指导性案例及解读

关于印发最高人民检察院
第二十五批指导性案例的通知

各级人民检察院：

经 2020 年 12 月 4 日最高人民检察院第十三届检察委员会第五十六次会议决定，现将余某某等人重大劳动安全事故、重大责任事故案等四件指导性案例（检例第 94—97 号）作为第二十五批指导性案例发布，供参照适用。

最高人民检察院
2021 年 1 月 20 日

余某某等人重大劳动安全事故
重大责任事故案

（检例第94号）

【关键词】

重大劳动安全事故罪　重大责任事故罪　关联案件办理　追诉漏罪漏犯　检察建议

【要旨】

办理危害生产安全刑事案件，要根据案发原因及涉案人员的职责和行为，准确适用重大责任事故罪和重大劳动安全事故罪。要全面审查案件事实证据，依法追诉漏罪漏犯，准确认定责任主体和相关人员责任，并及时移交职务违法犯罪线索。针对事故中暴露出的相关单位安全管理漏洞和监管问题，要及时制发检察建议，督促落实整改。

【基本案情】

被告人余某某，男，湖北A化工集团股份有限公司（简称A化工集团）原董事长、当阳市B矸石发电有限责任公司（简称B矸石发电公司，该公司由A化工集团投资控股）原法定代表人。

被告人张某某，男，A化工集团物资供应公司原副经理。

被告人双某某，男，B矸石发电公司原总经理。

被告人赵某某，男，A化工集团原副总经理、总工程师。

被告人叶某某，男，A化工集团生产部原部长。

被告人赵玉某，男，B矸石发电公司原常务副总经理兼总工程师。

被告人王某某，男，B矸石发电公司原锅炉车间主任。

2015年6月，B矸石发电公司热电联产项目开工建设。施工中，余某某、双某某为了加快建设进度，在采购设备时，未按湖北省发展与改革委员会关于该项目须公开招投标的要求，自行组织邀请招标。张某某收受无生产资质的重庆某仪表有限公司（简称仪表公司）负责人李某某给予的4000元好处费及钓鱼竿等财物，向其采购了质量不合格的"一体焊接式长颈喷嘴"（简称喷嘴），安装在2号、3号锅炉高压主蒸汽管道上。项目建成后，余某某、双某某擅自决定试生产。

2016年8月10日凌晨，B矸石发电公司锅炉车间当班员工巡检时发现集中控制室前楼板滴水、2号锅炉高压主蒸汽管道保温层漏汽。赵玉某、王某某赶到现场，未发现滴水情况和泄漏点，未进一步探查。8月11日11时许，锅炉运行人员发现事故喷嘴附近有泄漏声音且温度比平时高，赵玉某指示当班员工继续加强监控。13时许，2号锅炉主蒸汽管道蒸汽泄漏更加明显且伴随高频啸叫声。赵玉某、王某某未按《锅炉安全技术规程》《锅炉运行规程》等规定下达紧急停炉指令。13时50分至14时20分，叶某某先后三次接到B矸石发电公司生产科副科长和A化工集团生产调度中心调度员电话报告"2号锅炉主蒸汽管道有泄漏，请求停炉"。叶某某既未到现场处置，也未按规定下达停炉指令。14时30分，叶某某向赵某某报告"蒸汽管道泄漏，电厂要求停炉"。赵某某未按规定下达停炉指令，亦未到现场处置。14时49分，2号锅炉高压主蒸汽管道上的喷嘴发生爆裂，致使大量高温蒸汽喷入事故区域，造成22人死亡，4人受伤，直接经济损失2313万元。

【检察机关履职过程】

（一）介入侦查

事故发生后，当阳市公安局以涉嫌重大责任事故罪对余某某、双某某、张某某、赵玉某、王某某、赵某某、叶某某等人立案侦查并采取强制措施。当阳市人民检察院提前介入，参加公安机关案情研讨，从三个方面提出取证重点：一是查明事故企业在立项审批、设备采购、项目建设及招投标过程中是否存在违法违规行为；二是查明余某某等人对企业安全生产的管理职责；三是查明在事故过程中，余某某等人的履职情况及具体行为。当阳市公安局补充完善上述证据，侦查终结后，于2017年1月23日至2月22日对余某某等7人以涉嫌重大责任事故罪先后向当阳市人民检察院移送起诉。

（二）审查起诉

该事故涉及的系列案件共11件14人，除上述7人外，还包括湖北省特种设备检验检测研究院宜昌分院、当阳市发展与改革局、当阳市质监局工作人员涉嫌的渎职犯罪，A化工集团有关人员涉嫌的帮助毁灭证据犯罪以及仪表公司涉嫌的生产、销售伪劣产品犯罪。当阳市人民检察院按照案件类型成立多个办案组，根据案件的难易程度调配力量，保证各办案组的审查起诉工作协调推进。由于不同罪名的案情存在密切关联，为使各办案组掌握全部案情，办案部门定期召开检察官联席会议,统一协调系列案件的办理。

当阳市人民检察院审查认为:本次事故发生的最主要原因是 B 矸石发电公司所采购的喷嘴系质量不合格的劣质产品,直接原因是主蒸汽管道蒸汽泄漏形成重大安全隐患时,相关管理人员没有按照操作规程及时停炉,作出正确处置。余某某、双某某作为 A 化工集团负责人和 B 矸石发电公司管理者,在热电联产项目设备采购过程中,未按审批内容公开招标,自行组织邀请招标,监督管理不到位,致使采购人员采购了质量不合格的喷嘴;张某某作为 A 化工集团电气设备采购负责人,收受投标人好处费,怠于履行职责,未严格审查投标单位是否具备相关生产资质,采购了无资质厂家生产的存在严重安全隐患的劣质产品,3 人的主要责任均在于未依法依规履职,致使 B 矸石发电公司的安全生产设施和条件不符合国家规定,从而导致本案事故的发生,涉嫌构成重大劳动安全事故罪。赵某某作为 A 化工集团副总经理、总工程师,叶某某作为该集团生产部部长,赵玉某作为 B 矸石发电公司的副总经理,王某某作为该公司锅炉车间主任,对 B 矸石发电公司的安全生产均负有直接管理职责,4 人在高压蒸汽管道出现漏气、温度异常并伴随高频啸叫声的危险情况下,未按操作规程采取紧急停炉措施,导致重大伤亡事故发生,4 人的主要责任在于生产、作业过程中违反有关安全管理规定,涉嫌构成重大责任事故罪。

同时,当阳市人民检察院在办案中发现,赵某某在事故发生后同意 A 化工集团安全部部长孙某某(以帮助毁灭证据罪另案处理)将集团办公系统中储存的 13 万余份关于集团内部岗位职责的电子数据(该数据对查清公司高层管理人员在事故中的责任具有重要作用)删除,涉嫌帮助毁灭证据罪,遂依法予以追加起诉。

2017 年 5 月至 6 月,当阳市人民检察院先后以余某某、双某某、张某某涉嫌重大劳动安全事故罪,赵玉某、王某某、叶某某涉嫌重大责任事故罪,赵某某涉嫌重大责任事故罪、帮助毁灭证据罪向当阳市人民法院提起公诉。

(三)指控与证明犯罪

当阳市人民法院分别于 2017 年 6 月 20 日、7 月 4 日、7 月 20 日公开开庭审理上述案件。各被告人对公诉指控的犯罪事实及出示的证据均不持异议,当庭认罪。余某某的辩护人提出余某某不构成犯罪,理由是:(1)A 化工集团虽然是 B 矸石发电公司的控股股东,余某某是法定代表人,但只负责 B 矸石发电公司的投资和重大技改。B 矸石发电公司作为独立的企业法人实行总经理负责制,人员招聘任免、日常管理生产、设备采购均由 B 矸石发电公司自己负责。(2)该事故系多因一果,原因包括设计不符合标准规范要求、事故喷嘴是质量不合格的劣质产品,不能将设计方及不合格产品生产方的责任转嫁由

B矿石发电公司承担。公诉人针对辩护意见答辩：（1）A化工集团作为B矿石发电公司的控股股东，对B矿石发电公司实行人力资源、财务、物资采购、生产调度的"四统一"管理。余某某既是A化工集团的董事长，又是B矿石发电公司的法定代表人，是企业安全生产的第一责任人。其违规决定采取邀请招标的方式采购设备，致使B矿石发电公司采购了质量不合格的喷嘴。（2）本案事故发生的主要原因为喷嘴质量不合格，同时相关管理人员在生产、作业中违反安全管理规定，操作不当，各方都应当在自己职责范围内承担相应的法律责任，不能因为追究其中一方的责任就减轻或免除其他人的责任。因此，应以重大劳动安全事故罪追究余某某的刑事责任。

（四）处理结果

2018年8月21日，当阳市人民法院以重大劳动安全事故罪分别判处被告人余某某、双某某、张某某有期徒刑五年、四年、五年；以重大责任事故罪、帮助毁灭证据罪分别判处被告人赵某某有期徒刑四年、六个月，数罪并罚决定执行四年三个月；以重大责任事故罪分别判处被告人叶某某、赵玉某、王某某有期徒刑四年、五年、四年。各被告人均未上诉，判决已生效。

（五）办理关联案件

一是依法惩处生产、销售不符合安全标准的产品犯罪。本案事故发生的最主要原因是安装在主蒸汽管道上的喷嘴质量不合格。2017年2月17日，当阳市公安局对喷嘴生产企业仪表公司负责人李某某以涉嫌生产、销售伪劣产品罪向当阳市人民检察院移送起诉。当阳市人民检察院经审查认为，李某某明知生产的喷嘴将被安装于高压蒸汽管道上，直接影响生产安全和他人人身、财产安全，但其为追求经济利益，在不具备生产高温高压设备资质和条件的情况下，通过查看书籍、网上查询的方法自行设计、制造了喷嘴，并伪造产品检测报告和合格证，销售给B矿石发电公司，其行为属于生产、销售不符合保障人身、财产安全国家标准、行业标准的产品，造成特别严重后果的情况。本案中的喷嘴既属于伪劣产品，也属于不符合安全标准的产品，李某某的行为同时构成生产、销售伪劣产品罪和生产、销售不符合安全标准的产品罪，根据刑法第149条第2款规定，应当依照处罚较重的生产、销售不符合安全标准的产品罪定罪处罚。5月22日，当阳市人民检察院以该罪对李某某提起公诉。同时，追加起诉了仪表公司为单位犯罪。后李某某及仪表公司被以生产、销售不符合安全标准的产品罪判处刑罚。

二是依法追究职务犯罪。当阳市人民检察院办理本案过程中，依照当时的法定权限深挖事故背后的国家工作人员职务犯罪。查明：当阳市发展和改革局原副局长杨某未落实省、市发展和改革委员会文件要求，未对 B 矸石发电公司设备采购招投标工作进行监管，致使该公司自行组织邀标，采购了质量严重不合格的喷嘴；当阳市质量技术监督局特监科原科长赵某怠于履行监管职责，未对 B 矸石发电公司特种设备的安装、使用进行监督检查；宜昌市特种设备检验检测研究院技术负责人韩某、压力管道室主任饶某、副主任洪某在对发生事故的高压主蒸汽管道安装安全质量监督检验工作中，未严格执行国家行业规范，对项目建设和管道安装过程中的违法违规问题没有监督纠正，致使存在严重质量缺陷和安全隐患的高压主蒸汽管道顺利通过监督检验并运行。2017 年 3 月至 5 月，当阳市人民检察院分别对 5 人以玩忽职守罪提起公诉（另，饶某还涉嫌构成挪用公款罪）。2018 年 8 月 21 日，当阳市人民法院分别以玩忽职守罪判处 5 人有期徒刑三年六个月至有期徒刑三年缓刑四年不等。后 5 人均提出上诉，宜昌市中级人民法院裁定驳回上诉，维持原判。判决已生效。

（六）制发检察建议

针对本案反映出的当阳市人民政府及有关职能部门怠于履行职责、相关工作人员责任意识不强、相关企业安全生产观念淡薄等问题，2017 年 8 月 16 日，当阳市人民检察院向当阳市人民政府及市发展和改革局、市质量技术监督局分别发出检察建议，提出组织相关部门联合执法、在全市范围内开展安全生产大检查、加强对全市重大项目工程建设和招投标工作的监督管理、加强对全市特种设备及相关人员的监督管理、加大对企业安全生产知识的宣传等有针对性的意见建议。被建议单位高度重视，通过开展重点行业领域专项整治活动、联合执法等措施，认真整改落实。检察建议促进当地政府有关部门加强了安全生产监管，相关企业提升了安全生产管理水平。

【指导意义】

（一）准确适用重大责任事故罪与重大劳动安全事故罪。两罪主体均为生产经营活动的从业者，法定最高刑均为七年以下有期徒刑。两罪的差异主要在于行为特征不同，重大责任事故罪是行为人"在生产、作业中违反有关安全管理的规定"；重大劳动安全事故罪是生产经营单位的"安全生产设施或者安全生产条件不符合国家规定"。实践中，安全生产事故发生的原因如果仅为生产、作业中违反有关安全管理的规定，或者仅为提供的安全生产设施或条件不符合国家规定，罪名较易确定；如果事故发生系上述两方面混合因素所致，两罪则会出现竞合，此时，应当根据相关涉案人员的工作职责和具体行为来认定其罪名。具体而言，对企业安全生产负有责任的人员，在生产、作业过程中违反安全管理规定的，应认定为重大责任事故罪；对企业安全生产设施或者安全生产条件不符合国家规定负有责任的人员，应认定为重大劳动安全事故罪；如果行为人的行为同时包括在生产、作业中违反有关安全管理的规定和提供安全生产设施或条件不符合国家规定，为全面评价其行为，应认定为重大责任事故罪。

（二）准确界定不同责任人员和责任单位的罪名，依法追诉漏罪漏犯，向相关部门移交职务违法犯罪线索。安全生产刑事案件，有的涉案人员较多，既有一线的直接责任人员，也有管理层的实际控制人，还有负责审批监管的国家工作人员；有的涉及罪名较广，包括生产、销售不符合安全标准的产品罪、玩忽职守罪、受贿罪、帮助毁灭证据罪等；除了自然人犯罪，有的还包括单位犯罪。检察机关办案中，要注重深挖线索，准确界定相关人员责任，发现漏罪漏犯要及时追诉。对负有监管职责的国家工作人员，涉嫌渎职犯罪或者违纪违法的，及时将线索移交相关部门处理。

（三）充分发挥检察建议作用，以办案促安全生产治理。安全生产事关企业健康发展，人民群众人身财产安全，社会和谐稳定。党的十九大报告指出，要"树立安全发展理念，弘扬生命至上、安全第一的思想，健全公共安全体系，完善安全生产责任制，坚决遏制重特大安全事故，提升防灾减灾救灾能力"。检察机关要认真贯彻落实，充分履行检察职能，在依法严厉打击危害企业安全生产犯罪的同时，针对办案中发现的安全生产方面的监管漏洞或怠于履行职责等问题，要积极主动作为，在充分了解有关部门职能范围的基础上，有针对性地制发检察建议，并持续跟踪落实情况，引导企业树牢安全发展理念，督促政府相关部门加强安全生产监管，实现以办案促进治理，为安全生产保驾护航。

【相关规定】

《中华人民共和国刑法》第一百三十四条、第一百三十五条、第一百四十六条、第一百四十九条、第三百零七条第二款、第三百九十七条

《最高人民法院、最高人民检察院关于办理危害生产安全刑事案件适用法律若干问题的解释》第一条、第三条

《最高人民法院关于进一步加强危害生产安全刑事案件审判工作的意见》

宋某某等人重大责任事故案

（检例第 95 号）

【关键词】

事故调查报告　证据审查　责任划分　不起诉　追诉漏犯

【要旨】

对相关部门出具的安全生产事故调查报告，要综合全案证据进行审查，准确认定案件事实和相关人员责任。要正确区分相关涉案人员的责任和追责方式，发现漏犯及时追诉，对不符合起诉条件的，依法作出不起诉处理。

【基本案情】

被告人宋某某，男，山西 A 煤业公司（隶属于山西 B 煤业公司）原矿长。

被告人杨某，男，A 煤业公司原总工程师。

被不起诉人赵某某，男，A 煤业公司原工人。

2016 年 5 月，宋某某作为 A 煤业公司矿长，在 3 号煤层配采项目建设过程中，违反《关于加强煤炭建设项目管理的通知》（发改能源〔2006〕1039 号）要求，在没有施工单位和监理单位的情况下，即开始自行组织工人进行施工，并与周某某（以伪造公司印章罪另案处理）签订虚假的施工、监理合同以应付相关单位的验收。杨某作为该矿的总工程师，违反《煤矿安全规程》（国家安全监管总局令第 87 号）要求，未结合实际情况加强设计和制订安全措施，在 3 号煤层配采施工遇到旧巷时仍然采用常规设计，且部分设计数据与相关要求不符，导致旧巷扩刷工程对顶煤支护的力度不够。2017 年 3 月 9 日 3 时 50 分许，该矿施工人员赵某某带领 4 名工人在 3101 综采工作面运输顺槽和联络巷交岔口处清煤时，发生顶部支护板塌落事故，导致上覆煤层坍塌，造成 3 名工人死亡，赵某某及另一名工人受伤，直接经济损失 635.9 万元。

【检察机关履职过程】

（一）补充侦查

2017 年 5 月 5 日，长治市事故联合调查组认定宋某某、赵某某分别负事故的主要责任、直接责任，二人行为涉嫌重大责任事故罪，建议由公安机关依法处理，并建议对杨某等相关人员给予党政纪处分或行政处罚。2018年3月18日，长治市公安局上党分局对赵某某、宋某某以涉嫌重大责任事故罪立案侦查，并于5月31日移送长治市上党区（案发时为长治县）人民检察院审查起诉。

上党区人民检察院审查认为，该案相关人员责任不明、部分事实不清，公安机关结合事故调查报告作出的一些结论性事实认定缺乏证据支撑。如调查报告和公安机关均认定赵某某在发现顶板漏煤的情况下未及时组织人员撤离，其涉嫌构成重大责任事故罪。检察机关审查发现，认定该事实的证据主要是工人冯某某的证言，但其说法前后不一，现有证据不足以认定该事实。为查清赵某某的责任，上党区人民检察院开展自行侦查，调查核实相关证人证言等证据。再如调查报告和公安机关均认定总工程师杨某"在运输顺槽遇到旧巷时仍然采用常规设计，未结合实际情况及时修改作业规程或补充安全技术措施"，但是公安机关移送的案卷材料中，没有杨某的设计图纸，也没有操作规程的相关规定。针对上述问题检察机关二次退回补充侦查，要求补充杨某的设计图纸、相关操作规程等证据材料；并就全案提出补充施工具体由谁指挥、宋某某和股东代表是否有过商议、安检站站长以及安检员职责等补查意见，以查清相关人员具体行为和责任。后公安机关补充完善了上述证据，查清了相关人员责任等案件事实。

（二）准确认定相关人员责任

上党区人民检察院经审查，认为事故发生的主要原因有：一是该矿违反规定自行施工，项目安全管理不到位；二是项目扩刷支护工程设计不符合行业标准要求。在分清主要和次要原因、直接和间接原因的基础上，上党区人民检察院对事故责任人进行了准确区分，作出相应处理。

第一，依法追究主要责任人宋某某的刑事责任。检察机关审查认为，《关于加强煤炭建设项目管理的通知》要求建设单位要按有关规定，通过招投标方式，结合煤矿建设施工的灾害特点，确定施工和监理单位。宋某某作为建设单位A煤业公司的矿长，是矿井安全生产第一责任人，负责全矿安全生产工作，为节约成本，其违反上述通知要求，在没有施工单位和监理单位（均要求具备相关资质）的情况下，弄虚作假应付验收，无资质情况下自行组织工人施工，长期危险作业，最终发生该起事故，其对事故的发生负主要责任。且事故发生后，其对事故的迟报负直接责任。遂对宋某某以重大责任事故罪向上党区人民法院提起公诉。

第二，依法对赵某某作出不起诉决定。事故调查报告认定赵某某对事故的发生负直接责任,认为赵某某在发现漏煤时未组织人员撤离而是继续清煤导致了事故的发生,公安机关对其以重大责任事故罪移送起诉。检察机关审查起诉过程中,经自行侦查,发现案发地点当时是否出现过顶板漏煤的情况存在疑点,赵某某、冯某某和其他案发前经过此处及上一班工人的证言,均不能印证现场存在漏煤的事实,不能证明赵某某对危害结果的发生有主观认识,无法确定赵某某的责任。因此,依据刑事诉讼法第175条第4款规定,对赵某某作出不起诉决定。

第三,依法追诉漏犯杨某。公安机关未对杨某移送起诉,检察机关认为,《煤矿安全规程》要求,在采煤工作面遇过断层、过老空区时应制定安全措施,采用锚杆、锚索等支护形式加强支护。杨某作为A煤业公司总工程师,负责全矿技术工作,其未按照上述规程要求,加强安全设计,履行岗位职责不到位,对事故的发生负主要责任。虽然事故调查报告建议"吊销其安全生产管理人员安全生产知识和管理能力考核合格证",但行政处罚不能代替刑事处罚。因此,依法对杨某以涉嫌重大责任事故罪予以追诉。

(三) 指控与证明犯罪

庭审中,被告人宋某某辩称,是A煤业公司矿委会集体决定煤矿自行组织工人施工的,并非其一个人的责任。公诉人答辩指出,虽然自行组织施工的决定是由矿委会作出的,但是宋某某作为矿长,是矿井安全生产的第一责任人,明知施工应当由有资质的施工单位进行且应在监理单位监理下施工,仍自行组织工人施工,且在工程日常施工过程中安全管理不到位,最终导致了该起事故的发生,其对事故的发生负主要责任,应当以重大责任事故罪追究其刑事责任。

(四) 处理结果

2018年12月21日,上党区人民法院作出一审判决,认定宋某某、杨某犯重大责任事故罪,考虑到二人均当庭认罪悔罪,如实供述自己的犯罪事实,具有坦白情节,且A煤业公司积极对被害方进行赔偿,分别判处二人有期徒刑三年,缓刑三年。二被告人均未提出上诉,判决已生效。

事故发生后,主管部门对A煤业公司作出责令停产整顿四个月、暂扣《安全生产许可证》、罚款270万元的行政处罚。对宋某某开除党籍,吊销矿长安全资格证,给予其终生不得担任矿长职务、处年收入80%罚款等处罚;对杨某给予吊销安全生产知识和管理能力考核合格证的处罚。对A煤业公司生产副矿长、安全副矿长等5人分别予以吊销安全生产知识和管理能力考核合格证、撤销职务、留党察看、罚款或解除合同等处理;对B煤业公司董事长、总经理、驻 A 煤业公司安检员等 9 人分别给予相应的党政纪处分及行政处罚；对长治市上党区原煤炭工业局总工程师、煤炭工业局驻 A 煤业公司原安检员等 10 人分别给予相应的党政纪处分。对时任长治县县委书记、县长等 4 人也给予相应的党政纪处分。

【指导意义】
（一）安全生产事故调查报告在刑事诉讼中可以作为证据使用，应结合全案证据进行审查。安全生产事故发生后，相关部门作出的事故调查报告，与收集调取的物证、书证、视听资料、电子数据等相关证据材料一并移送给司法机关后，调查报告和这些证据材料在刑事诉讼中可以作为证据使用。调查报告对事故原因、事故性质、责任认定、责任者处理等提出的具体意见和建议，是检察机关办案中是否追究相关人员刑事责任的重要参考，但不应直接作为定案的依据，检察机关应结合全案证据进行审查，准确认定案件事实和涉案人员责任。对于调查报告中未建议移送司法机关处理，侦查（调查）机关也未移送起诉的人员，检察机关审查后认为应当追究刑事责任的，要依法追诉。对于调查报告建议移送司法机关处理，侦查（调查）机关移送起诉的涉案人员，检察机关审查后认为证据不足或者不应当追究刑事责任的，应依法作出不起诉决定。

（二）通过补充侦查完善证据体系，查清涉案人员的具体行为和责任大小。危害生产安全刑事案件往往涉案人员较多，案发原因复杂，检察机关应当根据案件特点，从案发直接原因和间接原因、主要原因和次要原因、涉案人员岗位职责、履职过程、违反有关管理规定的具体表现和事故发生后的施救经过、违规行为与结果之间的因果关系等方面进行审查，证据有欠缺的，应当通过自行侦查或退回补充侦查，补充完善证据，准确区分和认定各涉案人员的责任，做到不枉不纵。

（三）准确区分责任，注重多层次、多手段惩治相关涉案人员。对涉案人员身份多样的案件，要按照各涉案人员在事故中有无主观过错、违反了哪方面职责和规定、具体行为表现及对事故发生所起的作用等，确定其是否需要承担刑事责任。对于不予追究刑事责任的涉案人员，相关部门也未进行处理的，发现需要追究党政纪责任、禁止其从事相关行业，或者应对其作出行政处罚的，要及时向有关部门移送线索，提出意见和建议。确保多层次的追责方式能起到惩戒犯罪、预防再犯、促进安全生产的作用。

【相关规定】
《中华人民共和国刑法》第一百三十四条第一款

《中华人民共和国刑事诉讼法》第一百七十一条、第一百七十五条

《人民检察院刑事诉讼规则》第三百五十六条、第三百六十七条

《最高人民法院、最高人民检察院关于办理危害生产安全刑事案件适用法律若干问题的解释》第一条、第六条

《最高人民法院关于进一步加强危害生产安全刑事案件审判工作的意见》第四条、第六条、第八条

黄某某等人重大责任事故、谎报安全事故案

（检例第96号）

【关键词】

谎报安全事故罪　引导侦查取证　污染处置　化解社会矛盾

【要旨】

检察机关要充分运用行政执法和刑事司法衔接工作机制，通过积极履职，加强对线索移送和立案的法律监督。认定谎报安全事故罪，要重点审查谎报行为与贻误事故抢救结果之间的因果关系。对同时构成重大责任事故罪和谎报安全事故罪的，应当数罪并罚。应注重督促涉事单位或有关部门及时赔偿被害人损失，有效化解社会矛盾。安全生产事故涉及生态环境污染等公益损害的，刑事检察部门要和公益诉讼检察部门加强协作配合，督促协同行政监管部门，统筹运用法律、行政、经济等手段严格落实企业主体责任，修复受损公益，防控安全风险。

【基本案情】

被告人黄某某，男，福建A石油化工实业有限公司（简称A公司）原法定代表人兼执行董事。

被告人雷某某，男，A公司原副总经理。

被告人陈某某，男，A公司原常务副总经理兼安全生产管理委员会主任。

被告人陈小某，男，A公司码头原操作工。

被告人刘某某，男，A公司码头原操作班长。

被告人林某某，男，B船务有限公司（简称B公司）"天桐1"船舶原水手。

被告人叶某某，男，B公司"天桐1"船舶原水手长。

被告人徐某某，男，A公司原安全环保部经理。

2018年3月，C材料科技有限公司（简称C公司）与A公司签订货品仓储租赁合同，租用A公司3005#、3006#储罐用于存储其向福建某石油化工有限公司购买的工业用裂解碳九（简称碳九）。同年，B公司与C公司签订船舶

运输合同，委派"天桐1"船舶到 A 公司码头装载碳九。

同年 11 月 3 日 16 时许，"天桐1"船舶靠泊在 A 公司 2000 吨级码头，准备接运 A 公司 3005# 储罐内的碳九。18 时 30 分许，当班的刘某某、陈小某开始碳九装船作业，因码头吊机自 2018 年以来一直处于故障状态，二人便违规操作，人工拖拽输油软管，将岸上输送碳九的管道终端阀门和船舶货油总阀门相连接。陈小某用绳索把输油软管固定在岸上操作平台的固定支脚上，船上值班人员将船上的输油软管固定在船舶的右舷护栏上。19 时许，刘某某、陈小某打开码头输油阀门开始输送碳九。其间，被告人徐某某作为值班经理，刘某某、陈小某作为现场操作班长及操作工，叶某某、林某某作为值班水手长及水手，均未按规定在各自职责范围内对装船情况进行巡查。4 日凌晨，输油软管因两端被绳索固定致下拉长度受限而破裂，约 69.1 吨碳九泄漏，造成 A 公司码头附近海域水体、空气等受到污染，周边 69 名居民身体不适接受治疗。泄漏的碳九越过围油栏扩散至附近海域网箱养殖区，部分浮体被碳九溶解，导致网箱下沉。

事故发生后，雷某某到达现场向 A 公司生产运行部副经理卢某和计量员庄某核实碳九泄漏量，在得知实际泄漏量约有 69.1 吨的情况后，要求船方隐瞒事故原因和泄漏量。黄某某、雷某某、陈某某等人经商议，决定在对外通报及向相关部门书面报告中谎报事故发生的原因是法兰垫片老化、碳九泄漏量为 6.97 吨。A 公司也未按照海上溢油事故专项应急预案等有关规定启动一级应急响应程序，导致不能及时有效地组织应急处置人员开展事故抢救工作，直接贻误事故抢救时机，进一步扩大事故危害后果，并造成不良的社会影响。经审计，事故造成直接经济损失 672.73 万元。经泉州市生态环境局委托，生态环境部华南环境科学研究所作出技术评估报告，认定该起事故泄露的碳九是一种组分复杂的混合物，其中含量最高的双环戊二烯为低毒化学品，长期接触会刺激眼睛、皮肤、呼吸道及消化道系统，遇明火、高热或与氧化剂接触，有引起燃烧爆炸的危险。本次事故泄露的碳九对海水水质的影响天数为 25 天，对海洋沉积物及潮间带泥滩的影响天数为 100 天，对海洋生物质量的影响天数为 51 天，对海洋生态影响的最大时间以潮间带残留污染物全部挥发计，约 100 天。

【检察机关履职过程】

（一）介入侦查

经事故调查组认定，该事故为企业生产管理责任不落实引发的化学品泄漏事故。事故发生后，泉州市泉港区人民检察院与泉州市及泉港区原安监部门、公安机关等共同就事故定性与侦查取证方向问题进行会商。泉港区人民检察院根据已掌握的情况并听取省、市两级检察院指导意见，提出涉案人员可能涉嫌重大责任事故罪、谎报安全事故罪。2018年11月10日、11月23日，泉港公安分局分别以涉嫌上述两罪对黄某某等8人立案侦查。泉港区人民检察院提前介入引导侦查，提出取证方向和重点：尽快固定现场证据，调取能体现涉案人员违规操作及未履行日常隐患排查和治理职责的相关证据，及船舶安全管理文件、复合软管使用操作规程、油船码头安全作业规程、A公司操作规程等证据材料；根据案件定性，加强对犯罪现场的勘验，强化勘验现场与言词证据的印证关系；注重客观证据的收集，全面调取监控视频、语音通话、短信、聊天记录等电子证据。侦查过程中，持续跟进案件办理，就事实认定、强制措施适用、办案程序规范等进一步提出意见建议。11月24日，泉港区人民检察院对相关责任人员批准逮捕后，发出《逮捕案件继续侦查取证意见书》，要求公安机关及时调取事故调查报告，收集固定直接经济损失、人员受损、环境污染等相关证据，委托相关机构出具涉案碳九属性的检验报告，调取A公司谎报事故发生原因、泄漏量以及谎报贻误抢救时机等相关证据材料，并全程跟踪、引导侦查取证工作。上述证据公安机关均补充到位，为后续案件办理奠定了扎实的基础。

（二）审查起诉

案件移送起诉后，泉港区人民检察院成立以检察长为主办检察官的办案组，针对被告人陈某某及其辩护人提出的陈某某虽被任命为常务副总经理职务，但并未实际参与安全生产，也未履行安全生产工作职责，其不构成重大责任事故罪的意见，及时要求公安机关调取A公司内部有关材料，证实了陈某某实际履行A公司安全生产职责，系安全生产第一责任人的事实。针对公安机关出具的陈某某、刘某某、陈小某系主动投案的到案经过说明与案件实际情况不符等问题，通过讯问被告人、向事故调查组核实等方式自行侦查进行核实。经查，公安机关根据掌握的线索，先后将陈某某、刘某某、陈小某带至办案中心进行审查，3人均不具备到案的主动性。本案未经退回补充侦查，2019年6月6日，泉港区人民检察院以黄某某、雷某某、陈某某涉嫌重大责任事故罪、谎报安全事故罪，以陈小某等5人涉嫌重大责任事故罪向泉港区人民法院提起公诉，并分别提出量刑建议。

（三）指控与证明犯罪

鉴于该案重大复杂，泉港区人民检察院建议法院召开庭前会议，充分听取被告人、辩护人的意见。2019年7月5日，泉港区人民法院开庭审理此案。

庭审中，部分被告人及辩护人提出黄某某、雷某某、陈某某的谎报行为未贻误抢救时机，不构成谎报安全事故罪；被告人陈某某不具有安全生产监管责任，不构成重大责任事故罪；对部分被告人应当适用缓刑等辩解和辩护意见。公诉人针对上述辩护意见有针对性地对各被告人展开讯问，并全面出示证据，充分证实了检察机关指控的各被告人的犯罪事实清楚、证据确实充分。针对黄某某等人的行为不构成谎报安全事故罪的辩解，公诉人答辩指出，黄某某等人合谋并串通他人瞒报碳九泄露数量，致使A公司未能采取最高级别的一级响应（溢油量50吨以上），而只是采取最低级别的三级响应（溢油量10吨以下）。按照规定，一级响应需要全公司和社会力量参与应急，三级响应则仅需运行部门和协议单位参与应急。黄某某等人的谎报行为贻误了事故救援时机，导致直接经济损失扩大，同时造成了恶劣社会影响，依法构成谎报安全事故罪。针对陈某某不构成重大责任事故罪的辩解，公诉人指出，根据补充调取的书证及相关证人证言、被告人供述和辩解等证据，足以证实陈某某在案发前被任命为常务副总经理兼安全生产管理委员会主任，并已实际履行职务，系A公司安全生产第一责任人，其未在责任范围内有效履行安全生产管理职责，未发现并制止企业日常经营中长期存在的违规操作行为，致使企业在生产、作业过程中存在重大安全隐患，最终导致本案事故的发生，其应当对事故的发生承担主要责任，构成重大责任事故罪。针对应当对部分被告人适用缓刑的辩护意见，公诉人指出，本案性质恶劣，后果严重，不应对被告人适用缓刑。公诉人在庭审中的意见均得到一、二审法院的采纳。

（四）处理结果

2019年10月8日，泉港区人民法院作出一审判决，采纳检察机关指控的事实、罪名及量刑建议。对被告人黄某某以重大责任事故罪、谎报安全事故罪分别判处有期徒刑三年六个月、一年六个月，数罪并罚决定执行四年六个月；对被告人雷某某以重大责任事故罪、谎报安全事故罪分别判处有期徒刑二年六个月、二年三个月，数罪并罚决定执行四年三个月；对被告人陈某某以重大责任事故罪、谎报安全事故罪分别判处有期徒刑一年六个月，数罪并罚决定执行二年六个月。对陈小某等5名被告人，以重大责任事故罪判处有期徒刑一年六个月至二年三个月不等。禁止黄某某、雷某某在判决规定期限内从事与安全生产相关的职业。雷某某等6人不服一审判决，提出上诉。2019年12月2日，泉州市中级人民法院裁定驳回上诉，维持原判。判决已生效。

（五）污染处置

该起事故造成码头附近海域及海上网箱养殖区被污染，部分区域空气刺鼻，当地医院陆续接治接触泄漏碳九的群众69名，其中留院观察11名。泄漏的碳九越过围油栏扩散至网箱养殖区约300亩，直接影响海域面积约0.6平方公里，受损网箱养殖区涉及养殖户152户、养殖面积99单元。针对事故造成的危害后果，泉港区人民检察院认真听取被害人的意见和诉求，积极协调政府相关职能部门督促A公司赔偿事故周边群众的经济损失。在一审判决前，A公司向受损养殖户回购了受污染的网箱养殖鲍鱼等海产品，及时弥补了养殖户损失，化解了社会矛盾。

泉港区人民检察院在提前介入侦查过程中，发现事故对附近海域及大气造成污染，刑事检察部门与公益诉讼检察部门同步介入，密切协作配合，根据当地行政执法与刑事司法衔接工作规定，及时启动重大案件会商机制，联系环保、海洋与渔业等部门，实地查看污染现场，了解事件进展情况。并针对案件性质、可能导致的后果等情况进行风险评估研判，就污染监测鉴定、公私财产损失计算、海域污染清理、修复等事宜对公安机关侦查和环保部门取证工作提出意见建议。前期取证工作，为泉州市生态环境局向厦门海事法院提起海洋自然资源与生态环境损害赔偿诉讼，奠定了良好基础。

【指导意义】

（一）准确认定谎报安全事故罪。一是本罪主体为特殊主体，是指对安全事故负有报告职责的人员，一般为发生安全事故的单位中负有组织、指挥或者管理职责的负责人、管理人员、实际控制人、投资人以及其他负有报告职责的人员，不包括没有法定或者职务要求报告义务的普通工人。二是认定本罪，应重点审查谎报事故的行为与贻误事故抢救结果之间是否存在刑法上的因果关系。只有谎报事故的行为造成贻误事故抢救的后果，即造成事故后果扩大或致使不能及时有效开展事故抢救，才可能构成本罪。如果事故已经完成抢救，或者没有抢救时机（危害结果不可能加重或扩大），则不构成本罪。构成重大责任事故罪，同时又构成谎报安全事故罪的，应当数罪并罚。

（二）健全完善行政执法与刑事司法衔接工作机制，提升法律监督实效。检察机关要认真贯彻落实国务院《行政执法机关移送涉嫌犯罪案件的规定》和中共中央办公厅、国务院办公厅转发的原国务院法制办等八部门《关于加强行政执法与刑事司法衔接工作的意见》以及应急管理部、公安部、最高人民法院、最高人民检察院联合制定的《安全生产行政执法与刑事司法衔接工作办法》，依照本地有关细化规定，加强相关执法司法信息交流、规范案件移送、加强法律监督。重大安全生产事故发生后，检察机关可通过查阅案件资料、参与案件会商等方式及时了解案情，从案件定性、证据收集、法律适用等方面提出意见建议，发现涉嫌犯罪的要及时建议相关行政执法部门向公安机关或者监察机关移送线索，着力解决安全生产事故有案不移、以罚代刑、有案不立等问题，形成查处和治理重大安全生产事故的合力。

（三）重视被害人权益保障，化解社会矛盾。一些重大安全生产事故影响范围广泛，被害人人数众多，人身损害和财产损失交织。检察机关办案中应高度重视维护被害人合法权益，注重听取被害人意见，全面掌握被害人诉求。要加强与相关职能部门的沟通配合，督促事故单位尽早赔偿被害人损失，及时回应社会关切，有效化解社会矛盾，确保实现办案政治效果、法律效果和社会效果相统一。

（四）安全生产事故涉及生态环境污染的，刑事检察部门要和公益诉讼检察部门加强协作配合，减少公共利益损害。化工等领域的安全生产事故，造成生态环境污染破坏的，刑事检察部门和公益诉讼检察部门要加强沟通，探索"一案双查"，提高效率，及时通报情况、移送线索，需要进行公益损害鉴定的，及时引导公安机关在侦查过程中进行鉴定。要积极与行政机关磋商，协同追究事故企业刑事、民事、生态损害赔偿责任。推动建立健全刑事制裁、民事赔偿和生态补偿有机衔接的生态环境修复责任制度。依托办理安全生产领域刑事案件，同步办好所涉及的生态环境和资源保护等领域公益诉讼案件，积极稳妥推进安全生产等新领域公益诉讼检察工作。

【相关规定】

《中华人民共和国刑法》第二十五条、第六十九条、第一百三十四条第一款、第一百三十九条之一

《最高人民法院、最高人民检察院关于办理危害生产安全刑事案件适用法律若干问题的解释》第一条、第四条、第六条、第七条、第八条、第十六条

国务院《行政执法机关移送涉嫌犯罪案件的规定》

中共中央办公厅、国务院办公厅转发的原国务院法制办等八部门《关于加强行政执法与刑事司法衔接工作的意见》

应急管理部、公安部、最高人民法院、最高人民检察院《安全生产行政执法与刑事司法衔接工作办法》

夏某某等人重大责任事故案

（检例第 97 号）

【关键词】

重大责任事故罪　交通肇事罪　捕后引导侦查　审判监督

【要旨】

内河运输中发生的船舶交通事故，相关责任人员可能同时涉嫌交通肇事罪和重大责任事故罪，要根据运输活动是否具有营运性质以及相关人员的具体职责和行为，准确适用罪名。重大责任事故往往涉案人员较多，因果关系复杂，要准确认定涉案单位投资人、管理人员及相关国家工作人员等涉案人员的刑事责任。

【基本案情】

被告人夏某某，男，原"X号"平板拖船股东、经营者、驾驶员。

被告人刘某某，男，原"X号"平板拖船驾驶员、平板拖船联营股东。

被告人左某某，男，原平板拖船联营股东、经营者。

被告人段某某，男，原"X号"平板拖船联营股东、经营者。

被告人夏英某，男，原"X号"平板拖船股东、经营者。

2012年3月，在左某某的召集下，"X号"等四艘平板拖船的股东夏某某、刘某某、段某某、伍某某等十余人经协商签订了联营协议，左某某负责日常经营管理及财务，并与段某某共同负责船只调度；夏某某、夏英某、刘某某负责"X号"平板拖船的具体经营。在未依法取得船舶检验合格证书、船舶登记证书、水路运输许可证、船舶营业运输证等经营资质的情况下，上述四艘平板拖船即在湖南省安化县资江河段部分水域进行货运车辆的运输业务。

2012年12月8日晚12时许，按照段某某的调度安排，夏某某、刘某某驾驶的"X号"在安化县烟溪镇十八渡码头搭载四台货运车，经资江水域柘溪水库航道前往安化县平口镇。因"X号"无车辆固定装置，夏某某、刘某某仅在车辆左后轮处塞上长方形木条、三角木防止其滑动，并且未要求驾乘人员离开驾驶室实行"人车分离"。次日凌晨3时许，"X号"行驶至平口镇安平村河段时，因刘某某操作不当，船体发生侧倾，致使所搭载的四台货运车辆滑入柘溪水库，沉入水中。该事故造成 10 名司乘人员随车落水，其中 9 人当场溺亡，直接经济损失 100 万元。

【检察机关履职过程】

（一）捕后引导侦查

事故发生后，"X 号"驾驶员夏某某、刘某某主动投案，安化县公安局对二人以涉嫌重大责任事故罪立案侦查，经检察机关批准，对二人采取逮捕措施。安化县人民检察院审查批准逮捕时认为，在案证据仅能证明事故经过及后果，而证明联营体的组建、经营管理及是否违反安全生产规定的证据尚未到位。作出批捕决定的同时，提出详细的继续取证提纲，要求公安机关进一步查清四艘平板拖船的投资、经营管理情况及联营协议各方是否制定并遵守相关安全生产管理规定等。后公安机关补充完善了上述证据，对夏某某、刘某某以涉嫌重大责任事故罪向安化县人民检察院移送起诉。

（二）指控和证明犯罪

安化县人民检察院经审查，对夏某某、刘某某以涉嫌重大责任事故罪向安化县人民法院提起公诉。安化县人民法院公开开庭审理此案，庭审中，辩护律师辩称：该案若定性为重大责任事故罪，刘某某不是事故船舶股东，应宣判无罪；若定性为交通肇事罪，夏某某不是肇事驾驶员，也没有指使或强令违章驾驶行为，应宣判无罪。对此，公诉人出示事故调查报告、其他股东等证人证言、收据等证据，指出刘某某既是联营船舶的股东，又接受联营组织安排与夏某某一起负责经营管理"X 号"；夏某某、刘某某在日常经营管理中，实施了非法运输、违规夜间航行、违规超载、无证驾驶或放任无证驾驶等违反安全管理规定的行为，二人均构成重大责任事故罪。安化县人民法院经审理认为该案是在公共交通管理范围内发生的水上交通事故，遂改变定性以交通肇事罪认定罪名。

（三）提出抗诉

检察机关审查后认为一审判决认定罪名有误，遂以一审判决适用法律确有错误为由，依法提出抗诉。主要理由：（1）联营船舶非法营运，长期危险作业。一是四艘船舶系左某某、夏某某、刘某某等股东分别委托他人非法制造，均未取得船舶检验合格证书、船舶登记证书、水路运输许可证、船舶营业运输证等经营资质，非法从事货运车辆运输经营。二是违反规定未配备适格船员。联营协议仅确定了利益分配方案和经营管理人员，左某某、段某某作为联营组织的管理人员，夏英某、夏某某、刘某某作为联营船舶的经营管理人员，违反《中华人民共和国安全生产法》《中华人民共和国内河交通安全管理条例》等规定，未制定安全作业管理规定，未配备拥有适任证的船员。三是联营船舶长期危险作业。未按规定组织船员参加安全生产教育培训，未在船舶上设置固定货运车辆的设施和安全救援设施，且无视海事、交通管理等部门多次作出的停航等行政处罚，无视"禁止夜间渡运、禁止超载、货运车辆人车分离"等安全规定，甚至私自拆除相关部门在船舶上加装的固定限载措施，长期危险营运。（2）夏某某、刘某某系"X号"经营管理人员和驾驶人员，认定重大责任事故罪更能全面准确评价二人的行为。夏某某、刘某某是联营船舶经营管理人员，对上述违规和危险作业情况明知，且长期参与营运，又是事故当晚驾驶人员，实施了超载运输、无证驾驶、超速行驶等违规行为，二人同时违反了有关安全管理的规定和交通运输法规，因而发生重大事故，由于联营船舶运输活动具有营运性质，是生产经营活动，不仅是交通运输，以重大责任事故罪认定罪名更为准确，更能全面评价二人的行为。益阳市中级人民法院二审改变一审罪名认定，支持检察机关抗诉意见。

（四）依法追究股东等管理人员的刑事责任

事故发生后，公安机关分别对左某某、夏英某、段某某等股东以非法经营罪立案侦查，并提请安化县人民检察院批准逮捕。安化县人民检察院审查后，认为缺少事故调查报告、犯罪嫌疑人明知存在安全隐患等方面证据，以事实不清、证据不足为由不批捕。公安机关遂变更强制措施为监视居住，期满后解除，后3人逃匿。公安机关于2015年4月1日对该3人决定刑事拘留并上网追逃。左某某于2016年8月1日被抓获归案，段某某、夏英某分别于2017年11月4日、5日主动投案。后公安机关以涉嫌重大责任事故罪分别将3人移送安化县人民检察院审查起诉。

安化县人民检察院经审查认为，该起事故是联营船舶长期以来严重违反相关安全管理规定危险作业造成的，左某某系联营的召集者，负责日常经营管理、调度及会计事务；段某某实际履行调度职责，且在案发当晚调度事故船只"X号"承载业务；夏英某系事故船舶"X号"的主要经营管理人员，3人对事故发生均负有重要责任，均涉嫌构成重大责任事故罪，先后于2016年12月28日对左某某、2018年8月10日对段某某、夏英某向安化县人民法院提起公诉。此外，对于伍某某等其他联营股东，检察机关审查后认为，其或者未参与经营、管理，或者仅负责"X号"外其他联营船舶的经营、管理，不能认定其对事故的发生负有主要责任或者直接责任，可不予追究刑事责任。

法院审理阶段，左某某及其辩护律师在庭审中，提出联营船舶风险各自承担、左某某不是管理者、联营体已于案发前几天即2012年12月4日解散等辩解。公诉人指出，尽管夏英某、段金某等股东的证言均证实左某某与夏英某于2012年12月4日在电话联系时发生争执并声称要散伙，但股东之间并未就解散进行协商；且左某某记载的联营账目上仍记载了2012年12月5日"X号"加油、修理等经营费用。因此，左某某是联营体管理者，事故发生时联营体仍处于存续状态。法院采纳了检察机关的意见。

（五）处理结果

2015年8月20日，安化县人民法院以交通肇事罪分别判处夏某某、刘某某有期徒刑四年六个月。安化县人民检察院抗诉后，益阳市中级人民法院于2015年12月21日以重大责任事故罪分别判处夏某某、刘某某有期徒刑四年六个月。判决已生效。2017年5月25日，安化县人民法院以重大责任事故罪判处左某某有期徒刑三年，左某某提起上诉，二审发回重审，该院作出相同判决，左某某再次上诉后，二审法院裁定维持原判。2018年9月19日，安化县人民法院以重大责任事故罪分别判处段某某、夏英某有期徒刑三年，缓刑五年。二人未上诉，判决已生效。

事故发生后，负有监管责任的相关国家工作人员被依法问责。安化县地方海事处原副主任刘雄某、航道股股长姜某某等6人，因负有直接安全监管责任，未认真履行职责，或在发现重大安全隐患后没有采取积极、有效的监管措施，被追究玩忽职守罪的刑事责任。安化县交通运输局原党组成员、工会主席余某某等9人分别被给予警告、严重警告、记过、撤职等党政纪处分。

【指导意义】

（一）准确适用交通肇事罪与重大责任事故罪。两罪均属危害公共安全犯罪，前罪违反的是"交通运输法规"，后罪违反的是"有关安全管理的规定"。一般情况下，在航道、公路等公共交通领域，违反交通运输法规驾驶机动车辆或者其他交通工具，致人伤亡或者造成其他重大财产损失，构成犯罪的，应认定为交通肇事罪；在停车场、修理厂、进行农耕生产的田地等非公共交通领域，驾驶机动车辆或者其他交通工具，造成人员伤亡或者财产损失，构成犯罪的，应区分情况，分别认定为重大责任事故罪、重大劳动安全事故罪、过失致人死亡罪等罪名。需要指出的是，对于从事营运活动的交通运输组织来说，航道、公路既是公共交通领域，也是其生产经营场所，"交通运输法规"同时亦属交通运输组织的"安全管理的规定"，交通运输活动的负责人、投资人、驾驶人员等违反有关规定导致在航道、公路上发生交通事故，造成人员伤亡或者财产损失的，可能同时触犯交通肇事罪与重大责任事故罪。鉴于两罪前两档法定刑均为七年以下有期徒刑（交通肇事罪有因逃逸致人死亡判处七年以上有期徒刑的第三档法定刑），要综合考虑行为人对交通运输活动是否负有安全管理职责、对事故发生是否负有直接责任、所实施行为违反的主要是交通运输法规还是其他安全管理的法规等，准确选择适用罪名。具有营运性质的交通运输活动中，行为人既违反交通运输法规，也违反其他安全管理规定（如未取得安全许可证、经营资质、不配备安全设施等），发生重大事故的，由于该类运输活动主要是一种生产经营活动，并非单纯的交通运输行为，为全面准确评价行为人的行为，一般可按照重大责任事故罪认定。交通运输活动的负责人、投资人等负有安全监管职责的人员违反有关安全管理规定，造成重大事故发生，应认定为重大责任事故罪；驾驶人员等一线运输人员违反交通运输法规造成事故发生的，应认定为交通肇事罪。

（二）准确界定因果关系，依法认定投资人、实际控制人等涉案人员及相关行政监管人员的刑事责任。危害生产安全案件往往多因一果，涉案人员较多，既有直接从事生产、作业的人员，又有投资人、实际控制人等，还可能涉及相关负有监管职责的国家工作人员。投资人、实际控制人等一般并非现场作业人员，确定其行为与事故后果之间是否存在刑法意义上的因果关系是个难点。如果投资人、实际控制人等实施了未取得经营资质和安全生产许可证、未制定安全生产管理规定或规章制度、不提供安全生产条件和必要设施等不履行安全监管职责的行为，在此情况下进行生产、作业，导致发生重大伤亡事故或者造成其他严重后果的，不论事故发生是否介入第三人违规行为或者其他因素，均不影响认定其行为与事故后果之间存在刑法上的因果关系，应当依法追究其刑事责任。对发案单位的生产、作业负有安全监管、查处等职责的国家工作人员，不履行或者不正确履行工作职责，致使发案单位违规生产、作业或者危险状态下生产、作业，发生重大安全事故的，其行为也是造成危害结果发生的重要原因，应以渎职犯罪追究其刑事责任。

【相关规定】

《中华人民共和国刑法》第一百三十三条、第一百三十四条第一款

《最高人民法院、最高人民检察院关于办理危害生产安全刑事案件适用法律若干问题的解释》第一条

《中华人民共和国安全生产法》（2009年）第二条、第四条、第五条、第十六条、第十七条、第十八条、第四十九条、第五十条、第五十一条

《中华人民共和国内河交通安全管理条例》（2011年）第六条、第九条、第十五条、第二十一条、第二十二条

最高人民检察院第二十五批指导性案例解读*

元 明 黄卫平 郭竹梅 薛 慧**

2021年1月27日，最高人民检察院发布了第二十五批指导性案例，包括余某某等人重大劳动安全事故、重大责任事故案，宋某某等人重大责任事故案，黄某某等人重大责任事故、谎报安全事故案，夏某某等人重大责任事故案四件指导性案例（检例第94—97号）。这是最高人民检察院首次发布危害生产安全刑事犯罪指导性案例。为准确理解和适用此批案例，现就案例涉及的主要问题和指导意义进行解读。

一、发布此批案例的背景和意义

（一）发布背景

安全生产事关企业健康发展，人民群众人身财产安全，社会和谐稳定。党中央历来高度重视安全生产工作，特别是党的十八大以来，安全生产工作不断加强、整体水平明显提高，安全生产形势总体稳定，全国生产安全事故起数、死亡人数从历史最高峰2002年的107万余起、13万余人，降至2020年的3.8万余起、2.74万余人，按可比口径累计分别下降85.1%和70.9%；重特大事故从2001年的140起、2556人降到2020年的16起、262人，累计分别下降88.6%和89.7%。但是必须清醒认识到，当前安全生产仍处于爬坡过坎期，高危行业领域风险点多面广，城市安全风险大，农村安全隐患突出，新行业新业态安全风险凸显，安全生产工作仍艰巨繁重。2020年4月，习近平总书记就安全生产作出重要指示，强调："当前，全国正在复工复产，要加强安全生产监管，分区分类加强安全监管执法，强化企业主体责任落实，牢牢守住安全生产底线，切实维护人民群众生命财产安全。"同月，国务院安全生产委员会印发《全国安全生产专项整治三年行动计划》，部署了专项行动。最高人民检察院2020年初参加了平安中国建设协调小组公共安全组，在加强公共安全形

---

* 原文载《人民检察》2021年第8期。
** 元明，最高人民检察院第二检察厅厅长；黄卫平，最高人民检察院第二检察厅副厅长；郭竹梅，最高人民检察院第二检察厅主办检察官；薛慧，最高人民检察院第二检察厅检察官助理。

势分析研判和监测预警，推动完善公共安全监管机制，与应急管理部等有关部门共同应对重大公共安全事件等方面承担重要职能。与其他案件相比，查办安全生产事故类刑事案件问题多、难度大，事故原因和责任认定涉及专业领域和专业技术知识，涉案人员往往众多，因果关系复杂，责任区分和认定难度大。不少案件被害人众多，舆情关注度高，处理上需要特别慎重。案件办理过程中需要与应急管理部门等有关行政机关、侦查（调查）机关进行多方面的沟通协作，还需要充分发挥检察职能，通过办案促进安全生产社会治理。最高人民检察院专门发布一批危害生产安全刑事犯罪方面的指导性案例，是践行以人民为中心的司法理念，加强对该类案件的检察业务指导，解决司法办案中的重点难点问题，提高办案质效，更好地保护人民群众的生命财产安全。

（二）主要意义

一是聚焦常见罪名和疑难问题，为检察机关办案提供参考和指引。此批案例所涉罪名主要包括重大责任事故罪和重大劳动安全事故罪（两罪共占全国检察机关办理危害生产安全刑事案件总数的 90% 以上），涉及相近罪名区分、多个主体责任认定、因果关系判定等疑难问题，为各地检察机关在证据审查、引导侦查取证、庭审说理、线索移送等方面提供指引。特别是对于国家监察体制改革后，检察机关在重大安全事故发生后如何做好行政执法和刑事司法衔接、充分发挥检察职能作用提出要求。

二是展示检察机关主动参与社会治理的工作成效，发挥示范作用。检察机关依法办案同时，通过制发检察建议等方式，推动涉案企业、相关行政机关等积极履职尽责，从源头上遏制生产安全事故的发生，真正实现"办理一案，治理一片"。此批案例，展示了检察机关以办案促安全生产和社会治理的有效做法，作为指导性案例下发可以发挥良好的示范作用。

三是进行普法宣传，提高安全生产领域从业者和社会公众的法治意识、安全意识。安全生产领域事故的发生，大多与相关人员安全意识淡漠、防范措施落实不到位、内部管理混乱、外部监督不力等因素有关，最终导致事故隐患转化为现实严重后果，因此，积极防范可以有效减少事故发生。此批指导性案例，传递了检察机关严厉打击危害生产安全违法犯罪的司法理念，警示教育生产领域从业人员切实提高安全责任意识和事故防范意识，同时也对社会公众进行普法宣传。

二、第二十五批指导性案例基本案情、要旨和诉讼情况

(一) 余某某等人重大劳动安全事故、重大责任事故案

基本案情：2015 年 6 月，A 化工集团投资控股的 B 矸石发电公司热电联产项目开工建设。施工中，余某某（A 化工集团原董事长兼 B 矸石发电公司原法定代表人）、双某某（B 矸石发电公司原总经理）为了加快建设进度，在采购设备时，未按湖北省发展和改革委员会关于该项目须公开招投标的要求，自行组织邀请招标。张某某（A 化工集团物资公司原副总经理）收受无生产资质的重庆某仪表有限公司（以下简称仪表公司）负责人李某某给予的 4000 元好处费及钓鱼竿等财物，向其采购了质量不合格的"一体焊接式长颈喷嘴"（以下简称喷嘴），安装在 2 号、3 号锅炉高压主蒸汽管道上。项目建成后，余某某、双某某擅自决定试生产。

2016 年 8 月 10 日凌晨，B 矸石发电公司锅炉车间当班员工巡检时发现集中控制室前楼板滴水、2 号锅炉高压主蒸汽管道保温层漏汽。赵玉某（B 矸石发电公司原副总经理兼总工程师）、王某某（B 矸石发电公司原锅炉车间主任）赶到现场，未进一步探查。8 月 11 日 11 时许，锅炉运行人员发现事故喷嘴附近有泄漏声音且温度比平时高，赵玉某指示当班员工继续加强监控。13 时许，2 号锅炉主蒸汽管道蒸汽泄漏更加明显且伴随高频啸叫声。赵玉某、王某某未按规定下达紧急停炉指令。13 时 50 分至 14 时 20 分，叶某某（A 化工集团生产部原部长）先后三次接到 B 矸石发电公司生产科副科长和 A 化工集团生产调度中心调度员电话报告"2 号锅炉主蒸汽管道有泄漏，请求停炉"。叶某某既未到现场处置，也未按规定下达停炉指令。14 时 30 分，叶某某向赵某某（A 化工集团原副总经理、总工程师）报告"蒸汽管道泄漏，电厂要求停炉"。赵某某未按规定下达停炉指令，亦未到现场处置。14 时 49 分，2 号锅炉高压主蒸汽管道上的喷嘴发生爆裂，致使大量高温蒸汽喷入事故区域，造成 22 人死亡、4 人受伤，直接经济损失 2313 万元。

该案例主要阐明：办理危害生产安全刑事案件，要根据案发原因及涉案人员的职责和行为，准确适用重大责任事故罪和重大劳动安全事故罪。要全面审查案件事实证据，依法追诉漏罪漏犯，准确认定责任主体和相关人员责任，并及时移交职务违法犯罪线索。针对事故中暴露出的相关单位安全管理漏洞和监管问题，要及时发检察建议，督促落实整改。

该案办理中，检察机关提前介入侦查，引导取证，组成多个办案组，统一调配力量，定期召开联席会，协调推进系列案件的办理。对发现的漏罪仪表公

司单位犯罪以及被告人赵某某帮助毁灭证据罪，及时追诉。庭审阶段，针对部分被告人对事故发生不负有责任的辩解，公诉人结合在案证据从被告人的职责范围、具体行为等方面进行了充分答辩。最终各被告人均认罪，法院判决后，均未提出上诉。案发后，湖北省当阳市检察院针对办案中发现的有关职能部门怠于履行职责的情况，分别向有关部门发出检察建议，提出了具体的、有针对性的意见建议，取得了良好效果。

（二）宋某某等人重大责任事故案

基本案情：2016 年 5 月，宋某某作为 A 煤业公司矿长，在 3 号煤层配采项目建设过程中，违反相关规定，在没有施工单位和监理单位的情况下，即开始自行组织工人进行施工，并与周某某（另案处理）签订虚假的施工、监理合同以应付相关单位的验收。杨某作为该矿的总工程师，违反《煤矿安全技术规程》的要求，未结合实际情况加强设计和制订安全措施，在 3 号煤层配采施工遇到旧巷时仍然采用常规设计，且部分设计数据与相关要求不符，导致旧巷扩刷工程对顶煤支护的力度不够。2017 年 3 月 9 日 3 时 50 分许，该矿施工人员赵某某带领 4 名工人在 3101 综采工作面运输顺槽和联络巷交岔口处清煤时，发生顶部支护板塌落事故，导致上覆煤层坍塌，造成 3 名工人死亡，赵某某及另 1 名工人受伤，直接经济损失 635.9 万元。

该案例主要阐明：对相关部门出具的安全生产事故调查报告，要综合全案证据进行审查，准确认定案件事实和相关人员责任。要正确区分相关涉案人员的责任和追责方式，发现漏犯及时追诉，对不符合起诉条件的，依法作出不起诉处理。该案办理中，山西省长治市上党区人民检察院综合全案证据审查认定案件事实，认为公安机关结合事故调查报告作出的一些结论性事实认定缺乏证据支撑，提出详细的补充侦查提纲，并经过自行侦查，查清相关事实，对赵某某作不起诉处理。结合事故调查报告和其他在案证据，准确认定相关人员的刑事责任，追诉漏犯 A 煤业公司原总工程师杨某。案件起诉后，上党区人民法院一审对宋某某、杨某判处刑罚，二人均未上诉。

（三）黄某某等人重大责任事故、谎报安全事故案

基本案情：2018 年 3 月，C 材料科技有限公司（以下简称 C 公司）与 A 公司签订货品仓储租赁合同，租用 A 公司 3005#、3006#储罐用于存储其向福建某石油化工有限公司购买的工业用裂解碳九（以下简称碳九）。同年，B 公司与 C 公司签订船舶运输合同，委派"天桐1"船舶到 A 公司码头装载碳九。同年 11 月 3 日 16 时许，"天桐1"船舶靠泊在 A 公司 2000 吨级码头，准备接运 A 公司 3005#储罐内的碳九。18 时 30 分许，当班的刘某某（A 公司码头原

操作班长)、陈小某(A 公司码头原操作工)开始碳九装船作业,因码头吊机自 2018 年以来一直处于故障状态,二人便违规操作,人工拖拽输油软管,将岸上输送碳九的管道终端阀门和船舶货油总阀门相连接。陈小某用绳索把输油软管固定在岸上操作平台的固定支脚上,船上值班人员将船上的输油软管固定在船舶的右舷护栏上。19 时许,刘某某、陈小某打开码头输油阀门开始输送碳九。其间,被告人徐某某(A 公司原安全环保部经理)作为值班经理,刘某某、陈小某作为现场操作班长及操作工,叶某某(B 公司"天桐 1"船舶原水手长)、林某某(B 公司"天桐 1"船舶原水手)作为值班水手长及水手,均未按规定在各自职责范围内对装船情况进行巡查。4 日凌晨,输油软管因两端被绳索固定致下拉长度受限而破裂,约 69.1 吨碳九泄漏,造成 A 公司码头附近海域水体、空气等受到污染,周边 69 名居民身体不适接受治疗。泄漏的碳九越过围油栏扩散至附近海域网箱养殖区,部分浮体被碳九溶解,导致网箱下沉。

事故发生后,雷某某在(A 公司原副总经理)到达现场向 A 公司生产运行部副经理卢某和计量员庄某核实碳九泄漏量,在得知实际泄漏量约为 69.1 吨的情况后,要求船方隐瞒事故原因和泄漏量。黄某某(A 公司原法定代表人兼执行董事)、雷某某、陈某某(A 公司原常务副总经理兼安全生产管理委员会主任)等人经商议,决定在对外通报及向相关部门书面报告中谎报事故发生的原因是法兰垫片老化、碳九泄漏量为 6.97 吨。A 公司也未按照海上溢油事故专项应急预案等有关规定启动一级应急响应程序,导致不能及时有效地组织应急处置人员开展事故抢救工作,直接贻误事故抢救时机,进一步扩大事故危害后果,并造成不良的社会影响。经审计,事故造成直接经济损失 672.73 万元。经福建省泉州市生态环境局委托,生态环境部华南环境科学研究所作出技术评估报告,认定该起事故泄露的碳九是一种组分复杂的混合物,其中含量最高的双环戊二烯为低毒化学品,长期接触会刺激眼睛、皮肤、呼吸道及消化道系统,遇明火、高热或与氧化剂接触,有引起燃烧爆炸的危险。本次事故泄露的碳九对海水水质的影响天数为 25 天,对海洋沉积物及潮间带泥滩的影响天数为 100 天,对海洋生物质量的影响天数为 51 天,对海洋生态影响的最大时间以潮间带残留污染物全部挥发计,约 100 天。

该案例主要阐明:检察机关要充分运用行政执法和刑事司法衔接工作机制,通过积极履职,加强对线索移送和立案的法律监督。认定谎报安全事故罪,要重点审查谎报行为与贻误事故抢救结果之间的因果关系。对同时构成重大责任事故罪和谎报安全事故罪的,应当数罪并罚。应注重督促涉事单位或有关部门及时赔偿被害人损失,有效化解社会矛盾。安全生产事故涉及生态环境污染等公益损害的，刑事检察部门要和公益诉讼检察部门加强协作配合，督促协同行政监管部门，统筹运用法律、行政、经济等手段严格落实企业主体责任，修复受损公益，防控安全风险。

该案办理中，泉州市泉港区人民检察院及时介入侦查，提出取证方向和重点，在审查批准逮捕相关责任人员后，针对该事故可能对生态环境造成损害的特殊情况，发出继续侦查意见书，要求公安机关收集固定经济损失、环境污染等相关证据，委托相关机构出具涉案碳九属性的检验报告等，为后续案件办理打下坚实的基础。审查起诉期间，检察机关自行侦查核实矛盾证据，提高了诉讼效率。庭审中，部分被告人及其辩护人提出黄某某、雷某某、陈某某不构成谎报安全事故罪，公诉人结合在案证据和有关规定进行充分答辩。公诉人的庭审意见均被法院采纳。该案办理中，检察机关高度重视污染处置，专门就污染监测鉴定、公私财产损失计算、海域污染清理、修复等事宜对公安机关和环保部门取证工作提出意见建议。同时，注重听取被害人的意见和诉求，积极协调政府相关职能部门督促 A 公司赔偿受污染水域养殖户的经济损失。

（四）夏某某等人重大责任事故案

基本案情：2012 年 3 月，在左某某的召集下，"X 号"等四艘平板拖船的股东夏某某、刘某某、段某某、伍某某等十余人经协商签订了联营协议，左某某负责日常经营管理及财务，并与段某某共同负责船只调度；夏某某、夏英某、刘某某负责"X 号"平板拖船的具体经营。在未依法取得船舶检验合格证书、船舶登记证书、水路运输许可证、船舶营业运输证等经营资质的情况下，上述四艘平板拖船即在湖南省安化县资江河段部分水域进行货运车辆的运输业务。

2012 年 12 月 8 日晚 12 时许，按照段某某的调度安排，夏某某、刘某某驾驶的"X 号"在安化县烟溪镇十八渡码头搭载四台货运车，经资江水域柘溪水库航道前往安化县平口镇。因"X 号"无车辆固定装置，夏某某、刘某某仅在车辆左后轮处塞上长方形木条、三角木防止其滑动，并且未要求驾乘人员离开驾驶室实行"人车分离"。次日凌晨 3 时许，"X 号"行驶至平口镇安平村河段时，因刘某某操作不当，船体发生侧倾，致使所搭载的四台货运车辆滑入柘溪水库，沉入水中。该事故造成 10 名司乘人员随车落水，其中 9 人当场溺亡，直接经济损失 100 万元。

该案例主要阐明：内河运输中发生的船舶交通事故，相关责任人员可能同时涉嫌交通肇事罪和重大责任事故罪，要根据运输活动是否具有营运性质以及相关人员的具体职责和行为，准确适用罪名。重大责任事故往往涉案人员较多，因果关系复杂，应准确认定涉案单位投资人、管理人员及相关国家工作人员等涉案人员的刑事责任。

该案办理中，安化县人民检察院作出批捕决定的同时，提出详细的继续取证提纲。该院对夏某某、刘某某以涉嫌重大责任事故罪向安化县人民法院提起公诉，针对辩护人提出的被告人无罪的辩护意见，公诉人出示了事故调查报告、其他股东等证人证言、收据等证据进行有力答辩。安华县法院以交通肇事罪对夏某某、刘某某作出一审判决，检察机关审查认为法院认定罪名有误，遂以判决适用法律错误为由，提出抗诉。益阳市中级法院二审支持检察机关抗诉意见，改判二人构成重大责任事故罪。安化县检察院区分情况，依法认定涉案股东等管理人员的刑事责任，对后续到案的左某某、夏英某、段某某以重大责任事故罪提起公诉，对未参与经营、管理，或者仅负责"X号"外其他联营船舶经营、管理的伍某某等其他股东，不追究刑事责任。

三、理解适用中的重点问题

（一）余某某等人重大劳动安全事故、重大责任事故

1. 重大责任事故罪与重大劳动安全事故罪的区分

重大责任事故罪和重大劳动安全事故罪同属刑法分则第二章危害公共安全犯罪。一般情况下，重大劳动安全罪的主体是对安全生产设施或者安全生产条件不符合国家规定负有直接责任的生产经营单位负责人、管理人员、实际控制人、投资人，以及其他对安全生产设施或者安全生产条件负有管理、维护职责的人员。重大责任事故罪的主体是对生产、作业负有组织、指挥或者管理职责的负责人、管理人员、实际控制人、投资人等人员，以及直接从事生产、作业的人员。二罪在客观方面也有区别，重大责任事故罪的行为特征是"在生产、作业中违反有关安全管理的规定"，偏于动态；重大劳动安全事故罪的行为特征是"安全生产设施或安全生产条件不符合国家规定"，偏于静态。实践中，安全生产事故发生的原因如果仅为生产、作业中违反有关安全管理的规定，或者仅为提供的安全生产设施或条件不符合国家规定，罪名较易确定；如果事故发生系上述两方面混合因素所致，两罪则会出现竞合，此时，应当根据相关涉案人员的工作职责和具体行为来认定其罪名。本案中，事故发生的最主要原因是B矸石发电公司所采购的喷嘴系质量不合格的劣质产品，直接原因是主蒸汽管道蒸汽泄漏形成重大安全隐患时，相关管理人员没有按照操作规程及时停炉，作出正确处置，属于混合原因的情况。余某某、双某某作为企业管理者，在热电联产项目设备采购过程中，未按审批内容公开招标，自行组织邀请招标，监督管理不到位，致使采购人员采购了质量不合格的喷嘴；张某某作为设备采购负责人，收受投标人好处费，怠于履行职责，未严格审查投标单位是否

具备相关生产资质,采购了无资质厂家生产的存在严重安全隐患的劣质产品,3人的主要责任均在于未依法依规履职,致使公司的安全生产设施和条件不符合国家规定,从而导致该案事故的发生,应认定重大劳动安全事故罪。赵某某、叶某某、赵玉某、王某某依照其职责对B矸石发电公司的安全生产均负有直接管理职责,4人在高压蒸汽管道出现漏汽、温度异常并伴随高频啸叫声的危险情况下,未按操作规程采取紧急停炉措施,导致重大伤亡事故发生,其主要责任在于生产、作业过程中违反有关安全管理规定,应认定重大责任事故罪。

2. 充分发挥检察建议作用,以办案促安全生产治理

检察机关针对司法办案中发现的社会治理方面的问题,向负有责任的单位提出检察建议并督促整改,是检察机关推动国家治理体系和治理能力现代化的重要手段。在依法严厉打击危害企业安全生产犯罪的同时,针对办案中发现的安全生产方面的监管漏洞或怠于履行职责等问题,检察机关要积极主动作为,在充分了解有关部门职能范围的基础上,有针对性地制发检察建议,发挥法律监督职能,引导企业树牢安全发展理念,督促政府相关部门加强安全生产监管,实现以办案促进治理,为安全生产保驾护航。该案中,检察机关针对办案中发现的当阳市人民政府及有关职能部门怠于履行职责、相关工作人员责任意识不强、相关企业安全生产观念淡薄等问题,分别向当阳市人民政府及市发展和改革局、市质量技术监督局发出检察建议,提出组织相关部门联合执法、在全市范围内开展安全生产大检查、加强对全市重大项目工程建设和招投标工作的监督管理、加强对全市特种设备及相关人员的监督管理、加大对企业安全生产知识的宣传力度等有针对性的意见建议。被建议单位高度重视,通过开展重点行业领域专项整治活动、联合执法等措施,认真整改落实。检察建议促进当地政府有关部门加强了安全生产监管,相关企业提升了安全生产管理水平。

(二)宋某某等人重大责任事故案

该案中的主要问题是事故调查报告的司法认定问题。安全生产事故发生后,政府相关部门及监察机关等一般均会进行深入调查并作出事故调查报告,事故调查报告会对事故原因、造成损失、相关人员责任及处理等作出结论或提出意见建议,对事故调查报告进行审查和认定,是检察机关办理危害生产安全刑事案件经常遇到的问题。对于事故调查报告的性质,实践中存在不同认识,有的认为是证据,有的认为属于行政机关的意见建议;司法机关如何认定事故调查报告的内容,对报告建议移送司法机关处理的人员如何认定刑事责任,也存在不同做法,有的按照事故调查直接认定,作为司法办案的依据,有的则结合在案证据进行司法的独立审查判断。该案例的指导意义部分,专门提炼了事

故调查报告的审查认定规则。

首先,关于事故调查报告的性质,根据有关规定,事故调查报告属于刑事诉讼中的证据。应急管理部、公安部、最高人民法院、最高人民检察院联合制发的《关于安全生产行政执法与刑事司法衔接工作办法》第 25 条第 1 款规定,在查处违法行为或者事故调查的过程中依法收集制作的物证、书证、视听资料、电子数据、检验报告、鉴定意见、勘验笔录、检查笔录等证据材料以及经依法批复的事故调查报告,在刑事诉讼中可以作为证据使用。最高人民法院《关于进一步加强危害生产安全刑事案件审判工作的意见》第 6 条规定,审理危害生产安全刑事案件,政府或者相关职能部门依法对事故原因、损失大小、责任划分作出的调查认定,经庭审质证后,结合其他证据,可作为责任认定的依据。据此,与行政机关移送的物证、书证、视听资料、电子数据等证据材料相同,事故调查报告属于刑事诉讼中的证据。

其次,关于调查报告的审查规则。检察机关应结合全案证据进行审查,必要时可以就调查报告认定的事故原因、相关人员责任等事实作进一步调查核实,进行补充侦查,作为是否追究相关人员刑事责任的重要参考。对于调查报告中未建议移送司法机关处理,侦查(调查)机关也未移送起诉的人员,检察机关审查后认为应当追究刑事责任的,要依法追诉。对于调查报告建议移送司法机关处理,侦查(调查)机关移送起诉的涉案人员,检察机关审查后认为证据不足或者不应当追究刑事责任的,应依法作出不起诉决定。此外,实践中,一些一般性的安全生产事故,相关部门没有形成事故调查报告,个别检察机关对此类没有调查报告的案件不知如何办理,存在等靠思想。对此,检察机关也应根据现有事实证据,依法认定相关责任人员的刑事责任。

该案中,上党区人民检察院对全案证据进行全面审查,发现事故调查报告及侦查机关认定的部分事实与在案证据存在矛盾,经退回补充侦查和自行侦查,查明了案件事实,准确认定相关人员责任,对证据不足的,依法不起诉,对应当追究刑事责任的漏犯,依法追诉,属于对事故调查报告定位准确、审查认定报告比较全面到位的典范。

(三)黄某某等人重大责任事故、谎报安全事故案

一是准确认定不报、谎报安全事故罪。不报、谎报安全事故罪是 2006 年《刑法修正案(六)》新增的罪名。该罪主体为特殊主体,是指对安全事故负有报告职责的人员,一般为发生安全事故的单位中负有组织、指挥或者管理职责的负责人、管理人员、实际控制人、投资人以及其他负有报告职责的人员,不包括没有法定或者职务要求报告义务的普通工人。本罪在主观方面与其他危害生产安全犯罪不同,属于故意犯罪。根据最高人民法院、最高人民检察院

《关于办理危害生产安全刑事案件适用法律若干问题的解释》第8条规定，具有下列情形之一的，应当认定为"情节严重"，达到该罪入罪标准：（1）导致事故后果扩大，增加死亡1人以上，或者增加重伤3人以上，或者增加直接经济损失100万元以上的；（2）实施下列行为之一，致使不能及时有效开展事故抢救的：①决定不报、迟报、谎报事故情况或者指使、串通有关人员不报、迟报、谎报事故情况的；②在事故抢救期间擅离职守或者逃匿的；③伪造、破坏、事故现场，或者转移、藏匿、毁灭遇难人员尸体，或者转移、藏匿受伤人员的；④伪造、破坏、隐匿与事故有关的图纸、记录、计算机数据等资料以及其他证据的；（3）其他情节严重的情形。具有下列情形之一的，应当认定"情节特别严重"：①导致事故后果扩大，增加死亡3人以上，或者增加重伤10人以上，或者增加直接经济损失500万元以上的；②采用暴力、胁迫、命令等方式阻止他人报告事故情况，导致事故后果扩大的；③其他情节特别严重的情形。从解释规定看，认定构成该罪，或者要求从结果上，不报、谎报的行为导致一定的人员伤亡后果或者财产损失；或者要求从行为上，行为人实施了决定不报、迟报、谎报事故情况，伪造、破坏、事故现场，毁灭、隐匿有关证据等行为，致使不能及时有效开展事故抢救。需要注意的是，认定该罪，应重点审查不报、谎报事故的行为与贻误事故抢救时机的后果之间是否存在刑法上的因果关系。只有不报、谎报事故的行为造成贻误事故抢救时机的后果，即造成事故后果扩大或致使不能及时有效开展事故抢救，才可能构成该罪。如果事故已经完成抢救，或者没有抢救时机（即危害结果不可能加重或扩大），则不构成本罪。

该案庭审中，被告人及辩护人提出黄某某、雷某某、陈某某的谎报行为未贻误抢救时机，不构成谎报安全事故罪。公诉人指出，黄某某等人合谋并串通他人瞒报碳九泄露数量，致使A公司未能采取最高级别的一级响应（溢油量50吨以上），而只是采取最低级别的三级响应（溢油量10吨以下）。按照规定，一级响应需要全公司和社会力量参与应急，三级响应则仅需运行部门和协议单位参与应急。黄某某等人的谎报行为贻误了事故救援时机，导致直接经济损失扩大，同时造成了恶劣的社会影响，依法构成谎报安全事故罪。该意见得到法院采纳。

此外，实践中，不报、谎报安全事故罪与故意杀人罪、故意伤害罪可能出现竞合，此时要按照最高人民法院、最高人民检察院《关于办理危害生产安全刑事案件适用法律若干问题的解释》第10条的有关规定办理，即在安全事故发生后，直接负责的主管人员和其他直接责任人员故意阻挠开展抢救，导致人员死亡或者重伤，或者为了逃避法律追究，对被害人进行隐藏、遗弃，致使被害人因无法得到救助而死亡或者重度残疾的,分别依照刑法第232条、第234条的规定,以故意杀人罪或者故意伤害罪定罪处罚。

二是化工等领域的安全生产事故,造成生态环境污染破坏的,刑事检察部门和公益诉讼检察部门要加强沟通,探索"一案双查",提高效率。要及时通报情况、移送线索,需要进行公益损害鉴定的,及时引导公安机关在侦查过程中进行鉴定。要积极与行政机关磋商,协同追究事故企业刑事、民事、生态损害赔偿责任。推动建立健全刑事制裁、民事赔偿和生态补偿有机衔接的生态环境修复责任制度。依托办理安全生产领域刑事案件,同步办好所涉及的生态环境和资源保护等领域公益诉讼案件,积极稳妥推进安全生产等新领域公益诉讼检察工作。该案中,泉港区人民检察院在提前介入侦查过程中,刑事检察部门与公益诉讼检察部门同步介入,密切协作配合,及时启动重大案件会商机制,联系环保、海洋与渔业等部门,实地查看污染现场,了解事件进展情况,并针对案件性质、可能导致的后果等情况进行风险评估研判,就污染事宜的取证工作提出意见建议。前期取证工作为泉州市生态环境局向厦门海事法院提起海洋自然资源与生态环境损害赔偿诉讼提供了证据支持。

三是重视被害人权益保障。一些重大安全生产事故影响范围广泛,被害人人数众多,人身损害和财产损失交织。检察机关办案中应高度重视维护被害人合法权益,注重听取被害人意见,全面掌握被害人诉求。要加强与相关职能部门的沟通配合,督促事故单位尽早赔偿被害人损失,及时回应社会关切,有效化解社会矛盾。本案中,泉州检察机关在促进事故单位及时赔偿被害人损失方面发挥了积极的作用。

(四)夏某某等人重大责任事故案

一是准确认定交通肇事罪与重大责任事故罪。两罪均属危害公共安全犯罪,前罪违反的是"交通运输法规",后罪违反的是"有关安全管理的规定"。关于两罪的适用问题,2000年最高人民法院《关于审理交通肇事刑事案件具体应用法律若干问题的解释》第8条规定,在实行公共交通管理的范围内发生重大交通事故的,依照交通肇事罪和该解释的有关规定办理;在公共交通管理范围外,驾驶机动车辆或者使用其他交通工具致人伤亡或者致使公共财产或者他人财产遭受重大损失的,构成犯罪的,分别依照重大责任事故罪、重大劳动安全事故罪和过失致人死亡罪等规定定罪处罚。依照上述解释,一般情况下,在航道、公路等公共交通领域,违反交通运输法规驾驶机动车辆或者其他交通工具,致人伤亡或者造成其他重大财产损失,构成犯罪的,应认定为交通肇事罪;在停车场、修理厂、进行农耕生产的田地等非公共交通领域,驾驶机动车辆或者其他交通工具,造成人员伤亡或者财产损失,构成犯罪的,应区分情况，分别认定为重大责任事故罪、重大劳动安全事故罪、过失致人死亡罪等罪名。需要指出的是，上述司法解释针对的是"实行公共交通管理的范围"与"公共交通管理范围外"泾渭分明、分属不同区域的情况，而一些情况下，一些区域的性质具有综合性，罪名适用难度较大，两罪界分问题也是该案主要提炼的一个指导意义。

对于从事营运活动的交通运输组织来说，航道、公路等既是实行公共交通管理的范围，也是其生产经营场所；该类企业的运输活动，既是公共交通行为，同时也是生产经营行为；"交通运输法规"同时亦属交通运输组织的"安全管理的规定"。交通运输活动的负责人、投资人、驾驶人员等违反有关规定导致在航道、公路上发生交通事故，造成人员伤亡或者财产损失的，可能同时触犯交通肇事罪与重大责任事故罪。两罪前两档法定刑均为7年以下有期徒刑，不同罪名的认定对刑期影响不大，但由于两罪在犯罪构成上存在不同，认定不同罪名会影响罪与非罪和追责范围的确定。对于此类情况，要综合考虑行为人对交通运输活动是否负有安全管理职责、对事故发生是否负有直接责任、所实施行为违反的主要是交通运输法规还是其他安全管理的法规等，准确选择适用罪名。在具有营运性质的交通运输活动中，行为人既违反交通运输法规，也违反其他安全管理规定（如未取得安全许可证、经营资质，不配备安全设施等），发生重大事故的，由于该类运输活动主要是一种生产经营活动，并非单纯的交通运输行为，为全面准确评价行为人的行为，一般可按照重大责任事故罪认定。交通运输活动的负责人、投资人等负有安全监管职责的人员违反有关安全管理规定，造成重大事故发生的，应认定为重大责任事故罪；驾驶人员等一线运输人员违反交通运输法规造成事故发生的，应认定为交通肇事罪。该案中，夏某某等人违反多项规定在内河非法从事平板拖船营运业务，长期危险作业，生产安全存在巨大隐患，案发当天又存在操作不当，最终导致本案事故发生，应当依法认定为重大责任事故罪。

二是危害生产安全案件往往多因一果，涉案人员较多，既有直接从事生产、作业的人员，又有投资人、实际控制人等，还可能涉及相关负有监管职责的国家工作人员，应准确确定刑事追责范围。对于涉案人员众多，多人行为叠加或相互作用、加之自然因素或外在因素介入，最终导致危害后果发生的情况，如何确定追责范围是办理此类案件常遇到的问题。对此，需要把握的重点是涉案人员的违法行为与事故后果之间是否存在刑法意义上的因果关系。涉案人员中，一线作业人员的责任相对清晰、较易认定，而投资人、实际控制人等一般并非现场作业人员，确定其行为与事故后果之间的因果关系是个难点。如果投资人、实际控制人等实施了未取得经营资质和安全生产许可证、未制定安全生产管理规定或规章制度、不提供安全生产条件和必要设施等不履行安全监管职责的行为,继续生产、作业必然造成人员、财产安全处于危险状态,在此情况下进行生产、作业,导致发生重大伤亡事故或者造成其他严重后果的,不论事故发生是否介入第三人违规行为或者其他因素,均不影响认定其行为与事故后果之间存在刑法上的因果关系,应当依法追究其刑事责任。对发案单位的生产、作业负有安全监管、查处等职责的国家工作人员,不履行或者不正确履行工作职责,致使发案单位违规生产、作业或者在危险状态下生产、作业,发生重大安全事故的,其行为也是造成危害结果发生的重要原因,应以渎职犯罪追究其刑事责任。如果企业管理人员或者相关国家机关工作人员的行为虽存在一定违规,但违规行为情节轻微,违规行为对于事故的发生原因力较小,也可以不追究刑事责任,给予行政处罚或者政纪处理。

该案中,平板拖船联营体的股东有十余名,安化县人民检察院全面审查在案事实证据,准确认定各股东责任大小,依法确定刑事追责范围。对其中占股少,未参与经营、管理,或者仅负责"X号"外其他联营船舶的经营、管理的股东,未纳入刑事追责的范围。对于夏某某等5名股东,有的既是"X号"的股东又是事发船只驾驶员;有的虽不是"X号"的股东,但系联营体的主要股东和经营者;有的负责事发当晚的船只调度,因此,对于上述人员均依法追究刑事责任。

二、危害生产安全刑事案件典型案例

北京市通州区许某某、王某甲重大责任事故案

【基本案情】

2020年11月15日，在北京市通州区某施工现场内，许某某作为北京某机械设备租赁有限公司现场负责人，在明知本单位不具备起重设备安装、拆除资质，塔吊拆除单位未到场情况下，自行雇用王某甲等人进行塔吊拆除作业，且在拆除作业前未进行现场对接、教育培训、安全交底，未制订吊装作业方案、未配备信号工及安全监护人员、未设置警戒区域。王某甲作为汽车起重机操作人员，在对施工现场6#号楼塔吊大臂进行拆除吊装作业时，未选择满足承载能力地面，致使车辆倾翻，起重机吊臂砸中停放于现场的货运汽车，造成车内王某乙当场死亡，赫某某、郭某某受伤。经鉴定，王某乙符合重物砸压头、颈、胸、腹部致颅脑损伤、创伤性休克死亡；赫某某身体所受损伤属重伤二级，郭某某身体所受损伤属轻微伤；经认定，许某某、王某甲对事故负有直接责任。

【检察机关履职过程】

（一）捕后介入引导侦查

事故发生后，北京市公安局通州分局对本案立案调查，依法对许某某、王某甲采取刑事拘留措施并于2020年12月28日提请批准逮捕，通州区人民检察院经审查后作出批准逮捕决定，针对审查逮捕阶段发现的证据方面薄弱环节提出继续侦查意见，并于捕后诉前适时介入引导侦查，组织通州分局、通州区应急管理局召开案件补证专题会议，提出取证重点：一是查明许某某、王某甲对企业安全生产应当承担的责任，是否存在违反安全生产管理法规的情形；二是查清本次安全生产事故造成的各方经济损失，调取资金明细及票据；三是厘清安全生产事故发生的各方责任。结合上述意见，本案逮捕后至移送审查起诉前，累计补充证人证言、鉴定意见、书证等10余份，最终由通州分局侦查终结，于2021年2月25日向通州区人民检察院移送审查起诉。

（二）审查起诉

通州区人民检察院经依法审查认为，许某某明知本单位不具备起重设备安

装、拆除资质的情况下，借用其他公司的拆塔资质，并私自雇用拆塔人员、汽车起重机司机及货运司机进场施工作业，在拆除作业之前，未制订吊装作业方案，未与施工方进行现场对接、教育培训、安全交底，且许某某也未对其雇用的施工人员进行教育培训、安全交底。安全生产事故发生当日，汽车起重机司机王某甲第一次到施工现场，仅通过脚踩的方式判断地面是否适合支起汽车起重机，施工现场许某某、王某甲等人在塔吊拆除单位、施工方、监理方均未到场情况下，私自开始塔吊拆除作业，且在拆除作业时未配备信号工及安全监护人员、未设置警戒区域，未及时将汽车吊臂半径范围内的人员提前清场，导致王某甲在对6#号楼塔吊大臂进行拆除吊装作业时，由于其选择的固定汽车吊车支腿的地面无法承载拆除的塔吊，致使汽车起重机倾翻，起重机吊臂砸中停放于作业现场的货运汽车，导致货运汽车内的王某乙当场死亡，赫某某重伤、郭某某轻微伤的严重后果。

审查起诉阶段，承办检察官与许某某、王某甲二人分别在辩护人在场的情况下，开展认罪认罚控辩协商工作，三方对于认罪认罚具结书的内容均无异议时签字捺印予以确认，针对许某某及其辩护人对部分事实提出异议，但仍表示愿意适用认罪认罚从宽制度，承办检察官全程通过执法记录仪对控辩协商过程录音录像，确保认罪认罚真实、自愿。

通州区人民检察院于2021年3月23日以许某某、王某甲涉嫌重大责任事故罪向通州区人民法院依法提起公诉。

（三）指控和证明犯罪

通州区人民法院两次公开开庭审理此案，被告人许某某、王某甲对检察机关指控的犯罪事实及出示的证据均无异议，但许某某的辩护人在法庭上以律师可以发表独立辩护意见为由，主要围绕"许某某不是现场负责人，而是拆除塔吊的召集人"进行无罪辩护，许某某则始终称同意认罪认罚具结书内容，形成"辩方配合"。承办检察官庭前针对辩护人可能提出的辩护意见形成有针对性的讯问提纲、举证质证提纲等，提前制订庭审预案，确保不因认罪认罚而降低证据要求和证明标准。通过出示在案证人证言、施工方案、经营资质等多组证据，全面证实了许某某系公司委派至施工现场的负责人，负责塔吊拆除期间施工条件审核、施工现场准备、安全保障等全面统筹工作，有力反驳了辩护人的辩护意见。

（四）督促对涉案单位进行行政处罚

通州区人民检察院办理本案过程中，发现除了许某某、王某甲应当对本次重大责任事故承担直接责任外，设备产权单位对此次事故负有主要责任，产权单位施工方法定代表人刘某对此次事故负有领导责任,建设单位对此次事故负有管理责任,监理单位对此次事故负有监理责任。检察机关在办理案件过程中充分落实法律监督职责,及时跟进行政处罚情况,最终,督促区应急局分别对上述四方作出罚款的行政处罚。

(五) 制发检察建议

通州区人民检察院对于办理案件过程中发现的涉案建设单位、设备产权单位及监理单位存在的安全生产隐患及管理漏洞,分别向三家企业制发检察建议,建议三家单位进一步细化安全生产责任制度、规范安全生产操作流程、严格履行监理责任等,三家企业深入反思原因、细致查摆问题,围绕检察建议的内容落实整改取得良好成效。

(六) 处理结果

2021年7月12日,通州区人民法院作出一审判决,认定许某某、王某甲构成重大责任事故罪,并采纳检察机关的量刑建议,分别判处许某某、王某甲有期徒刑一年二个月。判决已生效。

承办检察官提前预判被告人许某某提出上诉的可能性,及时掌握其心理动向。在法院送达判决时知晓其欲提出上诉后,即按照预案第一时间前往看守所进行释法说理,同步向上级院请示汇报,提请抗前指导。最终,被告人在上诉期届满前主动撤回上诉。

【典型意义】

(一) 准确界定各方责任,确保依法打击不枉不纵

安全生产类刑事案件,涉案人员职责、作用各不相同,既有一线施工人员,也有现场负责人、项目负责人等,因此,准确界定各方责任,是依法妥善办理此类案件的关键。一方面,应注重强化审查引导侦查,在办案初期适时提前介入,指明取证方向和调查重点,引导公安机关全面收集在案证据,为准确划分各方责任筑牢证据基础;另一方面,应加强与应急管理单位沟通配合,认真核对各涉案人员责任划分的理由、依据,严格审查是否符合法律规定,对存在疑问或证据发生变化的,及时联系上述单位说明理由或作出调整,确保事故责任划分准确。

(二) 控辩协商同步录像,发挥认罪认罚主导作用

认罪认罚制度不是走流程、过程序,进一步落实检察机关适用认罪认罚从宽制度不仅要规范"认罪"和"认罚"的标准,更要规范检察环节适用程序。一方面,要进一步提升具结工作中控辩协商的实质性,切实保障辩护权的行

使,确保认罪认罚的真实性;另一方面,对于具结工作提升规范意识,探索开展控辩协商全流程同步录音录像,确保认罪认罚的自愿性。

(三)积极向涉案单位制发检察建议,筑牢安全生产防护围墙

检察建议是人民检察院依法履行法律监督职责、参与社会治理的重要方式。要切实通过"办理一案"达到"治理一片"的效果,坚持"找准问题、查准原因、用准方子",以检察建议为抓手,帮助企业查找安全生产中存在的问题隐患,助力企业查漏堵疏,发挥共建共治检察职能,共筑安全生产防护围墙。

(撰稿人:北京市通州区人民检察院 岳阳、杨文慧)

天津市林某等人重大责任事故案

【基本案情】

2017年,被告人林某、王某、张甲、白某某作为A公司某项目各岗位负责人员,违反相关安全管理规定,未认真履行消防安全职责,其中,林某对消防水箱未注水、施工人员在施工区住宿等问题疏于监管;王某在未竣工的建筑物内安排施工人员集体住宿,明知消防水箱无水未采取维修注水措施;张甲在未竣工的建筑物内安排施工人员集体住宿,未向公安消防部门备案,擅自同意排空消防水箱的消防用水;白某某负责项目消防管道拆改工作期间,向张甲建议排空消防水箱的消防用水,后未向王某提出尽快注水建议;李某某在自身无消防设施施工资质的情况下,擅自向白某某提出排放楼内消防水箱内消防用水的建议,并带领施工人员实施放水操作。被告人张乙、左某、王某某作为A公司项目承包方现场负责人员,违反相关安全管理规定,安排并默许下属施工人员在未竣工的建筑物内集体住宿。上述被告人行为共同致使某项目现场消防安全隐患长期存在。

同年12月1日3时53分,A公司位于天津市河西区的某项目发生重大火灾事故,造成10人死亡,5人受伤,直接经济损失约2516.6万元。经调查,事故发生的直接原因系遗留烟蒂导致废弃物品引燃,间接原因包括消防水箱无水、施工人员在未竣工的建筑物内集体住宿等。

【检察机关履职过程】

(一)介入侦查

事故发生后,天津市检察机关立即启动重大案件市区三级联动机制。天津市河西区人民检察院由检察长带队,迅速抽调精干力量,会同公安河西分局、安监部门、消防部门等共同就事故发生原因、案件定性、侦查取证方向等问题进行会商研判。公安机关立案后,河西区人民检察院提前介入引导侦查,提出取证方向和重点:进一步查找遗留烟蒂导致事故发生的直接责任人员;固定现场负责人员的职务职责证据;明确排空消防水箱、水箱长期未注水以及安排施工人员在施工现场住宿的主管人员、直接责任人员;调取相关责任人具体违反的安全管理规定及解读;督促有关部门协调A公司尽快解决遇难者家属的赔偿问题。2017年12月11日,公安河西分局以林某等17人分别涉嫌失火罪、重大责任事故罪向河西区人民检察院提请批准逮捕。河西区人民检察院经审查认为,综合全案证据,林某等8名被告人行为与事故原因直接关联,行为与结果之间存在刑法上的因果关系,构成重大责任事故罪。邵某某等3名在项目楼内吸烟的行为人,难以查明何人丢弃了导致火灾发生的现场遗留烟蒂;万某某等两名废弃物品清理人员未及时清理废弃物品的行为,虽与事故原因相关,但不属于造成事故发生危险或结果的行为;于某等4名公司管理人员,不掌握施工现场具体情况,不具有事故原因行为,故认定除林某等8名被告人外的其余人员构成犯罪证据不足。经向天津市人民检察院请示汇报后,12月16日,河西区人民检察院对林某等8人作出批准逮捕决定,并制发《逮捕案件继续侦查取证意见书》,要求公安机关及时调取事故调查报告,收集固定能够证明犯罪嫌疑人主次要责任的证据,并全程跟踪,引导侦查取证工作。

(二) 审查起诉

2018年2月6日,公安河西分局以林某等8人涉嫌重大责任事故罪向河西区人民检察院移送审查起诉。河西区人民检察院办案人员针对部分被告人及辩护人提出的林某、张甲、李某某均在事故发生前有过风险提示行为,应阻断因果关系的意见,及时要求公安机关调取A公司的内部审批材料,证实林某系安全生产第一责任人,其长期知晓消防安全隐患存在却未采取实质有效的方式督促相关负责人员整改。张甲、李某某亦在违反相关安全管理规定的行为之后,未尽到实质义务消除自身影响,阻止事故发生,客观上并未阻断因果关系。针对部分辩护人提出的事故调查报告未认定事故的主次要责任,相关人员应负事故次要责任或不承担事故责任的意见,通过固定职务职责的有关证据,明确A公司项目负责人张甲、王某对排空消防水箱后未注水、安排施工人员在现场住宿的事故原因具有最终决定权,对事故发生起到决定性、关键性作用,认定其二人负事故主要责任。针对部分辩护人提出的张乙、左某、王某某被动按照A公司要求,安排下属施工人员进入施工区内住宿,不具有违反相关安全管理规定实质行为的意见,通过分析论证,张乙、左某、王某某作为施工方负责人,具有保证下属施工人员生产、作业安全的义务,其三人明知事故现场尚在施工,却未对施工人员入内住宿提出反对意见,系不作为的违反安全管理规定,其行为与最终损害后果之间具有因果关系,构成重大责任事故罪。

(三) 分案起诉

河西区人民检察院办案人员多次讯问会见被告人,充分释法说理,客观认定各被告人的事故责任及具有的量刑情节,精准量刑,成功促成被告人全部自愿认罪、辩护人均做罪轻辩护的有利局面。为保证庭审质量与效果，河西区人民检察院经分析研判，认为林某等 8 名被告人分属项目甲方、乙方人员，部分被告人之间具有上下级关系，且案件涉及的事故原因集中于消防水箱未注水及安排施工人员在未竣工的建筑物内住宿两方面。其中部分甲方人员对导致事故原因起到决定作用，部分乙方人员系导致事故原因直接行为人，若以一案提起公诉，举证质证及法庭辩论的焦点不明晰，8 名被告人或存在互相推诿，对自身行为避重就轻的情况，不利于保证庭审质量与效果。据此，河西区人民检察院决定按照职务职责、事故原因、主次要责任将案件划分为三案提起公诉。其中，林某系甲方负责人，对事故发生负有领导责任及次要责任，涉及两方面事故原因，故对林某单独成案提起公诉。张乙、左某、王某某均系乙方管理人员，犯罪行为均涉及施工人员住宿一方面，行为性质相似且均负事故次要责任，故对张乙等三人单独成案提起公诉。王某、张甲、白某某、李某某行为均涉及消防水箱未注水的事故原因，王某、张甲作为项目负责人，涉及两方面事故原因且均负事故主要责任，故对王某等 4 人单独成案提起公诉。

（四）指控与证明犯罪

2018 年 8 月 19 日，河西区人民检察院以被告人林某等 8 人涉嫌重大责任事故罪分案向河西区人民法院提起公诉。鉴于该案重大复杂，为保证庭审质量与效果，河西区人民检察院建议法院召开庭前会议，就举证质证方式等程序性问题，控辩双方达成一致，明确争议焦点。2019 年 3 月 21 日、27 日、29 日，河西区人民法院对检察机关提起公诉的上述三案分别开庭审理。鉴于各被告人均自愿认罪认罚，公诉人有针对性地进行简要讯问，利用多媒体示证全面出示证据，详实发表公诉意见并根据案件特点进行法庭教育。庭审中，张甲辩护人提出，张甲担任工程总监后不再具有相关安全管理职责，同意放水后多次提示注水已尽到责任义务，虽有安排住宿行为但最终遇难人员的住宿并非由其安排决定，不应承担事故主要责任；王某辩护人提出，王某具有积极参与事故救援的情节。针对张甲不应承担事故主要责任的辩护意见，公诉人答辩指出，张甲无论作为项目负责人还是工程总监，均具有相应的安全保障职责。张甲担任项目负责人期间，对消防水箱放水、安排住宿问题具有最终决定权，且上述问题作为重大消防安全隐患对事故发生起到关键性、决定性作用。施工人员在项目楼内住宿始于张甲决定并安排，且其对后续施工人员进场住宿问题未依职责提出纠正反对意见，张甲后期提示注水的行为客观上并未阻断其行为与最终损害后果之间的因果关系，故张甲应当承担事故主要责任。针对王某具有积极参与事故救援情节的辩护意见，公诉人指出王某在事故现场传递少量灭火器的行为，与王某某等人冲入火场抢救被困人员的行为相比，其行为程度尚未达到积极组织、参与事故抢救的评价标准,不能认定其具有积极参与事故抢救的从轻处罚情节。针对相关被告人承担事故次要责任以及 8 名被告人的其他量刑情节问题,公诉人指出,公诉意见中对相关被告人的责任认定及其具有的量刑情节已经给予了客观认定,请法庭综合考量。8 名被告人对起诉书指控的事实、定性以及公诉人出示的证据均不持异议,均当庭自愿认罪悔过,每个案件的庭审用时平均不到两个半小时,实现了案件办理的三个效果的统一。

（五）处理结果

2019 年 5 月 29 日、31 日,河西区人民法院采纳检察机关全部犯罪指控及量刑建议,对被告人林某等八人相继作出判决,以重大责任事故罪判处被告人林某有期徒刑二年二个月;判处被告人王某有期徒刑四年;判处被告人张甲有期徒刑三年四个月;判处被告人白某某有期徒刑一年十个月;判处被告人李某某有期徒刑一年六个月;判处被告人张乙有期徒刑一年八个月,缓刑一年八个月;判处被告人左某有期徒刑一年八个月,缓刑一年八个月;判处被告人王某某有期徒刑一年六个月,缓刑一年六个月。判决已生效。

【典型意义】

（一）明确"多因一果"类型重大责任事故案件的审查认定思路

一是厘清事故原因,根据事故调查报告、事故救援单位的报告或说明、现场勘验笔录等证据,厘清事故发生的直接原因、间接原因。二是根据事故原因及相关安全管理规定,通过审查现场监控录像、职务职责证据、言词证据等,关联导致事故原因的行为人。把握危害行为的实质是造成法益损害或致使法益处于危险状态,进而将不属于事故原因的行为或与事故原因相关,但不会造成事故发生危险或结果的行为排除在犯罪之外。根据犯罪嫌疑人的职务职责证据,判定其对事故损害后果是否具有保证人义务。对于怠于履行保证人义务违反安全管理规定的不作为行为,仍应以犯罪论处。三是判定因果关系,应明确具有实质危害的原因行为均是造成事故结果的原因之一,对于存在补救行为的,应审查判断是否已穷尽手段消除自身原因行为的影响,否则不能阻断因果关系。四是认定事故主次要责任,应当严格按照司法解释规定,通过职务职责、有无风险提示行为等证据,明确行为人对事故发生是否起到决定性、关键性作用。对于事故隐患的产生、存续具有最终决定权或违反安全管理规定,直接导致事故隐患产生、存续,且没有请示上报行为的,一般应当认定负事故主要责任。

（二）采取"分案起诉"方式,保证庭审质量与效果

检察机关在办理人数众多、各被告人行为与职责紧密关联、被告人行为涉

及不同事故原因的重大责任事故案件时,可综合考量各被告人的职务层级、主次要责任、所涉事故原因等因素,进行分案起诉,确保庭审中指控思路清晰、焦点明确,避免被告人在庭审中出现相互推诿、避重就轻情形,保证庭审质量与效果。

(三)适用认罪认罚从宽制度,保证案件办理"三个效果"的统一

对于有重大社会影响的案件,检察机关要善于运用认罪认罚从宽制度的优势,在客观认定犯罪事实、准确适用法律的基础上,加强对被告人的释法说理工作,依法准确认定各被告人的事故责任及所具有的量刑情节,提出精准量刑建议。要积极与辩护人沟通交流,充分听取辩护人在事实认定、定罪量刑等方面的意见,通过适用认罪认罚从宽制度,实现庭审良好效果。对适用认罪认罚从宽制度的案件,庭审中要把握节奏,围绕重点简要讯问,充分运用多媒体示证,清晰指控犯罪,根据案件特点有针对性地进行法庭教育,保证案件办理"三个效果"的统一。

(撰稿人:天津市人民检察院　于德贤;天津市河西区人民检察院　魏明磊)

天津市魏某某等四人重大责任事故案

【基本案情】

2018年5月14日,被告人魏某某作为某二期项目总经理助理,在A公司房地产开发资质证书过期(有效期至2018年2月28日)、二期项目未取得建设工程规划许可证(2018年6月26日取得)和施工许可证(截至事故发生前仍未取得)的情况下,主持A公司、C公司、D工程总承包有限公司(简称D公司,施工总承包单位)有关人员召开二期项目开工启动会,要求C公司正式进场施工;被告人杜某某作为二期项目总监理工程师代表、专业质量总监参加会议;被告人孙某某作为C公司二期项目经理参加了会议。会后,被告人韦某某(从C公司承揽桩基工程,无资质)组织工人进入二期项目实施桩基工程。同年5月19日,因打桩作业用电需求,韦某某通过朋友将一台破损的配电箱运至工地,经人接线通电后投入使用。同年6月25日,F房地产开发有限公司(简称F公司,负责A公司的人事任命及具体管理)对二期项目进行月度检查,发现二期项目临电无防砸措施等问题下达了整改通知单,魏某某、杜某某在整改通知单上签字。同年6月26日,魏某某主持A公司、B公司、C公司召开工程例会,决定对一、二级配电箱做好防雨维护工作,杜某某、孙某某参加了会议。同年6月27日,韦某某按照孙某某的参会要求,安排所在工程队有关人员制作配电箱防护装置,该队工人张某某等人利用工地螺纹钢筋焊制了用于保护配电箱的钢筋笼。

2018年6月29日7时30分许,韦某某工程队的工人张某某、马某某、董某某、王某某等人在二期项目工地对韦某某运至工地的破损配电箱安置钢筋笼,在进行防护作业过程中发生触电,造成张某某、马某某、董某某三人死亡,王某某受伤的重大责任事故。经鉴定,张某某、马某某、董某某均系电击死。经专家组认定造成事故的直接原因系工人在作业过程中,未将总配电箱电源断开,散乱置于总配电箱右下角的电压表接线端子裸露带电。工人采用钢筋笼进行配电箱防护作业过程中,钢筋笼碰撞配电箱,导致箱内的电压表接线端子接触配电箱外壳,使整个总配电箱体带电。该配电箱未做保护接零和重复接地,且无漏电保护器,无法在漏电时自行断电,导致触电事故发生。

案发后,魏某某等人主动投案,到案后自愿如实供述自己的罪行;被害人及其亲属获得赔偿。

【检察机关履职过程】

（一）引导侦查取证，厘清各自责任

天津市公安局宝坻分局于2019年9月9日以魏某某等四人涉嫌重大责任事故罪向宝坻区人民检察院移送审查起诉。宝坻区人民检察院审查后，发现二期项目人事管理混乱，相关涉案人员的职责分工不明晰，魏某某、杜某某等人对所承担的管理职责、监理职责存有异议。导致职责混乱的主要原因是因为卷内缺少相关公司承包分包资料、缺少涉案人员的职责任命等资料。为厘清涉案人员的职责分工，宝坻区人民检察院引导公安机关补充侦查，共补充案卷10册。通过补充侦查，相关公司之间的关系、涉案人员的职责分工以及涉案人员与二期工程项目事故的关联得以明晰。一是厘清相关公司关系。针对二期项目管理混乱，引导公安机关补充了建设工程施工承包协议书、建设工程委托监理合同、桩基施工协议书以及涉案公司的执业证书、公司资质证书等资料，查清了所涉及的投资公司、总承包公司、分包公司以及施工公司等单位存在关联关系。二是厘清涉案人员职责。针对魏某某、杜某某等人对所承担的管理职责、监理职责存有异议，引导公安机关补充了涉案人员的劳动合同、职务任免通知、员工手册、工资明细以及工作联系函、监理通知单等资料，查清魏某某为G公司住宅事业部天津某住宅项目总经理助理，负责二期工程管理工作；杜某某为G公司住宅事业部天津某住宅项目工程部质量总监，负责二期工程质量管理工作，同时担任B公司总监理工程师代表，负责监理工作；孙某某为C公司项目经理，为二期桩基工程的现场负责人；韦某某承包C公司桩基工程，无资质。三是厘清涉案人员责任。针对魏某某等人认为自己对事故发生不应承担法律责任的辩解，引导公安机关补充了二期临电施工方案、二期临电施工审批表以及施工安全规定、临时用电标准、临时用电配电箱安全技术标准等规定。查清魏某某作为二期项目总经理助理，在资质证过期、未取得建设工程规划许可证和施工许可证的情况下，主持召开了二期项目启动会、参与了重要文件审批、指示安装发生事故的配电箱防砸措施、未尽到管理责任，对事故有过失责任；杜某某作为监理公司总监代表、二期项目质量总监，参与了重要文件审批、参加了安装配电箱防砸措施等有关会议，未尽到管理、监理责任，对事故有过失责任；孙某某作为C公司二期项目经理、现场施工负责人，明知韦某某不具有打桩资质，参会后仍指示韦某某安装配电箱防砸措施，对于工人在作业中违规操作发生触电身亡的事故未尽到管理责任，对事故有过失责任；韦某某无资质承包了C公司二期项目打桩工程，为解决用电问题，提供了不符合国家安全管理规定的一级配电箱（具体为箱体破旧、安装的开关不符合一级配电箱的规定），又指派工人安装破旧配电箱防砸措施，工人在作业工程中未将电源断开、钢筋笼触碰配电箱漏电，最终导致触电事故发生，韦某某对事故有过失责任。

（二）综合审查证据，准确界定罪名

本案发生事故的原因多重复杂，既有施工单位安全生产设施、安全生产条件不符合国家规定的情形，也有工人在作业中违规操作问题，对魏某某等人的罪名认定存在争议的情况。一种观点认为魏某某等人未及时提供有关用电装置，未能保证安全施工，应认定为重大劳动安全事故罪；另一种观点认为魏某某等人指示工人安装配电箱防砸措施，工人违规操作、违规用电，导致触电事故发生，应认定为重大责任事故罪。重大责任事故罪，是指在生产、作业中违反有关安全管理的规定，因而发生重大伤亡事故或者造成其他严重后果的行为，其关键点在于行为人有没有违章作业、违规操作。重大劳动安全事故罪，是安全生产设备或者安全生产条件不符合国家规定，因而发生重大伤亡事故或者造成其他严重后果的行为，其关键点在于是否提供了符合国家规定的安全生产设施或安全生产条件。重大责任事故罪与重大劳动安全事故罪均为过失性犯罪，两者在实践中发生竞合的情形居多，界定罪名应结合相关职责及具体行为。宝坻区区人民检察院综合审查各项证据，结合魏某某等人的工作职责，认为魏某某等人在资质证过期、未取得建设工程规划许可证和施工许可证的情况下指示工人开工进场，未及时提供有关用电装置，未能保证安全施工，对事故发生具有一定的责任；事故发生的主要原因是工人违规操作、违规用电，主要体现在未将总配电箱电源断开，散乱置于总配电箱右下角的电压表接线端子裸露带电，工人作业中钢筋笼碰撞配电箱，导致触电事故发生。为全面客观评价魏某某等人的行为，本案应认定为重大责任事故罪。

（三）适用认罪认罚，充分释法说理

本案涉及单位、人数较为复杂，对于界定罪名争议较大、犯罪嫌疑人对自己的行为是否构成犯罪存有疑义。宝坻区人民检察院将释法说理贯穿始终，多次倾听犯罪嫌疑人及其辩护律师的意见，结合涉案人员的职责分工，充分说明涉案人员未尽到相关管理职责的具体表现，结合全案证据客观分析相关人员的指挥、指示行为不当是导致事故发生的原因。通过释法说理，魏某某等涉案人员认识到自己的行为涉嫌重大责任事故罪，表示认罪悔罪，审查起诉阶段在辩护律师的见证下均自愿签署了《认罪认罚具结书》。比如，杜某某在审查起诉时提出自己仅有监理职责，且对于导致事故的配电箱不是监理单位购买、设计、安装，自己未指挥工人安装配电箱和防护罩；同时提出自己的监理职责截至 2018 年 6 月 28 日，事故发生在 2018 年 6 月 29 日，且 6 月 28 日已经办理了工作交接。针对杜某某的异议，宝坻区人民检察院先后四次听取其本人及两名辩护律师的意见，就杜某某监理职责履行不当应当承担法律责多角度予以释法说理。(1) 卷中材料显示 2018 年 4 月 24 日，某安全生产监督管理办公室有关人员对 D 公司进行监督检查，因 D 公司无法提供企业自查表等文字材料，现场责令其立即停止施工；同年 5 月 17 日，某综合执法大队有关人员到二期项目了解情况，发现 A 公司未取得建设工程规划许可证和施工许可证，告知不得开工建设。杜某某作为监理公司的质量总监没有履行监理职责，没有及时监督二期工程停止施工。(2) 相关证据证实杜某某参与了二期工程开工会议、安装配电箱防砸装置会议，说明杜某某对 A 公司资质证书过期、二期项目未取得建设工程规划许可证和施工许可证等情形明知；对 C 公司将桩基工程分包给无资质人韦某某，韦某某对破旧配电箱安装防砸装置也是明知，杜某某均未监督纠正。(3) 补充证据证实 2018 年 6 月 28 日杜某某并未办理交接工作，事故发生后杜某某一直在二期项目相关监理通知单签字履职；即便是杜某某 6 月 28 日办理了工作交接，但二期工程开工以及安装配电箱防砸措施等工作均发生在杜某某履行监理职责期间，杜某某亦应承担相关法律责任。

（四）指控与证明犯罪

2020 年 8 月 14 日，宝坻区人民检察院将本案起诉至宝坻区人民法院。鉴于各被告人均自愿认罪认罚，公诉人有针对性地进行简要讯问，结合各被告人责任和案件事实全面出示证据，详实发表公诉意见并进行法庭教育。当庭，被告人及辩护人对于公诉机关指控的罪名、事实、量刑情节均无异议，各被告人均表示认罪悔罪，法庭经审理，采纳检察机关全部犯罪指控及量刑建议，取得了良好的庭审效果。

（五）加强法律监督，及时跟踪回访

此案的发生暴露出了城市管理综合执法部门、建设行政主管部门及属地园区管委会等职能单位未认真履行法定职责，对擅自开工建设的违法行为未依法查处并采取切实有效的制止措施，检查巡查不到位，最终造成 3 人死亡、1 人受伤、经济损失 355 万元的严重后果。为更好地履行检察职能，加强法律监督，承办人及时回访了上述管理部门，针对调查报告指出的管理漏洞及时督促其严格落实行业监管职能、严厉打击非法违法建设行为，吸取经验教训，全面做好事故防范工作。经跟踪回访，涉案有关职能部门认真落实整改措施，开展专项整治，堵塞了管理漏洞。

（六）处理结果

2020年9月1日，宝坻区人民法院以重大责任事故罪判处被告人魏某某有期徒刑二年，缓刑二年；判处杜某某有期徒刑二年，缓刑二年；判处孙某某有期徒刑二年，缓刑二年；判处韦某某有期徒刑二年，缓刑二年。判决已生效。

【典型意义】

（一）提高办理工程建设领域安全生产刑事案件的能力

工程建设领域安全生产类案件，办理难度较大。一是涉及公司主体多，公司间关联关系认定困难，对于工程建设施工可能涉及的投资公司、承包公司、分包公司等，涉及公司主体之间的关系错综复杂，审查时要注重厘清公司主体的关联关系，判断不同公司主体与事故之间的关系。二是涉案人员众多，涉案人员的责任认定困难，要重点审查相关人员的职责与安全生产事故之间的因果关系，进而判断相关人员的责任。三是审查的专业性强，工程建设施工涉及大量安全生产技术标准，检察机关在办理案件时，要熟悉掌握相关安全生产技术标准，将专业知识与法律知识相融合，熟练运用相关专业知识辅助解决法律问题。检察机关要立足检察职能，抽丝剥茧，认真梳理各公司之间的关联以及涉案人员的职责分工，不断提高办理工程建设领域安全生产事故类刑事案件的综合能力。

（二）要充分发挥引导侦查取证的积极作用

工程建设领域安全生产案件特点突出，问题难点相对集中，针对涉案单位关联关系、涉案人员职责责任、法律定性等方向，要强化引导补充侦查取证的意识，充分发挥检察机关引导侦查取证的功能作用，及时引导公安机关调整侦查方向，精准推进有效取证，补充固定完善证据，在厘清责任、准确界定此罪与彼罪的基础上，通过补充侦查取证更有力指控犯罪，不断提升检察机关维护安全生产的实际效果。

（三）落实宽严相济刑事政策，积极适用认罪认罚从宽制度

对于争议较大、犯罪嫌疑人对定罪存有疑义的案件，检察机关要积极开展工作，一是认真倾听涉案人员及其辩护律师的意见，通过听取意见了解涉案人员及辩护律师的观点和立场，为推动认罪认罚打好基础；二是通过案件事实、证据准确认定涉案人员职责、责任，保证案件事实清楚、证据确实、充分，并提出精准量刑建议；三是积极开展释法说理、沟通交流工作，在了解涉案人员、辩护律师立场，掌握案件事实、证据的基础上，从法理、情理角度开展认罪认罚工作，通过与涉案人员、辩护律师的有效沟通，阐明相关人员责任，引导相关人员认罪悔罪，将贯彻宽严相济形势政策、认罪认罚从宽工作落到实处。

（四）充分发挥法律监督职能作用，积极参与社会治理

随着经济社会发展，安全生产事故频发，工程建设领域安全生产问题愈加被重视。检察机关要聚焦人民群众关心关切，积极发挥检察机关法律监督和参与社会治理的作用，更主动地参与社会治理。通过向相关领域发送检察建议等方式，以跟踪回访、督促整改等措施，及时堵塞行业管理漏洞，提高相关行业安全生产水平及相关部门管理水平，保障经济社会发展稳定安全有序进行，提高社会治理法治化水平。

（撰稿人：天津市河西区人民检察院　任远；天津市宝坻区人民检察院　杨立新）

上海市嘉定区袁某、陈某危险作业案

【基本案情】

2020年7月,袁某、陈某经共同商议租下位于上海市嘉定区面积约6000余平方米的某仓库,后二人在未取得危险化学品储存资质情况下,招揽多家化工企业存放乙酸乙酯、碳酸二甲酯、甲醇、二甲基甲酰胺等危险化学品,直至2021年4月9日被公安机关查获。经综合评估,上述仓库存储乙酸乙酯、碳酸二甲酯、甲醇、二甲基甲酰等13种共计200余吨危险化学品存在发生火灾、爆炸重大伤亡事故及造成环境污染严重后果的现实危险。袁某、陈某于2021年4月9日先后到案。另查明,2021年4月8日自该仓库运出的部分危险化学品在另一地点分装过程中发生燃爆事故,造成两名工人严重受伤。

【检察机关履职过程】

(一)依法及时提前介入,引导公安机关侦查取证

该案系上海市首例危险作业案,案发后检察机关及时介入,引导公安机关注重对袁某、陈某的从业背景、仓库资质、微信聊天记录、转账记录等客观性证据的收集,同时与公安机关、应急管理局、评估人员进行会商,确定案件证据标准,并至仓库现场实地查看,增加办案亲历性。

(二)综合运用证据、准确认定犯罪

嘉定区人民检察院全面、细致地审查了证据,并通过实地勘查,从多方面准确认定了犯罪。

第一,细致审查袁某、陈某是否具有危险化学品储存资质。经审查,袁某、陈某长期从事危险化学品行业,二人均各自经营着自己的危险化学品运输公司,这些公司均具有运输危险化学品的资质,但根据《危险化学品安全管理条例》《危险化学品经营许可证管理办法》等规定,危险化学品的经营、运输、储存需要分别审批,甚至经营、运输、储存危险化学品的种类都要逐一许可,而袁某、陈某各自的公司及本次经营的仓库均不具有危险化学品储存资质。

第二,全面审查,认定主观明知。袁某从主观明知上提出辩解,称其租下仓库后交由陈某具体经营,其不知道仓库存放了危险化学品。对此,检察机关

将袁某手机进行数据恢复提取,从大量手机内容中审查出与该仓库储存危险化学品相关的聊天记录,而危险物品外包装上也张贴有"易燃""易爆"等标志,结合袁某多年来一直从事危险化学品行业的背景及其2019年曾因储存危险化学品被调查过等事实,证实了其主观上明知上述仓库存放有危险化学品。通过向袁某出示大量证据并进行法治教育,其在证据及事实面前认罪服法。

第三,实地勘查,从多个方面准确认定"现实危险"。危险作业罪需要具有"发生重大伤亡事故或者其他严重后果的现实危险",因此是否具有"现实危险"是本案的重点和难点。为此,检察机关经过实地勘查,从以下五个方面进行了认定:(1)储存条件。通过实地查看,发现该仓库的防火、防雷、防爆、防静电、防泄漏等各项安全管理措施严重不足。(2)周边环境。通过查看仓库周边,发现有员工宿舍、厨房、厂房、办公室等与仓库贴临,有三十余名人员在周边工作生活,严重违反了《危险化学品安全管理条例》《常用化学危险品贮存通则》《建筑设计防火规范》等相关规定。(3)危险化学品数量。根据相关部门的称重及抽样鉴定等,确定了该仓库共有13种200余吨危险化学品,种类多、数量大。(4)是否有分装行为。"储存+分装"是危险物品储存业务的常见模式,分装对设备设施、操作员工技能要求高,对环境及人员的危险性高,触发事故概率高。经现场检查发现,犯罪嫌疑人在储存过程中有分装行为。(5)从该仓库运出的危险化学品在另一地点分装时发生了燃爆事故,说明储存的危险化学品危险性高。综合以上情况,检察机关采纳了上海某化工检测有限公司出具的该仓库存在发生火灾、爆炸重大伤亡事故及造成环境污染严重后果的现实危险的评估意见。

(三)指控与证明犯罪

2021年7月15日,上海市嘉定区人民检察院以被告人袁某、陈某涉嫌危险作业罪向上海市嘉定区人民法院提起公诉,并对二被告人均适用认罪认罚从宽制度。庭审过程中,检察机关通过多媒体示证的方式全面、直观地向法庭展示案件的各项细节,综合全案证据有力地指控了犯罪,并针对袁某、陈某的行为及行业普遍存在的违规生产行为进行了法治教育,袁某、陈某及其辩护律师对指控的犯罪事实、罪名、量刑均无异议,实现了良好的庭审效果。同时,为扩大办案效果,做到办理一案教育一片,经检察机关建议,法院对庭审进行网络直播,实时观看人数达几十万人次,取得了良好的社会法治教育效果。

(四)消除后续风险,进行综合治理

检察机关在审查批捕时将认罪态度良好的陈某作定罪不捕,由其配合应急管理局妥善处理了非法储存的危险化学品,消除了仓库存储大量危险化学品后续可能发生的失火、爆炸等风险。同时检察机关针对化工行业非法储存乱象向区应急管理局制发检察建议，督促该局对区内企业违规行为进行专项整治。

（五）处理结果

2021年8月6日，上海市嘉定区人民法院采纳检察机关起诉罪名及量刑建议，以危险作业罪，判处袁某有期徒刑六个月，判处陈某有期徒刑六个月，缓刑一年。判决已生效。

【典型意义】

（一）立足立法本意，严格控制入罪范围

《刑法》第134条之一将尚未发生重大事故，但已经产生现实危险的行为规定为危险作业罪，有助于防范重大事故的发生，但同时也要严格把握入罪标准，控制处罚的范围。实践中不能将一般的违反安全生产管理规定的行为都认定为犯罪，而是将那些特别危险、极易导致严重后果发生的行为，纳入刑事制裁范围。

（二）明确危险作业罪审查要点及"现实危险"的认定方式、取证方向

危险作业罪系《刑法修正案（十一）》新增设罪名，需要全面细致地审查行为人的资质及主观明知，同时该罪名"现实危险"的标准尚未有明确规定，在案件办理中可以从储存的危险物品种类及数量、储存场所的条件、场所周边人员及环境情况、是否有分装行为、是否已出现"小事故"等方面综合评判，并委托相关机构进行评估，确保"现实危险"的认定更加准确。

（三）注重风险化解、社会治理及法治宣传

危险作业案件在办理的同时，也要考虑如何尽快消除已经产生的"现实危险"，化解发生重大伤亡事故的风险。针对近年来生产、作业领域重大事故频发的情况，检察机关应当积极参与综合治理，注重与相关部门的联动配合，督促全面整治。同时，可采用网络直播、官微等方式对该罪进行法治宣传，提高相关从业者和公众的安全意识。

（撰稿人：上海市嘉定区人民检察院　张飞）

上海市奉贤区白某红、周某书等四人
危险物品肇事案

【基本案情】

2020年1月2日，上海同某物流有限公司（以下简称同某物流公司）与国某集团化学试剂有限公司（以下简称国某试剂公司）签订上海市道路危险货物运输合同，具体货物由周某书、白某红夫妻挂靠在同某物流公司的危险货物运输车进行运输，该车辆具有道路危险货物运输资质。

2020年8月19日14时许，周某书安排白某红、周某刚及刘某军驾驶危险货物运输车至上海市金山区国某试剂公司装运危险货物，白某红、周某刚、刘某军等三人均参与了危险货物的装载作业。18时许，货物装载完毕，由周某刚驾驶危险货物运输车从国某试剂公司出发，准备将危险货物运送到上海市嘉定区某地。19时50分许，当车辆途经奉贤区S4高速奉浦大桥段时，因运输的危险化学品泄漏产生理化反应引发火灾，引燃周围可燃物并扩大成灾，事故造成桥梁路面毁损、货物烧毁等直接经济损失共计人民币105余万元。事故发生后，周某刚主动报警，白某红留在现场等待民警到场处理。

经调查认定，白某红、周某刚、刘某军在货物装卸、运输过程中，违反相关规定，将不能混装的磷酸、硝酸、丙酸与氢氧化钠、氨水、乙醇、甲醇等危险化学品混装，将锌粉与过硫酸钾、过硫酸钠、过氧化氢等危险化学品混装，造成运输的危险化学品泄漏产生理化反应引发火灾，引燃周围可燃物并扩大成灾。

案发后，周某书等人已赔偿桥梁路面损失和国某试剂公司的损失。

【检察机关履职过程】

2020年11月2日，公安机关以白某红、周某书等四人涉嫌危险物品肇事罪移送上海市奉贤区人民检察院审查起诉。奉贤区人民检察院依法开展有关工作：

（一）深入调查核实，认定危险物品

督促公安机关调查核实事故发生原因，调查后认定事故发生原因系白某红等三人在货物装卸、运输过程中，违反相关规定，将不能混装的磷酸、硝酸、丙酸与氢氧化钠、氨水、乙醇、甲醇等危险化学品混装,将锌粉与过硫酸钾、过硫酸钠、过氧化氢等混装,造成运输的危险化学品泄漏产生理化反应引发火灾,引燃周围可燃物并扩大成灾。通过与《危险化学品目录》(2018 版)进行比对,发现上述化学品大多被列入《危险化学品目录》,属于危险化学品。同时,该《危险化学品目录》(2018 版)中,将危险化学品定义为具有毒害、腐蚀、爆炸、燃烧、助燃等性质,对人体、设施、环境具有危害的剧毒化学品和其他化学品;刑法第 136 条关于危险物品肇事罪的规定中,将危险物品定义为爆炸性、易燃性、放射性、毒害性、腐蚀性物品。据此,可以认定涉案车辆中装载的物质大多数为危险物品。

(二)确定经济损失,明确案件定性

涉案车辆引燃周围可燃物并扩大成灾,事故造成路面毁损、大桥全段交通瘫痪五小时,造成严重影响。公安机关委托奉贤区发展和改革委员会对被烧毁车辆价值、已灭失危险化学品价值及奉浦大桥毁损价值进行鉴定,经鉴定,事故造成直接经济损失共计人民币 105 余万元。依据最高人民法院、最高人民检察院《关于办理危害生产安全刑事案件适用法律若干问题的解释》第 6 条的规定,实施刑法第 136 条规定的行为,因而发生安全事故,具有下列情形之一的,应当认定为"造成严重后果",对相关责任人员,处 3 年以下有期徒刑或者拘役:……(二)造成直接经济损失 100 万元以上的……据此,该事故发生在危险物品运输环节,系违反危险化学品安全管理规定造成,造成直接经济损失 100 万元以上的严重后果,且系过失犯罪,符合危险物品肇事罪立案追诉标准。

(三)指控与证明犯罪

2020 年 11 月 30 日,奉贤区人民检察院以白某红、周某书、周某刚涉嫌危险物品肇事罪向奉贤区人民法院依法提起公诉。12 月 10 日,奉贤区人民法院公开开庭审理此案。各被告人对公诉机关指控的犯罪事实及出示的证据均不持异议,当庭认罪。各辩护人对指控的犯罪事实及出示的证据均不持异议,并提出从轻处罚的辩护意见。法院采纳检察机关指控的犯罪事实及从轻处罚建议。

(四)制发检察建议,参与综合治理

奉贤区人民检察院在审查案件过程中认为,该案反映了国某试剂公司和同某物流公司在危险货物运输的资质审查、对接交付和运输过程中存在普遍性、倾向性治理问题,有必要制发针对性的检察建议。一是以案情为基础,从危险品运输源头企业、承运物流公司两方面对危险品运输全链条进行安全隐患和管理漏洞的剖析。排查发现，国某试剂公司在和承运商交接、装货过程中未按规定向承运人员详细说明托运货物的种类、性质以及紧急情况处置等事项，也未核实承运人员的装卸资质；同某物流公司未按照《危险货物道路运输安全管理办法》的规定制作危险货物电子运单，白某红等人对于运输的危险货物明细不清楚，公司安全员对于运输的危险货物情况不了解、不掌握，在事故发生后难以恰当地处置，最终造成公共安全事故。二是通过实地走访企业、约谈企业负责人、听取监管部门意见等方式查找公司存在的深层次制度构建与监督缺失问题。调查后发现，国某试剂公司在核准人员车辆进入危险品操作区域、核实从业人员从业资质、危险物品摆放等方面存在管理漏洞；同某物流公司存在未按照《上海市道路交通管理条例》的规定对公司从业人员进行安全教育学习，未及时发现、纠正涉案人员不规范行为，并未按规定对从事危险货物运输的车辆进行等级评定等问题。三是针对安全隐患，精准全面提出检察建议。奉贤区人民检察院向同某物流公司及国某试剂公司制发检察建议，要求同某物流公司从加强人员管理、定期开展培训、加强对车辆的管理、定期对车辆进行等级评定等方面强化责任意识，提高监管水平；要求国某试剂公司制定相关规范管理文件，同时就管理文件内容对门卫、保安进行培训，在承运现场配备专业的装卸管理人员，杜绝危险货物混装现象等，切实排除公共安全隐患，避免相关安全事故再次发生。两家被建议单位均对奉贤区人民检察院制发的检察建议进行书面回复并积极落实整改。奉贤区人民检察院联合执法机关对涉案公司进行回访工作，确保企业建立规范的内控制度，筑牢安全防线，并通过走访奉贤区交通委、应急管理局、交警支队等单位，交流危险化学品运输行业存在问题与整改经验，积极推进危险化学品行业的安全机制构建与监管制度落实。

（五）处理结果

2020年11月27日，奉贤区人民检察院对刘某军作出相对不起诉决定。

2020年12月10日，奉贤区人民法院采纳检察机关指控的罪名和量刑建议，判决被告人白某红、周某书、周某刚犯危险物品肇事罪，分别判处有期徒刑六个月，宣告缓刑一年。各被告人均未上诉，判决已生效。

案发后，桥梁路面损失和国某试剂公司的损失均获得赔偿。

【典型意义】

（一）深入调查核实，严把入罪标准，准确区分罪名

一是对照《危险化学品目录》等相应行业标准，对应刑法第136条中规定的危险物品五种特性，严格认定涉案物品是否属于危险物品；二是明确涉案人员的岗位职责，认定相关人员在生产、储存、运输、使用危险物品过程中，

是否违反相应危险物品管理规定；三是通过委托专业机构鉴定方式，认定是否造成伤亡、直接经济损失或其他严重后果，并对应立案追诉标准。

（二）深挖事故成因，积极参与治理，主动担当履职

危险化学品运输车辆如果管理不当就相当于一辆辆行驶在公路上的炸药包，严重影响广大人民群众的生命和财产安全。检察机关在办理此类案件时，不能就案办案，还要深挖案件背后潜在的社会问题和企业制度机制问题，主动履行法律监督职责，通过个案积极参与社会治理，系统性地推动涉案企业健全管理制度。制发检察建议前应通过整体分析行业链条的重点环节与深度调查背后的成因，确保检察建议切中要点，具有实效。

（三）发挥部门合力，加强后续跟踪，延伸办案效果

提出检察建议时，要听取监管部门、行业专家等意见建议，详细列明企业在机制构建与监管中存在的问题及建议措施。制发检察建议后，要联合执法机关进行回访，及时跟踪落实，确保企业建立规范的内控制度，推进行政部门完善监管机制，筑牢安全防线，加强管理，弥补漏洞，增强法治观念，实现综合治理的政治效果、社会效果和法律效果的统一。

（撰稿人：上海市奉贤区人民检察院　瞿家怡）

上海市杨浦区陈某某重大责任事故案

【基本案情】

2019年6月,W空间管理(上海)有限公司将位于上海市杨浦区江湾城路的装修工程发包给H建设工程有限公司(以下简称H公司)承建;同年8月,H公司将上述工程中的楼宇自动化控制系统项目(包括空调、新风、排风、照明等)分包给J公司(以下简称J公司),J公司的项目负责人叶某某通知其长期维保合作单位H公司法定代表人陈某某负责现场空调移机后的检测工作。2019年8月18日上午9时30分许,陈某某带工人徐某某到现场检测,发现24号空调VAV-BOX(变风量空调系统的末端设备)电气线路未接通。当日10时30分许,陈某某在明知徐某某无电工特种作业操作证的情况下,同意徐某某擅自进行强电接线作业。10时40分许,在人字梯上进行强电接线作业的徐某某不慎触电倒地,陈某某即对其采取心肺复苏等急救措施,现场其他人员拨打"120"急救电话。当日11时56分,徐某某经抢救无效死亡。

【检察机关履职过程】

案发当日上海市杨浦区应急管理局牵头成立事故调查组开展调查,于2019年10月12日出具事故调查报告,认定陈某某作为现场作业负责人,安排无证人员从事电工特种作业,对事故发生负有主要责任,于2019年11月25日将陈某某涉嫌犯罪线索移送公安机关,公安机关于当日以陈某某涉嫌重大责任事故罪立案侦查。陈某某接民警电话通知后,于2019年12月25日主动至公安机关接受调查,如实供述犯罪事实。2019年12月26日,陈某某因涉嫌重大责任事故罪由公安机关决定取保候审。2020年1月10日,公安机关移送检察机关审查起诉。检察机关依法开展以下工作:

(一)提前介入侦查,精准开展引导取证

本案案发后,先由应急管理部门调查,三个多月后再移送公安机关立案侦查,移送案卷均是行政执法机关收集的证据,侦查机关面临哪些行政证据需要重新侦查、哪些证据需要补强和转化的困惑,杨浦区人民检察院提前介入,在证据收集、补强、转换等方面提出建议。一是引导公安机关对行政机关收集的部分证据进行刑事证据转换，对现场勘查笔录、事故调查报告等行政证据直接作为刑事证据移送检察机关审查；对 H 公司项目经理、装修工程电工班班长、J 公司上海分公司负责人、项目负责人等关键证人建议重新制作询问笔录，证实各单位在安全生产事故中的责任，并补充询问徐某某是否具备特种作业操作证等重要事实。二是补充印证被害人死因的证据。针对联合调查组未委托死因鉴定，仅《居民死亡医学证明书》记载徐某某因电击致心跳呼吸骤停死亡，而公安机关立案侦查时，遗体已火化，不具备鉴定条件的情况下，建议公安机关调取徐某某抢救记录，询问抢救医生和目击人员，咨询医学专家意见，与《居民死亡医学证明书》相互印证，对因安全生产事故造成一人死亡的严重后果因果关系予以确认。三是认真落实 2019 年 4 月《安全生产行政执法与刑事司法衔接工作办法》以及 2020 年 6 月《上海市安全生产行政执法与刑事司法衔接工作实施办法》《上海市安全生产行政执法与刑事司法衔接工作联席会议制度》，及时引导公安机关夯实证据锁链。

（二）自行侦查，准确界定刑事责任

本案涉及装修项目总包单位、分包单位及负责人、项目负责人和具体检测工作负责人等多个单位和人员，根据事故调查报告，对事故发生均有一定的责任。根据最高人民法院、最高人民检察院《关于办理危害生产安全刑事案件适用法律若干问题的解释》规定，重大责任事故犯罪主体包括对生产作业负有组织、指挥或者管理职责的负责人、管理人员、实际控制人、投资人等人员，以及直接从事生产、作业的人员，范围较为广泛，如何区分各个单位和人员在事故中的作用，合理界定刑事追究的人员范围是本案的核心。检察机关通过搜集近年来本市安全生产犯罪判例，加强同应急管理部门的专家沟通研讨，并经检察官联席会议讨论认为：陈某某作为空调移机后检测工作的具有管理职责的直接负责人，安排徐某某无证作业的行为，对事故发生起了决定性、关键性作用。J 公司及相关人员用工不规范、安全管理落实不到位，H 公司及相关人员未按规定在场管理、履行管理职责不到位等问题，不具有对事故发生现场最直接的管理职责，仅负一般管理、监督责任。结合本案危害后果，对公司负责人、有关管理人员予以行政处理与其应负的责任相当，认定陈某某一人构成重大责任事故罪，并提起公诉。

（三）指控与证明犯罪

审查起诉阶段，被告人陈某某自愿认罪认罚。2020 年 2 月 28 日，上海市杨浦区人民检察院对陈某某以涉嫌重大责任事故罪依法向杨浦区人民法院提起公诉并提出从轻量刑建议。在开庭审理过程中，公诉人发表公诉意见提出，陈某某作为本案工程项目现场负责人员，明知被害人没有电工操作证，仍允许被害人进行接强电线作业，对事故发生负有主要责任，陈某某在电工作业中违反有关安全管理的规定，因而发生重大伤亡事故，致一人死亡，其行为应以重大责任事故罪追究刑事责任。鉴于被告人陈某某系自首并认罪认罚，在事故发生后积极施救、配合调查、主动赔偿损失，公诉人建议对被告人陈某某判处有期徒刑六个月，缓刑一年。被告人陈某某对指控的事实、罪名及量刑建议均无异议。杨浦区人民法院认定检察机关指控的罪名成立，认可检察机关关于被告人陈某某在事故发生后积极施救、配合调查、主动赔偿损失，可以酌情从轻处罚的意见，采纳检察机关量刑建议。

（四）处理结果

2020年3月16日，上海市杨浦区人民法院采纳检察机关提出的量刑建议，一审以重大责任事故罪判处被告人陈某某有期徒刑六个月，缓刑一年。判决已生效。

陈某某于2019年8月23日向被害人家属赔偿人民币85万元，获得谅解。

【典型意义】

（一）注重安全生产领域犯罪中行政证据向刑事证据的转换

在安全生产事故发生后，政府相关部门组成事故调查组介入调查，很多重要的初始证据都由行政机关搜集调取制作。检察机关应严格按照《人民检察院刑事诉讼规则》第64条规定，人民检察院对行政机关收集的物证、书证、视听资料、电子数据等客观性证据和鉴定意见、勘验、检查笔录等反映客观情况的意见进行全面审查，经审查符合法定要求的，直接作为证据使用；经审查不符合法定要求或存在取证瑕疵的，应要求公安机关补正或作出书面解释。对证人证言、被害人陈述、犯罪嫌疑人供述等主观性证据，应要求公安机关重新提取，对无法重新提取的言词证据，应予以排除。关于政府相关职能部门出具的事故调查报告，在刑事诉讼中可以作为证据使用。作为刑事证据使用的事故调查报告应具备刑事证据的法定要件，对不具备法定要件的，应根据非法证据排除规则分别予以排除、重新制作、补正或作出合理解释。对事故调查报告，检察机关可作为办案的重要参考，但应结合全案其他证据进行审查认定。

（二）建立事故通报机制，提前介入引导侦查

行政调查和刑事侦查的取证方向和标准不同，检察机关应与政府应急管理部门、公安机关建立事故通报机制，及时提前介入，引导公安机关及时固定刑事证据，尤其是容易灭失的尸体、现场痕迹、财物等应及时进行勘验、检查和

司法鉴定。重大责任事故罪系在生产、作业中违反安全管理规定，因而发生重大伤亡事故的犯罪，对因果关系的印证在证明犯罪中十分关键，故一般死因鉴定至关重要，原则上均应进行死因鉴定，对确实没有死因鉴定的，也应补充调查其他证据予以印证，形成证据闭环。

（三）准确认定责任，合理界定刑事追究范围

重大责任事故的发生往往涉及多种原因、多个行为、各类人员。对于多个原因行为导致安全生产事故发生的，应按照最高人民法院《关于进一步加强危害生产安全刑事案件审判工作的意见》第 8 条的规定，梳理导致结果发生的各类原因，区分其中直接原因和间接原因，确认直接责任和间接责任、主要责任和次要责任、管理责任和监督责任等，同时结合事故危害后果、社会影响大小、行为人的违法性认识等，确定行为人应承担的法律责任，将违反安全管理规定，对事故后果起决定性、关键性作用的人员依法追究刑事责任。

（撰稿人：上海市杨浦区人民检察院　曹晓烨、朱倩芸）

浙江省湖州市南浔区余某某危险作业案

【基本案情】

被告人余某某系湖州A建材股份有限公司（以下简称A公司）实际控制人。A公司在砂浆生产过程中使用戊烷作为黄沙等原料的烘干燃料。2021年1月28日，湖州市南浔区应急管理局检查时发现：A公司存在戊烷罐储存场所没有可燃气体报警装置、危险化学品汽化场所有非防爆电气设备、戊烷罐区缺少消除人体静电装置等6处违法违规行为和事故隐患，其中戊烷罐储存场所没有可燃气体报警装置属于《工贸行业重大生产安全事故隐患判定标准》中规定的重大生产安全事故隐患。针对上述情况，湖州市南浔区应急管理局对A公司开具现场处理措施决定书，责令停止使用戊烷储罐和相关设施，未经审查同意，不得投入使用。3月2日，被告人余某某在明知A公司已被处罚且未进行任何整改的情况下，下令企业重新开工生产，并在剩余戊烷用尽后再次购买戊烷继续生产作业。3月17日，湖州市南浔区应急管理局再次对A公司检查时发现上述情况，将该线索移送湖州市公安局南浔区分局。

【检察机关履职过程】

2021年4月7日，湖州市公安局南浔区分局以余某某涉嫌危险作业罪移送湖州市南浔区人民检察院审查起诉。该院开展了以下工作：

（一）三级联动，引导侦查方向

危险作业罪系《刑法修正案（十一）》新增罪名，公安机关对此类案件侦办缺乏经验，如何让侦查取证做到有的放矢成为办案关键。考虑到全省乃至全国尚无因拒不整改重大安全隐患而被追究危险作业罪刑事责任的先例，南浔区人民检察院第一时间成立专案小组主动介入引导侦查，同时将案件情况向省、市两级院汇报。上级院高度重视，省院第二检察部主要负责人、市院分管检察长亲临基层院指导办案，提出引导侦查思路。根据上级院的指导意见，南浔区人民检察院围绕行政处罚程序合法性、现实危险认定、责任人员确定等问题提出取证要求，指明了侦查方向。

（二）自行侦查，闭合证据锁链

针对余某某辩护人提出本案"现实危险"存疑的辩护意见，南浔区人民检察院充分发挥检察机关自行侦查职能，夯实证据基础。一是细致复勘现场。针对公安机关前期现场勘查针对性不强的问题，南浔区人民检察院紧紧围绕安全隐患这一核心要素，组织人员对现场进行复勘，并邀请安全生产领域行业专家现场指导，准确测量相关数据，明确安全隐患点，形成详尽的现场勘查笔录。二是组织专家严谨论证。邀请三名安全生产领域行业专家就A公司是否存在事故隐患、隐患是否具有现实危险等关键问题进行论证，形成专家论证意见，同时进一步调查确认A公司日常生产作业过程中的施工人数，确定隐患危害性程度。三是结合实例佐证隐患现实危险性。南浔区人民检察院积极查询同类情形事故案例，以说明未安装检测报警装置的重大现实危险，最终发现2020年8月绍兴市柯桥区某建材有限公司发生一起戊烷爆炸事故，该案系因未安装检测报警装置等违法违规行为导致，造成了2死6伤的严重后果。南浔区人民检察院结合该实际案例较好地佐证了未安装检测报警装置的重大现实危险。

（三）督促详细补证，查明主观故意

针对余某某关于其不明知企业被责令整改的辩解，检察机关及时要求公安补充侦查，并详细列明提纲指明补证方向。一是要求公安机关对余某某的手机进行电子勘验，调取微信聊天记录，查清其是否了解企业被处罚的相关情况。二是向公司其他股东及员工进行取证，查清余某某是否参与了相关决策。通过公安补充侦查，最终查明余某某对于A公司被区应急管理局查处的事情不仅明知，而且就此事与股东有过商量但未达成一致意见。

（四）依法指控，促成认罪认罚

危险作业罪，是指行为人在生产、作业中违反安全管理规定，实施了具有发生重大伤亡事故或者其他严重后果的现实危险的行为。本案被告人余某某作为企业负责人，在企业因存在重大事故隐患被依法责令停止使用有关设备、设施、场所的情况下，仍拒不执行，该行为具有发生重大伤亡事故或者其他严重后果的现实危险。2021年4月23日，湖州市南浔区人民检察院以危险作业罪对被告人余某某提起公诉。被告人余某某虽在审查起诉阶段存在辩解且不认罪，但在庭审中，被告人余某某对于公诉机关当庭出示的证据均表示无异议，自愿认罪认罚。公诉人基于案件事实、情节及被告人认罪悔罪态度，当庭向湖州市南浔区人民法院提出有期徒刑八个月，缓刑一年的确定刑量刑建议。

（五）延伸职能，推进社会治理

湖州市南浔区人民检察院以个案办理为抓手，积极助推安全生产领域社会治理。一是与区公安分局、区应急管理局联合对辖区内使用戊烷的企业进行专项检查，督促企业增强防范意识，完善防范措施，及时堵塞安全漏洞。同时共同制定《安全生产行政执法与刑事司法衔接工作实施细则》，进一步细化"两法"衔接机制，将检察机关提前介入、引导侦查进一步前移。二是针对本案中反映出 A 公司使用戊烷持续时间较长、企业负责人安全生产防范意识不强等问题，向区应急管理局等部门制发检察建议，要求职能部门加强对企业环保改造的监管检查，提升日常巡查专业化，强化企业安全教育培训等。检察建议既督促了职能部门开展专项整治，提高了监管效能，也促进了相关企业增强安全生产主体意识、提高安全生产管理水平。

（六）处理结果

2021 年 5 月 8 日，湖州市南浔区人民法院作出一审判决，并采纳公诉机关提出的量刑建议，以危险作业罪，判处被告人余某某有期徒刑八个月，缓刑一年。宣判后，被告人余某某未上诉，判决已生效。

【典型意义】

本案是全国首例因拒不执行重大隐患整改要求构成危险作业罪的案件，案件的成功办理，充分体现了检察智慧和责任担当，同时助推了当地安全生产监督管理工作的深入开展和企业强化主体责任落实。

（一）检察主导，自行补证

检察机关作为刑事案件中的证明责任主体，对于证据的收集、审查和运用具有主导作用，而自行侦查是检察机关证实罪与非罪、履行法律监督、维护法律正确实施的重要手段，检察机关在办案中应当充分利用自行侦查手段积极查明案情，提高办案效率，保障当事人合法权益。

（二）准确定性，依法惩处

危险作业罪的认定，需要准确把握"存在重大事故隐患"和"现实危险"二个重点。实践中，被查处的企业往往存在不止一处违法违规情况，是否属于"重大事故隐患"需要在办案中对照相关的法律、法规、行业标准等综合认定。同时，对"现实危险"的认定也应当结合涉案企业违法违规的程度、生产作业的环境、事故发生可能造成的人员、财产损失等情况进行综合判断，并参考专家论证意见、同类事故危害性等进行综合评价。对确已构成犯罪的，应当依法惩处，防止以罚代刑。

（三）综合治理，标本兼治

安全生产事关小康成色，事关发展大局，责任重于泰山。检察机关在办理安全生产犯罪案件过程中，要注重延伸检察职能，及时发现案件背后隐藏的企业安全生产风险隐患,在充分了解有关部门职能范围的基础上,有针对性地制发检察建议,督促政府部门加强安全生产监督管理,实现风险闭环管控,建章立制助推行业治理,同时引导企业树立安全生产发展理念,督促企业严格落实安全生产主体责任。

(四)以点带面,发挥个案警示作用

一个案例胜过一打文件。通过一个具有代表性的危险作业罪刑事案件的办理,直观呈现严重危险隐患行为所应承担的刑事责任后果,能够给涉案领域带来群体效应,促使相关企业引以为戒,有效督促企业自觉遵守安全生产管理规定,增强法律敬畏,有效助推重大安全风险隐患的防范化解。

(撰稿人:浙江省人民检察院 方裕安;浙江省湖州市南浔区人民检察院 许健健)

浙江省江山市曾某某重大劳动安全事故案

【基本案情】

被不起诉人曾某某，系浙江省江山市 A 木业有限公司（以下简称 A 木业公司）实际经营人。A 木业公司主要从事木材、毛竹、指接板的加工、销售及货物进出口，2007 年在厂房未依规设置消防给水设施的情况下投产运营，此后曾某某一直未设置消防给水设施。2019 年 8 月 16 日 15 时 23 分，A 木业公司厂房电气线路发生故障产生电火花诱发火灾，因消防给水设施缺乏，无法及时取水灭火，导致火势迅速蔓延，烧毁大量木材及生产加工设备，造成直接财产损失 413 万余元，并严重危及众多员工及周边居民的生命财产安全。

【检察机关履职过程】

（一）查明事实

2020 年 1 月 13 日，公安机关以 A 木业公司实际经营人曾某某、安全员巫某某涉嫌重大劳动安全事故罪，移送江山市人民检察院审查起诉。检察机关审查发现，巫某某的职责及行为与事故间的因果关系以及 A 木业公司违规取得厂房权属登记证据不足，遂退回公安机关补充侦查。退查期间，公安机关未能补查到巫某某的有罪证据，同时对 A 木业公司厂房违规取得权属登记的原因一时难以查清。检察机关及时开展自行侦查，先后走访江山市资规局、住建局、消防救援大队等职能部门，调取 A 木业公司权属登记的原始档案记录和建设工程规划审批表等书证，获取经办人员的关键性证言，查明 A 木业公司系 2007 年未设置消防给水设施的情况下"带病"投产，后因遭遇 2008 年全球金融危机，有关部门为帮助该企业通过厂房抵押融资，在该企业未设置消防给水设施的情况下，给企业厂房补办了产权证，但未督促企业设置消防给水设施。

（二）依法处理

2020 年 3 月 13 日，公安机关将曾某某案件重新移送审查起诉，并于同月 23 日决定对巫某某终止侦查。经补查，检察机关认为，曾某某作为实际经营人，其行为已构成重大劳动安全事故罪，但综合考虑以下因素，可认定为犯罪情节轻微：一是曾某某放松安全生产要求未设置消防给水设施，存在有关主管部门疏于监管等客观原因;二是由于消防部门救火及时,火灾仅造成企业巨额财产损失,未造成厂区人员和周边居民伤亡;三是曾某某自首且认罪认罚,并在案发后迅速加装了消防给水设施。A木业公司是江山市规模以上企业,正处于复工复产的关键时期,曾某某一旦被判处刑罚,企业生产经营将面临重大困难。综合考虑上述情况,江山市人民检察院依法对曾某某适用认罪认罚从宽制度,根据刑事诉讼法第177条第2款规定,于4月9日对曾某某作出相对不起诉决定。同时检察机关认为,安全员巫某某的职责限于安全培训、手持式灭火器的维护等,火灾发生时,由于其日常安全培训到位,员工应对有序,全部安全撤离,未造成人员伤亡。因此,巫某某对本案消防给水设施设置和事故后果不负有责任,同意公安机关对其终止侦查。

(三)推动治理

江山市人民检察院在本案办理中意识到类似的消防安全隐患可能不限于A木业公司,遂调取江山市2008年前后建筑审批档案,筛查出百余家未经消防审批的企业,又从中抽取30家火灾危险性为丙类以上的企业厂房,开展现场调查,发现其中18家企业的消防给水设施一直缺失,存在重大消防安全隐患。2020年4月10日,该院向江山市消防救援大队发送检察建议,敦促其协同有关职能部门依法对相关企业消防安全进行调查,督促落实整改,完善消防设施。该院还专门就检察建议一事向江山市委汇报,得到市委高度重视,要求相关部门切实落实,守牢安全生产底线。该院还多次主动上门与市应急管理局、住建局、乡镇党委政府等单位进行沟通,传达市委要求,介绍检察调查情况,并牵头召开"部分企业重大消防安全隐患整改协商推进圆桌会议"。江山市安全生产委员会根据检察机关的建议,及时组织开展"全市安全生产百日攻坚专项行动",确保企业安全复工复产。目前相关企业均已纳入整改,成效显著。

【典型意义】

(一)退回补充侦查和自行侦查相结合,查清案件事实,把牢入罪关

一些安全事故原因复杂,为及时准确查清案件事实,在退回补充侦查同时,检察机关可同时开展自行侦查,实现最优案-件比。办案中应重点查明对生产作业负有组织、指挥、管理的人员和直接作业人员的职责范围和实际履职内容,甄别其行为与事故发生间是否具有刑法上的因果关系,判断相关人员是否需要负刑事责任。

(二)保护民营企业,积极适用认罪认罚从宽制度,助力企业复工复产

办理安全事故案件,在认定民营企业负责人是否需要承担刑事责任时,除

全面审查其主观恶性、客观行为、危害后果等案件事实，还要综合考虑案发背景、相关政府职能部门的监管责任是否履行到位等情况，对认罪认罚、确属犯罪情节轻微的，充分适用从宽的刑事政策，依法作出酌定不起诉决定，防止"入罪即诉""一诉了之"，助力企业复工复产，切实为民营企业生产经营提供司法保障。

（三）发挥检察职能，推进企业安全生产治理

检察机关既要依法严厉打击危害生产安全的刑事犯罪，又要注重分析事故原因，发现安全生产体制机制和监管方面的深层次问题，推进社会治理。必要时应主动开展专项调查，提出符合实际和有针对性的检察建议，主动向党委汇报争取支持，并积极与被建议单位沟通协调，督促落实建议要求，确保整改到位。要通过办案，推动解决安全生产领域源头性问题，实现"办理一案，治理一片"的效果。

（撰稿人：浙江省人民检察院　厉雷；浙江省江山市人民检察院　罗雄）

安徽省巢湖市刘某重大责任事故案

【基本案情】

2017年11月5日13时许,被告人刘某在巢湖市黄麓镇黄麓师范扩建项目安置点工程工地,驾驶QY16D型汽车起重机安装QTZ40型塔式起重机后平衡臂时,使用副吊钩起吊超过额定起重量最大值的重物至17.6米的高空,导致汽车起重机的制动装置失去制动力,塔式起重机的后平衡臂瞬间下坠,站在后平衡臂上的被害人李某飞坠落地面当场死亡。

事故发生后,刘某所属公司代为赔偿人民币130万元,并获得被害人近亲属的谅解。2018年5月24日,刘某接侦查人员电话通知后,到巢湖市公安局投案,并如实供述了自己的罪行。

【检察履职过程】

(一)积极参与事故调查,依法履行法律监督职能

事故发生后,应巢湖市安全生产监督管理局邀请,巢湖市人民检察院派员参与巢湖市A设备租赁有限责任公司(以下简称A公司)高处坠落事故调查,调查中,巢湖市安全生产监督管理局拟作行政处罚结案。检察人员通过现场勘查、证据收集,跟踪调查发现该起事故可能涉嫌刑事犯罪,需依法追究相关人员刑事责任,并就该起事故中存在刑事犯罪问题与巢湖市安全生产监督管理局、巢湖市公安局多次沟通。巢湖市人民检察院在充分分析论证A公司汽车起重机驾驶员刘某、汽车起重机所有人刘某红可能在涉案的汽车起重机安装塔式起重机中违反了相关操作规程,并导致一人死亡的严重后果,触犯了刑法第134条重大责任事故罪的规定。该院根据《人民检察院办理行政执法机关移送涉嫌犯罪案件的规定》(案发时有效),于2018年4月4日向巢湖市安全生产监督管理局发出《建议移送涉嫌犯罪案件函》,建议巢湖市安全生产监督管理局将该案移送公安机关依法审查,抄送检察机关。2018年4月26日,巢湖市安全生产监督管理局接受巢湖市人民检察院建议,将该案移送至巢湖市公安局。该院跟踪发现公安机关并未作出立案决定,遂于同年5月3日向公安机关发出《要求说明不立案理由通知书》,巢湖市公安局于当日立案侦查。同年8月1日,巢湖市公安局以刘某、刘某红涉嫌重大责任事故罪,移送巢湖市人民

检察院审查起诉。

（二）根据在案证据，准确认定相关人员"罪"与"非罪"

审查起诉阶段，巢湖市人民检察院围绕重大责任事故犯罪要求在生产、作业过程中违反有关安全管理规定的审查重点，全面、客观地组织证据调取、审查工作，努力做到不枉不纵。

第一，加强补充侦查工作，完善证据体系。经审查，发现《特种设备目录》未将汽车起重机作为特种设备管理，本案中的《特种设备技术鉴定报告》超出鉴定机构的业务范围，不能作为定案依据；侦查机关认定的汽车起重机所有人刘某红违反安全管理规定的事实不清、证据不足。为进一步查清事实、完善证据体系，巢湖市人民检察院通知公安机关补充侦查，并发出《调取证据材料通知书》，要求公安机关收集以下证据：一是调取涉案汽车起重机操作说明书、保养维护的规定，确定驾驶员是否违反安全操作规程，汽车起重机所有人是否违反保养维护规定；二是调取汽车起重机管理与鉴定方面的规定，确定主管单位；三是调取鉴定机构业务范围，确定鉴定人员作出的鉴定意见的证据效力。

第二，正确确定追责范围，依法精准提起公诉。通过审查发现，在案证据尚不能证明刘某红与事故之间具有因果关系，依法认定刘某红不对事故结果承担责任，刘某红不构成犯罪，巢湖市人民检察院对刘某红依法作出不起诉决定。一是汽车起重机2015年至2017年的维修保养记录、汽车起重机维修人员证言、刘某红吊装队工作人员证言、犯罪嫌疑人刘某红供述等证据证实汽车起重机所有人即刘某红已履行维修汽车起重机义务；二是汽车起重机在2014年已不在特种设备目录当中即不再属于特种设备，涉案汽车起重机的说明书中也没有明确的强制保养义务，因此刘某红自2011年后没有对汽车起重机进行检验，没有明显违反相关规定；三是安徽省特种设备检测院出具的鉴定报告（侦查机关已将鉴定结论转化为证人证言）及该汽车起重机生产厂商证言，证实该起事故系汽车起重机驾驶员刘某使用副吊钩进行超载作业，导致汽车起重机的制动装置失去制动力，因而被起吊的塔式起重机的后平衡臂瞬间下坠，导致事故发生。

（三）指控和证明犯罪

2018年12月25日，巢湖市人民检察院以刘某犯重大责任事故罪依法向巢湖市人民法院提起公诉，鉴于被告人刘某具有自首、赔偿谅解等法定、酌定从轻处罚情节，在依法提起公诉的同时，提出从轻判处的量刑建议。庭审中，被告人刘某的辩护人称，事故的直接原因系起重机自身安全性能不稳、被害未系安全带和安全帽。公诉人答辩指出，起重机定期保养维护，现有证据无法证明起重机自身安全性能存在问题，同时刘某作为驾驶起重机的直接行为人，随意起吊重物，其违反安全操作规程的行为最终导致了事故的发生，应以重大责任事故罪追究刘某的刑事责任。最终，在充分的证据面前，刘某对指控的犯罪事实没有异议，当庭认罪悔罪。

（四）处理结果

2019 年 1 月 31 日，巢湖市人民法院以刘某犯重大责任事故罪，判处其有期徒刑十个月。判决已生效。

【典型意义】

准确界定行刑衔接标准，充分发挥安全生产领域检察监督作用。党的十八大以来，习近平总书记就安全生产工作作出一系列重要指示，检察机关要提高政治站位，坚决把习近平总书记和党中央的要求落到实处，忠实履行检察机关在安全生产领域的法律监督职责。重大安全生产事故发生后，检察机关应邀参与事故调查时，要及时了解案情，准确把握行刑衔接标准，发现涉嫌刑事犯罪的要及时建议相关行政执法部门向公安机关或者监察机关移送线索，着力解决危害生产安全事故有案不移、以罚代刑、有案不立等问题。对移送审查的安全生产犯罪案件，要坚持客观公正立场，严把案件事实关、证据关、程序关，尤其要注重对事实证据的审查把关，不能受行政机关事故调查报告等材料的影响进而产生先入为主观念或者作出有罪推定。此外，安全生产类犯罪多属于过失犯罪，且发生原因复杂，在具体认定犯罪嫌疑人刑事责任时要综合考虑犯罪主客观因素，全面审查犯罪嫌疑人主观恶性、人身危险性、事故发生的具体原因，准确理解适用宽严相济、非公企业服务、助力企业复工复产等刑事司法政策，综合评判犯罪情节，依法作出诉与不诉的决定。既依法惩治危害安全生产秩序的各类刑事犯罪，又保障和促进企业健康发展，确保安全生产的长治久安和经济社会大局稳定。

（撰稿人：安徽省人民检察院　叶素敏；安徽省巢湖市人民检察院　王君武）

江西省吉安市永丰县陈某某、任某某等九人消防责任事故案

【基本案情】

2013年4月5日，任某某、罗某某合伙承租永丰县某百货商场一、二楼后，对该商场重新装修并分隔成大小不同区域转租他人经营。9月3日，任某某、罗某某注册登记成立永丰县某公司，双方各占股50%，任某某担任法定代表人。公司成立以来，任某某等人聘请袁某某负责公司日常管理，聘请未持有建筑物消防员资格证、无任何消防技能的曾某某为防损员负责在消防控制室夜间值守。2015年2月10日，该公司法定代表人变更为黄某甲，股东变更为黄某甲（形式股东）、任某某、秦某某（系罗某某大舅子），各占股45%、5%、50%。被告人王某（系罗某某朋友）受秦某某委托管理公司，罗某某则退居幕后，为公司实际控制人。

2016年1月21日，陈某某和潘某某合伙承租该商场二楼商铺，于同年4月15日注册成立并经营永丰县某超市。黄某某任店长，负责具体的日常事务，与陈某某、潘某某共同管理，其中潘某某为幕后管理人员。

永丰县某公司和永丰县某超市经营期间，永丰县公安消防大队多次对两家单位开展消防监督检查，均检查出问题并要求限期整改，其中二楼疏散通道存在被货物堵塞、室内消火栓被遮挡的问题，要求立即整改。任某某、陈某某、秦某某、王某、袁某某、黄某某等人在知悉情况后，未认真按照规定彻底整改，任某某等人还安排袁某某使用他人的消防证件应付消防检查。

2018年9月20日0时40分许，永丰县某超市东南角发生火情，因二楼无人看守，初期明火未得到及时有效控制，而当晚在一楼消防控制室值守的曾某某在听到火灾报警控制器发生报警声响后，未进行火情巡查确认而是直接按消音键处理，未第一时间发现火情并报警，导致火势迅速蔓延成灾。至7时30分许，明火被扑灭，火情得以控制，未造成人员伤亡，但导致大楼主体建筑受损及商铺店内、住户财物不同程度受损。经现场勘查，火灾发生时永丰县某超市仍存在疏散通道因堆放货物被堵塞、消防通道因卷帘门下放被堵塞的问题。经鉴定，本次火灾造成22家商户（不含永丰县某超市）及53家住户财产损失共计935.8678万元。

【检察机关履职过程】

(一) 介入侦查引导取证

该案系本区域内影响较大案件,涉案被告人较多,案情相对复杂。该案发生后,虽然公安机关第一时间对 5 名犯罪嫌疑人采取了强制措施,但 5 名犯罪嫌疑人均作无罪辩解,相互推卸且极不配合。永丰县人民检察院第一时间派员提前介入,立即与公安机关分析研判,厘清人物关系、职能分工等,提出取证重点:一是查明永丰县公安消防大队对永丰县某公司及永丰县某超市开展消防安全检查的详细情况,是否检查出问题、是否要求限期整改等;二是查明永丰县某公司平时是否开展消防演练及消防培训、是否尽到消防安全管理责任;三是查明引起火灾的真正原因,是否因永丰县公安消防大队要求整改的问题未整改或整改不到位引发的火灾。通过提前介入,引导公安侦查取证,及时固定相关证据,依法逮捕任某某等 5 名犯罪嫌疑人,同时向公安机关发出《逮捕案件继续侦查取证意见书》《应当逮捕犯罪嫌疑人建议书》,列出 11 项取证建议,认定袁某某、曾某某的行为涉嫌犯罪,后成功追捕袁某某、曾某某 2 人。审查起诉期间,就全案证据与公安分析研判 10 余次,引导公安机关及时搜集到案发前 10 天永丰县某超市消防通道仍被堵塞、安全出口仍被遮挡、整栋大楼的加固及修复费用、罗某某为公司实际控制人而罗某某大舅子——秦某某为形式股东、永丰县某百货商场股东占股情况及永丰县某超市经营者所起作用大小等关键证据,依法追诉罗某某、潘某某 2 人,为指控犯罪奠定坚实基础。

(二) 用心用情促成和解

积极做好释法说理、化解矛盾工作。审查起诉期间,永丰县人民检察院督促潘某某经营的超市尽快办理保险理赔,并与保险公司沟通协调争取理赔款早日到位。同时,积极争取县委县政府和其他政法机关的支持,为了让住户住得安心,县委县政府决定对整栋大楼进行拆除,商住户不用自己出钱便可搬新家。2019 年 11 月 26 日,永丰县某百货商场新建工作已进入爆破作业实施阶段。经过多次协调、沟通,以潜在的道德、礼法为基础,情理法相融,在当地党委政府、各政法机关的共同努力下,在弄清事实、厘清责任的基础上,最终促成双方达成和解协议,22 家商户及 53 家住户的损失均已得到赔偿,被害方已出具谅解书,所有被害人已得到妥善安置,目前整栋大楼已建好,装修好后便可入住。

(三) 认罪认罚提高质效

针对部分被告人辩解其不是直接责任人员,故不构成犯罪的问题,检察机关办案人员在办案过程中努力专研、查阅大量资料,认为刑法第 139 条规定消防责任事故罪中的"直接责任人员"与火灾事故认定中的直接责任人员并非完全一致。虽然在火灾事故中认定行为人负有间接责任，但只要能认定行为人的确实施了违反消防法规的行为，经消防监督机构通知采取改正措施而拒绝执行，且火灾的发生、扩大、蔓延与违规行为之间具有因果关系的，就可以认定行为人属于消防责任事故罪中的直接责任人员。通过对9名被告人充分开展释法说理和法治宣传教育，促使各被告人深刻认识到知法、懂法、守法的极端重要性，更加懂得依法经营、不可心存侥幸的道理。有效提升了认罪认罚从宽工作质效。

（四）指控与证明犯罪

2019年6月19日，江西省永丰县人民检察院以被告人任某某、秦某某等7人涉嫌消防责任事故罪向永丰县人民法院依法提起公诉。2020年8月4日，永丰县人民检察院以罗某某、潘某某涉嫌消防责任事故罪向永丰县人民法院提起公诉。庭审中，任某某、秦某某、陈某某、黄某某的辩护人提出火灾原因为电器线路故障，而永丰县公安消防大队对永丰县某公司、永丰县某超市开展消防安全检查时均未要求对电器线路问题进行整改，二者无因果关系；同时永丰县某公司、永丰县某超市已按要求整改相关问题，不存在拒绝整改行为，因此任某某等4人的行为不构成消防责任事故罪。公诉人答辩指出，任某某等人长期安排无证上岗、不懂消防设施正确操作规程的人员值守，放任二楼长期无人夜间值守、安全出口遮挡、疏散通道被堵塞等问题，未认真进行整改。陈某某等人无视消防监督机构多次提出的安全出口遮挡、疏散通道被堵塞的问题，被通知采取改正措施但拒绝执行，直至火灾发生时仍存在疏散通道及消防通道均被堵塞的问题，致使火情发生、扩大直至蔓延成灾，故应以消防责任事故罪追究任某某、秦某某、陈某某、黄某某4人的刑事责任。

（五）处理结果

2019年11月28日，永丰县人民法院以消防责任事故罪判处任某某、秦某某等7人有期徒刑一年二个月至一年六个月不等，缓刑一年二个月至一年六个月不等。2021年5月21日，永丰县人民法院以消防责任事故罪判处潘某某有期徒刑一年六个月，缓刑一年六个月；以重大责任事故罪判处罗某某有期徒刑一年六个月，缓刑一年六个月。判决已生效。

【典型意义】

一是加强与公安机关的协调配合，通过介入侦查引导取证，及时引导公安机关补充侦查到关键证据，切实提升办案质效。一些案件一旦在审查逮捕阶段或审查起诉阶段要求公安机关补充侦查，可能因错过最佳取证时间导致证据灭失或串供而影响取证效果,也因为检察机关退回补充侦查造成司法资源浪费而降低了诉讼效率。而检察机关提前介入,可以更好地在侦查机关与审判机关之间打破闭门取证的固有做法,更加有针对性地引导公安机关收集、调取关键证据,为案件的成功办理迅速打开了突破口。

二是办理被害人较多的案件,提前做好应对预案,通过争取当地党委和政府的支持,努力促使被告人及时赔偿被害人经济损失,充分保障了被害人合法权益。对于涉众型犯罪案件,常遇被害人到政府有关部门反映情况,要求尽快处理、帮助回归正常生活,有的甚至变相施压、聚众闹事。检察机关通过主动加强与公安机关、审判机关会商,及时向政府部门和上级检察机关汇报有关情况并获支持,有效化解了双方矛盾,案件办理实现了政治效果、社会效果和法律效果相统一。

三是主动与律师加强沟通协商,充分听取犯罪嫌疑人及其辩护人或值班律师的意见,保障犯罪嫌疑人合法权益,确保认罪认罚的自愿性和真实性,犯罪嫌疑人众多的案件,努力促使所有犯罪嫌疑人均认罪认罚,提出的量刑建议准确到位,得到法院的采纳。

(撰稿人:江西省吉安市永丰县人民检察院 周春红)

广东省广州市胡某某交通肇事、
卢某某、古某某重大责任事故案

【基本案情】

2016年、2017年期间,被告人卢某某、古某某合伙出资购买A号牌重型半挂牵引车、B号牌重型板自卸半挂车,用于货物运输营利,两人共担风险、平分日常开支和利润。其中,被告人古某某将B号牌重型板自卸半挂车挂靠在清远市迅某运输有限公司名下,每年向该公司缴纳一定挂靠费用;被告人古某某是A号牌重型半挂牵引车的车辆登记所有人。2019年1月,被告人卢某某、古某某共同雇请司机胡某某。胡某某听从上述两名被告人的安排,负责驾驶A号牌重型半挂牵引车牵引B号牌重型板自卸半挂车运输货物。

2019年1月26日0时37分许,被告人胡某某驾驶制动性能不合格的A号牌重型半挂牵引车牵引B号牌重型板自卸半挂车装载59420kg货物(核定载质量:32000kg),沿广州市增城区广园快速路西行路中数起第三车道由东往西方向行驶,行驶至广园快速北侧39公里715米处,被告人胡某某驾车碰撞同车道在前因交通拥堵缓慢行驶的由汪某永驾驶的C号牌重型半挂牵引车牵引D号牌重型集装箱半挂车尾部,后推行车辆依次碰撞同车道在前的由陈某驰驾驶E号牌轻型厢式货车、韦某驾驶F号牌小型轿车(搭载被害人窦某清、韦某超、苏某英、韦某蓉、韦某烨)、彭某锋驾驶的G号牌重型半挂牵引车牵引H号牌重型集装箱半挂车,造成被害人韦某、窦某清、韦某超、韦某蓉、韦某烨当场死亡,被害人苏某英受伤、多辆车辆损坏的交通事故。经广州市公安局交通警察支队增城大队认定,被告人胡某某承担此次事故的全部责任。

【检察机关履职过程】

2019年4月26日,广州市公安局增城区分局将胡某某交通肇事、卢某某、古某某交通肇事一案移送广州市增城区人民检察院审查起诉。经检察官联席会议、检委会讨论决定,2019年10月18日,广州市增城区人民检察院以胡某某涉嫌交通肇事罪、卢某某、古某某涉嫌重大劳动安全事故罪,向广州市增城区人民法院提起公诉。2020年8月6日,广州市增城区人民法院以交通肇事罪判处被告人胡某某有期徒刑五年,以重大责任事故罪判处原审被告人卢某某有期徒刑四年、古某某有期徒刑三年六个月。原审被告人卢某某、古某某不服，上诉至广州市中级人民法院。办理上诉案件过程中，广州市人民检察院依法开展了以下工作：

（一）客观预判检法分歧意见，夯实指控理论基础

上诉人和辩护律师认为"交通肇事导致5车连环相撞、5人死亡的后果虽然严重，但系由司机本人的不规范操作和过失造成，两名车主对此不能预见也无法避免，尤其是上诉人古某某案发当天并未到现场、不知道超载情况、不知道司机明知刹车失灵仍不停车检修，不具有结果回避可能性"，要求改判无罪。承办检察官在充分听取原审公诉人、侦查机关意见，并提交检察官联席会议讨论的基础上，结合刑法理论、实践判例得出审查结论。第一次开庭时，针对辩护律师提出该次运输过程中，卢某某通知胡某某运货，古某某未到现场、不了解超载情况等意见，出庭公诉人强调，古某某作为肇事车辆登记的所有人，与卢某某共同出资、共同以肇事车辆为营运车辆经营货运业务，共享收益、共担风险，对肇事车辆是共同共有关系，而非按份共有、按次共有关系，具有共同的法律地位，均属于对车辆的生产、作业负有组织、指挥及管理职责的实际控制人、投资人，对由该车辆产生的法律后果承担连带责任。针对控辩双方关于超载对车辆刹车性能的影响、肇事车辆严重超载对事故发生的影响等争议焦点，承办检察官申请鉴定人出庭作证进行专业阐释，并从两上诉人"在半挂车上私自加装尾箱，擅自改变机动车已登记结构""长期默许超载行为，严重违反交通安全法规、道路运输管理法规""疏于监督维护导致肇事车辆制动性能不合格"三个角度论证两上诉人对此次重大交通事故的发生负有安全管理监督过失责任，发表维持原判的检察意见。

（二）重视亲历性审查，找准案件突破口

庭后，广州市中级人民法院委托广东某司法鉴定所对肇事车辆"是事故碰撞发生前就提前刹车，或是碰撞发生后再行刹车"等事项进行鉴定。后该鉴定所鉴定意见认定，肇事车辆"是碰撞发生后再行刹车"。依据该意见，可能会得出"肇事司机本人过失导致交通事故发生，与两名车主无关"的判断，很可能影响案件判决。承办检察官迅速与侦查单位增城区交警部门进行座谈，并向市公安局交警支队、某医科大学司法鉴定中心咨询专业问题、请求技术支持。经过面对面沟通和对案发现场情况进行演示分析，发现上述鉴定意见可能存在依据不充分、鉴定结论不科学等问题，不应采信为定案证据。为此，检察机关决定根据最高人民检察院《关于指派、聘请有专门知识的人参与办案若干问题的规定（试行）》，发函聘请某医科大学司法鉴定中心交通事故司法鉴

定研究所研究员作为有专门知识的人协助办案，针对前述鉴定意见进行分析研判、运用专门知识协助解决专门性问题。

（三）开展自行侦查，获取关键新证据

一方面，为更精确地回应辩护律师和法官质疑，承办检察官会同侦查人员复验复查案发现场。发现从肇事司机反映感觉刹车出现问题的路段开始，到事故发生的路段，不过2公里左右路程，广园快速路该路段车速普遍较快、沿路不具备停靠条件，途中虽有一小型加油站，但根据交警日常巡查情况，该加油站在凌晨时分停满过路货车，司机不具有在此停靠检修的可行性。通过现场复核、反复观看监控视频，确认司机在事故发生前经过正常车道与匝道交汇处，其关于发现刹车失灵后向右边匝道打方向盘，直至避无可避才与其他车辆碰撞的供述真实可信，反映司机在碰撞前已主动采取避让措施。另一方面，结合办案需要，办案人员与聘请的研究员一同对案发现场进行了重新勘验，并以现场监控视频、现场勘验照片、痕迹复勘等为依据进行科学测算，精准推算出肇事车辆在碰撞前6秒内驾驶时速从46公里减至21公里，足以证明司机在发生碰撞前已积极采取减速措施，康某鉴定所关于肇事车辆"在碰撞后再行刹车"的鉴定意见明显错误。

（四）申请四类人员出庭作证，强化庭审指控

第二次开庭时，为更精准有力地论证指控意见、反驳辩方无罪理由，承办检察官当庭播放案发经过视频，并贯彻直接言词原则，申请鉴定人、侦查人员、有专门知识的人出庭作证。一是详细询问法院委托的鉴定人作出鉴定意见的依据。其解释由于时过境迁已无法准确还原案发当时的状况，根据现场勘查笔录记载"在车辆碰撞点后出现制动痕"，得出肇事车辆碰撞后再行刹车的结论。二是详细询问参与现场勘查的侦查人员。其解释刹车并不必然会留下刹车痕，碰撞后有刹车痕只能说明碰撞后有采取紧急刹车措施，不能据此倒推碰撞前没有采取刹车措施，且由于现场灯光昏暗、痕迹不明显，现场勘查笔录记载为"制动痕"而非"刹车痕"，并不能对应国标中紧急制动产生的"拖痕"。三是向聘请的研究员咨询，其解释肇事车辆在现场留下的痕迹更接近国标的"压痕"，而"压痕"的形成原理恰恰证实肇事车辆严重超载导致制动性能失灵。该研究员还以科学权威的专业知识充分阐释测算肇事车辆车速变化的依据、计算方式，进而得出肇事司机已在碰撞前积极采取减速措施的结论。检察员结合当庭询问情况发表质证意见，指出仅凭现场勘查笔录并不足以对委托事项作回溯性的判断，鉴定意见依据明显不足，且对痕迹种类、形成原因的判断错误，导致以此为基础作出的鉴定结论明显不当，与监控录像、被告人供述、

车速变化数据等其他在案证据相矛盾。

法庭调查和辩论环节，控辩双方围绕证人出庭、事实认定及法律适用展开了激烈抗辩，庭审持续 6 个小时。检察机关除借助四类人员出庭作证反驳"肇事车辆在碰撞后再行刹车"的错误结论外，还结合证据从正面论证肇事司机在碰撞前已积极采取减速措施，事故发生的主要原因在于严重超载引发的制动失灵，而这一事故原因与作为车主的两名上诉人擅自改动机动车已登记结构、提供不符合国家规定安全标准的货车给司机用于运输货物，长期默许支持超载、对车辆维护不到位等监督过失有密切联系，两上诉人的行为与严重交通事故后果之间有刑法上的因果关系，构成重大责任事故罪。

（五）处理结果

2020 年 12 月 28 日、2021 年 4 月 21 日，广州市中级人民法院先后两次开庭审理本案。2021 年 6 月 24 日，广州市中级人民法院二审采纳检察意见，裁定维持原一审判决。

【典型意义】

（一）专职司机驾驶营运车辆过程中违反交通运输法规导致严重事故的，构成交通肇事罪，对车辆营运负有组织、指挥或管理职责的负责人等存在监督过失的，应以重大责任事故罪追究刑事责任

实践中，发生交通肇事等重大责任事故后，对于具体驾驶车辆等直接从事生产作业的人员应承担相应刑事责任一般无争议，但针对生产经营企业或其他实体背后的实际管理者、投资者、控制者等应否承担刑事责任的问题常有争议。根据最高人民法院、最高人民检察院《关于办理危害生产安全刑事案件适用法律若干问题的解释》，重大责任事故罪的主体包括对生产、作业负有组织、指挥或者管理职责的负责人、管理人员、实际控制人、投资人等人员，以及直接从事生产、作业的人员。实际管理者、投资者、控制者等承担刑事责任的前提是对生产、作业负有监督过失责任。若其在日常生产、作业中已充分履行监督管理义务，包括建立健全的安全生产管理制度、提供符合国家安全生产标准的作业工具和条件等，重大责任事故的发生完全系生产、作业人员个人疏忽所致，则不宜追究实际管理者、投资者、控制者等人的刑事责任；反之，则应承担因监督过失而导致发生重大责任事故的刑事责任。

（二）对于存在争议的鉴定意见，应注意从鉴定依据、鉴定方法、鉴定结论与其他证据的关系等多角度审查，必要时开展自行侦查以确定能否采信

鉴定意见是由有专门知识的人对案件中的专门性问题出具的专业性意见，

具有一定客观性，但本质上是一种证人证言，受鉴定人的专业知识、业务能力等影响，不能盲目采信，而应在全面审查基础上确定是否采信。除围绕鉴定机构及鉴定人是否具有法定资质、检材来源及相关程序性要件是否符合法律规定等展开形式审查外，更重要的是围绕鉴定方法和过程是否符合相关专业的规范要求，论证过程是否符合逻辑、与全案其他证据是否存在矛盾等进行实质审查。但由于鉴定意见可能涉及法医学、痕迹鉴定等不同的专业领域，检察官审查过程中常面临专业知识匮乏的困境，难以作出准确判断。最高人民检察院《关于指派、聘请有专门知识的人参与办案若干问题的规定（试行）》为检察机关破解难题、弥补能力短板提供了路径，通过借力检察"外脑"，能有效破除检察办案中遇到的专业知识障碍壁垒，提升办案精准度。审查过程中对于存在疑问、需要补充调查取证，且检察机关具备条件的，可以通过复验复查现场、另行委托鉴定、收集证人证言等方式开展自行侦查，以客观全面查明事实、增强内心确信。

（三）落实庭审实质化是检察官贯彻证据裁判原则、履行指控证明犯罪主导责任的有力途径

由于某些领域知识的专业性，检察机关在法庭上仅仅通过宣读鉴定意见或发表质证意见的传统方式，难以准确全面地阐述检察意见，也不能有效发挥指控证明犯罪的主导作用。而通过申请侦查人员、证人、鉴定人、有专门知识的人等四类人员出庭作证，有利于贯彻直接言词原则，更充分有效地开展庭审控辩，真正做到"诉讼证据出示在法庭、案件事实查明在法庭、诉辩意见发表在法庭、裁判结果形成在法庭"，增强庭审指控效果。

（撰稿人：广东省广州市人民检察院　黄洁梅）

广东省云浮市云城区李某军、买某瑞等四人重大责任事故案

【基本案情】

A城市燃气发展有限公司（以下简称A公司）将云浮市天然气利用工程发包给B公司。此后，B公司将该工程施工劳务违法分包给吉林C劳务公司，吉林C劳务公司又违法分包给陈某某，由陈某某施工队负责施工。

2018年4月，被告人黄某民经A公司指派担任云浮市云城区F国际广场三楼商业主管燃气工程的现场代表，负责管理现场施工的安全、进度等工作。其间，经黄某民授权同意，施工队领队被告人买某瑞违反有关安全管理的规定，安排施工人员将三楼天然气主管道在施工时（验收前）即接驳上一楼至六楼的主管道，且未采取有效的隔断措施。同年5月11日，黄某民组织运营部等部门对F广场三楼天然气主管道进行验收，但未通过，后对相关问题未及时提出整改方案。

2018年6月初，被告人伍某涛经A公司指派负责F广场三楼E餐厅燃气管道安装工程的现场管理工作，主要负责管理现场施工的安全、进度等工作。在6月5日左右的前期施工中，经伍某涛及设计人员授权同意，买某瑞安排施工人员将F广场三楼天然气主管道在E餐厅预留的燃气管道尾端进行了切断及改道工程，但没有在新铺设的管道终端处安装任何隔断或封堵装置，违反有关安全管理的规定。在同年7月19日至20日的正式施工期间，针对上述问题，买某瑞没有及时进行整改，伍某涛也没有监督落实整改。

2018年7月20日16时许，被告人李某军（A公司巡线员）到F广场检查六楼饭堂天然气供气情况，错将控制F广场三楼天然气管道的阀门当成控制六楼天然气管道的阀门打开，导致天然气直接供往F广场三楼正在装修施工的E餐厅厨房并发生泄漏。16时20分许，三楼E餐厅厨房发生天然气爆炸，直接导致正在施工的被害人李某辉、买某国、唐某泉、李某发等十几人不同程度的受伤；炸毁E餐厅三楼外墙体，墙体砸落到一楼的人行道，损毁车辆约29辆；将途经此地的被害人曾某懿、李某成砸伤，后经抢救无效死亡。经鉴定，被损坏的车辆价值共计28.9594万元，E餐厅直接经济损失共计187.1106万元。案发后，A公司赔偿被害人及被害人家属共计385.9万元人民币。

【检察机关履职过程】

（一）提前介入，引导事故调查

事故造成多人伤亡及多车损毁，引发舆论关注。云城区人民检察院从网络上得知事故发生后，第一时间联系相关部门了解事故情况，并及时派员参加事故通报会、提前介入公安机关侦查办案。两次参加事故调查工作会议，与云城区原安监部门、公安机关等就事故定性与侦查取证问题进行研讨。调查初期，相关部门认为事故原因可能是粉尘爆炸。检察机关在提前介入过程中发现，事故发生时现场正在进行装修施工和天然气管道施工作业，而爆炸导致的人员受伤程度反映出爆炸中心点位于 E 餐厅厨房燃气管道附近，事故很可能是天然气爆炸。根据已掌握的情况，云城区人民检察院认为本次事故是一起重大责任事故案，因此在事故调查工作会议上向公安机关、安监部门等提出取证方向和重点：一是做好现场勘验工作，对案发现场及周边视频监控录像全面调取排查，查明事故原因是天然气爆炸还是粉尘爆炸；二是查明事故项目主要负责人、监管人员是否监管不到位，直接施工人员是否违规操作等情况；三是核查事故中天然气工程合同签订情况，调取燃气工程施工、验收规程等证据材料；四是收集固定直接经济损失及人员伤亡情况的相关证据，做好善后工作。根据检察机关的取证意见，事故调查组准确地把调查方向从粉尘爆炸转变为天然气爆炸，云浮市公安局云城分局于 2018 年 7 月 26 日对 E 餐厅重大责任事故案立案侦查。侦查人员通过排查监控录像发现，案发前半小时内 A 公司员工李某军对尚未通过验收的三楼主阀门进行了多次违规操作。次日，公安机关以涉嫌重大责任事故罪对李某军刑事拘留。同年 8 月 10 日，云城区人民检察院对李某军批准逮捕。

（二）立案监督，促进"两法衔接"

在案件侦办过程中，云城区人民检察院发现相关涉案人员涉嫌重大责任事故罪。为进一步促进"两法衔接"，及时移送涉嫌犯罪刑事案件，确保涉嫌刑事犯罪的人受到应有的刑事处罚，云城区人民检察院积极履行立案监督职能，于 2018 年 9 月 3 日向云城区原安监局书面送达《建议移送涉嫌犯罪案件函》。通过"两法衔接"平台建议将该案移送云浮市公安局云城分局依法审查，被建议单位及时移送了案件，形成查处本次重大安全生产事故合力。

（三）全面审查，追捕三名同案漏犯

在审查批准逮捕李某军的过程中，云城区人民检察院发现，F 国际广场和 A 公司分别提供的商场三楼天然气主管道验收资料，对该管道是否通过验收存在矛盾结论。因此，在对李某军批准逮捕的同时，向公安机关发出《逮捕案件继续侦查取证意见书》,并全程跟踪侦查取证进展情况以及时调整引导侦查的方向,要求公安机关及时补充事故调查报告,进一步明确事故发生原因,继续深挖事故相关责任人员。上述证据公安机关逐步补充到位,根据事故调查报告意见,该起事故是在燃气主管道预留口未按规定安装隔断装置的情况下,被李某军违规打开,导致天然气泄漏发生爆炸。该案办理过程中,云城区人民检察院多次向云浮市人民检察院汇报案件办理情况,在上级检察机关指导下,云城区人民检察院引导侦查机关抽丝剥茧,逐步厘清并先后查明:(1)现场施工人员买某瑞在切断天然气管道口后,未及时进行封闭,形成燃气泄漏的隐患;(2)现场管理人员伍某涛技术交底不到位,对买某瑞等人不符合施工规范的行为及造成的安全隐患未及时发现和纠正;(3)现场代表黄某民对 A 公司验收不通过的问题没有进行整改,且伪造验收合格材料向 F 国际广场收取工程款。李某军和上述三人没有依法依规履职的行为相互叠加,最终导致了本案事故的发生,上述三人的行为均涉嫌重大责任事故罪,应当提请批准逮捕。云城区人民检察院先后于 2018 年 9 月 4 日、11 月 27 日制发《应当逮捕犯罪嫌疑人建议书》,建议公安机关依法提请审查逮捕犯罪嫌疑人买某瑞、伍某涛和黄某民。云浮市公安局云城分局采纳检察机关的建议,以犯罪嫌疑人伍某涛、买某瑞、黄某民涉嫌重大责任事故罪先后提请批准逮捕,云城区人民检察院经审查后依法对上述三名犯罪嫌疑人批准逮捕。

(四)促进赔偿和解,依法提起公诉

云浮市公安局云城分局侦查终结后,以被告人李某军、买某瑞等 4 人涉嫌重大责任事故罪移送审查起诉。云城区人民检察院经审查认为本案案情重大疑难复杂,被害人众多,同时事故中受损车辆的车主罗某才等人案发后因未得到有效赔偿,到政府部门进行上访。为进一步厘清案件事实,维护被害人合法权益,云城区人民检察院先后于 2018 年 12 月 24 日、2019 年 3 月 8 日两次退回补充侦查。案件办理过程中,云城区人民检察院根据事故造成的危害后果,认真梳理被害人损失的情况和诉求,积极协调政府相关职能部门督促事故企业赔偿被害人经济损失。在提起公诉前,事故企业赔偿了本案全部被害人,社会矛盾得到有效化解。

(五)制发检察建议,参与社会治理

在该案审查逮捕过程中,云城区人民检察院发现 A 公司在员工管理、工程分包施工、工程验收等方面存在严重问题,给天然气安全生产使用带来较大的安全隐患,因此,在审查逮捕后分别于 2019 年 8 月 14 日、9 月 11 日向涉案单位 A 公司及监管部门云浮市城市综合管理局制发检察建议。建议涉案单位开展安全生产大检查,加强分包队伍管理和人员培训,规范工作流程;建议监管部门加强对燃气安全等重点行业领域的监督管理,督促企业切实履行安全生产主体责任,建立健全严惩工作机制,严防安全事故再次发生。涉案单位及监管部门均采纳建议,及时开展专项整治活动,堵塞监管漏洞。

(六) 处理结果

云城区人民检察院于 2019 年 5 月 16 日以被告人李某军、买某瑞、黄某民、伍某涛涉嫌构成重大责任事故罪,依法向云城区人民法院提起公诉。同年 8 月 8 日,云城区人民法院公开开庭审理被告人李某军、买某瑞等 4 人涉嫌重大责任事故一案。法院经审理认为,公诉机关的指控成立,于 2019 年 12 月 17 日分别判处被告人李某军、黄某民、伍某涛有期徒刑一年十个月,判处被告人买某瑞有期徒刑一年六个月。一审判决后,被告人伍某涛以原判量刑过重为由提起上诉。2020 年 4 月 7 日,云浮市中级人民法院认为原判决认定事实和适用法律正确、量刑适当,裁定驳回上诉,维持原判。

【典型意义】

(一) 积极发挥提前介入工作机制优势,加强"两法衔接",合力促进重大安全事故依法妥善处理

重大安全生产事故严重危害人民群众的生命财产安全,影响社会经济发展大局。查办安全生产事故类刑事案件,检察机关应当切实提高政治站位,加强与应急管理部门等有关行政机关、侦查机关的沟通协作。要充分发挥提前介入工作机制作用,指派精干力量开展提前介入工作,引导公安机关取证。要在加强"两法衔接"方面通力合作,发现涉嫌犯罪的要及时建议相关行政执法部门向公安机关移送案件,着力解决安全生产事故有案不移的问题,形成查处和治理重大安全事故合力。

(二) 精准认定各方责任,注重化解社会矛盾,实现涉安全生产领域司法办案"三个效果"有机统一

重大安全生产事故类刑事案件往往一果多因,涉案人员较多,一些案件影响范围广泛,被害人数众多,舆情关注度高,办案中应坚持政治效果、社会效果和法律效果相统一。一方面,对于多人行为叠加导致危害后果发生的案件,要重点把握涉案人员的违法行为与事故后果之间是否存在刑法意义上的因果关系,精准认定各方责任。另一方面,要高度重视保障被害人合法权益,办案中注重收集固定被害人人身损害和财产损失的证据,加强与相关职能部门的沟通配合,督促事故单位尽早赔偿被害人损失,及时有效化解社会矛盾。

(三) 充分发挥检察建议作用，以办案促安全生产治理

安全生产要坚持防患于未然。面对安全生产事故，检察机关不能止于追责，还必须梳理背后的共性问题，充分发挥检察建议的作用，推动安全生产治理体系和治理能力现代化。针对办案中发现的安全生产方面管理问题和监管漏洞，检察机关应主动作为，做好相关调查核实工作，充分了解有关部门职能范围，制发有针对性、有可操作性的检察建议。强化企业主体责任落实，督促政府相关部门加强安全生产监管，从源头上遏制生产安全事故的发生，真正实现"办理一案，治理一片"。

（撰稿人：广东省云浮市云城区人民检察院　裴文贤）

四川省达州市廖某权等人重大责任事故案

【基本案情】

2014年左右，被告人廖某权担任渠县大某煤业有限公司（以下简称大某煤矿）安全副矿长，负责矿区的安全隐患排查治理、安全培训教育等安全工作。在任职期间，明知井下运输班存在无机车驾驶操作的人员驾驶机车等违规操作情况，未及时排查和进行隐患治理。

2017年5月7日上午8时许，大某煤矿井下运输班班长郑某良安排无机车驾驶操作证的被告人郑某山，驾驶5吨的蓄电池机车并挂载5节空矿车到该矿的南翼采矿区收渣煤和浮土，黄某忠负责押车。同时由郑某良自己在无机车驾驶操作证的前提下驾驶2.5吨的蓄电池机车挂载4节空矿车到该矿的北翼采矿区清理水沟和收浮煤，被告人唐某富负责押车。

当日下午13时许，郑某良安排无机车驾驶操作证的被告人唐某富驾驶2.5吨蓄电池机车，自己当押车员挂4节空矿车到南翼帮忙，当机车行驶至北翼与南翼轨道岔道时，按照操作规则应当汇车并将空矿车运至机车后面让机车拉着走，但唐某富、郑某良二人未按照规则操作，唐某富便驾驶机车顶着4节空矿车往南翼方向行驶。当行至转弯处时，郑某良从车上下来到人行道上往前行走，唐某富将机车停止等待，此时在南翼采矿区作业的郑某山驾驶5吨机车挂载5节装满浮煤的矿车往井下车场行驶，因双方机车均未鸣警铃，郑某山驾驶的机车便与唐某富驾驶的机车前顶着的空矿车相撞，导致空矿车被撞出轨道后将人行道上的郑某良撞伤，后经抢救无效死亡。

【检察机关履职过程】

（一）引导侦查取证，完善证据链条

2018年7月18日，四川省渠县公安局以廖某权等人涉嫌重大责任事故罪向渠县人民检察院移送审查起诉。四川省渠县人民检察院受理该案后，认真细致查阅卷宗，构建指控犯罪证据体系时，发现作为本案涉案被告人之一的廖某权是否属于负有安全管理职责人员、其是否有违规行为的证据仅有证人证言证实，而没有调取大某煤矿关于安全生产的相关职责分工、管理制度等书证佐证，在案收集的证实廖某权构成犯罪的证据不全面、不充分，以及本案现场勘验检查笔录、部分证人证言取证存在瑕疵等问题,退回侦查机关补充侦查,及时补查到公司关于安全生产管理方面的制度规定以及侦查机关对取证瑕疵的补正说明,夯实了指控犯罪证据体系。

(二)仔细甄别采信证据,准确认定案件事实

严把案件事实关、证据关,根据证据三性对在案证据逐一甄别,综合全案证据情况准确采信证据、认定案件事实。审查中发现,四川煤矿安全监察局川东监察分局以川东煤监〔2017〕25号文件,对渠县大某煤业有限公司"5·7"运输事故所作的事故调查报告系根据刘某、张某等人调查笔录材料作出的,报告认定:事故系具有运煤机车驾驶资格的刘某、张某驾驶机车会车时造成的事故。随着公安机关侦查的深入,以上证人称此前证言不真实,结合被告人的供述,真实情况是:郑某良安排没有运煤机车驾驶资格的自己及唐某富驾驶机车造成的事故。事故调查报告所依据的调查材料不确实,与查实的证言、供述证明的事实不相符,该事故调查报告不能采信,而以在案的其他形成完整证据链条认定的事实予以指控。

(三)指控与证明犯罪

2018年11月16日,渠县人民检察院以被告人廖某权、唐某富、郑某山犯重大责任事故罪,向渠县人民法院提起公诉。庭审中,被告人廖某权称自己在矿内分工负责安全,事故不是自己直接导致,另两名直接责任人员无证驾驶机车不是自己安排。公诉人答辩指出,廖某权作为矿内负责安全生产的分管副矿长,工作职责就是对全矿生产进行安全培训,发现矿内安全隐患,并及时解决安全隐患以避免安全事故发生,但其在履职过程未尽到相应责任,导致无证驾车的安全隐患一直存在并最终发生安全事故,应以重大责任事故罪追究其刑事责任。通过公诉人的释法明理,最终廖某权当庭认罪悔罪。

(四)深挖背后的涉嫌职务犯罪线索

渠县人民检察院在审查中发现,渠县安监局对大某煤矿负有安全生产监督管理职责,渠县安监局李某系渠县大某煤矿驻矿安监员,具有国家工作人员身份。2017年3月至6月,李某在任渠县大某煤矿驻矿安监员期间,不严格履行驻矿安监员职责,每月下井检查次数未达规定天数,不按照规定参加大某煤矿班前会议,不参加大某煤矿组织的安全培训会,不认真履行安全监管职责,对于大某煤矿井下运输班无证驾驶等违章操作未及时发现并予以排查整治,可能涉嫌渎职犯罪,于2018年9月将线索移送至渠县纪委、监察委。2019年3月25日,渠县人民法院以被告人李某犯玩忽职守罪判处其有期徒刑十个月,缓刑一年。

（五）对轻微的阻碍侦查的违法行为移交相关机关处理

事故发生后，大某煤矿的矿长邓某鹏为了为了降低罚款，减轻煤矿在安全生产管理上不力的责任，指使煤矿人员在四川煤矿安全监察局川东分局调查时做虚假陈述，导致该局的事故调查报告认定的事故原因、经过不属实。在公安机关立案侦查后，指使煤矿员工向公安机关提供虚假证词，阻碍侦查，后被发现。鉴于其阻碍刑事诉讼活动的违法行为轻微，2018年11月7日，渠县人民检察院建议渠县公安局对邓某鹏给予行政处罚。2018年12月5日，渠县公安局根据治安管理处罚法的规定，对邓某鹏行政拘留5日。

（六）处理结果

事故发生后，大某煤矿与郑某良亲属达成一次性赔偿协议，并取得了郑某良亲属的谅解。渠县人民法院对检察机关指控的犯罪事实和证据予以确认，于2018年12月18日作出一审判决，以重大责任事故罪对廖某权等3人分别判处十个月至一年不等有期徒刑。三名被告人均未上诉，现判决已生效。

【典型意义】

（一）准确认定重大责任事故犯罪

一是准确认定犯罪主体。危害安全生产犯罪，往往涉案人员较多，犯罪主体复杂，既包括直接从事生产、作业的人员，也包括对生产、作业负有组织、指挥或者管理职责的负责人、管理人员、实际控制人、投资人等，要准确区分、界定，确保不枉不纵。二是准确认定相关人员的违规行为。认定相关人员是否违反有关管理规定，应当根据相关法律、行政法规，参照地方性规定、规章及国家标准、行业标准，必要时也可参考公认的惯例和生产经营单位所制定的安全生产规章制度、操作规程。三是准确认定违规行为与安全事故间的因果关系。刑法第134条明确规定：在生产、作业中违反有关安全管理的规定，因而发生重大伤亡事故或者造成其他严重后果的，构成重大责任事故罪。因此，必须要求行为确有违反安全管理规定，且该行为是事故发生的重要原因或条件，才可能认定犯罪。

（二）坚持证据裁判原则，准确采信证据

根据办理危害生产安全刑事案件相关规定，政府或相关职能部门依法对事故原因、损失大小、责任划分作出的调查认定，经庭审质证后，结合其他证据，可作为责任认定的依据。但经审查发现，该事故调查报告认定的案发起因、经过等不确实、不充分，或与在案其他证据证实的起因、经过等不一致的，应根据证据裁判规则，审慎采信证据。在案其他证据具有内在联系，共同指向同一待证事实，不存在无法排除的矛盾和无法解释的疑问的，证据之间已形成证完整据锁链的，依法认定采信。

（三）强化法律监督履职自觉，依法移送涉嫌职务犯罪线索、其他违法行为线索

安全生产关系到人民群众生命财产安全，事关改革、发展和稳定的大局。检察机关要从政治和全局的高度，充分认识办理好危害生产安全刑事案件的重要意义，切实增强工作责任感，强化法律监督履职自觉，坚持全面审查原则，除依法、准确办理危害生产安全犯罪外，还应关注发生在这些犯罪背后的国家机关工作人员贪污贿赂和渎职犯罪行为，及时向监察机关等部门移送线索。同时，发现涉案企业及个人需要给予行政处罚的，也要积极向有关部门提出意见和建议。

（撰稿人：四川省人民检察院 王小兰、张仕琴；四川省渠县人民检察院 刘容）

陕西省聂某某等十四人重大责任事故案

【基本案情】

A公司所属的川A××××1号客车经营洛阳至成都客运班线。2017年8月9日,川A××××1号客车到达洛阳后因故障需要维修,不能继续发车。该车辆承包人被告人聂某某、张某某、崔某某三人遂决定由挂靠在洛阳交通运输集团B公司经营的豫C××××8客车顶班从洛阳锦远汽车站发往成都。在顶班手续上申报的驾驶员为聂某某、董某某、张某某,但实际发车时确定由洛阳交通运输集团C公司驾驶员冯某某、王某某为驾驶员。2017年8月10日豫C××××8客车到达四川省成都市城北客运中心,随后于当天14时载客41人从成都市城北客运中心发车返回河南省洛阳市。晚23时30分,此时车上实载49人,当该车行驶至陕西省安康市境内京昆高速公路秦岭1号隧道南口1164公里867米处时,正面冲撞隧道洞口端墙,造成司机冯某某、王某某及乘客共36人死亡、13人受伤,直接经济损失3533余万元的特大交通事故。事故调查报告认定"8·10"特别重大道路交通事故是一起生产安全责任事故,事故直接原因是,事故车辆驾驶人王某某行经事故地点时超速行驶、疲劳驾驶,致使车辆向道路右侧偏离,正面冲撞秦岭1号隧道洞口端墙。间接原因有:一是事故现场路面视认效果不良,事发当晚事发地点所在桥梁右侧5个单臂灯均未开启,加速车道与货车道之间分界线局部磨损。二是车辆座椅受冲击脱落。三是有关企业安全生产主体责任不落实。四是地方交通运输、公安交管等部门安全监管不到位。五是洛阳市政府落实道路运输安全领导责任不到位。

【检察机关履职过程】

(一)介入侦查,精准引导取证

2017年8月10日事故发生后,安康市公安局成立了"8·10"重大责任事故专案侦查指挥部,并指令由宁陕县公安局侦办,宁陕县公安局于2017年8月14日对本案立案侦查。安康市人民检察院及宁陕县人民检察院启动上下联动机制,同步提前介入侦查,查阅案件材料,参加公安机关案情研讨,从三个方面提出取证建议:一是查明各犯罪嫌疑人的身份及相应职责;二是查明各犯罪嫌疑人违反或未执行的安全管理规定,包括内部安全管理的规章制度;三是查明各犯罪嫌疑人与事故结果之间的因果关系，确保犯罪嫌疑人罪责刑相适应。同时，协助有关部门做好善后事宜。公安机关收集固定并完善了相关证据，于 2017 年 11 月 21 日以聂某某等十四人涉嫌重大责任事故罪向宁陕县人民检察院移送审查起诉。

（二）审查起诉，完善证据体系

审查起诉过程中，检察机关通过总结事故原因，倒推责任归属，归纳出"营运手续办理""管人""管车"三条责任方向，分别是经手事故车辆顶班营运手续办理的四名车辆承包人聂某某、董某某、张某某、崔某某和高某某、李仁某，负责车辆营运、安全监管和驾驶员管理的责任主管程某、李海某、龙某某、景某、任某，以及负责车辆管理的李学某、闫某某、秦某，分组分类进行审查。市县两级检察机关多次与公安座谈当面沟通案情，精准引导侦查取证，逐步完善证据体系。其间，退回补充侦查一次。一是针对李仁某辩解事故当天休假的情况，建议调取是否在岗的证据；二是调取关于认定疲劳驾驶的相关规定；三是调取李学某长期站内外非法揽客的证据；四是调取事故车辆的实际控制人的相关证据；五是调取总公司 GPS 监控工作人员杨某与 B 公司的通话记录，核实闫某某擅自离岗的情况。公安机关补充完善证据之后，宁陕县人民检察院于 2018 年 3 月 7 日，以被告人聂某某等十四人涉嫌重大责任事故罪向宁陕县人民法院提起公诉。

（三）释法说理，有力指控和证明犯罪

宁陕县人民法院于 2018 年 7 月 17 日公开开庭审理本案。

第一，庭审中，秦某做无罪辩解，理由包括：（1）关于出站人数只有李学某供述，没有其他证据印证，属于孤证。（2）出站检查不止秦某一个环节，不应由其一人承担。其辩护人也认为指控秦某犯重大责任事故罪的证据不足，出示的证据严重存疑，以不能排除合理怀疑为由，作无罪辩护。针对上述意见，公诉人从三个方面进行答辩：一是秦某作为出站检查员，是直接从事生产、作业人员，主体适格；二是辩护律师对事故调查报告质疑的依据《生产安全事故调查处理规则》（征求意见稿）系尚未正式出台的文件；三是关于出站人数在事故调查报告中已经明确，且认定秦某犯罪的关键在于其没有认真履行检查员的职责，没有查验人数；四是根据岗位职责中"六不出站"的规定，只要出现一种情形就不能放客车出站。相关人员各司其职，哪个环节出问题应当承担哪个环节的责任。因此，秦某作为检查员在车辆出站检查时，未认真履职，既未清点该车实际载客人数，也未核验当班驾驶员资质及驾驶员是否相符的情况，违规放车辆出站，符合重大责任事故罪的犯罪构成。

第二，聂某某、董某某、李海某、程某等被告人辩解本案的发生属于多因一果，其行为与事故后果之间是否存在因果关系的证据不充分。针对上述辩解，公诉人围绕重大责任事故罪的犯罪构成从三个方面答辩，指控和证明了犯罪。

一是关于本案的主体认定上，十四名被告人分别属于对生产、作业负有组织、指挥或者管理职责的负责人、管理人员、实际控制人、投资人等人员，以及直接从事生产、作业的人员。二是关于被告人违反安全管理规定的认定上，分三个层次依序展开分析和论证。第一个层次，监管职责人员类。被告人任某、景某、李仁某、程某、龙某某、李学某作为负有安全监管职责的人员，违反国家特别是涉案企业安全管理规章制度，导致对直接生产作业人员监管不力，现有安全生产制度执行不力，部分安全生产制度缺失。第二个层次，生产作业人员类。被告人秦某、高某某、闫某某作为生产作业人员，违反国家及涉案企业安全管理规章制度，未按照安全管理规定进行操作，导致安全管理规定设立的安全保障机制无法发挥效力。第三个层次，安全管理人员类。被告人聂某某、崔某某、张某某、董某某、李学某作为肇事车辆的管理者、实际控制人、投资者，违反企业安全管理规章制度安排驾驶员，导致安全管理规定设立的安全保障机制无法发挥效力。三是关于被告人主观过失的认定上，各被告人对违反安全管理规范的行为主观上是明知的故意，但对于重大责任事故所产生的损害结果是过失的犯意，符合重大责任事故罪的犯罪构成。因此，本案虽然是多因一果，但每一个被告人的行为均与事故的发生存在因果关系，各被告人在职责范围内根据履职情况承担相应的法律责任，应以重大责任事故罪追究各被告人刑事责任。考虑被告人认罪悔罪态度较好，建议从轻处罚。公诉人在庭审中的意见均被法院采纳。

（四）办理关联案件，分层次追责

除宁陕县公安局以重大责任事故罪移送起诉十四人外，陕西、河南、四川三地检察机关以玩忽职守罪对相关国家工作人员立案侦查十四人，同时对涉案的十四个单位三十二名责任人员给予了党政纪处分。

一是以玩忽职守罪追究王某普等两名国家工作人员刑事责任。事故发生后，陕西检察机关依据当时职权依法查办了洛阳市公安局交警支队车管所三中队原中队长王某普、民警王某军玩忽职守案。二人违反《车辆管理中队长职责》和《车辆管理中队重点车辆驾驶人管理职责》的规定，疏于对辖区重点车辆驾驶人的监管、未严格执行月检、季检制度等，导致辖区驾驶人员安全意识淡薄，超速、疲劳驾驶等违法行为不断发生，安全隐患长期存在，渎职行为与事故发生具有刑法上的因果关系。检察机关以涉嫌犯玩忽职守罪向法院提起公诉。法院以玩忽职守罪判处王某普有期徒刑三年，缓刑四年；判处王某军有期徒刑三年，缓刑三年。

二是对洪某某等四人依法作出相对不起诉决定。西汉路政大队秦岭路政中队原中队长洪某某，陕西高速集团西汉分公司原副经理穆某某以及该公司秦岭管理所原所长王某某均负有对事发路段的日常维护管理职责。三人未按照有关规定开启引道照明灯或未认真履行检查路面标线的职责，履行安全隐患的排查工作不到位，导致路面视认效果不佳，是造成事故重大伤亡后果发生的间接原因之一，涉嫌玩忽职守罪。安康市公安局交警支队高交大队秦宁中队原中队长王某，未认真履行查处超速行驶、疲劳驾驶职责，对事故发生也具有刑法上的因果关系，涉嫌玩忽职守罪。考虑责任较小，犯罪情节轻微，检察机关依法对四人作出相对不起诉决定。

（五）处理结果

宁陕县人民法院于 2019 年 7 月 18 日作出一审判决，采纳检察机关指控的事实、罪名，根据检察机关量刑建议情况，以重大责任事故罪判处聂某某等十四人二年至五年不等有期徒刑。聂某某、崔某某等六名被告人以事实认定有误、量刑过重为由提出上诉，秦某等人未上诉。2019 年 11 月 4 日，安康市中级人民法院二审裁定驳回上诉，维持原判。

【典型意义】

（一）准确理解和把握重大责任事故罪中"安全生产规定"的内容、范围、要求

主要包括：（1）国家颁布的各种有关安全生产的法律、法规等规范性文件；（2）企业、事业单位及其上级管理机关制定的反映安全生产客观规律的各种规章制度，包括工艺技术、生产操作、技术监督、劳动保护、安全管理等方面的规程、规则、章程、条例、办法和制度；（3）虽无明文规定，但反映生产、科研、设计、施工的安全操作客观规律和行业要求，在实践中为职工所公认的行之有效的操作习惯和日常惯例等。对于犯罪嫌疑人、被告人是否构成重大责任事故罪，应当对照上述三种安全管理规定，尤其是涉案单位的内部规章及行业规范，看当事人是否违反相关规定。因此，办理重大责任事故案中的"责任"，不仅指法律规定的责任，也包括具体到公司企业规定的被职工们所知晓的行业规定和职业操守，一旦责任人违反行业、公司企业的规定，发生生产、作业事故，就符合刑事追责范围。但实践中也需注意避免以从未实施或公开的内部规章认定当事人的责任。

（二）对涉案人数众多的重大责任事故，重点要查明各被告人的职责、行为表现及因果关系

最高人民法院、最高人民检察院《关于办理危害生产安全刑事案件适用法律若干问题的解释》规定了重大责任事故罪的司法认定标准，统一了案件的法律适用意见。但是在实践中，生产、作业涉及众多行业与工作岗位，认定相关人员是否构成重大责任事故罪，首先，应该审查事故调查报告中认定的"直接原因""间接原因"的相关责任人的追责依据，审查违反职责的行为表现与产生危害结果的因果关系是否密切、关联程度的强弱；其次，根据在卷证据，对各责任主体的身份及相关工作职责逐一明晰，按照最高人民法院《关于进一步加强办理危害生产安全刑事案件审判工作的意见》要求综合分析评判，准确厘清相关人员责任。

（三）对涉及多环节、多层次的刑事责任认定方面，应特别审慎，依法、客观、准确履行追诉职责

重大责任事故的发生往往存在于生产、作业的多个环节，存在的问题、漏洞时间较长、原因复杂繁琐、解决难度大、花费成本高，日积月累潜在隐患不断扩大加重，安全事故最终一触即发，后果十分严重。重大安全事故的发生往往是多方面因素共同作用导致的，因此，重大责任事故罪的刑事责任认定必须坚持"客观公正"的司法理念，在追诉行为人刑事责任的同时，包括在办理关联案件过程中，要充分考虑"多因一果"的客观因素，对案件事实、情节、认罪悔罪情况综合考量，根据各涉案人在危害结果链条上所起的作用、主观过失程度，依法提起公诉或作出不起诉处理，实现罪、责、刑相适应的刑罚效果，确保检察机关的法律监督职能做到客观公允、不偏不倚，方能实现执法办案政治效果、法律效果、社会效果的有机统一，让人民群众在每一个司法案件中感受到公平正义。

（撰稿人：陕西省人民检察院　王文宾、楚雅丽；陕西省安康市宁陕县人民检察院　周阿勇）

三、部分地区安全生产社会治理方面检察建议

河北省沙河市人民检察院
检察建议书

沙检建〔20××〕×号

沙河市某公司：

  本院在审查牛某某等人涉嫌非法储存爆炸物案过程中，发现贵公司未严格按照《民用爆炸物品安全管理制度条例》相关要求正确履行管理职责，导致牛某某、郝某某、陈某某、王某某在施工期间不按规定清退未使用炸药，将大量炸药非法存放在矿井下，存在巨大安全隐患。你公司作为民用爆炸物品从业单位，具有对本单位民用爆炸物品安全管理责任，该案的发生，具有严重社会危害性，一旦发生爆炸将引发地面倒塌，造成地面设备严重损坏，并严重危害工人的生命安全，造成民众恐慌，对周围的环境也会造成污染。因此你公司存在下列亟待解决的隐患：（1）未落实民用爆炸物品安全管理制度。（2）未及时核实炸药申请数量是否与实际使用量相符。

  本院认为，你公司作为民用爆炸物品从业单位应依法履行对民用爆炸物品管理职责。现根据《民用爆炸物品安全管理制度条例》第一章第五条、第七条及第三章第二十四条，《中华人民共和国人民检察院组织法》第一章第二条对贵公司提出如下检察建议：

  一、完善、落实安全管理及岗位责任制度。制定安全防范措施，提高对民用爆炸物品安全管理工作的认识，扎实做好民用爆炸物品的安全工作。增强红线意识和责任担当，把民用爆炸物品管理工作摆在更加突出位置，定期学习有关民用爆炸物品管理的文件和资料，做到领导带头，层层落实，切实把各项责任落到实处。

  二、完善、规范民用爆炸物品审批程序。大数量民用爆炸物品发放应经上级领导签字审批，未经批准不准发放民用爆炸物品。加大各项管理制度的执行力度，发放炸药前应派专人审查对方提供的证明及各项依据，核实炸药申请数与实际用量是否相符，杜绝超量发放。

  三、完善发放民用爆炸物品手续流程。充分利用信息系统采集、台账登记手段，如实规范记录，核对、保存本单位民用爆炸物品流向、流量、经手人身份等信息,详细掌握民用爆炸物品使用情况,并将销售的品种、数量和购买单位向当地人民政府、公安机关备案。对发现的隐患和问题,应立即向有关部门报告,有效堵塞可能导致民用爆炸物品流失的一切漏洞。

四、定期召开民用爆炸物品安全例会。及时传达贯彻上级部门的工作要求,定期组织公司内部对民用爆炸物品管理、使用自查自检,所检查的内容、项目、范围要全面具体,不仅要检查民用爆炸物品购买、存储方面存在的安全管理隐患,还要对民用爆炸物品的领用、发放、运输、清退、证件、应急预案、技术资料等所有项目、环节进行全面安全隐患检查。

五、完善警示教育机制,做到警钟长鸣。开展经常性法治专题培训,以案释法,不仅让公司所有员工了解民用爆炸物品相关法律规定,认识民用爆炸物品管理不当的严重危害,而且通过民用爆炸物品安全事故典型案例让公司员工高度警惕,强化责任担当,树牢员工依法依规履职理念,做到常备不懈、防微杜渐。

如对检察建议有异议,可于十五日内提出;如无异议请于收到本检察建议书后两个月内依法履行职责,并书面回复本院。

2021 年 8 月 13 日

山西省临汾市襄汾县人民检察院
检察建议书

襄检建〔20××〕×号

襄汾县某煤业有限公司：

我院在审查"9·15"储煤仓筒仓坠落事故涉及重大责任事故案件过程中，发现你公司在经营活动中存在一些问题，为有效防止安全事故的发生，使民营企业能够顺利发展，现根据有关规定，向你公司发出检察建议。

一、提出检察建议所依据的事实

2020年9月15日，襄汾县某煤业有限公司在储煤仓试运行时，钢筒仓不落煤，工作人员对下料口进行锤击过程中，发生储煤仓突然坠落，砸到操作平台和下方运煤汽车，发生事故，造成2人死亡、3人受伤，直接经济损失约539.34万元。事故调查组调查认定该起事故是一起一般生产安全责任事故。

二、生产安全责任事故的原因

（一）直接原因

根据事故调查情况来看，主要是储煤仓仓体设计不合理，现场钢结构的构造方式极其随意，存在严重缺陷。通过科学分析，即便本次不塌，其整体也无法有效抵御正常生产过程中的负荷。其设计单位无资质，施工单位无资质，施工过程无监理，没有一个环节能够在技术层面把关，致使发生事故。

（二）间接原因

你公司工程项目管理混乱。对于施工单位、设计单位的条件未认真把关，一方面出于成本的考虑，更多的是对有关资质标准的不重视。施工单位无技术、安全、质检等管理机构，无施工方案，盲目组织施工，以致如此重要的结构，采取近似以堆积木的方式搭建。技术质量管控不到位，也是造成事故的原因之一。企业安全法规不落实，安全责任主体落实不到位，安全法规意识不强，企业管理水平不高。你公司在生产管理制度及岗位责任制上只体现现有生产工种、环节，无技改项目组织机构、责任分工、管理制度，遇有技改项目，随意安排，毫无制度可遵守，导致在技改过程中，不能按照企业安全生产制度办事，比如，在储煤仓未进行验收情况下，便组织试运行，并且，出现问题时，进行锤击蛮干等。

三、对策建议

为了防止类似事故发生，不让悲剧重演，促使企业健康发展，特向你公司提出如下检察建议：

（一）牢固树立安全生产意识，切实重视安全法规落实。首先，完善各项安全生产制度。必须建立健全各级领导安全生产责任制、职能机构安全生产责任制、岗位人员安全生产责任制等各项规章制度。企业内部应当建立健全基建工程管理程序，严格按照相关规定，对实施项目的设计、施工必须由具备相应资质的单位承担，并通过竣工验收。其次，重视风险预测，尽早提前化解各种风险可能。企业应通过实施安全风险分级管控及隐患排查治理、规范行为、控制质量、提高装备和管理水平、强化培训，保障安全生产。最后，要严格对标安全生产要求，施工企业必须在资质许可范围内施工，不得无资质施工，或超越本单位资质许可等级的业务范围承揽工程。企业无相关工程建设管理机构或者专业工程技术人员时，建议委托专业机构或聘请专业技术人员进行工程建设管理。

（二）提高管理水平，促使企业健康发展。民营企业的发展，一方面是合法合规经营，从源头上规避可能面临的法律风险；另一方面是当遇到法律问题，尤其是当遇到刑事风险时，积极主动应对。民营企业必须合规管理，在法治轨道下，向管理求效益，以质量求生存，前提必须保安全，才可能为社会创造更多的财富。

（三）加强沟通信息共享，多管齐下综合治理。最高人民检察院十分重视保护民营企业正常生产经营活动，要求努力为民营企业营造良好的法治环境。你公司在今后的生产经营过程中，建议要及时与我院联系沟通，建立长期的沟通机制，确实解决问题。另外，要加强与当地监管部门和同行公司的交流，加强上下级、公司间的信息共享，向监管部门多沟通、向同行公司多学习，在沟通、学习中取长补短、多管齐下，促进企业更稳更快的发展。

以上建议，请你公司根据实际情况认真研究落实，并将落实情况于三十日内书面函告我院。

2021 年 8 月 2 日

内蒙古自治区乌海市海南区人民检察院
检察建议书

海南检公诉建〔20××〕×号

乌海市某煤焦有限公司：

2017年6月27日，你公司发生爆炸事故致3人死亡，直接经济损失400余万元。经乌海市公安局立案侦查，以你公司张某某等三人涉嫌重大责任事故罪向本院移送审查起诉。经本院审查提起公诉，乌海市海南区人民法院判决张某某等三人犯重大责任事故罪，均判处有期徒刑三年缓刑四年，现判决已生效。

本院审查发现，三人在生产作业中违反安全管理规定，因而发生重大事故。同时，也暴露出你公司在人员管理、制度建设、安全监管等方面存在漏洞，给生产作业带来安全隐患：

一、人员安全意识淡薄，对违章作业视而不见。车间、工段及班组负责人无安全意识、无规矩意识，擅自、临时组织作业。作业工人对危险源认识不够，作业现场不管不问，毫无安全意识，盲目服从作业。其他在场人员对违章动火作业视而不见，无人制止，甚至直接参与违章作业。

二、检修、变更管理制度执行不严。管线变更未履行变更手续，无改造方案，未经可行性分析验证。检修车间发现问题直接与生产车间擅自改变工艺走向、临时组织指挥作业。

三、特殊作业安全管理制度不严，执行不到位。在运行状态的循环罐上作业时，未检测爆炸性气体、未办理"动火作业证"、未办理"高处作业证"，在毫无安全防护措施的情况下，即进行登高、动火作业；电工无"临时用电安全作业证"即接电供电。

四、特殊工种管理混乱。特殊工种有长期无证上岗现象。特殊作业证办理时，不查验核对作业证件。无证上岗人员弄虚作假，虚填作业证号。

五、安全管理不到位。化产车间无专职安全员，动火作业无安全员现场监督管理。

六、设备管理混乱，责任不明。新安装的循环罐验收把关不严，在罐顶的人孔盖、放散管等缺失的情况下即投入使用。

为加强安全生产工作，防止和减少生产安全事故，保障人民群众生命和财产安全，针对以上问题，根据《人民检察院检察建议工作规定》，特提出如下检察建议：

一、加强安全教育培训，切实提高安全意识。要坚持以人为本，坚持安全发展。坚持安全第一、预防为主、综合治理的方针。针对本次事故要不断开展警示教育学习，深刻吸取事故教训。切实提高全员安全意识，提升风险辨识能力。

二、各项管理制度、安全操作规程要全员学习、层层落实。防止出现工人不了解规章制度，盲目听从领导安排；防止出现工人不懂操作规程，全凭经验习惯作业。安全生产要全员参与、相互监督。

三、加强特殊作业人员管理，加强岗位技能培训。不断提高特殊作业人员岗位技能，未经培训考核取得资格的坚决禁止从事特殊作业，已取得资格的要保持继续教育。特殊作业时要核实身份，持证上岗。对持证情况要及时公示、公开，促进相互监督。

四、严格配备安全管理人员。严格按照相关法律规定配备安全管理人员，重点部门要配备专职安全员，确保特殊作业有安全员现场监护。

五、制定安全检查制度。制定安全巡查、抽查、检查制度。加强日常安全检查，及时排除安全隐患，对"三违"作业要严肃处理。切实做到安全生产警钟长鸣、长抓不懈。

以上建议，请你公司认真研究落实，并将落实情况在十五日内书面函复本院。

2018 年 10 月 8 日

辽宁省鞍山市人民检察院
检察建议书

鞍检建〔20××〕×号

某某市应急管理局：

　　本院在审查胡某某等人涉嫌组织、领导、参加黑社会性质组织罪、盗窃罪、寻衅滋事罪、强迫交易罪一案中发现你市在安全生产工作中存在以下问题：

　　一、日常监督管理工作有待加强

　　根据《中华人民共和国安全生产法》第九条之规定"县级以上地方各级人民政府安全生产监督管理部门依照本法，对本行政区域内安全生产实施综合监督管理"。海城市某铸业公司相继发生多起安全生产事故，造成重大生命财产损失，主要原因在于该企业在生产经营过程中，长期存在生产人员未按操作流程违规操作、现场管理混乱、安全防护装置不完备、安全生产制度不健全、不落实等问题。同时反映出你市应急管理部门在履行日常监管职责过程中，对重点行业领域企业存在安全检查不深入，不全面，未能及时发现安全生产隐患一些问题。

　　二、企业安全生产教育培训不足

　　根据《中华人民共和国安全生产法》第十一条之规定"各级人民政府及其有关部门应当采取多种形式，加强对有关安全生产的法律、法规和安全生产知识的宣传，提高职工的安全生产意识"。从某铸业公司发生的多起生产安全责任瞒报事故中可以发现，该企业没有承担起安全生产的主体责任，漠视法律法规，安全责任意识淡薄，缺少事故应急预案；企业员工安全教育培训落实不到位，在发生煤气事故时，自救、互救能力不足，盲目施救造成伤害后果进一步扩大。这反映出你市应急管理部门对企业安全教育培训监管方面，还需进一步加强。

　　三、举报机制不健全

　　某铸业公司在发生安全生产事故后，故意隐瞒事实真相，均未按规定向政府有关部门上报情况，私下进行赔偿和解，知情人员众多，社会影响恶劣，但无人向政府有关部门举报，除知情人员法律意识淡薄，没有建立健全举报机制是重要原因。

四、事故调查过程不规范

根据《生产安全事故报告和调查处理条例》第二十二条之规定"根据事故的具体情况，事故调查组由有关人民政府、安全生产监督管理部门、负有安全生产监督管理职责的有关部门、监察机关、公安机关以及工会派人组成，并应当邀请人民检察院派人参加"。但近年来，你市应急管理部门并未邀请检察机关派人参与事故调查，在事故调查启动上存在程序缺失，导致检察机关的监督职能弱化，不利于对安全生产类事故开展刑事立案监督活动。

根据《安全生产行政执法与刑事司法衔接工作办法》（以下简称《工作办法》）第四条之规定"人民检察院对应急管理部门移送涉嫌安全生产犯罪案件和公安机关有关立案活动，依法实施法律监督"。《工作办法》对于应急管理部门在处理安全生产事故中如何与检察机关相互协作作了具体规定，但从该《工作办法》出台后，你市应急管理部门均未将案件材料、事故报告等抄送至检察机关，未能按照相关规定进行工作。

本院认为，应急管理局担负着你市安全生产综合监督管理职责，为防止和减少生产安全事故再次发生，保障人民群众生命和财产安全，维护社会稳定，促进经济发展，根据《中华人民共和国刑事诉讼法》第二条，《中华人民共和国人民检察院组织法》第四条、第二十一条，《人民检察院检察建议工作规定》第三条、第十一条，现对你局提出如下建议：

一、深入开展安全生产专项治理行动

建议在全市范围内开展一次安全生产专项治理行动，重点从管理制度、安全培训、安全防护设施、现场安全隐患、危险源管理、应急预案及演练等方面进行安全检查，彻底排查安全隐患，限期整改到位。

二、切实提升安全生产教育培训成效

建议加强对生产经营单位安全培训情况的监督检查，督促企业依法依规开展教育培训工作，确保取得实效。将重点行业领域的企业主要负责人、安全生产管理人员作为重点培训对象，提升安全管理人员的应急处置能力和管理水平，强化全员安全责任意识。

三、不断完善安全生产监督管理制度

建议探索建立安全生产失信行为联合惩治制度，对以隐蔽、欺骗和阻碍等方式逃避、对抗安全监管的单位和主要责任人，依法依规纳入信用记录，从严惩戒。加强与公安110警务系统、医疗120急救系统等部门的信息共享，建议建立信息平台，及时获取事故信息。出台奖励机制，鼓励企业员工和家属举报企业瞒报事故的违法行为。

四、做好行政执法与刑事司法衔接工作

组织全市应急管理部门加强对相关法律法规和《工作办法》的学习，建议严格按照法律法规进行事故调查工作，将衔接工作按照《工作办法》中的相关规定贯彻落实。保证依法惩治安全生产违法犯罪行为，与检察机关形成合力，更好地保障人民群众生命财产安全和社会稳定。

请你局在收到本建议书之次日起七日内就本院指出的问题和建议向本院提出异议。若无异议请于收到检察建议书后两个月内将相关工作情况书面回复本院。

2020 年 12 月 14 日

黑龙江省伊春市铁力市人民检察院
检察建议书

黑铁检建〔20××〕×号

某某市应急管理局：

本院在办理姚某某、张某、王某某重大责任事故案件、门某某、李某重大责任事故案件过程中，发现你市矿山生产企业存在安全生产风险，可能发生重大安全生产事故，威胁企业的生产活动秩序和生产作业人员的生命安全，企业安全生产秩序亟待规范和整顿，需要进一步加强和改进监管工作。

一、存在的隐患

你市矿山生产企业黑龙江某矿业公司先后发生两起生产事故：

（一）姚某某、张某、王某某重大责任事故案件

2018年12月7日9时许，被告人陕西某工程公司王某甲与同组工作人员王某乙在黑龙江某矿业公司铁矿井下作业时，由于当天负责生产安全的被告人陕西某工程公司安全员张某、带班矿长姚某某未到作业地点检查，未排除安全隐患，也未巡查制止违章作业，在被告人王某甲与王某乙发现安全隐患后，王某甲爬上通风井修理梯子时，被告人王某乙未提醒王某甲注意安全事项，也未履行同组安全监护职责，因王某甲违反安全操作规定，未将安全带固定到梯子上，也未按要求展开安全网，造成其本人从通风井坠落经医院救治无效死亡的事故。

（二）门某某、李某重大责任事故案件

2019年9月12日，某某市应急管理局对国庆70周年期间不能保证安全生产的黑龙江某矿业公司进行封停，并要求停产期间开展安全隐患排查、整改工作。该铁矿总经理被告人门某某在接到封停通知后，未按要求开展安全隐患排查、整改工作，授意该铁矿采掘施工承包方陕西某工程公司负责人被告人李某继续安排工人下井生产作业，李某明知该铁矿被要求封停整改的情况下，仍然安排工人下井生产作业。2019年10月11日8时30分许，陕西某工程公司凿岩工王某丙与陈某甲、陈某乙在井下顶板浮石时，王某丙观察不到位，身至重叠浮石下方危险区域违章作业，在用撬棍盲目撬前方底部重叠浮石时，使得前

方底部浮石与后方顶部浮石同时瞬间脱落，躲闪不及，被顶部脱落浮石直接砸中头部，送往医院途中死亡。

你单位作为矿山生产企业的监管部门，存在如下问题：

一是对企业安全生产违法违规的行为监督不到位。黑龙江某矿业公司在接到封停矿山，开展安全隐患排查、整改工作的通知后，违反安全生产法律法规要求，仍继续生产作业近一个月，直至事故发生。

二是对企业落实主体责任的监管不到位。黑龙江某矿业公司主体责任落实不到位，未严格履行与施工企业签订的安全管理协议，督促施工企业做好矿山安全管理、安全检查、安全教育等工作。

三是对企业配备安全生产管理人员、健全安全生产制度的监管不到位。黑龙江某矿业公司对应暂停从事安全生产工作的安全管理人员仍继续安排主管安全和生产工作；安全监督管理的人员，未对施工企业的作业现场实施全过程监督检查，未履行安全管理义务，施工人员违章、违规作业未得到有效制止；未针对井下易发、多发的危险作业情况，制定相应制度；新入职员工老带新、同组工作人员监护等安全生产制度落实不到位。

四是对企业安全教育培训的监管不到位。黑龙江某矿业公司对新入职员工的培训，未分别达到规定的入公司教育、车间教育、班组教育时限要求；未区分工种进行有针对性的培训。

二、提出的建议

你单位应履行监管责任，提高监管水平和能力，加大执法检查力度，杜绝安全生产责任事故的发生，特提出如下建议：

（一）对本辖区重大安全生产事故进行分析，找出事故发生的主要原因，以问题为导向，以推进安全风险分级管控和隐患排查治理双重预防性工作机制建设为依托，以抓住易引发较大及以上事故发生的薄弱环节为突破口，从提升企业安全管理能力入手，在事故原因分析的基础上，引导企业提出事故预防的对策措施。

（二）根据生产企业安全生产规章制度不健全的问题，督促企业落实安全生产主体责任，帮助其完善各项管理制度。监督企业结合工作实际，加大监管力量投入，合理设置安全生产管理机构，配齐配强安全生产管理人员；对现行的安全生产责任制和安全管理制度进行梳理，查缺补漏，特别是新岗位、新工艺、新技术、新设备的制度情况，及时发现和查补制度上的漏洞和薄弱环节，明确各岗位安全职责，规范安全生产行为，建立和维护安全生产秩序，完善制度保障，强化制度管理，按照谁主管，谁负责的原则，逐级落实安全生产责任，确保职责明晰、任务明确、责任到人、工作到位。

（三）全面加强安全监督管理及安全隐患进行排查治理。强化"一失万无"隐患意识和"万无一失"责任意识，履职尽责，依法对有关生产经营单位安全生产工作实施监督检查，定期或不定期开展危险源和事故隐患排查工作，使安全生产工作的重心从事后查处转变到事前防范。重点检查企业安全生产责任制制定情况；重点部位是否开展监测，有无记录；特种管理人员是否持证情况；是否开展安全生产每日巡查，有无记录；出入井登记台账是否实名制记录；是否开展安全生产演练；等等，全面排查生产环节中可能存在的安全隐患，并督促企业利用切实有效的手段进行整治，将安全隐患消除在萌芽状态，不留死角，不留盲区，防止安全事故发生。全面了解企业安全生产工作开展情况，对企业开采设计、设施设备和现场管理等方面存在的安全隐患，要求企业整改落实到位，提高企业自身的安全生产监控的防范能力。

（四）加大对安全法律法规的宣传力度，提高企业人员安全生产意识。指导企业进行安全生产宣传教育工作，并监督检查。通过开展"走进企业"服务活动、举办企业安全生产专题讲座、典型案例、警示教育等形式强化企业安全生产意识。

以上意见依据《中华人民共和国安全生产法》第九条、第五十九条、第六十二条、第六十七条及中共中央、国务院《关于推进安全生产领域改革发展的意见》的有关规定。

以上建议，请你单位根据实际情况认真研究落实。如有异议，可在收到本建议书后十个工作日内向本院提出。若无异议，请于收到本院检察建议书后两个月内依法办理，并将办理情况及时书面回复本院。

2021 年 5 月 11 日

上海市金山区人民检察院
检察建议书

沪金检建〔20××〕×号

上海某物流有限公司：

　　近期本院在办理一起重大责任事故案件中，发现挂靠你公司的两辆重型特殊结构货车于2020年9月接连发生重大交通事故致两人死亡，犯罪嫌疑人周某作为案发期间你公司的法定代表人，未充分履行交通安全管理义务，督促车辆驾驶人遵守道路交通安全法律、法规以及相关规定，导致公司在运营过程中，连续发生重大交通事故，致二人死亡，涉嫌重大责任事故罪。连续发生的重大交通事故更暴露出你公司及管理人员安全管理意识不强、合规经营管理制度空缺、企业安全风险控制能力较弱。长此以往，不仅不利于公司健康持续发展，也极大的增加了道路交通的安全隐患，对其他道路交通参与人的人身财产权益造成了较大的风险，危及公共安全。现梳理相关问题，并提出相关合规建议如下：

　　一、存在的主要问题
　　（一）公司安全管理意识不强
　　随着我国市场经济管理体制的不断完善和法治化建设的持续推进，道路运输企业要获得更好地发展，必须转变观念，树立安全管理意识。管理层是公司的核心，所做决策会直接影响公司经济利益的大小和法律风险的高低。因此，公司能否合法合规经营，取决于管理层有无法律风险防控意识。周某作为你公司原法定代表人，既负责业务也负责安全运营，虽有十几年的从业经验，但疏于安全管理，迄今为止共发生交通事故责任纠纷36起，致人死亡交通事故将近10起，对自己应承担的法律后果没有清晰的认知，暴露出公司管理层法律意识淡薄，疏于对驾驶人员的培训、疏于对机动车运行安全的管理，对企业经营所涉的相关法律法规也不够重视，辨识法律风险的敏锐度不够。

　　（二）公司未有效建立合规经营管理制度
　　经了解，你公司现挂靠车辆70余辆，2020年营业额在300万元左右，是上海建工行业内有一定知名度、认可度的民营企业，发展前景良好，发展潜能较大。但你公司在合规经营管理上存在以下问题：第一，安全员配置明显与企业经营规模不匹配，你公司自成立以来在安全员的配置方面，一直都是由一人担任，2020年9月以来，公司的管理层和安全员由于全部更换，因此对公司的经营状况尚未熟悉，且你公司名下的挂靠车辆以跑外地运输为主，仅一名安全员难以起到有效的监管作用；第二，挂靠协议部分条款不合法，经了解你公司的挂靠协议中写明，挂靠期间发生事故或其他原因造成的一切损失均由车主自负，挂靠单位不承担责任，违反相关规定，应予以修订更正。

（三）公司缺乏未来降低经营风险的计划

公司新的管理层刚接手公司，法律风险防控意识不强、合规经营管理制度空缺，对公司的运营风险掌握不足。第一，公司对挂靠车辆近年来发生的交通违章和交通事故情况未进行有效记录和及时清理，更未深入分析原因，将大部分的重大交通事故情况归咎于司机自身的原因，未从公司自身上查找原因，甚至将安全运营寄希望于运气；第二，公司未加入任何物流运输协会，缺少行业协会的专业指导和监督，公司管理层依然沿用旧的规章制度，对公司接下来如何安全运营，降低安全隐患尚未有明确的计划；第三，第三方监管平台工作制度不全，案发前，针对交警部门要求安装到位的第三方智能设备监控长期未落实，涉案的两辆车未安装该设备与事故的发生存在一定的因果关系，长此以往，不利于公司健康持续发展。

二、对策及建议

近年来，物流行业蓬勃发展，作为被挂靠企业，想要在激烈的运输市场竞争中谋求发展，除了追求经济利益外，还应重视安全管理，方能行稳致远，为消除合规隐患，结合你公司经营管理实际，提出检察建议如下：

（一）提高安全管理意识，强化安全监督

作为道路运输企业的决策层，公司领导应针对目前大量车辆挂靠经营的实际，采取切实有效的应对措施，增强安全风险意识，强化安全管理，最大限度地规避企业安全风险。第一，公司应当以发生的两起重大交通事故为鉴，加强个案的警示教育，尽快组织开展法律教育，补齐管理层和普通员工的法律知识短板，可通过邀请专业律师或向所在地政府、司法机关、行业协会寻求法律服务等方式，学习了解企业经营过程中的风险点，及时提升风险防范意识；第二，建立规章制度约束体系，结合市场经济条件下安全运输的新形势和新特点，制定以"组织保障到位、安全管理到位、责任落实到位、目标运行到位和监控监督到位"为主要内容的"五个到位"安全管理制度，并要严格坚持安全工作"谁主管、谁负责"的责任原则，强化责任追究制；第三，对驾驶员安全教育全覆盖，要确保安全教育的连续性和长期性，突击听课式的培训方式无法有效形成法律意识，公司应当尽快制订安全教育培训计划方案，将安全培训纳入公司经营重点内容。

（二）提升安全管理措施，降低安全风险

你公司可以根据自身发展特点和主营业务类型，制定符合实际的安全管理措施，有效实现风险管理。第一，提高挂靠车辆的准入门槛，数量提升利润，规模产生效益是企业经营的目标，但这不能成为运输企业为发展而忽视安全的借口，企业决策层应该明白只有严把准入车辆的车况质量关和车辆技术性能关，才是降低安全风险、实现安全运输的最有效保障。尤其在签订挂靠协议时，要对挂靠人的基本情况进行了解，同时对挂靠人和挂靠车辆在安全行驶、安全检查等方面作特别的约定，对不顾行车安全，不服从挂靠企业的安全管理的，不予挂靠。第二，严把车辆保险关，作为道路运输企业，尽最大限度规避风险，平安经营，保险是靠山，企业在引进车辆时，必须严格车辆保险制度，在新车发展上，必须坚持先保险再运行的原则，对要求挂靠的旧车辆，必须做到有保险手续的允许发展，无参保的不予发展原则。对保险已到期的车辆，必须做到提前续保。另外要选择那些规模大、实力强、信誉好、履保快的保险公司为合作伙伴。第三，利用现代化手段辅助安全管理。除了落实交警支队的要求对所有挂靠车辆安装第三方智能设备监控，并进行跟踪落实外，建议你公司以本案为契机，加强与交警支队的联系，掌握最新的道路运输相关政策规定，重视以智能化手段有效保障车辆的安全运营，关注交通运输部有关车载视频终端技术的基本要求，加装驾驶员危险驾驶行为分析预警系统，包括车载卫星定位终端和摄像头，实现对驾驶员不良驾驶行为的有效管控。

（三）落实培训教育到位，建设安全文化

安全文化的形成不是一朝一夕，需要全体公司员工共同参与构建。第一，坚持对安全管理人员的培训教育，安全员是宣传安全、贯彻安全、落实安全的关键，对安全员进行安全学习教育的程度如何，直接关系到安全管理的成败，公司要有计划地用内培和外培相结合的办法进行安全教育，在内培上，组织行业内有经验的安全员讲授安全知识、收看安全录像、贯彻交通安全法规，在外培上，定期参加交警支队及相关部门组织的安全学习会议，以提高安全员的管理能力，增强安全管理人员的管理水平和整体素质；第二，安全出行无小事，加大对驾驶员的安全宣传力度，采取以案说法、集中学习等方式，宣传道路交通安全，组织驾驶员学习道路交通安全法律法规，对驾驶员进行法律法规测试，通过利用形式多样的方法进行安全宣传教育，如分别建立司机、车主及家属的微信群，有针对性地进行通报、宣讲，在全企业范围内培育"讲安全、学安全、比安全"的浓厚氛围，形成"企业讲、家属说、司机做"的全员讲安全的良好态势，并逐步养成企业安全文化。

综上，为进一步规范市场经济主体的经营活动，助力企业合法合规发展，依据《人民检察院检察建议工作规定》第三条第一款、第十一条第一款第一项，《上海检察机关关于加强检察建议工作的若干规定》第四条、第六条第一款第一项的规定向你公司提出检察建议，望在收到建议书后及时研究落实，如有异议请在收到本建议书十日内向本院提出，如无异议，请在一个月内将相关情况以书面形式函告本院。

2021 年 3 月 11 日

江苏省常州市金坛区人民检察院
检察建议书

坛检建〔20××〕×号

某某区应急管理局：

  安全生产事关人民群众生命财产和经济社会健康发展，为充分发挥检察机关服务经济社会发展大局职能，常州市金坛区人民检察院对2017年至2019年全区的安全生产犯罪案件进行了梳理。综合来看，你区的安全生产类事故犯罪案件呈现出逐年增多的高发态势，亟待贵局引起重视并进行切实整治。经过调研，我们发现安全生产类犯罪中显现出的问题主要有：

  一、从案件数量上看，你区安全生产领域犯罪态势严峻

  从纵向比较来看，呈逐年上升趋势。2019年，你区发生安全生产领域犯罪案件同比增幅为260%，超过2017年和2018年案发量总和。

  从横向比较来看，你区安全生产领域犯罪在全市排名靠前。2019年你区不仅安全生产类犯罪案件数量大，而且案件增长率较往年有较大提升，造成了生命财产受损，会在一定程度上影响人民群众的获得感、安全感和幸福感，影响经济高质量发展，必须予以高度关注。

  二、从事故发生领域看，主要集中于建筑施工、工业企业生产类行业

  近三年来，你区建筑施工领域和工业企业生产领域共发生建筑施工和工业企业生产类的安全生产事故占比超过83%。而涉及危险化学品管理领域的安全生产犯罪案件则相对较少。由此可见，建筑施工与工业企业生产是你区安全生产犯罪高发领域。

  三、从事故发生种类看，主要集中于高空作业和特种设备操作

  高空作业引起的事故中高空坠亡、高空坠物撞击和坍塌是主要原因。刘某某重大劳动安全事故案，被害人在高空作业过程中擅自解开安全带，后失衡从屋架摔下导致死亡。特种设备操作引发的事故主要包括叉车、行车、吊装起重机等特种设备的操作。如陶某某重大责任事故案，系起重机吊装重物掉落事故；汪某某重大责任事故案为塔吊吊臂断裂事故，这些事故原因分属工人操作不当和维护不当两类。

经过对近三年你区安全生产类犯罪的排查梳理和分析研判,我们认为造成你区安全生产案件量常年居高不下的原因主要有:

(一)企业管理层存在重效率轻安全观念

你区的个别企业未能科学认识效率与安全的关系,尤其在工期紧张情况下,忽视安全生产制度,盲目追求效率,导致事故发生。特别是在特种设备使用过程中,由于特种设备购置引进成本高,一些企业为了追求经济效益,放松安全生产这个"弦",在不符合设备标准的情况下,违章使用改装设备,造成重大责任事故。如我院办理的王某某、卞某某重大责任事故案中,王某某在私自将拖拉机改装成吊车,不适宜进行吊装作业的情形下,仍盲目进行吊装作业,导致吊物被卡致使吊车倾倒,失去平衡的吊臂砸中被害人,造成一人死亡的严重后果。

(二)安全生产制度落实流于形式,缺乏安全教育培训

部分企业未建立完善的安全生产管理制度,部分企业虽有制度,但长期流于形式,仅将制度上墙,而未能使制度入脑入心,长期忽视对员工的安全教育培训,为生产事故频发埋下祸根。如我院办理的王某某重大责任事故案中,事发的污水处理泵站安全生产管理制度实施不到位,且未建立突发事故抢救预案,在排污操作中一名工人中毒溺水,另一人盲目施救而中毒,最终造成两人死亡的恶性事故。

(三)违规转包、分包导致安全隐患

违规转包、分包,相关施工人员资质不全等问题广泛存在于该领域的犯罪案件中。按照法律规定,总承包单位禁止将工程分包给不具备相应资质条件的单位,禁止分包单位将其承包的工程再分包。但实际上,一些施工方暗箱操作,将施工任务违法转包、分包或以挂靠形式承包给不具备相应资质的人从中牟利。在转包、分包过程中,安全责任层层虚化,给安全生产带来极大隐患。例如,我院办理的徐某某、王某某重大劳动安全事故案,徐某某借用他人资质承接了钢结构工程后,违规将钢结构安装作业口头分包给无资质的被告人王某某,未参与管理也未安排专人进行安全管理。被告人王某某安排工人作业时,未设置有效安全防护措施,导致发生事故,造成一人死亡的严重后果。

(四)监督执法力度不到位

对违反安全管理的企业,职能部门大多是事后给予罚款,事前预防、事中督促整改的措施不足,不能有效避免事故发生。部分企业即便受到罚款,考虑到经济利益及监督管理不严,依然我行我素。我院在实地走访调查中发现,一些企业在回答整改具体措施时闪烁其词。后通过对事故现场的调查发现,相关企业仅仅采取简单措施封闭施工现场,具体整改工作尚未有序开展。回访小组

已对相关情况进行记录并再次强调整改措施建议，要求其在规定期限内整改到位，后期会持续跟进了解。

（五）日常隐患排查有漏洞

安全生产涉及日常生活生产的方方面面，金坛作为工业、第三产业较为发达的城市，监管人员力量不能适应监管对象日益增长的形势，许多监管人员力不从心，以致存在大量的监管盲区。在调研中也发现，在一些商贸市场、工业园区等劳动人口密集区域，存在诸多安全隐患，虽未造成重大事故，但应引起重视。

为依法履行人民检察院法律监督职能，有效推进安全生产、复工复产平稳进行，稳定全区经济社会秩序、营造安全生产氛围，现根据《中华人民共和国人民检察院组织法》第二十一条及《人民检察院检察建议工作规定》第三条、第九条的规定，提出如下检察建议：

一、严格执法，落实安全生产责任制度

一是强化企业主体责任。生产经营单位主要负责人是安全生产工作的第一责任人，要建立健全安全生产责任制，加大安全投入，抓好制度落实，对本单位发生的安全事故承担第一责任人的责任。促使其建立完善安全生产制度，定期日常实行安全管理培训，根据企业实际制定包括"安全生产目标、安全投入、作业安全等"安全生产类制度，加强对生产部门人员有关安全作业教育工作，定时排查，加强巡查，确保员工无危害生产安全的违法犯罪行为。二是加大对违法行为的查处力度。对巡查中发现的违规违法行为，对生产经营活动中不落实安全生产法等法律法规规定的安全防护措施，安全监督管理制度不健全等危害安全生产的行为要依法严肃查处，责令企业限期整改。发生重大事故，涉及刑事犯罪的，要依法及时移送司法机关追究刑事责任。三是建立对违法企业的定期回访制度。要避免对违反安全生产的企业一罚了之的简单执法模式，应建立定期回访制度，验收整改效果。对于整改不到位，安全隐患大的企业，应进一步加大处罚力度。确保企业认真落实"三级培训"要求，建立控制、完善企业突发性事故制度，按月、按季演练突发事故处理和应急救援。

二、加大投入，强化安全生产技能培训

一是要加大安全投入，加强安全设施建设。安监部门、质监部门应加强对生产经营单位安全设施建设监督。安监部门应加大安全监管培训力度，对安全生产管理人员、企业法人和个体业主可分期分批依法进行规范性安全培训，促进生产经营单位加大从业人员安全生产培训力度。二是严格落实资格准入制度。应加大对特种设备使用单位、高空作业单位的日常检查，严把行业准入前道环节。特别要重视特种设备作业人员、高空作业人员准入考核和资格证发放工作，杜绝无证上岗。三是加强对特殊岗位人员规范操作的日常管理。应经常性地组织开展日常教育、技能培训和实地巡查，引导特种设备、高空作业人员提高安全操作能力。参照机动车驾驶人员管理方法，实行资格证扣分制度，对发现违反安全操作规程的，视情形扣分直至吊销作业资格。

三、注重宣传，提高从业人员安全意识

相关职能部门应当采取多种形式，加强对有关安全生产的法律、法规和安全知识的宣传，落实"谁执法谁普法"责任，特别是加大对建筑施工、工业生产企业等重点行业、重点部位的宣传力度，提高企业负责人、安全生产管理人员、操作人员安全意识。可以开展"三个一"活动：一是旁听一次安全生产犯罪庭审活动。选取有典型意义、社会影响大的安全生产事故刑事案件，组织相关行业、重点企业人员参加庭审旁听，以最直观的形式接受教育。二是参加一次安全生产专题法制讲座。司法机关或行政职能部门可以对安全生产事故进行专题调研，从安全生产形势、安全事故对企业发展的影响、相关管理人员和直接操作人员的法律责任，以案释法，提高从业者的安全生产意识。三是开展一次安全生产心得交流。可以组织企业负责人、安全员、一线员工等开展交流活动，通过学习再结合自身工作谈感受，进一步加深对安全生产的认识。

请贵局在收到本建议书后及时研究，如对建议内容存在异议，请于收到本建议书后一个月内向本院书面提出。如无异议，请采取有效措施推进相关工作，在收到本建议书后两个月内，向本院书面反馈开展工作情况。

2020 年 5 月 28 日

江苏省苏州市姑苏区人民检察院
检察建议书

某某市运输管理处：

2020年4月10日全国安全生产电视电话会议召开，会上传达了习近平总书记就安全生产作出的重要指示，强调"要加强安全生产监管，分区分类加强安全监管执法，强化企业主体责任落实，牢牢守住安全生产底线，切实维护人民群众生命财产安全"。苏州近年来由于城市发展，在建工程项目较多，而工程车辆交通肇事案屡见不鲜。为预防该类事故的发生，切实维护人民群众的生命财产安全，本院对2017—2019年苏州城区发生的大型车辆交通肇事案件进行分析，发现渣土车、混凝土搅拌车等工程车辆交通肇事案，占77.8%；而同期公交车、普通客运货运等大型车辆交通肇事案件占22.2%。工程运输车屡闯禁区、车速过快、致人伤残、夺人性命，已成为城市之痛。通过走访相关职能部门，涉案企业，本院发现工程运输车屡闯禁区、事故频发的相关原因，具体如下：

一是工程运输车驾驶员及运输企业片面追求经济利益。据了解，目前许多运输企业对工程车驾驶员以运输次数、距离计费。而你市的工程运输车驾驶员主要以外地驾驶员为主，普遍年纪较轻，文化程度较低，缺乏安全意识、法律意识。为在同样时间内提高运输频次，获取更多的经济利益，一些工程车驾驶员不按规定时间、规定路线行驶，产生安全隐患，甚至发生交通事故。而运输企业为赶工期，或为提高运输效率、尽快完成一个项目的运输任务，以承接更多的工程运输项目、实现自身利益的最大化，忽视公共交通安全，甚至鼓励或怂恿工程车驾驶员超路线、超时段行驶。例如，本院办理的一起重型搅拌车交通肇事案，驾驶员孙某明知车辆没有通行证，却仍将搅拌车驶入禁区。当办案人员追问为何要违令行驶时，孙某回答："老板让开的，不开就要被辞退。"由此可见，工程车驾驶员及其企业片面追求经济利益，无视人民群众的生命财产安全，是造成此类事故高发的重要原因。

二是处罚体系不完备，法律规定未执行到位。《中华人民共和国安全生产法》第九条规定，县级以上地方各级人民政府有关部门依照本法和其他有关法律、法规的规定，在各自的职责范围内对有关行业、领域的安全生产工作实施监督管理。你单位作为道路运输行业的监管机关对相关运输企业应负有监督责任。但本院通过走访发现，你单位在对运输行业从业人员、单位负责人、安全生产管理员的培训和管理方面仍有欠缺，在运输车违规闯禁区发生较大安全事故乃至致人死亡的情况下并未依法对企业的生产经营负责人、安全生产管理人员予以处罚，对后续企业道路运输证、驾驶人员从业资质的审核也未产生任何影响，无法引起违法违规企业足够重视。甚至部分企业采取"查到罚点款，查不到继续闯"的策略应对，现有惩罚机制无法触及企业的根本利益，无法真正起到警示作用。

三是职能部门之间的联动不足，反馈机制尚未建立。信息渠道的单一或不畅通，容易导致无法及时有效地收集、发现问题和原因，也就难以形成行之有效的对策和措施。在走访过程中，本院发现你单位虽然与交警等职能部门之间建立了一定的联动机制，但是所涉及的车辆种类未涵盖所有工程运输车辆，联动时效亦有所欠缺，且在信息共享之后的反馈机制还未全面建立，导致无法形成有效合力，无法共同对违法违规行为多发、易发的工程运输企业进行有效的治理，进而提升整个行业的安全意识和管理水平。

为切实加强对工程运输车辆的管理，改善市区道路交通秩序，减少交通事故，保护人民群众生命财产安全，进一步落实《中华人民共和国安全生产法》《江苏省道路运输条例》《苏州市道路运输条例》，根据《人民检察院检察建议工作规定》第十一条的规定，特向你单位提出如下建议：

一、从"车"出发，扫清车辆盲区隐患

建议你单位在企业以及车辆准入环节强化硬件设施的检查力度，对相关车辆是否安装有效转弯、倒车语音提醒装置、车身反光标识、侧面及后下部防护装置，以及卫星定位装置等常规设施进行关注的同时，会同交警部门督促或推动相关工程运输车辆加装左、右转弯摄像头、车尾摄像头等，减少车辆在行驶过程中的盲区范围，避免发生交通事故。

二、从"人"出发，落实从业人员管理体系

利用好审核企业道路运输证和驾驶员从业资格证的职权，建立人车对应名单，形成"一人一车，换人报备"的体系，推动人车一体管理。转变惩罚方向，由"动态"对车的查扣处罚向"静态"的对企业以及驾驶员的系统性监管转变，切中工程运输车驾驶员、运输企业的要害，使之达到"不敢闯，不愿闯"的效果。定期开展针对企业内驾驶员、安全管理员的培训、考试，强化从业人员对法律法规的重视程度。开展行业内的优秀、模范驾驶员、安全员的评比等活动，提升整体从业人员的素质和水平。

三、从"企"出发，压实企业主体责任

将责任落实到企业，压实压紧企业负责人的第一责任，以"奖守规、惩违规"的理念对无违规记录的企业进行表彰，并予以嘉奖，对违规次数和程度较多较重的企业列入黑榜名单，对申领企业道路运输证予以一定限制，并通过提醒、约谈、警告、罚款、淘汰等方式进行教育、惩戒。引导相关企业主将安全生产作为企业追求经济利益的基础，督促相关企业在其内部开展安全生产专项整改，专题教育讲座等活动，提升企业对安全生产、依法运输的责任意识。

四、从"责"出发，建立健全诚信体系

建议你单位积极会同其他交通运输、建筑工程等行业的相关管理部门，建立健全诚信档案互通机制，在执法管理过程中，逐步建立系统性、多层次的诚信运营体系。包括但不限于对遵章守纪、依法依规的企业在生产、经营、招标、贷款等环节和领域提供便利条件，政策扶持，真正将法律法规与企业的核心利益捆绑在一起。通过各部门多角度的通力合作，达到优胜劣汰、扶优惩劣的目的。

以上建议望你单位予以重视，如有异议，可在十五日内提出。如无异议，将落实情况于两个月内反馈本院。

2020 年 7 月 1 日

江苏省盐城市人民检察院
检察建议书

盐检建〔20＊＊〕＊号

某某市生态环境局：

近期，江苏响水某化工有限公司特别重大爆炸事故案一审宣判，盐城检察机关提起公诉的生态环境行政工作人员6人因犯玩忽职守罪、受贿罪，环境影响评价机构5个被告单位、14名被告人因犯提供虚假证明文件罪、出具证明文件重大失实罪，分别被判处有期徒刑九个月至七年六个月不等有期徒刑。我院在办案中发现，某某市生态环境部门存在履行固体废物监管职责不力、主管的行业领域安全生产监管缺失、对中介机构监管乏力等问题，需要引起重视：

一、对《中华人民共和国固体废物污染环境防治法》等确立的固体废物监管职责履行不力

根据《中华人民共和国固体废物污染环境防治法》《环境监察办法》《盐城市政府有关部门和单位安全生产职责规定》《响水县政府有关部门和单位安全生产职责规定》等法律、规章、制度的规定，盐城市、县两级环保部门应对本行政区域内环境保护工作实施统一监督管理，对废弃危险化学品等危险废物的收集、贮存、处置等进行监督管理。但是在案件办理中发现，执法工作人员对响水某化工公司长期违法大量贮存硝化废料的严重违法行为，未进行有效地监督检查，未督促企业对硝化废料进行固体废物申报登记、危险废物鉴别；虽然对响水某化工公司以违法处置固体废物先后行政处罚8次，但"一罚了之"，未开展后续督察整改工作；复产验收过程中，在响水某化工公司存在大量危险废物未按要求处理到位情况下，即签字同意复产，未能在整改关键环节发挥把关作用。两级生态环境部门从领导到一线执法人员有多人收受某公司等企业的贿赂，部分人员甚至为企业实施违法行为提供便利。

二、主管的行业领域安全生产监督管理缺失

《中华人民共和国安全生产法》《中共中央、国务院关于推进安全生产领域改革发展的意见》明确提出管行业必须管安全、管业务必须管安全、管生产经营必须管安全，谁主管谁负责的原则要求。但在案件审查中发现，盐城

市、县两级生态环境部门在开展危险废物污染防治工作过程中，未同步履行安全生产监督工作职责，未落实威胁人民生命财产安全重大隐患的防范措施。在对具有较高危险性的响水某化工公司硝化工段竣工验收过程中，发现工艺流程变动后未认真核查，仅凭环评机构提供的与事实严重不符的建设项目变动环境影响分析报告，便出具验收合格意见，使响水某化工公司的重大安全隐患不仅未能消除，反而"合法"存续。与应急管理、消防等部门的协调联动、信息共享机制不完善，两法衔接工作不深入，环境保护和安全生产监管合力不足。

三、对环境评价中介机构的监管乏力

《建设项目环境影响评价资质管理办法》规定，生态环境部门应当加强对环评机构的监督检查，对存在违法违规行为机构及人员采取通报批评、限期整改和行政处罚措施，并向社会公开。但在案件办理中发现，环保部门履行监督检查职责不到位，涉案环评机构违法问题频发且长期存在。有的环评机构无资质承接环评项目；违规转包业务、出借资质；以"环评咨询文件"之名行"环境影响评价"之实，降低报告制作标准。有的环评机构违规指定无资质人员担任报告编制主持人，虚列项目组；不踏勘现场或不全面踏勘，照搬照抄企业提供的台账资料，出具虚假、不实报告。有的环评机构审核人、审定人仅形式审核，对报告质量缺少实质把关；部分审核人不具备审核能力，起不到把关作用等。

为进一步健全完善环境污染防治监管机制，提升生态环境监管效能，基于盐城市生态环境部门在对本行政区域环境保护工作实施统一监督管理、废弃危险化学品等危险废物监管以及环评中介机构管理等工作中负有职责，现根据《中华人民共和国人民检察院组织法》第二十一条、《人民检察院检察建议工作规定》第十一条之规定，向你局提出如下建议：

一是切实履行固体废物监督管理职责。

严格落实《固体废物污染环境防治法》《环境监察办法》等法律、规章明确的职责要求，聚焦危险废物监管的基础性、源头性、瓶颈性问题，梳理监管工作中存在的薄弱环节，健全监管体系，明晰监管职责，层层压实监管责任，形成监管"闭环"。坚持定期发布固体废物的种类、产生量、处置状况等信息。从严开展环评审批、项目验收、建设项目后评价等关键环节的监管，认真开展隐患风险排查和专项整治工作，建立严格的责任追究机制。建立在"两重点一重大"的危险化学品项目验收审批、专项检查、行政处罚等事项中引入专家辅助、专业化研讨、后督查制度，提升监管质效。强化两法衔接工作，完善违法线索通报、案件移送与协查机制。不断深化党风廉政建设，采取切实有效措施防范、杜绝执法人员与监管对象之间出现"权钱交易"。

二是持续强化主管行业的安全生产监督管理。

积极落实《中华人民共和国安全生产法》《中共中央、国务院关于推进安全生产领域改革发展的意见》规定的任务和要求，加强安全生产责任教育，加大安全监管投入，适当引进危险化学品安全监管专业人才，强化监管力量。完善危险废物污染防治和安全生产同部署、同落实、同督查制度，对于威胁居民生命财产安全重大隐患成立专业化组织开展监管工作。重点监管促进混合所有制企业和跨地区、多层级企业主体的环境保护和安全生产责任的落实。联合应急管理部门建立监督协作和联合执法工作机制，密切协调配合，实现信息及时、充分、有效共享，违法行为同步发现、确认、处理。

三是严格规范安全评价中介机构监管。

认真落实《中华人民共和国环境影响评价法》《建设项目环境影响评价行为准则与廉政规定》的要求，切实履行好日常检查职责，对环评机构进行经常性和专项性监督检查。建立监管部门同步介入化工企业环境评价活动制度，强化对"两重点一重大"的危险化学品建设项目环境评价活动的全流程监管。关注作用等同于环境评价文件的特殊类型环评文件，建立各类环境评价文件编制人员约谈制度，防止"挂证""挂名"等弄虚作假情况出现。加强环评机构及其环境影响评价工程师诚信档案制度建设，实现辖区内监督、辖区外共享。通过定期教育培训等多种方式，积极引导环评机构加强自身建设，促使环评人员牢固树立责任意识、红线意识，严格规范从业行为。推动修改法律法规，改变环境评价由企业委托的现状，切断企业与安评机构实质上的雇佣与被雇佣关系，切实发挥安全评价机构的技术服务作用。

贵局如对检察建议有异议，可以自收到检察建议后七日内向本院提出。如无异议请结合实际情况改进落实，并在收到建议后二个月内向我院书面反馈工作进展情况。盐城市检察机关将积极支持、配合生态环境部门做好相关工作，共同构建安全、健康的发展环境。

2021 年 2 月 7 日

浙江省绍兴市诸暨市人民检察院
检察建议书

某市委：

　　你市是全国最大的淡水珍珠养殖、研发、加工、交易基地。在珍珠加工行业，使用甲醇漂洗珍珠是一道常用工序，但作为易燃的危险化学品，甲醇在储存、使用以及废液处置过程中，如缺乏必要防护和有效监管，极易给人民群众人身安全和财产安全造成威胁。据调查，诸暨某某化工有限公司、诸暨某某计量物资经营部、诸暨某某五金化工经营部、诸暨某某市场等经营主体每年向山下湖镇200多家珍珠加工企业、个体户销售100余吨甲醇用于漂洗珍珠，甲醇废液更是被部分企业和个体户非法倒卖。2018年3月，诸暨某某五金化工经营部在处理甲醇废液过程中发生火灾，造成财产损失288万余元，目前事故责任人何某将由我院提起公诉。在妥善办理案件的同时，为强化监管，防范风险，我院积极向绍兴市生态环境局诸暨分局、诸暨市应急管理局、山下湖镇政府、派出所等部门了解情况，走访多家珍珠加工企业、个体户以及甲醇经营企业，发现你市珍珠行业甲醇经营、使用以及废液处置存在以下安全隐患：

　　一是甲醇作为危险化学品经营缺乏实质性监管。你市对甲醇经营者的监管，应急管理部门、生态环境部门、镇乡政府、公安派出所存在"多头管理、无人监管"的情况，而且各类检查大多以有无销售登记、安全规章制度等形式检查为主，缺乏实质性检查。据调查，部分甲醇经营者不具备储存甲醇的设备，名为经营者，实为中间商，在珍珠加工企业对所需甲醇下单后，由甲醇生产厂家直接运送至珍珠加工企业。这就造成甲醇经营者将其安全存储责任转嫁到了珍珠加工企业身上，而珍珠加工企业实质上不具备甲醇储存条件，又不是危险化学品的重点监管对象，进而形成了监管"真空"。

　　二是珍珠加工行业使用甲醇漂洗缺乏安全措施。目前，珍珠加工企业在甲醇使用过程中，主要存在两方面安全隐患：一方面是消防安全隐患。部分珍珠加工企业将染坊用来存放甲醇，而委托加工的个体户常常用杂物间、地下车库存放甲醇，有的染坊、杂物间、地下车库也直接成为漂洗珍珠的操作间。但这些地方消防设备不仅简陋、缺乏，而且这种混存情况，大大增加甲醇易燃风险。另一方面是人身安全隐患。甲醇是有毒化学品，具有挥发性，人摄入15ml可致失明、30—100ml可致死。根据规定，在有甲醇挥发的现场工作须戴防毒面具，保持场所通风。但走访调查发现，在使用甲醇对珍珠进行漂洗过程中，只有个别企业严格遵守危化品防护措施，大部分企业和个体户安全意识缺乏，操作场所通风条件差，仅戴塑料手套操作，对口鼻等重要呼吸器官均缺乏有效防护。

三是甲醇废液作为危险废物处置缺乏统一管理。你市山下湖镇每年产生甲醇废液约200吨，量大而面散，但对甲醇废液处置监管却一直处于"真空"状态。依据《国家危险废物名录》的规定，甲醇使用后产生的废液属危险废物，须由具备危险废物经营许可证的单位进行处置。但将甲醇废液委托给具有危险废物处置资质的机构进行无害处置，须支付约3000元/吨的费用，该项费用与甲醇原液价格相当。因处置成本过高，珍珠加工企业、个体户都没有将产生的甲醇废液依法环保处置，而是倒卖给当地的收购商，形成一条非法经营的产业链。如诸暨某某五金化工经营部在居间销售甲醇的同时，又以1000元/吨左右的价格从珍珠加工企业收购甲醇废液，并倒卖给江苏某企业加工成工业酒精用于火锅燃料等。这类从事甲醇废液收购的企业和个体户，长期缺乏相应监管。此外，据了解，浓度50%—60%甲醇废液收购价为1000元/吨左右，而精醇价格仅为3000元/吨左右，在甲醇行情低迷的情况下，甲醇废液也面临无人收购的情况。因此，部分珍珠加工个体户随意倾倒、偷排甲醇废液情况也时有发生。

作为你市的主导产业，保障珍珠行业的健康安全发展，避免发生负面事件，关系到你市经济的高质量发展水平。特别近年来，在全市共同努力下，各类安全生产、火灾事故已显著降低，但仍不容疏忽，尤其是近期全国发生了一些重大安全生产事故，更应引起高度重视。对此，针对你市珍珠行业甲醇使用及废液处置存在的问题，特提出以下建议：

一是建立甲醇从经营到使用、再到废液处置的统一监管机制。甲醇作为诸暨珍珠行业大规模使用的危化品，建议及时出台全市统一的甲醇安全监督管理工作规定，支持、督促负有危险化学品安全监督管理职责的部门依法统一履行职责，并通过专项检查行动，全面彻底解决甲醇在经营、使用以及废液处置中存在的问题，有效防范甲醇使用带来的一系列安全风险。

二是出台使用甲醇漂白珍珠操作安全防护规程，引导珍珠加工企业和个体户依法安全使用甲醇。使用甲醇漂白珍珠作为珍珠加工行业一道常用工序，要确保依法安全使用，建议出台相应行业规范，明确使用甲醇漂白珍珠安全防护措施，并加强行业培训，提高防火防害等安全意识，防范因甲醇引发各类事故，维护好你市珍珠产业形象。

三是扶持建立诸暨市危险化学品处理企业。建议通过各种优惠政策，鼓励兴建危险废物处置企业，或者引进已经具备危险化学品处理能力的企业在诸暨设立分公司，降低危险废物处置价格，加强危险废物就近、低价回收及再利用，促进甲醇废液等危险废物产业得到安全有序发展。

2019 年 5 月 21 日

福建省漳州市南靖县人民检察院
检察建议书

靖检建〔20××〕×号

某某县应急管理局：

　　2020年4月24日，由南靖县公安局侦查终结移送本院审查起诉的犯罪嫌疑人卢某某、吴某某涉嫌重大责任事故罪一案，本院在审查中发现，犯罪嫌疑人卢某某、吴某某经营、管理的南靖县某纸业有限公司在生产经营时不注重生产安全，没有严格落实执行公司制定的安全生产制度，未按规定对有限空间作业人员进行安全专项培训，未严格执行有限空间作业审批制度，未按规定组织有限空间应急救援预案演练，严重违反了相关安全生产法律法规的规定。漳州市安全生产委员会在事故调查中也明确了该公司在生产经营中存在的上述问题是本次事故发生的间接原因。本院经审查也认为该公司的上述不作为更是导致2019年南靖县"8·17"事故发生的关键性因素，且该事故造成了3人死亡的重大后果，危害后果较严重，社会影响较大。安全生产责任事故的发生在南靖县并非个案，2017年3月20日，福建某水泥有限公司雨披坍塌致四人死亡的重大事故已是"前车之鉴"，同样，该次事故发生的原因也是公司不注重生产安全、违规作业。短短两年内，你县辖区内连续发生两起死亡三人以上的重大事故，不仅给群众的生命财产安全造成了重大的危害，也影响了企业的有序稳定发展。在这两起事故中，福建某水泥有限公司赔偿被害人近亲属合计420万元，福建某纸业有限公司赔了370万元，其中，福建某纸业有限公司发生的事故直接导致一家三口死亡，而其作为一家投资上千万元的公司也因为这次事故当前仍在停产整改中。居安思危，警钟长鸣，安全生产是企业的生命线，你县在短时间内发生的两起重大事故不仅反映了你县部分企业生产经营主体存在漠视生产安全的问题，也折射出了政府职能部门安全生产监督还存在管理不到位，行政执法检查力度有待进一步加强的问题。主要表现在以下方面：

　　一、行政监督管理不到位，查处不及时。福建某纸业有限公司主要生产经营薄型纸，当前生产工艺仍是用烧碱地池法生产竹浆，因此在厂区内建有纸浆池，而纸浆池的构造则属于有限空间，根据案发后相关部门的鉴定和调查，该纸浆池内纸浆在储存蓄积过程中可能产生硫化氢、一氧化碳等窒息性气体和氨刺激性气体，在纸浆池冲水作业时，水流形成扰动，导致蓄积的硫化氢、一氧化碳、氨从开口处逸散，经试验，其中厂区内3#纸浆池在冲水作业时开口处硫化氢最高浓度可达到266mg/m³，是职业接触最高容许浓度的26.6倍。本次事故中，三名死者也是由于清理纸浆池吸入有毒气体死亡，三名死者均没佩戴安全防护装备，现场也没看到空气检测仪器，没有安全监护人员采取有效措施监护。案发后，据该公司主要负责人供述，此前在清理纸浆池时也仅是使用风扇通风，用燃烧纸浆测试有无空气存在的方案进行安全检测，并无严格采取"先通风、再检测、后作业"的操作规程，且我院在审查中也发现，该公司从2008年注册经营开始（实际生产经营可能更早），也只在2016年和2017年上半年有对员工安全培训的记录，至于作为公司安全员的死者卢某某则从无接受过安全专项培训，且在进行有限空间作业时也从无落实过审批制度。另外，该公司也没按规定开展有限空间作业应急预案演练，本次事故发生后，公司有关人员在第一时间发现死者后凸显慌乱，临时采用多种方式均无法及时救援，且从发现死者的4#纸浆池看，纸浆池仅有一个狭小的开口，也不利于通风和救援，另外，周围厂区环境"脏、乱、差"，视线昏暗，也都严重影响了对死者的救援。上述问题已经严重违反了《工贸企业有限空间作业安全管理与监督暂行规定》等相关法律法规的规定，然而一直都未引起政府相关职能部门的注意、纠正和查处。

二、行政执法力度不够，执法不严。《中华人民共和国安全生产法》《工贸企业有限空间作业安全管理与监督暂行规定》均明确了安全生产监督管理部门对生产经营单位主要负责人、安全生产管理人员未落实安全生产措施，或生产经营单位存在安全生产问题、隐患的处罚规定，然而，本院审查中发现南靖县某纸业有限公司此前仅有因生产工艺落后等相关问题被有关部门责令停产整顿，但从未有因有限空间作业违规等安全生产问题被查处的记录。

三、组织安全专项培训不严肃，要求不严格。根据《国家安全监管总局办公厅关于开展工贸企业有限空间作业条件确认工作的通知》的规定，"各级安全监管部门负责组织开展辖区内有关企业安全管理人员有限空间作业专题安全培训"，明确了安全监管部门有组织企业安全管理人员有限空间作业专题培训的职责，另外，《工贸企业有限空间作业安全管理与监督暂行规定》明确规定了有限空间作业的培训对象为"现场负责人、监护人员、作业人员、应急救援人员"，然而南靖县某纸业有限公司只在2017年、2018年委派吴某某、卢某某参加漳州市安全生产管理委员会组织的安全生产专项培训，其中，2018年只有卢某某一人参加，此后该公司未再有指派人员参加安全生产监督管理部门组织的安全专项培训的记录。南靖县某纸业有限公司属于投资规模较大的企业，员工有40人左右，却仅委派两人参与安全专项培训，其后一人腿伤，也无另行委派人员参加。以上不仅说明了南靖县某纸业有限公司对安全生产管理人员的培训工作不重视，也说明了组织培训的相关部门对参训人员在单位的从业种类审查不严，培训覆盖范围不全面，组织性不强，存在走过场、流于形式的现象。

上述问题违反了《中华人民共和国安全生产法》《工贸企业有限空间作业安全管理与监督暂行规定》等法律、法规的规定，安全生产监督管理不到位、行政执法不严，致使你县生产经营单位漠视生产安全，间接导致安全生产事故频发。鉴于你局为安全生产监督管理部门，为增强贵县生产经营单位安全生产意识，有效减少安全生产事故的发生，确实保障人民群众的生命财产安全。根据有关法律规定和《人民检察院检察建议工作规定》，特提出以下检察建议：

一、依法履行监管职责，强化主体责任。你局作为安全生产监督管理部门，应主动作为，依法履行监管职责。首先，要根据本区域内企业的安全生产状况，制订好安全生产年度监督检查计划，并按照年度监督检查计划对生产企业进行监督检查，对发现有存在事故隐患的，应当及时处理。其次，要依法开展安全生产行政执法工作，对生产经营单位执行有关安全生产的法律、法规和国家标准或者行业标准的情况进行监督检查。尤其要加大对有限空间生产、作业的检查力度，着重对有限空间作业安全管理制度、有限空间管理台账、检测记录、劳动防护用品配备、应急救援演练、专项安全培训等情况的监督检查。最后，应落实"早检查、早发现、早处理"的原则，对发现生产作业存在安全隐患问题的企业，要限期责令提出整改措施，同时责令停产整顿，并及时组织"回头看"检查，做到防患于未然。

二、加大处罚力度，严格落实管理职权。《中华人民共和国安全生产法》《工贸企业有限空间作业安全管理与监督暂行规定》等法律法规均明确了你局对生产经营主体未严格落实安全生产责任的违法行为有处罚的职权，你局应依法严格执行法律法规的规定，对明显违反相关法律法规规定的生产经营主体加大加强查处力度，不应简单口头警告、责令停产整顿等"一说了事"，应严格执行罚款、追究主要责任人、直接责任人责任的法律规定。

三、全面组织安全专项培训，加强安全生产宣传。前事不忘后事之师，近年来南靖县发生的这两起重大事故凸显了生产经营主体的安全生产意识不强，因此，建议你局要严格落实安全专项培训制度，扩大培训对象范围，除对安全管理人员培训外，也要对主要负责人、有参与经营管理的实际控制人、股东等加强培训。此外，要制订严格的培训计划，严肃培训纪律，以常态化、定期性、制度化的模式加强培训管理和考核，对派员参训不积极、随意应付、考核不通过的所在企业实行年检一票否决制。再有，建议通过微信、微博等媒介及电视、广播等新闻媒体加大安全生产法律法规及安全生产知识的宣传力度，通过联合公安、检察院、法院等相关部门进企业开展法制讲座等方式进行普法宣传，切实提高和增强企业负责人、安全管理人员、其他员工的安全生产责任意识。

请你局在收到本建议后及时研究，切实采取有效措施推进相关工作，并在收到建议书后两个月内，向本院书面反馈开展相关工作的情况。上述建议如有不妥，请你局在十日内提出异议，本院将立即进行复核。

本院将积极配合你局做好相关工作，共同推动增强贵县企业生产经营主体的安全生产责任意识，严格落实安全生产责任制度，切实维护贵县市场经济的稳定有序健康发展，保障人民群众的生命财产安全。

2020 年 6 月 5 日

江西省九江市永修县人民检察院
检察建议书

永检建〔20××〕×号

某某县交通运输局：

"6·13"浙江温岭槽罐车爆炸事故发生后，本院考虑到你县县域内的江西某有机硅厂是生产危险化工产品的源头企业，其所在地是危货运输的集中地，每天都有几千吨危险化工产品通过陆路运输运送到全国各地，因危货运输具有危险性、危害性大等特点，稍有不慎，引发的后果将不堪设想。为了切实加强你县危险品货物运输的安全管理，有效消除危险化学品的安全隐患，遏制和杜绝危险事故的发生，针对贵县危货运输管理存在的执法队伍人员少、任务重、人员老化、素质不高等问题，根据《危险货物道路运输安全管理办法》《人民检察院检察建议工作规定》针对作为对危货运输起主要监管作用的交通运输部门提出以下建议：

一、提高政治站位，加强重大安全风险防范意识

危货运输管理是关系到人民群众生命、财产安全的大事，要把危货运输管理当作一项政治任务来抓。一是要加强思想重视，充分认识当前交通运输安全生产的严峻性和做好安全工作的紧迫性，全力做好危化物品运输安全管理，把人民利益放在首位。二是要加强队伍建设，不断提高素质。执法人员应加强学习，提高政治、业务素养，打造一支业务过硬、清正廉明的执法队伍。三是做好超前布防，充分做好预防预案，加强重大安全风险防范意识，有效处置各类突发事件。

二、加强排查，着力消除安全隐患

经调查，你县运管部门人员较少，任务繁重的矛盾十分突出，除日常工作外，还要定期组织执法人员对永修县辖区内道路危险货物运输企业开展全面检查。一要增强力量，在某有机硅厂驻地派驻执法检查点，由常驻工作人员负责企业接洽，定期重点检查安全措施薄弱及存在安全的隐患点，摸清辖区内运输危险货物车辆数量、技术情况、经营情况及驾驶人员和押送人员等从业人员资质等情况。二要建立工作台账，对辖区危险货物运输企业实行档案化管理，建

立隐患清单和检查台账，明确责任人，强化企业安全管理意识。

三、健全协调联动，推进企业落实安全生产主体责任

危险货物运输管理涉及交通、公安、安监、环保等多个单位，只有统筹安排、深化协作才能将此项工作开展好。一是加强日常管理。多部门应形成联合执法队伍，形成监管合力，加强与其他部门的协调合作、信息数据共享，推进企业落实安全生产主体责任，落实到人。二是集中开展重点巡查、巡视工作。针对辖区内6家重点危货运输企业，定期不定期进行联合巡查，督促企业每月进行自查自纠工作，及时发现隐患、整改隐患，对出现问题的企业不能一罚了之，对整改后仍不合格的企业，依法依规歇业整顿。对危险货物道路运输负有安全监督管理职责的部门监督检查时，发现需由其他负有安全监督管理职责的部门处理的违法行为，应当及时移交其他部门处理。确保永修县道路危货运输生产安全。三是联合其他执法部门组织危货从业人员培训学习制度。按时组织危险货物运输从业人员培训学习、应急预案演练等实战演习活动，使每个从业人员真正掌握技能，把树立危险货物运输安全意识放在首位，培养及时正确处理突发事件的能力。

四、广泛发动宣传，做到有效治理

针对你县某有机硅厂是大型化工生产企业，产品均为危险品货物这个情况，一要定期组织全县危害运输企业特别是某有机硅厂物流部门的主要负责人召开整治动员会，明确整治要求，提升企业的认知度和重视度，加大对某有机硅厂等源头化工企业的宣传力度，前往企业告知整治活动要求，重点做好行政指导。二要对县域内的企业根据运输危险货物等级、安全管理工作水平、隐患等级，对危险货物运输企业进行分级分类管理，对检查发现的问题要边查边改，立查立改，坚决杜绝车辆带病上路，违规通行和风险外流。

总之，要根据你县危货运输的实际情况，按照《全国安全生产专项整治三年行动计划》的内容，落实到日常工作中去。为切实保障全面建成小康社会圆满收官，保障加快建设交通强国稳步推进，保障重大活动和重点时段安全稳定，推进你县交通运输安全生产治理体系和治理能力现代化而努力。

收到建议书后，如有异议，请在七日内提出，如无异议，请及时研究，采取有效措施推进工作落实，并在收到建议书后一个月内，向我院书面反馈开展相关工作情况及材料。

2020年6月30日

江西省萍乡市人民检察院
检察建议书

萍检建〔20××〕×号

某某市应急管理局：

  2018年以来，本院办理了2起涉枪爆案件，其中2018年办理的陈某等17人故意杀人、聚众斗殴、开设赌场案，被告人陈某等17人开设赌场，持械聚众斗殴，人数多，规模大，形成恶势力，社会影响恶劣，其中，被告人陈某在斗殴过程中持类枪支打伤被害人甘某某，导致其死亡。目前，陈某等17人故意杀人、聚众斗殴案已经市中级人民法院判决。2019年办理的孙某某爆炸、非法持有枪支案，被告人孙某某为报复他人，于2019年5月25日凌晨，用自制的爆炸物品将上栗县金山镇孙某某家房屋炸毁，造成一人当场死亡、一人轻伤、三人轻微伤、孙某某家及周边居民房屋毁损达人民币42余万元的严重后果，严重危害了公共安全，造成极为恶劣的社会影响。目前，孙某某爆炸、非法持有枪支案已向市中级人民法院提起公诉，并已开庭审理。

  本院通过审查案卷材料发现，涉枪类案件中的枪支均是以烟火药为动力的类枪支（包括被告人陈某故意杀人、聚众斗殴案中的两把类枪支）；被告人孙某某自制爆炸物品的原材料高氯酸钾、银粉、硫黄均系从上栗县某镇某材料店中购买，其用来导火的引线系从上栗县某镇某花炮厂所盗，最终被告人孙某某将上述爆炸物原材料自制成炸药，实施爆炸犯罪，严重影响了社会稳定，相关负有危险化学品安全监管职责的部门工作中存在监管缺失、指导不够等问题。主要表现在以下方面：

  一是对危险化学品经营企业销售监管不到位。对照《危险化学品安全管理条例》履行监管职责不够，导致危险化学品流向社会，造成重大安全隐患。本院在审查案卷时发现，被告人孙某某在无任何合法有效许可证的情况下，先后两次从上栗县某材料店中购买危险化学品高氯酸钾、银粉、硫黄共计200多斤，最后使用上述原材料成功自制烟火药，违反了《危险化学品安全管理条例》第三十八条"依法取得危险化学品安全生产许可证、危险化学品安全使用许可证、危险化学品经营许可证的企业，凭相应的许可证件购买剧毒化学品、易制爆危险化学品……个人不得购买剧毒化学品（属于剧毒化学品的农药除外）和易制爆危险化学品"的规定，负有危险化学品安全监督管理职责的相关部门未严格履行监管职责，造成重大安全隐患。

二是对停产危险化学品企业是否妥善处置其危险化学品监管不到位。《危险化学品安全管理条例》第二十七条规定："生产、储存危险化学品的单位转产、停产、停业或者解散的，应当采取有效措施，及时、妥善处置……库存的危险化学品，不得丢弃危险化学品；……安全生产监督管理部门应当会同环境保护主管部门和公安机关对处置情况进行监督检查，发现未依照规定处置的，应当责令其立即处置。"本院在审查案卷中发现，被告人孙某某实施爆炸的导火引线系从已经停产的上栗县某花炮厂所盗，而该花炮厂2015年就已停产，相关监督管理部门未及时对库存危险化学品处置情况进行监督检查。至本案案发，该厂仍有几万米引线未妥善处置，致使孙某某盗取部分引线作为点燃其自制爆炸物的导火索，造成了严重后果的发生。

为进一步提高社会综合治理水平，营造安全稳定的社会环境，充分保障人民群众安居乐业，依照《危险化学品安全管理条例》和《人民检察院检察建议工作规定》，提出如下检察建议：

一、加强对危险化学品销售企业和购买单位的监管。严格按照相关法律法规，对辖区内危险化学品销售企业认真排查，集中整治违法违规销售危险化学品等行为。销售危险化学品，应当如实记录购买单位的名称、地址、经办人姓名、身份证号码以及所购买的危险化学品的品种、数量、用途。销售记录以及经办人的身份证明复印件、相关许可证件复印件或者证明文件的保存期限不得少于1年。危险化学品的销售企业、购买单位应当在销售、购买后5日内，将所销售、购买的危险化学品的品种、数量以及流向信息报所在地县级人民政府公安机关备案。负有危险化学品安全监督管理职责的相关部门要切实履行监管职责，监督危险化学品销售企业和购买单位如实记录和登记备案制度，对不如实记录及不及时备案，甚至向个人销售危险化学品等违法行为，依法依规予以处理。

二、加强对停产停业或解散的危险化学品企业的监管。对拟转产、停产、停业或者解散的危险化学品生产、储存单位，要严格审查其对库存危险化学品及其生产装置、设施的处置方案，会同相关职能部门经常性开展处置情况监督检查专项活动，发现未依法依规处置的，责令立即处置，消除安全隐患。

三、加大对危险化学品相关企业的执法力度。应加大对危险化学品生产、储存、使用、经营企业特别是易制爆制毒危险化学品企业的监管执法力度。对违反法律法规的行为，必须从严检查、从严执法、从严处罚，并加大失职追责力度，夯实危险化学品监管基础，维护平安稳定。

四、加大危险化学品安全生产经营的宣传教育培训力度。应定期或不定期组织危险化学品生产和经营企业主要负责人、安全管理人员、从业人员进行安全生产、经营等知识的专题培训，熟知危险化学品种类、特性和管理要求，加强企业主、安全管理人员、从业人员防火、防爆、防盗、防抢、防破坏应急处置能力，进一步提高安全意识。

请你局在收到本建议书后及时进行研究，如有异议或意见建议，请于七日内书面提出。如无异议，请你局采取有效措施，加强危险化学品监督管理工作，健全完善制度机制，并在收到本建议书后两个月内，向本院书面反馈相关工作开展情况。

2020 年 7 月 14 日

山东省烟台市招远市人民检察院
检察建议书

招检建〔20××〕×号

某某市应急管理局：

本院在办理王某某等人涉嫌重大责任事故罪一案过程中，发现你局存在未依法履行非煤矿山安全监管职责的问题。

一、问题来源

系我院受理王某某等人涉嫌重大责任事故罪一案后，在审查过程中发现。

二、经审查核实的证据及存在的违规情形

未认真吸取栖霞市五彩龙公司笏山金矿"1·10"爆炸事故教训，开展安全生产大排查大整治活动不深入、不细致；履行非煤矿山安全生产监督检查职责不力，到某金矿进行执法检查未发现该金矿存在违法发包施工项目、动火作业管理混乱、安全教育培训不规范等问题；非煤矿山安全监管和执法人员配备不足。

三、建议的具体内容

（一）强化安全发展理念，牢牢守住安全发展底线。要坚决贯彻落实习近平总书记关于安全生产工作的重要论述，深刻吸取栖霞市笏山金矿"1·10"重大爆炸事故和招远市某金矿火灾事故教训，牢固树立人民至上、生命至上的安全发展理念，摆正生命与生产、生命与矿井、生命与效益、安全与发展的关系，决不能以牺牲安全为代价来换取非煤矿山企业的发展。要针对制约非煤矿山安全的长期性、复杂性和深层次矛盾问题，坚决落实非煤矿山攻坚举措，下大决心、攻坚克难，真关实治，从根本上消除隐患、从根本上解决问题，实现非煤矿山绿色、安全、可持续发展。

（二）加强和改进对企业人员的安全培训教育。加强安全生产警示教育，提高企业主要负责人对安全生产工作的认识。把对企业负责人、企业管理人员、安全员及特种作业人员的培训放在重中之重，创新培训方式方法，确保培训不走过场、不流于形式，提高培训质量。

（三）切实加强对安全生产的监管。加强对安全生产工作的组织领导，单位主要领导和分管领导要针对地方安全生产监管对象多、范围广的特点，深入调查研究，加强监督指导，确保工作落实到位。要认真落实上级文件要求，做到令行禁止，确保政令畅通。要加强安全生产标准化建设和中介机构监管。要加强基层安全生产监管队伍建设、能力建设、装备建设，配齐配强专业执法人员，提高监管人员依法履职能力。

（四）深入扎实开展安全生产大排查大整治行动。要深刻吸取事故教训，进行安全生产大排查、大整治行动，举一反三，坚决破解检查查不出问题的难题，坚决解决执法检查"宽松软"的问题。要深入开展专项执法检查，强化重点行业领域风险隐患排查治理，以零容忍的态度坚决惩治安全生产违法行为，综合运用联合惩戒、停产整顿、行刑衔接等措施，坚决防止违法违规行为"屡禁不止、屡罚不改"。对企业排查隐患走过场、执法检查发现问题未整改或整改不到位甚至发生事故的，一律依法给予顶格处罚。修订完善安全生产举报管理办法，发动广大人民群众、企业职工积极举报安全隐患和违法行为。严格执行新颁布刑法修正案有关安全生产条款，建立完善典型执法案件报送、执法效果评估制度，推动企业深化风险分级管控和隐患排查治理体系建设和运行，增强防范化解重大安全风险的内生动力，推动安全生产形势稳定好转。

（五）加强对外包工程的监督和管理。一是建立健全管理机构，严格审核施工单位及项目部施工作业资质，对其施工单位的施工资质、安全生产管理机构、规章制度和操作规程、施工现场安全管理等情况进行检查。二是外包工程有多个承包单位同时作业的，应当对多个承包单位的安全生产工作实施统一协调、管理，定期进行安全检查，发现问题，应当及时督促整改。

（六）加大监管执法检查力度。定期组织对辖区矿山开展系统性安全风险分析研判，加大执法检查力度，督促矿山企业采取措施即使处置管控安全风险，坚决防范遏制重特大事故。对执法检查发现的问题隐患，要深入剖析原因，倒查企业决策层、管理层、技术层责任落实情况，对每次执法检查发现的问题隐患，必须在执法文书中明确整改要求、整改时限以及负责复查或者核查的单位等，每次开展现场检查，必须首先对上一次检查发现的问题隐患整改情况进行核实，发现未按要求进行整改的，依法从严从重进行处理处罚。

四、提出异议的期限

你局若对此建议存在异议，请于自收到该建议书三日内，将相关材料书面提交我院，逾期未提交视为自动放弃。

五、书面回复落实情况期限

望你局在接到此建议书后十五日内，将整改落实情况函回复我院。

2021 年 8 月 20 日

河南省三门峡市灵宝市人民检察院
检察建议书

灵检二部建〔20××〕×号

河南某矿业有限责任公司：

我院在办理"2019·7·16非法运输、存储爆炸物案件"中发现你公司存在以下违法违纪问题：

一、管理人员存在渎职行为，你公司个别管理人员在日常工作中，提供数据弄虚作假，随意编造矿山企业生产调度日志，对重点部位、重点环节失察漏管，领取发放爆炸物品环节多次出现冒名顶替现象。

二、部门负责人审核把关不严，履行落实民用爆炸物品管理条例形同虚设，对没有实际生产的"1660东"坑口，未进行实地核查，违规审批发放炸药1955箱（约47吨），雷管31700枚。

三、对爆炸物品使用监管不到位，"1660东"坑口从你公司将爆炸物品领取后，你公司未严格按照规定运送爆炸物品至生产地点，且生产单位将爆炸物品如何处理，是否全部用于生产，你公司均未进行跟踪监管，造成大量爆炸物品流出。

四、财务管理制度不规范。"1660东"坑口领取爆炸物的费用交到职工个人银行账户，后由该职工上缴给财务，而非坑口直接交给财务，违反公司财务制度相关规定。

本院为预防犯罪，维护国有企业正常生产秩序，根据《人民检察院检察建议工作规定》第十一条规定，特向你单位提出以下建议：

一、加大管理力度，确保正常生产秩序。民用爆炸物品从业单位是治安保卫工作的重点单位，应当依法设置治安保卫机构或者配备治安保卫人员，设置技术防范设施，防止民用爆炸物品丢失、被盗、被抢。爆破作业单位应当如实记载领取发放民用爆炸物品的品种、数量、编号等，作业后剩余的民用爆炸物品必须当班清退回库。针对全体员工，要明确工作职责，认真履行工作职能。对爆炸物入库、出库、运输、储存、使用等环节，应加强管理。

二、加强财务管理，规范收支行为。严格执行财务管理相关法律法规，建立健全财务管理制度，提高财务管理人员素质，完善财务管理内部监控，坚决杜绝一切违规违法行为，做到依法管理，依法办事，从源头上预防和遏制违法犯罪的发生。

三、加强法制教育，增强遵法守法观念。你单位应当加强对本单位从业人员的安全教育、法治教育和岗位技术培训。定期对员工开展有效的有针对性的法治教育，包括爆破员、押解员等特殊人员，增强法治观念，严防违法犯罪行为发生。

请你公司在收到检察建议后一个月内将落实情况书面回复检察机关。

2019 年 11 月 28 日

湖北省武汉市江岸区人民检察院
检察建议书

湖北某装饰工程公司：

　　我院在办理崔某某等 3 人涉嫌重大责任事故罪一案中，经审查发现：2021年 5 月 10 日 12 时许，武汉市江岸区中山大道与三阳路路口某施工现场，犯罪嫌疑人崔某某等 3 人在生产作业中违反安全生产、作业的相关规定，违规用人、施工，造成在极端恶劣天气条件下仍然从事大厦外墙擦窗作业的 2 名不具备高空施工资质的工人杨某和韩某某死亡。

　　你公司指派的项目生产经理姚某某和现场安全员张某某，违反有关安全管理的规定，灾害天气安全防范工作落实不到位，在极端天气到来前未有效制止、撤离人员高处作业，致使没有高空作业资质的工人杨某、韩某某所在的擦窗机吊船在极端天气下遇强风开始旋转撞击幕墙，上述 2 名工人因遭受多次撞击挤压，严重颅脑及胸腹部联合损伤而死亡。本院认为，本案的发生反映出你公司在生产经营活动中存在重大安全隐患，主要表现在以下方面：

　　一、安全生产管理制度缺位。未严格审核高处作业人员相关资质，相关人员未经专业技术培训即进行特种作业工作。

　　二、灾害天气的预警防范措施滞后，管理松懈。未做到有效预警，相关责任人员未及时督促、撤离高处作业人员。

　　三、公司劳务工程招标审核不严谨，存在疏漏。未发现他人伪造公章，盗用资质承揽工程。

　　为健全你公司安全生产制度，消除违法犯罪隐患，保障工人生命安全、公司财产安全，根据《中华人民共和国人民检察院组织法》第二十一条、《人民检察院检察建议工作规定》第三条第一款、第十一条第一项，特向你公司提出以下建议：

　　一、提高特种作业下对灾害预警工作的重视及敏感度。安全生产无小事，要牢固树立安全生产"责任重于泰山"的理念，要有把人民群众生命财产安全始终放在首位的社会责任感。对于极端天气、自然灾害的防范预警工作要落实到位，通过定期召开企业安全生产例会、制订恶劣天气的防范预警方案、前移各项警示工作和安全措施等方式，分析安全生产状况，检查、督促企业的安全生产工作，及时消除生产安全事故隐患，做到有效预防、全面覆盖，不存有侥幸心理，筑牢安全生产防线。

二、建立健全安全管理制度，强化安全生产岗位培训。加强源头管理，针对安全生产管理缺位的隐患，制定和完善相应机制，配备专职的安全生产管理人员，加强对安全生产责任制落实情况的监督考核；建立安全生产教育和培训档案，如实记录安全生产教育和培训的时间、内容、参加人员以及考核结果等情况，切实提高员工安全生产的意识，让"安全就是效益"企业文化植根于心。

三、完善和加强雇用人员管理制度。施工中使用被派遣劳动者或向其他公司借用劳动者的，应严格落实审查制度，避免出现他人伪造公章，盗用资质承揽工程的情况；同时也应严格审核劳动者的施工作业资质，将临时雇用人员纳入公司统一管理，杜绝"无证上岗"现象，对上述人员定期进行岗位安全操作规程和安全操作技能、灾害防范预警意识的教育和培训。

如对本检察建议书有异议，请在收到之日起七日内向本院提出；如无异议，请在收到之日起两个月内针对上述问题作出相应的处理，并书面回复本院。

2021 年 7 月 22 日

湖南省娄底市人民检察院
检察建议书

娄检建〔20××〕×号

某石油天然气股份有限公司某销售分公司：

根据2020年某石油天然气股份有限公司年度报告，该公司共有国内品牌加油站22612座、成品油年销售量达10650.7万吨，是国内两大成品油生产和销售企业之一。加油站作为石油企业零售终端，主要经营易燃易爆成品油，因此，加强对加油站的安全管理十分重要。2021年5月，本院走访了娄底市公安局、娄底市商务粮食局、娄底市市场监督管理局、娄底市应急管理局等政府职能部门，对全市中心城区多个加油站进行了现场核查。贵公司目前共有加油站47座、年销售成品油8万吨。贵公司持续推进加油站安全生产长效机制建设，加强人防、物防、技防，全面提高安全生产管理水平，为平安娄底作出了努力和贡献，但部分加油站在运营过程中仍然存在以下安全隐患：

一、部分加油站未按规定安装散装汽油购销实名认证信息系统。为严密防范不法分子购买散装汽油实施违法犯罪活动，切实维护社会治安秩序和公共安全，公安部、商务部、国家工商行政管理总局、国家安全生产监督管理总局于2014年联合下发了《关于进一步加强散装汽油购销安全监管工作的通知》，要求成品油销售企业严格落实散装汽油购销实名登记制度。2019年、2020年，公安部、湖南省公安厅及娄底市公安局多次要求加油站全面安装散装汽油购销实名制信息系统。2020年6月，湖南省公安厅再次明确要求所有加油站必须在2020年9月前全部安装到位，并将该工作纳入2020年平安建设考核任务。截至2021年5月，贵公司加油站实名认证信息系统安装率仅为50%左右，与监管部门的要求存在较大差距。

二、技术防范设施未与公安机关联网。根据《加油加气站视频安防监控系统技术要求》（AQ/T 3050-2013）的规定，应在加油站进出口、加油区、卸油口、油罐区、财务办公室、便利店等工作区域配置一体化摄像机并具有报警联动功能，还应在加油站财务办公室、便利店收银服务区的适当位置安装手动报警按钮。对加油站各工作区域进行实时、全天候视频监控，既可以督促员工按规定作业，提升安全意识，又能对违法犯罪分子起到有力震慑作用。在遇到突发警情时，员工只需按下手动报警按钮，系统会自动向公安机关转发视频监控报警图像和事件位置信息，便于迅速处警。贵公司加油站虽安装了视频安防监控系统，但部分加油站未将技防设施与辖区公安机关110接处警中心联网，技术防范体系不完善，不利于及时有效处置加油站内突发事件。

三、摩托车加油不符合管理规范。为保障摩托车加油作业安全，《加油站作业安全规范》（AQ 3010-2007）第6.2.8条以及《汽车加油加气站消防安全管理》（XF/T 3004-2020）第9.2.1d条均明确规定，摩托车加油后，应用人力将摩托车推离加油机4.5米后，方可启动。因摩托车发动机在启动过程中，部分尾气在没有充分燃烧的情况下被排出时，存在较多的火星颗粒，如果摩托车加油后在加油机旁立刻启动，尾气中的火星颗粒以及点火时窜出的火花有引起火灾或者爆炸的可能。本院在调查中发现，贵公司中心城区多个加油站在摩托车加油后，任由顾客在加油机旁直接发动摩托车离开，未严格执行上述规定，存在监管不到位的情形。

四、加油站内停车不规范。《中华人民共和国道路交通安全法实施条例》第六十三条第三项明确规定，加油站门前及距离加油站30米以内的路段，除使用加油站设施的以外，不得随意停车。随着我国经济社会全面发展以及人们生活水平提高，汽车普及率逐年增高，"停车难"问题日益凸显。贵公司娄底中心城区的多个加油站门前及30米以内路段，普遍存在私家车长期违规停放现象。加油站作为高危场所，保持加油站内消防通道畅通尤其重要，违规停放的车辆不仅影响加油站日常运营，还可能堵塞消防通道，一旦加油站突发险情，则会阻碍救援。

习近平总书记多次强调要"始终把人民的生命安全放在首位"。加油站作为经营易燃易爆危险化学品场所，属甲类火灾危险性场所，有着极为严格的安全标准。为进一步完善加油站安全管理，保障人民群众生命财产安全，根据《中华人民共和国安全生产法》《中华人民共和国消防法》《中华人民共和国道路交通安全法实施条例》等法律、法规以及相关行业技术标准，依据《中华人民共和国人民检察院组织法》第二十一条、《人民检察院检察建议工作规定》第十一条第四项的规定，特向贵公司提出如下检察建议：

一、提高认识，严格落实安全管理规定。贵公司务必督促加油站切实提高思想认识，树立"安全第一"的理念，严格履行安全管理责任，落实安全管理规定，提高安全事故预警管控能力和水平，防范风险隐患，确保安全。一是加强加油站信息化建设。全面落实监管部门要求，对所有加油站散装汽油购销实名认证信息系统应装尽装，能装快装，尽快安装到位；同时，为确保加油站视频安防监控系统切实有效运行,严格按照《加油加气站视频安防监控系统技术要求》的规定,依规配备技术防范设施,进一步完善技术防范体系,将加油站技术防范设施与公安机关110接处警中心联网,实现"一键报警"功能,为保护人民群众生命财产安全提供坚强技术保障。二是进一步完善加油站安全设施建设和管理制度。严格按照《加油站作业安全规范》(AQ 3010-2007)、《汽车加油加气站消防安全管理》(XF/T 3004-2020)等规定的要求,制定完善摩托车加油操作规范制度;在加油站入口位置设立告示标语,在出口位置规划醒目的摩托车启动线,引导顾客加油离场时在安全区域发动;同时,亦可根据各加油站的实际情况,设置摩托车专用加油区。三是提升加油站停车管理水平,规范停车秩序。对进站加油车辆分区隔离有序加油,引导顾客加油时规范停车;在加油站进出口醒目位置设置告示牌,提醒群众不要将车辆停放于加油站内禁停区域;加强站内巡查,及时对违规停放车辆进行有效劝离处置。

二、多措并举,提升员工安全意识。强化对员工的培训和监管,落实加油站安全主体责任,确保安全问题"零事故"。一是加强安全培训。定期对加油站员工进行安全知识培训,让员工熟悉各自岗位职责、操作规程,全面掌握安全、消防知识,增强员工安全防范和责任意识。二是开展实战演练。定期开展消防、突发事件等实战演练,全面提升员工处置突发应急事件的能力。三是强化日常监管。坚持定期巡检,发现安全隐患及时排除,对违规操作人员依法追究责任。

三、加强宣传,营造良好安全氛围。全面设置警示标语,充分利用各种宣传媒介,开展形式多样的安全知识宣传教育。一是广泛开展社会宣传。通过微信公众号、电子显示屏、宣传单、有奖安全知识竞赛等形式进一步加大加油站安全宣传的深度和广度,提升广大人民群众安全意识。二是加强内部警示宣传。在加油站的收银台、进出口等醒目位置设置"加油站严禁烟火、严禁拨打手机、严禁乱停车"等安全警示标识,引导广大群众遵守相关安全规则。

四、进一步加强沟通,形成安全防范合力。持续加强与政府相关职能部门的沟通,形成加油站安全防范合力。一是主动加强与应急管理、商务粮食、消防等政府职能部门的衔接沟通,主动接受监管,使加油站的安全监管工作常态化、规范化,形成安全防范长效机制。二是进一步加强企警联动,实现警企联防。对加油站区域内违规违法行为线索及时移送,依法有效排查处理。

以上建议,请贵公司及时研究。若有异议,请在收到本检察建议书之日起七日内向本院书面提出;如无不妥,请采取有效措施加以落实,并在收到建议书后两个月内，向本院书面反馈工作开展情况。本院将积极配合贵公司做好相关工作，共同推动加油站的安全管理，及时消除事故隐患，有效防范安全事故的发生，切实保障人民群众的生命财产安全。

2021 年 6 月 17 日

广东省揭阳市人民检察院
检察建议书

某某市交通运输局：

我院经调查研究，依据最高人民检察院《人民检察院检察建议工作规定》第三条、第十一条之规定，现向你局发出检察建议，望及时研究整改。

一、提出建议的起因

交通肇事犯罪社会危害性极大，在你市，从事交通运输业务的车辆引发交通肇事犯罪情况严重。2018年以来，你市从事交通运输业务的车辆引发交通肇事犯罪116件，共致死亡117人，重伤3人。事故的发生，与从事交通运输业务的企业或个人密切相关，一些企业人员甚至涉嫌重大责任事故犯罪。

今年以来，我院在办理谢某某涉嫌重大责任事故罪和揭阳市某某混凝土有限公司厂长吴某某、车队长李某某涉嫌重大责任事故罪二宗案件时，发现上述犯罪嫌疑人作为货运单位负责人和安全生产管理人员，在经营货运车辆过程中，没有建立健全本单位安全生产责任制；没有组织制定本单位生产规章和操作规程；没有对其雇用的司机进行安全生产教育和培训；授意司机作业过程中拆除车辆号牌；放任司机作业过程中存在的超载、逆行、不按路段行驶等不安全驾驶行为，致使经营单位安全生产管理混乱，造成重大交通安全事故。

文明交通是城市形象的名片，货运车辆不文明交通行为已严重危害公共安全，更影响你市创建"全国文明城市"的形象。在办理上述案件过程中，我院发现你局对货运单位监督管理存在缺失、执法检查不到位等方面的问题。

二、提出检察建议所依据的事实

（一）对货运单位监督管理存在缺失

谢某某和揭阳市某某混凝土有限公司厂长吴某某经营的货运单位没有建立健全本单位安全生产责任制；没有组织制定本单位生产规章和操作规程；没有对其雇用的司机进行安全生产教育和培训。在吴某某涉嫌重大责任事故罪案件中，揭阳市某某混凝土有限公司的货运车辆没有申请运输许可证，吴某某供述揭阳市某某混凝土有限公司成立一年多来，交通部门执法人员两次到公司进行安全检查，主要是让公司完善出车记录等资料，公司没有组织制定安全生产规章和操作规程。你局相关执法人员对谢某某经营的货运车辆在发放运输许可证时或对揭阳市某某混凝土有限公司进行安全检查、监督时，并未发现上述问题。

（二）对货运车辆执法检查不到位

在吴某某涉嫌重大责任事故罪案件中，揭阳市某某混凝土有限公司的10辆货运车辆均没有悬挂车牌，公司所有货运车辆在揭阳市区均有大量交通违法行为（包括超载、逆行等不安全驾驶行为）。在谢某某涉嫌重大责任事故罪案件中，谢某某经营的6辆货运车辆，在事故发生时有两辆货车运营许可证已过期，所有货运车辆在揭阳市区均有大量交通违法行为（包括超载、逆行等不安全驾驶行为）。

（三）未对货运单位主要负责人和安全生产管理人员进行安全生产知识考核、培训

根据《中华人民共和国安全生产法》有关规定，作为货运单位的主要负责人和安全生产管理人员必须具备与本单位所从事的生产经营活动相应的安全生产知识和管理能力。你局相关部门未对货运单位的主要负责人谢某某、吴某某和安全生产管理人员李某某进行过安全生产知识考核、培训。

三、针对上述出现的问题，提出以下建议

（一）依法严格履行监管职能

加强对混凝土搅拌车辆、运砂车辆、建筑运输车辆等货运单位或个人的安全生产主体责任和相关行业部门安全责任监督。在货运单位或个人申请运输许可证时，督促货运单位或个人建立健全安全生产管理机构，制定完善安全生产监管制度、落实管理措施，建立隐患排查、治理长效机制，提升安全管理水平，从源头上加强对从事混凝土搅拌车辆、运砂车辆、建筑运输车辆等货运单位或个人日常安全管理和监督。

你局可探索与交警部门建立对混凝土搅拌车辆、运砂车辆、建筑运输车辆等货运车辆违法信息的查询、共享机制，对辖区内货运车辆一定时间内如有大量交通违法行为，可重点加强执法检查和监督，规范货车经营行为，消除安全隐患。

（二）加大执法力度、加强日常监管

你局可探索与交警、城管等部门成立联合执法检查小组，通过定点检查与流动巡逻相结合的勤务方式，在市区主要管制路段或主要路口，对过往混凝土搅拌车辆、运砂车辆、建筑运输车辆进行严格检查，重点查处超载超限、无牌无证、资质不符、不按规定加装防护装置以及非法加装样板、未按规定时间和线路行驶等违法违规行为，并建立执法检查记录台账。

（三）开展对货运从业人员进行道路交通安全知识宣传、教育、培训

你局可探索与交警、住建等部门成立道路交通安全宣传小组，加强对货运

从业人员进行道路交通安全知识的宣传、教育，可制定道路交通安全知识宣传工作方案，开展对混凝土搅拌车辆、运砂车辆、建筑运输车辆等专项宣传活动，督促货运单位加强对从业人员进行道路交通安全知识教育、培训，探索定期开展对货运单位主要负责人和安全生产管理人员进行道路交通安全知识考核、培训。

希望你局针对我院提出的上述建议事项，认真研究，逐项整改，抓紧落实，并于2020年1月4日前将已整改的情况和未整改的原因以书面形式反馈我院。

2019年11月4日

广东省湛江市霞山区人民检察院
检察建议书

霞检建〔20××〕×号

某某区人民政府：

近三年来，本院办理了11件17人涉及"黑加油站"的非法经营成品油犯罪案件，经调查研究，发现非法经营成品油案件反映出以下社会治理问题：

一、"黑加油站"经营者均未取得危险化学品经营许可、营业执照、成品油经营许可等相关经营资质，经营者缺乏安全意识和安全技能，存在着严重的安全隐患。

本院办理的11件17人非法经营成品油案件，经营者均未取得危险化学品经营许可、营业执照、成品油经营许可等相关经营资质，严重扰乱成品油市场经营秩序；且经营者安全意识严重缺失，不具备专业知识和消防技能，没经过安全技能培训，无证上岗，一旦发生安全事故，无法第一时间有效处理，存在着严重的安全隐患。

二、"黑加油站"经营场所隐蔽，加油设备简陋，缺乏安全设施装置、缺乏基本的保护措施，成为埋在群众身边的"不定时炸弹"，严重威胁人民群众的生命和财产安全。

成品油尤其是汽油具有易燃、易爆的特征，风险管控尤为重要，国家对成品油的经营、存储条件、消防设施均有明确规定。"黑加油站"的加油装置多是利用改装的汽车、临近报废的货车加上简易的加油装置进行经营，缺乏安全设施装置、缺乏基本的保护措施，运输、存储等环节也不符合相关安全规定，处于无防雷措施、无防静电措施、无消防器材的"三无"状态，成为随时可能引爆的"炸弹"，严重威胁人民群众的生命和财产安全。

三、"黑加油站"的油品一部分来源于有资质的成品油经营企业，一部分来源于"黑市"，反映出对有资质的成品油经营企业的监管仍需加强。

本院办理的11件非法经营案件中，根据被告人的供述，有4件案件的油品来源于有资质的石油公司，陈某某从湛江中油某石油有限公司购买，吴某某、林某某从中国石化某分公司购买，马某某、杜某某从湛江市某炼油厂购买，许某某、林某某从湛江市中石化某油库等地购买，其余7件均是向"黑市"购买。这反映出对取得《危险化学品经营许可证》《营业执照》《成品油经营许可证》的企业，主管部门要加强监管，防止正规油站成品油流向"黑市"。

四、"黑加油站"经营成本低、有价格优势、市场需求大是"黑加油站"屡禁不止的关键原因。

建设正规加油站经营手续复杂，加油站的设计、施工应通过规划建设、安全监管、消防和生态环境等部门验收，且站内需聘请相关专业技术人员，因此，正规加油站经营成本高。"黑加油站"通过非法渠道购进远低于市场价的成品油，逃避了正规加油站所需的土地征用、税收等费用，而且使用的是低价设备、廉价劳动力，相比较正规加油站而言，省去了很多经营成本，具有成本优势，油价均比正规加油站低很多。卖者有利可图、买者贪小便宜，一拍即合，是"黑加油站"屡禁不止的关键原因。

五、成品油市场监管尚有漏洞，执法部门未能形成打击合力，未建立健全长效工作机制，给"黑加油站"经营者带来可乘之机。

"黑加油站"的监管涉及应急、发改、市场监督、公安、交通运输、科工贸等多个部门，一定程度上存在职责不清、职能交叉、互相推诿等问题，未能形成打击合力，未建立健全长效工作机制，严重影响了监管执法效能，给"黑加油站"经营者带来可乘之机。

为进一步加强区域内成品油市场监督管理，打击违法违规经营行为，防止发生安全生产事故，保障人民群众生命和财产安全，根据《人民检察院检察建议工作规定》第二条、第三条之规定，特提出如下检察建议：

一、强化组织领导，建立健全成品油市场监管长效机制

成品油非法经营行为不仅严重扰乱正常成品油市场经营秩序，而且存在安全隐患、环境污染及税收流失等问题，建议区政府成立以区领导为组长，相关职能部门负责人为成员的打击非法经营成品油领导小组，制订工作方案，建立打击非法经营成品油联席会议制度，设立联席会议办公室，加强对打击非法经营成品油工作的组织领导，层层压实责任，有效整合执法力量，形成成品油经营主管部门与公安机关联合牵头，各相关职能部门协同配合、日常监管与联合执法相结合、行政执法与刑事司法相衔接的常态化工作机制。

二、加强协作配合，积极开展联合执法行动

非法经营成品油行为涉及无证照经营、非法改装车辆、非法运输危险化学品、偷逃税款等多种违法行为，需要各职能部门密切配合和加大执法力度。建议发改、科工贸、市场监管、公安、应急、交通运输、税务、生态环境等政府

职能部门加强协作，从信息共享、线索移送、综合执法等方面联动配合，形成成品油市场从"入口"到"销售端"全链条监控；各部门各司其职履行监管职责，定期或不定期开展联合执法行动，在案件多发、易发地带和群众举报集中地区，集中执法力量进行重点打击，增强打击合力和成效。

三、注重源头整治，切断"黑油"流向市场通道

成品油经营主管部门、危险化学品经营主管部门要依法做好成品油资格审批、危险化学品经营许可审批工作及日常检查监督工作，要通过年度检查、日常执法、随机抽查等方式，强化成品油经营企业的日常监管，了解企业货源进出和库存情况、防止个别企业油库成为黑油的来源地。公安机关在打击成品油走私和打击"黑加油站"行动中，要进一步加大案件深挖彻查力度，摸清非法油品来源和非法流通渠道，切断"黑油"流向市场的通道。

四、坚持"堵""疏"结合，积极完善成品油供应布局

建议成品油经营主管部门、危险化学品经营主管部门联合研究加油站点的科学合理布局，特别是做好农村边远地带的布局管理，完善终端配送和销售网络，鼓励各类投资主体积极承担社会责任，到农村地带建设加油站，切实满足广大人民群众对成品油的消费需求。

五、实行普法、执法并举，营造良好的社会氛围

建议加大普法宣传力度，引导人民群众自觉抵制举报非法经营成品油行为。以纸媒、新媒体等为载体及"线上+线下"的普法宣传方式，以真实、鲜活的事例和国家法律法规为核心内容，开展长期的、有针对性的警示教育，让人民群众真正了解非法经营加油站的危害性及到非法油站购买成品油、使用伪劣成品油的真实危害，营造人人理解并自觉抵制举报非法经营成品油的浓厚氛围。同时公开举报电话，畅通投诉渠道，广泛发动社会监督，为开展联合打击非法经营成品油工作营造良好的社会氛围。

以上建议，如有异议，请自收到检察建议书之日起七日内向本院提出；如无异议，希望区政府及时牵头组织各职能部门抓好落实，并将落实情况于两个月内书面回复本院。

2020 年 9 月 18 日

广西壮族自治区贺州市平桂区人民检察院
检察建议书

平检建〔20××〕×号

某某区应急管理局：

本院在办理犯罪嫌疑人左某某等人涉嫌重大责任事故罪一案中，发现贵局作为安全生产监督综合管理部门，在矿山安全生产检查、安全监督管理制度、安全事故处理等方面，存在一定程度的短板，根据《人民检察院检察建议工作规定》，特提出以下检察建议。

一、左某某等人涉嫌重大责任事故罪一案反应的矿山安全生产管理和事故处理方式问题

本院在办理左某某等人涉嫌重大责任事故一案中，向贵局调取了该案相关涉案材料，并经详细审查全部卷宗材料，发现：

（一）矿山生产单位违规生产行为较为普遍问题。涉案犯罪嫌疑人所在的贺州市某石材有限公司5号采区以及该公司名下的其他采区，为增加生产营利，长期存在上下层同时开采、边坡松散、石材堆积经常不及时处理等违反安全生产管理法规的行为，生产单位安全违规较为普遍，安全意识明显低于生产营利意识。

（二）安全生产监督管理部门对矿山安全监管不够到位问题。安全生产监督管理部门在对某石材有限公司5号采区以及该公司名下的其他采区开展安全监督检查工作中，虽有多次书面检查勒令整改，但是对长期违规生产的5号采区要求整改力度仍显不够。

（三）事故发生后处理方式问题。某石材有限公司5号采区于2019年10月9日1名工人被石头砸死，已经达到重大责任事故的追诉标准，但未及时移送司法机关处理，导致相关客观证据比如案发现场、尸体处理、现场证人等关键问题在后续的司法调查处理中无法或者难以取证。

二、建议事项

（一）对达到立案追诉标准的安全事故，及时移交司法机关处理。《中华人民共和国安全生产法》第十三条明确规定，国家实行生产安全事故责任追究制度，依照安全生产法和有关法律、法规的规定，追究生产安全事故责任人员的法律责任。《生产安全事故报告和调查处理条例》第二十六条也明确规定，事故调查中发现涉嫌犯罪的，事故调查组应当及时将有关材料或者其复印件移交司法机关处理。安监部门在接到有关安全事故时，对相关是否达到刑事立案追诉标准不明，可以咨询调查、介入的公安机关、检察机关，对已达到刑事立案追诉标准的，原则上应及时移交司法机关处理。

（二）完善事故调查方式。建议在事故调查处理过程中，更加注重调查方式的公开、透明、中立，一是可以考虑聘请第三方有资质的机构进行事故性质认定；二是可以将事故原因调查组所调查材料及时、全面向事故调查处理工作领导小组成员提供阅卷，充分听取成员意见；三是对事故调查结论定性以及后续处理方式，建议组织成员单位召开讨论会时进行实质性的讨论，如实记录成员意见形成讨论记录并签署，再将意见汇总报批。

（三）常态化、实质化开展辖区内安全生产监管工作。你区辖区内有大量矿区，安全生产监管任务繁重。建议安监部门严格落实《中华人民共和国安全生产法》关于安全生产的监督管理事项，可以采取定期与不定期安全监督检查相结合方式，严格安全监管要求，对检查中发现的安全生产违法行为，当场予以纠正或者要求期限事故隐患，对检查中发现的安全隐患，坚决责令立即排除，可结合行政处罚方式实质性加强后续监管力度。

三、异议期限、书面回复期限

贵局在收到该检察建议书后，若有异议，请于七日内以书面形式向本院提出；若无异议，请于两个月内书面回复落实情况。

2020 年 9 月 27 日

海南省三亚市城郊人民检察院
检察建议书

三城检建〔20××〕×号

某某市旅游和文化广电体育局：

本院在办理黄某涉嫌重大责任事故罪一案中，发现本市旅游潜水市场存在市场主体无许可证经营、经营安全管理制度不健全、监督检查机制落实不到位等问题。本院依法进行了审查，现查明：

三亚某海洋运动公司于2009年10月成立，该公司营业执照不包含组织客人开展潜水活动。2013年1月28日国家体育总局《经营高危险性体育项目许可管理办法》（以下简称《许可管理办法》）明确，经营高危险性体育项目，应当向县级以上地方人民政府体育主管部门申请行政许可。2013年5月1日国家体育总局《第一批高危险性体育项目目录公告》，潜水属于高危险经营体育项目。三亚某海洋运动公司在无高危险性项目经营许可的情况下，在长达七年的时间内，通过微信推广、淘宝飞猪、公司网站等方式招揽游客，并组织游客在三亚百福湾等海域开展潜水活动。某某推广公司在明知百福湾所在海域无任何经营主体获得高危险性项目经营许可证的情况下，仍与三亚某海洋运动公司合作开展潜水经营活动，并从中获取利润。截至案发，三亚某海洋运动公司共非法组织游客开展潜水活动约1300余人次，非法营业收入约550多万元人民币，2020年8月18日，在非法组织游客开展潜水过程中，发生一人溺水死亡的事故。

本院认为，根据《许可管理办法》《海南省潜水经营管理办法》，你局作为潜水活动行政许可审批和监督检查单位，在长达七年的时间内未能全面履行监督检查职责，导致三亚某海洋运动公司长期在你市非法经营潜水活动，且在组织潜水过程中，向潜水游客提供不能提供进货渠道或中文标志说明的潜水装备，严重扰乱了三亚市旅游潜水市场合法有序公平竞争市场环境，也严重侵害了游客的人身安全权益。

为保障游客合法权益，规范本市旅游潜水市场经营秩序，推动你市旅游潜水市场合法化、安全化、规范化管理，提升本市旅游品牌形象，根据最高人民检察院《人民检察院检察建议工作规定》第十一条相关规定，特向你单位提出以下建议：

一、认真落实《许可管理办法》相关规定，严格追究非法经营主体的法律责任。根据《许可管理办法》第二十七条规定，未经县级以上地方人民政府体育主管部门批准，擅自经营高危险性体育项目的，由县级以上地方人民政府体育主管部门按照管理权限责令改正；有违法所得的，没收违法所得。违法所得3万元以上的，并处违法所得2倍以上5倍以下的罚款。请根据目前证据查实的事实，对三亚某海洋运动公司给予责令改正、没收违法所得、处予罚款等行政处罚。

二、加大行政执法力度，完善监管机制。重点加大对未取得行业许可证和未取得国内行业认证的以"潜水技术咨询"名义从事非法组织潜水活动的经营者开展专项执法检查，坚持从严打击，引导相关主体依法依规开展经营活动。通过电话举报、网站举报、微信平台举报等多种方式，拓宽对潜水行业的违法违规行为的举报渠道。对本市潜水行业合法经营情况进行排查，建立经营范围、经营资质等档案，不定期暗访，一经发现违法违规行为，严厉惩处。通过对违法违规行为处以罚款或者吊销许可证或执照等方式，完善监管惩戒机制。

三、规范对潜水教练员的管理，推动潜水经营诚信档案建设。对在本市从业的潜水教练进行建档管理，并对其提供的资质证书予以严格核查，向社会发布监督、投诉电话，接受游客对教练的投诉，对教练进行约谈。对未取得职业资格证书、未佩戴身份标识、超出指定区域从事潜水活动、无健康证明或拒绝进行健康检查的经营者及潜水教练员，及时将其经营诚信档案向社会公布，充分保障潜水游客在进行旅游潜水消费时的选择权和知情权。

四、加强与相关职能单位协作配合，从销售源头切断非法经营潜水者客源。重点加大与市场监督管理局的执法合作力度，与该单位建立信息通报和联席会议制度，对网上招揽潜水游客的公司的资质开展专项排查工作，对无许可证或超出经营范围招揽潜水游客的公司及时从网页下架，对虚假宣传、虚假承诺等商家严格打击，严厉追究法律责任。重点加大与市自然资源和规划局工作衔接，联合该单位对获得海域使用权的经营主体的经营活动开展执法检查，严厉打击无高危险性项目经营许可证或以"合作方式"逃避监管的方式非法经营潜水违法行为的打击力度，增强打击工作合力。

五、改进执法方式，提升执法成效。一方面，充分运用无人机拍摄等方式加大对重点旅游潜水区域的监控力度，并及时拍照固定非法潜水相关的证据，为打击查处保存证据材料。另一方面，建立以暗访在前，联合执法明查在后的执法模式，严厉打击非法潜水、非法提供海域等严重危害游客生命健康安全及旅游市场声誉的行为，发现一个取缔一个，切实规范旅游潜水市场秩序。

你单位如有异议，请于收到本检察建议书后十日内提出。如无异议，请于收到本检察建议书后两个月内作出相应处理，并书面回复本院。

2020 年 12 月 16 日

重庆市开州区人民检察院
检察建议书

渝开州检建〔20××〕×号

某某区应急管理局：

　　我院在办理李某某涉嫌寻衅滋事罪、职务侵占罪等一案中，发现重庆某烟花爆竹有限责任公司等在从事烟花爆竹经营活动中，存在以下问题：一是未严格执行产品流向登记，产品进销管理混乱，未建立统一进销货管理台账，烟花爆竹进货渠道不明、销售去向不清，不利于相关职能部门对烟花爆竹的经营、运输等环节形成有效管理；二是李某某为维护自身利益，擅自组建"打非队"，进行地下执法；三是李某某利用相关职能部门的监管漏洞，私自出售执法部门扣押并存放在其公司仓库的涉案烟花爆竹。这些问题不仅给相关职能部门的执法公信力带来较大负面影响，而且严重危及公共安全和社会稳定，同时也反映出相关职能部门在烟花爆竹安全管理方面存在较为严重的问题：

　　一是未严格执行烟花爆竹安全管理规定。为加强烟花爆竹安全管理，预防爆炸事故发生，保障公共安全和人身、财产的安全，相关单位采取了积极的措施。例如，国务院于2006年已出台《烟花爆竹安全管理条例》（2016年修订），重庆市人大常委会早于1997年已审议通过《重庆市燃放烟花爆竹管理条例》，并数次修改以适应行业变化发展，均对加强烟花爆竹安全管理工作作出部署，并提出一系列具体要求。但是，相关规定并没有在贵区得到具体落实，存在制度虚化现象，导致烟花爆竹经营、运输管理混乱。

　　二是落实烟花爆竹安全管理责任不到位。根据有关法律法规规定，非法经营、储存、运输烟花爆竹的，由应急管理（原安全生产监督）、公安、交通等部门依法处理。你区每年也成立了相关领导小组，但有关执法部门仍没有真正担负起烟花爆竹安全管理责任，对非法经营、储存、运输烟花爆竹的行为往往不能及时发现，过度依赖烟花爆竹经营企业的线索提供，客观上给李某某等人提供了"地下执法"的机会。

　　三是落实涉案财物管理责任不到位。根据有关法律、法规规定，应当建立涉案财物的专门台账，对管理的所有涉案财物应当逐一编号，载明案由、来源、保管状态、场所和去向，并将涉案财物纳入执法办案信息系统，对于采取查封、冻结等措施后不在职能部门保管的涉案财物，涉案财物管理人员应当对照有关法律文书当场查验核对、登记入册，并与办案人员共同签名等，确保涉案财物妥善保管、依法处理。但就本案而言，有关执法部门没有尽到管理职责，客观上给李某某私自出售涉案烟花爆竹提供了机会。

鉴于区应急管理局作为烟花爆竹安全管理的主要职能部门，为进一步推动烟花爆竹行业安全规范运行，有效预防和减少该行业违法犯罪的发生，根据有关法律规定和《人民检察院检察建议工作规定》，提出如下检察建议：

一、联合建立烟花爆竹安全管理平台。一是由你局联合区公安局等相关部门开发建立烟花爆竹安全管理平台，打通管理部门之间的信息壁垒；二是在该平台由区应急管理局牵头制定发布统一的烟花爆竹流通台账样式，针对烟花爆竹行业进货、销售渠道可能发生问题的节点有针对性地设置登记事项，下发至各烟花爆竹批发企业填录，并定期对各批发经营企业的流通台账进行汇总，确保贵区烟花爆竹的进入和流出均有据可查；三是将区公安局等部门制发的烟花爆竹运输许可证等相关数据接入该平台，便于相关职能部门进行对比分析，为排查非法经营、运输烟花的行为奠定基础。

二、加强联合执法力度。一是根据烟花爆竹行业的运营规律，由区应急管理局、公安局等相关职能部门科学划定烟花爆竹经营淡旺季、重点区域等，并根据不同时期的运营特点，设定定期巡查和不定期抽查的频率、区域；二是在烟花爆竹安全管理平台设置报案（投诉）模块，并对外公布报案（投诉）方式，由区应急管理局、区公安局等相关职能部门接受相关信息并及时分流处置，确保相关职能部门之间形成联动，形成主动出击和及时受理报案（投诉）相结合的打击模式，加强执法力度，以满足不同时段、关键区域的执法需要。

三、加强涉案财物管理。在烟花爆竹安全管理平台设置涉案烟花爆竹保管模块，由相关职能部门在相应模块填录查处、保管涉案烟花爆竹的相关信息，实现相关数据的共建、共享，强化监管的同时也有利于预防相关领域违法犯罪现象的发生。

四、强化责任追究。建议区应急管理局、区公安局对本区烟花爆竹行业违法、违规问题进行排查，对于存在落实流向登记不力的相关企业和个人及时通知整改，对于存在私自处理涉案烟花爆竹行为的人员，必须及时移送区公安局依法处理。对于区应急管理局、区公安局工作人员失职渎职造成烟花爆竹行业内非法经营、运输、寻衅滋事等违法犯罪行为屡屡发生的，要依法依规予以处分或者移送有关部门查处，督促相关工作人员切实履行烟花爆竹安全管理责任。

　　以上建议请认真研究落实，并在收到建议书后两个月内，向我院书面反馈开展相关工作的情况。

2019 年 12 月 3 日

四川省成都市金堂县人民检察院
检察建议书

川金检建〔20××〕×号

某某县农业农村管理局：

农机在农村的普及和发展，具有极为重要的历史和现实意义。但由于农机主要是为了农田作业和田间运输而设计的，在公路上行驶的稳定性和可靠性均不如汽车，尽管贵局及相关部门做了很大的努力，农机安全事故仍时有发生。2019年以来至今，你县发生四起农机交通肇事刑事案件，其中一起致三人死亡，十人受伤，给人民群众的生命财产带来了巨大损失。安全是人民群众最关心、最直接、最现实的利益问题，一次事故足以毁掉一个家庭的幸福，让一个家庭倾家荡产。因此，有效加强对农机的监管显得尤为重要。我院结合办理农机交通事故案件中发现的农机管理方面的问题，提出以下建议：

一、存在的主要问题和漏洞

（一）农机驾驶资格证管理漏洞。常见的上路行驶的农机为变型拖拉机（以下简称"变拖"），需取得G照的驾驶证。我院办理的冯某某交通肇事案中，冯某某理论考试和路面操作均未实际参与，但最终确取得真实G照的驾驶证，可见农机驾驶资格颁发上存在漏洞。

（二）农机驾驶牌照管理漏洞。尤其是对"变拖"的管理，按照《中华人民共和国道路交通安全法》不属于农机部门管理的车辆，应当尽快移交完毕，严禁超范围发放拖拉机牌证、超范围管理。我院办理的冯某某交通肇事案中，其所驾驶"变拖"的号牌的号段不属于真实号段，系伪造号牌，这反映出农机牌证管理不严。发放的农机号牌和交管部门发放的号牌，因为没有信息共享，公安电子眼识别不了农机号牌车辆，交警也识别不了路面上跑的农机号牌真假，为违法犯罪人员提供可乘之机。一方面，驾驶农机不受路面电子眼管控，存在任意超速、闯灯等违章行为。即使交警路边临检对违章农机进行行政处罚，但因系统不能识别，无法继续对是否整改、是否处理违章进行有效的跟踪监督，开出的罚单变成了一张"废纸"。另一方面，一些商家针对农机牌证全国不联网的漏洞，违法制造倒卖假牌证。

（三）农机驾驶车辆管理漏洞。农用车保有量持续增长，但质量却良莠不齐。据全国统计，由于车辆转向、制动和操纵机件技术状况不良造成事故的约占21%。主要表现在：车型老旧，性能差；修理质量低劣，达不到安全技术要求；保养不及时，检查不细致，带故障行车；违反装载规定，超载超员超高等。有些农户图省钱，设法购买没有丝毫安全系数的报废车辆从事中短途营运，不仅给驾驶者本身带来安全隐患，也给过往行人和车辆构成威胁。我院办理的四起案件中，四个农机均存在不同程度的安全隐患，不符合安全技术标准。其中两个农机依法虽买有保险，并按期年检，但车辆年检却走形式。

（四）农机驾驶人员的培训漏洞。驾驶员的遵章守法和安全行车意识不强以及驾驶操作技能不过关，是造成事故的主要原因。法纪意识淡薄，违反交通规则，只顾经济效益，抱有侥幸心理，酒后驾车、超速行驶、严重超载、病车上路和无牌无证行驶、逆向行驶、快速通过交叉路口，盲目蛮干，有章不循，有法不依。我院办理的曾某某交通肇事案中，撞到行人后车内没有"三脚架"可以摆放，导致被害人被后续车辆二次碾压致死；我院办理的李某某交通肇事案，其明知自己的拖拉机严重超载砂石，仍驾驶车辆左转时抢道，导致与行人发生碰撞及碾压事故。据查，李某某超载行驶并非偶然行为，在乡间拉载砂石已经四年有余，自己也知道早晚会出事，但仍抱有侥幸心理。违章后的农机驾驶人员缺乏监管，更加肆意妄为，安全意识不能得到提高和增强。

二、加强和改进的相关建议

（一）严格落实农机"证、牌、车"管理。一是把好新任驾驶员的报名考试和颁证关。积极联系行政审批管理局，掌握农机驾驶资格颁发情况，对新任驾驶员加强培训，必须保证农机手能熟练掌握有关的基本操作技能。二是把好农业机械的登记注册关。及时安排相关人员协助农机操作人员做好农机的注册登记任务，按照农机登记时应当提交的证明和凭证，严格进行检查。三是把好年检审验关。除收取具有专业资质的机构出具的检测报告外，加强对车辆的审查，根据车辆用途、载客载货数量、使用年限等不同情况，定期进行安全技术检验，避免只收费不检验、只见人不见机和检验走过场等现象。

（二）进一步强化拖拉机安全监管。一是坚决杜绝、严肃查处违规发放"变拖"牌证。要建立"谁核发、谁负责"的终身责任追究机制，对违法违规单位和个人，发现一起查处一起。二是严格规范变型拖拉机存量管理。会同公安部门、行政审批部门切实加强拖拉机源头管理，继续联合开展"变拖"摸底调查工作，对存量"变拖"严格监管，建立信息库，对县域登记的"变拖"做到底数清、情况明。采取地方补贴的方式，加速"变拖"的报废、淘汰。三是加大对变型拖拉机违法违章行为查处。继续会同公安机关持续开展联合治理行动，加强"变拖"源头管理与路面动态监管的有效结合，重点加大对"变拖"假牌假证、超速超载等违法行为的查处力度，全面清理假牌、套牌；大力开展重点农机车辆交通违法"清零"行动，会同公安部门梳理汇总涉及农机车辆的交通违法情况，严格进行处理；加大与公安机关的信息互通，建立信息共享机制，通过安排专人定期获取违章农机情况并适时将报废农机通报给公安机关，严禁该类车辆上路行驶。

（三）增强驾驶人员安全法治意识。加强宣传，采取多种形式，积极向广大农机驾驶员及人民群众做好宣传工作，提高安全生产意识，不购买、不使用"变拖"，逐步禁止"变拖"上路行驶。积极组织开展交通安全宣传教育，营造良好的农机安全监管氛围，全面推进农业机械化安全发展。

以上建议请认真研究，并请将落实建议的情况于收到本检察建议书后两个月内书面回复本院。

2021 年 8 月 9 日

四川省成都市新津县人民检察院
检察建议书

新检刑检建〔20××〕×号

某某县人民政府：

近年来，随着经济发展，城市建设和项目施工的加快，重型自卸车（俗称渣土车）作为建筑货物运输的主力军，在推动经济快速发展的同时，不可避免带来系列问题，如交通违法、环境污染，特别是经常发生致人重大伤亡交通肇事案件，给城乡道路交通安全、社会管理秩序以及人民群众生命财产带来严重威胁，也成为当前社会治理的一个难点，应引起高度重视。为了最大限度地预防和减少重型自卸车交通肇事案件的发生，保障人民群众生命财产安全，我院立足检察职能，参与社会治理，通过对2016年以来案件进行调查分析，根据最高人民检察院《人民检察院检察建议工作规定》的要求，特作出以下检察建议：

一、案件的来源

你县常住人口36万，面积330平方公里，属于川西平原小县。现有在建工地104家，面积580万平方米，其中房地产项目52个，市政基础设施建设项目10个，工业企业在建工地22个，地铁在建项目27公里。辖区内从事建筑垃圾运输企业6家，渣土运输车辆981台，驾驶员1332人。过境重型自卸车辆日均120辆次。成雅成乐高速、大件路等多条道路穿境而过，交通肇事案件时有发生。

2016年以来至今，共发生重型自卸车致人重大伤亡交通肇事案件16起，死亡19人，受伤3人，财产损失50余万元。

对2016—2018年度情况分析如下：

二、依法认定的案件事实

（一）重型自卸车发生致人死亡重大交通事故频率呈现多发、高发态势，且影响较大。虽然2016年和2017年均为3件死亡3人的案件，但是2018年呈现大幅上升，为8件死亡9人，其中1件死亡2人，受伤2人。2019年1月至5月，仍然呈现上升趋势，发生的2件死亡4人案件，其中1件一次性死亡3人，社会影响较大。

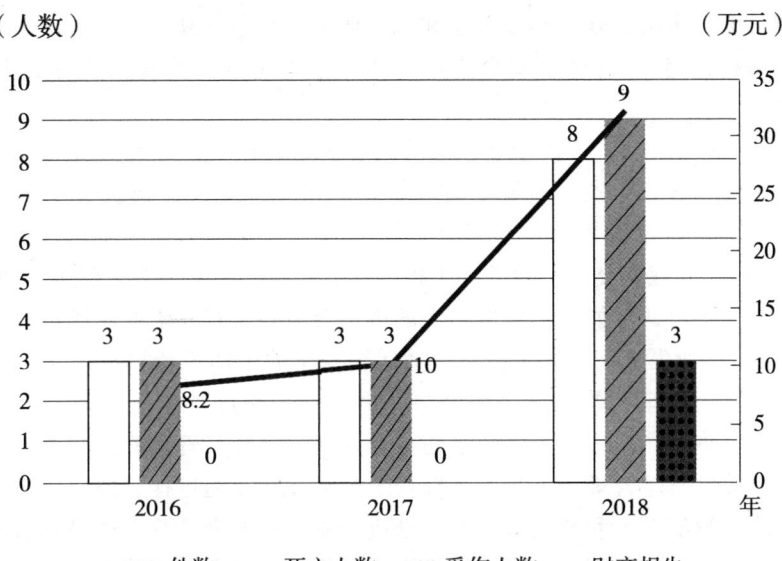

2016—2018年重型自卸车致人重大伤亡交通肇事案件数据图

说明：2019年1月至5月，发生重型自卸车致人死亡案件2件4人（其中1件为死亡3人案件）。

（二）重型自卸车致人死亡16件案件中发生在城乡接合部、工业园区内等人流较少的空旷道路13件，占81.2%；发生在早上和傍晚以及夜间有14件，占87.5%；说明这些时段是交通监督的盲点。16件案件中仅有2件为驾驶员承担次要或者同等责任，其余案件驾驶员均对事故发生承担全部或者主要责任。说明车辆驾驶员过错为主要原因。案件中受害人为老年人、女性、农村较为贫困群体、城镇弱势群体占85.35%。说明此类人员需要提高交通安全意识。

（三）重型自卸车发生交通事故调查中，发现行政机关对超载、超速、加宽、加高等违法行为行政处罚力度较弱；发生交通肇事案件后，执法司法机关对此类案件重在安抚、救济或赔偿，在办案中考虑到赔偿谅解等情节，对犯罪嫌疑人大多采取保候审措施，法院最终也判处缓刑较多。

三、存在的漏洞和隐患

（一）追求利益，安全意识淡薄，经济发展与安全保障相互对立。存在"重发展轻安全、重效益轻民生"现象，出现了经济发展与安全稳定之间的矛盾，在管理上相对滞后，往往停留在事后的处理，忽略了事前的预防和事中的管理。在超载超速管理方面采取执法默许、内部认可等方式，对重型自卸车管理放宽尺度，执法偏软。部分企业和私人业主、货车驾驶员更是为了追求经济暴利"多拉快跑"，忽略了安全生产管理，为发生重大交通安全事故埋下了隐患。

（二）多头管理，推诿扯皮，共治共管机制名存实亡。重型自卸车管理工作涉及"城市建设、交通运输、安全生产、市容环境、交警执法"等诸多领域，管理部门涉及城管局、交警队、交通局、环保局、应急局等多个部门，"九龙治水"的现象突出。缺乏一个以"工作衔接、督促落实、信息共享"为一体的工作平台，没能真正形成强大的震慑合力和共管共治的高压态势。

（三）企业失管，监管失位，交通运输安全的主体责任没有落实。目前重型自卸车（渣土车）均挂靠运输公司，由运输公司进行统一管理，但是只是在形式上交纳挂靠费，而大多数运输企业内部都存在着管理松散的通病，企业依然只重效益、轻管理、重收入、轻安全，运输企业通过挂靠协议把所有的责任和风险转嫁给车主和驾驶员，对自己应当履行的安全监管责任没有认真履行到位。在安全监管方面，不愿意投入人力、物力、财力，不善于采用信息化科技手段。

（四）法律滞后，处理偏软，行政执法与刑事司法衔接联动不够。当前，虽然对重型运输车的执法管理上依据《中华人民共和国道路安全交通法》《中华人民共和国刑法》等相关法律法规，但是公安交警部门、交通运输部门、市容环境部门、环保监管部门力量分散，行政处罚力度较为薄弱，往往对重型自卸车的改装改型、加高加宽、涂号遮号、冲闯红灯、变道侵占、超速超载熟视无睹，即使处置也往往停留在经济处罚上，与重型车所产生的暴利相比，显得轻描淡写，不痛不痒，这也是重型车公然违章，屡禁不止的重要原因。

（五）后果严重，舆论发酵，给政府的维稳处置带来困难。通过调查分析，我们发现重型自卸车发生致人死亡的重大安全事故，发生一次死亡1人的占87.5%，一次死亡2人的占6.25%，一次死亡3人的占6.25%，多次发生车辆倾覆致死多人的惨烈案件，加之现代信息技术的传播加快，经网络媒体传播后发酵，形成社会关注的热点。有的其家属因赔偿问题不断上访各级政府，成为信访的难点。

四、建议的内容及依据

（一）转变观念，统筹兼顾，做到发展和安全两手抓两促进。认真贯彻习近平"安全生产事关人民福祉，事关经济社会发展大局"指示精神，坚持以人民为中心理念，牢固树立发展决不能以牺牲安全为代价的红线意识，道路交通运输以防范和遏制重特大事故为重点，强化源头管控，严格控制辖区内重型自卸车保有量和严格申报审批制度，对一定程度的"加宽加高"等执法默许、内部认可行为予以坚决纠正，强化对运输企业的监管力度，从源头预防和减少重大交通事故发生，最大限度保障人民群众生命财产安全。

（二）完善法律法规，建立顶层设计，形成有效工作合力。为突破当前社会治理瓶颈，按照"目标明确、权责清晰"要求，科学划分职责，进一步明确各部门监管链，建立分工明确、衔接紧密、运输高效的渣土车顶层管理体系，对各部门在安全生产、运营审查、车辆管理等工作进行统筹监管，落实监管责任。将渣土车管理作为日常一项重要的工作纳入考核中，及时通报、限期整改，并由政府对监管工作落实情况进行督导检查，逐步形成以"政府领导，部门协作，社会联动，齐抓共管，综合治理"为抓手的长效管理机制，最大限度形成管理合力，提高管理效能。

（三）加强统筹协调，强化日常监管，落实企业安全主体责任。一是针对渣土车管理"九龙治水"现象，成立"渣土办"类似非常设机构，统筹协调交通、交警、市容、环境等部门，成立一支联合执法队伍，对无证运输建筑垃圾、非法倾倒垃圾、非法改装、路面交通违章严格执法查处。二是加强源头管理。采取"容量控制、申请申报"等制度，从源头上控制车辆的数量。交通局对交通运输企业加强日常监管，采取安全积分制度等多种方式，加强对企业、对车辆的日常监管，对多次违章企业取消经营资格。三是采取信息化手段。通过监控视频联网、重型自卸车安装GPS、安装限速装置、限制重量装置等方式，源头预防路面出现的超速超载、冲闯红灯等违章行为。四是加强重点时段重点区域的监督管理。对于工业园区、城乡接合部以及早晚等容易发生事故的时段，要采取定期或不定期检查，加密监控摄像等方式重点预防。

（四）严格执法司法，加大违法成本，形成高压震慑效果。第一，对于重型自卸车日常的违章违法行为采取经济处罚顶格处罚，该行政拘留的必须拘留；第二，对于利用重型自卸车运输建筑垃圾无证设置道场，非法倾倒建筑垃圾，占用耕地的违法犯罪行为，构成犯罪的，可以按照非法经营罪或非法占用农用地罪处理；第三，对重型自卸车发生重大交通事故构成交通肇事案件的，一律先行刑事拘留，坚决追究刑事责任；第四，对于情节恶劣，影响较大，造成多人死伤的重大交通肇事案件，不仅追究驾驶员刑事责任，还要追究运输企业、车主重大安全责任刑事责任，敲响企业安全责任的警钟；第五，对发生的典型案例要采取以案说法形式，广泛开展法制教育，加强从业人员的管理、监督和法制宣传，达到办理一案，教育一片的效果。

五、被建议单位提出异议的期限

按照最高人民检察院的《检察建议工作规定》，请你单位在七日内提出异议。

六、被建议单位书面回复落实情况

按照最高人民检察院的《检察建议工作规定》，请在收到检察建议书之日起两个月内作出相应处理，并书面回复新津县检察院。

2019 年 7 月 16 日

贵州省黔东南苗族侗族自治州镇远县
人民检察院检察建议书

镇远检建〔20××〕×号

某某市应急管理局：

　　本院在办理杨某某等二十三人犯组织领导参加黑社会性质组织罪等罪一案过程中，发现存在以下问题：

　　一、煤矿企业经营者为了提高生产能力，追求高额利润，违规组织生产，通过行贿手段拉拢腐蚀相关行业部门的国家工作人员为其非法生产提供庇护。

　　二、对安全监管监察工作重视不够，监管执法不到位。在对煤矿的安全生产和安全监督检查存在巡查表面化，监管不到位等问题，对煤矿巡查过程中发现的问题没有及时下发整改通知书或采取有效措施责令发生过安全生产责任事故或者是安全监督检查不过关的煤矿停产、停业整改等行政处罚决定，即使下发整改通知书也未持续跟踪监督、定期回访，使一些不具备安全生产条件、需要停产整顿或取缔关闭的煤矿有恃无恐，矿难频发，严重影响煤炭正常生产经营秩序和健康发展，危害矿上工人的生命安全。

　　三、对煤矿企业《中华人民共和国安全生产法》等法律法规和煤矿安全生产规定的宣传教育不够，对贯彻执行矿山安全法律、法规情况监督检查不够。煤矿从业人员缺少专业的安全生产技能培训，导致煤矿经营者和管理者责任意识淡薄，安全意识差，存在重生产、轻安全的思想，同时存在违章作业、违章指挥的行为。煤矿管理者没有抓好日常安全生产的检查，查找存在的不安全隐患，没有严格执行安全生产的相关规定，导致煤矿安全事故频发。

　　四、煤矿经营管理者为逃避承担事故责任，在发生安全事故时不按事故的真实情况向监管部门报告，甚至谎报、瞒报安全事故，通过少报、低报事故造成的人员伤亡和经济损失企图降低事故等级的认定。

　　为进一步强化安全生产红线意识、加强煤矿安全监察执法，保护矿工生命财产安全，防治和减少煤矿事故发生，促进我州煤矿安全生产形势进一步稳定，根据《中华人民共和国煤炭法》第三十条、第三十二条、第三十三条、第五十三条、第五十四条、第五十六条，《中华人民共和国安全生产法》第十

一条、第六十二条、第八十一条,《人民检察院检察建议工作规定》之规定,特向你单位发出以下检察建议:

一、抓好安全生产方面法律法规的学习。学习习近平总书记关于安全生产的系列重要论述、《中华人民共和国监察法》《中华人民共和国安全生产法》等法律法规,切实提高干部职工的政治地位,教育引导安全监管监察干部、广大煤矿企业员工牢固树立安全生产红线意识,严格守法、履职尽责。

二、加大对煤矿安全监管监察执法力度,对煤矿上的违法行为严厉查处。对矿上的监督检查,要严格监管监察,严格公正廉洁执法,真抓真管,做到监督检查经常化、多样化,实现检查全覆盖。对排查出的隐患,能现场整改的要立即整改,不能整改的根据实际问题分析研究,制定整改措施,做到专人、期限、整改落实,并做好后续的跟踪监督。要深化执法检查,对不具备安全生产条件的企业,坚决责令停产或予以关闭,依法严肃查处非法违法生产行为。

三、组织煤矿经营者进行安全生产培训,也可定期安排专业人员深入矿上对煤矿经营者和管理者责任、矿工开展安全生产讲座、组织矿上人员观看瓦斯爆炸、透水等煤炭事故警示教育片等,及时学习和领会党和国家安全生产方针政策、法律法规、案例通报和上级相关重要文件。把每一次到煤矿的安全监察执法活动当作送法到矿的自觉行动,把安全生产宣传教育寓于监察执法活动中。进一步使矿上人员树牢安全红线意识、细节意识、防范意识、安全意识、责任意识,层层筑牢安全防线,坚决防范煤矿各类事故的发生。

四、组织开展煤矿隐患排查治理,加强排查,消除隐患。结合隐患排查,深入分析制度缺陷、管理漏洞,健全完善制度机制,有效防范隐患重复发生。抓好设备的维护、保养以及检修工作。对排查出的隐患要求及时整改到位,不能保障安全的必须先停产再整改。实现安全生产监管提前预防、提前排查,事前监督、过程监督的目标,把事故消灭在最初的萌芽状态。

五、对煤炭发生伤亡事故的,要严格事故查处,对发生的每一起事故要查清原因、相关责任人员,及时公布处理结果。防止负责人谎报、瞒报企图降低事故等级的情况发生。对于有谎报、瞒报情况发生的,要综合运用法律、经济、行政等手段,依法加大对企业主体责任的追究力度。对涉嫌犯罪的人员,要依法移交司法机关处理。

请你单位在收到检察建议书后一个月内将整改落实情况以书面形式回复本院。

2021 年 8 月 9 日

云南省玉溪市红塔区人民检察院
检察建议书

玉红检行公建〔20××〕×号

某某区交通运输局：

  近期，本院在履行公益监督职能时发现，位于某某区北城街道办事处后所社区策磨线某路段的"T"字型交叉路口存在道路交通安全隐患。为此，本院于近日对该线索受理立案并依法进行了相应的调查。现查明：

  位于某某区北城街道办事处后所社区策磨线某路段的"T"字型交叉路口，该"T"字交叉路口的"l"字型道路是北城街道后所中学学生及后所周边村民过往的主要通道之一，"一"字型道路连接着国道213线，平时来往车辆数量较多。"T"字型交叉路口其中的"l"字型道路的坡度高低起伏较大，并且"T"字路口的左右两旁分别是旁边道路施工搭建的隔离网及大片树木，驾驶员的视野受限，"T"字路口处沿"l"字型道路直行的车辆驾驶员无法较好地辨识沿"一"字型道路行进的来往车辆。如果驾驶员对该路段的路况不熟悉，不注意控制车速，在驶过"T"字型路口时就容易在交叉路口与来往的其他车辆形成冲突，道路交通隐患较大。

  另外，《云南省人民政府2021年挂牌督办安全生产重大隐患名单》中也有该路段，名单指出，该路段隐患基本情况为"策磨线某路段，系'T'型交叉路口，为玉溪市红塔区北城镇后所中学学生及周边村民的主要通道，进出路口存在冲坡、下坡现象，与直行车辆形成冲突点，且主干道车流量大、视距不良，交通事故频发，已造成多起伤亡事故"。

  公路交通作为交通运输体系的重要组成部分，是经济社会持续健康发展的支撑和保障，是基础性、先导性、服务性行业，在当今国民经济发展中发挥着举足轻重的作用，一旦公路交通出现安全问题，将会给在公路上行驶的车辆、公民造成较大安全隐患，也不利于现代化建设和国民经济的健康发展。为加强公路管理，保障公路完好、安全和畅通，《中华人民共和国公路法》《公路安全保护条例》以及《云南省公路路政条例》，强化了政府及有关部门的职责，进一步加强了公路安全与畅通的保障，加强了对公路服务设施的规范和要求，如《中华人民共和国公路法》第八条规定："国务院交通主管部门主管全国公路工作。县级以上地方人民政府交通主管部门主管本行政区域内的公路工作；但是，县级以上地方人民政府交通主管部门对国道、省道的管理、监督职责，由省、自治区、直辖市人民政府确定。"《云南省公路路政条例》第二条规定："本省行政区域内国道、省道、县道、乡道和纳入农村公路规划的村道的公路路政管理和服务，适用本条例。"第四条规定："县级以上人民政府交通运输主管部门主管本行政区域内公路路政管理工作，其负责公路路政管理的机构（以下简称公路路政管理机构）具体承担公路路政管理工作。"

根据上述规定以及《某某区交通运输局职能配置、内设机构和人员编制规定》，你局是红塔区公路路政管理的主管部门，因此，对于某某区北城街道办事处后所社区策磨线某路段的"T"字型交叉路口存在的道路交通安全隐患问题，你局还需进一步履行职责，避免国家和社会公共利益受到侵害。

为进一步减少公路交通运输中存在的安全隐患，保障和促进广大人民群众的出行安全和畅通，维护国家和社会公共利益，根据《中华人民共和国行政诉讼法》第二十五条、《云南省人民代表大会常务委员会关于加强检察机关公益诉讼工作的决定》（"三、检察机关要围绕全省工作中心和大局，依法办理下列领域公益诉讼案件：……（六）安全生产、旅游消费、文物和文化遗产保护、公民个人信息保护、未成年人保护、老年人权益保护以及互联网等领域中侵害国家利益和社会公共利益的公益诉讼案件"），以及《中华人民共和国公路法》《云南省公路路政条例》等相关规定，特向你局提出以下建议：

请进一步履行职责，全面调查和科学分析研判某某区北城街道办事处后所社区策磨线某路段的"T"字型交叉路口存在的道路交通隐患，合理采取将坡度改平、完善交通安全设施或交通信号等措施对该"T"字型交叉路口存在的安全隐患进行整改，更好地保障广大人民群众的出行安全。

如对检察建议书有异议的，请自收到检察建议书之日起十五日内书面提出；如无异议，请将落实情况于收到检察建议书后两个月内书面回复本院。

2021 年 8 月 13 日

西藏自治区林芝地区墨脱县人民检察院
检察建议书

墨检业务行公建〔20××〕×号

某某县应急管理局：

本案在履行行政公益监督职责中发现，你县某加油站在加油机上悬挂微信二维码，加油站严禁使用手机，车主在加油机旁使用手机扫码支付油款，存在重大安全隐患，你局对此疏于履行日常监管职责，存在未依法履职情形，本院依法进行了调查，现查明：

某加油站工作人员将微信支付二维码悬挂在加油机上，工作人员在给车加油时，存在车主在加油机旁通过手机扫描二维码支付油款现象。汽油是一种易挥发性物质，在加油站内，汽油容易挥发形成油气混合物，加油站使用油枪向汽车空油箱加注汽油时，空油箱内的油气分子被挤出，新注入的汽油向空中挥发、加油机口油气密度骤然增加，长时间加油形成危险区，手机作为一种无线电通讯工具，在使用时会产生电磁波功率，当电磁波功率碰撞会产生射频火花，而射频火花与油气混合物相遇时可能会引发爆炸，加油站工作人员违规操作行为，存在重大安全隐患，对不特定人的生命和财产造成了威胁，损害了社会公共利益。

本院认为，根据《中华人民共和国安全生产法》第六十二条规定，安全生产监督管理部门和其他负责安全生产监督管理职责的部门依法开展安全生产行政执法工作，对生产经营单位执行有关安全生产的法律、法规和国家标准或者行业标准进行监督检查。《汽车加油加气站设计与施工规范 GB50516-2012》附录C，加油加气站内爆炸危险区域的等级和范围划分规定，"以加油机中心线为中心，以半径为4.5m（3m）的地面区域"认定为加油机附近爆炸危险区域的2区。《加油站作业安全规范（AQ 3010）》规定，加油站内严禁吸烟，不得使用移动通信工具，易燃易爆区域内严禁使用手机、严禁摄像拍照。《墨脱县应急管理局职能配置、人员编织规定》第三条第一项、第十一项规定：你局依法行使安全生产综合监督管理职权，负有监督管理职责，依法履行不到位，社会公共利益受到侵害，现向你局提出如下检察建议：

一、依法行使安全生产监督管理职责,督促你县区域加油站停止在加油区域内使用手机扫码支付,扫码支付移至加油站办公区域。

二、加强对加油站安全生产的日常监督管理,消除安全隐患。

请于收到本检察建议书后两个月内依法履行职责,并书面回复本院。

2020 年 11 月 30 日

甘肃省白银市景泰县人民检察院
检察建议书

景检建〔20××〕×号

某某县应急管理局：

近期，本院办理了王某某涉嫌重大责任事故案，通过办案发现你局在安全生产监督管理及消防安全管理方面存在以下三个问题，应予以高度重视：一是安全生产监督管理不到位。2019年王某某雇用无特种作业资质的人员在县城繁华地带进行钢结构焊接作业，在二楼扩建三楼钢结构，第一次施工时间为2019年11月7日至17日，第二次施工时间为2019年12月24日至25日，时间间隔长达48日，在此期间内你局未对该施工作业现场进行安全生产检查，履行法定职责不到位。二是消防监督职责落实不到位。王某某在施工作业过程中，将大量易燃保温材料堆在施工现场未进行遮盖等防火处理，施工现场未配备灭火设备，在施工期间，你局未对该施工作业现场进行消防安全检查。三是安全生产、消防安全知识宣传不到位。证据证实，事故发生前某某站在三楼楼梯口看见电焊渣像烟花一样往下掉落，但其没有对二楼堆放的保温板采取有效的防火措施，导致电焊渣从楼梯缝隙中掉落点燃保温材料导致火灾；事故发生时施工作业人员选择的逃生路线错误，事故发生后王某某等人没有及时切断电源就进行泼水灭火。以上说明人民群众防火防灾意识淡薄，也说明你局在防火防灾应急演练及宣传方面有待进一步提升。

为杜绝此类事故再次发生，使本县人民群众的人身、财产安全得到更有效的保障，同时为进一步完善你局监督管理工作机制，根据最高人民检察院《人民检察院检察建议工作规定》第三条第一项之规定，特向你局提出如下检察建议：

一、加强安全生产监督管理。《中华人民共和国安全生产法》第九条规定，县级以上人民政府安全生产监督管理部门负责本行政区域内安全生产综合监督管理，中共某某县委办公室、某某县人民政府办公室关于印发《某某县应急管理局职能配置、内设机构和人员编制规定》第三条第一款第一项规定你局负责全县安全生产综合监督管理工作，建议你局细化并严格落实安全生产监督检查计划，完善安全生产举报制度，拓宽监督检查渠道，依法全面履行安全生产监督检查职责。

二、加强消防管理工作。《中华人民共和国消防法》第四条第一款、第五十二条第二款规定，县级以上地方人民政府应急管理部门对本行政区域内的消防工作实施监督管理，应当有针对性地开展消防安全检查，中共某某县委办公室、某某县人民政府办公室关于印发《某某县应急管理局职能配置、内设机构和人员编制规定》第三条第一款第八项规定，你局负责全县消防管理工作，负责消防监督、火灾预防、火灾扑救等工作，建议你局完善消防安全检查机制、经常性的对全县重点行业、重点单位进行消防安全监督检查，依法全面履行消防监督管理工作。

三、加强安全生产和消防安全宣传，增强人民群众安全生产意识和防火防灾意识。《中华人民共和国安全生产法》第十一条规定，县级以上地方人民政府应急管理部门应当采取多种形式，加强对有关安全生产的法律、法规和安全生产知识的宣传，增强全社会的安全生产意识。《中华人民共和国消防法》第六条第三款规定，应急管理部门及消防救援机构应当加强消防法律、法规的宣传，并督促、指导、协助有关单位做好消防宣传教育工作。因此，建议你局创新宣传方式、方法，经常性的开展消防演练，增强人民群众安全生产、防火防灾意识和技能。

以上建议，请你局研究落实，并在一个月内将有关情况以书面形式函告本院。

2020 年 6 月 19 日

青海省海东市民和县人民检察院
检察建议书

民检建〔20××〕×号

某某县应急管理局：

　　本院在办理刘某某等人涉嫌重大劳动安全事故案时，发现你局作为企业安全生产监管单位，存在疏于监管的问题：

　　经审查，民和县某某工业园区内青海某工贸有限公司在生产经营中存在生产设备没有合格证、安全制度不规范、安全设施未安装、生产条件存在安全隐患、员工操作设备既没有相关证书也没有经过正规培训等一系列漏洞，该企业的安全生产条件和生产设施不符合国家规定，在生产过程中发生了一人死亡的重大事故。

　　根据《中华人民共和国安全生产法》第六十二条规定，安全生产监督管理部门对生产经营单位执行有关安全生产的法律、法规的情况进行监督检查，并行使以下职权：（一）进入生产经营单位进行检查；（二）对检查中发现的安全生产违法行为，予以纠正或要求限期改正；（三）对检查中发现的事故隐患，应当责令立即排除；（四）对有根据认为不符合国家标准或行业标准的设备、器材予以查封、扣押。而你局对青海某工贸有限公司在无任何备案登记、审批手续的情况下从事生产经营活动的行为没有履行有效监督职责，在该企业生产经营过程中未检查出诸多安全隐患、未对事故隐患及时排除或者责令整改。为确保民和县内企业安全生产，保障人民群众的生命财产安全，有效提升责任意识，根据《人民检察院检察建议工作规定》第三条规定，特向你局制发如下检察建议：

　　一、突出源头管理，强化监管执法。严格落实安全生产"三同时"审查制度，把好企业建设项目特别是高危行业及重点项目的安全准入关。加大执法检查力度，对违法从事生产经营的企业进行严厉查处，对存在安全隐患的企业及时整改、补救，尤其是对设备老化、"带病运行"的企业重点整治并加大安全生产投入力度，提升企业"硬件水平"，从源头上控制安全隐患。

　　二、增强安全监管职责。完善安全生产职责制度，突出安全生产监督检查重点，提高监督检查执法质量。充分发挥群众、媒体等外部监督作用，督促企业负责人履行主体责任，依法规范安全生产秩序。因企业生产过程中违反安全管理规定而发生安全事故的，依照《中华人民共和国行政处罚法》《中华人民共和国安全生产法》《安全生产违法行为行政处罚办法》相关规定，对企业责任人员作出相应的行政处罚措施予以惩戒。

三、加强部门协调配合，联合工商、质检、市监等行政执法单位开展安全检查专项活动，进一步发挥部门联合执法优势，建立联合执法长效机制，形成齐抓共管的工作合力。

四、抓好宣传培训。组织开展安全生产法律法规的宣传教育活动，宣传深入到村、社区、企业，将安全意识深入人心。同时，切实抓好各类人员的安全培训工作，提高安全操作技能。

请在收到检察建议书两个月内将处理结果书面函告我院。

2021 年 4 月 16 日

宁夏回族自治区中卫市沙坡头区人民检察院
检察建议书

卫沙检建〔20××〕×号

宁夏某工业园区管理委员会：

　　企业安全生产关系人民群众的生命财产安全，关系企业和地方经济健康有序发展和社会稳定大局。自2017年1月至2021年4月，本院共办理重大责任安全事故案件16件31人，涉及企业14家，死亡人数30人，受伤人数18人。其中2017年2件，2018年1件，2019年3件，2020年6件，2021年1月至4月已办理4件。重大责任事故案件持续上升，严重影响企业发展和人民生命财产安全。经调查，涉案企业在生产经营中存在以下问题：

　　一是生产经营企业本应贯彻执行的安全生产法律、法规和标准规程没有严格依法执行；二是生产经营单位应制止和纠正违章指挥、强令冒险作业、违法操作规程的行为而没有依法及时制止、纠正；三是对作业中存在的安全风险和隐患没有及时排查治理导致在生产作业中发生事故；四是对应当取得特种作业人员资格后方可上岗的作业人员没有及时检查资格证件导致特种作业人员无证上岗；五是日常安全培训以及安全生产的监督检查和专项整治效果不好。这些问题的存在，既损害企业职工和人民生命财产安全，又给地方经济持续健康发展带来极大隐患。

　　根据《中华人民共和国安全生产法》及相关法律法规的规定，生产经营单位应制止和纠正违章指挥、强令冒险作业、违法操作规程的行为；生产经营单位的特种作业人员必须按照国家有关规定经专门的安全作业培训，取得相应资格，方可上岗作业；生产经营单位应当建立健全生产安全事故隐患排查治理制度，采取技术、管理措施，及时发现并消除事故隐患。负有安全生产监督管理职责的部门应当建立健全重大事故隐患治理督办制度，督促生产经营单位消除重大事故隐患。生产经营单位不得将生产经营项目、场所、设备发包或者出租给不具备安全生产条件或者相应资质的单位和个人。

　　鉴于你单位为企业安全生产监督检查管理机关，为进一步规范企业安全生产工作，防止和减少生产安全事故发生，切实保障人民群众生命和财产安全，促进地方经济持续健康发展，根据《人民检察院检察建议工作规定》第十一条第二款之规定，提出如下建议：

一是制订监督检查计划，分类分级对生产经营单位进行监督检查。对存在问题的企业和问题登记造册，限期整改。期限届满后及时跟踪回访，并严格依法依规依行业标准验收，对拒不改正的依法处罚。对依法处罚后仍然不整改，移送相关机关处理。减少并杜绝因违规指挥、违法操作而发生安全生产事故。

二是启动安全生产专项监督检查大整治活动，彻底排查园区内生产经营单位存在的安全隐患问题。进一步强化企业的安全监督管理。要求企业按照《中华人民共和国安全生产法》等相关法律的要求，建立健全企业的安全生产事故隐患排查治理制度，采取技术、管理措施，及时发现并消除隐患。

三是实行特殊岗位、工种和人员备案登记手续，对园区内特殊作业人员动态管理。开展大排查大起底行动，要求生产经营企业依法上报相关人员信息，实行资质审核制度。例如，特殊作业的外包业务及时开展对方资质的备案审查。杜绝因资格不够、资质不达标出现的安全生产责任事故。

四是加强对全区内企业及工人的生产安全责任培训，加大法治宣传力度，以案说法，以案示警，提高职工的安全意识和法律意识。企业安全培训时可以派员在场监督指导，确保安全培训实质化开展，务求提高安全培训质效。对园区内企业开展不定期走访，实地查看操作安全落实工作，促使安全生产意识入脑入心。

你单位管辖企业较多、行业范围广，在督促整改的基础上，建议形成监管工作长效机制，开展有针对性的防范工作。检察机关将积极配合你单位做好相关工作，共同推进本地经济的繁荣发展。

以上建议，请你单位根据实际情况认真研究落实。若有异议，在收到本建议书后十个工作日内可向本院提出；若无异议，请在收到建议书后两个月内，将落实情况书面函告本院。

2021 年 6 月 1 日

新疆维吾尔自治区克拉玛依市
独山子区人民检察院检察建议书

克市独区检建〔20××〕×号

某石油天然气股份有限公司某石化分公司：

本院在履行检察职责中发现，你公司在劳保用品采购和劳保用品入库管理过程中，因制度落实不到位，产品入库管理不规范，致使不法供应商有机可乘，用无任何商标标识的产品冒充知名品牌的产品供应给石化公司，时间长达一年半之久，给石化公司生产作业埋下了安全隐患，严重损害了国家利益。本院依法进行了调查。现查明：

2017年10月24日，唐某作为新疆某公司的法定代表人与某石油天然气股份有限公司某石化分公司（以下简称某石化公司）签订框架协议。协议约定，由新疆某公司向某石化公司供应"代某塔"牌抗静电单服。协议签订后，新疆某公司的法定代表人唐某为牟取非法利益，在未取得"代某塔"公司生产授权的情况下，组织生产仿冒的"代某塔"抗静电单服，并按照某石化公司的订单需求进行供货。2019年7月，某区市场监督管理局工作人员在新疆某公司库房内查扣挂有"代某塔"商标的抗静电单服215套，价值52950.2元，"代某塔"牌型号为405311的产品合格证吊牌7盒3113张，未挂任何商标的抗静电单服1340套。经鉴定，查扣的抗静电单服的防静电性能达到国家防静电标准。另查明，唐某从2018年4月至案发陆续以"代某塔"牌名义向某石化分公司销售未贴有"代某塔"商标抗静电单服3277套，总价值80.7万元。2021年2月25日，克拉玛依市独山子区人民法院以假冒注册商标罪判处唐某有期徒刑一年，缓刑一年，罚金5万元。

本院在办理该案过程中，发现某石化公司在制度管理方面存在不规范的情形，主要表现在：

一、劳保用品采购环节未严格把关。某石化公司与新疆某公司签订"代某塔"牌型号为405311的抗静电单服的购销协议日期为2017年10月24日。而根据"代某塔"公司向侦查机关出具的《情况说明》中载明，该公司生产的"代某塔"牌抗静电单服（产品型号为405311）已于2016年停产，2017

年产品目录中已无此款产品信息。某石化公司在签订采购合同之前并未进行全面的市场调研,将已经停产近两年的"代某塔"抗静电单服仍列为采购对象,采购部门对所采购的产品相关信息并不了解掌握,采购环节未严格把关。

二、入库管理存在漏洞。"代某塔"牌抗静电单服入库检验过程中,制度落实不到位,管理不规范。新疆某公司供应的仿冒的"代某塔"牌抗静电单服入库查验时,无论是某石化公司总库还是作为接收直达料的公司各车间,在验收时均未对该入库产品的名称、型号、是否合格进行查验,而是仅核对数量后即入库,导致新疆某公司生产的3277套未佩贴任何商标的仿冒"代某塔"牌抗静电单服(无产品合格证)顺利进入某石化公司总库和各生产车间,并用于日常生产工作。

本院认为,根据《中华人民共和国企业国有资产法》第十条规定,国有资产受法律保护,任何单位和个人不得侵害。第十七条规定,国家出资企业从事经营活动,应当遵守法律、行政法规,加强经营管理,提高经济效益,接受人民政府及其有关部门、机构依法实施的管理和监督,接受社会公众的监督,承担社会责任,对出资人负责。国家出资企业应当依法建立和完善法人治理结构,建立健全内部监督管理和风险控制制度。第三十六条规定,国家出资企业投资应当符合国家产业政策,并按照国家规定进行可行性研究;与他人交易应当公平、有偿,取得合理对价。国有财产是国家利益的重要组成部分,在国家政治、经济和社会生活中占有重要地位,在推动国家经济社会发展、保障改善民生、保护生态环境等方面发挥着重要作用。某石化公司作为集炼油化工于一体的世界级规模企业,在劳保用品的采购环节和劳保用品入库检验环节管理存在漏洞,经营管理存在不规范的情形,致使不法供应商有机可乘,将3277套无任何商标标识的抗静电单服(总价值80.7万元)全部以"代某塔"牌抗静电单服的名义销售给某石化公司,并顺利进入公司总库或直达库,下发给职工用于生产作业。某石化公司按照框架协议的约定按期足额向新疆某公司支付了"代某塔"牌抗静电单服的货款,但新疆某公司却未按照框架协议提供产品,而是将自己仿冒的产品提供给某石化公司,违反了合同约定。某石化公司采购该抗静电单服主要用于石化公司生产作业中的检修工作,系在特殊环境下使用的防护服,以保证操作人员的人身安全和生产安全。如果该产品质量不符合相关规定标准,则可能会给石化公司生产作业带来严重的安全隐患。

为进一步提高国有企业的监督管理能力,堵塞制度漏洞,规范企业管理,避免类似情形再次发生,根据《人民检察院检察建议工作规定》第三条、第十一条的规定,向你公司提出如下检察建议:

一、完善采购环节和入库环节的监督管理制度,了解掌握采购产品的相关信息，对采购的产品严格审核；对入库产品把好质量关，严格按照入库规范查验后方能入库。

二、加强采购部门和库房管理人员培训力度，强化相关人员的生产安全意识和责任意识，对制度落实不到位的严格追责。

三、新疆某公司未按照框架协议要求提供产品，违反协议条款构成违约，为保护国有企业利益，应当追究新疆某公司的违约责任。

四、鉴于新疆某公司法定代表人在案发后能够积极认罪悔罪、涉案服装符合技术标准，且该公司为我区具有一定影响力的民营企业，多年来给当地经济发展贡献了一定力量。根据最高人民检察院下发的《关于充分发挥检察职能服务保障"六稳""六保"的意见》精神，在办案中要深刻体现"六稳""六保"就是稳就业、保就业，关键就是保企业，努力落实让企业"活下来""经营得好"的目标，检察机关在实际办案中，对认罪认罚的企业应充分考虑"保就业岗位"的因素。故希望你公司在充分维护自身权益的同时，能够继续保持和新疆某公司的业务往来，以助力我区经济持续良性发展。

请于收到本检察建议书后两个月内依法办理，并将办理情况及时书面回复本院。

2021 年 4 月 12 日

四、办理危害生产安全刑事案件相关法律规定

中华人民共和国刑法（节录）

发布日期：1979 年 7 月 1 日　修改日期：2020 年 12 月 26 日
实施日期：2021 年 3 月 1 日　中华人民共和国主席令第 66 号

第一百三十一条【重大飞行事故罪】航空人员违反规章制度，致使发生重大飞行事故，造成严重后果的，处三年以下有期徒刑或者拘役；造成飞机坠毁或者人员死亡的，处三年以上七年以下有期徒刑。

第一百三十二条【铁路运营安全事故罪】铁路职工违反规章制度，致使发生铁路运营安全事故，造成严重后果的，处三年以下有期徒刑或者拘役；造成特别严重后果的，处三年以上七年以下有期徒刑。

第一百三十三条【交通肇事罪】违反交通运输管理法规，因而发生重大事故，致人重伤、死亡或者使公私财产遭受重大损失的，处三年以下有期徒刑或者拘役；交通运输肇事后逃逸或者有其他特别恶劣情节的，处三年以上七年以下有期徒刑；因逃逸致人死亡的，处七年以上有期徒刑。

第一百三十三条之一【危险驾驶罪】在道路上驾驶机动车，有下列情形之一的，处拘役，并处罚金：

（一）追逐竞驶，情节恶劣的；
（二）醉酒驾驶机动车的；
（三）从事校车业务或者旅客运输、严重超过额定乘员载客，或者严重超过规定时速行驶的；
（四）违反危险化学品安全管理规定运输危险化学品，危及公共安全的。

机动车所有人、管理人对前款第三项、第四项行为负有直接责任的，依照前款的规定处罚。

有前两款行为，同时构成其他犯罪的，依照处罚较重的规定定罪处罚。

第一百三十三条之二【妨害安全驾驶罪】对行驶中的公共交通工具的驾驶人员使用暴力或者抢控驾驶操纵装置，干扰公共交通工具正常行驶，危及公共安全的，处一年以下有期徒刑、拘役或者管制，并处或者单处罚金。

前款规定的驾驶人员在行驶的公共交通工具上擅离职守，与他人互殴或者殴打他人，危及公共安全的，依照前款的规定处罚。

有前两款行为，同时构成其他犯罪的，依照处罚较重的规定定罪处罚。

第一百三十四条【重大责任事故罪】在生产、作业中违反有关安全管理的规定，因而发生重大伤亡事故或者造成其他严重后果的，处三年以下有期徒刑或者拘役；情节特别恶劣的,处三年以上七年以下有期徒刑。

【强令、组织他人违章冒险作业罪】强令他人违章冒险作业,或者明知存在重大事故隐患而不排除,仍冒险组织作业,因而发生重大伤亡事故或者造成其他严重后果的,处五年以下有期徒刑或者拘役;情节特别恶劣的,处五年以上有期徒刑。

第一百三十四条之一 【危险作业罪】在生产、作业中违反有关安全管理的规定,有下列情形之一,具有发生重大伤亡事故或者其他严重后果的现实危险的,处一年以下有期徒刑、拘役或者管制:

(一)关闭、破坏直接关系生产安全的监控、报警、防护、救生设备、设施,或者篡改、隐瞒、销毁其相关数据、信息的;

(二)因存在重大事故隐患被依法责令停产停业、停止施工、停止使用有关设备、设施、场所或者立即采取排除危险的整改措施,而拒不执行的;

(三)涉及安全生产的事项未经依法批准或者许可,擅自从事矿山开采、金属冶炼、建筑施工,以及危险物品生产、经营、储存等高度危险的生产作业活动的。

第一百三十五条 【重大劳动安全事故罪】安全生产设施或者安全生产条件不符合国家规定,因而发生重大伤亡事故或者造成其他严重后果的,对直接负责的主管人员和其他直接责任人员,处三年以下有期徒刑或者拘役;情节特别恶劣的,处三年以上七年以下有期徒刑。

第一百三十五条之一 【大型群众性活动重大安全事故罪】举办大型群众性活动违反安全管理规定,因而发生重大伤亡事故或者造成其他严重后果的,对直接负责的主管人员和其他直接责任人员,处三年以下有期徒刑或者拘役;情节特别恶劣的,处三年以上七年以下有期徒刑。

第一百三十六条 【危险物品肇事罪】违反爆炸性、易燃性、放射性、毒害性、腐蚀性物品的管理规定,在生产、储存、运输、使用中发生重大事故,造成严重后果的,处三年以下有期徒刑或者拘役;后果特别严重的,处三年以上七年以下有期徒刑。

第一百三十七条 【工程重大安全事故罪】建设单位、设计单位、施工单位、工程监理单位违反国家规定,降低工程质量标准,造成重大安全事故的,对直接责任人员,处五年以下有期徒刑或者拘役,并处罚金;后果特别严重的,处五年以上十年以下有期徒刑,并处罚金。

第一百三十八条 【教育设施重大安全事故罪】明知校舍或者教育教学设施有危险,而不采取措施或者不及时报告,致使发生重大伤亡事故的,对直接责任人员,处三年以下有期徒刑或者拘役;后果特别严重的,处三年以上七年以下有期徒刑。

第一百三十九条 【消防责任事故罪】违反消防管理法规,经消防监督机构通知采取改正措施而拒绝执行,造成严重后果的,对直接责任人员,处三年以下有期徒刑或者拘役;后果特别严重的,处三年以上七年以下有期徒刑。

第一百三十九条之一 【不报、谎报安全事故罪】在安全事故发生后,负有报告职责的人员不报或者谎报事故情况,贻误事故抢救,情节严重的,处三年以下有期徒刑或者拘役;情节特别严重的,处三年以上七年以下有期徒刑。

第二百七十七条【妨害公务罪】以暴力、威胁方法阻碍国家机关工作人员依法执行职务的，处三年以下有期徒刑、拘役、管制或者罚金。

以暴力、威胁方法阻碍全国人民代表大会和地方各级人民代表大会代表依法执行代表职务的，依照前款的规定处罚。

在自然灾害和突发事件中，以暴力、威胁方法阻碍红十字会工作人员依法履行职责的，依照第一款的规定处罚。

故意阻碍国家安全机关、公安机关依法执行国家安全工作任务，未使用暴力、威胁方法，造成严重后果的，依照第一款的规定处罚。

【袭警罪】暴力袭击正在依法执行职务的人民警察的，处三年以下有期徒刑、拘役或者管制；使用枪支、管制刀具，或者以驾驶机动车撞击等手段，严重危及其人身安全的，处三年以上七年以下有期徒刑。

第三百九十七条【滥用职权罪】【玩忽职守罪】国家机关工作人员滥用职权或者玩忽职守，致使公共财产、国家和人民利益遭受重大损失的，处三年以下有期徒刑或者拘役；情节特别严重的，处三年以上七年以下有期徒刑。本法另有规定的，依照规定。

国家机关工作人员徇私舞弊，犯前款罪的，处五年以下有期徒刑或者拘役；情节特别严重的，处五年以上十年以下有期徒刑。本法另有规定的，依照规定。

中华人民共和国安全生产法

发布日期：2002年6月29日
修改日期：2021年6月10日　实施日期：2021年9月1日
中华人民共和国主席令第88号

第一章　总　则

第一条　为了加强安全生产工作，防止和减少生产安全事故，保障人民群众生命和财产安全，促进经济社会持续健康发展，制定本法。

第二条　在中华人民共和国领域内从事生产经营活动的单位（以下统称生产经营单位）的安全生产，适用本法；有关法律、行政法规对消防安全和道路交通安全、铁路交通安全、水上交通安全、民用航空安全以及核与辐射安全、特种设备安全另有规定的，适用其规定。

第三条　安全生产工作坚持中国共产党的领导。

安全生产工作应当以人为本，坚持人民至上、生命至上，把保护人民生命安全摆在首位，树牢安全发展理念，坚持安全第一、预防为主、综合治理的方针，从源头上防范化解重大安全风险。

安全生产工作实行管行业必须管安全、管业务必须管安全、管生产经营必须管安全，强化和落实生产经营单位主体责任与政府监管责任，建立生产经营单位负责、职工参与、政府监管、行业自律和社会监督的机制。

第四条　生产经营单位必须遵守本法和其他有关安全生产的法律、法规，加强安全生产管理，建立健全全员安全生产责任制和安全生产规章制度，加大对安全生产资金、物资、技术、人员的投入保障力度，改善安全生产条件，加强安全生产标准化、信息化建设，构建安全风险分级管控和隐患排查治理双重预防机制，健全风险防范化解机制，提高安全生产水平，确保安全生产。

平台经济等新兴行业、领域的生产经营单位应当根据本行业、领域的特点，建立健全并落实全员安全生产责任制，加强从业人员安全生产教育和培训，履行本法和其他法律、法规规定的有关安全生产义务。

第五条　生产经营单位的主要负责人是本单位安全生产第一责任人，对本单位的安全生产工作全面负责。其他负责人对职责范围内的安全生产工作负责。

第六条　生产经营单位的从业人员有依法获得安全生产保障的权利，并应当依法履行安全生产方面的义务。

第七条 工会依法对安全生产工作进行监督。

生产经营单位的工会依法组织职工参加本单位安全生产工作的民主管理和民主监督，维护职工在安全生产方面的合法权益。生产经营单位制定或者修改有关安全生产的规章制度，应当听取工会的意见。

第八条 国务院和县级以上地方各级人民政府应当根据国民经济和社会发展规划制定安全生产规划，并组织实施。安全生产规划应当与国土空间规划等相关规划相衔接。

各级人民政府应当加强安全生产基础设施建设和安全生产监管能力建设，所需经费列入本级预算。

县级以上地方各级人民政府应当组织有关部门建立完善安全风险评估与论证机制，按照安全风险管控要求，进行产业规划和空间布局，并对位置相邻、行业相近、业态相似的生产经营单位实施重大安全风险联防联控。

第九条 国务院和县级以上地方各级人民政府应当加强对安全生产工作的领导，建立健全安全生产工作协调机制，支持、督促各有关部门依法履行安全生产监督管理职责，及时协调、解决安全生产监督管理中存在的重大问题。

乡镇人民政府和街道办事处，以及开发区、工业园区、港区、风景区等应当明确负责安全生产监督管理的有关工作机构及其职责，加强安全生产监管力量建设，按照职责对本行政区域或者管理区域内生产经营单位安全生产状况进行监督检查，协助人民政府有关部门或者按照授权依法履行安全生产监督管理职责。

第十条 国务院应急管理部门依照本法，对全国安全生产工作实施综合监督管理；县级以上地方各级人民政府应急管理部门依照本法，对本行政区域内安全生产工作实施综合监督管理。

国务院交通运输、住房和城乡建设、水利、民航等有关部门依照本法和其他有关法律、行政法规的规定，在各自的职责范围内对有关行业、领域的安全生产工作实施监督管理；县级以上地方各级人民政府有关部门依照本法和其他有关法律、法规的规定，在各自的职责范围内对有关行业、领域的安全生产工作实施监督管理。对新兴行业、领域的安全生产监督管理职责不明确的，由县级以上地方各级人民政府按照业务相近的原则确定监督管理部门。

应急管理部门和对有关行业、领域的安全生产工作实施监督管理的部门，统称负有安全生产监督管理职责的部门。负有安全生产监督管理职责的部门应当相互配合、齐抓共管、信息共享、资源共用，依法加强安全生产监督管理工作。

第十一条 国务院有关部门应当按照保障安全生产的要求，依法及时制定有关的国家标准或者行业标准，并根据科技进步和经济发展适时修订。

生产经营单位必须执行依法制定的保障安全生产的国家标准或者行业标准。

第十二条 国务院有关部门按照职责分工负责安全生产强制性国家标准的项目提出、组织起草、征求意见、技术审查。国务院应急管理部门统筹提出安全生产强制性国家标准的立项计划。国务院标准化行政主管部门负责安全生产强制性国家标准的立项、编号、对外通报和授权批准发布工作。国务院标准化行政主管部门、有关部门依据法定职责对安全生产强制性国家标准的实施进行监督检查。

第十三条 各级人民政府及其有关部门应当采取多种形式,加强对有关安全生产的法律、法规和安全生产知识的宣传,增强全社会的安全生产意识。

第十四条 有关协会组织依照法律、行政法规和章程,为生产经营单位提供安全生产方面的信息、培训等服务,发挥自律作用,促进生产经营单位加强安全生产管理。

第十五条 依法设立的为安全生产提供技术、管理服务的机构,依照法律、行政法规和执业准则,接受生产经营单位的委托为其安全生产工作提供技术、管理服务。

生产经营单位委托前款规定的机构提供安全生产技术、管理服务的,保证安全生产的责任仍由本单位负责。

第十六条 国家实行生产安全事故责任追究制度,依照本法和有关法律、法规的规定,追究生产安全事故责任单位和责任人员的法律责任。

第十七条 县级以上各级人民政府应当组织负有安全生产监督管理职责的部门依法编制安全生产权力和责任清单,公开并接受社会监督。

第十八条 国家鼓励和支持安全生产科学技术研究和安全生产先进技术的推广应用,提高安全生产水平。

第十九条 国家对在改善安全生产条件、防止生产安全事故、参加抢险救护等方面取得显著成绩的单位和个人,给予奖励。

第二章 生产经营单位的安全生产保障

第二十条 生产经营单位应当具备本法和有关法律、行政法规和国家标准或者行业标准规定的安全生产条件;不具备安全生产条件的,不得从事生产经营活动。

第二十一条 生产经营单位的主要负责人对本单位安全生产工作负有下列职责:

(一)建立健全并落实本单位全员安全生产责任制,加强安全生产标准化建设;

(二)组织制定并实施本单位安全生产规章制度和操作规程;

(三)组织制定并实施本单位安全生产教育和培训计划;

(四)保证本单位安全生产投入的有效实施;

(五)组织建立并落实安全风险分级管控和隐患排查治理双重预防工作机制,督促、检查本单位的安全生产工作,及时消除生产安全事故隐患;

(六)组织制定并实施本单位的生产安全事故应急救援预案;

(七)及时、如实报告生产安全事故。

第二十二条 生产经营单位的全员安全生产责任制应当明确各岗位的责任人员、责任范围和考核标准等内容。

生产经营单位应当建立相应的机制,加强对全员安全生产责任制落实情况的监督考核,保证全员安全生产责任制的落实。

第二十三条 生产经营单位应当具备的安全生产条件所必需的资金投入,由生产经营单位的决策机构、主要负责人或者个人经营的投资人予以保证，并对由于安全生产所必需的资金投入不足导致的后果承担责任。

有关生产经营单位应当按照规定提取和使用安全生产费用，专门用于改善安全生产条件。安全生产费用在成本中据实列支。安全生产费用提取、使用和监督管理的具体办法由国务院财政部门会同国务院应急管理部门征求国务院有关部门意见后制定。

第二十四条 矿山、金属冶炼、建筑施工、运输单位和危险物品的生产、经营、储存、装卸单位，应当设置安全生产管理机构或者配备专职安全生产管理人员。

前款规定以外的其他生产经营单位，从业人员超过一百人的，应当设置安全生产管理机构或者配备专职安全生产管理人员；从业人员在一百人以下的，应当配备专职或者兼职的安全生产管理人员。

第二十五条 生产经营单位的安全生产管理机构以及安全生产管理人员履行下列职责：

（一）组织或者参与拟订本单位安全生产规章制度、操作规程和生产安全事故应急救援预案；

（二）组织或者参与本单位安全生产教育和培训，如实记录安全生产教育和培训情况；

（三）组织开展危险源辨识和评估，督促落实本单位重大危险源的安全管理措施；

（四）组织或者参与本单位应急救援演练；

（五）检查本单位的安全生产状况，及时排查生产安全事故隐患，提出改进安全生产管理的建议；

（六）制止和纠正违章指挥、强令冒险作业、违反操作规程的行为；

（七）督促落实本单位安全生产整改措施。

生产经营单位可以设置专职安全生产分管负责人，协助本单位主要负责人履行安全生产管理职责。

第二十六条 生产经营单位的安全生产管理机构以及安全生产管理人员应当恪尽职守，依法履行职责。

生产经营单位作出涉及安全生产的经营决策，应当听取安全生产管理机构以及安全生产管理人员的意见。

生产经营单位不得因安全生产管理人员依法履行职责而降低其工资、福利等待遇或者解除与其订立的劳动合同。

危险物品的生产、储存单位以及矿山、金属冶炼单位的安全生产管理人员的任免，应当告知主管的负有安全生产监督管理职责的部门。

第二十七条 生产经营单位的主要负责人和安全生产管理人员必须具备与本单位所从事的生产经营活动相应的安全生产知识和管理能力。

危险物品的生产、经营、储存、装卸单位以及矿山、金属冶炼、建筑施工、运输单位的主要负责人和安全生产管理人员，应当由主管的负有安全生产监督管理职责的部门对其安全生产知识和管理能力考核合格。考核不得收费。

危险物品的生产、储存、装卸单位以及矿山、金属冶炼单位应当有注册安全工程师从事安全生产管理工作。鼓励其他生产经营单位聘用注册安全工程师从事安全生产管理工作。

注册安全工程师按专业分类管理,具体办法由国务院人力资源和社会保障部门、国务院应急管理部门会同国务院有关部门制定。

第二十八条 生产经营单位应当对从业人员进行安全生产教育和培训,保证从业人员具备必要的安全生产知识,熟悉有关的安全生产规章制度和安全操作规程,掌握本岗位的安全操作技能,了解事故应急处理措施,知悉自身在安全生产方面的权利和义务。未经安全生产教育和培训合格的从业人员,不得上岗作业。

生产经营单位使用被派遣劳动者的,应当将被派遣劳动者纳入本单位从业人员统一管理,对被派遣劳动者进行岗位安全操作规程和安全操作技能的教育和培训。劳务派遣单位应当对被派遣劳动者进行必要的安全生产教育和培训。

生产经营单位接收中等职业学校、高等学校学生实习的,应当对实习学生进行相应的安全生产教育和培训,提供必要的劳动防护用品。学校应当协助生产经营单位对实习学生进行安全生产教育和培训。

生产经营单位应当建立安全生产教育和培训档案,如实记录安全生产教育和培训的时间、内容、参加人员以及考核结果等情况。

第二十九条 生产经营单位采用新工艺、新技术、新材料或者使用新设备,必须了解、掌握其安全技术特性,采取有效的安全防护措施,并对从业人员进行专门的安全生产教育和培训。

第三十条 生产经营单位的特种作业人员必须按照国家有关规定经专门的安全作业培训,取得相应资格,方可上岗作业。

特种作业人员的范围由国务院应急管理部门会同国务院有关部门确定。

第三十一条 生产经营单位新建、改建、扩建工程项目(以下统称建设项目)的安全设施,必须与主体工程同时设计、同时施工、同时投入生产和使用。安全设施投资应当纳入建设项目概算。

第三十二条 矿山、金属冶炼建设项目和用于生产、储存、装卸危险物品的建设项目,应当按照国家有关规定进行安全评价。

第三十三条 建设项目安全设施的设计人、设计单位应当对安全设施设计负责。

矿山、金属冶炼建设项目和用于生产、储存、装卸危险物品的建设项目的安全设施设计应当按照国家有关规定报经有关部门审查,审查部门及其负责审查的人员对审查结果负责。

第三十四条 矿山、金属冶炼建设项目和用于生产、储存、装卸危险物品的建设项目的施工单位必须按照批准的安全设施设计施工,并对安全设施的工程质量负责。

矿山、金属冶炼建设项目和用于生产、储存、装卸危险物品的建设项目竣工投入生产或者使用前,应当由建设单位负责组织对安全设施进行验收;验收合格后,方可投入生产和使用。负有安全生产监督管理职责的部门应当加强对建设单位验收活动和验收结果的监督核查。

第三十五条 生产经营单位应当在有较大危险因素的生产经营场所和有关设施、设备上,设置明显的安全警示标志。

第三十六条 安全设备的设计、制造、安装、使用、检测、维修、改造和报废，应当符合国家标准或者行业标准。

生产经营单位必须对安全设备进行经常性维护、保养，并定期检测，保证正常运转。维护、保养、检测应当作好记录，并由有关人员签字。

生产经营单位不得关闭、破坏直接关系生产安全的监控、报警、防护、救生设备、设施，或者篡改、隐瞒、销毁其相关数据、信息。

餐饮等行业的生产经营单位使用燃气的，应当安装可燃气体报警装置，并保障其正常使用。

第三十七条 生产经营单位使用的危险物品的容器、运输工具，以及涉及人身安全、危险性较大的海洋石油开采特种设备和矿山井下特种设备，必须按照国家有关规定，由专业生产单位生产，并经具有专业资质的检测、检验机构检测、检验合格，取得安全使用证或者安全标志，方可投入使用。检测、检验机构对检测、检验结果负责。

第三十八条 国家对严重危及生产安全的工艺、设备实行淘汰制度，具体目录由国务院应急管理部门会同国务院有关部门制定并公布。法律、行政法规对目录的制定另有规定的，适用其规定。

省、自治区、直辖市人民政府可以根据本地区实际情况制定并公布具体目录，对前款规定以外的危及生产安全的工艺、设备予以淘汰。

生产经营单位不得使用应当淘汰的危及生产安全的工艺、设备。

第三十九条 生产、经营、运输、储存、使用危险物品或者处置废弃危险物品的，由有关主管部门依照有关法律、法规的规定和国家标准或者行业标准审批并实施监督管理。

生产经营单位生产、经营、运输、储存、使用危险物品或者处置废弃危险物品，必须执行有关法律、法规和国家标准或者行业标准，建立专门的安全管理制度，采取可靠的安全措施，接受有关主管部门依法实施的监督管理。

第四十条 生产经营单位对重大危险源应当登记建档，进行定期检测、评估、监控，并制定应急预案，告知从业人员和相关人员在紧急情况下应当采取的应急措施。

生产经营单位应当按照国家有关规定将本单位重大危险源及有关安全措施、应急措施报有关地方人民政府应急管理部门和有关部门备案。有关地方人民政府应急管理部门和有关部门应当通过相关信息系统实现信息共享。

第四十一条 生产经营单位应当建立安全风险分级管控制度，按照安全风险分级采取相应的管控措施。

生产经营单位应当建立健全并落实生产安全事故隐患排查治理制度，采取技术、管理措施，及时发现并消除事故隐患。事故隐患排查治理情况应当如实记录，并通过职工大会或者职工代表大会、信息公示栏等方式向从业人员通报。其中，重大事故隐患排查治理情况应当及时向负有安全生产监督管理职责的部门和职工大会或者职工代表大会报告。

县级以上地方各级人民政府负有安全生产监督管理职责的部门应当将重大事故隐患纳入相关信息系统，建立健全重大事故隐患治理督办制度，督促生产经营单位消除重大事故隐患。

第四十二条 生产、经营、储存、使用危险物品的车间、商店、仓库不得与员工宿舍在同一座建筑物内,并应当与员工宿舍保持安全距离。

生产经营场所和员工宿舍应当设有符合紧急疏散要求、标志明显、保持畅通的出口、疏散通道。禁止占用、锁闭、封堵生产经营场所或者员工宿舍的出口、疏散通道。

第四十三条 生产经营单位进行爆破、吊装、动火、临时用电以及国务院应急管理部门会同国务院有关部门规定的其他危险作业,应当安排专门人员进行现场安全管理,确保操作规程的遵守和安全措施的落实。

第四十四条 生产经营单位应当教育和督促从业人员严格执行本单位的安全生产规章制度和安全操作规程;并向从业人员如实告知作业场所和工作岗位存在的危险因素、防范措施以及事故应急措施。

生产经营单位应当关注从业人员的身体、心理状况和行为习惯,加强对从业人员的心理疏导、精神慰藉,严格落实岗位安全生产责任,防范从业人员行为异常导致事故发生。

第四十五条 生产经营单位必须为从业人员提供符合国家标准或者行业标准的劳动防护用品,并监督、教育从业人员按照使用规则佩戴、使用。

第四十六条 生产经营单位的安全生产管理人员应当根据本单位的生产经营特点,对安全生产状况进行经常性检查;对检查中发现的安全问题,应当立即处理;不能处理的,应当及时报告本单位有关负责人,有关负责人应当及时处理。检查及处理情况应当如实记录在案。

生产经营单位的安全生产管理人员在检查中发现重大事故隐患,依照前款规定向本单位有关负责人报告,有关负责人不及时处理的,安全生产管理人员可以向主管的负有安全生产监督管理职责的部门报告,接到报告的部门应当依法及时处理。

第四十七条 生产经营单位应当安排用于配备劳动防护用品、进行安全生产培训的经费。

第四十八条 两个以上生产经营单位在同一作业区域内进行生产经营活动,可能危及对方生产安全的,应当签订安全生产管理协议,明确各自的安全生产管理职责和应当采取的安全措施,并指定专职安全生产管理人员进行安全检查与协调。

第四十九条 生产经营单位不得将生产经营项目、场所、设备发包或者出租给不具备安全生产条件或者相应资质的单位或者个人。

生产经营项目、场所发包或者出租给其他单位的,生产经营单位应当与承包单位、承租单位签订专门的安全生产管理协议,或者在承包合同、租赁合同中约定各自的安全生产管理职责;生产经营单位对承包单位、承租单位的安全生产工作统一协调、管理,定期进行安全检查,发现安全问题的,应当及时督促整改。

矿山、金属冶炼建设项目和用于生产、储存、装卸危险物品的建设项目的施工单位应当加强对施工项目的安全管理,不得倒卖、出租、出借、挂靠或者以其他形式非法转让施工资质,不得将其承包的全部建设工程转包给第三人或者将其承包的全部建设工程支解以后以分包的名义分别转包给第三人,不得将工程分包给不具备相应资质条件的单位。

第五十条 生产经营单位发生生产安全事故时,单位的主要负责人应当立即组织抢救,并不得在事故调查处理期间擅离职守。

第五十一条 生产经营单位必须依法参加工伤保险，为从业人员缴纳保险费。

国家鼓励生产经营单位投保安全生产责任保险；属于国家规定的高危行业、领域的生产经营单位，应当投保安全生产责任保险。具体范围和实施办法由国务院应急管理部门会同国务院财政部门、国务院保险监督管理机构和相关行业主管部门制定。

第三章　从业人员的安全生产权利义务

第五十二条 生产经营单位与从业人员订立的劳动合同，应当载明有关保障从业人员劳动安全、防止职业危害的事项，以及依法为从业人员办理工伤保险的事项。

生产经营单位不得以任何形式与从业人员订立协议，免除或者减轻其对从业人员因生产安全事故伤亡依法应承担的责任。

第五十三条 生产经营单位的从业人员有权了解其作业场所和工作岗位存在的危险因素、防范措施及事故应急措施，有权对本单位的安全生产工作提出建议。

第五十四条 从业人员有权对本单位安全生产工作中存在的问题提出批评、检举、控告；有权拒绝违章指挥和强令冒险作业。

生产经营单位不得因从业人员对本单位安全生产工作提出批评、检举、控告或者拒绝违章指挥、强令冒险作业而降低其工资、福利等待遇或者解除与其订立的劳动合同。

第五十五条 从业人员发现直接危及人身安全的紧急情况时，有权停止作业或者在采取可能的应急措施后撤离作业场所。

生产经营单位不得因从业人员在前款紧急情况下停止作业或者采取紧急撤离措施而降低其工资、福利等待遇或者解除与其订立的劳动合同。

第五十六条 生产经营单位发生生产安全事故后，应当及时采取措施救治有关人员。

因生产安全事故受到损害的从业人员，除依法享有工伤保险外，依照有关民事法律尚有获得赔偿的权利的，有权提出赔偿要求。

第五十七条 从业人员在作业过程中，应当严格落实岗位安全责任，遵守本单位的安全生产规章制度和操作规程，服从管理，正确佩戴和使用劳动防护用品。

第五十八条 从业人员应当接受安全生产教育和培训，掌握本职工作所需的安全生产知识，提高安全生产技能，增强事故预防和应急处理能力。

第五十九条 从业人员发现事故隐患或者其他不安全因素，应当立即向现场安全生产管理人员或者本单位负责人报告；接到报告的人员应当及时予以处理。

第六十条 工会有权对建设项目的安全设施与主体工程同时设计、同时施工、同时投入生产和使用进行监督，提出意见。

工会对生产经营单位违反安全生产法律、法规，侵犯从业人员合法权益的行为，有权要求纠正；发现生产经营单位违章指挥、强令冒险作业或者发现事故隐患时，有权提出解决的建议，生产经营单位应当及时研究答复；发现危及从业人员生命安全的情况时，有权向生产经营单位建议组织从业人员撤离危险场所，生产经营单位必须立即作出处理。

工会有权依法参加事故调查，向有关部门提出处理意见，并要求追究有关人员的责任。

第六十一条 生产经营单位使用被派遣劳动者的，被派遣劳动者享有本法规定的从业人员的权利，并应当履行本法规定的从业人员的义务。

第四章 安全生产的监督管理

第六十二条 县级以上地方各级人民政府应当根据本行政区域内的安全生产状况，组织有关部门按照职责分工，对本行政区域内容易发生重大生产安全事故的生产经营单位进行严格检查。

应急管理部门应当按照分类分级监督管理的要求，制定安全生产年度监督检查计划，并按照年度监督检查计划进行监督检查，发现事故隐患，应当及时处理。

第六十三条 负有安全生产监督管理职责的部门依照有关法律、法规的规定，对涉及安全生产的事项需要审查批准（包括批准、核准、许可、注册、认证、颁发证照等，下同）或者验收的，必须严格依照有关法律、法规和国家标准或者行业标准规定的安全生产条件和程序进行审查；不符合有关法律、法规和国家标准或者行业标准规定的安全生产条件的，不得批准或者验收通过。对未依法取得批准或者验收合格的单位擅自从事有关活动的，负责行政审批的部门发现或者接到举报后应当立即予以取缔，并依法予以处理。对已经依法取得批准的单位，负责行政审批的部门发现其不再具备安全生产条件的，应当撤销原批准。

第六十四条 负有安全生产监督管理职责的部门对涉及安全生产的事项进行审查、验收，不得收取费用；不得要求接受审查、验收的单位购买其指定品牌或者指定生产、销售单位的安全设备、器材或者其他产品。

第六十五条 应急管理部门和其他负有安全生产监督管理职责的部门依法开展安全生产行政执法工作，对生产经营单位执行有关安全生产的法律、法规和国家标准或者行业标准的情况进行监督检查，行使以下职权：

（一）进入生产经营单位进行检查，调阅有关资料，向有关单位和人员了解情况；

（二）对检查中发现的安全生产违法行为，当场予以纠正或者要求限期改正；对依法应当给予行政处罚的行为，依照本法和其他有关法律、行政法规的规定作出行政处罚决定；

（三）对检查中发现的事故隐患，应当责令立即排除；重大事故隐患排除前或者排除过程中无法保证安全的，应当责令从危险区域内撤出作业人员，责令暂时停产停业或者停止使用相关设施、设备；重大事故隐患排除后，经审查同意，方可恢复生产经营和使用；

（四）对有根据认为不符合保障安全生产的国家标准或者行业标准的设施、设备、器材以及违法生产、储存、使用、经营、运输的危险物品予以查封或者扣押，对违法生产、储存、使用、经营危险物品的作业场所予以查封，并依法作出处理决定。

监督检查不得影响被检查单位的正常生产经营活动。

第六十六条 生产经营单位对负有安全生产监督管理职责的部门的监督检查人员（以下统称安全生产监督检查人员）依法履行监督检查职责，应当予以配合，不得拒绝、阻挠。

第六十七条　安全生产监督检查人员应当忠于职守，坚持原则，秉公执法。

安全生产监督检查人员执行监督检查任务时，必须出示有效的行政执法证件；对涉及被检查单位的技术秘密和业务秘密，应当为其保密。

第六十八条　安全生产监督检查人员应当将检查的时间、地点、内容、发现的问题及其处理情况，作出书面记录，并由检查人员和被检查单位的负责人签字；被检查单位的负责人拒绝签字的，检查人员应当将情况记录在案，并向负有安全生产监督管理职责的部门报告。

第六十九条　负有安全生产监督管理职责的部门在监督检查中，应当互相配合，实行联合检查；确需分别进行检查的，应当互通情况，发现存在的安全问题应当由其他有关部门进行处理的，应当及时移送其他有关部门并形成记录备查，接受移送的部门应当及时进行处理。

第七十条　负有安全生产监督管理职责的部门依法对存在重大事故隐患的生产经营单位作出停产停业、停止施工、停止使用相关设施或者设备的决定，生产经营单位应当依法执行，及时消除事故隐患。生产经营单位拒不执行，有发生生产安全事故的现实危险的，在保证安全的前提下，经本部门主要负责人批准，负有安全生产监督管理职责的部门可以采取通知有关单位停止供电、停止供应民用爆炸物品等措施，强制生产经营单位履行决定。通知应当采用书面形式，有关单位应当予以配合。

负有安全生产监督管理职责的部门依照前款规定采取停止供电措施，除有危及生产安全的紧急情形外，应当提前二十四小时通知生产经营单位。生产经营单位依法履行行政决定、采取相应措施消除事故隐患的，负有安全生产监督管理职责的部门应当及时解除前款规定的措施。

第七十一条　监察机关依照监察法的规定，对负有安全生产监督管理职责的部门及其工作人员履行安全生产监督管理职责实施监察。

第七十二条　承担安全评价、认证、检测、检验职责的机构应当具备国家规定的资质条件，并对其作出的安全评价、认证、检测、检验结果的合法性、真实性负责。资质条件由国务院应急管理部门会同国务院有关部门制定。

承担安全评价、认证、检测、检验职责的机构应当建立并实施服务公开和报告公开制度，不得租借资质、挂靠、出具虚假报告。

第七十三条　负有安全生产监督管理职责的部门应当建立举报制度，公开举报电话、信箱或者电子邮件地址等网络举报平台，受理有关安全生产的举报；受理的举报事项经调查核实后，应当形成书面材料；需要落实整改措施的，报经有关负责人签字并督促落实。对不属于本部门职责，需要由其他有关部门进行调查处理的，转交其他有关部门处理。

涉及人员死亡的举报事项，应当由县级以上人民政府组织核查处理。

第七十四条　任何单位或者个人对事故隐患或者安全生产违法行为，均有权向负有安全生产监督管理职责的部门报告或者举报。

因安全生产违法行为造成重大事故隐患或者导致重大事故，致使国家利益或者社会公共利益受到侵害的，人民检察院可以根据民事诉讼法、行政诉讼法的相关规定提起公益诉讼。

第七十五条 居民委员会、村民委员会发现其所在区域内的生产经营单位存在事故隐患或者安全生产违法行为时，应当向当地人民政府或者有关部门报告。

第七十六条 县级以上各级人民政府及其有关部门对报告重大事故隐患或者举报安全生产违法行为的有功人员，给予奖励。具体奖励办法由国务院应急管理部门会同国务院财政部门制定。

第七十七条 新闻、出版、广播、电影、电视等单位有进行安全生产公益宣传教育的义务，有对违反安全生产法律、法规的行为进行舆论监督的权利。

第七十八条 负有安全生产监督管理职责的部门应当建立安全生产违法行为信息库，如实记录生产经营单位及其有关从业人员的安全生产违法行为信息；对违法行为情节严重的生产经营单位及其有关从业人员，应当及时向社会公告，并通报行业主管部门、投资主管部门、自然资源主管部门、生态环境主管部门、证券监督管理机构以及有关金融机构。有关部门和机构应当对存在失信行为的生产经营单位及其有关从业人员采取加大执法检查频次、暂停项目审批、上调有关保险费率、行业或者职业禁入等联合惩戒措施，并向社会公示。

负有安全生产监督管理职责的部门应当加强对生产经营单位行政处罚信息的及时归集、共享、应用和公开，对生产经营单位作出处罚决定后七个工作日内在监督管理部门公示系统予以公开曝光，强化对违法失信生产经营单位及其有关从业人员的社会监督，提高全社会安全生产诚信水平。

第五章　生产安全事故的应急救援与调查处理

第七十九条 国家加强生产安全事故应急能力建设，在重点行业、领域建立应急救援基地和应急救援队伍，并由国家安全生产应急救援机构统一协调指挥；鼓励生产经营单位和其他社会力量建立应急救援队伍，配备相应的应急救援装备和物资，提高应急救援的专业化水平。

国务院应急管理部门牵头建立全国统一的生产安全事故应急救援信息系统，国务院交通运输、住房和城乡建设、水利、民航等有关部门和县级以上地方人民政府建立健全相关行业、领域、地区的生产安全事故应急救援信息系统，实现互联互通、信息共享，通过推行网上安全信息采集、安全监管和监测预警，提升监管的精准化、智能化水平。

第八十条 县级以上地方各级人民政府应当组织有关部门制定本行政区域内生产安全事故应急救援预案，建立应急救援体系。

乡镇人民政府和街道办事处，以及开发区、工业园区、港区、风景区等应当制定相应的生产安全事故应急救援预案，协助人民政府有关部门或者按照授权依法履行生产安全事故应急救援工作职责。

第八十一条 生产经营单位应当制定本单位生产安全事故应急救援预案，与所在地县级以上地方人民政府组织制定的生产安全事故应急救援预案相衔接，并定期组织演练。

第八十二条　危险物品的生产、经营、储存单位以及矿山、金属冶炼、城市轨道交通运营、建筑施工单位应当建立应急救援组织；生产经营规模较小的，可以不建立应急救援组织，但应当指定兼职的应急救援人员。

危险物品的生产、经营、储存、运输单位以及矿山、金属冶炼、城市轨道交通运营、建筑施工单位应当配备必要的应急救援器材、设备和物资，并进行经常性维护、保养，保证正常运转。

第八十三条　生产经营单位发生生产安全事故后，事故现场有关人员应当立即报告本单位负责人。

单位负责人接到事故报告后，应当迅速采取有效措施，组织抢救，防止事故扩大，减少人员伤亡和财产损失，并按照国家有关规定立即如实报告当地负有安全生产监督管理职责的部门，不得隐瞒不报、谎报或者迟报，不得故意破坏事故现场、毁灭有关证据。

第八十四条　负有安全生产监督管理职责的部门接到事故报告后，应当立即按照国家有关规定上报事故情况。负有安全生产监督管理职责的部门和有关地方人民政府对事故情况不得隐瞒不报、谎报或者迟报。

第八十五条　有关地方人民政府和负有安全生产监督管理职责的部门的负责人接到生产安全事故报告后，应当按照生产安全事故应急救援预案的要求立即赶到事故现场，组织事故抢救。

参与事故抢救的部门和单位应当服从统一指挥，加强协同联动，采取有效的应急救援措施，并根据事故救援的需要采取警戒、疏散等措施，防止事故扩大和次生灾害的发生，减少人员伤亡和财产损失。

事故抢救过程中应当采取必要措施，避免或者减少对环境造成的危害。

任何单位和个人都应当支持、配合事故抢救，并提供一切便利条件。

第八十六条　事故调查处理应当按照科学严谨、依法依规、实事求是、注重实效的原则，及时、准确地查清事故原因，查明事故性质和责任，评估应急处置工作，总结事故教训，提出整改措施，并对事故责任单位和人员提出处理建议。事故调查报告应当依法及时向社会公布。事故调查和处理的具体办法由国务院制定。

事故发生单位应当及时全面落实整改措施，负有安全生产监督管理职责的部门应当加强监督检查。

负责事故调查处理的国务院有关部门和地方人民政府应当在批复事故调查报告后一年内，组织有关部门对事故整改和防范措施落实情况进行评估，并及时向社会公开评估结果；对不履行职责导致事故整改和防范措施没有落实的有关单位和人员，应当按照有关规定追究责任。

第八十七条　生产经营单位发生生产安全事故，经调查确定为责任事故的，除了应当查明事故单位的责任并依法予以追究外，还应当查明对安全生产的有关事项负有审查批准和监督职责的行政部门的责任，对有失职、渎职行为的，依照本法第九十条的规定追究法律责任。

第八十八条　任何单位和个人不得阻挠和干涉对事故的依法调查处理。

第八十九条　县级以上地方各级人民政府应急管理部门应当定期统计分析本行政区域内发生生产安全事故的情况，并定期向社会公布。

第六章　法律责任

第九十条　负有安全生产监督管理职责的部门的工作人员，有下列行为之一的，给予降级或者撤职的处分；构成犯罪的，依照刑法有关规定追究刑事责任：

（一）对不符合法定安全生产条件的涉及安全生产的事项予以批准或者验收通过的；

（二）发现未依法取得批准、验收的单位擅自从事有关活动或者接到举报后不予取缔或者不依法予以处理的；

（三）对已经依法取得批准的单位不履行监督管理职责，发现其不再具备安全生产条件而不撤销原批准或者发现安全生产违法行为不予查处的；

（四）在监督检查中发现重大事故隐患，不依法及时处理的。

负有安全生产监督管理职责的部门的工作人员有前款规定以外的滥用职权、玩忽职守、徇私舞弊行为的，依法给予处分；构成犯罪的，依照刑法有关规定追究刑事责任。

第九十一条　负有安全生产监督管理职责的部门，要求被审查、验收的单位购买其指定的安全设备、器材或者其他产品的，在对安全生产事项的审查、验收中收取费用的，由其上级机关或者监察机关责令改正，责令退还收取的费用；情节严重的，对直接负责的主管人员和其他直接责任人员依法给予处分。

第九十二条　承担安全评价、认证、检测、检验职责的机构出具失实报告的，责令停业整顿，并处三万元以上十万元以下的罚款；给他人造成损害的，依法承担赔偿责任。

承担安全评价、认证、检测、检验职责的机构租借资质、挂靠、出具虚假报告的，没收违法所得；违法所得在十万元以上的，并处违法所得二倍以上五倍以下的罚款，没有违法所得或者违法所得不足十万元的，单处或者并处十万元以上二十万元以下的罚款；对其直接负责的主管人员和其他直接责任人员处五万元以上十万元以下的罚款；给他人造成损害的，与生产经营单位承担连带赔偿责任；构成犯罪的，依照刑法有关规定追究刑事责任。

对有前款违法行为的机构及其直接责任人员，吊销其相应资质和资格，五年内不得从事安全评价、认证、检测、检验等工作；情节严重的，实行终身行业和职业禁入。

第九十三条　生产经营单位的决策机构、主要负责人或者个人经营的投资人不依照本法规定保证安全生产所必需的资金投入，致使生产经营单位不具备安全生产条件的，责令限期改正，提供必需的资金；逾期未改正的，责令生产经营单位停产停业整顿。

有前款违法行为，导致发生生产安全事故的，对生产经营单位的主要负责人给予撤职处分，对个人经营的投资人处二万元以上二十万元以下的罚款；构成犯罪的，依照刑法有关规定追究刑事责任。

第九十四条　生产经营单位的主要负责人未履行本法规定的安全生产管理职责的，责令限期改正，处二万元以上五万元以下的罚款；逾期未改正的，处五万元以上十万元以下的罚款，责令生产经营单位停产停业整顿。

生产经营单位的主要负责人有前款违法行为，导致发生生产安全事故的，给予撤职处分；构成犯罪的，依照刑法有关规定追究刑事责任。

生产经营单位的主要负责人依照前款规定受刑事处罚或者撤职处分的，自刑罚执行完毕或者受处分之日起，五年内不得担任任何生产经营单位的主要负责人；对重大、特别重大生产安全事故负有责任的，终身不得担任本行业生产经营单位的主要负责人。

第九十五条 生产经营单位的主要负责人未履行本法规定的安全生产管理职责，导致发生生产安全事故的，由应急管理部门依照下列规定处以罚款：

（一）发生一般事故的，处上一年年收入百分之四十的罚款；

（二）发生较大事故的，处上一年年收入百分之六十的罚款；

（三）发生重大事故的，处上一年年收入百分之八十的罚款；

（四）发生特别重大事故的，处上一年年收入百分之一百的罚款。

第九十六条 生产经营单位的其他负责人和安全生产管理人员未履行本法规定的安全生产管理职责的，责令限期改正，处一万元以上三万元以下的罚款；导致发生生产安全事故的，暂停或者吊销其与安全生产有关的资格，并处上一年年收入百分之二十以上百分之五十以下的罚款；构成犯罪的，依照刑法有关规定追究刑事责任。

第九十七条 生产经营单位有下列行为之一的，责令限期改正，处十万元以下的罚款；逾期未改正的，责令停产停业整顿，并处十万元以上二十万元以下的罚款，对其直接负责的主管人员和其他直接责任人员处二万元以上五万元以下的罚款：

（一）未按照规定设置安全生产管理机构或者配备安全生产管理人员、注册安全工程师的；

（二）危险物品的生产、经营、储存、装卸单位以及矿山、金属冶炼、建筑施工、运输单位的主要负责人和安全生产管理人员未按照规定经考核合格的；

（三）未按照规定对从业人员、被派遣劳动者、实习学生进行安全生产教育和培训，或者未按照规定如实告知有关的安全生产事项的；

（四）未如实记录安全生产教育和培训情况的；

（五）未将事故隐患排查治理情况如实记录或者未向从业人员通报的；

（六）未按照规定制定生产安全事故应急救援预案或者未定期组织演练的；

（七）特种作业人员未按照规定经专门的安全作业培训并取得相应资格，上岗作业的。

第九十八条 生产经营单位有下列行为之一的，责令停止建设或者停产停业整顿，限期改正，并处十万元以上五十万元以下的罚款，对其直接负责的主管人员和其他直接责任人员处二万元以上五万元以下的罚款；逾期未改正的，处五十万元以上一百万元以下的罚款，对其直接负责的主管人员和其他直接责任人员处五万元以上十万元以下的罚款；构成犯罪的，依照刑法有关规定追究刑事责任：

（一）未按照规定对矿山、金属冶炼建设项目或者用于生产、储存、装卸危险物品的建设项目进行安全评价的；

（二）矿山、金属冶炼建设项目或者用于生产、储存、装卸危险物品的建设项目没有安全设施设计或者安全设施设计未按照规定报经有关部门审查同意的；

（三）矿山、金属冶炼建设项目或者用于生产、储存、装卸危险物品的建设项目的施工单位未按照批准的安全设施设计施工的；

（四）矿山、金属冶炼建设项目或者用于生产、储存、装卸危险物品的建设项目竣工投入生产或者使用前，安全设施未经验收合格的。

第九十九条 生产经营单位有下列行为之一的，责令限期改正，处五万元以下的罚款；逾期未改正的，处五万元以上二十万元以下的罚款，对其直接负责的主管人员和其他直接责任人员处一万元以上二万元以下的罚款；情节严重的，责令停产停业整顿；构成犯罪的，依照刑法有关规定追究刑事责任：

（一）未在有较大危险因素的生产经营场所和有关设施、设备上设置明显的安全警示标志的；

（二）安全设备的安装、使用、检测、改造和报废不符合国家标准或者行业标准的；

（三）未对安全设备进行经常性维护、保养和定期检测的；

（四）关闭、破坏直接关系生产安全的监控、报警、防护、救生设备、设施，或者篡改、隐瞒、销毁其相关数据、信息的；

（五）未为从业人员提供符合国家标准或者行业标准的劳动防护用品的；

（六）危险物品的容器、运输工具，以及涉及人身安全、危险性较大的海洋石油开采特种设备和矿山井下特种设备未经具有专业资质的机构检测、检验合格，取得安全使用证或者安全标志，投入使用的；

（七）使用应当淘汰的危及生产安全的工艺、设备的；

（八）餐饮等行业的生产经营单位使用燃气未安装可燃气体报警装置的。

第一百条 未经依法批准，擅自生产、经营、运输、储存、使用危险物品或者处置废弃危险物品的，依照有关危险物品安全管理的法律、行政法规的规定予以处罚；构成犯罪的，依照刑法有关规定追究刑事责任。

第一百零一条 生产经营单位有下列行为之一的，责令限期改正，处十万元以下的罚款；逾期未改正的，责令停产停业整顿，并处十万元以上二十万元以下的罚款，对其直接负责的主管人员和其他直接责任人员处二万元以上五万元以下的罚款；构成犯罪的，依照刑法有关规定追究刑事责任：

（一）生产、经营、运输、储存、使用危险物品或者处置废弃危险物品，未建立专门安全管理制度、未采取可靠的安全措施的；

（二）对重大危险源未登记建档，未进行定期检测、评估、监控，未制定应急预案，或者未告知应急措施的；

（三）进行爆破、吊装、动火、临时用电以及国务院应急管理部门会同国务院有关部门规定的其他危险作业，未安排专门人员进行现场安全管理的；

（四）未建立安全风险分级管控制度或者未按照安全风险分级采取相应管控措施的；

（五）未建立事故隐患排查治理制度，或者重大事故隐患排查治理情况未按照规定报告的。

第一百零二条　生产经营单位未采取措施消除事故隐患的,责令立即消除或者限期消除,处五万元以下的罚款;生产经营单位拒不执行的,责令停产停业整顿,对其直接负责的主管人员和其他直接责任人员处五万元以上十万元以下的罚款;构成犯罪的,依照刑法有关规定追究刑事责任。

第一百零三条　生产经营单位将生产经营项目、场所、设备发包或者出租给不具备安全生产条件或者相应资质的单位或者个人的,责令限期改正,没收违法所得;违法所得十万元以上的,并处违法所得二倍以上五倍以下的罚款;没有违法所得或者违法所得不足十万元的,单处或者并处十万元以上二十万元以下的罚款;对其直接负责的主管人员和其他直接责任人员处一万元以上二万元以下的罚款;导致发生生产安全事故给他人造成损害的,与承包方、承租方承担连带赔偿责任。

生产经营单位未与承包单位、承租单位签订专门的安全生产管理协议或者未在承包合同、租赁合同中明确各自的安全生产管理职责,或者未对承包单位、承租单位的安全生产统一协调、管理的,责令限期改正,处五万元以下的罚款,对其直接负责的主管人员和其他直接责任人员处一万元以下的罚款;逾期未改正的,责令停产停业整顿。

矿山、金属冶炼建设项目和用于生产、储存、装卸危险物品的建设项目的施工单位未按照规定对施工项目进行安全管理的,责令限期改正,处十万元以下的罚款,对其直接负责的主管人员和其他直接责任人员处二万元以下的罚款;逾期未改正的,责令停产停业整顿。以上施工单位倒卖、出租、出借、挂靠或者以其他形式非法转让施工资质的,责令停产停业整顿,吊销资质证书,没收违法所得;违法所得十万元以上的,并处违法所得二倍以上五倍以下的罚款,没有违法所得或者违法所得不足十万元的,单处或者并处十万元以上二十万元以下的罚款;对其直接负责的主管人员和其他直接责任人员处五万元以上十万元以下的罚款;构成犯罪的,依照刑法有关规定追究刑事责任。

第一百零四条　两个以上生产经营单位在同一作业区域内进行可能危及对方安全生产的生产经营活动,未签订安全生产管理协议或者未指定专职安全生产管理人员进行安全检查与协调的,责令限期改正,处五万元以下的罚款,对其直接负责的主管人员和其他直接责任人员处一万元以下的罚款;逾期未改正的,责令停产停业。

第一百零五条　生产经营单位有下列行为之一的,责令限期改正,处五万元以下的罚款,对其直接负责的主管人员和其他直接责任人员处一万元以下的罚款;逾期未改正的,责令停产停业整顿;构成犯罪的,依照刑法有关规定追究刑事责任:

(一)生产、经营、储存、使用危险物品的车间、商店、仓库与员工宿舍在同一座建筑内,或者与员工宿舍的距离不符合安全要求的;

(二)生产经营场所和员工宿舍未设有符合紧急疏散需要、标志明显、保持畅通的出口、疏散通道,或者占用、锁闭、封堵生产经营场所或者员工宿舍出口、疏散通道的。

第一百零六条　生产经营单位与从业人员订立协议,免除或者减轻其对从业人员因生产安全事故伤亡依法应承担的责任的,该协议无效;对生产经营单位的主要负责人、个人经营的投资人处二万元以上十万元以下的罚款。

第一百零七条　生产经营单位的从业人员不落实岗位安全责任,不服从管理,违反安全生产规章制度或者操作规程的，由生产经营单位给予批评教育，依照有关规章制度给予处分；构成犯罪的，依照刑法有关规定追究刑事责任。

第一百零八条 违反本法规定，生产经营单位拒绝、阻碍负有安全生产监督管理职责的部门依法实施监督检查的，责令改正；拒不改正的，处二万元以上二十万元以下的罚款；对其直接负责的主管人员和其他直接责任人员处一万元以上二万元以下的罚款；构成犯罪的，依照刑法有关规定追究刑事责任。

第一百零九条 高危行业、领域的生产经营单位未按照国家规定投保安全生产责任保险的，责令限期改正，处五万元以上十万元以下的罚款；逾期未改正的，处十万元以上二十万元以下的罚款。

第一百一十条 生产经营单位的主要负责人在本单位发生生产安全事故时，不立即组织抢救或者在事故调查处理期间擅离职守或者逃匿的，给予降级、撤职的处分，并由应急管理部门处上一年年收入百分之六十至百分之一百的罚款；对逃匿的处十五日以下拘留；构成犯罪的，依照刑法有关规定追究刑事责任。

生产经营单位的主要负责人对生产安全事故隐瞒不报、谎报或者迟报的，依照前款规定处罚。

第一百一十一条 有关地方人民政府、负有安全生产监督管理职责的部门，对生产安全事故隐瞒不报、谎报或者迟报的，对直接负责的主管人员和其他直接责任人员依法给予处分；构成犯罪的，依照刑法有关规定追究刑事责任。

第一百一十二条 生产经营单位违反本法规定，被责令改正且受到罚款处罚，拒不改正的，负有安全生产监督管理职责的部门可以自作出责令改正之日的次日起，按照原处罚数额按日连续处罚。

第一百一十三条 生产经营单位存在下列情形之一的，负有安全生产监督管理职责的部门应当提请地方人民政府予以关闭，有关部门应当依法吊销其有关证照。生产经营单位主要负责人五年内不得担任任何生产经营单位的主要负责人；情节严重的，终身不得担任本行业生产经营单位的主要负责人：

（一）存在重大事故隐患，一百八十日内三次或者一年内四次受到本法规定的行政处罚的；

（二）经停产停业整顿，仍不具备法律、行政法规和国家标准或者行业标准规定的安全生产条件的；

（三）不具备法律、行政法规和国家标准或者行业标准规定的安全生产条件，导致发生重大、特别重大生产安全事故的；

（四）拒不执行负有安全生产监督管理职责的部门作出的停产停业整顿决定的。

第一百一十四条 发生生产安全事故，对负有责任的生产经营单位除要求其依法承担相应的赔偿等责任外，由应急管理部门依照下列规定处以罚款：

（一）发生一般事故的，处三十万元以上一百万元以下的罚款；

（二）发生较大事故的，处一百万元以上二百万元以下的罚款；

（三）发生重大事故的，处二百万元以上一千万元以下的罚款；

（四）发生特别重大事故的，处一千万元以上二千万元以下的罚款。

发生生产安全事故，情节特别严重、影响特别恶劣的，应急管理部门可以按照前款罚款数额的二倍以上五倍以下对负有责任的生产经营单位处以罚款。

第一百一十五条　本法规定的行政处罚，由应急管理部门和其他负有安全生产监督管理职责的部门按照职责分工决定；其中，根据本法第九十五条、第一百一十条、第一百一十四条的规定应当给予民航、铁路、电力行业的生产经营单位及其主要负责人行政处罚的，也可以由主管的负有安全生产监督管理职责的部门进行处罚。予以关闭的行政处罚，由负有安全生产监督管理职责的部门报请县级以上人民政府按照国务院规定的权限决定；给予拘留的行政处罚，由公安机关依照治安管理处罚的规定决定。

第一百一十六条　生产经营单位发生生产安全事故造成人员伤亡、他人财产损失的，应当依法承担赔偿责任；拒不承担或者其负责人逃匿的，由人民法院依法强制执行。

生产安全事故的责任人未依法承担赔偿责任，经人民法院依法采取执行措施后，仍不能对受害人给予足额赔偿的，应当继续履行赔偿义务；受害人发现责任人有其他财产的，可以随时请求人民法院执行。

第七章　附　　则

第一百一十七条　本法下列用语的含义：

危险物品，是指易燃易爆物品、危险化学品、放射性物品等能够危及人身安全和财产安全的物品。

重大危险源，是指长期地或者临时地生产、搬运、使用或者储存危险物品，且危险物品的数量等于或者超过临界量的单元（包括场所和设施）。

第一百一十八条　本法规定的生产安全一般事故、较大事故、重大事故、特别重大事故的划分标准由国务院规定。

国务院应急管理部门和其他负有安全生产监督管理职责的部门应当根据各自的职责分工，制定相关行业、领域重大危险源的辨识标准和重大事故隐患的判定标准。

第一百一十九条　本法自 2002 年 11 月 1 日起施行。

最高人民法院、最高人民检察院
关于办理危害生产安全刑事案件适用
法律若干问题的解释

发布日期：2015年12月14日　实施日期：2015年12月16日

法释〔2015〕22号

为依法惩治危害生产安全犯罪，根据刑法有关规定，现就办理此类刑事案件适用法律的若干问题解释如下：

第一条　刑法第一百三十四条第一款规定的犯罪主体，包括对生产、作业负有组织、指挥或者管理职责的负责人、管理人员、实际控制人、投资人等人员，以及直接从事生产、作业的人员。

第二条　刑法第一百三十四条第二款规定的犯罪主体，包括对生产、作业负有组织、指挥或者管理职责的负责人、管理人员、实际控制人、投资人等人员。

第三条　刑法第一百三十五条规定的"直接负责的主管人员和其他直接责任人员"，是指对安全生产设施或者安全生产条件不符合国家规定负有直接责任的生产经营单位负责人、管理人员、实际控制人、投资人，以及其他对安全生产设施或者安全生产条件负有管理、维护职责的人员。

第四条　刑法第一百三十九条之一规定的"负有报告职责的人员"，是指负有组织、指挥或者管理职责的负责人、管理人员、实际控制人、投资人，以及其他负有报告职责的人员。

第五条　明知存在事故隐患、继续作业存在危险，仍然违反有关安全管理的规定，实施下列行为之一的，应当认定为刑法第一百三十四条第二款规定的"强令他人违章冒险作业"：

（一）利用组织、指挥、管理职权，强制他人违章作业的；

（二）采取威逼、胁迫、恐吓等手段，强制他人违章作业的；

（三）故意掩盖事故隐患，组织他人违章作业的；

（四）其他强令他人违章作业的行为。

第六条　实施刑法第一百三十二条、第一百三十四条第一款、第一百三十五条、第一百三十五条之一、第一百三十六条、第一百三十九条规定的行为，因而发生安全事故，具有下列情形之一的，应当认定为"造成严重后果"或者"发生重大伤亡事故或者造成其他严重后果"，对相关责任人员，处三年以下有期徒刑或者拘役：

（一）造成死亡一人以上，或者重伤三人以上的；

（二）造成直接经济损失一百万元以上的；

（三）其他造成严重后果或者重大安全事故的情形。

实施刑法第一百三十四条第二款规定的行为，因而发生安全事故，具有本条第一款规定情形的，应当认定为"发生重大伤亡事故或者造成其他严重后果"，对相关责任人员，处五年以下有期徒刑或者拘役。

实施刑法第一百三十七条规定的行为，因而发生安全事故，具有本条第一款规定情形的，应当认定为"造成重大安全事故"，对直接责任人员，处五年以下有期徒刑或者拘役，并处罚金。

实施刑法第一百三十八条规定的行为，因而发生安全事故，具有本条第一款第一项规定情形的，应当认定为"发生重大伤亡事故"，对直接责任人员，处三年以下有期徒刑或者拘役。

第七条 实施刑法第一百三十二条、第一百三十四条第一款、第一百三十五条、第一百三十五条之一、第一百三十六条、第一百三十九条规定的行为，因而发生安全事故，具有下列情形之一的，对相关责任人员，处三年以上七年以下有期徒刑：

（一）造成死亡三人以上或者重伤十人以上，负事故主要责任的；

（二）造成直接经济损失五百万元以上，负事故主要责任的；

（三）其他造成特别严重后果、情节特别恶劣或者后果特别严重的情形。

实施刑法第一百三十四条第二款规定的行为，因而发生安全事故，具有本条第一款规定情形的，对相关责任人员，处五年以上有期徒刑。

实施刑法第一百三十七条规定的行为，因而发生安全事故，具有本条第一款规定情形的，对直接责任人员，处五年以上十年以下有期徒刑，并处罚金。

实施刑法第一百三十八条规定的行为，因而发生安全事故，具有下列情形之一的，对直接责任人员，处三年以上七年以下有期徒刑：

（一）造成死亡三人以上或者重伤十人以上，负事故主要责任的；

（二）具有本解释第六条第一款第一项规定情形，同时造成直接经济损失五百万元以上并负事故主要责任的，或者同时造成恶劣社会影响的。

第八条 在安全事故发生后，负有报告职责的人员不报或者谎报事故情况，贻误事故抢救，具有下列情形之一的，应当认定为刑法第一百三十九条之一规定的"情节严重"：

（一）导致事故后果扩大，增加死亡一人以上，或者增加重伤三人以上，或者增加直接经济损失一百万元以上的；

（二）实施下列行为之一，致使不能及时有效开展事故抢救的：

1. 决定不报、迟报、谎报事故情况或者指使、串通有关人员不报、迟报、谎报事故情况的；

2. 在事故抢救期间擅离职守或者逃匿的；

3. 伪造、破坏事故现场，或者转移、藏匿、毁灭遇难人员尸体，或者转移、藏匿受伤人员的；

4. 毁灭、伪造、隐匿与事故有关的图纸、记录、计算机数据等资料以及其他证据的；

（三）其他情节严重的情形。

具有下列情形之一的，应当认定为刑法第一百三十九条之一规定的"情节特别严重"：

（一）导致事故后果扩大，增加死亡三人以上，或者增加重伤十人以上，或者增加直接经济损失五百万元以上的；

（二）采用暴力、胁迫、命令等方式阻止他人报告事故情况，导致事故后果扩大的；

（三）其他情节特别严重的情形。

第九条 在安全事故发生后，与负有报告职责的人员串通，不报或者谎报事故情况，贻误事故抢救，情节严重的，依照刑法第一百三十九条之一的规定，以共犯论处。

第十条 在安全事故发生后，直接负责的主管人员和其他直接责任人员故意阻挠开展抢救，导致人员死亡或者重伤，或者为了逃避法律追究，对被害人进行隐藏、遗弃，致使被害人因无法得到救助而死亡或者重度残疾的，分别依照刑法第二百三十二条、第二百三十四条的规定，以故意杀人罪或者故意伤害罪定罪处罚。

第十一条 生产不符合保障人身、财产安全的国家标准、行业标准的安全设备，或者明知安全设备不符合保障人身、财产安全的国家标准、行业标准而进行销售，致使发生安全事故，造成严重后果的，依照刑法第一百四十六条的规定，以生产、销售不符合安全标准的产品罪定罪处罚。

第十二条 实施刑法第一百三十二条、第一百三十四条至第一百三十九条之一规定的犯罪行为，具有下列情形之一的，从重处罚：

（一）未依法取得安全许可证件或者安全许可证件过期、被暂扣、吊销、注销后从事生产经营活动的；

（二）关闭、破坏必要的安全监控和报警设备的；

（三）已经发现事故隐患，经有关部门或者个人提出后，仍不采取措施的；

（四）一年内曾因危害生产安全违法犯罪活动受过行政处罚或者刑事处罚的；

（五）采取弄虚作假、行贿等手段，故意逃避、阻挠负有安全监督管理职责的部门实施监督检查的；

（六）安全事故发生后转移财产意图逃避承担责任的；

（七）其他从重处罚的情形。

实施前款第五项规定的行为，同时构成刑法第三百八十九条规定的犯罪的，依照数罪并罚的规定处罚。

第十三条 实施刑法第一百三十二条、第一百三十四条至第一百三十九条之一规定的犯罪行为，在安全事故发生后积极组织、参与事故抢救，或者积极配合调查、主动赔偿损失的，可以酌情从轻处罚。

第十四条 国家工作人员违反规定投资入股生产经营，构成本解释规定的有关犯罪的，或者国家工作人员的贪污、受贿犯罪行为与安全事故发生存在关联性的，从重处罚；同时构成贪污、受贿犯罪和危害生产安全犯罪的，依照数罪并罚的规定处罚。

第十五条 国家机关工作人员在履行安全监督管理职责时滥用职权、玩忽职守，致使公共财产、国家和人民利益遭受重大损失的，或者徇私舞弊，对发现的刑事案件依法应当移交司法机关追究刑事责任而不移交,情节严重的,分别依照刑法第三百九十七条、第四百零二条的规定,以滥用职权罪、玩忽职守罪或者徇私舞弊不移交刑事案件罪定罪处罚。

公司、企业、事业单位的工作人员在依法或者受委托行使安全监督管理职责时滥用职权或者玩忽职守,构成犯罪的,应当依照《全国人民代表大会常务委员会关于〈中华人民共和国刑法〉第九章渎职罪主体适用问题的解释》的规定,适用渎职罪的规定追究刑事责任。

第十六条 对于实施危害生产安全犯罪适用缓刑的犯罪分子,可以根据犯罪情况,禁止其在缓刑考验期限内从事与安全生产相关联的特定活动;对于被判处刑罚的犯罪分子,可以根据犯罪情况和预防再犯罪的需要,禁止其自刑罚执行完毕之日或者假释之日起三年至五年内从事与安全生产相关的职业。

第十七条 本解释自2015年12月16日起施行。本解释施行后,《最高人民法院、最高人民检察院关于办理危害矿山生产安全刑事案件具体应用法律若干问题的解释》(法释〔2007〕5号)同时废止。最高人民法院、最高人民检察院此前发布的司法解释和规范性文件与本解释不一致的,以本解释为准。

附一：

最高人民法院工作人员《关于办理危害生产安全刑事案件适用法律若干问题的解释》的理解与适用[*]

沈 亮 汪 斌 李加玺[**]

为依法保障生产安全，保护人民群众生命财产权益，推动安全生产形势持续稳定好转，最高人民法院、最高人民检察院联合发布了《关于办理危害生产安全刑事案件适用法律若干问题的解释》（法释〔2015〕22号，以下简称《解释》），自2015年12月16日起施行。为便于司法实践中准确理解和正确适用，现就《解释》的出台背景和主要内容说明如下。

一、《解释》的出台背景

安全生产工作关系人民群众生命财产安全，关系改革、发展和稳定大局。当前，全国安全生产形势呈现总体稳定、持续好转的态势，但形势依然严峻，造成群死群伤的重特大生产安全事故时有发生。其中，2015年8月12日发生的天津港瑞海公司危险化学品仓库爆炸事故造成近150人死亡、大批房屋损毁和巨额经济损失，社会影响十分恶劣。习近平总书记、李克强总理多次作出重要批示，强调发展不能以牺牲人的生命为代价。党的十八届五中全会强调指出，实现"十三五"发展目标，必须牢固树立并切实贯彻创新、协调、绿色、开放、共享的"五位一体"发展理念，改变过去发展中不平衡、不协调、不可持续、发展方式粗放等方面问题。贯彻落实"五位一体"发展理念，必须坚决遏制经济社会建设活动中生产安全事故易发、高发的态势。最高人民法院于2015年8月印发的《关于充分发挥审判职能作用切实维护公共安全的若干意见》提出，人民法院要切实履行起惩治危害生产安全犯罪、促进安全生产形势根本好转、切实维护公共安全的职能。依法维护生产安全，司法机关责无旁贷。危害生产安全犯罪涉及行业领域广泛，行为方式复杂多样。司法机关办理危害生产安全刑事案件时，在罪名确定、责任划分以及刑事政策具体把握等方面，存在许多问题亟待解决。2007年2月，最高人民法院、最高人民检察院联合出台了《关于办理危害矿山生产安全刑事案件具体应用法律若干问题的解释》（以下简称《矿山司法解释》），对于依法惩治矿山生产安全犯罪，保障矿山生产安全，具有重要意义，但该解

---

[*] 原文载《人民司法（应用）》2016年第4期。
[**] 作者单位：最高人民法院。

释的规制对象仅限于矿山生产经营领域内发生的部分类型刑事案件,涉及罪名和适用范围均较为有限。2010年8月,最高人民法院、最高人民检察院会同公安部、监察部、国家安监总局等九部委联合组成检查组,对全国15省、市的生产安全事故责任追究落实情况进行了专项检查,并根据检查过程中发现的问题,总结相关案件审判经验,于2011年底出台了《关于进一步加强危害生产安全刑事案件审判工作的意见》(以下简称《意见》),对此类案件的审判原则、法律适用标准、刑事政策把握以及缓刑、免予刑事处罚措施的具体应用等问题作出了明确规定,施行效果良好。但部分地方法院及行政主管部门反映,《意见》强制效力不够,社会知晓度偏低,对危害生产安全犯罪的震慑力有限。

2013年10月,国家安监总局分别致函最高人民法院和最高人民检察院,建议"两高"联合出台办理危害生产安全刑事案件司法解释。最高人民法院、最高人民检察院经共同研究,认为现阶段确有制定司法解释的必要性和可行性。经共同认真深入调研,广泛听取立法机关、行政机关和专家学者等方面意见,反复研究修改后,形成了《解释》送审稿。2015年11月9日和12月19日,最高人民法院审判委员会第1665次会议和最高人民检察院第十二届检察委员会第44次会议分别讨论通过了送审稿。

二、《解释》的主要内容

《解释》共17条,内容涵盖相关罪名主体范围、定罪量刑标准、宽严相济刑事政策的具体把握、相关公职人员贪污贿赂以及渎职犯罪的认定处理等法律适用方面的多个问题。择要说明如下:

(一)关于犯罪主体范围

《矿山司法解释》对重大责任事故罪、强令违章冒险作业罪、重大劳动安全事故罪和不报、谎报安全事故罪四个罪名的主体范围作出了规定。《解释》吸收《矿山司法解释》的相关规定内容,并根据司法实践的需要,将规制范围由原来的矿山生产经营领域扩大到一般生产经营领域。

《解释》第1—4条将对生产、作业负有组织、指挥或者管理职责的负责人、管理人员等具有生产经营单位管理者身份和职务的人员纳入相关犯罪的主体范围。由于单位负责人、管理人员的业务过失行为与事故后果之间的因果关系一般较为明显,逻辑上容易理解,司法实践中,大部分案件的处罚对象也主要是上述人员。除此之外,《解释》还明确将单位实际控制人、投资人纳入刑事追究的范围,但实践中对于实际控制人、投资人的范围界定问题一直存在争议,需要进一步明确。

首先,根据公司法的规定,实际控制人,是指虽不是公司股东,但通过投资关系、协议或者其他安排,能够实际支配公司行为的人。实践中比较常见的实际控制人是所谓隐名持股人,即某些国家机关工作人员或者具有特定职务身份的公司、企业管理人员,为了规避法律、法规关于国家机关工作人员不得投资入股生产经营企业,或者公司、企业管理人员不得违规从事与所任职公司、企业同类业务等方面的禁止性规定,以他人名义投资入股相关生产经营单位,从而达到隐藏自己股东身份的目的。上述人员通过他人代持生产经营单位股份,自己隐藏在幕后的真实目的,在于一方面可以行使对相关单位生产经营、人事任免等重大事项的决定权,另一方面可以逃避承担股东依法应当承担的生产经营责任和安全生产责任。从理论上讲,实际控制人作为对生产经营单位的生产经营活动起实际支配作用的人员,如果其在行使组织、指挥、管理职权过程中违反安全管理规定,进而引发安全事故,理应认定为犯罪,否则就是放纵真正的犯罪人,亦无法达到从源头上预防事故发生的实际效果。

其次,投资人是指从事投资活动、具有一定资金来源、享有投资收益的权、责、利的统一体,是生产经营单位资金的参与者和经营收益的分享者。根据安全生产法的规定,生产经营单位应当具备的安全生产条件所必需的资金投入,由生产经营单位的决策机构、主要负责人或者个人经营的投资人予以保证,并对由于安全生产所必需的资金投入不足导致的后果承担责任。此处规定的主要是个人经营企业投资人的安全生产资金投入义务。在有限责任公司、股份有限公司等类型的生产经营实体中,投资人是指享有投资权益、对公司经营方针和投资计划享有管理权或决策权的股东。因投资人的行为导致生产经营单位安全生产资金投入不足,或者投资人在生产经营活动中违反安全管理规定,进而导致发生安全事故的,应当依法追究刑事责任。但是,由于市场经济条件下所有权与经营权相分离的情况大量存在,投资人参与公司、企业经营管理的程度大小不一,特别是通过股市公开交易方式购买上市公司少量股票的小股东,一般不参与公司的经营管理决策活动,追究其对公司安全生产方面的刑事责任,明显不符合权责一致原则。因此,《解释》将作为相关犯罪主体的投资人限定为"对生产、作业负有组织、指挥或者管理职责的投资人"。

(二)关于定罪标准

《解释》原则上以造成死亡1人以上,或者重伤3人以上,或者造成直接经济损失100万元以上作为相关犯罪的定罪标准。但是,根据刑法第138条的规定,教育设施重大安全事故罪的定罪标准为"致使发生重大伤亡事故",故该罪的定罪标准仅应限定为人员伤亡结果,具体伤亡人数采用与其他危害生产安全犯罪罪名相同的标准。《解释》制定过程中,曾考虑根据近年来出台的多个司法解释的一般做法,在定罪人身伤亡标准中增加轻伤结果,对死亡、重伤和轻伤结果依次按照3倍比例进行折算,并将经济损失标准中的直接经济损失修改为"经济损失",将部分间接经济损失纳入定罪标准之中。征求意见过程中,多个部门提出:(1)国务院《生产安全事故报告和调查处理条例》未将轻伤结果和间接经济损失作为事故等级分类标准,行政机关出具的事故调查报告一般也不统计轻伤人数和间接经济损失。实践中,生产安全事故发生后,一般先由行政机关组成事故调查组开展调查,形成调查报告后再移送公安、检察机关进一步侦查,不经行政机关调查、由司法机关直接介入处理的案件极少。这种情况下,《解释》规定的定罪量刑标准以与行政机关事故调查报告的相关内容保持一致为宜,否则可能造成案件处理的不协调。(2)一般情况下,危害生产安全犯罪案件导致的死亡、重伤人数众多,事故影响时间较长,往往涉及被害人后期伤病救治费用以及亲属赡养、抚养等多方面问题,损失计算和费用支付情况较为复杂,如规定为"经济损失",可能引发认识分歧,不利于案件处理。经研究认为,上述意见具有合理性,故未将轻伤人数和间接经济损失数额纳入定罪量刑标准。

部分行政主管部门还提出,《解释》规定的定罪量刑标准应分别与国务院《生产安全事故报告和调查处理条例》以及《铁路交通事故应急救援和调查处理条例》规定的重大事故、特别重大事故认定标准相对应,以死亡10人以上或重伤50人以上作为定罪标准,以死亡30人以上或重伤100人以上作为处第二档法定刑的标准。经研究认为,上述意见涉及的问题由来已久,在2007年《矿山司法解释》起草过程中即已存在,并曾引发激烈争论。经慎重考虑,《解释》未采纳上述意见,主要理由在于,行政机关关于生产安全事故等级的分类是依据事故危害程度、社会影响、处理效果以及事故调查权限等标准划分的,与刑法规定的相关犯罪定罪量刑标准的涵义不同。如果按照行政机关关于事故等级的划分标准确定相关犯罪的定罪量刑,将导致现有的定罪量刑标准被大幅提高,之前大量可被认定为犯罪或处第二档法定刑的行为,将无法被归入犯罪范畴或仅能处以较低的法定刑,既不利于严惩犯罪,也无法与玩忽职守罪、滥用职权罪等其他相关犯罪的追诉标准保持平衡。

(三) 关于量刑标准

《矿山司法解释》规定的处第二档法定刑的标准为事故造成的人身伤亡结果和直接经济损失数额,即主要以事故后果的严重程度确定刑罚。但是,上述标准在实践中适用效果不佳,并造成了一些消极后果,主要体现在以下几个方面:(1)唯事故结果量刑,导致轻罪重罚,重刑聚集。危害生产安全犯罪均属过失犯罪,对于过失犯罪中因果关系的确定,司法实践中的做法接近于条件说,过失行为与事故结果之间具有条件因果关系的行为人,均有可能被认定为犯罪嫌疑人和被告人。同时,我国刑法不承认过失共同犯罪,对于危害生产安全犯罪中处于同一因果链条上的多个犯罪人,无法适用共同犯罪从犯、胁从犯减轻、免除处罚的规定。实践中,某一安全事故发生后,对事故负有责任的人员众多,其中既有直接责任人和主要责任人,也有间接责任人和次要责任人,均需对同一事故结果承担刑事责任,适用同一档法定刑。根据《矿山司法解释》的规定,只要事故后果达到一定程度,对该事故承担责任的相关人员均需处以第二档法定刑,导致在案众多被告人的量刑幅度无法拉开,特别是对于事故次要责任人的处刑明显过重。(2)引起法律适用方面的连锁反应。部分案件中,由于对某些负次要责任的被告人无法降档处刑,有的法院为追求个案量刑的合理性,将不具备法定自首条件的被告人认定为自首,导致自首情节认定过多,引起认定标准的混乱;有的法院则直接对部分被告人适用免予刑事处罚措施,导致免予刑事处罚措施适用过滥,造成不良社会影响。(3)不利于突出打击重点,预防再次犯罪。从刑事政策的角度考虑,刑法打击重点应当是对安全事故的发生起最直接作用、负最主要责任的犯罪人,对众多事故次要责任人课以重刑,对于预防其再次犯罪、防止事故再次发生并无太大意义,且处刑范围过广、判处刑期过重,还可能引发案件当事人和社会公众对安全生产工作的抵触心理。

经研究认为,对于危害生产安全犯罪处第二档法定刑的条件,应当坚持实事求是的态度,改变现阶段唯事故结果论罚的不利局面。从理论上讲,安全事故造成的危害后果是客观存在的,但是,行为人的行为对引发事故结果所起的原因力是不同的。各被告人应负的刑事责任是主客观相统一的结果,对于同一事故后果,主要责任人和次要责任人应负责任大小不一,理应在量刑幅度上有所体现,而不应一律处以第二档法定刑,这是现代刑法罪责刑相适应原则的当然要求。经慎重考虑、反复研究，《解释》对第二档法定刑量刑标准采取了"事故结果＋责任大小"的规定方式，即原则上安全事故造成的后果达到一定程度，同时行为人对事故承担主要责任的，方可处以第二档法定刑；对于事故仅负次要责任的被告人，即使事故后果达到了一定严重程度，原则上也不应处以第二档法定刑。理解《解释》的上述规定，应注意以下几个问题：

首先，关于事故后果标准。《矿山司法解释》对于处第二档法定刑的事故后果标准，采用了3倍于定罪标准的方式予以认定。经研究认为，在当前安全生产形势依然严峻的情况下，社会公众对动辄造成群死群伤的安全事故的反应依然强烈，以人为本、生命至上的理念必须始终坚持。与2007年相比，社会公众心理对于人身伤亡结果的容忍度并未发生根本性转变，故对于人身伤亡标准不宜更改。但是，《矿山司法解释》出台已经8年，其间我国的人均GDP翻了一番，对于事故造成的直接经济损失数额，人民群众在2007年和2015年的心理感受是不同的。从严惩危害生产安全犯罪的角度出发，对于定罪直接经济损失标准可不作更改，但是，在保持定罪标准不变的情况下，根据经济社会发展的实际情况，适当提高处第二档法定刑的直接经济损失标准是合理可行的。基于以上考虑，《解释》按照近年来司法解释的通常做法，对于处第二档法定刑的直接经济损失数额标准作了适当提高，按照入罪标准的五倍确定。另外，关于教育设施重大安全事故罪处第二档法定刑的条件，刑法第138条规定为"后果特别严重"。为与定罪标准相协调，《解释》起草初期拟仅限定为人身伤亡结果。征求意见过程中，有部门提出，为严密刑事法网，建议在考虑造成的人员伤亡结果的同时，考虑经济损失、造成恶劣社会影响等因素。经研究，采纳了该意见，规定教育设施安全事故达到定罪人身伤亡标准，同时造成直接经济损失五百万元以上，或者同时造成恶劣社会影响的，也可认定为达到了处第二档法定刑的事故后果标准。

其次，关于事故责任标准。《解释》将处第二档法定刑的犯罪人限定为对事故负主要责任的人员，如何认定主要责任人，在案件审判过程中就变得至关重要。由于具体案情千差万别，在诸多被告人中如何区分主要责任人和次要责任人，难以在《解释》中作出明确规定，还需在个案中由司法工作人员具体把握。基本判断原则是，应当以犯罪人所承担的工作职责为基础，考察其业务过失行为在引发事故发生的因果链条中所起原因力大小，以及过失行为反映出的个人主观罪过程度，综合全案情况，正确划分责任。具体的划分标准，可以按照《意见》第8条的相关规定处理。危害生产安全犯罪案件具体情况千差万别。在某些案件中，是否可能出现绝大多数被告人均被认定为次要责任人，进而导致全案量刑偏轻的情况呢？经研究认为，对于上述问题，首先，应当严格裁判标准，坚持事故责任划分原则，切实防止将主要责任降格认定为次要责任、将主要责任人错误认定为次要责任人的情况；其次，对于部分次要责任人不处以第二档法定刑难以做到罪责刑相适应、不利于全案量刑平衡且可能造成不良社会影响的情况，可以考虑适用《解释》规定的兜底条款，认定为"其他造成特别严重后果、情节特别恶劣或者后果特别严重"的情形。

（四）关于强令违章冒险作业罪的具体认定

《刑法修正案（六）》增设了强令违章冒险作业罪，法定最高刑为有期徒刑15年，属于过失犯罪中的重罪，但实践中，司法机关对本罪名的适用率偏低。经调研发现，问题主要在于两个方面。一方面，错误认定行为人对危害结果所持主观心态，将某些强令违章冒险作业行为认定为以危险方法危害公共安全罪等故意犯罪，导致处刑过重；另一方面，对"强令"一词理解不当，将某些强令违章冒险作业行为认定为普通的违章生产、作业行为，错误认定为重大责任事故罪，导致处刑过低。为指导司法机关正确适用本罪名，《解释》第5条对如何理解"强令违章冒险作业"作出了专门规定，内容包括以下几个方面：

第一，关于刑法规定的"违章"的涵义。此处的"违章"，是指违反有关安全管理的规定。关于安全管理规定的具体范围，按照《意见》第7条的规定内容认定。

第二，关于"强令"的具体行为方式。一是《解释》第5条第1、2项规定了强令的两种常见方式。首先，采取威逼、胁迫、恐吓等强制性手段强制他人违章作业，比如采取威胁实施罚款、降低工资待遇、解除劳动关系等强制手段，均系强令违章冒险作业的典型行为方式，也是"强令"一词的核心含义，争议不大。其次，生产经营单位管理者利用自身享有的组织、指挥、管理职权，强制他人违章作业，这种行为方式的强制性特征不太明显，但由于管理者与一线作业者之间存在领导与被领导、管理与被管理的权属关系，管理者作出的安排或者下达的指令自然带有一线作业者必须服从的权威，从而在客观上对一线作业者形成心理压力。因此，管理者利用自身组织、指挥、管理职权提出的指令和要求，足以对一线作业者的心理意志产生强制效力，也应认定为强令。二是第3项规定的强令违章冒险作业的其他行为方式。实践中，有的生产经营单位管理人员在明知存在事故隐患、继续作业存在危险的情况下，采用关闭、破坏相关的安全监控和报警设备等方式，故意掩盖工作环境中存在事故隐患的事实，使一线作业者放松心理戒备，进行违章作业，此类行为的社会危险性极大，以重大责任事故罪论处无法做到罪责刑相适应。经研究认为，这种情况下，一线作业者开展作业看似未受强制和胁迫，但其如果了解事实真相，绝不肯违章冒险作业。管理者故意掩盖事故隐患，直接影响了一线作业者的心理选择，实质上与采用强制手段或者利用自身职务身份要求他人违章冒险作业的行为没有根本性区别，也应认定为强令。三是第4项系兜底条款。司法解释难以对实践中存在的各种情况进行毫无遗漏的列举式规定，除前三项规定的三种强令违章冒险作业情形外，对于未来实践中可能出现的其他强令违章冒险作业的行为，可依法归入第4项的规定范围处理。

（五）关于不报、谎报安全事故罪的构成条件和共犯认定

关于不报、谎报安全事故罪的构成条件，《解释》制定过程中曾存在争论，规定内容也数易其稿。主要问题在于，从刑法第139条之一条文规定的字面理解，"贻误事故抢救"和"情节严重"是罪与非罪的重要界限，必须同时具备上述两个条件，才能构成不报、谎报安全事故罪。《矿山司法解释》也将"贻误事故抢救"这一要件规定在居首部分。根据该规定，所有不报、谎报行为只有造成贻误事故抢救的后果，才可能构成本罪。但是，实践中大量存在的情况是，事故抢救工作基本结束后，行为人为降低认定事故等级、避免上级机关介入调查，故意伪造、破坏事故现场，或者转移、藏匿遇难者尸体。上述行为社会影响恶劣、危害性大，但往往并不足以导致贻误事故抢救的后果，依据《矿山司法解释》的规定，可能难以定罪。据此，有意见提出，可将"贻误事故抢救"解释为不报、谎报行为的当然结果，即只要行为人实施了不报、谎报行为，就应认定其造成了贻误事故抢救的

危险性结果，同时符合情节严重标准的，就应以不报、谎报安全事故罪论处。

经反复慎重研究，考虑到刑法条文明确将贻误事故抢救规定为不报、谎报安全事故罪的构成条件，如果在《解释》中明确将贻误事故抢救解释为不报、谎报事故行为的当然结果，法律依据不够充分，故对上述意见未予采纳，《解释》基本保留了《矿山司法解释》的规定方式。但是，上述意见提出的问题应引起重视。在案件审判过程中，对于刑法第139条之一规定的"贻误事故抢救"，以及《矿山司法解释》第6条第1款第2项规定的"致使不能及时有效开展事故抢救"两个条件，不宜作过于严格的限定。另外，《解释》还将不报、谎报安全事故情节特别严重的直接经济损失标准由300万元提高至500万元，以与《解释》第7条的规定保持协调一致，并在不报、谎报的具体行为方式中增加了迟报以进一步严密刑事法网。根据国务院《生产安全事故报告和调查处理条例》的相关规定，此处规定的"迟报"，是指未按法律法规规定的时限及时报告，可归入广义的不报行为的范畴。

《解释》还对不报、谎报安全事故罪的共犯认定问题作出了规定。《矿山司法解释》第7条规定，在矿山生产安全事故发生后，实施该解释第6条规定的相关行为，帮助负有报告职责的人员不报或者谎报事故情况，贻误事故抢救的，对组织者或者积极参加者，依照刑法第139条之一的规定，以共犯论处。该条规定有以下两个方面问题：首先，将共犯的成立范围限定为帮助行为，即认为无身份之人只可能构成帮助犯和从犯，但实践中，对于组织、指使、强令负有报告职责的人员不报、谎报事故情况的，也可以认定为共犯，并可能构成主犯；其次，仅对帮助犯中的组织者或者积极参加者以共犯论处，不当缩小了共犯成立范围，并无明确的理论基础，且在仅有一名帮助犯的情况下，由于不存在参照对象，难以认定为组织者或积极参加者，这种情况下是否应当认定为共犯，实践中存在争议。经研究，《解释》删去了《矿山司法解释》中仅对帮助犯中的组织者和积极参加者认定为共犯的规定，明确与负有报告职责的人员串通，不报或者谎报安全事故情况的，只要符合刑法规定的共犯成立条件，即可认定为共犯。

（六）关于生产安全领域中故意杀人、故意伤害罪的认定

实践中，某些黑煤窑、矿山个体业主在安全事故发生后，为掩盖事故事实、逃避法律追究，不仅不组织实施抢救和向相关政府部门报告，反而故意隐匿、遗弃事故受伤人员，甚至作出堵塞出事矿井、掩盖事故发生的恶劣行为，导致被困人员因无法脱离险境而死亡或重伤，或者导致被隐匿、遗弃受伤人员因无法得到及时救治而死亡或重度残疾。依照刑法规定，上述情况理应按照故意杀人罪或者故意伤害罪论处，但因相关司法解释无明确规定，导致某些司法机关心存顾虑，不敢或不愿认定为故意犯罪，一定程度上助长了犯罪分子的侥幸心理。为解决上述问题，《解释》第10条明确，对类似行为应认定为故意杀人罪或者故意伤害罪。

（七）关于从重及从轻处罚情节

现阶段，我国安全生产形势严峻，司法机关应当继续坚持依法从严惩处危害生产安全刑事犯罪活动的基本政策。这是回应社会关切、践行司法为民司法理念的需要，也是《解

释》的总体基调。《解释》第12条对此类犯罪中常见多发的数种从重处罚情节作出了专门规定。

首先,根据2014年新修订的安全生产法的立法精神,我国的安全生产监管工作将总体上从以结果控制为主转变为过程控制和结果控制并重,进一步加大对无证生产经营、拒不履行安全监管决定等非法、违法生产经营行为的惩处力度,以达到监管关口前移、减少事故隐患的效果。《解释》起草过程中,我们经调研发现,大部分生产安全事故的背后,均隐藏着相关责任人员事前长时间的非法、违法生产经营行为,事故隐患长期得不到纠正,最终导致重特大事故发生。对于此类行为,必须加大惩处力度,以警示其他潜在的犯罪分子,达到防患于未然的效果。《解释》第12条第1款第1项至第3项的规定内容属于实践中较为常见的典型非法、违法生产经营行为。适用上述规定应注意以下几点:(1)第1项规定的"安全许可证件"是一大类证件的总称,其中既包括在矿山企业、建筑施工企业和危险化学品、烟花爆竹、民用爆破器材生产等行业领域中适用的安全生产许可证,也包括仅适用于特定生产经营领域的其他相关安全许可证件,如危险化学品生产经营领域中的危险化学品安全使用许可证和经营许可证、大型群众性活动领域中由公安机关作出的安全许可,等等。行为人未取得上述安全许可证件,或者在安全许可证件过期、被暂扣、吊销、注销后仍然从事生产经营活动,表明其不具备基本的安全生产经营条件,存在严重事故隐患,因此发生安全事故的,应当从重处罚。(2)第2项规定内容是在生产经营活动中采取各种手段故意掩盖事故隐患的行为,第3项规定内容为经有关部门或者个人提出后,仍拒不采取措施消除事故隐患的行为。上述行为的实质,是行为人为追求生产经营利润,无视事故隐患的存在和一线生产、作业者的生命财产安全,盲目组织、开展生产作业,表明其一贯不遵守安全管理规定,主观恶性较深,因此发生安全事故的,应处以较重的法定刑。

其次,危害生产安全犯罪均系过失犯罪,不适用刑法关于累犯从重处罚的规定。但是,行为人因实施危害生产安全违法犯罪行为受到行政处罚或者刑事处罚后拒不悔改,事后又因过失行为构成危害生产安全犯罪的,表明其藐视法律规范,再犯可能性较大,理应从重处罚。《解释》第12条第1款第4项对此作出了规定,同时为避免打击面过大,将受到行政处罚或者刑事处罚的期间限定在一年之内。

再次,根据安全生产法等相关行政法律、法规的规定,生产经营单位采取伪造生产经营数据、安全监测报表等手段弄虚作假,故意逃避、阻挠安全监管,或者直接采取向安全监管人员行贿的手段逃避监管、通过行贿手段非法获取生产经营资质等行为,均属严重的违法违规行为,均应从重处罚,《解释》第12条第1款第5项对此作出了规定。其中,行贿行为构成犯罪的,应依法数罪并罚。另外,《解释》第12条第1款第6项还规定,犯罪人在事故发生后故意转移个人财产,意图逃避承担民事赔偿责任和行政处罚责任的,从重处罚。第7项系兜底条款。

宽严相济刑事政策是我国的基本刑事政策,是刑事立法活动和刑事司法工作中均应遵循的基本准则。有效惩治危害生产安全犯罪,确保案件审判取得良好效果,司法机关在坚持从严惩处原则的同时,也需要在审判过程中切实贯彻落实宽严相济刑事政策的基本要求,做到严之有度,以宽济严。《解释》为具体体现宽严相济刑事政策,树立正确行为导向,鼓励犯罪人在事故发生后积极采取有利措施,最大限度减小事故损失,尽快查明事故原因,专门对两种从轻处罚情节作了明确规定。首先,犯罪人在安全事故发生后积极组织、参与事故抢救的,可以酌情从轻处罚。此规定来源于《矿山司法解释》,未作实质性修改。其次,犯罪人在安全事故发生后积极配合调查、主动赔偿损失的,表明其确有悔罪之意,且愿意通过经济赔偿弥补犯罪行为造成的损害,亦可酌情从轻处罚。

(八)关于相关公职人员犯罪的认定和处理

在安全生产法等行政法律、法规规定的安全生产工作机制中,生产经营单位是安全生产主体,对安全生产工作承担主体责任。但是,生产经营单位从事生产经营活动的目的是追逐高额利润,在经济利益的驱使下,有可能作出漠视职工合法权益、违反安全管理规定的行为。特别是在现阶段我国经济增长模式尚未完全转变、社会诚信体系尚不完善的情况下,上述情况更加明显。负有安全监管职责的部门依法对生产经营单位的安全生产工作实施监督管理,对于督促生产经营单位贯彻落实安全生产法律法规,防止安全事故发生,具有重要意义。实践中,承担安全监管职责的公职人员在实施监管检查过程中失职、渎职,或者收受监管对象贿赂,故意不履行或者因过失不认真履行监管职能,导致生产经营单位安全隐患长期得不到纠正,往往构成重特大安全事故发生的重要原因。有的公职人员还投资入股生产经营企业,由于其兼具生产经营者和安全监管者双重身份,从自身经济利益考量出发,难以依法严格实施监管,甚至可能利用自身职权为企业的非法、违法生产经营行为充当保护伞。实践证明,众多重特大生产安全事故的背后,均隐藏着公职人员的贪污受贿或者失职、渎职行为,人民群众对此反应强烈。司法机关在严惩危害生产安全犯罪的同时,更要从严惩治隐藏在这些犯罪背后的公职人员贪污受贿犯罪和渎职犯罪。

《解释》第 14 条针对危害生产安全犯罪可能涉及的公职人员犯罪行为,规定了两种从重处罚情形:(1)国家工作人员违反相关规定投资入股生产经营,既当裁判员,又当运动员,构成危害生产安全犯罪的,应当从重处罚。参照《中国共产党纪律处分条例》《中共中央、国务院关于进一步制止党政机关和党政干部经商、办企业的规定》和《关于清理纠正国家机关工作人员和国有企业负责人投资入股煤矿问题的通知》等法律法规、政策性文件的规定,此处所称的国家工作人员,主要是指国家机关工作人员和国有企业负责人。(2)根据安全生产法第 20 条的规定,生产经营单位应当具备的安全生产条件所必需的资金投入,由生产经营单位的决策机构、主要负责人或者个人经营的投资人予以保证,并对由于资金投入不足导致的后果承担责任。相关生产经营单位中的国家工作人员利用职务之便贪污公款,导致该单位安全生产投入不足,进而发生安全事故的,对该国家工作人员应从重处罚。此外,现阶段生产安全事故易发、多发,与安全监管部门监督管理不力有很大关系,负有安全监管职责的国家工作人员在对生产经营单位实施监督检查过程中收受被监管对象贿赂,导致事故隐患得不到及时整改,最终酿成事故的,亦应从重处罚;上述行为同时构成贪污、受贿犯罪和危害生产安全犯罪的,应当依法数罪并罚。

(九)关于禁止令和职业禁止措施的适用

为了维护社会稳定,保护公民人身安全,同时帮助适用缓刑的犯罪分子改过自新,防止其再次犯罪，《刑法修正案（八）》增加了对宣告缓刑的犯罪分子可以附加禁止令的规定。基于防止犯罪人再次犯罪的立法目的，《刑法修正案（九）》又增加规定了犯罪分子刑罚执行完毕后的职业禁止措施。

危害生产安全犯罪系生产经营业务活动领域中发生的责任过失类犯罪，犯罪人均系负有一定职业义务、具有特定职务身份的人员，其违背职业要求，疏于履行特定义务，最终引发严重事故后果，符合刑法规定的职业禁止措施的适用条件。为防止危害生产安全犯罪分子在缓刑考验期限间重操旧业引发事故，亦有必要对其适用禁止令。《解释》第16条规定，对于被依法适用缓刑的危害生产安全犯罪分子，可以依法适用禁止令；对于被判处刑罚的犯罪分子，可以禁止其在一定时间内从事特定职业。实践中，对危害生产安全犯罪分子适用禁止令和职业禁止措施，应注意以下两个方面问题：

首先，关于禁止令和职业禁止措施的具体内容。为起到预防再犯的积极效果，禁止令及职业禁止措施的内容应当具有针对性。刑法规定的禁止令包括三种类别，即特定活动禁止令、特定区域场所禁止令和特定人禁止令，其中的特定区域场所禁止令和特定人禁止令一般是针对故意犯罪而言的，对于危害生产安全犯罪分子，通常情况下适用特定活动禁止令即可，即对于实施危害生产安全犯罪适用缓刑的犯罪分子，可以根据犯罪情况，禁止其在缓刑考验期限内从事与安全生产相关联的特定活动。此处所称"与安全生产相关联的特定活动"，是指与犯罪分子实施犯罪时所从事的职业活动属于同一行业的生产经营活动，而非禁止其从事所有类别的生产经营活动；禁止从事与安全生产相关联的特定活动，是指禁止犯罪分子直接从事一线生产、作业活动，或者担任相关生产经营单位的负责人、管理人员、实际控制人、投资人等职务。刑罚执行完毕后职业禁止措施的内容，亦应参照禁止令的内容确定。

其次，关于刑法规定的职业禁止措施与行政法规中职业限制规定的关系问题。《刑法修正案（九）》增设的刑法第37条之一第3款规定："其他法律、行政法规对其从事相关职业另有禁止或者限制性规定的，从其规定。"安全生产法第91条对生产经营单位主要负责人的职业限制作出了明确规定，上述人员因未履行安全生产管理职责受到刑事处罚或者撤职处分的，自刑罚执行完毕或者受处分之日起，5年内不得担任任何生产经营单位的主要负责人；对重大、特别重大生产安全事故负有责任的，终身不得担任本行业生产经营单位的主要负责人。根据以上规定，对于生产经营单位主要负责人的职业限制和禁止问题，安全生产法的规定与刑法不一致，且规定内容比刑法更为严格。对于生产经营单位的主要负责人构成危害生产安全犯罪，适用职业禁止措施的，直接适用安全生产法的规定即可。

（十）关于与《矿山司法解释》的关系

关于如何妥善处理《解释》与《矿山司法解释》的关系，制定过程中曾存在争议。有意见认为，《矿山司法解释》对于打击矿山生产安全犯罪、维护矿山生产经营秩序稳定发挥了积极作用，特别是其中有关犯罪主体方面的规定现阶段仍具有实践指导意义，建议予以保留；在时间效力方面，《解释》发布实施后，《矿山司法解释》可仍然有效，与《解释》不一致的内容，以《解释》为准即可。

经研究认为，由于《解释》和《矿山司法解释》的内容存在诸多交叉，且部分内容不尽一致，如果同时有效，可能造成法律适用方面的冲突。将《矿山司法解释》的主要内容吸收进《解释》中并进行必要的修改完善，在《解释》发布实施后，《矿山司法解释》同时废止，是较为稳妥的做法。据此，《解释》吸收《矿山司法解释》中有关犯罪主体范围认定、定罪处罚标准以及刑事政策具体把握等方面的规定，并结合法律规定和实践需要作了进一步的修改完善。为突出打击重点、避免条文繁芜，《解释》对《矿山司法解释》中的一些提示性规定未再沿用。另外，对于《矿山司法解释》规定的非法采矿罪的定罪处罚问题，拟留待将来出台的专门司法解释进行统一规定，《解释》未予涉及。

附二：

最高人民检察院工作人员《关于办理危害生产安全刑事案件适用法律若干问题的解释》理解和适用[*]

绵 杰 宋 丹[**]

最高人民法院、最高人民检察院联合制定的《关于办理危害生产安全刑事案件适用法律若干问题的解释》（以下简称《解释》），分别经2015年11月9日最高人民法院审判委员会第1665次会议、2015年12月9日最高人民检察院第十二届检察委员会第四十四次会议通过，于2015年12月15日公布，自2015年12月16日起施行。为便于司法工作人员正确理解和适用《解释》的相关规定，现对《解释》解读如下：

一、《解释》的制定背景及过程

近年来，全国检察机关认真贯彻落实习近平总书记关于进一步加强安全生产工作的重要指示精神，不断加大对危害生产安全犯罪，以及生产安全事故所涉及贪污贿赂、渎职等职务犯罪的查处力度，依法查办了一大批刑事案件。2013年至2014年，全国检察机关依法起诉危害生产安全刑事案件3370件6129人，立案侦查生产安全事故所涉及贪污贿赂、渎职犯罪案件1278件1917人，为保障广大人民群众生命财产安全，促进生产秩序持续好转，保障经济社会科学发展发挥了积极作用。

但在实践中，危害生产安全犯罪涉及领域广泛，行为形式多样，主体复杂多元，司法机关办理相关刑事案件时，在罪名确定、责任划分、情节后果认定以及刑事政策把握等方面存在诸多问题亟须解决。2007年2月最高人民法院、最高人民检察院联合制定的《关于办理危害矿山生产安全刑事案件具体应用法律若干问题的解释》（以下简称《矿山生产安全刑事案件解释》），对矿山生产领域内发生的部分类型刑事犯罪的法律适用问题进行了规定，但涉及罪名有限。2008年6月，《最高人民检察院、公安部关于公安机关管辖的刑事案件立案追诉标准的规定（一）》（以下简称《追诉标准（一）》）规定了重大责任事故罪等犯罪的立案追诉标准，但对相关犯罪的共犯、罪数及刑事政策等问题没有明确。

针对重特大生产安全事故多发、人民群众生命财产安全受到侵犯、生产经营活动遭受

---

[*] 原文载《人民检察》2016年第1期。
[**] 作者单位：最高人民检察院。

巨额经济损失、社会影响十分恶劣的情况,2013年10月,最高人民检察院法律政策研究室和最高人民法院刑四庭协商,认为现阶段有必要共同启动关于危害生产安全犯罪司法解释的制定工作,并起草了《解释》初稿。2014年10月,召开了部门座谈会和专家论证会,听取国家安监总局和部分地方公检法机关、专家学者的意见,对初稿进一步修改完善,形成了征求意见稿。2015年初,征求了全国检察院系统、法院系统意见。7月,征求了全国人大常委会法工委、国家安监总局等中央单位的意见。在综合各方面意见的基础上,经反复研究修改,形成《解释》,并经最高人民法院审委会、最高人民检察院检委会分别审议通过。

二、《解释》的主要内容

《解释》共17条。针对办理危害生产安全犯罪案件起诉、审判过程中存在的法律适用突出问题,主要规定了以下几方面的内容:(1)重大责任事故罪、强令违章冒险作业罪、重大劳动安全事故罪、不报、谎报安全事故罪等4个危害生产安全犯罪的主体认定;(2)铁路运营安全事故罪、重大责任事故罪、重大劳动安全事故罪等8个危害生产安全犯罪,大型群众性活动重大安全事故罪、教育设施重大安全事故罪等2个责任事故类犯罪的定罪量刑标准;(3)危害生产安全犯罪的从重从轻处罚、共同犯罪、罪数等问题;(4)安全生产领域相关贪污贿赂犯罪、渎职犯罪的定罪处罚;(5)对危害生产安全犯罪分子适用禁止令和职业禁止的规定。

(一)重大责任事故罪,强令违章冒险作业罪,重大劳动安全事故罪,不报、谎报安全事故罪等4个危害生产安全犯罪的主体认定

《解释》第1条至第4条对刑法第134条第1款重大安全事故罪、第134条第2款强令违章冒险作业罪、第135条重大劳动安全事故罪、第139条之一不报、谎报安全事故罪的犯罪主体作出规定,主要借鉴了《矿山生产安全刑事案件解释》第1条至第3条犯罪主体的规定。《矿山生产安全刑事案件解释》第1条至第3条根据实践需要,将相关生产经营单位的幕后投资人、实际控制人等均纳入犯罪主体范围,对于严密刑事法网、有效预防安全事故的发生具有重要意义。考虑到刑法第134条、第135条、第139条之一规定的犯罪并不仅限于矿山安全生产犯罪,《解释》第1条至第4条将犯罪主体由原来的矿山生产领域扩大到所有生产经营领域,分别规定:(1)刑法第134条第1款规定的犯罪主体,包括对生产、作业负有组织、指挥或者管理职责的负责人、管理人员、实际控制人、投资人等人员,以及直接从事生产、作业的人员。(2)刑法第134条第2款规定的犯罪主体,包括对生产、作业负有组织、指挥或者管理职责的负责人、管理人员、实际控制人、投资人等人员。(3)刑法第135条规定的"直接负责的主管人员和其他直接责任人员",是指对安全生产设施或者安全生产条件不符合国家规定负有直接责任的生产经营单位负责人、管理人员、实际控制人、投资人,以及其他对安全生产设施或者安全生产条件负有管理、维护职责的人员。(4)刑法第139条之一规定的"负有报告职责的人员",是指负有组织、指挥或者管理职责的负责人、管理人员、实际控制人、投资人,以及其他负有报告职责的人员。

(二)强令他人违章冒险作业罪的适用条件

《解释》第五条明确了强令违章冒险作业罪中的"强令他人违章冒险作业"的具体情

形。《刑法修正案（六）》增设强令违章冒险作业罪，法定最高刑为有期徒刑15年。但在司法实践中，各级司法机关对本罪名的适用率偏低，重要原因在于对"强令"一词理解不当，有些司法办案人员将某些强令违章冒险作业行为认定为重大责任事故罪。因此，有必要对如何理解"强令违章冒险作业"作出专门规定。《解释》第5条共列有4项情形。第1项"利用组织、指挥、管理职权，强制他人违章作业的"，明确了利用管理者自身享有的组织、指挥、管理职权，强制他人违章作业的情形。实践中，管理者职权的强制性特征并不十分明显，但由于管理者与一线作业者之间存在领导与被领导、管理与被管理的权属关系，管理者作出的安排或者下达的指令带有必须服从的权威，客观上足以对一线作业者的心理意志产生强制效力。第2项"采取威逼、胁迫、恐吓等手段，强制他人违章作业的"，明确了采取威逼、胁迫、恐吓等强制性手段，强制他人违章作业的情形。实践中，管理者常采用罚款、降低工资待遇、解除劳动关系等方式威胁被管理者，威逼、胁迫、恐吓等强制性手段是"强令"的常见手段方式，也是"强令"一词的核心含义。第3项"故意掩盖事故隐患，组织他人违章作业的"，明确了危险状态下故意隐瞒事故隐患，组织他人违章作业的情形。实践中，有的生产经营单位的管理人员在明知存在事故隐患、继续作业存在危险的情况下，采用关闭、破坏相关安全监控和报警设备等方式，故意掩盖工作环境中存在事故隐患的事实，使一线作业者放松心理戒备，进行违章作业。如2009年河南平顶山新华区四矿"9·8"特大瓦斯爆炸事故，该矿生产矿长助理袁某等人明知矿山井下瓦斯超标、生产作业存在重大隐患，为达到继续开展生产的目的，故意指使瓦斯检查员将瓦斯探头电源拔脱，或者将瓦斯探头置于风筒新鲜风流中，并伪造虚假的瓦斯报表数据，造成井下瓦斯浓度合格的假象，造成瓦斯爆炸事故，导致重大人员伤亡，社会危害性极大。经研究认为，在这种情况下，一线作业者开展作业看似未受胁迫，但其如果了解事实真相，一般不会违章冒险作业。管理者故意掩盖事故隐患，直接影响一线作业者的判断与选择。管理者故意掩盖事故隐患行为与采取强制手段或者利用自身职权要求他人违章冒险作业的行为没有根本性区别，同样应当认定为"强令他人违章作业"。第四项"其他强令他人违章作业的行为"是兜底条款，目的是严密刑事法网。

需要注意的是，本条各项情形中虽然没有"冒险作业"的表述，但并不意味着各项情形不是冒险作业。在《解释》研究起草过程中，有意见认为，在安全生产中强令他人违章作业本身就应视为冒险行为。有专家学者也提出，从根本上讲，所有安全生产管理制度均具有防范安全风险和安全事故发生的基本属性，行为人违反安全管理规章制度的行为即冒险行为。刑法罪状中之所以出现"冒险"一词，是为了强调违章行为通常所造成或引发的状态。据此，本条将"冒险"解释为一种危险状态，在句首规定为"明知存在事故隐患、继续作业存在危险"。

（三）刑法第132条、第134条至第139条等9个犯罪的入罪标准

《解释》第6条共有4款，明确了刑法第132条、第134条至第139条规定的铁路运营安全事故罪、重大责任事故罪、强令违章冒险作业罪、重大劳动安全事故罪、大型群众性活动重大安全事故罪、危险物品肇事罪、工程重大安全事故罪、教育设施重大安全事故罪、消防责任事故罪等9个犯罪的入罪标准。

第 1 款规定了刑法第 132 条铁路运营安全事故罪、第 134 条第 1 款重大责任事故罪、第 135 条重大劳动安全事故罪、第 135 条之一大型群众性活动重大安全事故罪、第 136 条危险物品肇事罪、第 139 条消防责任事故罪的入罪标准。经研究认为，上述 6 个犯罪的主体是相关责任人员，刑法没有对"直接负责的主管人员和其他直接责任人员"或"直接责任人员"等作出特别规定；入罪均要求"造成严重后果"或者"发生重大伤亡事故或者造成其他严重后果"，社会危害性程度相当；第一档法定刑均为 3 年以下有期徒刑或者拘役。为避免《解释》条文重复烦琐，本条用一款对上述犯罪的入罪标准加以规定，共列有 3 项：第 1 项"造成死亡一人以上或者重伤三人以上"，主要从造成人员伤亡的程度方面明确，与《追诉标准（一）》规定一致；第 2 项"造成直接经济损失一百万元以上"主要从造成经济损失的方面明确，与《矿山生产安全刑事案件解释》规定一致；第 3 项"其他造成严重后果或者重大安全事故的情形"是兜底条款。

第 2 款规定了刑法第 134 条第 2 款强令违章冒险作业罪的入罪标准。强令他人违章冒险作业，因而发生安全事故，造成死亡 1 人以上，或者重伤 3 人以上的；或者造成直接经济损失 100 万元以上的；或者具有其他造成严重后果或者重大安全事故的情形的，应当认定为"发生重大伤亡事故或者造成其他严重后果"，对相关责任人员，处五年以下有期徒刑或者拘役。

第 3 款规定了刑法第 137 条工程重大安全事故罪的入罪标准。建设单位、设计单位、施工单位、工程监理单位违反国家规定，降低工程质量标准，因而发生安全事故，造成死亡 1 人以上，或者重伤 3 人以上的；或者造成直接经济损失 100 万元以上的；或者具有其他造成严重后果或者重大安全事故的情形的，应当认定为"造成重大安全事故"，对直接责任人员，处五年以下有期徒刑或者拘役，并处罚金。

第 4 款规定了刑法第 138 条教育设施重大安全事故罪的入罪标准。明知校舍或者教育教学设施有危险，而不采取措施或者不及时报告，因而发生安全事故，造成死亡 1 人以上，或者重伤 3 人以上的，应当认定为"发生重大伤亡事故"，对直接责任人员，处 3 年以下有期徒刑或者拘役。《解释》单独用 3 款对上述 3 个罪名的入罪标准进行规定，主要是考虑这三个罪的犯罪主体、入罪条件和第一档法定刑各有差异，如教育设施重大安全事故罪，只对直接责任人员追究刑事责任，入罪条件是"发生重大伤亡事故"，如将其放在第 1 款规定，入罪标准中的"造成直接经济损失一百万元以上"显然无法适用。

（四）刑法第 132 条、第 134 条至第 139 条等 9 个犯罪的法定刑升格标准

《解释》第 7 条规定了第 6 条规定的 9 个犯罪的法定刑升格标准，共分 4 款，与第六条各款对应。定罪量刑标准中的人员伤亡数、经济损失数额采用近年来司法解释的通常做法，分别按照入罪标准的 3 倍、5 倍掌握。

第 1 款规定了刑法第 132 条铁路运营安全事故罪、第 134 条第 1 款重大责任事故罪、第 135 条重大劳动安全事故罪、第 135 条之一大型群众性活动重大安全事故罪、第 136 条危险物品肇事罪、第 139 条消防责任事故罪的法定刑升格标准，共列有 3 项。对于造成死亡 3 人以上或者重伤 10 人以上，负事故主要责任的，或者造成直接经济损失 500 万元以

上,负事故主要责任的,或者具有其他造成特别严重后果、情节特别恶劣或者后果特别严重情形的,对相关责任人员,处3年以上7年以下有期徒刑。

第2款规定了刑法第134条第2款强令违章冒险作业罪的法定刑升格标准。强令他人违章冒险作业,因而发生安全事故,造成死亡3人以上或者重伤10人以上,负事故主要责任的,或者造成直接经济损失500万元以上,负事故主要责任的,或者具有其他造成特别严重后果、情节特别恶劣或者后果特别严重情形的,对相关责任人员,处5年以上有期徒刑。

第3款规定了刑法第137条工程重大安全事故罪的法定刑升格标准。建设单位、设计单位、施工单位、工程监理单位违反国家规定,降低工程质量标准,因而发生安全事故,造成死亡3人以上或者重伤10人以上,负事故主要责任的,或者造成直接经济损失500万元以上,负事故主要责任的,或者具有其他造成特别严重后果、情节特别恶劣或者后果特别严重情形的,对直接责任人员,处5年以上10年以下有期徒刑,并处罚金。

第四款规定了刑法第138条教育设施重大安全事故罪的法定刑升格标准。明知校舍或者教育教学设施有危险,而不采取措施或者不及时报告,因而发生安全事故,造成死亡3人以上或者重伤10人以上,负事故主要责任的,或者造成死亡1人以上或者重伤3人以上,同时造成直接经济损失500万元以上并负事故主要责任的,或者同时造成恶劣社会影响的,对直接责任人员,处3年以上7年以下有期徒刑。

需要说明的是,我国刑法规定的责任事故类犯罪均为过失犯罪,但由于刑法不存在共同过失犯罪,对于责任事故类犯罪中的多个犯罪人,不能适用从犯、胁从犯减轻、免除处罚的规定。在司法实践中,安全事故发生后,对事故负有责任的人员众多,其中既有直接责任人和主要责任人,也有间接责任人和次要责任人,如果均须对同一事故后果承担刑事责任,适用同一档法定刑,将导致量刑幅度无法拉开,刑事打击面过大,既不能体现宽严相济刑事政策,也不利于预防和减少安全事故的发生。经研究并反复征求中央有关单位意见,认为按照行为人对事故后果所负责任的轻重有所区别地承担刑事责任,是较为合适的。《解释》第7条第1款在第1、2项中采用了"事故后果+责任大小"的方式,原则上事故后果达到一定程度,行为人对事故后果承担主要责任的,以第二档法定刑处罚;次要责任人以第一档法定刑处罚。对于少数案件中的部分次要责任人,不处以第二档法定刑难以罪责刑相适应的,可以考虑适用第一款规定的兜底条款,以第二档法定刑处罚。

(五) 不报、谎报安全事故罪的定罪量刑标准

《解释》第8条规定了刑法第139条之一不报、谎报安全事故罪的定罪量刑标准,分两款规定了"情节严重""情节特别严重"情形。第1款明确了"情节严重"的具体情形,列有3项。第1项规定,在安全事故发生后,负有报告职责的人员不报或者谎报事故情况,贻误事故抢救,导致事故后果扩大,增加死亡一人以上,或者增加重伤3人以上,或者增加直接经济损失100万元以上的,应当认定为"情节严重"。第2项规定,实施下列四种行为之一,致使不能及时有效开展事故抢救的,应当认定为"情节严重":(1) 决定不报、迟报、谎报事故情况或者指使、串通有关人员不报、迟报、谎报事故情况的;(2) 在事故抢救期间擅离职守或者逃匿的;(3) 伪造、破坏事故现场,或者转移、藏匿、毁灭遇难人

员尸体,或者转移、藏匿受伤人员的;(4)毁灭、伪造、隐匿与事故有关的图纸、记录、计算机数据等资料以及其他证据的。第 3 项规定"其他情节严重的情形",是兜底条款。

第 2 款明确了"情节特别严重"的具体情形,列有 3 项:一是导致事故后果扩大,增加死亡 3 人以上,或者增加重伤 10 人以上,或者增加直接经济损失 500 万元以上的;二是采用暴力、胁迫、命令等方式阻止他人报告事故情况,导致事故后果扩大的;三是其他情节特别严重的情形。第 8 条各款规定的情形在《矿山生产安全刑事案件解释》的基础上,作了两处修改:一是与"两高"《关于办理渎职刑事案件适用法律若干问题的解释(一)》(以下简称《渎职刑事案件解释(一)》)的相关规定一致,在第 1 款第 2 项中增加"迟报",修改为"决定不报、迟报、谎报事故情况或者指使、串通有关人员不报、迟报、谎报事故情况的";二是将第 2 款第 1 项中的直接经济损失标准修改为五百万元,与《解释》第 7 条的规定保持一致。

(六)不报、谎报安全事故罪共犯的认定

《解释》第 9 条规定了不报、谎报安全事故罪的共同犯罪。《矿山生产安全刑事案件解释》原规定,在矿山生产安全事故发生后,实施相关行为帮助负有报告职责的人员不报或者谎报事故情况,贻误事故抢救的,对组织者或者积极参加者,以不报、谎报安全事故罪的共犯论处。经研究认为,该规定有以下问题:一是将共犯行为局限认定为不报、谎报安全事故的帮助行为;二是仅对组织者和积极参加者以共犯论处,不当缩小了共犯的成立范围。《解释》第 9 条对《矿山生产安全刑事案件解释》的相关规定进行了修改,删去了仅对帮助犯中的组织者和积极参加者认定为共犯的规定,明确在安全事故发生后,与负有报告职责的人员串通,不报或者谎报事故情况,贻误事故抢救,情节严重的,以不报、谎报安全事故罪共犯论处。

(七)安全生产领域中故意杀人罪和故意伤害罪的认定

《解释》第 10 条明确了安全生产领域中故意杀人罪和故意伤害罪的认定。实践中,安全事故发生后,相关责任人员故意阻挠实施抢救,导致人员死亡或者重伤,或者为了逃避法律追究,对受伤被害人进行隐藏、遗弃,导致其死亡或者重度残疾,其行为和伤亡后果之间存在因果关系,应认定为故意杀人罪或故意伤害罪。有意见认为,对事故被害人进行隐藏、遗弃,行为人的主观心态有可能是过于自信的过失,不宜一律认定为故意犯罪。经研究认为,在一般情况下,对他人进行藏匿、遗弃,致使被害人死亡、严重残疾的,可能构成过失致人死亡罪或者过失致人重伤罪。为避免认识不一致,本条规定了"为了逃避法律追究",突出行为人主观方面的故意。在事故发生后,对于行为人单纯不报、谎报事故情况,无故意阻挠解救受困人员的积极行为的,应当认定为不报、谎报安全事故罪;对于采取积极行为阻挠事故抢救,或者在被害人尚未死亡的情况下故意对其进行藏匿、遗弃,致使被害人死亡、严重残疾的,应当认定为故意杀人罪或者故意伤害罪。

(八)安全生产领域中生产、销售不符合安全标准的产品罪的认定

《解释》第 11 条明确,生产不符合保障人身、财产安全的国家标准、行业标准的安全设备,或者明知安全设备不符合保障人身、财产安全的国家标准、行业标准而进行销售,

致使发生安全事故,造成严重后果的,依照刑法第 146 条的规定,以生产、销售不符合安全标准的产品罪定罪处罚。安全设备是安全生产法中的一个概念,外延涵盖刑法第 135 条规定的安全生产设施,以及属于安全生产条件范畴的劳动防护用品。根据刑法第 135 条的规定,故意使用不合格安全生产设施或不配备合格安全生产条件,因而发生重大伤亡事故或者造成其他严重后果的,依法以重大劳动安全事故罪定罪处罚。对于有的单位生产不合格安全生产设施或安全防护用品,有的单位或个人明知产品不合格而故意进行销售,导致上述产品流入生产经营单位,造成重大安全事故的,应区别于重大劳动安全事故罪,以生产、销售不符合安全标准的产品罪定罪处罚。

(九) 危害生产安全犯罪从重处罚的情形

《解释》第 12 条主要明确了危害生产安全犯罪从重处罚的情形,共分两款。第 1 款主要参考了 2011 年 12 月最高人民法院《关于进一步加强危害生产安全刑事案件审判工作的意见》第 10 条、第 14 条、第 15 条的内容,列举了 7 项需从重处罚的具体情形,分别是:(1) 未依法取得安全许可证件或者安全许可证件过期、被暂扣、吊销、注销后从事生产经营活动的;(2) 关闭、破坏必要的安全监控和报警设备的;(3) 已经发现事故隐患,经有关部门或者个人提出后,仍不采取措施的;(4) 1 年内曾因危害生产安全违法犯罪活动受过行政处罚或者刑事处罚的;(5) 采取弄虚作假、行贿等手段,故意逃避、阻挠负有安全监督管理职责的部门实施监督检查的;(6) 安全事故发生后转移财产意图逃避承担责任的;(7) 其他从重处罚的情形。需要说明的是,考虑到修改后安全生产法的立法精神,将我国的安全生产监管工作总体上从重视结果控制转变为重视过程控制为主,第一款第一项突出了对安全许可证件的管控,进一步加大了对无证经营等非法、违法行为的处罚。

本条第 2 款是提示性规定,对于采取弄虚作假、行贿等手段,故意逃避、阻挠负有安全监督管理职责的部门实施监督检查,同时构成刑法第 389 条行贿犯罪的,应该以危害生产安全相关犯罪与行贿罪数罪并罚。

(十) 危害生产安全犯罪从轻处罚的情形

《解释》第 13 条规定了危害生产安全犯罪从轻处罚的情形,以贯彻宽严相济刑事政策。对于在安全事故发生后积极组织、参与事故抢救,或者积极配合调查、主动赔偿损失的相关人员,可以酌情从轻处罚。

(十一) 安全生产领域相关贪污贿赂犯罪的定罪处罚

《解释》第 14 条明确,国家工作人员违反规定投资入股生产经营,构成危害生产安全相关犯罪的,或者国家工作人员的贪污、受贿犯罪行为与安全事故发生存在关联性的,依法从重处罚;同时构成贪污、受贿犯罪和危害生产安全相关犯罪的,依照数罪并罚的规定处罚。

实践中,国家工作人员违规投资入股生产经营企业,兼具生产经营者和安全监管者的双重身份,既当运动员又当裁判员,难以及时有效开展监管工作;国家工作人员利用职务之便贪污公款,导致相关企业安全生产投入不足;或者在履行监管职责过程中收受贿赂,导致发生安全事故的情形时有发生,社会危害性十分严重,均应从严惩处。实施危害生产安全犯罪,又构成贪污、受贿犯罪的,应数罪并罚。

(十二) 安全生产领域相关渎职犯罪的定罪处罚

《解释》第 15 条对安全生产领域的相关渎职犯罪作出规定。在征求意见过程中,有部门提出,实践中一些国家工作人员徇私舞弊、不作为、胡作为或乱作为,致使一些危害生产安全犯罪刑事案件应当移交而不移交司法机关处理,有的以行政处罚代替刑事处罚,有的仅作了党政纪处理,在一定程度上放纵了安全生产领域的违法犯罪行为,也是各类生产安全事故高发、频发的重要原因。为此,本条第一款明确,国家机关工作人员在履行安全监督管理职责时滥用职权、玩忽职守,致使公共财产、国家和人民利益遭受重大损失的,或者徇私舞弊,对发现的刑事案件依法应当移交司法机关追究刑事责任而不移交,情节严重的,分别依照刑法第 397 条、第 402 条的规定,以滥用职权罪、玩忽职守罪或者徇私舞弊不移交刑事案件罪定罪处罚。

实践中,一些企业设有安全生产监督管理机构,如企业内部的安全生产监督管理部,负责企业的日常安全生产监督管理工作。但由于司法机关对企业负责安全生产监督管理工作的机构的工作人员是否能成为渎职罪主体认识不一致,导致很多案件无法处理,影响了查处安全生产领域渎职犯罪的法律效果和社会效果。为此,本条第 2 款根据刑法第 397 条、第 402 条和《渎职刑事案件解释(一)》第 7 条的规定,重申了相关渎职犯罪法律适用问题。对于公司、企业、事业单位的工作人员在依法或者受委托使安全监督管理职责时滥用职权或者玩忽职守,构成犯罪的,应当依照《全国人民代表大会常务委员会关于〈中华人民共和国刑法〉第九章渎职罪主体适用问题的解释》的规定,适用渎职罪的规定追究刑事责任。

(十三) 对危害生产安全犯罪分子禁止令和职业禁止措施的适用

《解释》第十六条明确,对于实施危害生产安全犯罪适用缓刑的犯罪分子,可以根据犯罪情况,禁止其在缓刑考验期限内从事与安全生产相关联的特定活动;对于被判处刑罚的犯罪分子,可以根据犯罪情况和预防再犯罪的需要,禁止其自刑罚执行完毕之日或者假释之日起 3 年至 5 年内从事与安全生产相关的职业。

《刑法修正案(八)》增加规定了缓刑考验期限内禁止令的适用,《刑法修正案(九)》增加规定了刑罚执行完毕后职业禁止措施的适用。为充分发挥刑法禁止令和职业禁止措施的积极作用,本条对危害生产安全犯罪分子如何适用禁止令和职业禁止措施作出规定,主要考虑危害生产安全犯罪系专业业务领域中发生的特殊主体犯罪,犯罪分子一般利用自己的特殊身份实施犯罪活动,为预防再犯,有必要根据案件的具体情况,充分适用禁止令和职业禁止的规定,以起到特殊预防的效果。

(十四)《解释》的效力

《解释》自 2015 年 12 月 16 日起施行。施行后,《矿山生产安全刑事案件解释》废止。对于最高法、最高检此前发布的《渎职刑事案件解释(一)》《追诉标准(一)》等相关内容与本解释不一致的,应适用《解释》的规定。

最高人民检察院、公安部
关于公安机关管辖的刑事案件立案追诉标准的
规定（一）（节录）

发布并实施日期：2008 年 6 月 25 日　公通字〔2008〕36 号

第八条 [重大责任事故案（刑法第一百三十四条第一款）] 在生产、作业中违反有关安全管理的规定，涉嫌下列情形之一的，应予立案追诉：

（一）造成死亡一人以上，或者重伤三人以上的；
（二）造成直接经济损失五十万元以上的；
（三）发生矿山生产安全事故，造成直接经济损失一百万元以上的；
（四）其他造成严重后果的情形。

第九条 [强令违章冒险作业案（刑法第一百三十四条第二款）] 强令他人违章冒险作业，涉嫌下列情形之一的，应予立案追诉：

（一）造成死亡一人以上，或者重伤三人以上的；
（二）造成直接经济损失五十万元以上的；
（三）发生矿山生产安全事故，造成直接经济损失一百万元以上的；
（四）其他造成严重后果的情形。

第十条 [重大劳动安全事故案（刑法第一百三十五条）] 安全生产设施或者安全生产条件不符合国家规定，涉嫌下列情形之一的，应予立案追诉：

（一）造成死亡一人以上，或者重伤三人以上的；
（二）造成直接经济损失五十万元以上的；
（三）发生矿山生产安全事故，造成直接经济损失一百万元以上的；
（四）其他造成严重后果的情形。

第十一条 [大型群众性活动重大安全事故案（刑法第一百三十五条之一）] 举办大型群众性活动违反安全管理规定，涉嫌下列情形之一的，应予立案追诉：

（一）造成死亡一人以上，或者重伤三人以上的；
（二）造成直接经济损失五十万元以上的；
（三）其他造成严重后果的情形。

第十二条 [危险物品肇事案（刑法第一百三十六条）] 违反爆炸性、易燃性、放射性、毒害性、腐蚀性物品的管理规定，在生产、储存、运输、使用中发生重大事故，涉嫌下列情形之一的，应予立案追诉：

（一）造成死亡一人以上，或者重伤三人以上的；

（二）造成直接经济损失五十万元以上的；

（三）其他造成严重后果的情形。

第十三条［工程重大安全事故案（刑法第一百三十七条）］建设单位、设计单位、施工单位、工程监理单位违反国家规定，降低工程质量标准，涉嫌下列情形之一的，应予立案追诉：

（一）造成死亡一人以上，或者重伤三人以上的；

（二）造成直接经济损失五十万元以上的；

（三）其他造成严重后果的情形。

第十四条［教育设施重大安全事故案（刑法第一百三十八条）］明知校舍或者教育教学设施有危险，而不采取措施或者不及时报告，涉嫌下列情形之一的，应予立案追诉：

（一）造成死亡一人以上、重伤三人以上或者轻伤十人以上的；

（二）其他致使发生重大伤亡事故的情形。

第十五条［消防责任事故案（刑法第一百三十九条）］违反消防管理法规，经消防监督机构通知采取改正措施而拒绝执行，涉嫌下列情形之一的，应予立案追诉：

（一）造成死亡一人以上，或者重伤三人以上的；

（二）造成直接经济损失五十万元以上的；

（三）造成森林火灾，过火有林地面积二公顷以上，或者过火疏林地、灌木林地、未成林地、苗圃地面积四公顷以上的；

（四）其他造成严重后果的情形。

第一百条 本规定中的立案追诉标准，除法律、司法解释另有规定的以外，适用于相关的单位犯罪。

第一百零一条 本规定中的"以上"，包括本数。

最高人民检察院、公安部关于公安机关管辖的刑事案件立案追诉标准的规定（一）的补充规定（节录）

发布并实施日期：2017年4月27日　公通字〔2017〕12号

一、在《最高人民检察院公安部关于公安机关管辖的刑事案件立案追诉标准的规定（一）》（以下简称《立案追诉标准（一）》）第15条后增加一条，作为第15条之一：〔不报、谎报安全事故案（刑法第139条之一）〕在安全事故发生后，负有报告职责的人员不报或者谎报事故情况，贻误事故抢救，涉嫌下列情形之一的，应予立案追诉：

（一）导致事故后果扩大，增加死亡1人以上，或者增加重伤3人以上，或者增加直接经济损失100万元以上的；

（二）实施下列行为之一，致使不能及时有效开展事故抢救的：

1. 决定不报、迟报、谎报事故情况或者指使、串通有关人员不报、迟报、谎报事故情况的；

2. 在事故抢救期间擅离职守或者逃匿的；

3. 伪造、破坏事故现场，或者转移、藏匿、毁灭遇难人员尸体，或者转移、藏匿受伤人员的；

4. 毁灭、伪造、隐匿与事故有关的图纸、记录、计算机数据等资料以及其他证据的；

（三）其他不报、谎报安全事故情节严重的情形。

本条规定的"负有报告职责的人员"，是指负有组织、指挥或者管理职责的负责人、管理人员、实际控制人、投资人，以及其他负有报告职责的人员。

最高人民检察院关于渎职侵权犯罪案件立案标准的规定（节录）

发布并实施日期：2006年7月26日　高检发释字〔2006〕2号

一、渎职犯罪案件

（一）滥用职权案（第三百九十七条）

滥用职权罪是指国家机关工作人员超越职权，违法决定、处理其无权决定、处理的事项，或者违反规定处理公务，致使公共财产、国家和人民利益遭受重大损失的行为。

涉嫌下列情形之一的，应予立案：

1. 造成死亡一人以上，或者重伤二人以上，或者重伤一人、轻伤三人以上，或者轻伤五人以上的；

2. 导致十人以上严重中毒的；

3. 造成个人财产直接经济损失十万元以上，或者直接经济损失不满十万元，但间接经济损失五十万元以上的；

4. 造成公共财产或者法人、其他组织财产直接经济损失二十万元以上，或者直接经济损失不满二十万元，但间接经济损失一百万元以上的；

5. 虽未达到三、四两项数额标准，但三、四两项合计直接经济损失二十万元以上，或者合计直接经济损失不满二十万元，但合计间接经济损失一百万元以上的；

6. 造成公司、企业等单位停业、停产六个月以上，或者破产的；

7. 弄虚作假，不报、缓报、谎报或者授意、指使、强令他人不报、缓报、谎报情况，导致重特大事故危害结果继续、扩大，或者致使抢救、调查、处理工作延误的；

8. 严重损害国家声誉，或者造成恶劣社会影响的；

9. 其他致使公共财产、国家和人民利益遭受重大损失的情形。

国家机关工作人员滥用职权，符合刑法第九章所规定的特殊渎职罪构成要件的，按照该特殊规定追究刑事责任；主体不符合刑法第九章所规定的特殊渎职罪的主体要件，但滥用职权涉嫌前款第一项至第九项规定情形之一的，按照刑法第三百九十七条的规定以滥用职权罪追究刑事责任。

（二）玩忽职守案（第三百九十七条）

玩忽职守罪是指国家机关工作人员严重不负责任，不履行或者不认真履行职责，致使公共财产、国家和人民利益遭受重大损失的行为。

涉嫌下列情形之一的，应予立案：

1. 造成死亡一人以上，或者重伤三人以上，或者重伤二人、轻伤四人以上，或者重伤一人、轻伤七人以上，或者轻伤十人以上的；

2. 导致二十人以上严重中毒的；

3. 造成个人财产直接经济损失十五万元以上，或者直接经济损失不满十五万元，但间接经济损失七十五万元以上的；

4. 造成公共财产或者法人、其他组织财产直接经济损失三十万元以上，或者直接经济损失不满三十万元，但间接经济损失一百五十万元以上的；

5. 虽未达到三、四两项数额标准，但三、四两项合计直接经济损失三十万元以上，或者合计直接经济损失不满三十万元，但合计间接经济损失一百五十万元以上的；

6. 造成公司、企业等单位停业、停产一年以上，或者破产的；

7. 海关、外汇管理部门的工作人员严重不负责任，造成一百万美元以上外汇被骗购或者逃汇一千万美元以上的；

8. 严重损害国家声誉，或者造成恶劣社会影响的；

9. 其他致使公共财产、国家和人民利益遭受重大损失的情形。

国家机关工作人员玩忽职守，符合刑法第九章所规定的特殊渎职罪构成要件的，按照该特殊规定追究刑事责任；主体不符合刑法第九章所规定的特殊渎职罪的主体要件，但玩忽职守涉嫌前款第一项至第九项规定情形之一的，按照刑法第三百九十七条的规定以玩忽职守罪追究刑事责任。

最高人民法院关于进一步加强危害生产安全刑事案件审判工作的意见

发布并实施日期：2011年12月30日　法发〔2011〕20号

为依法惩治危害生产安全犯罪，促进全国安全生产形势持续稳定好转，保护人民群众生命财产安全，现就进一步加强危害生产安全刑事案件审判工作，制定如下意见。

一、高度重视危害生产安全刑事案件审判工作

1. 充分发挥刑事审判职能作用，依法惩治危害生产安全犯罪，是人民法院为大局服务、为人民司法的必然要求。安全生产关系到人民群众生命财产安全，事关改革、发展和稳定的大局。当前，全国安全生产状况呈现总体稳定、持续好转的发展态势，但形势依然严峻，企业安全生产基础依然薄弱；非法、违法生产，忽视生产安全的现象仍然十分突出；重特大生产安全责任事故时有发生，个别地方和行业重特大责任事故上升。一些重特大生产安全责任事故举国关注，相关案件处理不好，不仅起不到应有的警示作用，不利于生产安全责任事故的防范，也损害党和国家形象，影响社会和谐稳定。各级人民法院要从政治和全局的高度，充分认识审理好危害生产安全刑事案件的重要意义，切实增强工作责任感，严格依法、积极稳妥地审理相关案件，进一步发挥刑事审判工作在创造良好安全生产环境、促进经济平稳较快发展方面的积极作用。

2. 采取有力措施解决存在的问题，切实加强危害生产安全刑事案件审判工作。近年来，各级人民法院依法审理危害生产安全刑事案件，一批严重危害生产安全的犯罪分子及相关职务犯罪分子受到法律制裁，对全国安全生产形势持续稳定好转发挥了积极促进作用。2010年，监察部、国家安全生产监督管理总局会同最高人民法院等部门对部分省市重特大生产安全事故责任追究落实情况开展了专项检查。从检查的情况来看，审判工作总体情况是好的，但仍有个别案件在法律适用或者宽严相济刑事政策具体把握上存在问题，需要切实加强指导。各级人民法院要高度重视，确保相关案件审判工作取得良好的法律效果和社会效果。

二、危害生产安全刑事案件审判工作的原则

3. 严格依法，从严惩处。对严重危害生产安全犯罪，尤其是相关职务犯罪，必须始终坚持严格依法、从严惩处。对于人民群众广泛关注、社会反映强烈的案件要及时审结，回应人民群众关切，维护社会和谐稳定。

4. 区分责任，均衡量刑。危害生产安全犯罪，往往涉案人员较多，犯罪主体复杂，既

包括直接从事生产、作业的人员,也包括对生产、作业负有组织、指挥或者管理职责的负责人、管理人员、实际控制人、投资人等,有的还涉及国家机关工作人员渎职犯罪。对相关责任人的处理,要根据事故原因、危害后果、主体职责、过错大小等因素,综合考虑全案,正确划分责任,做到罪责刑相适应。

5. 主体平等,确保公正。审理危害生产安全刑事案件,对于所有责任主体,都必须严格落实法律面前人人平等的刑法原则,确保刑罚适用公正,确保裁判效果良好。

三、正确确定责任

6. 审理危害生产安全刑事案件,政府或相关职能部门依法对事故原因、损失大小、责任划分作出的调查认定,经庭审质证后,结合其他证据,可作为责任认定的依据。

7. 认定相关人员是否违反有关安全管理规定,应当根据相关法律、行政法规,参照地方性法规、规章及国家标准、行业标准,必要时可参考公认的惯例和生产经营单位制定的安全生产规章制度、操作规程。

8. 多个原因行为导致生产安全事故发生的,在区分直接原因与间接原因的同时,应当根据原因行为在引发事故中所具作用的大小,分清主要原因与次要原因,确认主要责任和次要责任,合理确定罪责。

一般情况下,对生产、作业负有组织、指挥或者管理职责的负责人、管理人员、实际控制人、投资人,违反有关安全生产管理规定,对重大生产安全事故的发生起决定性、关键性作用的,应当承担主要责任。

对于直接从事生产、作业的人员违反安全管理规定,发生重大生产安全事故的,要综合考虑行为人的从业资格、从业时间、接受安全生产教育培训情况、现场条件、是否受到他人强令作业、生产经营单位执行安全生产规章制度的情况等因素认定责任,不能将直接责任简单等同于主要责任。

对于负有安全生产管理、监督职责的工作人员,应根据其岗位职责、履职依据、履职时间等,综合考察工作职责、监管条件、履职能力、履职情况等,合理确定罪责。

四、准确适用法律

9. 严格把握危害生产安全犯罪与以其他危险方法危害公共安全罪的界限,不应将生产经营中违章违规的故意不加区别地视为对危害后果发生的故意。

10. 以行贿方式逃避安全生产监督管理,或者非法、违法生产、作业,导致发生重大生产安全事故,构成数罪的,依照数罪并罚的规定处罚。

违反安全生产管理规定,非法采矿、破坏性采矿或排放、倾倒、处置有害物质严重污染环境,造成重大伤亡事故或者其他严重后果,同时构成危害生产安全犯罪和破坏环境资源保护犯罪的,依照数罪并罚的规定处罚。

11. 安全事故发生后,负有报告职责的国家工作人员不报或者谎报事故情况,贻误事故抢救,情节严重,构成不报、谎报安全事故罪,同时构成职务犯罪或其他危害生产安全犯罪的,依照数罪并罚的规定处罚。

12. 非矿山生产安全事故中,认定"直接负责的主管人员和其他直接责任人员"、"负有报告职责的人员"的主体资格,认定构成"重大伤亡事故或者其他严重后果"、"情节特别恶劣",不报、谎报事故情况,贻误事故抢救,"情节严重"、"情节特别严重"等,可参照最高人民法院、最高人民检察院《关于办理危害矿山生产安全刑事案件具体应用法律若干问题的解释》的相关规定。

五、准确把握宽严相济刑事政策

13. 审理危害生产安全刑事案件,应综合考虑生产安全事故所造成的伤亡人数、经济损失、环境污染、社会影响、事故原因与被告人职责的关联程度、被告人主观过错大小、事故发生后被告人的施救表现、履行赔偿责任情况等,正确适用刑罚,确保裁判法律效果和社会效果相统一。

14. 造成《关于办理危害矿山生产安全刑事案件具体应用法律若干问题的解释》第四条规定的"重大伤亡事故或者其他严重后果",同时具有下列情形之一的,也可以认定为刑法第一百三十四条、第一百三十五条规定的"情节特别恶劣":

(一)非法、违法生产的;

(二)无基本劳动安全设施或未向生产、作业人员提供必要的劳动防护用品,生产、作业人员劳动安全无保障的;

(三)曾因安全生产设施或者安全生产条件不符合国家规定,被监督管理部门处罚或责令改正,一年内再次违规生产致使发生重大生产安全事故的;

(四)关闭、故意破坏必要安全警示设备的;

(五)已发现事故隐患,未采取有效措施,导致发生重大事故的;

(六)事故发生后不积极抢救人员,或者毁灭、伪造、隐藏影响事故调查的证据,或者转移财产逃避责任的;

(七)其他特别恶劣的情节。

15. 相关犯罪中,具有以下情形之一的,依法从重处罚:

(一)国家工作人员违反规定投资入股生产经营企业,构成危害生产安全犯罪的;

(二)贪污贿赂行为与事故发生存在关联性的;

(三)国家工作人员的职务犯罪与事故存在直接因果关系的;

(四)以行贿方式逃避安全生产监督管理,或者非法、违法生产、作业的;

(五)生产安全事故发生后,负有报告职责的国家工作人员不报或者谎报事故情况,贻误事故抢救,尚未构成不报、谎报安全事故罪的;

(六)事故发生后,采取转移、藏匿、毁灭遇难人员尸体,或者毁灭、伪造、隐藏影响事故调查的证据,或者转移财产,逃避责任的;

(七)曾因安全生产设施或者安全生产条件不符合国家规定,被监督管理部门处罚或责令改正,一年内再次违规生产致使发生重大生产安全事故的。

16. 对于事故发生后,积极施救,努力挽回事故损失,有效避免损失扩大;积极配合调查，赔偿受害人损失的，可依法从宽处罚。

六、依法正确适用缓刑和减刑、假释

17. 对于危害后果较轻，在责任事故中不负主要责任，符合法律有关缓刑适用条件的，可以依法适用缓刑，但应注意根据案件具体情况，区别对待，严格控制，避免适用不当造成的负面影响。

18. 对于具有下列情形的被告人，原则上不适用缓刑：
（一）具有本意见第14条、第15条所规定的情形的；
（二）数罪并罚的。

19. 宣告缓刑，可以根据犯罪情况，同时禁止犯罪分子在缓刑考验期限内从事与安全生产有关的特定活动。

20. 办理与危害生产安全犯罪相关的减刑、假释案件，要严格执行刑法、刑事诉讼法和有关司法解释规定。是否决定减刑、假释，既要看罪犯服刑期间的悔改表现，还要充分考虑原判认定的犯罪事实、性质、情节、社会危害程度等情况。

七、加强组织领导，注意协调配合

21. 对于重大、敏感案件，合议庭成员要充分做好庭审前期准备工作，全面、客观掌握案情，确保案件开庭审理稳妥顺利、依法公正。

22. 审理危害生产安全刑事案件，涉及专业技术问题的，应有相关权威部门出具的咨询意见或者司法鉴定意见；可以依法邀请具有相关专业知识的人民陪审员参加合议庭。

23. 对于审判工作中发现的安全生产事故背后的渎职、贪污贿赂等违法犯罪线索，应当依法移送有关部门处理。对于情节轻微，免予刑事处罚的被告人，人民法院可建议有关部门依法给予行政处罚或纪律处分。

24. 被告人具有国家工作人员身份的，案件审结后，人民法院应当及时将生效的裁判文书送达行政监察机关和其他相关部门。

25. 对于造成重大伤亡后果的案件，要充分运用财产保全等法定措施，切实维护被害人依法获得赔偿的权利。对于被告人没有赔偿能力的案件，应当依靠地方党委和政府做好善后安抚工作。

26. 积极参与安全生产综合治理工作。对于审判中发现的安全生产管理方面的突出问题，应当发出司法建议，促使有关部门强化安全生产意识和制度建设，完善事故预防机制，杜绝同类事故发生。

27. 重视做好宣传工作。对于社会关注的典型案件，要重视做好审判情况的宣传报道，规范裁判信息发布，及时回应社会的关切，充分发挥重大、典型案件的教育警示作用。

28. 各级人民法院要在依法履行审判职责的同时，及时总结审判经验，深入开展调查研究，推动审判工作水平不断提高。上级法院要以辖区内发生的重大生产安全责任事故案件为重点，加强对下级法院危害生产安全刑事案件审判工作的监督和指导，适时检查此类案件的审判情况，提出有针对性的指导意见。

最高人民法院研究室关于被告人阮某重大劳动安全事故案有关法律适用问题的答复

发布并实施日期：2009 年 12 月 25 日　　法研〔2009〕228 号

陕西省高级人民法院：

你院陕高法〔2009〕288 号《关于被告人阮某重大劳动安全事故案有关法律适用问题的请示》收悉。经研究，答复如下：

用人单位违反职业病防治法的规定，职业病危害预防设施不符合国家规定，因而发生重大伤亡事故或者造成其他严重后果的，对直接负责的主管人员和其他直接责任人员，可以依照刑法第一百三十五条的规定，以重大劳动安全事故罪定罪处罚。

此复。

最高人民法院、最高人民检察院、公安部
关于办理涉窨井盖相关刑事案件的指导意见（节录）

发布并实施日期：2020 年 3 月 16 日　　高检发〔2020〕3 号

五、在生产、作业中违反有关安全管理的规定，擅自移动窨井盖或者未做好安全防护措施等，发生重大伤亡事故或者造成其他严重后果的，依照刑法第一百三十四条第一款的规定，以重大责任事故罪定罪处罚。

窨井盖建设、设计、施工、工程监理单位违反国家规定，降低工程质量标准，造成重大安全事故的，依照刑法第一百三十七条的规定，以工程重大安全事故罪定罪处罚。

六、生产不符合保障人身、财产安全的国家标准、行业标准的窨井盖，或者销售明知是不符合保障人身、财产安全的国家标准、行业标准的窨井盖，造成严重后果的，依照刑法第一百四十六条的规定，以生产、销售不符合安全标准的产品罪定罪处罚。

八、在窨井盖采购、施工、验收、使用、检查过程中负有决定、管理、监督等职责的国家机关工作人员玩忽职守或者滥用职权，致使公共财产、国家和人民利益遭受重大损失的，依照刑法第三百九十七条的规定，分别以玩忽职守罪、滥用职权罪定罪处罚。

九、在依照法律、法规规定行使窨井盖行政管理职权的公司、企业、事业单位中从事公务的人员以及在受国家机关委托代表国家机关行使窨井盖行政管理职权的组织中从事公务的人员，玩忽职守或者滥用职权，致使公共财产、国家和人民利益遭受重大损失的，依照刑法第三百九十七条和《全国人民代表大会常务委员会关于〈中华人民共和国刑法〉第九章渎职罪主体适用问题的解释》的规定，分别以玩忽职守罪、滥用职权罪定罪处罚。

十、对窨井盖负有管理职责的其他公司、企业、事业单位的工作人员，严重不负责任，导致人员坠井等事故，致人重伤或者死亡，符合刑法第二百三十五条、第二百三十三条规定的，分别以过失致人重伤罪、过失致人死亡罪定罪处罚。

最高人民法院关于依法妥善审理
高空抛物、坠物案件的意见（节录）

发布并实施日期：2019 年 10 月 21 日　法发〔2019〕25 号

7.……在生产、作业中违反有关安全管理规定，从高空坠落物品，发生重大伤亡事故或者造成其他严重后果的，依照刑法第一百三十四条第一款的规定，以重大责任事故罪定罪处罚。

最高人民法院、最高人民检察院、公安部、监察部、国家安全生产监督管理总局关于严格依法及时办理危害生产安全刑事案件的通知

发布并实施日期：2008年6月6日　高检会〔2008〕5号

各省、自治区、直辖市高级人民法院、人民检察院、公安厅（局）、监察厅（局）、安全生产监督管理局，新疆维吾尔自治区高级人民法院生产建设兵团分院、新疆生产建设兵团人民检察院、公安局、监察局、安全生产监督管理局，各省级煤矿安全监察机构：

　　为充分发挥刑事诉讼活动对预防重大生产安全责任事故的重要作用，维护法律权威，保障人民群众生命财产安全，促进社会和谐稳定，推动经济社会又好又快发展，根据中华人民共和国《刑法》、《刑事诉讼法》、《安全生产法》、《关于办理危害矿山生产安全刑事案件具体应用法律若干问题的解释》和国务院《生产安全事故报告和调查处理条例》等法律法规的规定，现就严格依法及时办理危害生产安全刑事案件的有关事项通知如下：

　　一、进一步提高对办理危害生产安全刑事案件重要性的认识。各级人民法院、人民检察院、公安机关、监察机关、安全生产监督管理部门和煤矿安全监察机构要从维护法律权威，促进在全社会实现公平正义的高度，充分认识及时、严肃、认真办理危害生产安全刑事案件的重要性和紧迫性，采取更加有效的措施，加大工作力度，提高办案质量和效率，促进生产安全形势持续稳定好转，实现办案的法律效果与社会效果的有机统一。

　　二、安全生产监督管理部门、煤矿安全监察机构和负有安全生产监督管理职责的有关部门接到事故报告后，应当按规定及时通知公安机关、监察机关、工会和人民检察院。

　　有关单位和人员要严格履行保护现场和重要痕迹、物证的义务。因抢救人员、防止事故扩大以及疏通交通等原因，需要移动事故现场物件的，应当做出标志，绘制现场简图并做出书面记录，妥善保存现场重要痕迹、物证。任何单位和个人不得破坏事故现场、毁灭相关证据。

　　相关单位、部门要在事故调查组的统一组织协调下开展调查取证、现场勘验、技术鉴定等工作，查明事故发生的经过、原因、人员伤亡情况及直接经济损失，认定事故的性质和事故责任，在法定期限内完成事故调查处理工作，并将处理意见抄送有关单位、部门。

　　事故调查过程中，发现涉嫌犯罪的，事故调查组应当及时将有关材料或者复印件移交公安机关、检察机关。

　　三、公安机关、人民检察院根据事故的性质和造成的危害后果，对涉嫌构成犯罪的，应当按照案件管辖规定，及时立案侦查，采取强制措施和侦查措施。犯罪嫌疑人逃匿的，公安机关应当迅速开展追捕工作。要全面收集证明犯罪嫌疑人有罪无罪以及犯罪情节轻重

的证据材料。对容易灭失的痕迹、物证应当首先采取措施提取、固定。

需要有关部门进行鉴定的,公安机关、检察机关应当及时建议事故调查组组织鉴定,也可以自行组织鉴定。事故调查组组织鉴定,或者委托有关部门鉴定,或者公安机关、检察机关自行组织鉴定的,鉴定报告原则上应当自委托或者决定之日起20日内作出。不涉及机械、电气、瓦斯、化学、有毒有害物(气)体、锅炉压力容器、起重机械、地质勘察、工程设计与施工质量、火灾以及非法开采、破坏矿产资源量认定等专业技术问题的,不需要进行鉴定,相关事实和证据符合法定条件的,可以逮捕、公诉和审判。

四、人民法院、人民检察院、公安机关在办理危害生产安全刑事案件中应当分工负责,互相配合、互相制约。公安机关对已经被刑事拘留的犯罪嫌疑人,在提请批准逮捕前可以先行通知检察机关,听取检察机关对收集、固定证据和开展技术鉴定工作的意见、建议。检察机关应当加强与公安机关的联系配合,认真做好审查批准逮捕工作;公安机关办理的危害生产安全案件中被采取强制措施的犯罪嫌疑人,如系人民检察院办理的渎职等职务犯罪案件的证人或者同案犯,人民检察院需要对其进行询问或者讯问的,可商公安机关予以配合,公安机关应当予以配合;公安机关办理危害生产安全刑事案件涉及渎职等职务犯罪案件的,如果涉嫌主罪属于公安机关管辖的,由公安机关为主侦查,人民检察院予以配合;如果涉嫌主罪属于人民检察院管辖的,由人民检察院为主侦查,公安机关予以配合。

人民法院、人民检察院和公安机关要坚持以事实为根据,以法律为准绳,贯彻宽严相济的刑事政策,依法从快侦查、审查批准逮捕、审查起诉和审判,尽可能提高办案效率。证明案件事实、性质、危害后果以及犯罪嫌疑人刑事责任的证据具备的,应当提起公诉和审判。不能以变更监视居住、取保候审为名压案不办。

五、加强业务指导和案件督办。上级公安机关、人民检察院对危害生产安全的重特大刑事案件可以直接组织办理,获取主要证据后,指定下级公安机关、人民检察院侦查终结,也可以采取挂牌督办、派员参办等方法,专人负责,全程跟踪。上级公安机关、人民检察院要支持下级机关依法办案,帮助他们排除干扰和阻力,研究解决办案过程中遇到的重大疑难问题。对发案地人民法院、人民检察院、公安机关办理确有困难的案件,上级人民法院、人民检察院、公安机关可以指定管辖、异地交办。

六、人民法院、人民检察院、公安机关、监察机关、安全生产监督管理部门、煤矿安全监察机构,对生产安全责任事故刑事案件的事实、性质认定、证据采信、法律适用以及责任追究有意见分歧的,应当加强协调沟通。协调后意见仍然不一致的,各自向上级机关(部门)报告,由上级机关(部门)协调解决。

公安机关、人民检察院对危害生产安全刑事案件的犯罪嫌疑人采取拘留、逮捕等强制措施的,人民法院作出判决的,应当及时通报事故调查组或者相关职能部门。在案件办理过程中,由于事实、证据或者案件性质发生变化,需要改变原处理决定的,也应当及时通报事故调查组或者相关职能部门。

七、严肃查办谎报瞒报事故行为。对有关单位和个人故意干扰、阻碍办案,或者毁灭、伪造证据、转移藏匿物证书证,或者拒不提供证据资料等违纪违法行为,监察机关要追究直接责任人和有关领导的责任;违反治安管理的,由公安机关进行治安管理处罚;构成犯罪的，依法追究刑事责任。对国家机关工作人员徇私枉法、帮助犯罪分子逃避处罚以及滥用职权、玩忽职守的，检察机关、监察机关要严肃查处；构成犯罪的，依法追究刑事责任。

八、提高工作透明度，主动接受社会监督。生产安全领域刑事案件的调查、判决情况要及时向社会公布，以取信于民。

九、本通知所提出的各项要求适用于《生产安全事故报告和调查处理条例》规定的生产经营活动中发生的造成人身伤亡或者直接经济损失的生产安全事故的报告、调查处理和侦查、公诉、审判工作。环境污染事故、核设施事故、国防科研生产事故的报告、调查处理以及侦查、公诉、审判工作不适用本通知。

最高人民法院
最高人民检察院
公安部
监察部
国家安全生产监督管理总局
二〇〇八年六月六日

最高人民法院关于充分发挥审判职能作用切实维护公共安全的若干意见（节录）

发布并实施日期：2015年9月16日　法发〔2015〕12号

三、依法惩治危害生产安全犯罪，促进安全生产形势根本好转

6. 加大对危害安全生产犯罪的惩治力度。坚持发展是第一要务，安全是第一保障。针对近年来非法、违法生产，忽视生产安全的现象十分突出，造成群死群伤的重特大生产安全责任事故屡有发生的严峻形势，充分发挥刑罚的惩罚和预防功能，加大对各类危害安全生产犯罪的惩治力度，用严肃、严格、严厉的责任追究和法律惩罚，推动安全生产责任制的有效落实，促进安全生产形势根本好转，确保人民生命财产安全。

7. 准确把握打击重点。结合当前形势并针对犯罪原因，既要重点惩治发生在危险化学品、民爆器材、烟花爆竹、电梯、煤矿、非煤矿山、油气运送管道、建筑施工、消防、粉尘涉爆等重点行业领域企业，以及港口、码头、人员密集场所等重点部位的危害安全生产犯罪，更要从严惩治发生在这些犯罪背后的国家机关工作人员贪污贿赂和渎职犯罪。既要依法追究直接造成损害的从事生产、作业的责任人员，更要依法从严惩治对生产、作业负有组织、指挥或者管理职责的负责人、管理人、实际控制人、投资人。既要加大对各类安全生产犯罪的惩治力度，更要从严惩治因安全生产条件不符合国家规定被处罚而又违规生产，关闭或者故意破坏安全警示设备，事故发生后不积极抢救人员或者毁灭、伪造、隐藏影响事故调查证据，通过行贿非法获取相关生产经营资质等情节的危害安全生产的犯罪。

8. 依法妥善审理与重大责任事故有关的赔偿案件。对当事人因重大责任事故遭受人身、财产损失而提起诉讼要求赔偿的，应当依法及时受理，保障当事人诉权。对两人以上实施危及他人人身、财产安全的行为，其中一人或者数人的行为造成他人损害，能够确定具体责任人的，由责任人承担赔偿责任，不能确定具体责任人的，由行为人承担连带责任。被告人因重大责任事故既承担刑事、行政责任，又承担民事责任的，其财产应当优先承担民事责任。原告因重大责任事故遭受损失而无法及时履行赡养、抚养等义务，申请先予执行的，应当依法支持。

最高人民法院、最高人民检察院等
关于依法加强对涉嫌犯罪的非法生产经营烟花爆竹行为刑事责任追究的通知

发布并实施日期：2012 年 9 月 6 日　　安监总管三〔2012〕116 号

各省、自治区、直辖市高级人民法院、人民检察院、公安厅（局）、安全生产监督管理局，新疆维吾尔自治区高级人民法院生产建设兵团分院、新疆生产建设兵团人民检察院、公安局、安全生产监督管理局：

近年来，一些地区非法生产、经营烟花爆竹问题十分突出，由此引发的事故时有发生，给人民群众生命财产安全造成严重危害。为依法严惩非法生产、经营烟花爆竹违法犯罪行为，现就依法加强对涉嫌犯罪的非法生产、经营烟花爆竹行为刑事责任追究有关要求通知如下：

一、非法生产、经营烟花爆竹及相关行为涉及非法制造、买卖、运输、邮寄、储存黑火药、烟火药，构成非法制造、买卖、运输、邮寄、储存爆炸物罪的，应当依照刑法第一百二十五条的规定定罪处罚；非法生产、经营烟花爆竹及相关行为涉及生产、销售伪劣产品或不符合安全标准产品，构成生产、销售伪劣产品罪或生产、销售不符合安全标准产品罪的，应当依照刑法第一百四十条、第一百四十六条的规定定罪处罚；非法生产、经营烟花爆竹及相关行为构成非法经营罪的，应当依照刑法第二百二十五条的规定定罪处罚。上述非法生产经营烟花爆竹行为的定罪量刑和立案追诉标准，分别按照《最高人民法院关于审理非法制造、买卖、运输枪支、弹药、爆炸物等刑事案件具体应用法律若干问题的解释》（法释〔2009〕18 号）、《最高人民法院最高人民检察院关于办理生产、销售伪劣商品刑事案件具体应用法律若干问题的解释》（法释〔2001〕10 号）、《最高人民检察院、公安部关于公安机关管辖的刑事案件立案追诉标准的规定（一）》（公通字〔2008〕36 号）、《最高人民检察院、公安部关于公安机关管辖的刑事案件立案追诉标准的规定（二）》（公通字〔2010〕23 号）等有关规定执行。

二、各相关行政执法部门在查处非法生产、经营烟花爆竹行为过程中，发现涉嫌犯罪，依法需要追究刑事责任的，应当依照《行政执法机关移送涉嫌犯罪案件的规定》（国务院令第 310 号）向公安机关移送，并配合公安机关做好立案侦查工作。公安机关应当依法对相关行政执法部门移送的涉嫌犯罪案件进行审查，认为有犯罪事实，需要追究刑事责任的，应当依法立案，并书面通知移送案件的部门；认为不需要追究刑事责任的，应当说明理由，并书面通知移送案件的部门。公安机关在治安管理工作中，发现非法生产、经营烟花爆竹行为涉嫌犯罪的，应当依法立案侦查。

三、检察机关对于公安机关提请批准逮捕、移送审查起诉的上述涉嫌犯罪的案件，对符合逮捕和提起公诉法定条件的，要依法予以批捕、起诉；要加强对移送、立案案件的监督，对应当移送而不移送、应当立案而不立案的，要及时监督。人民法院对于起诉到法院的上述涉嫌犯罪的案件，要按照宽严相济的政策，依法从快审判，对同时构成多项犯罪或屡次违法犯罪的，要从重处罚；上级人民法院要加强对下级人民法院审判工作的指导，保障依法及时审判。要坚持"以事实为根据，以法律为准绳"的原则，严把案件的事实关、证据关、程序关和适用法律关，切实做到事实清楚，证据确凿，定性准确，量刑适当。人民法院、人民检察院、公安机关、安全生产监督管理部门要积极沟通、相互配合，充分发挥联动机制功能，加大相关犯罪案件查处、审判情况的宣传，充分发挥刑事审判和处罚的震慑作用，教育群众自觉抵制、检举揭发相关违法犯罪活动。

最高人民法院
最高人民检察院
公安部
监察部
国家安全监督总局
2012 年 9 月 6 日

最高人民法院关于审理道路交通事故损害赔偿案件适用法律若干问题的解释

发布日期：2012年9月17日　修改日期：2020年12月2日
实施日期：2021年1月1日　法释〔2020〕17号

为正确审理道路交通事故损害赔偿案件，根据《中华人民共和国民法典》《中华人民共和国道路交通安全法》《中华人民共和国保险法》《中华人民共和国民事诉讼法》等法律的规定，结合审判实践，制定本解释。

一、关于主体责任的认定

第一条　机动车发生交通事故造成损害，机动车所有人或者管理人有下列情形之一，人民法院应当认定其对损害的发生有过错，并适用民法典第一千二百零九条的规定确定其相应的赔偿责任：

（一）知道或者应当知道机动车存在缺陷，且该缺陷是交通事故发生原因之一的；

（二）知道或者应当知道驾驶人无驾驶资格或者未取得相应驾驶资格的；

（三）知道或者应当知道驾驶人因饮酒、服用国家管制的精神药品或者麻醉药品，或者患有妨碍安全驾驶机动车的疾病等依法不能驾驶机动车的；

（四）其他应当认定机动车所有人或者管理人有过错的。

第二条　被多次转让但是未办理登记的机动车发生交通事故造成损害，属于该机动车一方责任，当事人请求由最后一次转让并交付的受让人承担赔偿责任的，人民法院应予支持。

第三条　套牌机动车发生交通事故造成损害，属于该机动车一方责任，当事人请求由套牌机动车的所有人或者管理人承担赔偿责任的，人民法院应予支持；被套牌机动车所有人或者管理人同意套牌的，应当与套牌机动车的所有人或者管理人承担连带责任。

第四条　拼装车、已达到报废标准的机动车或者依法禁止行驶的其他机动车被多次转让，并发生交通事故造成损害，当事人请求由所有的转让人和受让人承担连带责任的，人民法院应予支持。

第五条　接受机动车驾驶培训的人员，在培训活动中驾驶机动车发生交通事故造成损害，属于该机动车一方责任，当事人请求驾驶培训单位承担赔偿责任的，人民法院应予支持。

第六条　机动车试乘过程中发生交通事故造成试乘人损害，当事人请求提供试乘服务者承担赔偿责任的，人民法院应予支持。试乘人有过错的，应当减轻提供试乘服务者的赔偿责任。

第七条　因道路管理维护缺陷导致机动车发生交通事故造成损害，当事人请求道路管理者承担相应赔偿责任的，人民法院应予支持。但道路管理者能够证明已经依照法律、法规、规章的规定，或者按照国家标准、行业标准、地方标准的要求尽到安全防护、警示等管理维护义务的除外。

依法不得进入高速公路的车辆、行人，进入高速公路发生交通事故造成自身损害，当事人请求高速公路管理者承担赔偿责任的，适用民法典第一千二百四十三条的规定。

第八条　未按照法律、法规、规章或者国家标准、行业标准、地方标准的强制性规定设计、施工，致使道路存在缺陷并造成交通事故，当事人请求建设单位与施工单位承担相应赔偿责任的，人民法院应予支持。

第九条　机动车存在产品缺陷导致交通事故造成损害，当事人请求生产者或者销售者依照民法典第七编第四章的规定承担赔偿责任的，人民法院应予支持。

第十条　多辆机动车发生交通事故造成第三人损害，当事人请求多个侵权人承担赔偿责任的，人民法院应当区分不同情况，依照民法典第一千一百七十条、第一千一百七十一条、第一千一百七十二条的规定，确定侵权人承担连带责任或者按份责任。

二、关于赔偿范围的认定

第十一条　道路交通安全法第七十六条规定的"人身伤亡"，是指机动车发生交通事故侵害被侵权人的生命权、身体权、健康权等人身权益所造成的损害，包括民法典第一千一百七十九条和第一千一百八十三条规定的各项损害。

道路交通安全法第七十六条规定的"财产损失"，是指因机动车发生交通事故侵害被侵权人的财产权益所造成的损失。

第十二条　因道路交通事故造成下列财产损失，当事人请求侵权人赔偿的，人民法院应予支持：

（一）维修被损坏车辆所支出的费用、车辆所载物品的损失、车辆施救费用；

（二）因车辆灭失或者无法修复，为购买交通事故发生时与被损坏车辆价值相当的车辆重置费用；

（三）依法从事货物运输、旅客运输等经营性活动的车辆，因无法从事相应经营活动所产生的合理停运损失；

（四）非经营性车辆因无法继续使用，所产生的通常替代性交通工具的合理费用。

三、关于责任承担的认定

第十三条　同时投保机动车第三者责任强制保险（以下简称"交强险"）和第三者责任商业保险（以下简称"商业三者险"）的机动车发生交通事故造成损害，当事人同时起诉侵权人和保险公司的，人民法院应当依照民法典第一千二百一十三条的规定，确定赔偿责任。

被侵权人或者其近亲属请求承保交强险的保险公司优先赔偿精神损害的,人民法院应予支持。

第十四条 投保人允许的驾驶人驾驶机动车致使投保人遭受损害,当事人请求承保交强险的保险公司在责任限额范围内予以赔偿的,人民法院应予支持,但投保人为本车上人员的除外。

第十五条 有下列情形之一导致第三人人身损害,当事人请求保险公司在交强险责任限额范围内予以赔偿,人民法院应予支持:

(一) 驾驶人未取得驾驶资格或者未取得相应驾驶资格的;

(二) 醉酒、服用国家管制的精神药品或者麻醉药品后驾驶机动车发生交通事故的;

(三) 驾驶人故意制造交通事故的。

保险公司在赔偿范围内向侵权人主张追偿权的,人民法院应予支持。追偿权的诉讼时效期间自保险公司实际赔偿之日起计算。

第十六条 未依法投保交强险的机动车发生交通事故造成损害,当事人请求投保义务人在交强险责任限额范围内予以赔偿的,人民法院应予支持。

投保义务人和侵权人不是同一人,当事人请求投保义务人和侵权人在交强险责任限额范围内承担相应责任的,人民法院应予支持。

第十七条 具有从事交强险业务资格的保险公司违法拒绝承保、拖延承保或者违法解除交强险合同,投保义务人在向第三人承担赔偿责任后,请求该保险公司在交强险责任限额范围内承担相应赔偿责任的,人民法院应予支持。

第十八条 多辆机动车发生交通事故造成第三人损害,损失超出各机动车交强险责任限额之和的,由各保险公司在各自责任限额范围内承担赔偿责任;损失未超出各机动车交强险责任限额之和,当事人请求由各保险公司按照其责任限额与责任限额之和的比例承担赔偿责任的,人民法院应予支持。

依法分别投保交强险的牵引车和挂车连接使用时发生交通事故造成第三人损害,当事人请求由各保险公司在各自的责任限额范围内平均赔偿的,人民法院应予支持。

多辆机动车发生交通事故造成第三人损害,其中部分机动车未投保交强险,当事人请求先由已承保交强险的保险公司在责任限额范围内予以赔偿的,人民法院应予支持。保险公司就超出其应承担的部分向未投保交强险的投保义务人或者侵权人行使追偿权的,人民法院应予支持。

第十九条 同一交通事故的多个被侵权人同时起诉的,人民法院应当按照各被侵权人的损失比例确定交强险的赔偿数额。

第二十条 机动车所有权在交强险合同有效期内发生变动,保险公司在交通事故发生后,以该机动车未办理交强险合同变更手续为由主张免除赔偿责任的,人民法院不予支持。

机动车在交强险合同有效期内发生改装、使用性质改变等导致危险程度增加的情形,发生交通事故后,当事人请求保险公司在责任限额范围内予以赔偿的,人民法院应予支持。

前款情形下,保险公司另行起诉请求投保义务人按照重新核定后的保险费标准补足当期保险费的,人民法院应予支持。

第二十一条 当事人主张交强险人身伤亡保险金请求权转让或者设定担保的行为无效的，人民法院应予支持。

四、关于诉讼程序的规定

第二十二条 人民法院审理道路交通事故损害赔偿案件，应当将承保交强险的保险公司列为共同被告。但该保险公司已经在交强险责任限额范围内予以赔偿且当事人无异议的除外。

人民法院审理道路交通事故损害赔偿案件，当事人请求将承保商业三者险的保险公司列为共同被告的，人民法院应予准许。

第二十三条 被侵权人因道路交通事故死亡，无近亲属或者近亲属不明，未经法律授权的机关或者有关组织向人民法院起诉主张死亡赔偿金的，人民法院不予受理。

侵权人以已向未经法律授权的机关或者有关组织支付死亡赔偿金为理由，请求保险公司在交强险责任限额范围内予以赔偿的，人民法院不予支持。

被侵权人因道路交通事故死亡，无近亲属或者近亲属不明，支付被侵权人医疗费、丧葬费等合理费用的单位或者个人，请求保险公司在交强险责任限额范围内予以赔偿的，人民法院应予支持。

第二十四条 公安机关交通管理部门制作的交通事故认定书，人民法院应依法审查并确认其相应的证明力，但有相反证据推翻的除外。

五、关于适用范围的规定

第二十五条 机动车在道路以外的地方通行时引发的损害赔偿案件，可以参照适用本解释的规定。

第二十六条 本解释施行后尚未终审的案件，适用本解释；本解释施行前已经终审，当事人申请再审或者按照审判监督程序决定再审的案件，不适用本解释。

最高人民法院关于审理铁路运输人身损害赔偿纠纷案件适用法律若干问题的解释

发布日期：2010年1月4日　修改日期：2021年12月8日
实施时间：2022年1月1日　法释〔2021〕19号

为正确审理铁路运输人身损害赔偿纠纷案件，依法维护各方当事人的合法权益，根据《中华人民共和国民法典》《中华人民共和国铁路法》《中华人民共和国民事诉讼法》等法律的规定，结合审判实践，就有关适用法律问题作如下解释：

第一条　人民法院审理铁路行车事故及其他铁路运营事故造成的铁路运输人身损害赔偿纠纷案件，适用本解释。

铁路运输企业在客运合同履行过程中造成旅客人身损害的赔偿纠纷案件，不适用本解释；与铁路运输企业建立劳动合同关系或者形成劳动关系的铁路职工在执行职务中发生的人身损害，依照有关调整劳动关系的法律规定及其他相关法律规定处理。

第二条　铁路运输人身损害的受害人以及死亡受害人的近亲属为赔偿权利人，有权请求赔偿。

第三条　赔偿权利人要求对方当事人承担侵权责任的，由事故发生地、列车最先到达地或者被告住所地铁路运输法院管辖。

前款规定的地区没有铁路运输法院的，由高级人民法院指定的其他人民法院管辖。

第四条　铁路运输造成人身损害的，铁路运输企业应当承担赔偿责任；法律另有规定的，依照其规定。

第五条　铁路行车事故及其他铁路运营事故造成人身损害，有下列情形之一的，铁路运输企业不承担赔偿责任：

（一）不可抗力造成的；

（二）受害人故意以卧轨、碰撞等方式造成的；

（三）法律规定铁路运输企业不承担赔偿责任的其他情形造成的。

第六条　因受害人的过错行为造成人身损害，依照法律规定应当由铁路运输企业承担赔偿责任的，根据受害人的过错程度可以适当减轻铁路运输企业的赔偿责任，并按照以下情形分别处理：

（一）铁路运输企业未充分履行安全防护、警示等义务，铁路运输企业承担事故主要责任的，应当在全部损害的百分之九十至百分之六十之间承担赔偿责任；铁路运输企业承担事故同等责任的，应当在全部损害的百分之六十至百分之五十之间承担赔偿责任；铁路运输企业承担事故次要责任的，应当在全部损害的百分之四十至百分之十之间承担赔偿责任；

（二）铁路运输企业已充分履行安全防护、警示等义务，受害人仍施以过错行为的，铁路运输企业应当在全部损害的百分之十以内承担赔偿责任。

铁路运输企业已充分履行安全防护、警示等义务，受害人不听从值守人员劝阻强行通过铁路平交道口、人行过道，或者明知危险后果仍然无视警示规定沿铁路线路纵向行走、坐卧故意造成人身损害的，铁路运输企业不承担赔偿责任，但是有证据证明并非受害人故意造成损害的除外。

第七条 铁路运输造成无民事行为能力人人身损害的，铁路运输企业应当承担赔偿责任；监护人有过错的，按照过错程度减轻铁路运输企业的赔偿责任。

铁路运输造成限制民事行为能力人人身损害的，铁路运输企业应当承担赔偿责任；监护人或者受害人自身有过错的，按照过错程度减轻铁路运输企业的赔偿责任。

第八条 铁路机车车辆与机动车发生碰撞造成机动车驾驶人员以外的人人身损害的，由铁路运输企业与机动车一方对受害人承担连带赔偿责任。铁路运输企业与机动车一方之间的责任份额根据各自责任大小确定；难以确定责任大小的，平均承担责任。对受害人实际承担赔偿责任超出应当承担份额的一方，有权向另一方追偿。

铁路机车车辆与机动车发生碰撞造成机动车驾驶人员人身损害的，按照本解释第四条至第六条的规定处理。

第九条 在非铁路运输企业实行监护的铁路无人看守道口发生事故造成人身损害的，由铁路运输企业按照本解释的有关规定承担赔偿责任。道口管理单位有过错的，铁路运输企业对赔偿权利人承担赔偿责任后，有权向道口管理单位追偿。

第十条 对于铁路桥梁、涵洞等设施负有管理、维护等职责的单位，因未尽职责使该铁路桥梁、涵洞等设施不能正常使用，导致行人、车辆穿越铁路线路造成人身损害的，铁路运输企业按照本解释有关规定承担赔偿责任后，有权向该单位追偿。

第十一条 有权作出事故认定的组织依照《铁路交通事故应急救援和调查处理条例》等有关规定制作的事故认定书，经庭审质证，对于事故认定书所认定的事实，当事人没有相反证据和理由足以推翻的，人民法院应当作为认定事实的根据。

第十二条 在专用铁路及铁路专用线上因运输造成人身损害，依法应当由肇事工具或者设备的所有人、使用人或者管理人承担赔偿责任的，适用本解释。

第十三条 本院以前发布的司法解释与本解释不一致的，以本解释为准。

最高人民检察院关于推进行政执法
与刑事司法衔接工作的规定

发布并实施日期：2021年9月6日　高检发释字〔2021〕4号

第一条　为了健全行政执法与刑事司法衔接工作机制，根据《中华人民共和国人民检察院组织法》《中华人民共和国行政处罚法》《中华人民共和国刑事诉讼法》等有关规定，结合《行政执法机关移送涉嫌犯罪案件的规定》，制定本规定。

第二条　人民检察院开展行政执法与刑事司法衔接工作，应当严格依法、准确及时，加强与监察机关、公安机关、司法行政机关和行政执法机关的协调配合，确保行政执法与刑事司法有效衔接。

第三条　人民检察院开展行政执法与刑事司法衔接工作由负责捕诉的部门按照管辖案件类别办理。负责捕诉的部门可以在办理时听取其他办案部门的意见。

本院其他办案部门在履行检察职能过程中，发现涉及行政执法与刑事司法衔接线索的，应当及时移送本院负责捕诉的部门。

第四条　人民检察院依法履行职责时，应当注意审查是否存在行政执法机关对涉嫌犯罪案件应当移送公安机关立案侦查而不移送，或者公安机关对行政执法机关移送的涉嫌犯罪案件应当立案侦查而不立案侦查的情形。

第五条　公安机关收到行政执法机关移送涉嫌犯罪案件后应当立案侦查而不立案侦查，行政执法机关建议人民检察院依法监督的，人民检察院应当依法受理并进行审查。

第六条　对于行政执法机关应当依法移送涉嫌犯罪案件而不移送，或者公安机关应当立案侦查而不立案侦查的举报，属于本院管辖且符合受理条件的，人民检察院应当受理并进行审查。

第七条　人民检察院对本规定第四条至第六条的线索审查后，认为行政执法机关应当依法移送涉嫌犯罪案件而不移送的，经检察长批准，应当向同级行政执法机关提出检察意见，要求行政执法机关及时向公安机关移送案件并将有关材料抄送人民检察院。人民检察院应当将检察意见抄送同级司法行政机关，行政执法机关实行垂直管理的，应当将检察意见抄送其上级机关。

行政执法机关收到检察意见后无正当理由仍不移送的，人民检察院应当将有关情况书面通知公安机关。

对于公安机关可能存在应当立案而不立案情形的，人民检察院应当依法开展立案监督。

第八条　人民检察院决定不起诉的案件，应当同时审查是否需要对被不起诉人给予行政处罚。对被不起诉人需要给予行政处罚的，经检察长批准，人民检察院应当向同级有关主管机关提出检察意见,自不起诉决定作出之日起三日以内连同不起诉决定书一并送达。人民检察院应当将检察意见抄送同级司法行政机关,主管机关实行垂直管理的,应当将检察意见抄送其上级机关。

检察意见书应当写明采取和解除刑事强制措施、查封、扣押、冻结涉案财物以及对被不起诉人予以训诫或者责令具结悔过、赔礼道歉、赔偿损失等情况。对于需要没收违法所得的,人民检察院应当将查封、扣押、冻结的涉案财物一并移送。对于在办案过程中收集的相关证据材料,人民检察院可以一并移送。

第九条 人民检察院提出对被不起诉人给予行政处罚的检察意见,应当要求有关主管机关自收到检察意见书之日起两个月以内将处理结果或者办理情况书面回复人民检察院。因情况紧急需要立即处理的,人民检察院可以根据实际情况确定回复期限。

第十条 需要向上级有关单位提出检察意见的,应当层报其同级人民检察院决定并提出,或者由办理案件的人民检察院制作检察意见书后,报上级有关单位的同级人民检察院审核并转送。

需要向下级有关单位提出检察意见的,应当指令对应的下级人民检察院提出。

需要异地提出检察意见的,应当征求有关单位所在地同级人民检察院意见。意见不一致的,层报共同的上级人民检察院决定。

第十一条 有关单位在要求的期限内不回复或者无正当理由不作处理的,经检察长决定,人民检察院可以将有关情况书面通报同级司法行政机关,或者提请上级人民检察院通报其上级机关。必要时可以报告同级党委和人民代表大会常务委员会。

第十二条 人民检察院发现行政执法人员涉嫌职务违法、犯罪的,应当将案件线索移送监察机关处理。

第十三条 行政执法机关就刑事案件立案追诉标准、证据收集固定保全等问题咨询人民检察院,或者公安机关就行政执法机关移送的涉嫌犯罪案件主动听取人民检察院意见建议的,人民检察院应当及时答复。书面咨询的,人民检察院应当在七日以内书面回复。

人民检察院在办理案件过程中,可以就行政执法专业问题向相关行政执法机关咨询。

第十四条 人民检察院应当定期向有关单位通报开展行政执法与刑事司法衔接工作的情况。发现存在需要完善工作机制等问题的,可以征求被建议单位的意见,依法提出检察建议。

第十五条 人民检察院根据工作需要,可以会同有关单位研究分析行政执法与刑事司法衔接工作中的问题,提出解决方案。

第十六条 人民检察院应当配合司法行政机关建设行政执法与刑事司法衔接信息共享平台。已经接入信息共享平台的人民检察院,应当自作出相关决定之日起七日以内,录入相关案件信息。尚未建成信息共享平台的人民检察院,应当及时向有关单位通报相关案件信息。

第十七条 本规定自公布之日起施行,《人民检察院办理行政执法机关移送涉嫌犯罪案件的规定》(高检发释字〔2001〕4号)同时废止。

五、安全生产相关行政法规、规章、条例等规定

（一）综 合

行政执法机关移送涉嫌犯罪案件的规定

发布单位：国务院

发布日期：2001年7月9日 修改日期：2020年8月7日

中华人民共和国国务院令第730号

第一条 为了保证行政执法机关向公安机关及时移送涉嫌犯罪案件，依法惩罚破坏社会主义市场经济秩序罪、妨害社会管理秩序罪以及其他罪，保障社会主义建设事业顺利进行，制定本规定。

第二条 本规定所称行政执法机关，是指依照法律、法规或者规章的规定，对破坏社会主义市场经济秩序、妨害社会管理秩序以及其他违法行为具有行政处罚权的行政机关，以及法律、法规授权的具有管理公共事务职能、在法定授权范围内实施行政处罚的组织。

第三条 行政执法机关在依法查处违法行为过程中，发现违法事实涉及的金额、违法事实的情节、违法事实造成的后果等，根据刑法关于破坏社会主义市场经济秩序罪、妨害社会管理秩序罪等罪的规定和最高人民法院、最高人民检察院关于破坏社会主义市场经济秩序罪、妨害社会管理秩序罪等罪的司法解释以及最高人民检察院、公安部关于经济犯罪案件的追诉标准等规定，涉嫌构成犯罪，依法需要追究刑事责任的，必须依照本规定向公安机关移送。

知识产权领域的违法案件，行政执法机关根据调查收集的证据和查明的案件事实，认为存在犯罪的合理嫌疑，需要公安机关采取措施进一步获取证据以判断是否达到刑事案件立案追诉标准的，应当向公安机关移送。

第四条 行政执法机关在查处违法行为过程中，必须妥善保存所收集的与违法行为有关的证据。

行政执法机关对查获的涉案物品，应当如实填写涉案物品清单，并按照国家有关规定予以处理。对易腐烂、变质等不宜或者不易保管的涉案物品，应当采取必要措施，留取证据；对需要进行检验、鉴定的涉案物品，应当由法定检验、鉴定机构进行检验、鉴定，并出具检验报告或者鉴定结论。

第五条 行政执法机关对应当向公安机关移送的涉嫌犯罪案件，应当立即指定2名或者2名以上行政执法人员组成专案组专门负责，核实情况后提出移送涉嫌犯罪案件的书面报告，报经本机关正职负责人或者主持工作的负责人审批。

行政执法机关正职负责人或者主持工作的负责人应当自接到报告之日起3日内作出批

准移送或者不批准移送的决定。决定批准的，应当在24小时内向同级公安机关移送；决定不批准的，应当将不予批准的理由记录在案。

第六条 行政执法机关向公安机关移送涉嫌犯罪案件，应当附有下列材料：

（一）涉嫌犯罪案件移送书；

（二）涉嫌犯罪案件情况的调查报告；

（三）涉案物品清单；

（四）有关检验报告或者鉴定结论；

（五）其他有关涉嫌犯罪的材料。

第七条 公安机关对行政执法机关移送的涉嫌犯罪案件，应当在涉嫌犯罪案件移送书的回执上签字；其中，不属于本机关管辖的，应当在24小时内转送有管辖权的机关，并书面告知移送案件的行政执法机关。

第八条 公安机关应当自接受行政执法机关移送的涉嫌犯罪案件之日起3日内，依照刑法、刑事诉讼法以及最高人民法院、最高人民检察院关于立案标准和公安部关于公安机关办理刑事案件程序的规定，对所移送的案件进行审查。认为有犯罪事实，需要追究刑事责任，依法决定立案的，应当书面通知移送案件的行政执法机关；认为没有犯罪事实，或者犯罪事实显著轻微，不需要追究刑事责任，依法不予立案的，应当说明理由，并书面通知移送案件的行政执法机关，相应退回案卷材料。

第九条 行政执法机关接到公安机关不予立案的通知书后，认为依法应当由公安机关决定立案的，可以自接到不予立案通知书之日起3日内，提请作出不予立案决定的公安机关复议，也可以建议人民检察院依法进行立案监督。

作出不予立案决定的公安机关应当自收到行政执法机关提请复议的文件之日起3日内作出立案或者不予立案的决定，并书面通知移送案件的行政执法机关。移送案件的行政执法机关对公安机关不予立案的复议决定仍有异议的，应当自收到复议决定通知书之日起3日内建议人民检察院依法进行立案监督。

公安机关应当接受人民检察院依法进行的立案监督。

第十条 行政执法机关对公安机关决定不予立案的案件，应当依法作出处理；其中，依照有关法律、法规或者规章的规定应当给予行政处罚的，应当依法实施行政处罚。

第十一条 行政执法机关对应当向公安机关移送的涉嫌犯罪案件，不得以行政处罚代替移送。

行政执法机关向公安机关移送涉嫌犯罪案件前已经作出的警告，责令停产停业，暂扣或者吊销许可证、暂扣或者吊销执照的行政处罚决定，不停止执行。

依照行政处罚法的规定，行政执法机关向公安机关移送涉嫌犯罪案件前，已经依法给予当事人罚款的，人民法院判处罚金时，依法折抵相应罚金。

第十二条 行政执法机关对公安机关决定立案的案件，应当自接到立案通知书之日起3日内将涉案物品以及与案件有关的其他材料移交公安机关，并办结交接手续；法律、行政法规另有规定的，依照其规定。

第十三条 公安机关对发现的违法行为，经审查，没有犯罪事实，或者立案侦查后认为犯罪事实显著轻微，不需要追究刑事责任，但依法应当追究行政责任的，应当及时将案件移送同级行政执法机关，有关行政执法机关应当依法作出处理。

第十四条 行政执法机关移送涉嫌犯罪案件，应当接受人民检察院和监察机关依法实施的监督。

任何单位和个人对行政执法机关违反本规定，应当向公安机关移送涉嫌犯罪案件而不移送的，有权向人民检察院、监察机关或者上级行政执法机关举报。

第十五条 行政执法机关违反本规定，隐匿、私分、销毁涉案物品的，由本级或者上级人民政府，或者实行垂直管理的上级行政执法机关，对其正职负责人根据情节轻重，给予降级以上的处分；构成犯罪的，依法追究刑事责任。

对前款所列行为直接负责的主管人员和其他直接责任人员，比照前款的规定给予处分；构成犯罪的，依法追究刑事责任。

第十六条 行政执法机关违反本规定，逾期不将案件移送公安机关的，由本级或者上级人民政府，或者实行垂直管理的上级行政执法机关，责令限期移送，并对其正职负责人或者主持工作的负责人根据情节轻重，给予记过以上的处分；构成犯罪的，依法追究刑事责任。

行政执法机关违反本规定，对应当向公安机关移送的案件不移送，或者以行政处罚代替移送的，由本级或者上级人民政府，或者实行垂直管理的上级行政执法机关，责令改正，给予通报；拒不改正的，对其正职负责人或者主持工作的负责人给予记过以上的处分；构成犯罪的，依法追究刑事责任。

对本条第一款、第二款所列行为直接负责的主管人员和其他直接责任人员，分别比照前两款的规定给予处分；构成犯罪的，依法追究刑事责任。

第十七条 公安机关违反本规定，不接受行政执法机关移送的涉嫌犯罪案件，或者逾期不作出立案或者不予立案的决定的，除由人民检察院依法实施立案监督外，由本级或者上级人民政府责令改正，对其正职负责人根据情节轻重，给予记过以上的处分；构成犯罪的，依法追究刑事责任。

对前款所列行为直接负责的主管人员和其他直接责任人员，比照前款的规定给予处分；构成犯罪的，依法追究刑事责任。

第十八条 有关机关存在本规定第十五条、第十六条、第十七条所列违法行为，需要由监察机关依法给予违法的公职人员政务处分的，该机关及其上级主管机关或者有关人民政府应当依照有关规定将相关案件线索移送监察机关处理。

第十九条 行政执法机关在依法查处违法行为过程中，发现公职人员有贪污贿赂、失职渎职或者利用职权侵犯公民人身权利和民主权利等违法行为，涉嫌构成职务犯罪的，应当依照刑法、刑事诉讼法、监察法等法律规定及时将案件线索移送监察机关或者人民检察院处理。

第二十条 本规定自公布之日起施行。

中共中央办公厅、国务院办公厅转发国务院法制办等部门关于加强行政执法与刑事司法衔接工作的意见

发布单位：中共中央办公厅、国务院办公厅
发布并实施日期：2011年2月9日　中办发〔2011〕8号

做好行政执法与刑事司法衔接工作，事关依法行政和公正司法，事关经济社会秩序维护，事关人民群众切身利益保障。近年来，特别是《行政执法机关移送涉嫌犯罪案件的规定》施行以来，各地区各有关部门建立健全行政执法与刑事司法衔接工作机制，行政执法机关移送涉嫌犯罪案件工作得到加强，一大批危害社会主义市场经济秩序和社会管理秩序的犯罪行为受到刑事制裁，有力遏制了违法犯罪活动。但也要看到，在一些行政执法领域，有案不移、有案难移、以罚代刑的问题仍然比较突出。为了加强行政执法与刑事司法衔接工作，现提出如下意见。

一、严格履行法定职责

（一）行政执法机关和公安机关要严格依法履行职责，对涉嫌犯罪的案件，切实做到该移送的移送、该受理的受理、该立案的立案。

（二）行政执法机关在执法检查时，发现违法行为明显涉嫌犯罪的，应当及时向公安机关通报。接到通报后，公安机关应当立即派人进行调查，并依法作出立案或者不予立案的决定。公安机关立案后依法提请行政执法机关作出检验、鉴定、认定等协助的，行政执法机关应当予以协助。

（三）行政执法机关向公安机关移送涉嫌犯罪案件，应当移交案件的全部材料，同时将案件移送书及有关材料目录抄送人民检察院。行政执法机关在移送案件时已经作出行政处罚决定的，应当将行政处罚决定书一并抄送公安机关、人民检察院；未作出行政处罚决定的，原则上应当在公安机关决定不予立案或者撤销案件、人民检察院作出不起诉决定、人民法院作出无罪判决或者免予刑事处罚后，再决定是否给予行政处罚。

（四）公安机关对行政执法机关移送的涉嫌犯罪案件，应当以书面形式予以受理。受理后认为不属于本机关管辖的应当及时转送有管辖权的机关，并书面告知移送案件的行政执法机关，同时抄送人民检察院。对受理的案件，公安机关应当及时审查，依法作出立案或者不予立案的决定并书面通知行政执法机关，同时抄送人民检察院。公安机关立案后决定撤销案件的，应当书面通知行政执法机关，同时抄送人民检察院。公安机关作出不立案决定或者撤销案件的，应当将案卷材料退回行政执法机关，行政执法机关应当对案件作出处理。

（五）人民检察院对作出不起诉决定的案件、人民法院对作出无罪判决或者免予刑事处罚的案件，认为依法应当给予行政处罚的，应当提出检察建议或者司法建议，移送有关行政执法机关处理。

（六）行政执法机关在查处违法行为，以及公安机关在审查、侦查行政执法机关移送的涉嫌犯罪案件过程中，发现国家工作人员涉嫌贪污贿赂、渎职侵权等违纪违法线索的，应当根据案件的性质，及时向监察机关或者人民检察院移送。监察机关、人民检察院应当对行政执法机关、公安机关移送的违纪或者职位犯罪案件线索及时认真审查，依纪依法处理，并将处理结果及时书面告知行政执法机关。

（七）行政执法机关在查处违法行为过程中，发现危害国家安全犯罪案件线索，依法应当向国家安全机关移送的，参照《行政执法机关移送涉嫌犯罪案件的规定》和本意见执行。

二、完善衔接工作机制

（八）各地区各有关部门要针对行政执法与刑事司法衔接工作的薄弱环节，建立健全衔接工作机制，促进各有关单位之间协调配合，形成工作合力。

（九）各地要根据实际情况，确定行政执法与刑事司法衔接工作牵头单位。牵头单位要发挥综合协调作用，组织推动各项工作顺利发展。

（十）建立行政执法与刑事司法衔接工作联席会议制度。牵头单位要定期组织召开联席会议，由有关单位相互通报查处破坏社会主义市场经济秩序、妨害社会管理秩序等违法犯罪行为以及衔接工作的有关情况，研究衔接工作中存在的问题，提出加强衔接工作的对策。

（十一）健全案件咨询制度。对案情重大、复杂、疑难，性质难以认定的案件，行政执法机关可以就刑事案件立案追诉标准、证据的固定和保全等问题咨询公安机关、人民检察院，公安机关、人民检察院可以就案件办理中的专业性问题咨询行政执法机关，受咨询的机关应当认真研究、及时答复。

（十二）建立衔接工作信息共享平台。各地要充分利用已有电子政务网络和信息共享公共基础设施等资源，将行政执法与刑事司法衔接工作信息共享平台建设纳入电子政务建设规划，拟定信息共享平台建设工作计划，明确完成时间，加大投入，加快工作进度，充分运用现代信息技术实现行政执法机关、公安机关、人民检察院之间执法、司法信息互联互通。行政执法机关应当在规定时间内，将查处的符合刑事追诉标准、涉嫌犯罪的案件信息以及虽未达到刑事追诉标准、但有其他严重情节的案件信息录入信息共享平台。各有关单位应当在规定时间内，将移送案件、办理移送案件的相关信息录入信息共享平台。加强对信息共享平台的管理，严格遵守共享信息的使用权限，防止泄密。积极推进网上移送、网上受理、网上监督，提高衔接工作效率。

三、加强对衔接工作的监督

（十三）县级以上地方人民政府、人民检察院和监察机关要依法履行监督职责，严格责任追究，确保行政执法与刑事司法衔接工作有关制度落到实处。

（十四）完善行政执法与刑事司法衔接工作举报制度。县级以上地方人民政府、人民检察院和监察机关对行政执法机关应当移送涉嫌犯罪案件而不移送或者公安机关应当受理而不受理、应当立案而不立案的举报，要认真调查处理，并将调查处理结果告知实名举报人。人民检察院、监察机关在调查时，应当及时向行政执法机关、公安机关查询案件情况，必要时，可以派人查阅、复印案件材料，行政执法机关、公安机关应当予以配合。

（十五）行政执法机关不移送涉嫌犯罪案件或者逾期未移送的，由本级或者上级人民政府，或者实行垂直管理的上级行政机关，责令限期移送；情节严重的，对负有责任的主管人员和其他直接责任人员依法给予处分；构成犯罪的，依法追究刑事责任。人民检察院发现行政执法机关不移送或者逾期未移送的，应当向行政执法机关提出意见，建议其移送。人民检察院建议移送的，行政执法机关应当立即移送，并将有关材料及时抄送人民检察院；行政执法机关仍不移送的，人民检察院应当将有关情况书面通知公安机关，公安机关应当根据人民检察院的意见，主动向行政执法机关查询案件，必要时直接立案侦查。

（十六）公安机关不受理行政执法机关移送的案件，或者未在法定期限内作出立案或者不予立案决定的，行政执法机关可以建议人民检察院进行立案监督。行政执法机关对公安机关作出的不予立案决定有异议的，可以向作出决定的公安机关申请复议，也可以建议人民检察院进行立案监督；对公安机关对公安机关不予立案的复议决定仍有异议的，可以建议人民检察院进行立案监督。行政执法机关对公安机关立案后作出撤销案件的决定有异议的，可以建议人民检察院进行立案监督。人民检察院对行政执法机关提出的立案监督建议，应当依法受理并进行审查。

（十七）人民检察院发现行政执法人员不移送涉嫌犯罪案件，公安机关人员不依法受理、立案，需要追究行政纪律责任的，应当将可以证明违纪违法事实的材料移送监察机关，由监察机关依纪依法处理；涉嫌犯罪的，应当依法追究刑事责任。

（十八）监察机关发现行政执法人员不移送涉嫌犯罪案件，公安机关工作人员不依法受理、立案，违反行政纪律、需要追究责任的，应当依纪依法处理；情节严重、涉嫌犯罪的，应当移送人民检察院。对行政执法机关或者人民检察院移送监察机关的违纪案件线索，监察机关应当及时受理，认真审查，依纪依法处理，并将处理结果及时书面告知移送案件线索的行政执法机关或者人民检察院。

四、切实加强组织领导

（十九）各地区各有关部门要把加强行政执法与刑事司法衔接工作列入重要议事日程，按照执法为民的要求，精心组织，认真督办，狠抓落实。加大培训力度，使行政执法人员和公安机关、监察机关、检察机关相关人员熟悉行政执法与刑事司法衔接工作的有关知识和具体要求，强化依法移送、依法办案的意识。加强对行政执法与刑事司法衔接工作的检查和考核，把是否依法移送、受理、立案、办案等情况，纳入政府和有关部门的综合考核评价体系。

安全生产行政执法与刑事司法衔接工作办法

发布单位：应急管理部、公安部、最高人民法院、最高人民检察院
发布并实施日期：2019年4月16日　应急〔2019〕54号

第一章　总　则

第一条　为了建立健全安全生产行政执法与刑事司法衔接工作机制，依法惩治安全生产违法犯罪行为，保障人民群众生命财产安全和社会稳定，依据《中华人民共和国刑法》《中华人民共和国刑事诉讼法》《中华人民共和国安全生产法》《中华人民共和国消防法》和《行政执法机关移送涉嫌犯罪案件的规定》《生产安全事故报告和调查处理条例》《最高人民法院最高人民检察院关于办理危害生产安全刑事案件适用法律若干问题的解释》等法律、行政法规、司法解释及有关规定，制定本办法。

第二条　本办法适用于应急管理部门、公安机关、人民法院、人民检察院办理的涉嫌安全生产犯罪案件。

应急管理部门查处违法行为时发现的涉嫌其他犯罪案件，参照本办法办理。

本办法所称应急管理部门，包括煤矿安全监察机构、消防机构。

属于《中华人民共和国监察法》规定的公职人员在行使公权力过程中发生的依法由监察机关负责调查的涉嫌安全生产犯罪案件，不适用本办法，应当依法及时移送监察机关处理。

第三条　涉嫌安全生产犯罪案件主要包括下列案件：

（一）重大责任事故案件；

（二）强令违章冒险作业案件；

（三）重大劳动安全事故案件；

（四）危险物品肇事案件；

（五）消防责任事故、失火案件；

（六）不报、谎报安全事故案件；

（七）非法采矿，非法制造、买卖、储存爆炸物，非法经营，伪造、变造、买卖国家机关公文、证件、印章等涉嫌安全生产的其他犯罪案件。

第四条　人民检察院对应急管理部门移送涉嫌安全生产犯罪案件和公安机关有关立案活动，依法实施法律监督。

第五条　各级应急管理部门、公安机关、人民检察院、人民法院应当加强协作，统一

法律适用，不断完善案件移送、案情通报、信息共享等工作机制。

第六条 应急管理部门在行政执法过程中发现行使公权力的公职人员涉嫌安全生产犯罪的问题线索，或者应急管理部门、公安机关、人民检察院在查处有关违法犯罪行为过程中发现行使公权力的公职人员涉嫌贪污贿赂、失职渎职等职务违法或者职务犯罪的问题线索，应当依法及时移送监察机关处理。

第二章 日常执法中的案件移送与法律监督

第七条 应急管理部门在查处违法行为过程中发现涉嫌安全生产犯罪案件的，应当立即指定2名以上行政执法人员组成专案组专门负责，核实情况后提出移送涉嫌犯罪案件的书面报告。应急管理部门正职负责人或者主持工作的负责人应当接到报告之日起3日内作出批准移送或者不批准移送的决定。批准移送的，应当在24小时内向同级公安机关移送；不批准移送的，应当将不予批准的理由记录在案。

第八条 应急管理部门向公安机关移送涉嫌安全生产犯罪案件，应当附下列材料，并将案件移送书抄送同级人民检察院：

（一）案件移送书，载明移送案件的应急管理部门名称、违法行为涉嫌犯罪罪名、案件主办人及联系电话等。案件移送书应当附移送材料清单，并加盖应急管理部门公章；

（二）案件调查报告，载明案件来源、查获情况、嫌疑人基本情况、涉嫌犯罪的事实、证据和法律依据、处理建议等；

（三）涉案物品清单，载明涉案物品的名称、数量、特征、存放地等事项，并附采取行政强制措施、现场笔录等表明涉案物品来源的相关材料；

（四）附有鉴定机构和鉴定人资质证明或者其他证明文件的检验报告或者鉴定意见；

（五）现场照片、询问笔录、电子数据、视听资料、认定意见、责令整改通知书等其他与案件有关的证据材料。

对有关违法行为已经作出行政处罚决定的，还应当附行政处罚决定书。

第九条 公安机关对应急管理部门移送的涉嫌安全生产犯罪案件，应当出具接受案件的回执或者在案件移送书的回执上签字。

第十条 公安机关审查发现移送的涉嫌安全生产犯罪案件材料不全的，应当在接受案件的24小时内书面告知应急管理部门在3日内补正。

公安机关审查发现涉嫌安全生产犯罪案件移送材料不全、证据不充分的，可以就证明有犯罪事实的相关证据要求等提出补充调查意见，由移送案件的应急管理部门补充调查。根据实际情况，公安机关可以依法自行调查。

第十一条 公安机关对移送的涉嫌安全生产犯罪案件，应当自接受案件之日起3日内作出立案或者不予立案的决定；涉嫌犯罪线索需要查证的，应当自接受案件之日起7日内作出决定；重大疑难复杂案件，经县级以上公安机关负责人批准，可以自受案之日起30日内作出决定。依法不予立案的，应当说明理由，相应退回案件材料。

对属于公安机关管辖但不属于本公安机关管辖的案件，应当在接受案件后24小时内移送有管辖权的公安机关，并书面通知移送案件的应急管理部门，抄送同级人民检察院。对不属于公安机关管辖的案件，应当在24小时内退回移送案件的应急管理部门。

第十二条 公安机关作出立案、不予立案决定的，应当自作出决定之日起3日内书面通知应急管理部门，并抄送同级人民检察院。

对移送的涉嫌安全生产犯罪案件，公安机关立案后决定撤销案件的，应当将撤销案件决定书送达移送案件的应急管理部门，并退回案卷材料。对依法应当追究行政法律责任的，可以同时提出书面建议。有关撤销案件决定书应当抄送同级人民检察院。

第十三条 应急管理部门应当自接到公安机关立案通知书之日起3日内将涉案物品以及与案件有关的其他材料移交公安机关，并办理交接手续。

对保管条件、保管场所有特殊要求的涉案物品，可以在公安机关采取必要措施固定留取证据后，由应急管理部门代为保管。应急管理部门应当妥善保管涉案物品，并配合公安机关、人民检察院、人民法院在办案过程中对涉案物品的调取、使用及鉴定等工作。

第十四条 应急管理部门接到公安机关不予立案的通知书后，认为依法应当由公安机关决定立案的，可以自接到不予立案通知书之日起3日内提请作出不予立案决定的公安机关复议，也可以建议人民检察院进行立案监督。

公安机关应当自收到提请复议的文件之日起3日内作出复议决定，并书面通知应急管理部门。应急管理部门对公安机关的复议决定仍有异议的，应当自收到复议决定之日起3日内建议人民检察院进行立案监督。

应急管理部门对公安机关逾期未作出是否立案决定以及立案后撤销案件决定有异议的，可以建议人民检察院进行立案监督。

第十五条 应急管理部门建议人民检察院进行立案监督的，应当提供立案监督建议书、相关案件材料，并附公安机关不予立案通知、复议维持不予立案通知或者立案后撤销案件决定及有关说明理由材料。

第十六条 人民检察院应当对应急管理部门立案监督建议进行审查，认为需要公安机关说明不予立案、立案后撤销案件的理由的，应当要求公安机关在7日内说明理由。公安机关应当书面说明理由，回复人民检察院。

人民检察院经审查认为公安机关不予立案或者立案后撤销案件理由充分，符合法律规定情形的，应当作出支持不予立案、撤销案件的检察意见。认为有关理由不能成立的，应当通知公安机关立案。

公安机关收到立案通知书后，应当在15日内立案，并将立案决定书送达人民检察院。

第十七条 人民检察院发现应急管理部门不移送涉嫌安全生产犯罪案件的，可以派员查询、调阅有关案件材料，认为应当移送的，应当提出检察意见。应急管理部门应当自收到检察意见后3日内将案件移送公安机关，并将案件移送书抄送人民检察院。

第十八条 人民检察院对符合逮捕、起诉条件的犯罪嫌疑人，应当依法批准逮捕、提起公诉。

人民检察院对决定不起诉的案件，应当自作出决定之日起3日内，将不起诉决定书送达公安机关和应急管理部门。对依法应当追究行政法律责任的，可以同时提出检察意见，并要求应急管理部门及时通报处理情况。

第三章　事故调查中的案件移送与法律监督

第十九条　事故发生地有管辖权的公安机关根据事故的情况，对涉嫌安全生产犯罪的，应当依法立案侦查。

第二十条　事故调查中发现涉嫌安全生产犯罪的，事故调查组或者负责火灾调查的消防机构应当及时将有关材料或者其复印件移交有管辖权的公安机关依法处理。

事故调查过程中，事故调查组或者负责火灾调查的消防机构可以召开专题会议，向有管辖权的公安机关通报事故调查进展情况。

有管辖权的公安机关对涉嫌安全生产犯罪案件立案侦查的，应当在3日内将立案决定书抄送同级应急管理部门、人民检察院和组织事故调查的应急管理部门。

第二十一条　对有重大社会影响的涉嫌安全生产犯罪案件，上级公安机关采取挂牌督办、派员参与等方法加强指导和督促，必要时，可以按照有关规定直接组织办理。

第二十二条　组织事故调查的应急管理部门及同级公安机关、人民检察院对涉嫌安全生产犯罪案件的事实、性质认定、证据采信、法律适用以及责任追究有意见分歧的，应当加强协调沟通。必要时，可以就法律适用等方面问题听取人民法院意见。

第二十三条　对发生一人以上死亡的情形，经依法组织调查，作出不属于生产安全事故或者生产安全责任事故的书面调查结论的，应急管理部门应当将该调查结论及时抄送同级监察机关、公安机关、人民检察院。

第四章　证据的收集与使用

第二十四条　在查处违法行为的过程中，有关应急管理部门应当全面收集、妥善保存证据材料。对容易灭失的痕迹、物证，应当采取措施提取、固定；对查获的涉案物品，如实填写涉案物品清单，并按照国家有关规定予以处理；对需要进行检验、鉴定的涉案物品，由法定检验、鉴定机构进行检验、鉴定，并出具检验报告或者鉴定意见。

在事故调查的过程中，有关部门根据有关法律法规的规定或者事故调查组的安排，按照前款规定收集、保存相关的证据材料。

第二十五条　在查处违法行为或者事故调查的过程中依法收集制作的物证、书证、视听资料、电子数据、检验报告、鉴定意见、勘验笔录、检查笔录等证据材料以及经依法批复的事故调查报告，在刑事诉讼中可以作为证据使用。

事故调查组依照有关规定提交的事故调查报告应当由其成员签名。没有签名的，应当予以补正或者作出合理解释。

第二十六条　当事人及其辩护人、诉讼代理人对检验报告、鉴定意见、勘验笔录、检查笔录等提出异议，申请重新检验、鉴定、勘验或者检查的，应当说明理由。人民法院经审理认为有必要的，应当同意。人民法院同意重新鉴定申请的，应当及时委托鉴定，并将鉴定意见告知人民检察院、当事人及其辩护人、诉讼代理人；也可以由公安机关自行或者委托相关机构重新进行检验、鉴定、勘验、检查等。

第五章 协作机制

第二十七条 各级应急管理部门、公安机关、人民检察院、人民法院应当建立安全生产行政执法与刑事司法衔接长效工作机制。明确本单位的牵头机构和联系人，加强日常工作沟通与协作。定期召开联席会议，协调解决重要问题，并以会议纪要等方式明确议定事项。

各省、自治区、直辖市应急管理部门、公安机关、人民检察院、人民法院应当每年定期联合通报辖区内有关涉嫌安全生产犯罪案件移送、立案、批捕、起诉、裁判结果等方面信息。

第二十八条 应急管理部门对重大疑难复杂案件，可以就刑事案件立案追诉标准、证据的固定和保全等问题咨询公安机关、人民检察院；公安机关、人民检察院可以就案件办理中的专业性问题咨询应急管理部门。受咨询的机关应当及时答复；书面咨询的，应当在7日内书面答复。

第二十九条 人民法院应当在有关案件的判决、裁定生效后，按照规定及时将判决书、裁定书在互联网公布。适用职业禁止措施的，应当在判决、裁定生效后10日内将判决书、裁定书送达罪犯居住地的县级应急管理部门和公安机关，同时抄送罪犯居住地的县级人民检察院。具有国家工作人员身份的，应当将判决书、裁定书送达罪犯原所在单位。

第三十条 人民检察院、人民法院发现有关生产经营单位在安全生产保障方面存在问题或者有关部门在履行安全生产监督管理职责方面存在违法、不当情形的，可以发出检察建议、司法建议。有关生产经营单位或者有关部门应当按规定及时处理，并将处理情况书面反馈提出建议的人民检察院、人民法院。

第三十一条 各级应急管理部门、公安机关、人民检察院应当运用信息化手段，逐步实现涉嫌安全生产犯罪案件的网上移送、网上受理和网上监督。

第六章 附　则

第三十二条 各省、自治区、直辖市的应急管理部门、公安机关、人民检察院、人民法院可以根据本地区实际情况制定实施办法。

第三十三条 本办法自印发之日起施行。

安全生产许可证条例

发布单位：国务院　发布日期：2004 年 1 月 13 日
修改并实施日期：2014 年 7 月 29 日
中华人民共和国国务院令第 653 号

第一条　为了严格规范安全生产条件，进一步加强安全生产监督管理，防止和减少生产安全事故，根据《中华人民共和国安全生产法》的有关规定，制定本条例。

第二条　国家对矿山企业、建筑施工企业和危险化学品、烟花爆竹、民用爆炸物品生产企业（以下统称企业）实行安全生产许可制度。

企业未取得安全生产许可证的，不得从事生产活动。

第三条　国务院安全生产监督管理部门负责中央管理的非煤矿矿山企业和危险化学品、烟花爆竹生产企业安全生产许可证的颁发和管理。

省、自治区、直辖市人民政府安全生产监督管理部门负责前款规定以外的非煤矿矿山企业和危险化学品、烟花爆竹生产企业安全生产许可证的颁发和管理，并接受国务院安全生产监督管理部门的指导和监督。

国家煤矿安全监察机构负责中央管理的煤矿企业安全生产许可证的颁发和管理。

在省、自治区、直辖市设立的煤矿安全监察机构负责前款规定以外的其他煤矿企业安全生产许可证的颁发和管理，并接受国家煤矿安全监察机构的指导和监督。

第四条　省、自治区、直辖市人民政府建设主管部门负责建筑施工企业安全生产许可证的颁发和管理，并接受国务院建设主管部门的指导和监督。

第五条　省、自治区、直辖市人民政府民用爆炸物品行业主管部门负责民用爆炸物品生产企业安全生产许可证的颁发和管理，并接受国务院民用爆炸物品行业主管部门的指导和监督。

第六条　企业取得安全生产许可证，应当具备下列安全生产条件：

（一）建立、健全安全生产责任制，制定完备的安全生产规章制度和操作规程；

（二）安全投入符合安全生产要求；

（三）设置安全生产管理机构，配备专职安全生产管理人员；

（四）主要负责人和安全生产管理人员经考核合格；

（五）特种作业人员经有关业务主管部门考核合格，取得特种作业操作资格证书；

（六）从业人员经安全生产教育和培训合格；

（七）依法参加工伤保险，为从业人员缴纳保险费；

（八）厂房、作业场所和安全设施、设备、工艺符合有关安全生产法律、法规、标准和规程的要求；

（九）有职业危害防治措施，并为从业人员配备符合国家标准或者行业标准的劳动防护用品；

（十）依法进行安全评价；

（十一）有重大危险源检测、评估、监控措施和应急预案；

（十二）有生产安全事故应急救援预案、应急救援组织或者应急救援人员，配备必要的应急救援器材、设备；

（十三）法律、法规规定的其他条件。

第七条 企业进行生产前，应当依照本条例的规定向安全生产许可证颁发管理机关申请领取安全生产许可证，并提供本条例第六条规定的相关文件、资料。安全生产许可证颁发管理机关应当自收到申请之日起45日内审查完毕，经审查符合本条例规定的安全生产条件的，颁发安全生产许可证；不符合本条例规定的安全生产条件的，不予颁发安全生产许可证，书面通知企业并说明理由。

煤矿企业应当以矿（井）为单位，依照本条例的规定取得安全生产许可证。

第八条 安全生产许可证由国务院安全生产监督管理部门规定统一的式样。

第九条 安全生产许可证的有效期为3年。安全生产许可证有效期满需要延期的，企业应当于期满前3个月向原安全生产许可证颁发管理机关办理延期手续。

企业在安全生产许可证有效期内，严格遵守有关安全生产的法律法规，未发生死亡事故的，安全生产许可证有效期届满时，经原安全生产许可证颁发管理机关同意，不再审查，安全生产许可证有效期延期3年。

第十条 安全生产许可证颁发管理机关应当建立、健全安全生产许可证档案管理制度，并定期向社会公布企业取得安全生产许可证的情况。

第十一条 煤矿企业安全生产许可证颁发管理机关、建筑施工企业安全生产许可证颁发管理机关、民用爆炸物品生产企业安全生产许可证颁发管理机关，应当每年向同级安全生产监督管理部门通报其安全生产许可证颁发和管理情况。

第十二条 国务院安全生产监督管理部门和省、自治区、直辖市人民政府安全生产监督管理部门对建筑施工企业、民用爆炸物品生产企业、煤矿企业取得安全生产许可证的情况进行监督。

第十三条 企业不得转让、冒用安全生产许可证或者使用伪造的安全生产许可证。

第十四条 企业取得安全生产许可证后，不得降低安全生产条件，并应当加强日常安全生产管理，接受安全生产许可证颁发管理机关的监督检查。

安全生产许可证颁发管理机关应当加强对取得安全生产许可证的企业的监督检查，发现其不再具备本条例规定的安全生产条件的，应当暂扣或者吊销安全生产许可证。

第十五条 安全生产许可证颁发管理机关工作人员在安全生产许可证颁发、管理和监督检查工作中，不得索取或者接受企业的财物，不得谋取其他利益。

第十六条 监察机关依照《中华人民共和国行政监察法》的规定，对安全生产许可证颁发管理机关及其工作人员履行本条例规定的职责实施监察。

第十七条 任何单位或者个人对违反本条例规定的行为，有权向安全生产许可证颁发管理机关或者监察机关等有关部门举报。

第十八条 安全生产许可证颁发管理机关工作人员有下列行为之一的，给予降级或者撤职的行政处分；构成犯罪的，依法追究刑事责任：

（一）向不符合本条例规定的安全生产条件的企业颁发安全生产许可证的；

（二）发现企业未依法取得安全生产许可证擅自从事生产活动，不依法处理的；

（三）发现取得安全生产许可证的企业不再具备本条例规定的安全生产条件，不依法处理的；

（四）接到对违反本条例规定行为的举报后，不及时处理的；

（五）在安全生产许可证颁发、管理和监督检查工作中，索取或者接受企业的财物，或者谋取其他利益的。

第十九条 违反本条例规定，未取得安全生产许可证擅自进行生产的，责令停止生产，没收违法所得，并处10万元以上50万元以下的罚款；造成重大事故或者其他严重后果，构成犯罪的，依法追究刑事责任。

第二十条 违反本条例规定，安全生产许可证有效期满未办理延期手续，继续进行生产的，责令停止生产，限期补办延期手续，没收违法所得，并处5万元以上10万元以下的罚款；逾期仍不办理延期手续，继续进行生产的，依照本条例第十九条的规定处罚。

第二十一条 违反本条例规定，转让安全生产许可证的，没收违法所得，处10万元以上50万元以下的罚款，并吊销其安全生产许可证；构成犯罪的，依法追究刑事责任；接受转让的，依照本条例第十九条的规定处罚。

冒用安全生产许可证或者使用伪造的安全生产许可证的，依照本条例第十九条的规定处罚。

第二十二条 本条例施行前已经进行生产的企业，应当自本条例施行之日起1年内，依照本条例的规定向安全生产许可证颁发管理机关申请办理安全生产许可证；逾期不办理安全生产许可证，或者经审查不符合本条例规定的安全生产条件，未取得安全生产许可证，继续进行生产的，依照本条例第十九条的规定处罚。

第二十三条 本条例规定的行政处罚，由安全生产许可证颁发管理机关决定。

第二十四条 本条例自公布之日起施行。

安全生产培训管理办法

发布单位：国家安全生产监督管理总局① 发布日期：2012 年 1 月 19 日
修改并实施日期：2015 年 5 月 29 日
中华人民共和国国家安全监管总局令第 80 号

第一章 总 则

第一条 为了加强安全生产培训管理，规范安全生产培训秩序，保证安全生产培训质量，促进安全生产培训工作健康发展，根据《中华人民共和国安全生产法》和有关法律、行政法规的规定，制定本办法。

第二条 安全培训机构、生产经营单位从事安全生产培训（以下简称安全培训）活动以及安全生产监督管理部门、煤矿安全监察机构、地方人民政府负责煤矿安全培训的部门对安全培训工作实施监督管理，适用本办法。

第三条 本办法所称安全培训是指以提高安全监管监察人员、生产经营单位从业人员和从事安全生产工作的相关人员的安全素质为目的的教育培训活动。

前款所称安全监管监察人员是指县级以上各级人民政府安全生产监督管理部门、各级煤矿安全监察机构从事安全监管监察、行政执法的安全生产监管人员和煤矿安全监察人员；生产经营单位从业人员是指生产经营单位主要负责人、安全生产管理人员、特种作业人员及其他从业人员；从事安全生产工作的相关人员是指从事安全教育培训工作的教师、危险化学品登记机构的登记人员和承担安全评价、咨询、检测、检验的人员及注册安全工程师、安全生产应急救援人员等。

第四条 安全培训工作实行统一规划、归口管理、分级实施、分类指导、教考分离的原则。

国家安全生产监督管理总局（以下简称国家安全监管总局）指导全国安全培训工作，依法对全国的安全培训工作实施监督管理。

国家煤矿安全监察局（以下简称国家煤矿安监局）指导全国煤矿安全培训工作，依法对全国煤矿安全培训工作实施监督管理。

国家安全生产应急救援指挥中心指导全国安全生产应急救援培训工作。

县级以上地方各级人民政府安全生产监督管理部门依法对本行政区域内的安全培训工

---

① 2018 年 3 月，国家安全生产监督管理总局撤销，下同。

作实施监督管理。

省、自治区、直辖市人民政府负责煤矿安全培训的部门、省级煤矿安全监察机构（以下统称省级煤矿安全培训监管机构）按照各自工作职责，依法对所辖区域煤矿安全培训工作实施监督管理。

第五条 安全培训的机构应当具备从事安全培训工作所需要的条件。从事危险物品的生产、经营、储存单位以及矿山、金属冶炼单位的主要负责人和安全生产管理人员，特种作业人员以及注册安全工程师等相关人员培训的安全培训机构，应当将教师、教学和实习实训设施等情况书面报告所在地安全生产监督管理部门、煤矿安全培训监管机构。

安全生产相关社会组织依照法律、行政法规和章程，为生产经营单位提供安全培训有关服务，对安全培训机构实行自律管理，促进安全培训工作水平的提升。

第二章 安全培训

第六条 安全培训应当按照规定的安全培训大纲进行。

安全监管监察人员，危险物品的生产、经营、储存单位与非煤矿山、金属冶炼单位的主要负责人和安全生产管理人员、特种作业人员以及从事安全生产工作的相关人员的安全培训大纲，由国家安全监管总局组织制定。

煤矿企业的主要负责人和安全生产管理人员、特种作业人员的培训大纲由国家煤矿安监局组织制定。

除危险物品的生产、经营、储存单位和矿山、金属冶炼单位以外其他生产经营单位的主要负责人、安全生产管理人员及其他从业人员的安全培训大纲，由省级安全生产监督管理部门、省级煤矿安全培训监管机构组织制定。

第七条 国家安全监管总局、省级安全生产监督管理部门定期组织优秀安全培训教材的评选。

安全培训机构应当优先使用优秀安全培训教材。

第八条 国家安全监管总局负责省级以上安全生产监督管理部门的安全生产监管人员、各级煤矿安全监察机构的煤矿安全监察人员的培训工作。

省级安全生产监督管理部门负责市级、县级安全生产监督管理部门的安全生产监管人员的培训工作。

生产经营单位的从业人员的安全培训，由生产经营单位负责。

危险化学品登记机构的登记人员和承担安全评价、咨询、检测、检验的人员及注册安全工程师、安全生产应急救援人员的安全培训，按照有关法律、法规、规章的规定进行。

第九条 对从业人员的安全培训，具备安全培训条件的生产经营单位应当以自主培训为主，也可以委托具备安全培训条件的机构进行安全培训。

不具备安全培训条件的生产经营单位，应当委托具有安全培训条件的机构对从业人员进行安全培训。

生产经营单位委托其他机构进行安全培训的，保证安全培训的责任仍由本单位负责。

第十条　生产经营单位应当建立安全培训管理制度，保障从业人员安全培训所需经费，对从业人员进行与其所从事岗位相应的安全教育培训；从业人员调整工作岗位或者采用新工艺、新技术、新设备、新材料的，应当对其进行专门的安全教育和培训。未经安全教育和培训合格的从业人员，不得上岗作业。

生产经营单位使用被派遣劳动者的，应当将被派遣劳动者纳入本单位从业人员统一管理，对被派遣劳动者进行岗位安全操作规程和安全操作技能的教育和培训。劳务派遣单位应当对被派遣劳动者进行必要的安全生产教育和培训。

生产经营单位接收中等职业学校、高等学校学生实习的，应当对实习学生进行相应的安全生产教育和培训，提供必要的劳动防护用品。学校应当协助生产经营单位对实习学生进行安全生产教育和培训。

从业人员安全培训的时间、内容、参加人员以及考核结果等情况，生产经营单位应当如实记录并建档备查。

第十一条　生产经营单位从业人员的培训内容和培训时间，应当符合《生产经营单位安全培训规定》和有关标准的规定。

第十二条　中央企业的分公司、子公司及其所属单位和其他生产经营单位，发生造成人员死亡的生产安全事故的，其主要负责人和安全生产管理人员应当重新参加安全培训。

特种作业人员对造成人员死亡的生产安全事故负有直接责任的，应当按照《特种作业人员安全技术培训考核管理规定》重新参加安全培训。

第十三条　国家鼓励生产经营单位实行师傅带徒弟制度。

矿山新招的井下作业人员和危险物品生产经营单位新招的危险工艺操作岗位人员，除按照规定进行安全培训外，还应当在有经验的职工带领下实习满2个月后，方可独立上岗作业。

第十四条　国家鼓励生产经营单位招录职业院校毕业生。

职业院校毕业生从事与所学专业相关的作业，可以免予参加初次培训，实际操作培训除外。

第十五条　安全培训机构应当建立安全培训工作制度和人员培训档案。安全培训相关情况，应当如实记录并建档备查。

第十六条　安全培训机构从事安全培训工作的收费，应当符合法律、法规的规定。法律、法规没有规定的，应当按照行业自律标准或者指导性标准收费。

第十七条　国家鼓励安全培训机构和生产经营单位利用现代信息技术开展安全培训，包括远程培训。

第三章　安全培训的考核

第十八条　安全监管监察人员、从事安全生产工作的相关人员、依照有关法律法规应当接受安全生产知识和管理能力考核的生产经营单位主要负责人和安全生产管理人员、特种作业人员的安全培训的考核，应当坚持教考分离、统一标准、统一题库、分级负责的原则，分步推行有远程视频监控的计算机考试。

第十九条　安全监管监察人员，危险物品的生产、经营、储存单位及非煤矿山、金属冶炼单位主要负责人、安全生产管理人员和特种作业人员，以及从事安全生产工作的相关人员的考核标准，由国家安全监管总局统一制定。

煤矿企业的主要负责人、安全生产管理人员和特种作业人员的考核标准，由国家煤矿安监局制定。

除危险物品的生产、经营、储存单位和矿山、金属冶炼单位以外其他生产经营单位主要负责人、安全生产管理人员及其他从业人员的考核标准，由省级安全生产监督管理部门制定。

第二十条　国家安全监管总局负责省级以上安全生产监督管理部门的安全生产监管人员、各级煤矿安全监察机构的煤矿安全监察人员的考核；负责中央企业的总公司、总厂或者集团公司的主要负责人和安全生产管理人员的考核。

省级安全生产监督管理部门负责市级、县级安全生产监督管理部门的安全生产监管人员的考核；负责省属生产经营单位和中央企业分公司、子公司及其所属单位的主要负责人和安全生产管理人员的考核；负责特种作业人员的考核。

市级安全生产监督管理部门负责本行政区域内除中央企业、省属生产经营单位以外的其他生产经营单位的主要负责人和安全生产管理人员的考核。

省级煤矿安全培训监管机构负责所辖区域内煤矿企业的主要负责人、安全生产管理人员和特种作业人员的考核。

除主要负责人、安全生产管理人员、特种作业人员以外的生产经营单位的其他从业人员的考核，由生产经营单位按照省级安全生产监督管理部门公布的考核标准，自行组织考核。

第二十一条　安全生产监督管理部门、煤矿安全培训监管机构和生产经营单位应当制定安全培训的考核制度，建立考核管理档案备查。

第四章　安全培训的发证

第二十二条　接受安全培训人员经考核合格的，由考核部门在考核结束后10个工作日内颁发相应的证书。

第二十三条　安全生产监管人员经考核合格后，颁发安全生产监管执法证；煤矿安全监察人员经考核合格后，颁发煤矿安全监察执法证；危险物品的生产、经营、储存单位和矿山、金属冶炼单位主要负责人、安全生产管理人员经考核合格后，颁发安全合格证；特种作业人员经考核合格后，颁发《中华人民共和国特种作业操作证》（以下简称特种作业操作证）；危险化学品登记机构的登记人员经考核合格后，颁发上岗证；其他人员经培训合格后，颁发培训合格证。

第二十四条　安全生产监管执法证、煤矿安全监察执法证、安全合格证、特种作业操作证和上岗证的式样，由国家安全监管总局统一规定。培训合格证的式样，由负责培训考核的部门规定。

第二十五条 安全生产监管执法证、煤矿安全监察执法证、安全合格证的有效期为3年。有效期届满需要延期的，应当于有效期届满30日前向原发证部门申请办理延期手续。

特种作业人员的考核发证按照《特种作业人员安全技术培训考核管理规定》执行。

第二十六条 特种作业操作证和省级安全生产监督管理部门、省级煤矿安全培训监管机构颁发的主要负责人、安全生产管理人员的安全合格证，在全国范围内有效。

第二十七条 承担安全评价、咨询、检测、检验的人员和安全生产应急救援人员的考核、发证，按照有关法律、法规、规章的规定执行。

第五章　监督管理

第二十八条 安全生产监督管理部门、煤矿安全培训监管机构应当依照法律、法规和本办法的规定，加强对安全培训工作的监督管理，对生产经营单位、安全培训机构违反有关法律、法规和本办法的行为，依法作出处理。

省级安全生产监督管理部门、省级煤矿安全培训监管机构应当定期统计分析本行政区域内安全培训、考核、发证情况，并报国家安全监管总局。

第二十九条 安全生产监督管理部门和煤矿安全培训监管机构应当对安全培训机构开展安全培训活动的情况进行监督检查，检查内容包括：

（一）具备从事安全培训工作所需要的条件的情况；

（二）建立培训管理制度和教师配备的情况；

（三）执行培训大纲、建立培训档案和培训保障的情况；

（四）培训收费的情况；

（五）法律法规规定的其他内容。

第三十条 安全生产监督管理部门、煤矿安全培训监管机构应当对生产经营单位的安全培训情况进行监督检查，检查内容包括：

（一）安全培训制度、年度培训计划、安全培训管理档案的制定和实施的情况；

（二）安全培训经费投入和使用的情况；

（三）主要负责人、安全生产管理人员接受安全生产知识和管理能力考核的情况；

（四）特种作业人员持证上岗的情况；

（五）应用新工艺、新技术、新材料、新设备以及转岗前对从业人员安全培训的情况；

（六）其他从业人员安全培训的情况；

（七）法律法规规定的其他内容。

第三十一条 任何单位或者个人对生产经营单位、安全培训机构违反有关法律、法规和本办法的行为，均有权向安全生产监督管理部门、煤矿安全监察机构、煤矿安全培训监管机构报告或者举报。

接到举报的部门或者机构应当为举报人保密，并按照有关规定对举报进行核查和处理。

第三十二条 监察机关依照《中华人民共和国行政监察法》等法律、行政法规的规定,对安全生产监督管理部门、煤矿安全监察机构、煤矿安全培训监管机构及其工作人员履行安全培训工作监督管理职责情况实施监察。

第六章　法律责任

第三十三条　安全生产监督管理部门、煤矿安全监察机构、煤矿安全培训监管机构的工作人员在安全培训监督管理工作中滥用职权、玩忽职守、徇私舞弊的,依照有关规定给予处分;构成犯罪的,依法追究刑事责任。

第三十四条　安全培训机构有下列情形之一的,责令限期改正,处1万元以下的罚款;逾期未改正的,给予警告,处1万元以上3万元以下的罚款:
（一）不具备安全培训条件的;
（二）未按照统一的培训大纲组织教学培训的;
（三）未建立培训档案或者培训档案管理不规范的。
安全培训机构采取不正当竞争手段,故意贬低、诋毁其他安全培训机构的,依照前款规定处罚。

第三十五条　生产经营单位主要负责人、安全生产管理人员、特种作业人员以欺骗、贿赂等不正当手段取得安全合格证或者特种作业操作证的,除撤销其相关证书外,处3000元以下的罚款,并自撤销其相关证书之日起3年内不得再次申请该证书。

第三十六条　生产经营单位有下列情形之一的,责令改正,处3万元以下的罚款:
（一）从业人员安全培训的时间少于《生产经营单位安全培训规定》或者有关标准规定的;
（二）矿山新招的井下作业人员和危险物品生产经营单位新招的危险工艺操作岗位人员,未经实习期满独立上岗作业的;
（三）相关人员未按照本办法第十二条规定重新参加安全培训的。

第三十七条　生产经营单位存在违反有关法律、法规中安全生产教育培训的其他行为的,依照相关法律、法规的规定予以处罚。

第七章　附　则

第三十八条　本办法自2012年3月1日起施行。2004年12月28日公布的《安全生产培训管理办法》（原国家安全生产监督管理局〈国家煤矿安全监察局〉令第20号）同时废止。

安全生产执法程序规定

发布单位：国家安全生产监督管理总局
发布并实施日期：2016年7月15日　安监总政法〔2016〕72号

第一章　总　则

第一条　为了规范安全生产执法行为，保障公民、法人或者其他组织的合法权益，根据有关法律、行政法规、规章，制定本规定。

第二条　本规定所称安全生产执法，是指安全生产监督管理部门依照法律、行政法规和规章，在履行安全生产（含职业卫生，下同）监督管理职权中，作出的行政许可、行政处罚、行政强制等行政行为。

第三条　安全生产监督管理部门应当建立安全生产执法信息公示制度，将执法的依据、程序和结果等事项向当事人公开，并在本单位官方网站上向社会公示，接受社会公众的监督；涉及国家秘密、商业秘密、个人隐私的除外。

第四条　安全生产监督管理部门应当公正行使安全生产执法职权。行使裁量权应当符合立法目的和原则，采取的措施和手段应当合法、必要、适当；可以采取多种措施和手段实现执法目的的，应当选择有利于保护公民、法人或者其他组织合法权益的措施和手段。

第五条　安全生产监督管理部门在安全生产执法过程中应当依法及时告知当事人、利害关系人相关的执法事实、理由、依据、法定权利和义务。

当事人对安全生产执法，依法享有陈述权、申辩权；有权依法申请行政复议或者提起行政诉讼。

第六条　安全生产执法采用国家安全生产监督管理总局统一制定的《安全生产监督管理部门行政执法文书》格式。

第二章　安全生产执法主体和管辖

第七条　安全生产监督管理部门的内设机构或者派出机构对外行使执法职权时，应当以安全生产监督管理部门的名义作出行政决定，并由该部门承担法律责任。

第八条　依法受委托的机关或者组织在委托的范围内，以委托的安全生产监督管理部门名义行使安全生产执法职权，由此所产生的后果由委托的安全生产监督管理部门承担法律责任。

第九条　委托的安全生产监督管理部门与受委托的机关或者组织之间应当签订委托书。委托书应当载明委托依据、委托事项、权限、期限、双方权利和义务、法律责任等事项。委托的安全生产监督管理部门、受委托的机关或者组织应当将委托的事项、权限、期限向社会公开。

第十条　委托的安全生产监督管理部门应当对受委托机关或者组织办理受委托事项的行为进行指导、监督。

受委托的机关或者组织应当自行完成受委托的事项，不得将受委托的事项再委托给其他行政机关、组织或者个人。

有下列情形之一的，委托的安全生产监督管理部门应当及时解除委托，并向社会公布：

（一）委托期限届满的；

（二）受委托行政机关或者组织超越、滥用行政职权或者不履行行政职责的；

（三）受委托行政机关或者组织不再具备履行相应职责的条件的；

（四）应当解除委托的其他情形。

第十一条　法律、法规和规章对安全生产执法地域管辖未作明确规定的，由行政管理事项发生地的安全生产监督管理部门管辖，但涉及个人资格许可事项的，由行政管理事项发生所在地或者实施资格许可的安全生产监督管理部门管辖。

第十二条　安全生产监督管理部门依照职权启动执法程序后，认为不属于自己管辖的，应当移送有管辖权的同级安全生产监督管理部门，并通知当事人；受移送的安全生产监督管理部门对于不属于自己管辖的，不得再行移送，应当报请其共同的上一级安全生产监督管理部门指定管辖。

第十三条　两个以上安全生产监督管理部门对同一事项都有管辖权的，由最先受理的予以管辖；发生管辖权争议的，由其共同的上一级安全生产监督管理部门指定管辖。情况紧急、不及时采取措施将对公共利益或者公民、法人或者其他组织合法权益造成重大损害的，行政管理事项发生地的安全生产监督管理部门应当进行必要处理，并立即通知有管辖权的安全生产监督管理部门。

第十四条　开展安全生产执法时，有下列情形之一的，安全生产执法人员应当自行申请回避；本人未申请回避的，本级安全生产监督管理部门应当责令其回避；公民、法人或者其他组织依法以书面形式提出回避申请：

（一）本人是本案的当事人或者当事人的近亲属的；

（二）与本人或者本人近亲属有直接利害关系的；

（三）与本人有其他利害关系，可能影响公正执行公务的。

安全生产执法人员的回避，由指派其进行执法工作的安全生产监督管理部门的负责人决定。实施执法工作的安全生产监督管理部门负责人的回避，由该部门负责人集体讨论决定。回避决定作出之前，安全生产执法人员不得擅自停止执法行为。

第三章　安全生产行政许可程序

第十五条　安全生产监督管理部门应当将本部门依法实施的行政许可事项、依据、条件、数量、程序、期限以及需要提交的全部材料的目录和申请书示范文本等进行公示。公示应当采取下列方式：

（一）在实施许可的办公场所设置公示栏、电子显示屏或者将公示信息资料集中在本部门专门场所供公众查阅；

（二）在联合办理、集中办理行政许可的场所公示；

（三）在本部门官方网站上公示。

第十六条　公民、法人或者其他组织依法申请安全生产行政许可的，应当依法向实施许可的安全生产监督管理部门提出。

第十七条　申请人申请安全生产行政许可，应当如实向实施许可的安全生产监督管理部门提交有关材料和反映真实情况，并对其申请材料实质内容的真实性负责。

第十八条　安全生产监督管理部门有多个内设机构办理安全生产行政许可事项的，应当确定一个机构统一受理申请人的申请，统一送达安全生产行政许可决定。

第十九条　申请人可以委托代理人代为提出安全生产行政许可申请，但依法应当由申请人本人申请的除外。

代理人代为提出申请的，应当出具载明委托事项和代理人权限的授权委托书，并出示能证明其身份的证件。

第二十条　公民、法人或者其他组织因安全生产行政许可行为取得的正当权益受法律保护。非因法定事由并经法定程序，安全生产监督管理部门不得撤销、变更、注销已经生效的行政许可决定。

安全生产监督管理部门不得增加法律、法规规定以外的其他行政许可条件。

第二十一条　安全生产监督管理部门实施安全生产行政许可，应当按照以下程序办理：

（一）申请。申请人向实施许可的安全生产监督管理部门提交申请书和法定的文件资料，也可以按规定通过信函、传真、互联网和电子邮件等方式提出安全生产行政许可申请；

（二）受理。实施许可的安全生产监督管理部门按照规定进行初步审查，对符合条件的申请予以受理并出具书面凭证；对申请文件、资料不齐全或者不符合要求的，应当当场告知或者在收到申请文件、资料之日起5个工作日内出具补正通知书，一次告知申请人需要补正的全部内容；对不符合条件的，不予受理并书面告知申请人理由；逾期不告知的，自收到申请材料之日起，即为受理；

（三）审查。实施许可的安全生产监督管理部门对申请材料进行书面审查，按照规定，需要征求有关部门意见的，应当书面征求有关部门意见，并得到书面回复；属于法定听证情形的，实施许可的安全生产监督管理部门应当举行听证；发现行政许可事项直接关系他人重大利益的，应当告知该利害关系人。需要到现场核查的，应当指派两名以上执法人员实施核查，并提交现场核查报告；

（四）作出决定。实施许可的安全生产监督管理部门应当在规定的时间内，作出许可或者不予许可的书面决定。对决定许可的，许可机关应当自作出决定之日起10个工作日内向申请人颁发、送达许可证件或者批准文件；对决定不予许可的，许可机关应当说明理由，并告知申请人享有的法定权利。

依照法律、法规规定实施安全生产行政许可，应当根据考试成绩、考核结果、检验、检测结果作出行政许可决定的，从其规定。

第二十二条 已经取得安全生产行政许可，因法定事由，有关许可事项需要变更的，应当按照有关规定向实施许可的安全生产监督管理部门提出变更申请，并提交相关文件、资料。实施许可的安全生产监督管理部门应当按照有关规定进行审查，办理变更手续。

第二十三条 需要申请安全生产行政许可延期的，应当在规定的期限内，向作出安全生产行政许可的安全生产监督管理部门提出延期申请，并提交延期申请书及规定的申请文件、资料。

提出安全生产许可延期申请时，可以同时提出变更申请，并按有关规定向作出安全生产行政许可的安全生产监督管理部门提交相关文件、资料。

作出安全生产行政许可的安全生产监督管理部门受理延期申请后，应当依照有关规定，对延期申请进行审查，作出是否准予延期的决定；作出安全生产行政许可的安全生产监督管理部门逾期未作出决定的，视为准予延期。

第二十四条 作出安全生产行政许可的安全生产监督管理部门或者其上级安全生产监督管理部门发现公民、法人或者其他组织属于吊销或者撤销法定情形的，应当依法吊销或者撤销该行政许可。

已经取得安全生产行政许可的公民、法人或者其他组织存在有效期届满未按规定提出申请延期、未被批准延期或者被依法吊销、撤销的，作出行政许可的安全生产监督管理部门应当依法注销该安全生产许可，并在新闻媒体或者本机关网站上发布公告。

第四章 安全生产行政处罚程序

第一节 简易程序

第二十五条 安全生产违法事实确凿并有法定依据，对个人处以50元以下罚款、对生产经营单位处以1千元以下罚款或者警告的行政处罚的，安全生产执法人员可以当场作出行政处罚决定。

适用简易程序当场作出行政处罚决定的，应当遵循以下程序：

（一）安全生产执法人员不得少于两名，应当向当事人或者有关人员出示有效的执法证件，表明身份；

（二）行政处罚（当场）决定书，告知当事人作出行政处罚决定的事实、理由和依据；

（三）听取当事人的陈述和申辩，并制作当事人陈述申辩笔录；

（四）将行政处罚决定书当场交付当事人，并由当事人签字确认；

（五）及时报告行政处罚决定，并在5日内报所属安全生产监督管理部门备案。

安全生产执法人员对在边远、水上、交通不便地区，当事人向指定银行缴纳罚款确有困难，经当事人提出，可以当场收缴罚款，但应当出具省级人民政府财政部门统一制发的罚款收据，并自收缴罚款之日起2日内，交至所属安全生产监督管理部门；安全生产监督管理部门应当在2日内将罚款缴付指定的银行。

第二节 一般程序

第二十六条 一般程序适用于依据简易程序作出的行政处罚以外的其他行政处罚案件，遵循以下程序：

（一）立案。

对经初步调查认为生产经营单位涉嫌违反安全生产法律法规和规章的行为、依法应给予行政处罚、属于本部门管辖范围的，应当予以立案，并填写立案审批表。对确需立即查处的安全生产违法行为，可以先行调查取证，并在5日内补办立案手续。

（二）调查取证。

1. 进行案件调查取证时，安全生产执法人员不得少于两名，应当向当事人或者有关人员出示有效的执法证件，表明身份；

2. 向当事人或者有关人员询问时，应制作询问笔录；

3. 安全生产执法人员应当全面、客观、公正地进行调查，收集、调取与案件有关的原始凭证作为证据。调取原始凭证确有困难的，可以复制，复制件应当注明"经核对与原件无异"的字样、采集人、出具人、采集时间和原始凭证存放的单位及其处所，并由出具证据的生产经营单位盖章；个体经营且没有印章的生产经营单位，应当由该个体经营者签名。

4. 安全生产执法人员在收集证据时，可以采取抽样取证的方法；在证据可能灭失或者以后难以取得的情况下，经本部门负责人批准，可以先行登记保存，并应当在7日内依法作出处理决定。

5. 调查取证结束后，负责承办案件的安全生产执法人员拟定处理意见，编写案件调查报告，并交案件承办机构负责人审核，审核后报所在安全生产监督管理部门负责人审批。

（三）案件审理。

安全生产监督管理部门应当建立案件审理制度，对适用一般程序的安全生产行政处罚案件应当由内设的法制机构进行案件的合法性审查。

负责承办案件的安全生产执法人员应当根据审理意见，填写案件处理呈批表，连同有关证据材料一并报本部门负责人审批。

（四）行政处罚告知。

经审批，应当给予行政处罚的案件，安全生产监督管理部门在依法作出行政处罚决定之前，应当告知当事人作出行政处罚决定的事实、理由、依据、拟作出的行政处罚决定、当事人享有的陈述和申辩权利等，并向当事人送达《行政处罚告知书》。

（五）听证告知。

符合听证条件的，应当告知当事人有要求举行听证的权利，并向当事人送达《听证告知书》。

（六）听取当事人陈述申辩。

安全生产监督管理部门听取当事人陈述申辩，除法律法规规定可以采用的方式外，原则上应当形成书面证据证明，没有当事人书面材料的，安全生产执法人员应当制作当事人陈述申辩笔录。

（七）作出行政处罚决定的执行。

安全生产监督管理部门应当对案件调查结果进行审查,并根据不同情况,分别作出以下决定:

1. 依法应受行政处罚的违法行为的,根据情节轻重及具体情况,作出行政处罚决定;

2. 违法行为轻微,依法可以不予行政处罚的,不予行政处罚;违法事实不能成立,不得给予行政处罚;

3. 违法行为涉嫌犯罪的,移送司法机关处理。

对严重安全生产违法行为给予责令停产停业整顿、责令停产停业、责令停止建设、责令停止施工、吊销有关许可证、撤销有关执业资格或者岗位证书、5万元以上罚款、没收违法所得5万元以上的行政处罚的,应当由安全生产监督管理部门的负责人集体讨论决定。

(八)行政处罚决定送达。

《行政处罚决定书》应当当场交付当事人;当事人不在场的,安全监督管理部门应当在7日内,依照《民事诉讼法》的有关规定,将《行政处罚决定书》送达当事人或者其他的法定受送达人。送达必须有送达回执,由受送达人在送达回执上注明收到日期,签名或者盖章。具体可以采用下列方式:

1. 送达应当直接送交受送达人。受送达人是个人的,本人不在时,交他的同住成年家属签收,并在《行政处罚决定书》送达回执的备注栏内注明与受送达人的关系;受送达人是法人或者其他组织的,应当由法人的法定代表人、其他组织的主要负责人或者该法人、组织负责收件的人签收;受送达人指定代收人或者委托代理人的,交代收人或者委托代理人签收并注明受当事人委托的情况;

2. 直接送达确有困难的,可以挂号邮寄送达,也可以委托当地安全监督管理部门代为送达,代为送达的安全监督管理部门收到文书后,应当及时交受送达人签收;

3. 当事人或者他的同住成年家属拒绝接收的,送达人可以邀请有关基层组织或者所在单位的代表到场,说明情况,在《行政处罚决定书》送达回执上记明拒收的事由和日期,由送达人、见证人签名或者盖章,将行政处罚决定书留在当事人的住所;也可以把《行政处罚决定书》留在受送达人的住所,并采用拍照、录像等方式记录送达过程,即视为送达;

4. 受送达人下落不明,或者用以上方式无法送达的,可以公告送达,自公告发布之日起经过60日,即视为送达。公告送达,应当在案卷中注明原因和经过;

5. 经受送达人同意,还可采用传真、电子邮件等能够确认其收悉的方式送达;

6. 法律、法规规定的其他送达方式。

(九)行政处罚决定的执行。

当事人应当在行政处罚决定的期限内,予以履行。当事人按时全部履行处罚决定的,安全生产监督管理部门应该保留相应的凭证;行政处罚部分履行的,应有相应的审批文书;当事人逾期不履行的,作出行政处罚决定的安全生产监督管理部门可按每日以罚款数额的3%加处罚款,但加处罚款的数额不得超出原罚款的数额;根据法律规定,将查封、扣押的设施、设备、器材拍卖所得价款抵缴罚款和申请人民法院强制执行等措施。

当事人对行政处罚决定不服,申请行政复议或者提起行政诉讼的,行政处罚不停止执行,法律、法规另有规定的除外。

(十)备案。

安全生产监督管理部门实施 5 万元以上罚款、没收违法所得 5 万元以上、责令停产停业、责令停止建设、责令停止施工、责令停产停业整顿、撤销有关资格、岗位证书或者吊销有关许可证的行政处罚的,按有关规定报上一级安全生产监督管理部门备案。

对上级安全生产监督管理部门交办的案件给予行政处罚的,由决定行政处罚的安全生产监督管理部门自作出行政处罚决定之日起 10 日内报上级安全生产监督管理部门备案。

(十一)结案。

行政处罚案件应当自立案之日起 30 日内作出行政处罚决定;由于客观原因不能完成的,经安全生产监督管理部门负责人同意,可以延长,但不得超过 90 日;特殊情况需进一步延长的,应当经上一级安全生产监督管理部门批准,可延长至 180 日。

案件执行完毕后,应填写结案审批表,经安全生产监督管理部门负责人批准后结案。

(十二)归档。

安全生产行政处罚案件结案后,应按安全生产执法文书的时间顺序和执法程序排序进行归档。

第三节 听证程序

第二十七条 当事人要求听证的,应当在安全生产监督管理部门告知后 3 日内以书面方式提出;逾期未提出申请的,视为放弃听证权利。

第二十八条 当事人提出听证要求后,安全生产监督管理部门应当在收到书面申请之日起 15 日内举行听证会,并在举行听证会的 7 日前,通知当事人举行听证的时间、地点。

当事人应当按期参加听证。当事人有正当理由要求延期的,经组织听证的安全生产监督管理部门负责人批准可以延期 1 次;当事人未按期参加听证,并且未事先说明理由的,视为放弃听证权利。

第二十九条 听证参加人由听证主持人、听证员、案件调查人员、当事人、书记员组成。

当事人可以委托 1 至 2 名代理人参加听证,并按规定提交委托书。

听证主持人、听证员、书记员应当由组织听证的安全生产监督管理部门负责人指定的非本案调查人员担任。

第三十条 除涉及国家秘密、商业秘密或者个人隐私外,听证应当公开举行。

第三十一条 听证按照下列程序进行:

(一)书记员宣布听证会场纪律、当事人的权利和义务。听证主持人宣布案由,核实听证参加人名单,询问当事人是否申请回避。当事人提出回避申请的,由听证主持人宣布暂停听证;

(二)案件调查人员提出当事人的违法事实、出示证据,说明拟作出的行政处罚的内容及法律依据;

(三)当事人或者其委托代理人对案件的事实、证据、适用的法律等进行陈述和申辩,提交新的证据材料;

（四）听证主持人就案件的有关问题向当事人、案件调查人员、证人询问；

（五）案件调查人员、当事人或者其委托代理人相互辩论与质证；

（六）当事人或者其委托代理人作最后陈述；

（七）听证主持人宣布听证结束。

听证笔录应当当场交当事人核对无误后签名或者盖章。

第三十二条 有下列情形之一的，应当中止听证：

（一）需要重新调查取证的；

（二）需要通知新证人到场作证的；

（三）因不可抗力无法继续进行听证的。

第三十三条 有下列情形之一的，应当终止听证：

（一）当事人撤回听证要求的；

（二）当事人无正当理由不按时参加听证，或者未经听证主持人允许提前退席的；

（三）拟作出的行政处罚决定已经变更，不适用听证程序的。

第三十四条 听证结束后，听证主持人应当依据听证情况，形成听证会报告书，提出处理意见并附听证笔录报送安全生产监督管理部门负责人。

第三十五条 听证结束后，安全生产监督管理部门依照本法第二十六条第七项的规定，作出决定。

第五章 安全生产行政强制程序

第三十六条 安全生产行政强制的种类：

（一）对有根据认为不符合保障安全生产的国家标准或者行业标准的设施、设备、器材以及违法生产、储存、使用、经营的危险物品予以查封或者扣押，对违法生产、储存、使用、经营危险物品的作业场所予以查封；

（二）临时查封易制毒化学品有关场所、扣押相关的证据材料和违法物品；

（三）查封违法生产、储存、使用、经营危险化学品的场所，扣押违法生产、储存、使用、经营的危险化学品以及用于违法生产、使用危险化学品的原材料、设备工具；

（四）通知有关部门、单位强制停止供电，停止供应民用爆炸物品；

（五）封存造成职业病危害事故或者可能导致职业病危害事故发生的材料和设备；

（六）加处罚款；

（七）法律、法规规定的其他安全生产行政强制。

第三十七条 安全生产行政强制应当在法律、法规规定的职权范围内实施。安全生产行政强制措施权不得委托。

安全生产行政强制应当由安全生产监督管理部门具备资格的执法人员实施，其他人员不得实施。

第三十八条 实施安全生产行政强制，应当向安全生产监督管理部门负责人报告并经批准；情况紧急，需要当场实施安全生产行政强制的，执法人员应当在24小时内向安全生产监督管理部门负责人报告，并补办批准手续。安全生产监督管理部门负责人认为不应当采取安全生产行政强制的，应当立即解除。

第三十九条 实施安全生产行政强制应当符合下列规定：

（一）应有两名以上安全生产执法人员到场实施，现场出示执法证件及相关决定；

（二）实施前应当通知当事人到场；

（三）当场告知当事人采取安全生产行政强制的理由、依据以及当事人依法享有的权利、救济途径；

（四）听取当事人的陈述和申辩；

（五）制作现场笔录；

（六）现场笔录由当事人和安全生产执法人员签名或者盖章，当事人拒绝的，在笔录中予以注明；

（七）当事人不到场的，邀请见证人到场，由见证人和执法人员在现场笔录上签名或者盖章；

（八）法律、法规规定的其他程序。

第四十条 安全生产监督管理部门依法对存在重大事故隐患的生产经营单位作出停产停业、停止施工、停止使用相关设施或者设备的决定，生产经营单位应当依法执行，及时消除事故隐患。生产经营单位拒不执行，有发生生产安全事故的现实危险的，在保证安全的前提下，经本部门主要负责人批准，安全生产监督管理部门可以采取通知有关单位停止供电、停止供应民用爆炸物品等措施，强制生产经营单位履行决定，通知应当采用书面形式。

安全生产监督管理部门依照前款规定采取停止供电、停止供应民用爆炸物品措施，除有危及生产安全的紧急情形外，停止供电措施应当提前二十四小时通知生产经营单位。

第四十一条 安全生产监督管理部门依法通知有关单位采取停止供电、停止供应民用爆炸物品等措施决定书的内容应当包括：

（一）生产经营单位名称、地址及法定代表人姓名；

（二）采取停止供电、停止供应民用爆炸物品等措施的理由、依据和期限；

（三）停止供电的区域范围；

（四）安全生产监督管理部门的名称、印章和日期。

对生产经营单位的通知除包含前款规定的内容外，还应当载明申请行政复议或者提起行政诉讼的途径。

第四十二条 生产经营单位依法履行行政决定、采取相应措施消除事故隐患的，经安全生产监督管理部门复核通过，安全生产监督管理部门应当及时作出解除停止供电、停止供应民用爆炸物品等措施并书面通知有关单位。

第四十三条 安全生产监督管理部门适用加处罚款情形的，按照下列规定执行：

（一）在《行政处罚决定书》中，告知加处罚款的标准；

（二）当事人在决定期限内不履行义务，依照《中华人民共和国行政强制法》规定，制作并向当事人送达缴纳罚款《催告书》；

（三）听取当事人陈述、申辩，并制作陈述申辩笔录；

（四）制作并送达《加处罚款决定书》。

第四十四条 当事人仍不履行罚款处罚决定，又不提起行政复议、行政诉讼的，安全生产监督管理部门按照下列规定，依法申请人民法院强制执行：

（一）依照《中华人民共和国行政强制法》第五十四条向当事人送达《催告书》，催促当事人履行有关缴纳罚款、履行行政决定等义务；

（二）缴纳罚款《催告书》送达 10 日后，由执法机关自提起行政复议、行政诉讼期限届满之日起 3 个月内向安全生产监督管理部门所在地基层人民法院申请强制执行；执行对象是不动产的，向不动产所在地有管辖权的人民法院申请强制执行，并提交下列材料：

1. 强制执行申请书；
2. 行政决定书及作出决定的事实、理由和依据；
3. 当事人的意见及行政机关催告情况；
4. 申请强制执行标的情况；
5. 法律、行政法规规定的其他材料。

强制执行申请书应当由安全生产监督管理部门负责人签名，加盖本部门的印章，并注明日期。

（三）依照《中华人民共和国行政强制法》第五十九条规定，因情况紧急，为保障公共安全，安全生产监督管理部门可以申请人民法院立即执行；

（四）安全生产监督管理部门对人民法院不予受理或者不予执行的裁定有异议的，可以自收到裁定之日起在 15 日内向上一级人民法院申请复议。

第六章　附　则

第四十五条 安全生产监督管理部门以及法律、法规授权的机关或者组织和依法受委托的机关或者组织履行安全生产执法职权，按照有关法律、法规、规章和本规定的程序办理。

第四十六条 省级安全生产监督管理部门可以根据本规定制定相关实施细则。

安全生产监管执法监督办法

发布单位：国家安全生产监督管理局
发布并实施日期：2018年3月5日　　安监总政法〔2018〕34号

第一条　为督促安全生产监督管理部门依法履行职责、严格规范公正文明执法，及时发现和纠正安全生产监管执法工作中存在的问题，根据《安全生产法》《职业病防治法》等法律法规及国务院有关规定，制定本办法。

第二条　本办法所称安全生产监管执法行为（以下简称执法行为），是指安全生产监督管理部门（以下简称安全监管部门）依法履行安全生产、职业健康监督管理职责，按照有关法律、法规、规章对行政相对人实施监督检查、现场处理、行政处罚、行政强制、行政许可等行为。

本办法所称安全生产监管执法监督（以下简称执法监督），是指安全监管部门对执法行为及相关活动的监督，包括上级安全监管部门对下级安全监管部门，安全监管部门对本部门内设机构、专门执法机构（执法总队、支队、大队等，下同）及其执法人员开展的监督。

第三条　安全监管部门开展执法监督工作，适用本办法。

安全监管部门对接受委托执法的乡镇人民政府、街道办事处、开发区管理机构等组织、机构开展执法监督工作，参照本办法执行。

第四条　执法监督工作遵循监督与促进相结合的原则，强化安全监管部门对内设机构、专门执法机构及其执法人员的监督，不断完善执法工作制度和机制，提升执法效能。

第五条　安全监管部门应指定一内设机构（以下简称执法监督机构）具体负责组织开展执法监督工作。

安全监管部门应当配备满足工作需要的执法监督人员，为执法监督机构履行职责提供必要的条件。

第六条　安全监管部门应当通过政府网站和办事大厅、服务窗口等，公布本部门执法监督电话、电子邮箱及通信地址，接受并按规定核查处理有关举报投诉。

第七条　安全监管部门通过综合监督、日常监督、专项监督等三种方式开展执法监督工作。

综合监督是指上级安全监管部门按照本办法规定的检查内容，对下级安全监管部门执法总体情况开展的执法监督。

日常监督是指安全监管部门对内设机构、专门执法机构及其执法人员日常执法情况开展的执法监督。

专项监督是指安全监管部门针对有关重要执法事项或者执法行为开展的执法监督。

第八条 综合监督主要对下级安全监管部门建立健全下列执法工作制度特别是其贯彻执行情况进行监督：

（一）执法依据公开制度。依照有关法律、法规、规章及"三定"规定，明确安全生产监管执法事项、设定依据、实施主体、履责方式等，公布并及时调整本部门主要执法职责及执法依据。

（二）年度监督检查计划制度。编制年度监督检查计划时，贯彻落实分类分级执法、安全生产与职业健康执法一体化和"双随机"抽查的要求。年度监督检查计划报本级人民政府批准并报上一级安全监管部门备案。根据安全生产大检查、专项治理有关安排部署，及时调整年度监督检查计划，按规定履行重新报批、备案程序。

（三）执法公示制度。按照规定的范围和时限，及时主动向社会公开有关执法情况以及行政许可、行政强制、行政处罚结果等信息。

（四）行政许可办理和监督检查制度。依照法定条件和程序实施行政许可。加强行政许可后的监督检查，依法查处有关违法行为。

（五）行政处罚全过程管理制度。规范现场检查、复查，规范调查取证，严格执行行政处罚听证、审核、集体讨论、备案等规定，规范行政处罚自由裁量，推行监督检查及行政处罚全过程记录，规范行政处罚的执行和结案。

（六）执法案卷评查制度。定期对本部门和下级安全监管部门的行政处罚、行政强制、行政许可等执法案卷开展检查、评分；评查结果在一定范围内通报，针对普遍性问题提出整改措施和要求。

（七）执法统计制度。按照规定的时限和要求，逐级报送行政执法统计数据，做好数据质量控制工作，加强统计数据的分析运用。

（八）执法人员管理制度。执法人员必须参加统一的培训考核，取得行政执法资格后，方可从事执法工作。执法人员主动出示执法证件，遵守执法礼仪规范。对执法辅助人员实行统一管理。

（九）行政执法评议考核和奖惩制度。落实行政执法责任制，按年度开展本部门内设机构、专门执法机构及其执法人员的行政执法评议。评议结果按规定纳入执法人员年度考核的范围，加强考核结果运用，落实奖惩措施。

（十）行政复议和行政应诉制度。发挥行政复议的层级监督作用，严格依法审查被申请人具体行政行为的合法性、合理性。完善行政应诉工作，安全监管部门负责人依法出庭应诉。积极履行人民法院生效裁判。

（十一）安全生产行政执法与刑事司法衔接制度。加强与司法机关的协作配合，执法中发现有关单位、人员涉嫌犯罪的，依法向司法机关移送案件，定期通报有关案件办理情况。

第九条 国家安全监管总局每3年至少开展一轮对省级安全监管部门的综合监督，省级安全监管部门每2年至少开展一轮对本地区设区的市级安全监管部门的综合监督。

国家安全监管总局对省级安全监管部门开展综合监督的，应当一并检查其督促指导本地区设区的市级安全监管部门开展执法监督工作的情况。省级安全监管部门对本地区设区的市级安全监管部门开展综合监督的，应当一并检查其督促指导本地区县级安全监管部门开展执法监督工作的情况。

设区的市级安全监管部门按照省级安全监管部门的规定，开展对本地区县级安全监管部门的综合监督。

第十条 开展综合监督前，应当根据实际检查的安全监管部门数量、地域分布等，制定详细的工作方案。

综合监督采用百分制评分，具体评分标准由开展综合监督的安全监管部门结合实际工作情况制定。

第十一条 综合监督结束后，应当将综合监督有关情况、主要成效、经验做法以及发现的主要问题和整改要求、对策措施等在一定范围内通报。

省级安全监管部门应当在综合监督结束后将工作情况报告国家安全监管总局执法监督机构。

第十二条 地方各级安全监管部门应当制定日常监督年度计划，经本部门负责人批准后组织实施。

日常监督重点对本部门内设机构、专门执法机构及其执法人员严格依照有关法律、法规、规章的要求和程序实施现场处理、行政处罚、行政强制，以及事故调查报告批复的有关处理落实情况等进行监督，确保执法行为的合法性、规范性。

第十三条 安全监管部门对有关机关交办、转办、移送的重要执法事项以及行政相对人、社会公众举报投诉集中反映的执法事项、执法行为，应当开展专项监督。

专项监督由执法监督机构报经安全监管部门负责人批准后开展，并自批准之日起30日内形成专项监督报告。需要延长期限的，应当经安全监管部门负责人批准。

第十四条 上级安全监管部门在综合监督、专项监督中发现下级安全监管部门执法行为存在《行政处罚法》《行政强制法》《行政许可法》等法律法规规定的违法、不当情形的，应当立即告知下级安全监管部门予以纠正。对存在严重问题的，应当制作《行政执法监督整改通知书》，责令下级安全监管部门依法改正、纠正。

上级安全监管部门在制作《行政执法监督整改通知书》前，应当将相关执法行为存在的违法、不当情形告知下级安全监管部门，听取其陈述和申辩，必要时可以聘请专家对执法行为涉及的技术问题进行论证。

下级安全监管部门应当自收到《行政执法监督整改通知书》之日起30日内，将整改落实情况书面报告上级安全监管部门。

安全监管部门在日常监督、专项监督中发现本部门执法行为存在《行政处罚法》《行政强制法》《行政许可法》等法律法规规定的违法、不当情形的，应当及时依法改正、纠正。

第十五条 执法行为存在有关违法、不当情形，应当追究行政执法责任的，按照《安全生产监管监察职责和行政执法责任追究的规定》（国家安全监管总局令第24号）等规定，追究有关安全监管部门及其机构、人员的行政执法责任。对有关人员应当给予行政处分等处理的，依照有关规定执行；涉嫌犯罪的，移交司法机关处理。

第十六条 各级安全监管部门对在执法监督工作中表现突出的单位和个人,应当按规定给予表彰和奖励。

第十七条 地方各级安全监管部门应当于每年 3 月底前将本部门上一年度执法监督工作情况报告上一级安全监管部门。

第十八条 各省级安全监管部门可以结合本地区实际,制定具体实施办法。

第十九条 本办法自印发之日起施行。

生产经营单位安全培训规定

发布单位：国家安全生产监督管理局 发布日期：2006年1月17日
修改日期：2015年5月29日 实施日期：2015年7月1日
中华人民共和国安全生产监督管理总局令第80号

第一章 总 则

第一条 为加强和规范生产经营单位安全培训工作，提高从业人员安全素质，防范伤亡事故，减轻职业危害，根据安全生产法和有关法律、行政法规，制定本规定。

第二条 工矿商贸生产经营单位（以下简称生产经营单位）从业人员的安全培训，适用本规定。

第三条 生产经营单位负责本单位从业人员安全培训工作。

生产经营单位应当按照安全生产法和有关法律、行政法规和本规定，建立健全安全培训工作制度。

第四条 生产经营单位应当进行安全培训的从业人员包括主要负责人、安全生产管理人员、特种作业人员和其他从业人员。

生产经营单位使用被派遣劳动者的，应当将被派遣劳动者纳入本单位从业人员统一管理，对被派遣劳动者进行岗位安全操作规程和安全操作技能的教育和培训。劳务派遣单位应当对被派遣劳动者进行必要的安全生产教育和培训。

生产经营单位接收中等职业学校、高等学校学生实习的，应当对实习学生进行相应的安全生产教育和培训，提供必要的劳动防护用品。学校应当协助生产经营单位对实习学生进行安全生产教育和培训。

生产经营单位从业人员应当接受安全培训，熟悉有关安全生产规章制度和安全操作规程，具备必要的安全生产知识，掌握本岗位的安全操作技能，了解事故应急处理措施，知悉自身在安全生产方面的权利和义务。

未经安全培训合格的从业人员，不得上岗作业。

第五条 国家安全生产监督管理总局指导全国安全培训工作，依法对全国的安全培训工作实施监督管理。

国务院有关主管部门按照各自职责指导监督本行业安全培训工作，并按照本规定制定实施办法。

国家煤矿安全监察局指导监督检查全国煤矿安全培训工作。

各级安全生产监督管理部门和煤矿安全监察机构（以下简称安全生产监管监察部门）按照各自的职责，依法对生产经营单位的安全培训工作实施监督管理。

第二章 主要负责人、安全生产管理人员的安全培训

第六条 生产经营单位主要负责人和安全生产管理人员应当接受安全培训，具备与所从事的生产经营活动相适应的安全生产知识和管理能力。

第七条 生产经营单位主要负责人安全培训应当包括下列内容：

（一）国家安全生产方针、政策和有关安全生产的法律、法规、规章及标准；

（二）安全生产管理基本知识、安全生产技术、安全生产专业知识；

（三）重大危险源管理、重大事故防范、应急管理和救援组织以及事故调查处理的有关规定；

（四）职业危害及其预防措施；

（五）国内外先进的安全生产管理经验；

（六）典型事故和应急救援案例分析；

（七）其他需要培训的内容。

第八条 生产经营单位安全生产管理人员安全培训应当包括下列内容：

（一）国家安全生产方针、政策和有关安全生产的法律、法规、规章及标准；

（二）安全生产管理、安全生产技术、职业卫生等知识；

（三）伤亡事故统计、报告及职业危害的调查处理方法；

（四）应急管理、应急预案编制以及应急处置的内容和要求；

（五）国内外先进的安全生产管理经验；

（六）典型事故和应急救援案例分析；

（七）其他需要培训的内容。

第九条 生产经营单位主要负责人和安全生产管理人员初次安全培训时间不得少于32学时。每年再培训时间不得少于12学时。

煤矿、非煤矿山、危险化学品、烟花爆竹、金属冶炼等生产经营单位主要负责人和安全生产管理人员初次安全培训时间不得少于48学时，每年再培训时间不得少于16学时。

第十条 生产经营单位主要负责人和安全生产管理人员的安全培训必须依照安全生产监管监察部门制定的安全培训大纲实施。

非煤矿山、危险化学品、烟花爆竹、金属冶炼等生产经营单位主要负责人和安全生产管理人员的安全培训大纲及考核标准由国家安全生产监督管理总局统一制定。

煤矿主要负责人和安全生产管理人员的安全培训大纲及考核标准由国家煤矿安全监察局制定。

煤矿、非煤矿山、危险化学品、烟花爆竹、金属冶炼以外的其他生产经营单位主要负责人和安全管理人员的安全培训大纲及考核标准，由省、自治区、直辖市安全生产监督管理部门制定。

第三章 其他从业人员的安全培训

第十一条 煤矿、非煤矿山、危险化学品、烟花爆竹、金属冶炼等生产经营单位必须对新上岗的临时工、合同工、劳务工、轮换工、协议工等进行强制性安全培训,保证其具备本岗位安全操作、自救互救以及应急处置所需的知识和技能后,方能安排上岗作业。

第十二条 加工、制造业等生产单位的其他从业人员,在上岗前必须经过厂(矿)、车间(工段、区、队)、班组三级安全培训教育。

生产经营单位应当根据工作性质对其他从业人员进行安全培训,保证其具备本岗位安全操作、应急处置等知识和技能。

第十三条 生产经营单位新上岗的从业人员,岗前安全培训时间不得少于24学时。

煤矿、非煤矿山、危险化学品、烟花爆竹、金属冶炼等生产经营单位新上岗的从业人员安全培训时间不得少于72学时,每年再培训的时间不得少于20学时。

第十四条 厂(矿)级岗前安全培训内容应当包括:

(一)本单位安全生产情况及安全生产基本知识;

(二)本单位安全生产规章制度和劳动纪律;

(三)从业人员安全生产权利和义务;

(四)有关事故案例等。

煤矿、非煤矿山、危险化学品、烟花爆竹、金属冶炼等生产经营单位厂(矿)级安全培训除包括上述内容外,应当增加事故应急救援、事故应急预案演练及防范措施等内容。

第十五条 车间(工段、区、队)级岗前安全培训内容应当包括:

(一)工作环境及危险因素;

(二)所从事工种可能遭受的职业伤害和伤亡事故;

(三)所从事工种的安全职责、操作技能及强制性标准;

(四)自救互救、急救方法、疏散和现场紧急情况的处理;

(五)安全设备设施、个人防护用品的使用和维护;

(六)本车间(工段、区、队)安全生产状况及规章制度;

(七)预防事故和职业危害的措施及应注意的安全事项;

(八)有关事故案例;

(九)其他需要培训的内容。

第十六条 班组级岗前安全培训内容应当包括:

(一)岗位安全操作规程;

(二)岗位之间工作衔接配合的安全与职业卫生事项;

(三)有关事故案例;

(四)其他需要培训的内容。

第十七条 从业人员在本生产经营单位内调整工作岗位或离岗一年以上重新上岗时,应当重新接受车间(工段、区、队)和班组级的安全培训。

生产经营单位采用新工艺、新技术、新材料或者使用新设备时，应当对有关从业人员重新进行有针对性的安全培训。

第十八条 生产经营单位的特种作业人员，必须按照国家有关法律、法规的规定接受专门的安全培训，经考核合格，取得特种作业操作资格证书后，方可上岗作业。

特种作业人员的范围和培训考核管理办法，另行规定。

第四章 安全培训的组织实施

第十九条 生产经营单位除主要负责人、安全生产管理人员、特种作业人员以外的从业人员的安全培训工作，由生产经营单位组织实施。

生产经营单位应当坚持以考促学、以讲促学，确保全体从业人员熟练掌握岗位安全生产知识和技能；煤矿、非煤矿山、危险化学品、烟花爆竹、金属冶炼等生产经营单位还应当完善和落实师傅带徒弟制度。

第二十条 具备安全培训条件的生产经营单位，应当以自主培训为主；可以委托具备安全培训条件的机构，对从业人员进行安全培训。

不具备安全培训条件的生产经营单位，应当委托具备安全培训条件的机构，对从业人员进行安全培训。

生产经营单位委托其他机构进行安全培训的，保证安全培训的责任仍由本单位负责。

第二十一条 生产经营单位应当将安全培训工作纳入本单位年度工作计划。保证本单位安全培训工作所需资金。

生产经营单位的主要负责人负责组织制定并实施本单位安全培训计划。

第二十二条 生产经营单位应当建立健全从业人员安全生产教育和培训档案，由生产经营单位的安全生产管理机构以及安全生产管理人员详细、准确记录培训的时间、内容、参加人员以及考核结果等情况。

第二十三条 生产经营单位安排从业人员进行安全培训期间，应当支付工资和必要的费用。

第五章 监督管理

第二十四条 煤矿、非煤矿山、危险化学品、烟花爆竹、金属冶炼等生产经营单位主要负责人和安全生产管理人员，自任职之日起6个月内，必须经安全生产监管监察部门对其安全生产知识和管理能力考核合格。

第二十五条 安全生产监管监察部门依法对生产经营单位安全培训情况进行监督检查，督促生产经营单位按照国家有关法律法规和本规定开展安全培训工作。

县级以上地方人民政府负责煤矿安全生产监督管理的部门对煤矿井下作业人员的安全培训情况进行监督检查。煤矿安全监察机构对煤矿特种作业人员安全培训及其持证上岗的情况进行监督检查。

第二十六条 各级安全生产监管监察部门对生产经营单位安全培训及其持证上岗的情况进行监督检查，主要包括以下内容：

（一）安全培训制度、计划的制定及其实施的情况；

（二）煤矿、非煤矿山、危险化学品、烟花爆竹、金属冶炼等生产经营单位主要负责人和安全生产管理人员安全培训以及安全生产知识和管理能力考核的情况；其他生产经营单位主要负责人和安全生产管理人员培训的情况；

（三）特种作业人员操作资格证持证上岗的情况；

（四）建立安全生产教育和培训档案，并如实记录的情况；

（五）对从业人员现场抽考本职工作的安全生产知识；

（六）其他需要检查的内容。

第二十七条 安全生产监管监察部门对煤矿、非煤矿山、危险化学品、烟花爆竹、金属冶炼等生产经营单位的主要负责人、安全管理人员应当按照本规定严格考核。考核不得收费。

安全生产监管监察部门负责考核的有关人员不得玩忽职守和滥用职权。

第六章　罚　则

第二十八条 安全生产监管监察部门检查中发现安全生产教育和培训责任落实不到位、有关从业人员未经培训合格的，应当视为生产安全事故隐患，责令生产经营单位立即停止违法行为，限期整改，并依法予以处罚。

第二十九条 生产经营单位有下列行为之一的，由安全生产监管监察部门责令其限期改正，可以处1万元以上3万元以下的罚款：

（一）未将安全培训工作纳入本单位工作计划并保证安全培训工作所需资金的；

（二）从业人员进行安全培训期间未支付工资并承担安全培训费用的。

第三十条 生产经营单位有下列行为之一的，由安全生产监管监察部门责令其限期改正，可以处5万元以下的罚款；逾期未改正的，责令停产停业整顿，并处5万元以上10万元以下的罚款，对其直接负责的主管人员和其他直接责任人员处1万元以上2万元以下的罚款：

（一）煤矿、非煤矿山、危险化学品、烟花爆竹、金属冶炼等生产经营单位主要负责人和安全管理人员未按照规定经考核合格的；

（二）未按照规定对从业人员、被派遣劳动者、实习学生进行安全生产教育和培训或者未如实告知其有关安全生产事项的；

（三）未如实记录安全生产教育和培训情况的；

（四）特种作业人员未按照规定经专门的安全技术培训并取得特种作业人员操作资格证书，上岗作业的。

县级以上地方人民政府负责煤矿安全生产监督管理的部门发现煤矿未按照本规定对井下作业人员进行安全培训的，责令限期改正，处10万元以上50万元以下的罚款；逾期未改正的，责令停产停业整顿。

煤矿安全监察机构发现煤矿特种作业人员无证上岗作业的，责令限期改正，处10万元以上50万元以下的罚款；逾期未改正的，责令停产停业整顿。

第三十一条 安全生产监管监察部门有关人员在考核、发证工作中玩忽职守、滥用职权的，由上级安全生产监管监察部门或者行政监察部门给予记过、记大过的行政处分。

第七章 附 则

第三十二条 生产经营单位主要负责人是指有限责任公司或者股份有限公司的董事长、总经理，其他生产经营单位的厂长、经理、（矿务局）局长、矿长（含实际控制人）等。

生产经营单位安全生产管理人员是指生产经营单位分管安全生产的负责人、安全生产管理机构负责人及其管理人员，以及未设安全生产管理机构的生产经营单位专、兼职安全生产管理人员等。

生产经营单位其他从业人员是指除主要负责人、安全生产管理人员和特种作业人员以外，该单位从事生产经营活动的所有人员，包括其他负责人、其他管理人员、技术人员和各岗位的工人以及临时聘用的人员。

第三十三条 省、自治区、直辖市安全生产监督管理部门和省级煤矿安全监察机构可以根据本规定制定实施细则，报国家安全生产监督管理总局和国家煤矿安全监察局备案。

第三十四条 本规定自2006年3月1日起施行。

安全评价检测检验机构管理办法

发布部门：应急管理部
发布日期：2019年3月20日 实施日期：2019年5月1日
中华人民共和国应急管理部令第1号

第一章 总 则

第一条 为了加强安全评价机构、安全生产检测检验机构（以下统称安全评价检测检验机构）的管理，规范安全评价、安全生产检测检验行为，依据《中华人民共和国安全生产法》《中华人民共和国行政许可法》等有关规定，制定本办法。

第二条 在中华人民共和国领域内申请安全评价检测检验机构资质，从事法定的安全评价、检测检验服务（附件1），以及应急管理部门、煤矿安全生产监督管理部门实施安全评价检测检验机构资质认可和监督管理适用本办法。

从事海洋石油天然气开采的安全评价检测检验机构的管理办法，另行制定。

第三条 国务院应急管理部门负责指导全国安全评价检测检验机构管理工作，建立安全评价检测检验机构信息查询系统，完善安全评价、检测检验标准体系。

省级人民政府应急管理部门、煤矿安全生产监督管理部门（以下统称资质认可机关）按照各自的职责，分别负责安全评价检测检验机构资质认可和监督管理工作。

设区的市级人民政府、县级人民政府应急管理部门、煤矿安全生产监督管理部门按照各自的职责，对安全评价检测检验机构执业行为实施监督检查，并对发现的违法行为依法实施行政处罚。

第四条 安全评价检测检验机构及其从业人员应当依照法律、法规、规章、标准，遵循科学公正、独立客观、安全准确、诚实守信的原则和执业准则，独立开展安全评价和检测检验，并对其作出的安全评价和检测检验结果负责。

第五条 国家支持发展安全评价、检测检验技术服务的行业组织，鼓励有关行业组织建立安全评价检测检验机构信用评定制度，健全技术服务能力评定体系，完善技术仲裁工作机制，强化行业自律，规范执业行为，维护行业秩序。

第二章 资质认可

第六条 申请安全评价机构资质应当具备下列条件：

（一）独立法人资格，固定资产不少于八百万元；

（二）工作场所建筑面积不少于一千平方米，其中档案室不少于一百平方米，设施、设备、软件等技术支撑条件满足工作需求；

（三）承担矿山、金属冶炼、危险化学品生产和储存、烟花爆竹等业务范围安全评价的机构，其专职安全评价师不低于本办法规定的配备标准（附件1）；

（四）承担单一业务范围的安全评价机构，其专职安全评价师不少于二十五人；每增加一个行业（领域），按照专业配备标准至少增加五名专职安全评价师；专职安全评价师中，一级安全评价师比例不低于百分之二十，一级和二级安全评价师的总数比例不低于百分之五十，且中级及以上注册安全工程师比例不低于百分之三十；

（五）健全的内部管理制度和安全评价过程控制体系；

（六）法定代表人出具知悉并承担安全评价的法律责任、义务、权利和风险的承诺书；

（七）配备专职技术负责人和过程控制负责人；专职技术负责人具有一级安全评价师职业资格，并具有与所开展业务相匹配的高级专业技术职称，在本行业领域工作八年以上；专职过程控制负责人具有安全评价师职业资格；

（八）正常运行并可以供公众查询机构信息的网站；

（九）截至申请之日三年内无重大违法失信记录；

（十）法律、行政法规规定的其他条件。

第七条 申请安全生产检测检验机构资质应当具备下列条件：

（一）独立法人资格，固定资产不少于一千万元；

（二）工作场所建筑面积不少于一千平方米，有与从事安全生产检测检验相适应的设施、设备和环境，检测检验设施、设备原值不少于八百万元；

（三）承担单一业务范围的安全生产检测检验机构，其专业技术人员不少于二十五人；每增加一个行业（领域），至少增加五名专业技术人员；专业技术人员中，中级及以上注册安全工程师比例不低于百分之三十，中级及以上技术职称比例不低于百分之五十，且高级技术职称人员比例不低于百分之二十五；

（四）专业技术人员具有与承担安全生产检测检验相适应的专业技能，以及在本行业领域工作两年以上；

（五）法定代表人出具知悉并承担安全生产检测检验的法律责任、义务、权利和风险的承诺书；

（六）主持安全生产检测检验工作的负责人、技术负责人、质量负责人具有高级技术职称，在本行业领域工作八年以上；

（七）符合安全生产检测检验机构能力通用要求等相关标准和规范性文件规定的文件化管理体系；

（八）正常运行并可以供公众查询机构信息的网站；

（九）截至申请之日三年内无重大违法失信记录；

（十）法律、行政法规规定的其他条件。

第八条 下列机构不得申请安全评价检测检验机构资质：

（一）本办法第三条规定部门所属的事业单位及其出资设立的企业法人；

（二）本办法第三条规定部门主管的社会组织及其出资设立的企业法人；

（三）本条第一项、第二项中的企业法人出资设立（含控股、参股）的企业法人。

第九条 符合本办法第六条、第七条规定条件的申请人申请安全评价检测检验机构资质的，应当将申请材料报送其注册地的资质认可机关。

申请材料清单目录由国务院应急管理部门另行规定。

第十条 资质认可机关自收到申请材料之日起五个工作日内，对材料齐全、符合规定形式的申请，应当予以受理，并出具书面受理文书；对材料不齐全或者不符合规定形式的，应当当场或者五个工作日内一次性告知申请人需要补正的全部内容；对不予受理的，应当说明理由并出具书面凭证。

第十一条 资质认可机关应当自受理之日起二十个工作日内，对审查合格的，在本部门网站予以公告，公开有关信息（附件2、附件3），颁发资质证书，并将相关信息纳入安全评价检测检验机构信息查询系统；对审查不合格的，不予颁发资质证书，说明理由并出具书面凭证。

需要专家评审的，专家评审时间不计入本条第一款规定的审查期限内，但最长不超过三个月。

资质证书的式样和编号规则由国务院应急管理部门另行规定。

第十二条 安全评价检测检验机构的名称、注册地址、实验室条件、法定代表人、专职技术负责人、授权签字人发生变化的，应当自发生变化之日起三十日内向原资质认可机关提出书面变更申请。资质认可机关经审查后符合条件的，在本部门网站予以公告，并及时更新安全评价检测检验机构信息查询系统相关信息。

安全评价检测检验机构因改制、分立或者合并等原因发生变化的，应当自发生变化之日起三十日内向原资质认可机关书面申请重新核定资质条件和业务范围。

安全评价检测检验机构取得资质一年以上，需要变更业务范围的，应当向原资质认可机关提出书面申请。资质认可机关收到申请后应当按照本办法第九条至第十一条的规定办理。

第十三条 安全评价检测检验机构资质证书有效期五年。资质证书有效期届满需要延续的，应当在有效期届满三个月前向原资质认可机关提出申请。原资质认可机关应当按照本办法第九条至第十一条的规定办理。

第十四条 安全评价检测检验机构有下列情形之一的，原资质认可机关应当注销其资质，在本部门网站予以公告，并纳入安全评价检测检验机构信息查询系统：

（一）法人资格终止；

（二）资质证书有效期届满未延续；

（三）自行申请注销；

（四）被依法撤销、撤回、吊销资质；

（五）法律、行政法规规定的应当注销资质的其他情形。

安全评价检测检验机构资质注销后无资质承继单位的，原安全评价检测检验机构及相关人员应当对注销前作出的安全评价检测检验结果继续负责。

第三章 技术服务

第十五条 生产经营单位可以自主选择具备本办法规定资质的安全评价检测检验机构，接受其资质认可范围内的安全评价、检测检验服务。

第十六条 生产经营单位委托安全评价检测检验机构开展技术服务时，应当签订委托技术服务合同，明确服务对象、范围、权利、义务和责任。

生产经营单位委托安全评价检测检验机构为其提供安全生产技术服务的，保证安全生产的责任仍由本单位负责。应急管理部门、煤矿安全生产监督管理部门以安全评价报告、检测检验报告为依据，作出相关行政许可、行政处罚决定的，应当对其决定承担相应法律责任。

第十七条 安全评价检测检验机构应当建立信息公开制度，加强内部管理，严格自我约束。专职技术负责人和过程控制负责人应当按照法规标准的规定，加强安全评价、检测检验活动的管理。

安全评价项目组组长应当具有与业务相关的二级以上安全评价师资格，并在本行业领域工作三年以上。项目组其他组成人员应当符合安全评价项目专职安全评价师专业能力配备标准。

第十八条 安全评价检测检验机构开展技术服务时，应当如实记录过程控制、现场勘验和检测检验的情况，并与现场图像影像等证明资料一并及时归档。

安全评价检测检验机构应当按照有关规定在网上公开安全评价报告、安全生产检测检验报告相关信息及现场勘验图像影像。

第十九条 安全评价检测检验机构应当在开展现场技术服务前七个工作日内，书面告知（附件4）项目实施地资质认可机关，接受资质认可机关及其下级部门的监督抽查。

第二十条 生产经营单位应当对本单位安全评价、检测检验过程进行监督，并对本单位所提供资料、安全评价和检测检验对象的真实性、可靠性负责，承担有关法律责任。

生产经营单位对安全评价检测检验机构提出的事故预防、隐患整改意见，应当及时落实。

第二十一条 安全评价、检测检验的技术服务收费按照有关规定执行。实行政府指导价或者政府定价管理的，严格执行政府指导价或者政府定价政策；实行市场调节价的，由委托方和受托方通过合同协商确定。安全评价检测检验机构应当主动公开服务收费标准，方便用户和社会公众查询。

审批部门在审批过程中委托开展的安全评价检测检验技术服务，服务费用一律由审批部门支付并纳入部门预算，对审批对象免费。

第二十二条 安全评价检测检验机构及其从业人员不得有下列行为：

（一）违反法规标准的规定开展安全评价、检测检验的；

（二）不再具备资质条件或者资质过期从事安全评价、检测检验的；

（三）超出资质认可业务范围，从事法定的安全评价、检测检验的；

（四）出租、出借安全评价检测检验资质证书的；

（五）出具虚假或者重大疏漏的安全评价、检测检验报告的；

（六）违反有关法规标准规定，更改或者简化安全评价、检测检验程序和相关内容的；

（七）专职安全评价师、专业技术人员同时在两个以上安全评价检测检验机构从业的；

（八）安全评价项目组组长及负责勘验人员不到现场实际地点开展勘验等有关工作的；

（九）承担现场检测检验的人员不到现场实际地点开展设备检测检验等有关工作的；

（十）冒用他人名义或者允许他人冒用本人名义在安全评价、检测检验报告和原始记录中签名的；

（十一）不接受资质认可机关及其下级部门监督抽查的。

本办法所称虚假报告，是指安全评价报告、安全生产检测检验报告内容与当时实际情况严重不符，报告结论定性严重偏离客观实际。

第四章 监督检查

第二十三条 资质认可机关应当建立健全安全评价检测检验机构资质认可、监督检查、属地管理的相关制度和程序，加强事中事后监管，并向社会公开监督检查情况和处理结果。

国务院应急管理部门可以对资质认可机关开展资质认可等工作情况实施综合评估，发现涉及重大生产安全事故、存在违法违规认可等问题的，可以采取约谈、通报，撤销其资质认可决定，以及暂停其资质认可权等措施。

第二十四条 资质认可机关应当将其认可的安全评价检测检验机构纳入年度安全生产监督检查计划范围。按照国务院有关"双随机、一公开"的规定实施监督检查，并确保每三年至少覆盖一次。

安全评价检测检验机构从事跨区域技术服务的，项目实施地资质认可机关应当及时核查其资质有效性、认可范围等信息，并对其技术服务实施抽查。

资质认可机关及其下级部门应当对本行政区域内登记注册的安全评价检测检验机构资质条件保持情况、接受行政处罚和投诉举报等情况进行重点监督检查。

第二十五条 资质认可机关及其下级部门、煤矿安全监察机构、事故调查组在安全生产行政许可、建设项目安全设施"三同时"审查、监督检查和事故调查中，发现生产经营单位和安全评价检测检验机构在安全评价、检测检验活动中有违法违规行为的，应当依法实施行政处罚。

吊销、撤销安全评价检测检验机构资质的，由原资质认可机关决定。

对安全评价检测检验机构作出行政处罚等决定，决定机关应当将有关情况及时纳入安全评价检测检验机构信息查询系统。

第二十六条 负有安全生产监督管理职责的部门及其工作人员不得干预安全评价检测检验机构正常活动。除政府采购的技术服务外，不得要求生产经营单位接受指定的安全评价检测检验机构的技术服务。

没有法律法规依据或者国务院规定，不得以备案、登记、年检、换证、要求设立分支机构等形式，设置或者变相设置安全评价检测检验机构准入障碍。

第五章　法律责任

第二十七条　申请人隐瞒有关情况或者提供虚假材料申请资质（包括资质延续、资质变更、增加业务范围等）的，资质认可机关不予受理或者不予行政许可，并给予警告。该申请人在一年内不得再次申请。

第二十八条　申请人以欺骗、贿赂等不正当手段取得资质（包括资质延续、资质变更、增加业务范围等）的，应当予以撤销。该申请人在三年内不得再次申请；构成犯罪的，依法追究刑事责任。

第二十九条　未取得资质的机构及其有关人员擅自从事安全评价、检测检验服务的，责令立即停止违法行为，依照下列规定给予处罚：

（一）机构有违法所得的，没收其违法所得，并处违法所得一倍以上三倍以下的罚款，但最高不得超过三万元；没有违法所得的，处五千元以上一万元以下的罚款；

（二）有关人员处五千元以上一万元以下的罚款。

对有前款违法行为的机构及其人员，由资质认可机关记入有关机构和人员的信用记录，并依照有关规定予以公告。

第三十条　安全评价检测检验机构有下列情形之一的，责令改正或者责令限期改正，给予警告，可以并处一万元以下的罚款；逾期未改正的，处一万元以上三万元以下的罚款，对相关责任人处一千元以上五千元以下的罚款；情节严重的，处一万元以上三万元以下的罚款，对相关责任人处五千元以上一万元以下的罚款：

（一）未依法与委托方签订技术服务合同的；

（二）违反法规标准规定更改或者简化安全评价、检测检验程序和相关内容的；

（三）未按规定公开安全评价报告、安全生产检测检验报告相关信息及现场勘验图像影像资料的；

（四）未在开展现场技术服务前七个工作日内，书面告知项目实施地资质认可机关的；

（五）机构名称、注册地址、实验室条件、法定代表人、专职技术负责人、授权签字人发生变化之日起三十日内未向原资质认可机关提出变更申请的；

（六）未按照有关法规标准的强制性规定从事安全评价、检测检验活动的；

（七）出租、出借安全评价检测检验资质证书的；

（八）安全评价项目组组长及负责勘验人员不到现场实际地点开展勘验等有关工作的；

（九）承担现场检测检验的人员不到现场实际地点开展设备检测检验等有关工作的；

（十）安全评价报告存在法规标准引用错误、关键危险有害因素漏项、重大危险源辨识错误、对策措施建议与存在问题严重不符等重大疏漏，但尚未造成重大损失的；

（十一）安全生产检测检验报告存在法规标准引用错误、关键项目漏检、结论不明确等重大疏漏，但尚未造成重大损失的。

第三十一条 承担安全评价、检测检验工作的机构,出具虚假证明的,没收违法所得;违法所得在十万元以上的,并处违法所得二倍以上五倍以下的罚款;没有违法所得或者违法所得不足十万元的,单处或者并处十万元以上二十万元以下的罚款;对其直接负责的主管人员和其他直接责任人员处二万元以上五万元以下的罚款;给他人造成损害的,与生产经营单位承担连带赔偿责任;构成犯罪的,依照刑法有关规定追究刑事责任。

对有前款违法行为的机构,由资质认可机关吊销其相应资质,向社会公告,按照国家有关规定对相关机构及其责任人员实行行业禁入,纳入不良记录"黑名单"管理,以及安全评价检测检验机构信息查询系统。

第六章 附 则

第三十二条 本办法自 2019 年 5 月 1 日起施行。原国家安全生产监督管理总局 2007 年 1 月 31 日公布、2015 年 5 月 29 日修改的《安全生产检测检验机构管理规定》(原国家安全生产监督管理总局令第 12 号),2009 年 7 月 1 日公布、2013 年 8 月 29 日、2015 年 5 月 29 日修改的《安全评价机构管理规定》(原国家安全生产监督管理总局令第 22 号)同时废止。

附件1 安全评价机构业务范围与专职安全评价师专业能力配备标准

业务范围	专职安全评价师专业能力配备标准
煤炭开采业	安全、机械、电气、采矿、通风、矿建、地质各1名及以上。
金属、非金属矿及其他矿采选业	安全、机械、电气、采矿、通风、地质、水工结构各1名及以上。
陆地石油和天然气开采业	安全、机械、电气、采油、储运各1名及以上。
陆上油气管道运输业	油气储运2名及以上,设备、仪表、电气、防腐、安全各1名及以上。
石油加工业,化学原料、化学品及医药制造业	化工工艺、化工机械、电气、安全各2名及以上,自动化1名及以上。
烟花爆竹制造业	火炸药（爆炸技术）、机械、电气、安全各1名及以上。
金属冶炼	安全、机械、电气、冶金、有色金属各1名及以上。

备注：1. 安全评价师专业能力与学科基础专业对照表另行制定。
2. 安全生产检测检验资质认可业务范围以矿山井下特种设备目录为准。

附件2 安全评价机构信息公开表（样式）

机构名称			
统一社会信用代码/注册号			
办公地址		邮政编码	
机构信息公开网址		法定代表人	
联系人		联系电话	
专职技术负责人		过程控制负责人	
资质证书编号		发证日期	
资质证书批准部门		有效日期	
业务范围			
本机构的安全评价师			

续表

姓名	专业	证书号码	姓名	专业	证书号码

机构违法受处罚信息（初次申请不填写）			
违法事实	处罚决定	处罚时间	执法机关

附件3 安全生产检测检验机构信息公开表（样式）

机构名称			
统一社会信用代码/注册号			
通信地址		邮政编码	
实验室地址		邮政编码	
机构信息公开网址		法定代表人	
机构联系人		联系电话	
主持检测检验工作负责人		技术负责人	
资质证书编号		发证日期	
资质证书批准部门		有效日期	

批准的业务范围						
序号	被检对象	项目/参数		依据标准编号及名称	限制范围	说明
		序号	名称			

批准的授权签字人及授权签字领域		
序号	姓名	授权签字领域

机构违法受处罚信息（初次申请不填写）			
违法事实	处罚决定	处罚时间	执法机关

附件4 安全评价检测检验机构从业告知书（样式）

_____ :

我单位承接了_____□安全评价/□安全生产检测检验项目，拟于近期开展技术服务活动，现按照规定将有关信息告知如下。

机构名称				
机构资质证书编号		机构信息公开网址		
办公地址			邮政编码	
法定代表人		联系人	联系电话	
项目名称				
项目地址				
项目所属行业				
项目组长			联系电话	
技术服务期限				
计划现场勘验（检测检验）时间				
项目组成员、专业及工作任务（安全评价机构填写）				
姓名		专业	工作任务	
现场检测检验人员（安全生产检测检验机构填写）				
姓名			检测检验项目	

机构（盖章）：

年 月 日

（二）矿山和电力安全

煤矿重大事故隐患判定标准

发布单位：应急管理部
发布日期：2020 年 11 月 20 日　实施日期：2021 年 1 月 1 日
中华人民共和国应急管理部令第 4 号

第一条　为了准确认定、及时消除煤矿重大事故隐患，根据《中华人民共和国安全生产法》和《国务院关于预防煤矿生产安全事故的特别规定》（国务院令第446号）等法律、行政法规，制定本标准。

第二条　本标准适用于判定各类煤矿重大事故隐患。

第三条　煤矿重大事故隐患包括下列 15 个方面：

（一）超能力、超强度或者超定员组织生产；

（二）瓦斯超限作业；

（三）煤与瓦斯突出矿井，未依照规定实施防突出措施；

（四）高瓦斯矿井未建立瓦斯抽采系统和监控系统，或者系统不能正常运行；

（五）通风系统不完善、不可靠；

（六）有严重水患，未采取有效措施；

（七）超层越界开采；

（八）有冲击地压危险，未采取有效措施；

（九）自然发火严重，未采取有效措施；

（十）使用明令禁止使用或者淘汰的设备、工艺；

（十一）煤矿没有双回路供电系统；

（十二）新建煤矿边建设边生产，煤矿改扩建期间，在改扩建的区域生产，或者在其他区域的生产超出安全设施设计规定的范围和规模；

（十三）煤矿实行整体承包生产经营后，未重新取得或者及时变更安全生产许可证而从事生产，或者承包方再次转包，以及将井下采掘工作面和井巷维修作业进行劳务承包；

（十四）煤矿改制期间，未明确安全生产责任人和安全管理机构，或者在完成改制后，未重新取得或者变更采矿许可证、安全生产许可证和营业执照；

（十五）其他重大事故隐患。

第四条　"超能力、超强度或者超定员组织生产"重大事故隐患，是指有下列情形之一的：

（一）煤矿全年原煤产量超过核定（设计）生产能力幅度在10%以上，或者月原煤产量大于核定（设计）生产能力的10%的；

（二）煤矿或其上级公司超过煤矿核定（设计）生产能力下达生产计划或者经营指标的；

（三）煤矿开拓、准备、回采煤量可采期小于国家规定的最短时间，未主动采取限产或者停产措施，仍然组织生产的（衰老煤矿和地方人民政府计划停产关闭煤矿除外）；

（四）煤矿井下同时生产的水平超过2个，或者一个采（盘）区内同时作业的采煤、煤（半煤岩）巷掘进工作面个数超过《煤矿安全规程》规定的；

（五）瓦斯抽采不达标组织生产的；

（六）煤矿未制定或者未严格执行井下劳动定员制度，或者采掘作业地点单班作业人数超过国家有关限员规定20%以上的。

第五条 "瓦斯超限作业"重大事故隐患，是指有下列情形之一的：

（一）瓦斯检查存在漏检、假检情况且进行作业的；

（二）井下瓦斯超限后继续作业或者未按照国家规定处置继续进行作业的；

（三）井下排放积聚瓦斯未按照国家规定制定并实施安全技术措施进行作业的。

第六条 "煤与瓦斯突出矿井，未依照规定实施防突出措施"重大事故隐患，是指有下列情形之一的：

（一）未设立防突机构并配备相应专业人员的；

（二）未建立地面永久瓦斯抽采系统或者系统不能正常运行的；

（三）未按照国家规定进行区域或者工作面突出危险性预测的（直接认定为突出危险区域或者突出危险工作面的除外）；

（四）未按照国家规定采取防治突出措施的；

（五）未按照国家规定进行防突措施效果检验和验证，或者防突措施效果检验和验证不达标仍然组织生产建设，或者防突措施效果检验和验证数据造假的；

（六）未按照国家规定采取安全防护措施的；

（七）使用架线式电机车的。

第七条 "高瓦斯矿井未建立瓦斯抽采系统和监控系统，或者系统不能正常运行"重大事故隐患，是指有下列情形之一的：

（一）按照《煤矿安全规程》规定应当建立而未建立瓦斯抽采系统或者系统不正常使用的；

（二）未按照国家规定安设、调校甲烷传感器，人为造成甲烷传感器失效，或者瓦斯超限后不能报警、断电或者断电范围不符合国家规定的。

第八条 "通风系统不完善、不可靠"重大事故隐患，是指有下列情形之一的：

（一）矿井总风量不足或者采掘工作面等主要用风地点风量不足的；

（二）没有备用主要通风机，或者两台主要通风机不具有同等能力的；

（三）违反《煤矿安全规程》规定采用串联通风的；

（四）未按照设计形成通风系统，或者生产水平和采（盘）区未实现分区通风的；

（五）高瓦斯、煤与瓦斯突出矿井的任一采（盘）区，开采容易自燃煤层、低瓦斯矿井开采煤层群和分层开采采用联合布置的采（盘）区，未设置专用回风巷，或者突出煤层工作面没有独立的回风系统的；

（六）进、回风井之间和主要进、回风巷之间联络巷中的风墙、风门不符合《煤矿安全规程》规定，造成风流短路的；

（七）采区进、回风巷未贯穿整个采区，或者虽贯穿整个采区但一段进风、一段回风，或者采用倾斜长壁布置，大巷未超前至少2个区段构成通风系统即开掘其他巷道的；

（八）煤巷、半煤岩巷和有瓦斯涌出的岩巷掘进未按照国家规定装备甲烷电、风电闭锁装置或者有关装置不能正常使用的；

（九）高瓦斯、煤（岩）与瓦斯（二氧化碳）突出矿井的煤巷、半煤岩巷和有瓦斯涌出的岩巷掘进工作面采用局部通风时，不能实现双风机、双电源且自动切换的；

（十）高瓦斯、煤（岩）与瓦斯（二氧化碳）突出建设矿井进入二期工程前，其他建设矿井进入三期工程前，没有形成地面主要通风机供风的全风压通风系统的。

第九条 "有严重水患，未采取有效措施"重大事故隐患，是指有下列情形之一的：

（一）未查明矿井水文地质条件和井田范围内采空区、废弃老窑积水等情况而组织生产建设的；

（二）水文地质类型复杂、极复杂的矿井未设置专门的防治水机构、未配备专门的探放水作业队伍，或者未配齐专用探放水设备的；

（三）在需要探放水的区域进行采掘作业未按照国家规定进行探放水的；

（四）未按照国家规定留设或者擅自开采（破坏）各种防隔水煤（岩）柱的；

（五）有突（透、溃）水征兆未撤出井下所有受水患威胁地点人员的；

（六）受地表水倒灌威胁的矿井在强降雨天气或其来水上游发生洪水期间未实施停产撤人的；

（七）建设矿井进入三期工程前，未按照设计建成永久排水系统，或者生产矿井延深到设计水平时，未建成防、排水系统而违规开拓掘进的；

（八）矿井主要排水系统水泵排水能力、管路和水仓容量不符合《煤矿安全规程》规定的；

（九）开采地表水体、老空水淹区域或者强含水层下急倾斜煤层，未按照国家规定消除水患威胁的。

第十条 "超层越界开采"重大事故隐患，是指有下列情形之一的：

（一）超出采矿许可证载明的开采煤层层位或者标高进行开采的；

（二）超出采矿许可证载明的坐标控制范围进行开采的；

（三）擅自开采（破坏）安全煤柱的。

第十一条 "有冲击地压危险，未采取有效措施"重大事故隐患，是指有下列情形之一的：

（一）未按照国家规定进行煤层（岩层）冲击倾向性鉴定，或者开采有冲击倾向性煤层未进行冲击危险性评价，或者开采冲击地压煤层，未进行采区、采掘工作面冲击危险性评价的；

（二）有冲击地压危险的矿井未设置专门的防冲机构、未配备专业人员或者未编制专门设计的；

（三）未进行冲击地压危险性预测，或者未进行防冲措施效果检验以及防冲措施效果检验不达标仍组织生产建设的；

（四）开采冲击地压煤层时，违规开采孤岛煤柱，采掘工作面位置、间距不符合国家规定，或者开采顺序不合理、采掘速度不符合国家规定、违反国家规定布置巷道或者留设煤（岩）柱造成应力集中的；

（五）未制定或者未严格执行冲击地压危险区域人员准入制度的。

第十二条 "自然发火严重，未采取有效措施"重大事故隐患，是指有下列情形之一的：

（一）开采容易自燃和自燃煤层的矿井，未编制防灭火专项设计或者未采取综合防灭火措施的；

（二）高瓦斯矿井采用放顶煤采煤法不能有效防治煤层自然发火的；

（三）有自然发火征兆没有采取相应的安全防范措施继续生产建设的；

（四）违反《煤矿安全规程》规定启封火区的。

第十三条 "使用明令禁止使用或者淘汰的设备、工艺"重大事故隐患，是指有下列情形之一的：

（一）使用被列入国家禁止井工煤矿使用的设备及工艺目录的产品或者工艺的；

（二）井下电气设备、电缆未取得煤矿矿用产品安全标志的；

（三）井下电气设备选型与矿井瓦斯等级不符，或者采（盘）区内防爆型电气设备存在失爆，或者井下使用非防爆无轨胶轮车的；

（四）未按照矿井瓦斯等级选用相应的煤矿许用炸药和雷管、未使用专用发爆器，或者裸露爆破的；

（五）采煤工作面不能保证2个畅通的安全出口的；

（六）高瓦斯矿井、煤与瓦斯突出矿井、开采容易自燃和自燃煤层（薄煤层除外）矿井，采煤工作面采用前进式采煤方法的。

第十四条 "煤矿没有双回路供电系统"重大事故隐患，是指有下列情形之一的：

（一）单回路供电的；

（二）有两回路电源线路但取自一个区域变电所同一母线段的；

（三）进入二期工程的高瓦斯、煤与瓦斯突出、水文地质类型为复杂和极复杂的建设矿井，以及进入三期工程的其他建设矿井，未形成两回路供电的。

第十五条 "新建煤矿边建设边生产，煤矿改扩建期间，在改扩建的区域生产，或者在其他区域的生产超出安全设施设计规定的范围和规模"重大事故隐患，是指有下列情形之一的：

（一）建设项目安全设施设计未经审查批准，或者审查批准后作出重大变更未经再次审查批准擅自组织施工的；

（二）新建煤矿在建设期间组织采煤的（经批准的联合试运转除外）；

（三）改扩建矿井在改扩建区域生产的；

（四）改扩建矿井在非改扩建区域超出设计规定范围和规模生产的。

第十六条 "煤矿实行整体承包生产经营后，未重新取得或者及时变更安全生产许可证而从事生产，或者承包方再次转包，以及将井下采掘工作面和井巷维修作业进行劳务承包"重大事故隐患，是指有下列情形之一的：

（一）煤矿未采取整体承包形式进行发包，或者将煤矿整体发包给不具有法人资格或者未取得合法有效营业执照的单位或者个人的；

（二）实行整体承包的煤矿，未签订安全生产管理协议，或者未按照国家规定约定双方安全生产管理职责而进行生产的；

（三）实行整体承包的煤矿，未重新取得或者变更安全生产许可证进行生产的；

（四）实行整体承包的煤矿，承包方再次将煤矿转包给其他单位或者个人的；

（五）井工煤矿将井下采掘作业或者井巷维修作业（井筒及井下新水平延深的井底车场、主运输、主通风、主排水、主要机电硐室开拓工程除外）作为独立工程发包给其他企业或者个人的，以及转包井下新水平延深开拓工程的。

第十七条 "煤矿改制期间，未明确安全生产责任人和安全管理机构，或者在完成改制后，未重新取得或者变更采矿许可证、安全生产许可证和营业执照"重大事故隐患，是指有下列情形之一的：

（一）改制期间，未明确安全生产责任人进行生产建设的；

（二）改制期间，未健全安全生产管理机构和配备安全管理人员进行生产建设的；

（三）完成改制后，未重新取得或者变更采矿许可证、安全生产许可证、营业执照而进行生产建设的。

第十八条 "其他重大事故隐患"，是指有下列情形之一的：

（一）未分别配备专职的矿长、总工程师和分管安全、生产、机电的副矿长，以及负责采煤、掘进、机电运输、通风、地测、防治水工作的专业技术人员的；

（二）未按照国家规定足额提取或者未按照国家规定范围使用安全生产费用的；

（三）未按照国家规定进行瓦斯等级鉴定，或者瓦斯等级鉴定弄虚作假的；

（四）出现瓦斯动力现象，或者相邻矿井开采的同一煤层发生了突出事故，或者被鉴定、认定为突出煤层，以及煤层瓦斯压力达到或者超过0.74MPa的非突出矿井，未立即按照突出煤层管理并在国家规定期限内进行突出危险性鉴定的（直接认定为突出矿井的除外）；

（五）图纸作假、隐瞒采掘工作面，提供虚假信息、隐瞒下井人数，或者矿长、总工程师（技术负责人）履行安全生产岗位责任制及管理制度时伪造记录，弄虚作假的；

（六）矿井未安装安全监控系统、人员位置监测系统或者系统不能正常运行，以及对系统数据进行修改、删除及屏蔽，或者煤与瓦斯突出矿井存在第七条第二项情形的；

（七）提升（运送）人员的提升机未按照《煤矿安全规程》规定安装保护装置，或者保护装置失效，或者超员运行的；

（八）带式输送机的输送带入井前未经过第三方阻燃和抗静电性能试验，或者试验不合格入井，或者输送带防打滑、跑偏、堆煤等保护装置或者温度、烟雾监测装置失效的；

（九）掘进工作面后部巷道或者独头巷道维修（着火点、高温点处理）时，维修（处理）点以里继续掘进或者有人员进入，或者采掘工作面未按照国家规定安设压风、供水、通信线路及装置的；

（十）露天煤矿边坡角大于设计最大值，或者边坡发生严重变形未及时采取措施进行治理的；

（十一）国家矿山安全监察机构认定的其他重大事故隐患。

第十九条 本标准所称的国家规定，是指有关法律、行政法规、部门规章、国家标准、行业标准，以及国务院及其应急管理部门、国家矿山安全监察机构依法制定的行政规范性文件。

第二十条 本标准自 2021 年 1 月 1 日起施行。原国家安全生产监督管理总局 2015 年 12 月 3 日公布的《煤矿重大生产安全事故隐患判定标准》（国家安全生产监督管理总局令第 85 号）同时废止。

国务院关于预防煤矿生产安全事故的特别规定

发布单位：国务院　发布日期：2005年9月3日
修改并实施日期：2013年7月18日　中华人民共和国国务院令第638号

第一条　为了及时发现并排除煤矿安全生产隐患，落实煤矿安全生产责任，预防煤矿生产安全事故发生，保障职工的生命安全和煤矿安全生产，制定本规定。

第二条　煤矿企业是预防煤矿生产安全事故的责任主体。煤矿企业负责人（包括一些煤矿企业的实际控制人，下同）对预防煤矿生产安全事故负主要责任。

第三条　国务院有关部门和地方各级人民政府应当建立并落实预防煤矿生产安全事故的责任制，监督检查煤矿企业预防煤矿生产安全事故的情况，及时解决煤矿生产安全事故预防工作中的重大问题。

第四条　县级以上地方人民政府负责煤矿安全生产监督管理的部门、国家煤矿安全监察机构设在省、自治区、直辖市的煤矿安全监察机构（以下简称煤矿安全监察机构），对所辖区域的煤矿重大安全生产隐患和违法行为负有检查和依法查处的职责。

县级以上地方人民政府负责煤矿安全生产监督管理的部门、煤矿安全监察机构不依法履行职责，不及时查处所辖区域的煤矿重大安全生产隐患和违法行为的，对直接责任人和主要负责人，根据情节轻重，给予记过、记大过、降级、撤职或者开除的行政处分；构成犯罪的，依法追究刑事责任。

第五条　煤矿未依法取得采矿许可证、安全生产许可证、营业执照和矿长未依法取得矿长资格证、矿长安全资格证的，煤矿不得从事生产。擅自从事生产的，属非法煤矿。

负责颁发前款规定证照的部门，一经发现煤矿无证照或者证照不全从事生产的，应当责令该煤矿立即停止生产，没收违法所得和开采出的煤炭以及采掘设备，并处违法所得1倍以上5倍以下的罚款；构成犯罪的，依法追究刑事责任；同时于2日内提请当地县级以上地方人民政府予以关闭，并可以向上一级地方人民政府报告。

第六条　负责颁发采矿许可证、安全生产许可证、营业执照和矿长资格证、矿长安全资格证的部门，向不符合法定条件的煤矿或者矿长颁发有关证照的，对直接责任人，根据情节轻重，给予降级、撤职或者开除的行政处分；对主要负责人，根据情节轻重，给予记大过、降级、撤职或者开除的行政处分；构成犯罪的，依法追究刑事责任。

前款规定颁发证照的部门，应当加强对取得证照煤矿的日常监督管理，促使煤矿持续符合取得证照应当具备的条件。不依法履行日常监督管理职责的，对主要负责人，根据情节轻重，给予记过、记大过、降级、撤职或者开除的行政处分；构成犯罪的，依法追究刑事责任。

第七条 在乡、镇人民政府所辖区域内发现有非法煤矿并且没有采取有效制止措施的,对乡、镇人民政府的主要负责人以及负有责任的相关负责人,根据情节轻重,给予降级、撤职或者开除的行政处分;在县级人民政府所辖区域内1个月内发现有2处或者2处以上非法煤矿并且没有采取有效制止措施的,对县级人民政府的主要负责人以及负有责任的相关负责人,根据情节轻重,给予降级、撤职或者开除的行政处分;构成犯罪的,依法追究刑事责任。

其他有关机关和部门对存在非法煤矿负有责任的,对主要负责人,属于行政机关工作人员的,根据情节轻重,给予记过、记大过、降级或者撤职的行政处分;不属于行政机关工作人员的,建议有关机关和部门给予相应的处分。

第八条 煤矿的通风、防瓦斯、防水、防火、防煤尘、防冒顶等安全设备、设施和条件应当符合国家标准、行业标准,并有防范生产安全事故发生的措施和完善的应急处理预案。

煤矿有下列重大安全生产隐患和行为的,应当立即停止生产,排除隐患:

(一)超能力、超强度或者超定员组织生产的;

(二)瓦斯超限作业的;

(三)煤与瓦斯突出矿井,未依照规定实施防突出措施的;

(四)高瓦斯矿井未建立瓦斯抽放系统和监控系统,或者瓦斯监控系统不能正常运行的;

(五)通风系统不完善、不可靠的;

(六)有严重水患,未采取有效措施的;

(七)超层越界开采的;

(八)有冲击地压危险,未采取有效措施的;

(九)自然发火严重,未采取有效措施的;

(十)使用明令禁止使用或者淘汰的设备、工艺的;

(十一)年产6万吨以上的煤矿没有双回路供电系统的;

(十二)新建煤矿边建设边生产,煤矿改扩建期间,在改扩建的区域生产,或者在其他区域的生产超出安全设计规定的范围和规模的;

(十三)煤矿实行整体承包生产经营后,未重新取得安全生产许可证,从事生产的,或者承包方再次转包的,以及煤矿将井下采掘工作面和井巷维修作业进行劳务承包的;

(十四)煤矿改制期间,未明确安全生产责任人和安全管理机构的,或者在完成改制后,未重新取得或者变更采矿许可证、安全生产许可证和营业执照的;

(十五)有其他重大安全生产隐患的。

第九条 煤矿企业应当建立健全安全生产隐患排查、治理和报告制度。煤矿企业应当对本规定第八条第二款所列情形定期组织排查,并将排查情况每季度向县级以上地方人民政府负责煤矿安全生产监督管理的部门、煤矿安全监察机构写出书面报告。报告应当经煤矿企业负责人签字。

煤矿企业未依照前款规定排查和报告的,由县级以上地方人民政府负责煤矿安全生产监督管理的部门或者煤矿安全监察机构责令限期改正;逾期未改正的,责令停产整顿,并对煤矿企业负责人处3万元以上15万元以下的罚款。

第十条 煤矿有本规定第八条第二款所列情形之一,仍然进行生产的,由县级以上地方人民政府负责煤矿安全生产监督管理的部门或者煤矿安全监察机构责令停产整顿,提出整顿的内容、时间等具体要求,处50万元以上200万元以下的罚款;对煤矿企业负责人处3万元以上15万元以下的罚款。

对3个月内2次或者2次以上发现有重大安全生产隐患,仍然进行生产的煤矿,县级以上地方人民政府负责煤矿安全生产监督管理的部门、煤矿安全监察机构应当提请有关地方人民政府关闭该煤矿,并由颁发证照的部门立即吊销矿长资格证和矿长安全资格证,该煤矿的法定代表人和矿长5年内不得再担任任何煤矿的法定代表人或者矿长。

第十一条 对被责令停产整顿的煤矿,颁发证照的部门应当暂扣采矿许可证、安全生产许可证、营业执照和矿长资格证、矿长安全资格证。

被责令停产整顿的煤矿应当制定整改方案,落实整改措施和安全技术规定;整改结束后要求恢复生产的,应当由县级以上地方人民政府负责煤矿安全生产监督管理的部门自收到恢复生产申请之日起60日内组织验收完毕;验收合格的,经组织验收的地方人民政府负责煤矿安全生产监督管理的部门的主要负责人签字,并经有关煤矿安全监察机构审核同意,报请有关地方人民政府主要负责人签字批准,颁发证照的部门发还证照,煤矿方可恢复生产;验收不合格的,由有关地方人民政府予以关闭。

被责令停产整顿的煤矿擅自从事生产的,县级以上地方人民政府负责煤矿安全生产监督管理的部门、煤矿安全监察机构应当提请有关地方人民政府予以关闭,没收违法所得,并处违法所得1倍以上5倍以下的罚款;构成犯罪的,依法追究刑事责任。

第十二条 对被责令停产整顿的煤矿,在停产整顿期间,由有关地方人民政府采取有效措施进行监督检查。因监督检查不力,煤矿在停产整顿期间继续生产的,对直接责任人,根据情节轻重,给予降级、撤职或者开除的行政处分;对有关负责人,根据情节轻重,给予记大过、降级、撤职或者开除的行政处分;构成犯罪的,依法追究刑事责任。

第十三条 对提请关闭的煤矿,县级以上地方人民政府负责煤矿安全生产监督管理的部门或者煤矿安全监察机构应当责令立即停止生产;有关地方人民政府应当在7日内作出关闭或者不予关闭的决定,并由其主要负责人签字存档。对决定关闭的,有关地方人民政府应当立即组织实施。

关闭煤矿应当达到下列要求:

(一)吊销相关证照;

(二)停止供应并处理火工用品;

(三)停止供电,拆除矿井生产设备、供电、通信线路;

(四)封闭、填实矿井井筒,平整井口场地,恢复地貌;

(五)妥善遣散从业人员。

关闭煤矿未达到前款规定要求的,对组织实施关闭的地方人民政府及其有关部门的负责人和直接责任人给予记过、记大过、降级、撤职或者开除的行政处分；构成犯罪的，依法追究刑事责任。

依照本条第一款规定决定关闭的煤矿，仍有开采价值的，经依法批准可以进行拍卖。

关闭的煤矿擅自恢复生产的，依照本规定第五条第二款规定予以处罚；构成犯罪的，依法追究刑事责任。

第十四条 县级以上地方人民政府负责煤矿安全生产监督管理的部门或者煤矿安全监察机构，发现煤矿有本规定第八条第二款所列情形之一的，应当将情况报送有关地方人民政府。

第十五条 煤矿存在瓦斯突出、自然发火、冲击地压、水害威胁等重大安全生产隐患，该煤矿在现有技术条件下难以有效防治的，县级以上地方人民政府负责煤矿安全生产监督管理的部门、煤矿安全监察机构应当责令其立即停止生产，并提请有关地方人民政府组织专家进行论证。专家论证应当客观、公正、科学。有关地方人民政府应当根据论证结论，作出是否关闭煤矿的决定，并组织实施。

第十六条 煤矿企业应当依照国家有关规定对井下作业人员进行安全生产教育和培训，保证井下作业人员具有必要的安全生产知识，熟悉有关安全生产规章制度和安全操作规程，掌握本岗位的安全操作技能，并建立培训档案。未进行安全生产教育和培训或者经教育和培训不合格的人员不得下井作业。

县级以上地方人民政府负责煤矿安全生产监督管理的部门应当对煤矿井下作业人员的安全生产教育和培训情况进行监督检查；煤矿安全监察机构应当对煤矿特种作业人员持证上岗情况进行监督检查。发现煤矿企业未依照国家有关规定对井下作业人员进行安全生产教育和培训或者特种作业人员无证上岗的，应当责令限期改正，处10万元以上50万元以下的罚款；逾期未改正的，责令停产整顿。

县级以上地方人民政府负责煤矿安全生产监督管理的部门、煤矿安全监察机构未履行前款规定的监督检查职责的，对主要负责人，根据情节轻重，给予警告、记过或者记大过的行政处分。

第十七条 县级以上地方人民政府负责煤矿安全生产监督管理的部门、煤矿安全监察机构在监督检查中，1个月内3次或者3次以上发现煤矿企业未依照国家有关规定对井下作业人员进行安全生产教育和培训或者特种作业人员无证上岗的，应当提请有关地方人民政府对该煤矿予以关闭。

第十八条 煤矿拒不执行县级以上地方人民政府负责煤矿安全生产监督管理的部门或者煤矿安全监察机构依法下达的执法指令的，由颁发证照的部门吊销矿长资格证和矿长安全资格证；构成违反治安管理行为的，由公安机关依照治安管理的法律、行政法规的规定处罚；构成犯罪的，依法追究刑事责任。

第十九条 县级以上地方人民政府负责煤矿安全生产监督管理的部门、煤矿安全监察机构对被责令停产整顿或者关闭的煤矿，应当自煤矿被责令停产整顿或者关闭之日起3日内在当地主要媒体公告。

被责令停产整顿的煤矿经验收合格恢复生产的，县级以上地方人民政府负责煤矿安全生产监督管理的部门、煤矿安全监察机构应当自煤矿验收合格恢复生产之日起3日内在同一媒体公告。

县级以上地方人民政府负责煤矿安全生产监督管理的部门、煤矿安全监察机构未依照本条第一款、第二款规定进行公告的，对有关负责人，根据情节轻重，给予警告、记过、记大过或者降级的行政处分。

公告所需费用由同级财政列支。

第二十条 国家机关工作人员和国有企业负责人不得违反国家规定投资入股煤矿（依法取得上市公司股票的除外），不得对煤矿的违法行为予以纵容、包庇。

国家行政机关工作人员和国有企业负责人违反前款规定的，根据情节轻重，给予降级、撤职或者开除的处分；构成犯罪的，依法追究刑事责任。

第二十一条 煤矿企业负责人和生产经营管理人员应当按照国家规定轮流带班下井，并建立下井登记档案。

县级以上地方人民政府负责煤矿安全生产监督管理的部门或者煤矿安全监察机构发现煤矿企业在生产过程中，1周内其负责人或者生产经营管理人员没有按照国家规定带班下井，或者下井登记档案虚假的，责令改正，并对该煤矿企业处3万元以上15万元以下的罚款。

第二十二条 煤矿企业应当免费为每位职工发放煤矿职工安全手册。

煤矿职工安全手册应当载明职工的权利、义务，煤矿重大安全生产隐患的情形和应急保护措施、方法以及安全生产隐患和违法行为的举报电话、受理部门。

煤矿企业没有为每位职工发放符合要求的职工安全手册的，由县级以上地方人民政府负责煤矿安全生产监督管理的部门或者煤矿安全监察机构责令限期改正；逾期未改正的，处5万元以下的罚款。

第二十三条 任何单位和个人发现煤矿有本规定第五条第一款和第八条第二款所列情形之一的，都有权向县级以上地方人民政府负责煤矿安全生产监督管理的部门或者煤矿安全监察机构举报。

受理的举报经调查属实的，受理举报的部门或者机构应当给予最先举报人1000元至1万元的奖励，所需费用由同级财政列支。

县级以上地方人民政府负责煤矿安全生产监督管理的部门或者煤矿安全监察机构接到举报后，应当及时调查处理；不及时调查处理的，对有关责任人，根据情节轻重，给予警告、记过、记大过或者降级的行政处分。

第二十四条 煤矿有违反本规定的违法行为，法律规定由有关部门查处的，有关部门应当依法进行查处。但是，对同一违法行为不得给予两次以上罚款的行政处罚。

第二十五条 国家行政机关工作人员、国有企业负责人有违反本规定的行为，依照本规定应当给予处分的，由监察机关或者任免机关依法作出处分决定。

国家行政机关工作人员、国有企业负责人对处分决定不服的，可以依法提出申诉。

第二十六条 当事人对行政处罚决定不服的，可以依法申请行政复议，或者依法直接向人民法院提起行政诉讼。

第二十七条 省、自治区、直辖市人民政府可以依据本规定制定具体实施办法。

第二十八条 本规定自公布之日起施行。

电力安全生产监督管理办法

发布单位：国家发展和改革委员会
发布日期：2015年2月17日　实施日期：2015年3月1日
中华人民共和国国家发展和改革委员会令第21号

第一章　总　则

第一条　为了有效实施电力安全生产监督管理，预防和减少电力事故，保障电力系统安全稳定运行和电力可靠供应，依据《中华人民共和国安全生产法》、《中华人民共和国突发事件应对法》、《电力监管条例》、《生产安全事故报告和调查处理条例》、《电力安全事故应急处置和调查处理条例》等法律法规，制定本办法。

第二条　本办法适用于中华人民共和国境内以发电、输电、供电、电力建设为主营业务并取得相关业务许可或按规定豁免电力业务许可的电力企业。

第三条　国家能源局及其派出机构依照本办法，对电力企业的电力运行安全（不包括核安全）、电力建设施工安全、电力工程质量安全、电力应急、水电站大坝运行安全和电力可靠性工作等方面实施监督管理。

第四条　电力安全生产工作应当坚持"安全第一、预防为主、综合治理"的方针，建立电力企业具体负责、政府监管、行业自律和社会监督的工作机制。

第五条　电力企业是电力安全生产的责任主体，应当遵照国家有关安全生产的法律法规、制度和标准，建立健全电力安全生产责任制，加强电力安全生产管理，完善电力安全生产条件，确保电力安全生产。

第六条　任何单位和个人对违反本办法和国家有关电力安全生产监督管理规定的行为，有权向国家能源局及其派出机构投诉和举报，国家能源局及其派出机构应当依法处理。

第二章　电力企业的安全生产责任

第七条　电力企业的主要负责人对本单位的安全生产工作全面负责。电力企业从业人员应当依法履行安全生产方面的义务。

第八条　电力企业应当履行下列电力安全生产管理基本职责：

（一）依照国家安全生产法律法规、制度和标准，制定并落实本单位电力安全生产管理制度和规程；

（二）建立健全电力安全生产保证体系和监督体系，落实安全生产责任；

（三）按照国家有关法律法规设置安全生产管理机构、配备专职安全管理人员；

（四）按照规定提取和使用电力安全生产费用，专门用于改善安全生产条件；

（五）按照有关规定建立健全电力安全生产隐患排查治理制度和风险预控体系，开展隐患排查及风险辨识、评估和监控工作，并对安全隐患和风险进行治理、管控；

（六）开展电力安全生产标准化建设；

（七）开展电力安全生产培训宣传教育工作，负责以班组长、新工人、农民工为重点的从业人员安全培训；

（八）开展电力可靠性管理工作，建立健全电力可靠性管理工作体系，准确、及时、完整报送电力可靠性信息；

（九）建立电力应急管理体系，健全协调联动机制，制定各级各类应急预案并开展应急演练，建设应急救援队伍，完善应急物资储备制度；

（十）按照规定报告电力事故和电力安全事件信息并及时开展应急处置，对电力安全事件进行调查处理。

第九条 发电企业应当按照规定对水电站大坝进行安全注册，开展大坝安全定期检查和信息化建设工作；对燃煤发电厂贮灰场进行安全备案，开展安全巡查和定期安全评估工作。

第十条 电力建设单位应当对电力建设工程施工安全和工程质量安全负全面管理责任，履行工程组织、协调和监督职责，并按照规定将电力工程项目的安全生产管理情况向当地派出机构备案，向相关电力工程质监机构进行工程项目质量监督注册申请。

第十一条 供电企业应当配合地方政府对电力用户安全用电提供技术指导。

第三章　电力系统安全

第十二条 电力企业应当共同维护电力系统安全稳定运行。在电网互联、发电机组并网过程中应严格履行安全责任，并在双方的联（并）网调度协议中具体明确，不得擅自联（并）网和解网。

第十三条 各级电力调度机构是涉及电力系统安全的电力安全事故（事件）处置的指挥机构，发生电力安全事故（事件）或遇有危及电力系统安全的情况时，电力调度机构有权采取必要的应急处置措施，相关电力企业应当严格执行调度指令。

第十四条 电力调度机构应当加强电力系统安全稳定运行管理，科学合理安排系统运行方式，开展电力系统安全分析评估，统筹协调电网安全和并网运行机组安全。

第十五条 电力企业应当加强发电设备设施和输变配电设备设施安全管理和技术管理，强化电力监控系统（或设备）专业管理，完善电力系统调频、调峰、调压、调相、事故备用等性能，满足电力系统安全稳定运行的需要。

第十六条 发电机组、风电场以及光伏电站等并入电网运行，应当满足相关技术标准，符合电网运行的有关安全要求。

第十七条 电力企业应当根据国家有关规定和标准,制订、完善和落实预防电网大面积停电的安全技术措施、反事故措施和应急预案,建立完善与国家能源局及其派出机构、地方人民政府及电力用户等的应急协调联动机制。

第四章 电力安全生产的监督管理

第十八条 国家能源局依法负责全国电力安全生产监督管理工作。国家能源局派出机构(以下简称"派出机构")按照属地化管理的原则,负责辖区内电力安全生产监督管理工作。

涉及跨区域的电力安全生产监督管理工作,由国家能源局负责或者协调确定具体负责的区域派出机构;同一区域内涉及跨省的电力安全生产监督管理工作,由当地区域派出机构负责或者协调确定具体负责的省级派出机构。

50兆瓦以下小水电站的安全生产监督管理工作,按照相关规定执行。50兆瓦以下小水电站的涉网安全由派出机构负责监督管理。

第十九条 国家能源局及其派出机构应当采取多种形式,加强有关安全生产的法律法规、制度和标准的宣传,向电力企业传达国家有关安全生产工作各项要求,提高从业人员的安全生产意识。

第二十条 国家能源局及其派出机构应当建立健全电力行业安全生产工作协调机制,及时协调、解决安全生产监督管理中存在的重大问题。

第二十一条 国家能源局及其派出机构应当依法对电力企业执行有关安全生产法规、标准和规范情况进行监督检查。

国家能源局组织开展全国范围的电力安全生产大检查,制定检查工作方案,并对重点地区、重要电力企业、关键环节开展重点督查。派出机构组织开展辖区内的电力安全生产大检查,对部分电力企业进行抽查。

第二十二条 国家能源局及其派出机构对现场检查中发现的安全生产违法、违规行为,应当责令电力企业当场予以纠正或者限期整改。对现场检查中发现的重大安全隐患,应当责令其立即整改;安全隐患危及人身安全时,应当责令其立即从危险区域内撤离人员。

第二十三条 国家能源局及其派出机构应当监督指导电力企业隐患排查治理工作,按照有关规定对重大安全隐患挂牌督办。

第二十四条 国家能源局及其派出机构应当统计分析电力安全生产信息,并定期向社会公布。根据工作需要,可以要求电力企业报送与电力安全生产相关的文件、资料、图纸、音频或视频记录和有关数据。

国家能源局及其派出机构发现电力企业在报送资料中存在弄虚作假及其他违规行为的,应当及时纠正和处理。

第二十五条 国家能源局及其派出机构应当依法组织或参与电力事故调查处理。

国家能源局组织或参与重大和特别重大电力事故调查处理;督办有重大社会影响的电力安全事件。派出机构组织或参与较大和一般电力事故调查处理,对电力系统安全稳定运行或对社会造成较大影响的电力安全事件组织专项督查。

第二十六条 国家能源局及其派出机构应当依法组织开展电力应急管理工作。

国家能源局负责制定电力应急体系发展规划和国家大面积停电事件专项应急预案，开展重大电力突发安全事件应急处置和分析评估工作。派出机构应当按照规定权限和程序，组织、协调、指导电力突发安全事件应急处置工作。

第二十七条 国家能源局及其派出机构应当组织开展电力安全培训和宣传教育工作。

第二十八条 国家能源局及其派出机构配合地方政府有关部门、相关行业管理部门，对重要电力用户安全用电、供电电源配置、自备应急电源配置和使用实施监督管理。

第二十九条 国家能源局及其派出机构应当建立安全生产举报制度，公开举报电话、信箱和电子邮件地址，受理有关电力安全生产的举报；受理的举报事项经核实后，对违法行为严重的电力企业，应当向社会公告。

第五章 罚 则

第三十条 电力企业造成电力事故的，依照《生产安全事故报告和调查处理条例》和《电力安全事故应急处置和调查处理条例》，承担相应的法律责任。

第三十一条 国家能源局及其派出机构从事电力安全生产监督管理工作的人员滥用职权、玩忽职守或者徇私舞弊的，依法给予行政处分；构成犯罪的，由司法机关依法追究刑事责任。

第三十二条 国家能源局及其派出机构通过现场检查发现电力企业有违反本办法规定的行为时，可以对电力企业主要负责人或安全生产分管负责人进行约谈，情节严重的，依据《安全生产法》第九十条，可以要求其停工整顿，对发电企业要求其暂停并网运行。

第三十三条 电力企业有违反本办法规定的行为时，国家能源局及其派出机构可以对其违规情况向行业进行通报，对影响电力用户安全可靠供电行为的处理情况，向社会公布。

第三十四条 电力企业发生电力安全事件后，存在下列情况之一的，国家能源局及其派出机构可以责令限期改正，逾期不改正的应当将其列入安全生产不良信用记录和安全生产诚信"黑名单"，并处以1万元以下的罚款：

（一）迟报、漏报、谎报、瞒报电力安全事件信息的；

（二）不及时组织应急处置的；

（三）未按规定对电力安全事件进行调查处理的。

第三十五条 电力企业未履行本办法第八条规定的，由国家能源局及其派出机构责令限期整改，逾期不整改的，对电力企业主要负责人予以警告；情节严重的，由国家能源局及其派出机构对电力企业主要负责人处以1万元以下的罚款。

第三十六条 电力企业有下列情形之一的，由国家能源局及其派出机构责令限期改正；逾期不改正的，由国家能源局及其派出机构依据《电力监管条例》第三十四条，对其处以5万元以上、50万元以下的罚款，并将其列入安全生产不良信用记录和安全生产诚信"黑名单"：

（一）拒绝或阻挠国家能源局及其派出机构从事监督管理工作的人员依法履行电力安全生产监督管理职责的；

（二）向国家能源局及其派出机构提供虚假或隐瞒重要事实的文件、资料的。

第六章 附 则

第三十七条 本办法下列用语的含义：

（一）电力系统，是指由发电、输电、变电、配电以及电力调度等环节组成的电能生产、传输和分配的系统。

（二）电力事故，是指电力生产、建设过程中发生的电力安全事故、电力人身伤亡事故、发电设备或输变电设备设施损坏造成直接经济损失的事故。

（三）电力安全事件，是指未构成电力安全事故，但影响电力（热力）正常供应，或对电力系统安全稳定运行构成威胁，可能引发电力安全事故或造成较大社会影响的事件。

（四）重大安全隐患，是指可能造成一般以上人身伤亡事故、电力安全事故、直接经济损失 100 万元以上的电力设备事故和其他对社会造成较大影响的隐患。

第三十八条 本办法自 2015 年 3 月 1 日起施行。原国家电力监管委员会《电力安全生产监管办法》同时废止。

金属与非金属矿产资源地质勘探
安全生产监督管理暂行规定

发布单位：国家安全生产监督管理总局　发布日期：2010年12月3日
修改日期：2015年5月26日　实施日期：2015年7月1日
中华人民共和国国家安全监管总局令第78号

第一章　总　则

第一条　为加强金属与非金属矿产资源地质勘探作业安全的监督管理，预防和减少生产安全事故，根据安全生产法等有关法律、行政法规，制定本规定。

第二条　从事金属与非金属矿产资源地质勘探作业的安全生产及其监督管理，适用本规定。

生产矿山企业的探矿活动不适用本规定。

第三条　本规定所称地质勘探作业，是指在依法批准的勘查作业区范围内从事金属与非金属矿产资源地质勘探的活动。

本规定所称地质勘探单位，是指依法取得地质勘查资质并从事金属与非金属矿产资源地质勘探活动的企事业单位。

第四条　地质勘探单位对本单位地质勘探作业安全生产负主体责任，其主要负责人对本单位的安全生产工作全面负责。

国务院有关部门和省、自治区、直辖市人民政府所属从事矿产地质勘探及管理的企事业法人组织（以下统称地质勘探主管单位），负责对其所属地质勘探单位的安全生产工作进行监督和管理。

第五条　国家安全生产监督管理总局对全国地质勘探作业的安全生产工作实施监督管理。

县级以上地方各级人民政府安全生产监督管理部门对本行政区域内地质勘探作业的安全生产工作实施监督管理。

第二章　安全生产职责

第六条　地质勘探单位应当遵守有关安全生产法律、法规、规章、国家标准以及行业标准的规定，加强安全生产管理，排查治理事故隐患，确保安全生产。

第七条 从事钻探工程、坑探工程施工的地质勘探单位应当取得安全生产许可证。

第八条 地质勘探单位从事地质勘探活动，应当持本单位地质勘查资质证书和地质勘探项目任务批准文件或者合同书，向工作区域所在地县级安全生产监督管理部门书面报告，并接受其监督检查。

第九条 地质勘探单位应当建立健全下列安全生产制度和规程：

（一）主要负责人、分管负责人、安全生产管理人员和职能部门、岗位的安全生产责任制度；

（二）岗位作业安全规程和工种操作规程；

（三）现场安全生产检查制度；

（四）安全生产教育培训制度；

（五）重大危险源检测监控制度；

（六）安全投入保障制度；

（七）事故隐患排查治理制度；

（八）事故信息报告、应急预案管理和演练制度；

（九）劳动防护用品、野外救生用品和野外特殊生活用品配备使用制度；

（十）安全生产考核和奖惩制度；

（十一）其他必须建立的安全生产制度。

第十条 地质勘探单位及其主管单位应当按照下列规定设置安全生产管理机构或者配备专职安全生产管理人员：

（一）地质勘探单位从业人员超过 100 人的，应当设置安全生产管理机构，并按不低于从业人员 1% 的比例配备专职安全生产管理人员；从业人员在 100 人以下的，应当配备不少于 2 名的专职安全生产管理人员；

（二）所属地质勘探单位从业人员总数在 3000 人以上的地质勘探主管单位，应当设置安全生产管理机构，并按不低于从业人员总数 1‰ 的比例配备专职安全生产管理人员；从业人员总数在 3000 人以下的，应当设置安全生产管理机构或者配备不少于 1 名的专职安全生产管理人员。

专职安全生产管理人员中应当有注册安全工程师。

第十一条 地质勘探单位的主要负责人和安全生产管理人员应当具备与本单位所从事地质勘探活动相适应的安全生产知识和管理能力，并经安全生产监督管理部门考核合格。

地质勘探单位的特种作业人员必须经专门的安全技术培训并考核合格，取得特种作业操作证后，方可上岗作业。

第十二条 地质勘探单位从事坑探工程作业的人员，首次上岗作业前应当接受不少于 72 小时的安全生产教育和培训，以后每年应当接受不少于 20 小时的安全生产再培训。

第十三条 地质勘探单位应当按照国家有关规定提取和使用安全生产费用。安全生产费用列入生产成本，并实行专户存储、规范使用。

第十四条 地质勘探工程的设计、施工和安全管理应当符合《地质勘探安全规程》（AQ2004 - 2005）的规定。

第十五条 坑探工程的设计方案中应当设有安全专篇。安全专篇应当经所在地安全生产监督管理部门审查同意；未经审查同意的，有关单位不得施工。

坑探工程安全专篇的具体审查办法由省、自治区、直辖市人民政府安全生产监督管理部门制定。

第十六条 地质勘探单位不得将其承担的地质勘探工程项目转包给不具备安全生产条件或者相应地质勘查资质的地质勘探单位，不得允许其他单位以本单位的名义从事地质勘探活动。

第十七条 地质勘探单位不得以探矿名义从事非法采矿活动。

第十八条 地质勘探单位应当为从业人员配备必要的劳动防护用品、野外救生用品和野外特殊生活用品。

第十九条 地质勘探单位应当根据本单位实际情况制定野外作业突发事件等安全生产应急预案，建立健全应急救援组织或者与邻近的应急救援组织签订救护协议，配备必要的应急救援器材和设备，按照有关规定组织开展应急演练。

应急预案应当按照有关规定报安全生产监督管理部门和地质勘探主管单位备案。

第二十条 地质勘探主管单位应当按照国家有关规定，定期检查所属地质勘探单位落实安全生产责任制和安全生产费用提取使用、安全生产教育培训、事故隐患排查治理等情况，并组织实施安全生产绩效考核。

第二十一条 地质勘探单位发生生产安全事故后，应当按照有关规定向事故发生地县级以上安全生产监督管理部门和地质勘探主管单位报告。

第三章 监督管理

第二十二条 安全生产监督管理部门应当加强对地质勘探单位安全生产的监督检查，对检查中发现的事故隐患和安全生产违法违规行为，依法作出现场处理或者实施行政处罚。

第二十三条 安全生产监督管理部门应当建立完善地质勘探单位管理制度，及时掌握本行政区域内地质勘探单位的作业情况。

第二十四条 安全生产监督管理部门应当按照本规定的要求开展对坑探工程安全专篇的审查，建立安全专篇审查档案。

第四章 法律责任

第二十五条 地质勘探单位有下列情形之一的，责令限期改正，可以处5万元以下的罚款；逾期未改正的，责令停产停业整顿，并处5万元以上10万元以下的罚款，对其直接负责的主管人员和其他直接责任人员处1万元以上2万元以下的罚款：

（一）未按照本规定设立安全生产管理机构或者配备专职安全生产管理人员的；

（二）特种作业人员未持证上岗作业的；

（三）从事坑探工程作业的人员未按照规定进行安全生产教育和培训的。

第二十六条 地质勘探单位有下列情形之一的,给予警告,并处 3 万元以下的罚款:

(一)未按照本规定建立有关安全生产制度和规程的;

(二)未按照规定提取和使用安全生产费用的;

(三)坑探工程安全专篇未经安全生产监督管理部门审查同意擅自施工的。

第二十七条 地质勘探单位未按照规定向工作区域所在地县级安全生产监督管理部门书面报告的,给予警告,并处 2 万元以下的罚款。

第二十八条 地质勘探单位将其承担的地质勘探工程项目转包给不具备安全生产条件或者相应资质的地质勘探单位的,责令限期改正,没收违法所得;违法所得 5 万元以上的,并处违法所得 1 倍以上 5 倍以下的罚款;没有违法所得或者违法所得不足 5 万元的,单处或者并处 1 万元以上 5 万元以下的罚款;导致发生生产安全事故给他人造成损害的,与承包方承担连带赔偿责任。

第二十九条 本规定规定的行政处罚由县级以上安全生产监督管理部门实施。

第五章 附 则

第三十条 本规定自 2011 年 1 月 1 日起施行。

（三）交通运输安全

铁路安全管理条例

发布单位：国务院

发布日期：2013年8月17日　　实施日期：2014年1月1日

中华人民共和国国务院令第639号

第一章　总　则

第一条　为了加强铁路安全管理，保障铁路运输安全和畅通，保护人身安全和财产安全，制定本条例。

第二条　铁路安全管理坚持安全第一、预防为主、综合治理的方针。

第三条　国务院铁路行业监督管理部门负责全国铁路安全监督管理工作，国务院铁路行业监督管理部门设立的铁路监督管理机构负责辖区内的铁路安全监督管理工作。国务院铁路行业监督管理部门和铁路监督管理机构统称铁路监管部门。

国务院有关部门依照法律和国务院规定的职责，负责铁路安全管理的有关工作。

第四条　铁路沿线地方各级人民政府和县级以上地方人民政府有关部门应当按照各自职责，加强保障铁路安全的教育，落实护路联防责任制，防范和制止危害铁路安全的行为，协调和处理保障铁路安全的有关事项，做好保障铁路安全的有关工作。

第五条　从事铁路建设、运输、设备制造维修的单位应当加强安全管理，建立健全安全生产管理制度，落实企业安全生产主体责任，设置安全管理机构或者配备安全管理人员，执行保障生产安全和产品质量安全的国家标准、行业标准，加强对从业人员的安全教育培训，保证安全生产所必需的资金投入。

铁路建设、运输、设备制造维修单位的工作人员应当严格执行规章制度，实行标准化作业，保证铁路安全。

第六条　铁路监管部门、铁路运输企业等单位应当按照国家有关规定制定突发事件应急预案，并组织应急演练。

第七条　禁止扰乱铁路建设、运输秩序。禁止损坏或者非法占用铁路设施设备、铁路标志和铁路用地。

任何单位或者个人发现损坏或者非法占用铁路设施设备、铁路标志、铁路用地以及其他影响铁路安全的行为，有权报告铁路运输企业，或者向铁路监管部门、公安机关或者其他有关部门举报。接到报告的铁路运输企业、接到举报的部门应当根据各自职责及时处理。

对维护铁路安全作出突出贡献的单位或者个人,按照国家有关规定给予表彰奖励。

第二章 铁路建设质量安全

第八条 铁路建设工程的勘察、设计、施工、监理以及建设物资、设备的采购,应当依法进行招标。

第九条 从事铁路建设工程勘察、设计、施工、监理活动的单位应当依法取得相应资质,并在其资质等级许可的范围内从事铁路工程建设活动。

第十条 铁路建设单位应当选择具备相应资质等级的勘察、设计、施工、监理单位进行工程建设,并对建设工程的质量安全进行监督检查,制作检查记录留存备查。

第十一条 铁路建设工程的勘察、设计、施工、监理应当遵守法律、行政法规关于建设工程质量和安全管理的规定,执行国家标准、行业标准和技术规范。

铁路建设工程的勘察、设计、施工单位依法对勘察、设计、施工的质量负责,监理单位依法对施工质量承担监理责任。

高速铁路和地质构造复杂的铁路建设工程实行工程地质勘察监理制度。

第十二条 铁路建设工程的安全设施应当与主体工程同时设计、同时施工、同时投入使用。安全设施投资应当纳入建设项目概算。

第十三条 铁路建设工程使用的材料、构件、设备等产品,应当符合有关产品质量的强制性国家标准、行业标准。

第十四条 铁路建设工程的建设工期,应当根据工程地质条件、技术复杂程度等因素,按照国家标准、行业标准和技术规范合理确定、调整。

任何单位和个人不得违反前款规定要求铁路建设、设计、施工单位压缩建设工期。

第十五条 铁路建设工程竣工,应当按照国家有关规定组织验收,并由铁路运输企业进行运营安全评估。经验收、评估合格,符合运营安全要求的,方可投入运营。

第十六条 在铁路线路及其邻近区域进行铁路建设工程施工,应当执行铁路营业线施工安全管理规定。铁路建设单位应当会同相关铁路运输企业和工程设计、施工单位制定安全施工方案,按照方案进行施工。施工完毕应当及时清理现场,不得影响铁路运营安全。

第十七条 新建、改建设计开行时速120公里以上列车的铁路或者设计运输量达到国务院铁路行业监督管理部门规定的较大运输量标准的铁路,需要与道路交叉的,应当设置立体交叉设施。

新建、改建高速公路、一级公路或者城市道路中的快速路,需要与铁路交叉的,应当设置立体交叉设施,并优先选择下穿铁路的方案。

已建成的属于前两款规定情形的铁路、道路为平面交叉的,应当逐步改造为立体交叉。

新建、改建高速铁路需要与普通铁路、道路、渡槽、管线等设施交叉的,应当优先选择高速铁路上跨方案。

第十八条 设置铁路与道路立体交叉设施及其附属安全设施所需费用的承担,按照下列原则确定：

（一）新建、改建铁路与既有道路交叉的，由铁路方承担建设费用；道路方要求超过既有道路建设标准建设所增加的费用，由道路方承担；

（二）新建、改建道路与既有铁路交叉的，由道路方承担建设费用；铁路方要求超过既有铁路线路建设标准建设所增加的费用，由铁路方承担；

（三）同步建设的铁路和道路需要设置立体交叉设施以及既有铁路道口改造为立体交叉的，由铁路方和道路方按照公平合理的原则分担建设费用。

第十九条 铁路与道路立体交叉设施及其附属安全设施竣工验收合格后，应当按照国家有关规定移交有关单位管理、维护。

第二十条 专用铁路、铁路专用线需要与公用铁路网接轨的，应当符合国家有关铁路建设、运输的安全管理规定。

第三章 铁路专用设备质量安全

第二十一条 设计、制造、维修或者进口新型铁路机车车辆，应当符合国家标准、行业标准，并分别向国务院铁路行业监督管理部门申请领取型号合格证、制造许可证、维修许可证或者进口许可证，具体办法由国务院铁路行业监督管理部门制定。

铁路机车车辆的制造、维修、使用单位应当遵守有关产品质量的法律、行政法规以及国家其他有关规定，确保投入使用的机车车辆符合安全运营要求。

第二十二条 生产铁路道岔及其转辙设备、铁路信号控制软件和控制设备、铁路通信设备、铁路牵引供电设备的企业，应当符合下列条件并经国务院铁路行业监督管理部门依法审查批准：

（一）有按照国家标准、行业标准检测、检验合格的专业生产设备；

（二）有相应的专业技术人员；

（三）有完善的产品质量保证体系和安全管理制度；

（四）法律、行政法规规定的其他条件。

第二十三条 铁路机车车辆以外的直接影响铁路运输安全的铁路专用设备，依法应当进行产品认证的，经认证合格方可出厂、销售、进口、使用。

第二十四条 用于危险化学品和放射性物品运输的铁路罐车、专用车辆以及其他容器的生产和检测、检验，依照有关法律、行政法规的规定执行。

第二十五条 用于铁路运输的安全检测、监控、防护设施设备，集装箱和集装化用具等运输器具，专用装卸机械、索具、篷布、装载加固材料或者装置，以及运输包装、货物装载加固等，应当符合国家标准、行业标准和技术规范。

第二十六条 铁路机车车辆以及其他铁路专用设备存在缺陷，即由于设计、制造、标识等原因导致同一批次、型号或者类别的铁路专用设备普遍存在不符合保障人身、财产安全的国家标准、行业标准的情形或者其他危及人身、财产安全的不合理危险的，应当立即停止生产、销售、进口、使用；设备制造者应当召回缺陷产品，采取措施消除缺陷。具体办法由国务院铁路行业监督管理部门制定。

第四章 铁路线路安全

第二十七条 铁路线路两侧应当设立铁路线路安全保护区。铁路线路安全保护区的范围,从铁路线路路堤坡脚、路堑坡顶或者铁路桥梁(含铁路、道路两用桥,下同)外侧起向外的距离分别为:

(一)城市市区高速铁路为10米,其他铁路为8米;

(二)城市郊区居民居住区高速铁路为12米,其他铁路为10米;

(三)村镇居民居住区高速铁路为15米,其他铁路为12米;

(四)其他地区高速铁路为20米,其他铁路为15米。

前款规定距离不能满足铁路运输安全保护需要的,由铁路建设单位或者铁路运输企业提出方案,铁路监督管理机构或者县级以上地方人民政府依照本条第三款规定程序划定。

在铁路用地范围内划定铁路线路安全保护区的,由铁路监督管理机构组织铁路建设单位或者铁路运输企业划定并公告。在铁路用地范围外划定铁路线路安全保护区的,由县级以上地方人民政府根据保障铁路运输安全和节约用地的原则,组织有关铁路监督管理机构、县级以上地方人民政府国土资源等部门划定并公告。

铁路线路安全保护区与公路建筑控制区、河道管理范围、水利工程管理和保护范围、航道保护范围或者石油、电力以及其他重要设施保护区重叠的,由县级以上地方人民政府组织有关部门依照法律、行政法规的规定协商划定并公告。

新建、改建铁路的铁路线路安全保护区范围,应当自铁路建设工程初步设计批准之日起30日内,由县级以上地方人民政府依照本条例的规定划定并公告。铁路建设单位或者铁路运输企业应当根据工程竣工资料进行勘界,绘制铁路线路安全保护区平面图,并根据平面图设立标桩。

第二十八条 设计开行时速120公里以上列车的铁路应当实行全封闭管理。铁路建设单位或者铁路运输企业应当按照国务院铁路行业监督管理部门的规定在铁路用地范围内设置封闭设施和警示标志。

第二十九条 禁止在铁路线路安全保护区内烧荒、放养牲畜、种植影响铁路线路安全和行车瞭望的树木等植物。

禁止向铁路线路安全保护区排污、倾倒垃圾以及其他危害铁路安全的物质。

第三十条 在铁路线路安全保护区内建造建筑物、构筑物等设施,取土、挖砂、挖沟、采空作业或者堆放、悬挂物品,应当征得铁路运输企业同意并签订安全协议,遵守保证铁路安全的国家标准、行业标准和施工安全规范,采取措施防止影响铁路运输安全。铁路运输企业应当派员对施工现场实行安全监督。

第三十一条 铁路线路安全保护区内既有的建筑物、构筑物危及铁路运输安全的,应当采取必要的安全防护措施;采取安全防护措施后仍不能保证安全的,依照有关法律的规定拆除。

拆除铁路线路安全保护区内的建筑物、构筑物,清理铁路线路安全保护区内的植物,或者对他人在铁路线路安全保护区内已依法取得的采矿权等合法权利予以限制,给他人造成损失的,应当依法给予补偿或者采取必要的补救措施。但是,拆除非法建设的建筑物、构筑物的除外。

第三十二条 在铁路线路安全保护区及其邻近区域建造或者设置的建筑物、构筑物、设备等,不得进入国家规定的铁路建筑限界。

第三十三条 在铁路线路两侧建造、设立生产、加工、储存或者销售易燃、易爆或者放射性物品等危险物品的场所、仓库,应当符合国家标准、行业标准规定的安全防护距离。

第三十四条 在铁路线路两侧从事采矿、采石或者爆破作业,应当遵守有关采矿和民用爆破的法律法规,符合国家标准、行业标准和铁路安全保护要求。

在铁路线路路堤坡脚、路堑坡顶、铁路桥梁外侧起向外各1000米范围内,以及在铁路隧道上方中心线两侧各1000米范围内,确需从事露天采矿、采石或者爆破作业的,应当与铁路运输企业协商一致,依照有关法律法规的规定报县级以上地方人民政府有关部门批准,采取安全防护措施后方可进行。

第三十五条 高速铁路线路路堤坡脚、路堑坡顶或者铁路桥梁外侧起向外各200米范围内禁止抽取地下水。

在前款规定范围外,高速铁路线路经过的区域属于地面沉降区域,抽取地下水危及高速铁路安全的,应当设置地下水禁止开采区或者限制开采区,具体范围由铁路监督管理机构会同县级以上地方人民政府水行政主管部门提出方案,报省、自治区、直辖市人民政府批准并公告。

第三十六条 在电气化铁路附近从事排放粉尘、烟尘及腐蚀性气体的生产活动,超过国家规定的排放标准,危及铁路运输安全的,由县级以上地方人民政府有关部门依法责令整改,消除安全隐患。

第三十七条 任何单位和个人不得擅自在铁路桥梁跨越处河道上下游各1000米范围内围垦造田、拦河筑坝、架设浮桥或者修建其他影响铁路桥梁安全的设施。

因特殊原因确需在前款规定的范围内进行围垦造田、拦河筑坝、架设浮桥等活动的,应当进行安全论证,负责审批的机关在批准前应当征求有关铁路运输企业的意见。

第三十八条 禁止在铁路桥梁跨越处河道上下游的下列范围内采砂、淘金:

(一)跨河桥长500米以上的铁路桥梁,河道上游500米,下游3000米;

(二)跨河桥长100米以上不足500米的铁路桥梁,河道上游500米,下游2000米;

(三)跨河桥长不足100米的铁路桥梁,河道上游500米,下游1000米。

有关部门依法在铁路桥梁跨越处河道上下游划定的禁采范围大于前款规定的禁采范围的,按照划定的禁采范围执行。

县级以上地方人民政府水行政主管部门、国土资源主管部门应当按照各自职责划定禁采区域、设置禁采标志,制止非法采砂、淘金行为。

第三十九条 在铁路桥梁跨越处河道上下游各500米范围内进行疏浚作业,应当进行安全技术评价,有关河道、航道管理部门应当征求铁路运输企业的意见,确认安全或者采取安全技术措施后,方可批准进行疏浚作业。但是,依法进行河道、航道日常养护、疏浚作业的除外。

第四十条 铁路、道路两用桥由所在地铁路运输企业和道路管理部门或者道路经营企业定期检查、共同维护,保证桥梁处于安全的技术状态。

铁路、道路两用桥的墩、梁等共用部分的检测、维修由铁路运输企业和道路管理部门或者道路经营企业共同负责,所需费用按照公平合理的原则分担。

第四十一条 铁路的重要桥梁和隧道按照国家有关规定由中国人民武装警察部队负责守卫。

第四十二条 船舶通过铁路桥梁应当符合桥梁的通航净空高度并遵守航行规则。

桥区航标中的桥梁航标、桥柱标、桥梁水尺标由铁路运输企业负责设置、维护,水面航标由铁路运输企业负责设置,航道管理部门负责维护。

第四十三条 下穿铁路桥梁、涵洞的道路应当按照国家标准设置车辆通过限高、限宽标志和限高防护架。城市道路的限高、限宽标志由当地人民政府指定的部门设置并维护,公路的限高、限宽标志由公路管理部门设置并维护。限高防护架在铁路桥梁、涵洞、道路建设时设置,由铁路运输企业负责维护。

机动车通过下穿铁路桥梁、涵洞的道路,应当遵守限高、限宽规定。

下穿铁路涵洞的管理单位负责涵洞的日常管理、维护,防止淤塞、积水。

第四十四条 铁路线路安全保护区内的道路和铁路线路路堑上的道路、跨越铁路线路的道路桥梁,应当按照国家有关规定设置防止车辆以及其他物体进入、坠入铁路线路的安全防护设施和警示标志,并由道路管理部门或者道路经营企业维护、管理。

第四十五条 架设、铺设铁路信号和通信线路、杆塔应当符合国家标准、行业标准和铁路安全防护要求。铁路运输企业、为铁路运输提供服务的电信企业应当加强对铁路信号和通信线路、杆塔的维护和管理。

第四十六条 设置或者拓宽铁路道口、铁路人行过道,应当征得铁路运输企业的同意。

第四十七条 铁路与道路交叉的无人看守道口应当按照国家标准设置警示标志;有人看守道口应当设置移动栏杆、列车接近报警装置、警示灯、警示标志、铁路道口路段标线等安全防护设施。

道口移动栏杆、列车接近报警装置、警示灯等安全防护设施由铁路运输企业设置、维护;警示标志、铁路道口路段标线由铁路道口所在地的道路管理部门设置、维护。

第四十八条 机动车或者非机动车在铁路道口内发生故障或者装载物掉落的,应当立即将故障车辆或者掉落的装载物移至铁路道口停止线以外或者铁路线路最外侧钢轨5米以外的安全地点。无法立即移至安全地点的,应当立即报告铁路道口看守人员;在无人看守道口,应当立即在道口两端采取措施拦停列车,并就近通知铁路车站或者公安机关。

第四十九条 履带车辆等可能损坏铁路设施设备的车辆、物体通过铁路道口,应当提前通知铁路道口管理单位,在其协助、指导下通过,并采取相应的安全防护措施。

第五十条 在下列地点,铁路运输企业应当按照国家标准、行业标准设置易于识别的警示、保护标志:

（一）铁路桥梁、隧道的两端；

（二）铁路信号、通信光（电）缆的埋设、铺设地点；

（三）电气化铁路接触网、自动闭塞供电线路和电力贯通线路等电力设施附近易发生危险的地点。

第五十一条 禁止毁坏铁路线路、站台等设施设备和铁路路基、护坡、排水沟、防护林木、护坡草坪、铁路线路封闭网及其他铁路防护设施。

第五十二条 禁止实施下列危及铁路通信、信号设施安全的行为：

（一）在埋有地下光（电）缆设施的地面上方进行钻探、堆放重物、垃圾、焚烧物品、倾倒腐蚀性物质；

（二）在地下光（电）缆两侧各1米的范围内建造、搭建建筑物、构筑物等设施；

（三）在地下光（电）缆两侧各1米的范围内挖砂、取土；

（四）在过河光（电）缆两侧各100米的范围内挖砂、抛锚或者进行其他危及光（电）缆安全的作业。

第五十三条 禁止实施下列危害电气化铁路设施的行为：

（一）向电气化铁路接触网抛掷物品；

（二）在铁路电力线路导线两侧各500米的范围内升放风筝、气球等低空飘浮物体；

（三）攀登铁路电力线路杆塔或者在杆塔上架设、安装其他设施设备；

（四）在铁路电力线路杆塔、拉线周围20米范围内取土、打桩、钻探或者倾倒有害化学物品；

（五）触碰电气化铁路接触网。

第五十四条 县级以上各级人民政府及其有关部门、铁路运输企业应当依照地质灾害防治法律法规的规定，加强铁路沿线地质灾害的预防、治理和应急处理等工作。

第五十五条 铁路运输企业应当对铁路线路、铁路防护设施和警示标志进行经常性巡查和维护；对巡查中发现的安全问题应当立即处理，不能立即处理的应当及时报告铁路监督管理机构。巡查和处理情况应当记录留存。

第五章 铁路运营安全

第五十六条 铁路运输企业应当依照法律、行政法规和国务院铁路行业监督管理部门的规定，制定铁路运输安全管理制度，完善相关作业程序，保障铁路旅客和货物运输安全。

第五十七条 铁路机车车辆的驾驶人员应当参加国务院铁路行业监督管理部门组织的考试，考试合格方可上岗。具体办法由国务院铁路行业监督管理部门制定。

第五十八条 铁路运输企业应当加强铁路专业技术岗位和主要行车工种岗位从业人员的业务培训和安全培训，提高从业人员的业务技能和安全意识。

第五十九条 铁路运输企业应当加强运输过程中的安全防护，使用的运输工具、装载加固设备以及其他专用设施设备应当符合国家标准、行业标准和安全要求。

第六十条 铁路运输企业应当建立健全铁路设施设备的检查防护制度，加强对铁路设施设备的日常维护检修，确保铁路设施设备性能完好和安全运行。

铁路运输企业的从业人员应当按照操作规程使用、管理铁路设施设备。

第六十一条 在法定假日和传统节日等铁路运输高峰期或者恶劣气象条件下，铁路运输企业应当采取必要的安全应急管理措施，加强铁路运输安全检查，确保运输安全。

第六十二条 铁路运输企业应当在列车、车站等场所公告旅客、列车工作人员以及其他进站人员遵守的安全管理规定。

第六十三条 公安机关应当按照职责分工，维护车站、列车等铁路场所和铁路沿线的治安秩序。

第六十四条 铁路运输企业应当按照国务院铁路行业监督管理部门的规定实施火车票实名购买、查验制度。

实施火车票实名购买、查验制度的，旅客应当凭有效身份证件购票乘车；对车票所记载身份信息与所持身份证件或者真实身份不符的持票人，铁路运输企业有权拒绝其进站乘车。

铁路运输企业应当采取有效措施为旅客实名购票、乘车提供便利，并加强对旅客身份信息的保护。铁路运输企业工作人员不得窃取、泄露旅客身份信息。

第六十五条 铁路运输企业应当依照法律、行政法规和国务院铁路行业监督管理部门的规定，对旅客及其随身携带、托运的行李物品进行安全检查。

从事安全检查的工作人员应当佩戴安全检查标志，依法履行安全检查职责，并有权拒绝不接受安全检查的旅客进站乘车和托运行李物品。

第六十六条 旅客应当接受并配合铁路运输企业在车站、列车实施的安全检查，不得违法携带、夹带管制器具，不得违法携带、托运烟花爆竹、枪支弹药等危险物品或者其他违禁物品。

禁止或者限制携带的物品种类及其数量由国务院铁路行业监督管理部门会同公安机关规定，并在车站、列车等场所公布。

第六十七条 铁路运输托运人托运货物、行李、包裹，不得有下列行为：

（一）匿报、谎报货物品名、性质、重量；

（二）在普通货物中夹带危险货物，或者在危险货物中夹带禁止配装的货物；

（三）装车、装箱超过规定重量。

第六十八条 铁路运输企业应当对承运的货物进行安全检查，并不得有下列行为：

（一）在非危险货物办理站办理危险货物承运手续；

（二）承运未接受安全检查的货物；

（三）承运不符合安全规定、可能危害铁路运输安全的货物。

第六十九条 运输危险货物应当依照法律法规和国家其他有关规定使用专用的设施设备，托运人应当配备必要的押运人员和应急处理器材、设备以及防护用品，并使危险货物始终处于押运人员的监管之下；危险货物发生被盗、丢失、泄漏等情况，应当按照国家有关规定及时报告。

第七十条 办理危险货物运输业务的工作人员和装卸人员、押运人员，应当掌握危货物的性质、危害特性、包装容器的使用特性和发生意外的应急措施。

第七十一条 铁路运输企业和托运人应当按照操作规程包装、装卸、运输危险货物，防止危险货物泄漏、爆炸。

第七十二条 铁路运输企业和托运人应当依照法律法规和国家其他有关规定包装、装载、押运特殊药品，防止特殊药品在运输过程中被盗、被劫或者发生丢失。

第七十三条 铁路管理信息系统及其设施的建设和使用，应当符合法律法规和国家其他有关规定的安全技术要求。

铁路运输企业应当建立网络与信息安全应急保障体系，并配备相应的专业技术人员负责网络和信息系统的安全管理工作。

第七十四条 禁止使用无线电台（站）以及其他仪器、装置干扰铁路运营指挥调度无线电频率的正常使用。

铁路运营指挥调度无线电频率受到干扰的，铁路运输企业应当立即采取排查措施并报告无线电管理机构、铁路监管部门；无线电管理机构、铁路监管部门应当依法排除干扰。

第七十五条 电力企业应当依法保障铁路运输所需电力的持续供应，并保证供电质量。

铁路运输企业应当加强用电安全管理，合理配置供电电源和应急自备电源。

遇有特殊情况影响铁路电力供应的，电力企业和铁路运输企业应当按照各自职责及时组织抢修，尽快恢复正常供电。

第七十六条 铁路运输企业应当加强铁路运营食品安全管理，遵守有关食品安全管理的法律法规和国家其他有关规定，保证食品安全。

第七十七条 禁止实施下列危害铁路安全的行为：

（一）非法拦截列车、阻断铁路运输；

（二）扰乱铁路运输指挥调度机构以及车站、列车的正常秩序；

（三）在铁路线路上放置、遗弃障碍物；

（四）击打列车；

（五）擅自移动铁路线路上的机车车辆，或者擅自开启列车车门、违规操纵列车紧急制动设备；

（六）拆盗、损毁或者擅自移动铁路设施设备、机车车辆配件、标桩、防护设施和安全标志；

（七）在铁路线路上行走、坐卧或者在未设道口、人行过道的铁路线路上通过；

（八）擅自进入铁路线路封闭区域或者在未设置行人通道的铁路桥梁、隧道通行；

（九）擅自开启、关闭列车的货车阀、盖或者破坏施封状态；

（十）擅自开启列车中的集装箱箱门，破坏箱体、阀、盖或者施封状态；

（十一）擅自松动、拆解、移动列车中的货物装载加固材料、装置和设备；

（十二）钻车、扒车、跳车；

（十三）从列车上抛扔杂物；

（十四）在动车组列车上吸烟或者在其他列车的禁烟区域吸烟；

（十五）强行登乘或者以拒绝下车等方式强占列车；

(十六) 冲击、堵塞、占用进出站通道或者候车区、站台。

第六章 监督检查

第七十八条 铁路监管部门应当对从事铁路建设、运输、设备制造维修的企业执行本条例的情况实施监督检查,依法查处违反本条例规定的行为,依法组织或者参与铁路安全事故的调查处理。

铁路监管部门应当建立企业违法行为记录和公告制度,对违反本条例被依法追究法律责任的从事铁路建设、运输、设备制造维修的企业予以公布。

第七十九条 铁路监管部门应当加强对铁路运输高峰期和恶劣气象条件下运输安全的监督管理,加强对铁路运输的关键环节、重要设施设备的安全状况以及铁路运输突发事件应急预案的建立和落实情况的监督检查。

第八十条 铁路监管部门和县级以上人民政府安全生产监督管理部门应当建立信息通报制度和运输安全生产协调机制。发现重大安全隐患,铁路运输企业难以自行排除的,应当及时向铁路监管部门和有关地方人民政府报告。地方人民政府获悉铁路沿线有危及铁路运输安全的重要情况,应当及时通报有关的铁路运输企业和铁路监管部门。

第八十一条 铁路监管部门发现安全隐患,应当责令有关单位立即排除。重大安全隐患排除前或者排除过程中无法保证安全的,应当责令从危险区域内撤出人员、设备,停止作业;重大安全隐患排除后方可恢复作业。

第八十二条 实施铁路安全监督检查的人员执行监督检查任务时,应当佩戴标志或者出示证件。任何单位和个人不得阻碍、干扰安全监督检查人员依法履行安全检查职责。

第七章 法律责任

第八十三条 铁路建设单位和铁路建设的勘察、设计、施工、监理单位违反本条例关于铁路建设质量安全管理的规定的,由铁路监管部门依照有关工程建设、招标投标管理的法律、行政法规的规定处罚。

第八十四条 铁路建设单位未对高速铁路和地质构造复杂的铁路建设工程实行工程地质勘察监理,或者在铁路线路及其邻近区域进行铁路建设工程施工不执行铁路营业线施工安全管理规定,影响铁路运营安全的,由铁路监管部门责令改正,处10万元以上50万元以下的罚款。

第八十五条 依法应当进行产品认证的铁路专用设备未经认证合格,擅自出厂、销售、进口、使用的,依照《中华人民共和国认证认可条例》的规定处罚。

第八十六条 铁路机车车辆以及其他专用设备制造者未按规定召回缺陷产品,采取措施消除缺陷的,由国务院铁路行业监督管理部门责令改正;拒不改正的,处缺陷产品货值金额1%以上10%以下的罚款;情节严重的,由国务院铁路行业监督管理部门吊销相应的许可证件。

第八十七条 有下列情形之一的,由铁路监督管理机构责令改正,处2万元以上10万元以下的罚款:

(一)用于铁路运输的安全检测、监控、防护设施设备,集装箱和集装化用具等运输器具、专用装卸机械、索具、篷布、装载加固材料或者装置、运输包装、货物装载加固等,不符合国家标准、行业标准和技术规范;

(二)不按照国家有关规定和标准设置、维护铁路封闭设施、安全防护设施;

(三)架设、铺设铁路信号和通信线路、杆塔不符合国家标准、行业标准和铁路安全防护要求,或者未对铁路信号和通信线路、杆塔进行维护和管理;

(四)运输危险货物不依照法律法规和国家其他有关规定使用专用的设施设备。

第八十八条 在铁路线路安全保护区内烧荒、放养牲畜、种植影响铁路线路安全和行车瞭望的树木等植物,或者向铁路线路安全保护区排污、倾倒垃圾以及其他危害铁路安全的物质的,由铁路监督管理机构责令改正,对单位可以处5万元以下的罚款,对个人可以处2000元以下的罚款。

第八十九条 未经铁路运输企业同意或者未签订安全协议,在铁路线路安全保护区内建造建筑物、构筑物等设施,取土、挖砂、挖沟、采空作业或者堆放、悬挂物品,或者违反保证铁路安全的国家标准、行业标准和施工安全规范,影响铁路运输安全的,由铁路监督管理机构责令改正,可以处10万元以下的罚款。

铁路运输企业未派员对铁路线路安全保护区内施工现场进行安全监督的,由铁路监督管理机构责令改正,可以处3万元以下的罚款。

第九十条 在铁路线路安全保护区及其邻近区域建造或者设置的建筑物、构筑物、设备等进入国家规定的铁路建筑限界,或者在铁路线路两侧建造、设立生产、加工、储存或者销售易燃、易爆或者放射性物品等危险物品的场所、仓库不符合国家标准、行业标准规定的安全防护距离的,由铁路监督管理机构责令改正,对单位处5万元以上20万元以下的罚款,对个人处1万元以上5万元以下的罚款。

第九十一条 有下列行为之一的,分别由铁路沿线所在地县级以上地方人民政府水行政主管部门、国土资源主管部门或者无线电管理机构等依照有关水资源管理、矿产资源管理、无线电管理等法律、行政法规的规定处罚:

(一)未经批准在铁路线路两侧各1000米范围内从事露天采矿、采石或者爆破作业;

(二)在地下水禁止开采区或者限制开采区抽取地下水;

(三)在铁路桥梁跨越处河道上下游各1000米范围内围垦造田、拦河筑坝、架设浮桥或者修建其他影响铁路桥梁安全的设施;

(四)在铁路桥梁跨越处河道上下游禁止采砂、淘金的范围内采砂、淘金;

(五)干扰铁路运营指挥调度无线电频率正常使用。

第九十二条 铁路运输企业、道路管理部门或者道路经营企业未履行铁路、道路两用桥检查、维护职责的,由铁路监督管理机构或者上级道路管理部门责令改正;拒不改正的,由铁路监督管理机构或者上级道路管理部门指定其他单位进行养护和维修,养护和维修费用由拒不履行义务的铁路运输企业、道路管理部门或者道路经营企业承担。

第九十三条 机动车通过下穿铁路桥梁、涵洞的道路未遵守限高、限宽规定的，由公安机关依照道路交通安全管理法律、行政法规的规定处罚。

第九十四条 违反本条例第四十八条、第四十九条关于铁路道口安全管理的规定的，由铁路监督管理机构责令改正，处 1000 元以上 5000 元以下的罚款。

第九十五条 违反本条例第五十一条、第五十二条、第五十三条、第七十七条规定的，由公安机关责令改正，对单位处 1 万元以上 5 万元以下的罚款，对个人处 500 元以上 2000 元以下的罚款。

第九十六条 铁路运输托运人托运货物、行李、包裹时匿报、谎报货物品名、性质、重量，或者装车、装箱超过规定重量的，由铁路监督管理机构责令改正，可以处 2000 元以下的罚款；情节较重的，处 2000 元以上 2 万元以下的罚款；将危险化学品谎报或者匿报为普通货物托运的，处 10 万元以上 20 万元以下的罚款。

铁路运输托运人在普通货物中夹带危险货物，或者在危险货物中夹带禁止配装的货物的，由铁路监督管理机构责令改正，处 3 万元以上 20 万元以下的罚款。

第九十七条 铁路运输托运人运输危险货物未配备必要的应急处理器材、设备、防护用品，或者未按照操作规程包装、装卸、运输危险货物的，由铁路监督管理机构责令改正，处 1 万元以上 5 万元以下的罚款。

第九十八条 铁路运输托运人运输危险货物不按照规定配备必要的押运人员，或者发生危险货物被盗、丢失、泄漏等情况不按照规定及时报告的，由公安机关责令改正，处 1 万元以上 5 万元以下的罚款。

第九十九条 旅客违法携带、夹带管制器具或者违法携带、托运烟花爆竹、枪支弹药等危险物品或者其他违禁物品的，由公安机关依法给予治安管理处罚。

第一百条 铁路运输企业有下列情形之一的，由铁路监管部门责令改正，处 2 万元以上 10 万元以下的罚款：

（一）在非危险货物办理站办理危险货物承运手续；

（二）承运未接受安全检查的货物；

（三）承运不符合安全规定、可能危害铁路运输安全的货物；

（四）未按照操作规程包装、装卸、运输危险货物。

第一百零一条 铁路监管部门及其工作人员应当严格按照本条例规定的处罚种类和幅度，根据违法行为的性质和具体情节行使行政处罚权，具体办法由国务院铁路行业监督管理部门制定。

第一百零二条 铁路运输企业工作人员窃取、泄露旅客身份信息的，由公安机关依法处罚。

第一百零三条 从事铁路建设、运输、设备制造维修的单位违反本条例规定，对直接负责的主管人员和其他直接责任人员依法给予处分。

第一百零四条 铁路监管部门及其工作人员不依照本条例规定履行职责的，对负有责任的领导人员和直接责任人员依法给予处分。

第一百零五条 违反本条例规定，给铁路运输企业或者其他单位、个人财产造成损失的,依法承担民事责任。

违反本条例规定,构成违反治安管理行为的,由公安机关依法给予治安管理处罚;构成犯罪的,依法追究刑事责任。

第八章 附 则

第一百零六条 专用铁路、铁路专用线的安全管理参照本条例的规定执行。

第一百零七条 本条例所称高速铁路,是指设计开行时速250公里以上(含预留),并且初期运营时速200公里以上的客运列车专线铁路。

第一百零八条 本条例自2014年1月1日起施行。2004年12月27日国务院公布的《铁路运输安全保护条例》同时废止。

中华人民共和国道路交通安全法实施条例

发布单位：国务院　发布日期：2004年4月30日
修改并实施日期：2017年10月7日
中华人民共和国国务院令第687号

第一章　总　则

第一条　根据《中华人民共和国道路交通安全法》（以下简称道路交通安全法）的规定，制定本条例。

第二条　中华人民共和国境内的车辆驾驶人、行人、乘车人以及与道路交通活动有关的单位和个人，应当遵守道路交通安全法和本条例。

第三条　县级以上地方各级人民政府应当建立、健全道路交通安全工作协调机制，组织有关部门对城市建设项目进行交通影响评价，制定道路交通安全管理规划，确定管理目标，制定实施方案。

第二章　车辆和驾驶人

第一节　机动车

第四条　机动车的登记，分为注册登记、变更登记、转移登记、抵押登记和注销登记。

第五条　初次申领机动车号牌、行驶证的，应当向机动车所有人住所地的公安机关交通管理部门申请注册登记。

申请机动车注册登记，应当交验机动车，并提交以下证明、凭证：

（一）机动车所有人的身份证明；

（二）购车发票等机动车来历证明；

（三）机动车整车出厂合格证明或者进口机动车进口凭证；

（四）车辆购置税完税证明或者免税凭证；

（五）机动车第三者责任强制保险凭证；

（六）法律、行政法规规定应当在机动车注册登记时提交的其他证明、凭证。

不属于国务院机动车产品主管部门规定免予安全技术检验的车型的，还应当提供机动车安全技术检验合格证明。

第六条　已注册登记的机动车有下列情形之一的，机动车所有人应当向登记该机动车的公安机关交通管理部门申请变更登记：

（一）改变机动车车身颜色的；

（二）更换发动机的；

（三）更换车身或者车架的；

（四）因质量有问题，制造厂更换整车的；

（五）营运机动车改为非营运机动车或者非营运机动车改为营运机动车的；

（六）机动车所有人的住所迁出或者迁入公安机关交通管理部门管辖区域的。

申请机动车变更登记，应当提交下列证明、凭证，属于前款第（一）项、第（二）项、第（三）项、第（四）项、第（五）项情形之一的，还应当交验机动车；属于前款第（二）项、第（三）项情形之一的，还应当同时提交机动车安全技术检验合格证明：

（一）机动车所有人的身份证明；

（二）机动车登记证书；

（三）机动车行驶证。

机动车所有人的住所在公安机关交通管理部门管辖区域内迁移、机动车所有人的姓名（单位名称）或者联系方式变更的，应当向登记该机动车的公安机关交通管理部门备案。

第七条 已注册登记的机动车所有权发生转移的，应当及时办理转移登记。

申请机动车转移登记，当事人应当向登记该机动车的公安机关交通管理部门交验机动车，并提交以下证明、凭证：

（一）当事人的身份证明；

（二）机动车所有权转移的证明、凭证；

（三）机动车登记证书；

（四）机动车行驶证。

第八条 机动车所有人将机动车作为抵押物抵押的，机动车所有人应当向登记该机动车的公安机关交通管理部门申请抵押登记。

第九条 已注册登记的机动车达到国家规定的强制报废标准的，公安机关交通管理部门应当在报废期满的2个月前通知机动车所有人办理注销登记。机动车所有人应当在报废期满前将机动车交售给机动车回收企业，由机动车回收企业将报废的机动车登记证书、号牌、行驶证交公安机关交通管理部门注销。机动车所有人逾期不办理注销登记的，公安机关交通管理部门应当公告该机动车登记证书、号牌、行驶证作废。

因机动车灭失申请注销登记的，机动车所有人应当向公安机关交通管理部门提交本人身份证明，交回机动车登记证书。

第十条 办理机动车登记的申请人提交的证明、凭证齐全、有效的，公安机关交通管理部门应当当场办理登记手续。

人民法院、人民检察院以及行政执法部门依法查封、扣押的机动车，公安机关交通管理部门不予办理机动车登记。

第十一条 机动车登记证书、号牌、行驶证丢失或者损毁，机动车所有人申请补发的，应当向公安机关交通管理部门提交本人身份证明和申请材料。公安机关交通管理部门经与机动车登记档案核实后,在收到申请之日起 15 日内补发。

第十二条 税务部门、保险机构可以在公安机关交通管理部门的办公场所集中办理与机动车有关的税费缴纳、保险合同订立等事项。

第十三条 机动车号牌应当悬挂在车前、车后指定位置,保持清晰、完整。重型、中型载货汽车及其挂车、拖拉机及其挂车的车身或者车厢后部应当喷涂放大的牌号,字样应当端正并保持清晰。

机动车检验合格标志、保险标志应当粘贴在机动车前窗右上角。

机动车喷涂、粘贴标识或者车身广告的,不得影响安全驾驶。

第十四条 用于公路营运的载客汽车、重型载货汽车、半挂牵引车应当安装、使用符合国家标准的行驶记录仪。交通警察可以对机动车行驶速度、连续驾驶时间以及其他行驶状态信息进行检查。安装行驶记录仪可以分步实施,实施步骤由国务院机动车产品主管部门会同有关部门规定。

第十五条 机动车安全技术检验由机动车安全技术检验机构实施。机动车安全技术检验机构应当按照国家机动车安全技术检验标准对机动车进行检验,对检验结果承担法律责任。

质量技术监督部门负责对机动车安全技术检验机构实行计量认证管理,对机动车安全技术检验设备进行检定,对执行国家机动车安全技术检验标准的情况进行监督。

机动车安全技术检验项目由国务院公安部门会同国务院质量技术监督部门规定。

第十六条 机动车应当从注册登记之日起,按照下列期限进行安全技术检验:

(一)营运载客汽车 5 年以内每年检验 1 次;超过 5 年的,每 6 个月检验 1 次;

(二)载货汽车和大型、中型非营运载客汽车 10 年以内每年检验 1 次;超过 10 年的,每 6 个月检验 1 次;

(三)小型、微型非营运载客汽车 6 年以内每 2 年检验 1 次;超过 6 年的,每年检验 1 次;超过 15 年的,每 6 个月检验 1 次;

(四)摩托车 4 年以内每 2 年检验 1 次;超过 4 年的,每年检验 1 次;

(五)拖拉机和其他机动车每年检验 1 次。

营运机动车在规定检验期限内经安全技术检验合格的,不再重复进行安全技术检验。

第十七条 已注册登记的机动车进行安全技术检验时,机动车行驶证记载的登记内容与该机动车的有关情况不符,或者未按照规定提供机动车第三者责任强制保险凭证的,不予通过检验。

第十八条 警车、消防车、救护车、工程救险车标志图案的喷涂以及警报器、标志灯具的安装、使用规定,由国务院公安部门制定。

第二节 机动车驾驶人

第十九条 符合国务院公安部门规定的驾驶许可条件的人,可以向公安机关交通管理部门申请机动车驾驶证。

机动车驾驶证由国务院公安部门规定式样并监制。

第二十条 学习机动车驾驶,应当先学习道路交通安全法律、法规和相关知识,考试合格后,再学习机动车驾驶技能。

在道路上学习驾驶,应当按照公安机关交通管理部门指定的路线、时间进行。在道路上学习机动车驾驶技能应当使用教练车,在教练员随车指导下进行,与教学无关的人员不得乘坐教练车。学员在学习驾驶中有道路交通安全违法行为或者造成交通事故的,由教练员承担责任。

第二十一条 公安机关交通管理部门应当对申请机动车驾驶证的人进行考试,对考试合格的,在5日内核发机动车驾驶证;对考试不合格的,书面说明理由。

第二十二条 机动车驾驶证的有效期为6年,本条例另有规定的除外。

机动车驾驶人初次申领机动车驾驶证后的12个月为实习期。在实习期内驾驶机动车的,应当在车身后部粘贴或者悬挂统一式样的实习标志。

机动车驾驶人在实习期内不得驾驶公共汽车、营运客车或者执行任务的警车、消防车、救护车、工程救险车以及载有爆炸物品、易燃易爆化学物品、剧毒或者放射性等危险物品的机动车;驾驶的机动车不得牵引挂车。

第二十三条 公安机关交通管理部门对机动车驾驶人的道路交通安全违法行为除给予行政处罚外,实行道路交通安全违法行为累积记分(以下简称记分)制度,记分周期为12个月。对在一个记分周期内记分达到12分的,由公安机关交通管理部门扣留其机动车驾驶证,该机动车驾驶人应当按照规定参加道路交通安全法律、法规的学习并接受考试。考试合格的,记分予以清除,发还机动车驾驶证;考试不合格的,继续参加学习和考试。

应当给予记分的道路交通安全违法行为及其分值,由国务院公安部门根据道路交通安全违法行为的危害程度规定。

公安机关交通管理部门应当提供记分查询方式供机动车驾驶人查询。

第二十四条 机动车驾驶人在一个记分周期内记分未达到12分,所处罚款已经缴纳的,记分予以清除;记分虽未达到12分,但尚有罚款未缴纳的,记分转入下一记分周期。

机动车驾驶人在一个记分周期内记分2次以上达到12分的,除按照第二十三条的规定扣留机动车驾驶证、参加学习、接受考试外,还应当接受驾驶技能考试。考试合格的,记分予以清除,发还机动车驾驶证;考试不合格的,继续参加学习和考试。

接受驾驶技能考试的,按照本人机动车驾驶证载明的最高准驾车型考试。

第二十五条 机动车驾驶人记分达到12分,拒不参加公安机关交通管理部门通知的学习,也不接受考试的,由公安机关交通管理部门公告其机动车驾驶证停止使用。

第二十六条 机动车驾驶人在机动车驾驶证的6年有效期内,每个记分周期均未达到12分的,换发10年有效期的机动车驾驶证;在机动车驾驶证的10年有效期内,每个记分周期均未达到12分的,换发长期有效的机动车驾驶证。

换发机动车驾驶证时,公安机关交通管理部门应当对机动车驾驶证进行审验。

第二十七条 机动车驾驶证丢失、损毁,机动车驾驶人申请补发的,应当向公安机关交通管理部门提交本人身份证明和申请材料。公安机关交通管理部门经与机动车驾驶证档案核实后,在收到申请之日起3日内补发。

第二十八条 机动车驾驶人在机动车驾驶证丢失、损毁、超过有效期或者被依法扣留、暂扣期间以及记分达到12分的，不得驾驶机动车。

第三章 道路通行条件

第二十九条 交通信号灯分为：机动车信号灯、非机动车信号灯、人行横道信号灯、车道信号灯、方向指示信号灯、闪光警告信号灯、道路与铁路平面交叉道口信号灯。

第三十条 交通标志分为：指示标志、警告标志、禁令标志、指路标志、旅游区标志、道路施工安全标志和辅助标志。

道路交通标线分为：指示标线、警告标线、禁止标线。

第三十一条 交通警察的指挥分为：手势信号和使用器具的交通指挥信号。

第三十二条 道路交叉路口和行人横过道路较为集中的路段应当设置人行横道、过街天桥或者过街地下通道。

在盲人通行较为集中的路段，人行横道信号灯应当设置声响提示装置。

第三十三条 城市人民政府有关部门可以在不影响行人、车辆通行的情况下，在城市道路上施划停车泊位，并规定停车泊位的使用时间。

第三十四条 开辟或者调整公共汽车、长途汽车的行驶路线或者车站，应当符合交通规划和安全、畅通的要求。

第三十五条 道路养护施工单位在道路上进行养护、维修时，应当按照规定设置规范的安全警示标志和安全防护设施。道路养护施工作业车辆、机械应当安装示警灯，喷涂明显的标志图案，作业时应当开启示警灯和危险报警闪光灯。对未中断交通的施工作业道路，公安机关交通管理部门应当加强交通安全监督检查。发生交通阻塞时，及时做好分流、疏导，维护交通秩序。

道路施工需要车辆绕行的，施工单位应当在绕行处设置标志；不能绕行的，应当修建临时通道，保证车辆和行人通行。需要封闭道路中断交通的，除紧急情况外，应当提前5日向社会公告。

第三十六条 道路或者交通设施养护部门、管理部门应当在急弯、陡坡、临崖、临水等危险路段，按照国家标准设置警告标志和安全防护设施。

第三十七条 道路交通标志、标线不规范，机动车驾驶人容易发生辨认错误的，交通标志、标线的主管部门应当及时予以改善。

道路照明设施应当符合道路建设技术规范，保持照明功能完好。

第四章 道路通行规定

第一节 一般规定

第三十八条 机动车信号灯和非机动车信号灯表示：

（一）绿灯亮时，准许车辆通行，但转弯的车辆不得妨碍被放行的直行车辆、行人通行；

（二）黄灯亮时，已越过停止线的车辆可以继续通行；

（三）红灯亮时，禁止车辆通行。

在未设置非机动车信号灯和人行横道信号灯的路口，非机动车和行人应当按照机动车信号灯的表示通行。

红灯亮时，右转弯的车辆在不妨碍被放行的车辆、行人通行的情况下，可以通行。

第三十九条 人行横道信号灯表示：

（一）绿灯亮时，准许行人通过人行横道；

（二）红灯亮时，禁止行人进入人行横道，但是已经进入人行横道的，可以继续通过或者在道路中心线处停留等候。

第四十条 车道信号灯表示：

（一）绿色箭头灯亮时，准许本车道车辆按指示方向通行；

（二）红色叉形灯或者箭头灯亮时，禁止本车道车辆通行。

第四十一条 方向指示信号灯的箭头方向向左、向上、向右分别表示左转、直行、右转。

第四十二条 闪光警告信号灯为持续闪烁的黄灯，提示车辆、行人通行时注意瞭望，确认安全后通过。

第四十三条 道路与铁路平面交叉道口有两个红灯交替闪烁或者一个红灯亮时，表示禁止车辆、行人通行；红灯熄灭时，表示允许车辆、行人通行。

第二节 机动车通行规定

第四十四条 在道路同方向划有 2 条以上机动车道的，左侧为快速车道，右侧为慢速车道。在快速车道行驶的机动车应当按照快速车道规定的速度行驶，未达到快速车道规定的行驶速度的，应当在慢速车道行驶。摩托车应当在最右侧车道行驶。有交通标志标明行驶速度的，按照标明的行驶速度行驶。慢速车道内的机动车超越前车时，可以借用快速车道行驶。

在道路同方向划有 2 条以上机动车道的，变更车道的机动车不得影响相关车道内行驶的机动车的正常行驶。

第四十五条 机动车在道路上行驶不得超过限速标志、标线标明的速度。在没有限速标志、标线的道路上，机动车不得超过下列最高行驶速度：

（一）没有道路中心线的道路，城市道路为每小时 30 公里，公路为每小时 40 公里；

(二)同方向只有1条机动车道的道路,城市道路为每小时50公里,公路为每小时70公里。

第四十六条 机动车行驶中遇有下列情形之一的,最高行驶速度不得超过每小时30公里,其中拖拉机、电瓶车、轮式专用机械车不得超过每小时15公里:

(一)进出非机动车道,通过铁路道口、急弯路、窄路、窄桥时;

(二)掉头、转弯、下陡坡时;

(三)遇雾、雨、雪、沙尘、冰雹,能见度在50米以内时;

(四)在冰雪、泥泞的道路上行驶时;

(五)牵引发生故障的机动车时。

第四十七条 机动车超车时,应当提前开启左转向灯、变换使用远、近光灯或者鸣喇叭。在没有道路中心线或者同方向只有1条机动车道的道路上,前车遇后车发出超车信号时,在条件许可的情况下,应当降低速度、靠右让路。后车应当在确认有充足的安全距离后,从前车的左侧超越,在与被超车辆拉开必要的安全距离后,开启右转向灯,驶回原车道。

第四十八条 在没有中心隔离设施或者没有中心线的道路上,机动车遇相对方向来车时应当遵守下列规定:

(一)减速靠右行驶,并与其他车辆、行人保持必要的安全距离;

(二)在有障碍的路段,无障碍的一方先行;但有障碍的一方已驶入障碍路段而无障碍的一方未驶入时,有障碍的一方先行;

(三)在狭窄的坡路,上坡的一方先行;但下坡的一方已行至中途而上坡的一方未上坡时,下坡的一方先行;

(四)在狭窄的山路,不靠山体的一方先行;

(五)夜间会车应当在距相对方向来车150米以外改用近光灯,在窄路、窄桥与非机动车会车时应当使用近光灯。

第四十九条 机动车在有禁止掉头或者禁止左转弯标志、标线的地点以及在铁路道口、人行横道、桥梁、急弯、陡坡、隧道或者容易发生危险的路段,不得掉头。

机动车在没有禁止掉头或者没有禁止左转弯标志、标线的地点可以掉头,但不得妨碍正常行驶的其他车辆和行人的通行。

第五十条 机动车倒车时,应当察明车后情况,确认安全后倒车。不得在铁路道口、交叉路口、单行路、桥梁、急弯、陡坡或者隧道中倒车。

第五十一条 机动车通过有交通信号灯控制的交叉路口,应当按照下列规定通行:

(一)在划有导向车道的路口,按所需行进方向驶入导向车道;

(二)准备进入环形路口的让已在路口内的机动车先行;

(三)向左转弯时,靠路口中心点左侧转弯。转弯时开启转向灯,夜间行驶开启近光灯;

(四)遇放行信号时,依次通过;

(五)遇停止信号时,依次停在停止线以外。没有停止线的,停在路口以外;

（六）向右转弯遇有同车道前车正在等候放行信号时，依次停车等候。

（七）在没有方向指示信号灯的交叉路口，转弯的机动车让直行的车辆、行人先行。相对方向行驶的右转弯机动车让左转弯车辆先行。

第五十二条 机动车通过没有交通信号灯控制也没有交通警察指挥的交叉路口，除应当遵守第五十一条第（二）项、第（三）项的规定外，还应当遵守下列规定：

（一）有交通标志、标线控制的，让优先通行的一方先行；

（二）没有交通标志、标线控制的，在进入路口前停车瞭望，让右方道路的来车先行；

（三）转弯的机动车让直行的车辆先行；

（四）相对方向行驶的右转弯的机动车让左转弯的车辆先行。

第五十三条 机动车遇有前方交叉路口交通阻塞时，应当依次停在路口以外等候，不得进入路口。

机动车在遇有前方机动车停车排队等候或者缓慢行驶时，应当依次排队，不得从前方车辆两侧穿插或者超越行驶，不得在人行横道、网状线区域内停车等候。

机动车在车道减少的路口、路段，遇有前方机动车停车排队等候或者缓慢行驶的，应当每车道一辆依次交替驶入车道减少后的路口、路段。

第五十四条 机动车载物不得超过机动车行驶证上核定的载质量，装载长度、宽度不得超出车厢，并应当遵守下列规定：

（一）重型、中型载货汽车，半挂车载物，高度从地面起不得超过4米，载运集装箱的车辆不得超过4.2米；

（二）其他载货的机动车载物，高度从地面起不得超过2.5米；

（三）摩托车载物，高度从地面起不得超过1.5米，长度不得超出车身0.2米。两轮摩托车载物宽度左右各不得超出车把0.15米；三轮摩托车载物宽度不得超过车身。

载客汽车除车身外部的行李架和内置的行李箱外，不得载货。载客汽车行李架载货，从车顶起高度不得超过0.5米，从地面起高度不得超过4米。

第五十五条 机动车载人应当遵守下列规定：

（一）公路载客汽车不得超过核定的载客人数，但按照规定免票的儿童除外，在载客人数已满的情况下，按照规定免票的儿童不得超过核定载客人数的10%；

（二）载货汽车车厢不得载客。在城市道路上，货运机动车在留有安全位置的情况下，车厢内可以附载临时作业人员1人至5人；载物高度超过车厢栏板时，货物上不得载人；

（三）摩托车后座不得乘坐未满12周岁的未成年人，轻便摩托车不得载人。

第五十六条 机动车牵引挂车应当符合下列规定：

（一）载货汽车、半挂牵引车、拖拉机只允许牵引1辆挂车。挂车的灯光信号、制动、连接、安全防护等装置应当符合国家标准；

（二）小型载客汽车只允许牵引旅居挂车或者总质量700千克以下的挂车。挂车不得载人；

（三）载货汽车所牵引挂车的载质量不得超过载货汽车本身的载质量。

大型、中型载客汽车，低速载货汽车，三轮汽车以及其他机动车不得牵引挂车。

第五十七条　机动车应当按照下列规定使用转向灯：

（一）向左转弯、向左变更车道、准备超车、驶离停车地点或者掉头时，应当提前开启左转向灯；

（二）向右转弯、向右变更车道、超车完毕驶回原车道、靠路边停车时，应当提前开启右转向灯。

第五十八条　机动车在夜间没有路灯、照明不良或者遇有雾、雨、雪、沙尘、冰雹等低能见度情况下行驶时，应当开启前照灯、示廓灯和后位灯，但同方向行驶的后车与前车近距离行驶时，不得使用远光灯。机动车雾天行驶应当开启雾灯和危险报警闪光灯。

第五十九条　机动车在夜间通过急弯、坡路、拱桥、人行横道或者没有交通信号灯控制的路口时，应当交替使用远近光灯示意。

机动车驶近急弯、坡道顶端等影响安全视距的路段以及超车或者遇有紧急情况时，应当减速慢行，并鸣喇叭示意。

第六十条　机动车在道路上发生故障或者发生交通事故，妨碍交通又难以移动的，应当按照规定开启危险报警闪光灯并在车后50米至100米处设置警告标志，夜间还应当同时开启示廓灯和后位灯。

第六十一条　牵引故障机动车应当遵守下列规定：

（一）被牵引的机动车除驾驶人外不得载人，不得拖带挂车；

（二）被牵引的机动车宽度不得大于牵引机动车的宽度；

（三）使用软连接牵引装置时，牵引车与被牵引车之间的距离应当大于4米小于10米；

（四）对制动失效的被牵引车，应当使用硬连接牵引装置牵引；

（五）牵引车和被牵引车均应开启危险报警闪光灯。

汽车吊车和轮式专用机械车不得牵引车辆。摩托车不得牵引车辆或者被其他车辆牵引。

转向或者照明、信号装置失效的故障机动车，应当使用专用清障车拖曳。

第六十二条　驾驶机动车不得有下列行为：

（一）在车门、车厢没有关好时行车；

（二）在机动车驾驶室的前后窗范围内悬挂、放置妨碍驾驶人视线的物品；

（三）拨打接听手持电话、观看电视等妨碍安全驾驶的行为；

（四）下陡坡时熄火或者空档滑行；

（五）向道路上抛撒物品；

（六）驾驶摩托车手离车把或者在车把上悬挂物品；

（七）连续驾驶机动车超过4小时未停车休息或者停车休息时间少于20分钟；

（八）在禁止鸣喇叭的区域或者路段鸣喇叭。

第六十三条　机动车在道路上临时停车，应当遵守下列规定：

（一）在设有禁停标志、标线的路段，在机动车道与非机动车道、人行道之间设有隔离设施的路段以及人行横道、施工地段，不得停车；

（二）交叉路口、铁路道口、急弯路、宽度不足4米的窄路、桥梁、陡坡、隧道以距离上述地点 50 米以内的路段，不得停车；

（三）公共汽车站、急救站、加油站、消防栓或者消防队（站）门前以及距离上述地点 30 米以内的路段，除使用上述设施的以外，不得停车；

（四）车辆停稳前不得开车门和上下人员，开关车门不得妨碍其他车辆和行人通行；

（五）路边停车应当紧靠道路右侧，机动车驾驶人不得离车，上下人员或者装卸物品后，立即驶离；

（六）城市公共汽车不得在站点以外的路段停车上下乘客。

第六十四条 机动车行经漫水路或者漫水桥时，应当停车察明水情，确认安全后，低速通过。

第六十五条 机动车载运超限物品行经铁路道口的，应当按照当地铁路部门指定的铁路道口、时间通过。

机动车行经渡口，应当服从渡口管理人员指挥，按照指定地点依次待渡。机动车上下渡船时，应当低速慢行。

第六十六条 警车、消防车、救护车、工程救险车在执行紧急任务遇交通受阻时，可以断续使用警报器，并遵守下列规定：

（一）不得在禁止使用警报器的区域或者路段使用警报器；

（二）夜间在市区不得使用警报器；

（三）列队行驶时，前车已经使用警报器的，后车不再使用警报器。

第六十七条 在单位院内、居民居住区内，机动车应当低速行驶，避让行人；有限速标志的，按照限速标志行驶。

第三节 非机动车通行规定

第六十八条 非机动车通过有交通信号灯控制的交叉路口，应当按照下列规定通行：

（一）转弯的非机动车让直行的车辆、行人优先通行；

（二）遇有前方路口交通阻塞时，不得进入路口；

（三）向左转弯时，靠路口中心点的右侧转弯；

（四）遇有停止信号时，应当依次停在路口停止线以外。没有停止线的，停在路口以外；

（五）向右转弯遇有同方向前车正在等候放行信号时，在本车道内能够转弯的，可以通行；不能转弯的，依次等候。

第六十九条 非机动车通过没有交通信号灯控制也没有交通警察指挥的交叉路口，除应当遵守第六十八条第（一）项、第（二）项和第（三）项的规定外，还应当遵守下列规定：

（一）有交通标志、标线控制的，让优先通行的一方先行；

（二）没有交通标志、标线控制的，在路口外慢行或者停车瞭望，让右方道路的来车先行；

（三）相对方向行驶的右转弯的非机动车让左转弯的车辆先行。

第七十条 驾驶自行车、电动自行车、三轮车在路段上横过机动车道，应当下车推行，有人行横道或者行人过街设施的，应当从人行横道或者行人过街设施通过；没有人行横道、没有行人过街设施或者不便使用行人过街设施的，在确认安全后直行通过。

因非机动车道被占用无法在本车道内行驶的非机动车，可以在受阻的路段借用相邻的机动车道行驶，并在驶过被占用路段后迅速驶回非机动车道。机动车遇此情况应当减速让行。

第七十一条 非机动车载物，应当遵守下列规定：

（一）自行车、电动自行车、残疾人机动轮椅车载物，高度从地面起不得超过1.5米，宽度左右各不得超出车把0.15米，长度前端不得超出车轮，后端不得超出车身0.3米；

（二）三轮车、人力车载物，高度从地面起不得超过2米，宽度左右各不得超出车身0.2米，长度不得超出车身1米；

（三）畜力车载物，高度从地面起不得超过2.5米，宽度左右各不得超出车身0.2米，长度前端不得超出车辕，后端不得超出车身1米。

自行车载人的规定，由省、自治区、直辖市人民政府根据当地实际情况制定。

第七十二条 在道路上驾驶自行车、三轮车、电动自行车、残疾人机动轮椅车应当遵守下列规定：

（一）驾驶自行车、三轮车必须年满12周岁；

（二）驾驶电动自行车和残疾人机动轮椅车必须年满16周岁；

（三）不得醉酒驾驶；

（四）转弯前应当减速慢行，伸手示意，不得突然猛拐，超越前车时不得妨碍被超越的车辆行驶；

（五）不得牵引、攀扶车辆或者被其他车辆牵引，不得双手离把或者手中持物；

（六）不得扶身并行、互相追逐或者曲折竞驶；

（七）不得在道路上骑独轮自行车或者2人以上骑行的自行车；

（八）非下肢残疾的人不得驾驶残疾人机动轮椅车；

（九）自行车、三轮车不得加装动力装置；

（十）不得在道路上学习驾驶非机动车。

第七十三条 在道路上驾驭畜力车应当年满16周岁，并遵守下列规定：

（一）不得醉酒驾驭；

（二）不得并行，驾驭人不得离开车辆；

（三）行经繁华路段、交叉路口、铁路道口、人行横道、急弯路、宽度不足4米的窄路或者窄桥、陡坡、隧道或者容易发生危险的路段，不得超车。驾驭两轮畜力车应当下车牵引牲畜；

（四）不得使用未经驯服的牲畜驾车，随车幼畜须拴系；

（五）停放车辆应当拉紧车闸，拴系牲畜。

第四节 行人和乘车人通行规定

第七十四条 行人不得有下列行为：

（一）在道路上使用滑板、旱冰鞋等滑行工具；

（二）在车行道内坐卧、停留、嬉闹；
（三）追车、抛物击车等妨碍道路交通安全的行为。

第七十五条 行人横过机动车道，应当从行人过街设施通过；没有行人过街设施的，应当从人行横道通过；没有人行横道的，应当观察来往车辆的情况，确认安全后直行通过，不得在车辆临近时突然加速横穿或者中途倒退、折返。

第七十六条 行人列队在道路上通行，每横列不得超过 2 人，但在已经实行交通管制的路段不受限制。

第七十七条 乘坐机动车应当遵守下列规定：
（一）不得在机动车道上拦乘机动车；
（二）在机动车道上不得从机动车左侧上下车；
（三）开关车门不得妨碍其他车辆和行人通行；
（四）机动车行驶中，不得干扰驾驶，不得将身体任何部分伸出车外，不得跳车；
（五）乘坐两轮摩托车应当正向骑坐。

第五节 高速公路的特别规定

第七十八条 高速公路应当标明车道的行驶速度，最高车速不得超过每小时 120 公里，最低车速不得低于每小时 60 公里。

在高速公路上行驶的小型载客汽车最高车速不得超过每小时 120 公里，其他机动车不得超过每小时 100 公里，摩托车不得超过每小时 80 公里。

同方向有 2 条车道的，左侧车道的最低车速为每小时 100 公里；同方向有 3 条以上车道的，最左侧车道的最低车速为每小时 110 公里，中间车道的最低车速为每小时 90 公里。道路限速标志标明的车速与上述车道行驶车速的规定不一致的，按照道路限速标志标明的车速行驶。

第七十九条 机动车从匝道驶入高速公路，应当开启左转向灯，在不妨碍已在高速公路内的机动车正常行驶的情况下驶入车道。

机动车驶离高速公路时，应当开启右转向灯，驶入减速车道，降低车速后驶离。

第八十条 机动车在高速公路上行驶，车速超过每小时 100 公里时，应当与同车道前车保持 100 米以上的距离，车速低于每小时 100 公里时，与同车道前车距离可以适当缩短，但最小距离不得少于 50 米。

第八十一条 机动车在高速公路上行驶，遇有雾、雨、雪、沙尘、冰雹等低能见度气象条件时，应当遵守下列规定：
（一）能见度小于 200 米时，开启雾灯、近光灯、示廓灯和前后位灯，车速不得超过每小时 60 公里，与同车道前车保持 100 米以上的距离；
（二）能见度小于 100 米时，开启雾灯、近光灯、示廓灯、前后位灯和危险报警闪光灯，车速不得超过每小时 40 公里，与同车道前车保持 50 米以上的距离；
（三）能见度小于 50 米时，开启雾灯、近光灯、示廓灯、前后位灯和危险报警闪光灯，车速不得超过每小时 20 公里，并从最近的出口尽快驶离高速公路。

遇有前款规定情形时，高速公路管理部门应当通过显示屏等方式发布速度限制、保持车距等提示信息。

第八十二条 机动车在高速公路上行驶，不得有下列行为：

（一）倒车、逆行、穿越中央分隔带掉头或者在车道内停车；

（二）在匝道、加速车道或者减速车道上超车；

（三）骑、轧车行道分界线或者在路肩上行驶；

（四）非紧急情况时在应急车道行驶或者停车；

（五）试车或者学习驾驶机动车。

第八十三条 在高速公路上行驶的载货汽车车厢不得载人。两轮摩托车在高速公路行驶时不得载人。

第八十四条 机动车通过施工作业路段时，应当注意警示标志，减速行驶。

第八十五条 城市快速路的道路交通安全管理，参照本节的规定执行。

高速公路、城市快速路的道路交通安全管理工作，省、自治区、直辖市人民政府公安机关交通管理部门可以指定设区的市人民政府公安机关交通管理部门或者相当于同级的公安机关交通管理部门承担。

第五章 交通事故处理

第八十六条 机动车与机动车、机动车与非机动车在道路上发生未造成人身伤亡的交通事故，当事人对事实及成因无争议的，在记录交通事故的时间、地点、对方当事人的姓名和联系方式、机动车牌号、驾驶证号、保险凭证号、碰撞部位，并共同签名后，撤离现场，自行协商损害赔偿事宜。当事人对交通事故事实及成因有争议的，应当迅速报警。

第八十七条 非机动车与非机动车或者行人在道路上发生交通事故，未造成人身伤亡，且基本事实及成因清楚的，当事人应当先撤离现场，再自行协商处理损害赔偿事宜。当事人对交通事故事实及成因有争议的，应当迅速报警。

第八十八条 机动车发生交通事故，造成道路、供电、通讯等设施损毁的，驾驶人应当报警等候处理，不得驶离。机动车可以移动的，应当将机动车移至不妨碍交通的地点。公安机关交通管理部门应当将事故有关情况通知有关部门。

第八十九条 公安机关交通管理部门或者交通警察接到交通事故报警，应当及时赶赴现场，对未造成人身伤亡，事实清楚，并且机动车可以移动的，应当在记录事故情况后责令当事人撤离现场，恢复交通。对拒不撤离现场的，予以强制撤离。

对属于前款规定情况的道路交通事故，交通警察可以适用简易程序处理，并当场出具事故认定书。当事人共同请求调解的，交通警察可以当场对损害赔偿争议进行调解。

对道路交通事故造成人员伤亡和财产损失需要勘验、检查现场的，公安机关交通管理部门应当按照勘查现场工作规范进行。现场勘查完毕，应当组织清理现场，恢复交通。

第九十条 投保机动车第三者责任强制保险的机动车发生交通事故，因抢救受伤人员需要保险公司支付抢救费用的，由公安机关交通管理部门通知保险公司。

抢救受伤人员需要道路交通事故救助基金垫付费用的，由公安机关交通管理部门通知道路交通事故社会救助基金管理机构。

第九十一条 公安机关交通管理部门应当根据交通事故当事人的行为对发生交通事故所起的作用以及过错的严重程度，确定当事人的责任。

第九十二条 发生交通事故后当事人逃逸的，逃逸的当事人承担全部责任。但是，有证据证明对方当事人也有过错的，可以减轻责任。

当事人故意破坏、伪造现场、毁灭证据的，承担全部责任。

第九十三条 公安机关交通管理部门对经过勘验、检查现场的交通事故应当在勘查现场之日起 10 日内制作交通事故认定书。对需要进行检验、鉴定的，应当在检验、鉴定结果确定之日起 5 日内制作交通事故认定书。

第九十四条 当事人对交通事故损害赔偿有争议，各方当事人一致请求公安机关交通管理部门调解的，应当在收到交通事故认定书之日起 10 日内提出书面调解申请。

对交通事故致死的，调解从办理丧葬事宜结束之日起开始；对交通事故致伤的，调解从治疗终结或者定残之日起开始；对交通事故造成财产损失的，调解从确定损失之日起开始。

第九十五条 公安机关交通管理部门调解交通事故损害赔偿争议的期限为 10 日。调解达成协议的，公安机关交通管理部门应当制作调解书送交各方当事人，调解书经各方当事人共同签字后生效；调解未达成协议的，公安机关交通管理部门应当制作调解终结书送交各方当事人。

交通事故损害赔偿项目和标准依照有关法律的规定执行。

第九十六条 对交通事故损害赔偿的争议，当事人向人民法院提起民事诉讼的，公安机关交通管理部门不再受理调解申请。

公安机关交通管理部门调解期间，当事人向人民法院提起民事诉讼的，调解终止。

第九十七条 车辆在道路以外发生交通事故，公安机关交通管理部门接到报案的，参照道路交通安全法和本条例的规定处理。

车辆、行人与火车发生的交通事故以及在渡口发生的交通事故，依照国家有关规定处理。

第六章 执法监督

第九十八条 公安机关交通管理部门应当公开办事制度、办事程序，建立警风警纪监督员制度，自觉接受社会和群众的监督。

第九十九条 公安机关交通管理部门及其交通警察办理机动车登记，发放号牌，对驾驶人考核、发证，处理道路交通安全违法行为，处理道路交通事故，应当严格遵守有关规定，不得越权执法，不得延迟履行职责，不得擅自改变处罚的种类和幅度。

第一百条 公安机关交通管理部门应当公布举报电话，受理群众举报投诉，并及时调查核实，反馈查处结果。

第一百零一条 公安机关交通管理部门应当建立执法质量考核评议、执法责任制和执法过错追究制度，防止和纠正道路交通安全执法中的错误或者不当行为。

第七章　法律责任

第一百零二条　违反本条例规定的行为，依照道路交通安全法和本条例的规定处罚。

第一百零三条　以欺骗、贿赂等不正当手段取得机动车登记或者驾驶许可的，收缴机动车登记证书、号牌、行驶证或者机动车驾驶证，撤销机动车登记或者机动车驾驶许可；申请人在3年内不得申请机动车登记或者机动车驾驶许可。

第一百零四条　机动车驾驶人有下列行为之一，又无其他机动车驾驶人即时替代驾驶的，公安机关交通管理部门除依法给予处罚外，可以将其驾驶的机动车移至不妨碍交通的地点或者有关部门指定的地点停放：

（一）不能出示本人有效驾驶证的；

（二）驾驶的机动车与驾驶证载明的准驾车型不符的；

（三）饮酒、服用国家管制的精神药品或者麻醉药品、患有妨碍安全驾驶的疾病，或者过度疲劳仍继续驾驶的；

（四）学习驾驶人员没有教练人员随车指导单独驾驶的。

第一百零五条　机动车驾驶人有饮酒、醉酒、服用国家管制的精神药品或者麻醉药品嫌疑的，应当接受测试、检验。

第一百零六条　公路客运载客汽车超过核定乘员、载货汽车超过核定载质量的，公安机关交通管理部门依法扣留机动车后，驾驶人应当将超载的乘车人转运、将超载的货物卸载，费用由超载机动车的驾驶人或者所有人承担。

第一百零七条　依照道路交通安全法第九十二条、第九十五条、第九十六条、第九十八条的规定被扣留的机动车，驾驶人或者所有人、管理人30日内没有提供被扣留机动车的合法证明，没有补办相应手续，或者不来接受处理，经公安机关交通管理部门通知并且经公告3个月仍不前来接受处理的，由公安机关交通管理部门将该机动车送交有资格的拍卖机构拍卖，所得价款上缴国库；非法拼装的机动车予以拆除；达到报废标准的机动车予以报废；机动车涉及其他违法犯罪行为的，移交有关部门处理。

第一百零八条　交通警察按照简易程序当场作出行政处罚的，应当告知当事人道路交通安全违法行为的事实、处罚的理由和依据，并将行政处罚决定书当场交付被处罚人。

第一百零九条　对道路交通安全违法行为人处以罚款或者暂扣驾驶证处罚的，由违法行为发生地的县级以上人民政府公安机关交通管理部门或者相当于同级的公安机关交通管理部门作出决定；对处以吊销机动车驾驶证处罚的，由设区的市人民政府公安机关交通管理部门或者相当于同级的公安机关交通管理部门作出决定。

公安机关交通管理部门对非本辖区机动车的道路交通安全违法行为没有当场处罚的，可以由机动车登记地的公安机关交通管理部门处罚。

第一百一十条　当事人对公安机关交通管理部门及其交通警察的处罚有权进行陈述和申辩，交通警察应当充分听取当事人的陈述和申辩，不得因当事人陈述、申辩而加重其处罚。

第八章 附 则

第一百一十一条 本条例所称上道路行驶的拖拉机，是指手扶拖拉机等最高设计行驶速度不超过每小时20公里的轮式拖拉机和最高设计行驶速度不超过每小时40公里、牵引挂车方可从事道路运输的轮式拖拉机。

第一百一十二条 农业（农业机械）主管部门应当定期向公安机关交通管理部门提供拖拉机登记、安全技术检验以及拖拉机驾驶证发放的资料、数据。公安机关交通管理部门对拖拉机驾驶人作出暂扣、吊销驾驶证处罚或者记分处理的，应当定期将处罚决定书和记分情况通报有关的农业（农业机械）主管部门。吊销驾驶证的，还应当将驾驶证送交有关的农业（农业机械）主管部门。

第一百一十三条 境外机动车入境行驶，应当向入境地的公安机关交通管理部门申请临时通行号牌、行驶证。临时通行号牌、行驶证应当根据行驶需要，载明有效日期和允许行驶的区域。

入境的境外机动车申请临时通行号牌、行驶证以及境外人员申请机动车驾驶许可的条件、考试办法由国务院公安部门规定。

第一百一十四条 机动车驾驶许可考试的收费标准，由国务院价格主管部门规定。

第一百一十五条 本条例自2004年5月1日起施行。1960年2月11日国务院批准、交通部发布的《机动车管理办法》，1988年3月9日国务院发布的《中华人民共和国道路交通管理条例》，1991年9月22日国务院发布的《道路交通事故处理办法》，同时废止。

公路水运工程安全生产监督管理办法

发布单位：交通运输部　发布日期：2007年2月14日
修改日期：2017年6月12日　实施日期：2017年8月1日
中华人民共和国交通运输部令2017年第25号

第一章　总　则

第一条　为了加强公路水运工程安全生产监督管理，防止和减少生产安全事故，保障人民群众生命和财产安全，根据《中华人民共和国安全生产法》、《建设工程安全生产管理条例》、《生产安全事故报告和调查处理条例》等法律、行政法规，制定本办法。

第二条　公路水运工程建设活动的安全生产行为及对其实施监督管理，应当遵守本办法。

第三条　本办法所称公路水运工程，是指经依法审批、核准或者备案的公路、水运基础设施的新建、改建、扩建等建设项目。

本办法所称从业单位，是指从事公路、水运工程建设、勘察、设计、施工、监理、试验检测、安全服务等工作的单位。

第四条　公路水运工程安全生产工作应当以人民为中心，坚持安全第一、预防为主、综合治理的方针，强化和落实从业单位的主体责任，建立从业单位负责、职工参与、政府监管、行业自律和社会监督的机制。

第五条　交通运输部负责全国公路水运工程安全生产的监督管理工作。

长江航务管理局承担长江干线航道工程安全生产的监督管理工作。

县级以上地方人民政府交通运输主管部门按照规定的职责负责本行政区域内的公路水运工程安全生产监督管理工作。

第六条　交通运输主管部门应当按照保障安全生产的要求，依法制修订公路水运工程安全应急标准体系。

第七条　交通运输主管部门应当建立公路水运工程从业单位和从业人员安全生产违法违规行为信息库，实行安全生产失信黑名单制度，并按规定将有关信用信息及时纳入交通运输和相关统一信用信息共享平台，依法向社会公开。

第八条　有关行业协会依照法律、法规、规章和协会章程，为从业单位提供有关安全生产信息、培训等服务，发挥行业自律作用，促进从业单位加强安全生产管理。

第九条　国家鼓励和支持公路水运工程安全生产科学技术研究成果和先进技术的推广

应用，鼓励从业单位运用科技和信息化等手段对存在重大安全风险的施工部位加强监控。

第十条 在改善项目安全生产条件、防止生产安全事故、参加抢险救援等方面取得显著成绩的单位和个人，交通运输主管部门依法给予奖励。

第二章 安全生产条件

第十一条 从业单位从事公路水运工程建设活动，应当具备法律、法规、规章和工程建设强制性标准规定的安全生产条件。任何单位和个人不得降低安全生产条件。

第十二条 公路水运工程应当坚持先勘察后设计再施工的程序。施工图设计文件依法经审批后方可使用。

第十三条 公路水运工程施工招标文件及施工合同中应当载明项目安全管理目标、安全生产职责、安全生产条件、安全生产信用情况及专职安全生产管理人员配备的标准等要求。

第十四条 施工单位从事公路水运工程建设活动，应当取得安全生产许可证及相应等级的资质证书。施工单位的主要负责人和安全生产管理人员应当经交通运输主管部门对其安全生产知识和管理能力考核合格。

施工单位应当设置安全生产管理机构或者配备专职安全生产管理人员。施工单位应当根据工程施工作业特点、安全风险以及施工组织难度，按照年度施工产值配备专职安全生产管理人员，不足5000万元的至少配备1名；5000万元以上不足2亿元的按每5000万元不少于1名的比例配备；2亿元以上的不少于5名，且按专业配备。

第十五条 从业单位应当依法对从业人员进行安全生产教育和培训。未经安全生产教育和培训合格的从业人员，不得上岗作业。

第十六条 公路水运工程从业人员中的特种作业人员应当按照国家有关规定取得相应资格，方可上岗作业。

第十七条 施工中使用的施工机械、设施、机具以及安全防护用品、用具和配件等应当具有生产（制造）许可证、产品合格证或者法定检验检测合格证明，并设立专人查验、定期检查和更新，建立相应的资料档案。无查验合格记录的不得投入使用。

第十八条 特种设备使用单位应当依法取得特种设备使用登记证书，建立特种设备安全技术档案，并将登记标志置于该特种设备的显著位置。

第十九条 翻模、滑（爬）模等自升式架设设施，以及自行设计、组装或者改装的施工挂（吊）篮、移动模架等设施在投入使用前，施工单位应当组织有关单位进行验收，或者委托具有相应资质的检验检测机构进行验收。验收合格后方可使用。

第二十条 对严重危及公路水运工程生产安全的工艺、设备和材料，应当依法予以淘汰。交通运输主管部门可以会同安全生产监督管理部门联合制定严重危及公路水运工程施工安全的工艺、设备和材料的淘汰目录并对外公布。

从业单位不得使用已淘汰的危及生产安全的工艺、设备和材料。

第二十一条 从业单位应当保证本单位所应具备的安全生产条件必需的资金投入。

建设单位在编制工程招标文件及项目概预算时，应当确定保障安全作业环境及安全施工措施所需的安全生产费用，并不得低于国家规定的标准。

施工单位在工程投标报价中应当包含安全生产费用并单独计提，不得作为竞争性报价。

安全生产费用应当经监理工程师审核签认，并经建设单位同意后，在项目建设成本中据实列支，严禁挪用。

第二十二条 公路水运工程施工现场的办公、生活区与作业区应当分开设置，并保持安全距离。办公、生活区的选址应当符合安全性要求，严禁在已发现的泥石流影响区、滑坡体等危险区域设置施工驻地。

施工作业区应当根据施工安全风险辨识结果，确定不同风险等级的管理要求，合理布设。在风险等级较高的区域应当设置警戒区和风险告知牌。

施工作业点应当设置明显的安全警示标志，按规定设置安全防护设施。施工便道便桥、临时码头应当满足通行和安全作业要求，施工便桥和临时码头还应当提供临边防护和水上救生等设施。

第二十三条 施工单位与从业人员订立的劳动合同，应当载明有关保障从业人员劳动安全、防止职业危害等事项。施工单位还应当向从业人员书面告知危险岗位的操作规程。

施工单位应当向作业人员提供符合标准的安全防护用品，监督、教育从业人员按照使用规则佩戴、使用。

第二十四条 公路水运工程建设应当实施安全生产风险管理，按规定开展设计、施工安全风险评估。

设计单位应当依据风险评估结论，对设计方案进行修改完善。

施工单位应当依据风险评估结论，对风险等级较高的分部分项工程编制专项施工方案，并附安全验算结果，经施工单位技术负责人签字后报监理工程师批准执行。

必要时，施工单位应当组织专家对专项施工方案进行论证、审核。

第二十五条 建设、施工等单位应当针对工程项目特点和风险评估情况分别制定项目综合应急预案、合同段施工专项应急预案和现场处置方案，告知相关人员紧急避险措施，并定期组织演练。

施工单位应当依法建立应急救援组织或者指定工程现场兼职的、具有一定专业能力的应急救援人员，配备必要的应急救援器材、设备和物资，并进行经常性维护、保养。

第二十六条 从业单位应当依法参加工伤保险，为从业人员缴纳保险费。

鼓励从业单位投保安全生产责任保险和意外伤害保险。

第三章 安全生产责任

第二十七条 从业单位应当建立健全安全生产责任制，明确各岗位的责任人员、责任范围和考核标准等内容。从业单位应当建立相应的机制，加强对安全生产责任制落实情况的监督考核。

第二十八条 建设单位对公路水运工程安全生产负管理责任。依法开展项目安全生产条件审核，按规定组织风险评估和安全生产检查。根据项目风险评估等级，在工程沿线受影响区域作出相应风险提示。

建设单位不得对勘察、设计、监理、施工、设备租赁、材料供应、试验检测、安全服务等单位提出不符合安全生产法律、法规和工程建设强制性标准规定的要求。不得违反或者擅自简化基本建设程序。不得随意压缩工期。工期确需调整的，应当对影响安全的风险进行论证和评估，经合同双方协商一致，提出相应的施工组织和安全保障措施。

第二十九条 勘察单位应当按照法律、法规、规章、工程建设强制性标准和合同文件进行实地勘察，针对不良地质、特殊性岩土、有毒有害气体等不良情形或者其他可能引发工程生产安全事故的情形加以说明并提出防治建议。

勘察单位提交的勘察文件必须真实、准确，满足公路水运工程安全生产的需要。

勘察单位及勘察人员对勘察结论负责。

第三十条 设计单位应当按照法律、法规、规章、工程建设强制性标准和合同文件进行设计，防止因设计不合理导致生产安全事故的发生。

设计单位应当考虑施工安全操作和防护的需要，对涉及施工安全的重点部位和环节在设计文件中加以注明，提出安全防范意见。依据设计风险评估结论，对存在较高安全风险的工程部位还应当增加专项设计，并组织专家进行论证。

采用新结构、新工艺、新材料的工程和特殊结构工程，设计单位应当在设计文件中提出保障施工作业人员安全和预防生产安全事故的措施建议。

设计单位和设计人员应当对其设计负责，并按合同要求做好安全技术交底和现场服务。

第三十一条 监理单位应当按照法律、法规、规章、工程建设强制性标准和合同文件进行监理，对工程安全生产承担监理责任。

监理单位应当审核施工项目安全生产条件，审查施工组织设计中安全措施和专项施工方案。在实施监理过程中，发现存在安全事故隐患的，应当要求施工单位整改；情节严重的，应当下达工程暂停令，并及时报告建设单位。施工单位拒不整改或者不停止施工的，监理单位应当及时向有关主管部门书面报告，并有权拒绝计量支付审核。

监理单位应当如实记录安全事故隐患和整改验收情况，对有关文字、影像资料应当妥善保存。

第三十二条 依合同承担试验检测或者施工监测的单位应当按照法律、法规、规章、工程建设强制性标准和合同文件开展工作。所提交的试验检测或者施工监测数据应当真实、准确，数据出现异常时应当及时向合同委托方报告。

第三十三条 依法设立的为安全生产提供技术、管理服务的机构，依照法律、法规、规章和执业准则，接受从业单位的委托为其安全生产工作提供技术、管理服务。

从业单位委托前款规定的机构提供安全生产技术、管理服务的，保障安全生产的责任仍由本单位负责。

第三十四条 施工单位应当按照法律、法规、规章、工程建设强制性标准和合同文件组织施工，保障项目施工安全生产条件，对施工现场的安全生产负主体责任。施工单位主要负责人依法对项目安全生产工作全面负责。

建设工程实行施工总承包的，由总承包单位对施工现场的安全生产负总责。分包单位应当服从总承包单位的安全生产管理，分包单位不服从管理导致生产安全事故的，由分包单位承担主要责任。

第三十五条 施工单位应当书面明确本单位的项目负责人，代表本单位组织实施项目施工生产。

项目负责人对项目安全生产工作负有下列职责：

（一）建立项目安全生产责任制，实施相应的考核与奖惩；

（二）按规定配足项目专职安全生产管理人员；

（三）结合项目特点，组织制定项目安全生产规章制度和操作规程；

（四）组织制定项目安全生产教育和培训计划；

（五）督促项目安全生产费用的规范使用；

（六）依据风险评估结论，完善施工组织设计和专项施工方案；

（七）建立安全预防控制体系和隐患排查治理体系，督促、检查项目安全生产工作，确认重大事故隐患整改情况；

（八）组织制定本合同段施工专项应急预案和现场处置方案，并定期组织演练；

（九）及时、如实报告生产安全事故并组织自救。

第三十六条 施工单位的专职安全生产管理人员履行下列职责：

（一）组织或者参与拟订本单位安全生产规章制度、操作规程，以及合同段施工专项应急预案和现场处置方案；

（二）组织或者参与本单位安全生产教育和培训，如实记录安全生产教育和培训情况；

（三）督促落实本单位施工安全风险管控措施；

（四）组织或者参与本合同段施工应急救援演练；

（五）检查施工现场安全生产状况，做好检查记录，提出改进安全生产标准化建设的建议；

（六）及时排查、报告安全事故隐患，并督促落实事故隐患治理措施；

（七）制止和纠正违章指挥、违章操作和违反劳动纪律的行为。

第三十七条 施工单位应当推进本企业承接项目的施工场地布置、现场安全防护、施工工艺操作、施工安全管理活动记录等方面的安全生产标准化建设，并加强对安全生产标准化实施情况的自查自纠。

第三十八条 施工单位应当根据施工规模和现场消防重点建立施工现场消防安全责任制度，确定消防安全责任人，制定消防管理制度和操作规程，设置消防通道，配备相应的消防设施、物资和器材。

施工单位对施工现场临时用火、用电的重点部位及爆破作业各环节应当加强消防安全检查。

第三十九条 施工单位应当将专业分包单位、劳务合作单位的作业人员及实习人员纳入本单位统一管理。

新进人员和作业人员进入新的施工现场或者转入新的岗位前，施工单位应当对其进行安全生产培训考核。

施工单位采用新技术、新工艺、新设备、新材料的，应当对作业人员进行相应的安全生产教育培训，生产作业前还应当开展岗位风险提示。

第四十条 施工单位应当建立健全安全生产技术分级交底制度，明确安全技术分级交底的原则、内容、方法及确认手续。

分项工程实施前，施工单位负责项目管理的技术人员应当按规定对有关安全施工的技术要求向施工作业班组、作业人员详细说明，并由双方签字确认。

第四十一条 施工单位应当按规定开展安全事故隐患排查治理，建立职工参与的工作机制，对隐患排查、登记、治理等全过程闭合管理情况予以记录。事故隐患排查治理情况应当向从业人员通报，重大事故隐患还应当按规定上报和专项治理。

第四十二条 事故发生单位应当依法如实向项目建设单位和负有安全生产监督管理职责的有关部门报告。不得隐瞒不报、谎报或者迟报。

发生生产安全事故，施工单位负责人接到事故报告后，应当迅速组织抢救，减少人员伤亡，防止事故扩大。组织抢救时，应当妥善保护现场，不得故意破坏事故现场、毁灭有关证据。

事故调查处置期间，事故发生单位的负责人、项目主要负责人和有关人员应当配合事故调查，不得擅离职守。

第四十三条 作业人员应当遵守安全施工的规章制度和操作规程，正确使用安全防护用具、机械设备。发现安全事故隐患或者其他不安全因素，应当向现场专（兼）职安全生产管理人员或者本单位项目负责人报告。

作业人员有权了解其作业场所和工作岗位存在的风险因素、防范措施及事故应急措施，有权对施工现场存在的安全问题提出检举和控告，有权拒绝违章指挥和强令冒险作业。

在施工中发生可能危及人身安全的紧急情况时，作业人员有权立即停止作业或者在采取可能的应急措施后撤离危险区域。

第四章 监督管理

第四十四条 交通运输主管部门应当对公路水运工程安全生产行为和下级交通运输主管部门履行安全生产监督管理职责情况进行监督检查。

交通运输主管部门应当依照安全生产法律、法规、规章及工程建设强制性标准，制定年度监督检查计划，确定检查重点、内容、方式和频次。加强与其他安全生产监管部门的合作，推进联合检查执法。

第四十五条 交通运输主管部门对公路水运工程安全生产行为的监督检查主要包括下列内容：

（一）被检查单位执行法律、法规、规章及工程建设强制性标准情况；

（二）本办法规定的项目安全生产条件落实情况；

（三）施工单位在施工场地布置、现场安全防护、施工工艺操作、施工安全管理活动记录等方面的安全生产标准化建设推进情况。

第四十六条 交通运输主管部门在职责范围内开展安全生产监督检查时，有权采取下列措施：

（一）进入被检查单位进行检查，调阅有关工程安全管理的文件和相关照片、录像及电子文本等资料，向有关单位和人员了解情况；

（二）进入被检查单位施工现场进行监督抽查；

（三）责令相关单位立即或者限期停止、改正违法行为；

（四）法律、行政法规规定的其他措施。

第四十七条 交通运输主管部门对监督检查中发现的安全问题或者安全事故隐患，应当根据情况作出如下处理：

（一）被检查单位存在安全管理问题需要整改的，以书面方式通知存在问题的单位限期整改；

（二）发现严重安全生产违法行为的，予以通报，并按规定依法实施行政处罚或者移交有关部门处理；

（三）被检查单位存在安全事故隐患的，责令立即排除；重大事故隐患排除前或者排除过程中无法保证安全的，责令其从危险区域撤出作业人员，暂时停止施工，并按规定专项治理，纳入重点监管的失信黑名单；

（四）被检查单位拒不执行交通运输主管部门依法作出的相关行政决定，有发生生产安全事故的现实危险的，在保证安全的前提下，经本部门负责人批准，可以提前24小时以书面方式通知有关单位和被检查单位，采取停止供电、停止供应民用爆炸物品等措施，强制被检查单位履行决定；

（五）因建设单位违规造成重大生产安全事故的，对全部或者部分使用财政性资金的项目，可以建议相关职能部门暂停项目执行或者暂缓资金拨付；

（六）督促负有直接监督管理职责的交通运输主管部门，对存在安全事故隐患整改不到位的被检查单位主要负责人约谈警示；

（七）对违反本办法有关规定的行为实行相应的安全生产信用记录，对列入失信黑名单的单位及主要责任人按规定向社会公布；

（八）法律、行政法规规定的其他措施。

第四十八条 交通运输主管部门执行监督检查任务时，应当将检查的时间、地点、内容、发现的问题及其处理情况作出书面记录，并由检查人员和被检查单位的负责人签字。被检查单位负责人拒绝签字的，检查人员应当将情况记录在案，向本单位领导报告，并抄告被检查单位所在的企业法人。

第四十九条 交通运输主管部门对有下列情形之一的从业单位及其直接负责的主管人员和其他直接责任人员给予违法违规行为失信记录并对外公开，公开期限一般自公布之日起12个月：

（一）因违法违规行为导致工程建设项目发生一般及以上等级的生产安全责任事故并承担主要责任的；

（二）交通运输主管部门在监督检查中，发现因从业单位违法违规行为导致工程建设项目存在安全事故隐患的；

（三）存在重大事故隐患，经交通运输主管部门指出或者责令限期消除，但从业单位拒不采取措施或者未按要求消除隐患的；

（四）对举报或者新闻媒体报道的违法违规行为，经交通运输主管部门查实的；

（五）交通运输主管部门依法认定的其他违反安全生产相关法律法规的行为。

对违法违规行为情节严重的从业单位及主要责任人员，应当列入安全生产失信黑名单，将具体情节抄送相关行业主管部门。

第五十条　交通运输主管部门在专业性较强的监督检查中，可以委托具备相应资质能力的机构或者专家开展检查、检测和评估，所需费用按照本级政府购买服务的相关程序要求进行申请。

第五十一条　交通运输主管部门应当健全工程建设安全监管制度，协调有关部门依法保障监督执法经费和装备，加强对监督管理人员的教育培训，提高执法水平。

监督管理人员应当忠于职守，秉公执法，坚持原则。

第五十二条　交通运输主管部门在进行安全生产责任追究时，被问责部门及其工作人员按照法律、法规、规章和工程建设强制性标准规定的方式、程序、计划已经履行安全生产督查职责，但仍有下列情形之一的，可不承担责任：

（一）对发现的安全生产违法行为和安全事故隐患已经依法查处，因从业单位及其从业人员拒不执行导致生产安全责任事故的；

（二）从业单位非法生产或者经责令停工整顿后仍不具备安全生产条件，已经依法提请县级以上地方人民政府决定中止或者取缔施工的；

（三）对拒不执行行政处罚决定的从业单位，已经依法申请人民法院强制执行的；

（四）工程项目中止施工后发生生产安全责任事故的；

（五）因自然灾害等不可抗力导致生产安全事故的；

（六）依法不承担责任的其他情形。

第五十三条　交通运输主管部门应当建立举报制度，及时受理对公路水运工程生产安全事故、事故隐患以及监督检查人员违法行为的检举、控告和投诉。

任何单位或者个人对安全事故隐患、安全生产违法行为或者事故险情等，均有权向交通运输主管部门报告或者举报。

第五章　法律责任

第五十四条　从业单位及相关责任人违反本办法规定，国家有关法律、行政法规对其法律责任有规定的，适用其规定；没有规定的，由交通运输主管部门根据各自的职责按照本办法规定进行处罚。

第五十五条　从业单位及相关责任人违反本办法规定，有下列行为之一的，责令限期改正；逾期未改正的，对从业单位处 1 万元以上 3 万元以下的罚款；构成犯罪的，依法移

送司法部门追究刑事责任:

（一）从业单位未全面履行安全生产责任，导致重大事故隐患的；

（二）未按规定开展设计、施工安全风险评估，或者风险评估结论与实际情况严重不符，导致重大事故隐患未被及时发现的；

（三）未按批准的专项施工方案进行施工，导致重大事故隐患的；

（四）在已发现的泥石流影响区、滑坡体等危险区域设置施工驻地，导致重大事故隐患的。

第五十六条 施工单位有下列行为之一的，责令限期改正，可以处 5 万元以下的罚款；逾期未改正的，责令停产停业整顿，并处 5 万元以上 10 万元以下的罚款，对其直接负责的主管人员和其他直接责任人员处 1 万元以上 2 万元以下的罚款：

（一）未按照规定设置安全生产管理机构或者配备安全生产管理人员的；

（二）主要负责人和安全生产管理人员未按照规定经考核合格的。

第五十七条 交通运输主管部门及其工作人员违反本办法规定，有下列情形之一的，对直接负责的主管人员和其他直接责任人员依法给予行政处分；构成犯罪的，依法移送司法部门追究刑事责任：

（一）发现公路水运工程重大事故隐患、生产安全事故不予查处的；

（二）对涉及施工安全的重大检举、投诉不依法及时处理的；

（三）在监督检查过程中索取或者接受他人财物，或者谋取其他利益的。

第六章 附 则

第五十八条 地方人民政府对农村公路建设的安全生产另有规定的，适用其规定。

第五十九条 本办法自 2017 年 8 月 1 日起施行。交通部于 2007 年 2 月 14 日以交通部令 2007 年第 1 号发布、交通运输部于 2016 年 3 月 7 日以交通运输部令 2016 年第 9 号修改的《公路水运工程安全生产监督管理办法》同时废止。

中华人民共和国内河交通安全管理条例

发布单位：国务院　发布日期：2002年6月28日
修改并实施日期：2019年3月2日
中华人民共和国国务院令第709号

第一章　总　则

第一条　为了加强内河交通安全管理，维护内河交通秩序，保障人民群众生命、财产安全，制定本条例。

第二条　在中华人民共和国内河通航水域从事航行、停泊和作业以及与内河交通安全有关的活动，必须遵守本条例。

第三条　内河交通安全管理遵循安全第一、预防为主、方便群众、依法管理的原则，保障内河交通安全、有序、畅通。

第四条　国务院交通主管部门主管全国内河交通安全管理工作。国家海事管理机构在国务院交通主管部门的领导下，负责全国内河交通安全监督管理工作。

国务院交通主管部门在中央管理水域设立的海事管理机构和省、自治区、直辖市人民政府在中央管理水域以外的其他水域设立的海事管理机构（以下统称海事管理机构）依据各自的职责权限，对所辖内河通航水域实施水上交通安全监督管理。

第五条　县级以上地方各级人民政府应当加强本行政区域内的内河交通安全管理工作，建立、健全内河交通安全管理责任制。

乡（镇）人民政府对本行政区域内的内河交通安全管理履行下列职责：

（一）建立、健全行政村和船主的船舶安全责任制；

（二）落实渡口船舶、船员、旅客定额的安全管理责任制；

（三）落实船舶水上交通安全管理的专门人员；

（四）督促船舶所有人、经营人和船员遵守有关内河交通安全的法律、法规和规章。

第二章　船舶、浮动设施和船员

第六条　船舶具备下列条件，方可航行：

（一）经海事管理机构认可的船舶检验机构依法检验并持有合格的船舶检验证书；

（二）经海事管理机构依法登记并持有船舶登记证书；

(三) 配备符合国务院交通主管部门规定的船员;
(四) 配备必要的航行资料。

第七条 浮动设施具备下列条件,方可从事有关活动:
(一) 经海事管理机构认可的船舶检验机构依法检验并持有合格的检验证书;
(二) 经海事管理机构依法登记并持有登记证书;
(三) 配备符合国务院交通主管部门规定的掌握水上交通安全技能的船员。

第八条 船舶、浮动设施应当保持适于安全航行、停泊或者从事有关活动的状态。

船舶、浮动设施的配载和系固应当符合国家安全技术规范。

第九条 船员经水上交通安全专业培训,其中客船和载运危险货物船舶的船员还应当经相应的特殊培训,并经海事管理机构考试合格,取得相应的适任证书或者其他适任证件,方可担任船员职务。严禁未取得适任证书或者其他适任证件的船员上岗。

船员应当遵守职业道德,提高业务素质,严格依法履行职责。

第十条 船舶、浮动设施的所有人或者经营人,应当加强对船舶、浮动设施的安全管理,建立、健全相应的交通安全管理制度,并对船舶、浮动设施的交通安全负责;不得聘用无适任证书或者其他适任证件的人员担任船员;不得指使、强令船员违章操作。

第十一条 船舶、浮动设施的所有人或者经营人,应当根据船舶、浮动设施的技术性能、船员状况、水域和水文气象条件,合理调度船舶或者使用浮动设施。

第十二条 按照国家规定必须取得船舶污染损害责任、沉船打捞责任的保险文书或者财务保证书的船舶,其所有人或者经营人必须取得相应的保险文书或者财务担保证明,并随船携带其副本。

第十三条 禁止伪造、变造、买卖、租借、冒用船舶检验证书、船舶登记证书、船员适任证书或者其他适任证件。

第三章 航行、停泊和作业

第十四条 船舶在内河航行,应当悬挂国旗,标明船名、船籍港、载重线。

按照国家规定应当报废的船舶、浮动设施,不得航行或者作业。

第十五条 船舶在内河航行,应当保持瞭望,注意观察,并采用安全航速航行。船舶安全航速应当根据能见度、通航密度、船舶操纵性能和风、浪、水流、航路状况以及周围环境等主要因素决定。使用雷达的船舶,还应当考虑雷达设备的特性、效率和局限性。

船舶在限制航速的区域和汛期高水位期间,应当按照海事管理机构规定的航速航行。

第十六条 船舶在内河航行时,上行船舶应当沿缓流或者航路一侧航行,下行船舶应当沿主流或者航路中间航行;在潮流河段、湖泊、水库、平流区域,应当尽可能沿本船右舷一侧航路航行。

第十七条 船舶在内河航行时,应当谨慎驾驶,保障安全;对来船动态不明、声号不统一或者遇有紧迫情况时,应当减速、停车或者倒车,防止碰撞。

船舶相遇,各方应当注意避让。按照船舶航行规则应当让路的船舶,必须主动避让被让路船舶；被让路船舶应当注意让路船舶的行动，并适时采取措施，协助避让。

船舶避让时，各方避让意图经统一后，任何一方不得擅自改变避让行动。

船舶航行、避让和信号显示的具体规则，由国务院交通主管部门制定。

第十八条 船舶进出内河港口，应当向海事管理机构报告船舶的航次计划、适航状态、船员配备和载货载客等情况。

第十九条 下列船舶在内河航行，应当向引航机构申请引航：

（一）外国籍船舶；

（二）1000总吨以上的海上机动船舶，但船长驾驶同一类型的海上机动船舶在同一内河通航水域航行与上一航次间隔2个月以内的除外；

（三）通航条件受限制的船舶；

（四）国务院交通主管部门规定应当申请引航的客船、载运危险货物的船舶。

第二十条 船舶进出港口和通过交通管制区、通航密集区或者航行条件受限制的区域，应当遵守海事管理机构发布的有关通航规定。

任何船舶不得擅自进入或者穿越海事管理机构公布的禁航区。

第二十一条 从事货物或者旅客运输的船舶，必须符合船舶强度、稳性、吃水、消防和救生等安全技术要求和国务院交通主管部门规定的载货或者载客条件。

任何船舶不得超载运输货物或者旅客。

第二十二条 船舶在内河通航水域载运或者拖带超重、超长、超高、超宽、半潜的物体，必须在装船或者拖带前24小时报海事管理机构核定拟航行的航路、时间，并采取必要的安全措施，保障船舶载运或者拖带安全。船舶需要护航的，应当向海事管理机构申请护航。

第二十三条 遇有下列情形之一时，海事管理机构可以根据情况采取限时航行、单航、封航等临时性限制、疏导交通的措施，并予公告：

（一）恶劣天气；

（二）大范围水上施工作业；

（三）影响航行的水上交通事故；

（四）水上大型群众性活动或者体育比赛；

（五）对航行安全影响较大的其他情形。

第二十四条 船舶应当在码头、泊位或者依法公布的锚地、停泊区、作业区停泊；遇有紧急情况，需要在其他水域停泊的，应当向海事管理机构报告。

船舶停泊，应当按照规定显示信号，不得妨碍或者危及其他船舶航行、停泊或者作业的安全。

船舶停泊，应当留有足以保证船舶安全的船员值班。

第二十五条 在内河通航水域或者岸线上进行下列可能影响通航安全的作业或者活动的，应当在进行作业或者活动前报海事管理机构批准：

（一）勘探、采掘、爆破；

（二）构筑、设置、维修、拆除水上水下构筑物或者设施；

（三）架设桥梁、索道；

（四）铺设、检修、拆除水上水下电缆或者管道；

（五）设置系船浮筒、浮趸、缆桩等设施；

（六）航道建设，航道、码头前沿水域疏浚；

（七）举行大型群众性活动、体育比赛。

进行前款所列作业或者活动，需要进行可行性研究的，在进行可行性研究时应当征求海事管理机构的意见；依照法律、行政法规的规定，需经其他有关部门审批的，还应当依法办理有关审批手续。

第二十六条 海事管理机构审批本条例第二十五条规定的作业或者活动，应当自收到申请之日起 30 日内作出批准或者不批准的决定，并书面通知申请人。

遇有紧急情况，需要对航道进行修复或者对航道、码头前沿水域进行疏浚的，作业人可以边申请边施工。

第二十七条 航道内不得养殖、种植植物、水生物和设置永久性固定设施。

划定航道，涉及水产养殖区的，航道主管部门应当征求渔业行政主管部门的意见；设置水产养殖区，涉及航道的，渔业行政主管部门应当征求航道主管部门和海事管理机构的意见。

第二十八条 在内河通航水域进行下列可能影响通航安全的作业，应当在进行作业前向海事管理机构备案：

（一）气象观测、测量、地质调查；

（二）航道日常养护；

（三）大面积清除水面垃圾；

（四）可能影响内河通航水域交通安全的其他行为。

第二十九条 进行本条例第二十五条、第二十八条规定的作业或者活动时，应当在作业或者活动区域设置标志和显示信号，并按照海事管理机构的规定，采取相应的安全措施，保障通航安全。

前款作业或者活动完成后，不得遗留任何妨碍航行的物体。

第四章 危险货物监管

第三十条 从事危险货物装卸的码头、泊位，必须符合国家有关安全规范要求，并征求海事管理机构的意见，经验收合格后，方可投入使用。

禁止在内河运输法律、行政法规以及国务院交通主管部门规定禁止运输的危险货物。

第三十一条 载运危险货物的船舶，必须持有经海事管理机构认可的船舶检验机构依法检验并颁发的危险货物适装证书，并按照国家有关危险货物运输的规定和安全技术规范进行配载和运输。

第三十二条 船舶装卸、过驳危险货物或者载运危险货物进出港口，应当将危险货物的名称、特性、包装、装卸或者过驳的时间、地点以及进出港时间等事项，事先报告海事管理机构和港口管理机构，经其同意后，方可进行装卸、过驳作业或者进出港口；但是，定船、定线、定货的船舶可以定期报告。

第三十三条　载运危险货物的船舶，在航行、装卸或者停泊时，应当按照规定显示信号；其他船舶应当避让。

第三十四条　从事危险货物装卸的码头、泊位和载运危险货物的船舶，必须编制危险货物事故应急预案，并配备相应的应急救援设备和器材。

第五章　渡口管理

第三十五条　设置或者撤销渡口，应当经渡口所在地的县级人民政府审批；县级人民政府审批前，应当征求当地海事管理机构的意见。

第三十六条　渡口的设置应当具备下列条件：

（一）选址应当在水流平缓、水深足够、坡岸稳定、视野开阔、适宜船舶停靠的地点，并远离危险物品生产、堆放场所；

（二）具备货物装卸、旅客上下的安全设施；

（三）配备必要的救生设备和专门管理人员。

第三十七条　渡口经营者应当在渡口设置明显的标志，维护渡运秩序，保障渡运安全。

渡口所在地县级人民政府应当建立、健全渡口安全管理责任制，指定有关部门负责对渡口和渡运安全实施监督检查。

第三十八条　渡口工作人员应当经培训、考试合格，并取得渡口所在地县级人民政府指定的部门颁发的合格证书。

渡口船舶应当持有合格的船舶检验证书和船舶登记证书。

第三十九条　渡口载客船舶应当有符合国家规定的识别标志，并在明显位置标明载客定额、安全注意事项。

渡口船舶应当按照渡口所在地的县级人民政府核定的路线渡运，并不得超载；渡运时，应当注意避让过往船舶，不得抢航或者强行横越。

遇有洪水或者大风、大雾、大雪等恶劣天气，渡口应当停止渡运。

第六章　通航保障

第四十条　内河通航水域的航道、航标和其他标志的规划、建设、设置、维护，应当符合国家规定的通航安全要求。

第四十一条　内河航道发生变迁，水深、宽度发生变化，或者航标发生位移、损坏、灭失，影响通航安全的，航道、航标主管部门必须及时采取措施，使航道、航标保持正常状态。

第四十二条　内河通航水域内可能影响航行安全的沉没物、漂流物、搁浅物，其所有人和经营人，必须按照国家有关规定设置标志，向海事管理机构报告，并在海事管理机构限定的时间内打捞清除;没有所有人或者经营人的,由海事管理机构打捞清除或者采取其他相应措施,保障通航安全。

第四十三条 在内河通航水域中拖放竹、木等物体,应当在拖放前24小时报经海事管理机构同意,按照核定的时间、路线拖放,并采取必要的安全措施,保障拖放安全。

第四十四条 任何单位和个人发现下列情况,应当迅速向海事管理机构报告:

(一)航道变迁,航道水深、宽度发生变化;

(二)妨碍通航安全的物体;

(三)航标发生位移、损坏、灭失;

(四)妨碍通航安全的其他情况。

海事管理机构接到报告后,应当根据情况发布航行通告或者航行警告,并通知航道、航标主管部门。

第四十五条 海事管理机构划定或者调整禁航区、交通管制区、港区外锚地、停泊区和安全作业区,以及对进行本条例第二十五条、第二十八条规定的作业或者活动,需要发布航行通告、航行警告的,应当及时发布。

第七章 救 助

第四十六条 船舶、浮动设施遇险,应当采取一切有效措施进行自救。

船舶、浮动设施发生碰撞等事故,任何一方应当在不危及自身安全的情况下,积极救助遇险的他方,不得逃逸。

船舶、浮动设施遇险,必须迅速将遇险的时间、地点、遇险状况、遇险原因、救助要求,向遇险地海事管理机构以及船舶、浮动设施所有人、经营人报告。

第四十七条 船员、浮动设施上的工作人员或者其他人员发现其他船舶、浮动设施遇险,或者收到求救信号后,必须尽力救助遇险人员,并将有关情况及时向遇险地海事管理机构报告。

第四十八条 海事管理机构收到船舶、浮动设施遇险求救信号或者报告后,必须立即组织力量救助遇险人员,同时向遇险地县级以上地方人民政府和上级海事管理机构报告。

遇险地县级以上地方人民政府收到海事管理机构的报告后,应当对救助工作进行领导和协调,动员各方力量积极参与救助。

第四十九条 船舶、浮动设施遇险时,有关部门和人员必须积极协助海事管理机构做好救助工作。

遇险现场和附近的船舶、人员,必须服从海事管理机构的统一调度和指挥。

第八章 事故调查处理

第五十条 船舶、浮动设施发生交通事故,其所有人或者经营人必须立即向交通事故发生地海事管理机构报告,并做好现场保护工作。

第五十一条 海事管理机构接到内河交通事故报告后,必须立即派员前往现场,进行调查和取证。

海事管理机构进行内河交通事故调查和取证,应当全面、客观、公正。

第五十二条 接受海事管理机构调查、取证的有关人员,应当如实提供有关情况和证据,不得谎报或者隐匿、毁灭证据。

第五十三条 海事管理机构应当在内河交通事故调查、取证结束后30日内,依据调查事实和证据作出调查结论,并书面告知内河交通事故当事人。

第五十四条 海事管理机构在调查处理内河交通事故过程中,应当采取有效措施,保证航路畅通,防止发生其他事故。

第五十五条 地方人民政府应当依照国家有关规定积极做好内河交通事故的善后工作。

第五十六条 特大内河交通事故的报告、调查和处理,按照国务院有关规定执行。

第九章 监督检查

第五十七条 在旅游、交通运输繁忙的湖泊、水库,在气候恶劣的季节,在法定或者传统节日、重大集会、集市、农忙、学生放学放假等交通高峰期间,县级以上地方各级人民政府应当加强对维护内河交通安全的组织、协调工作。

第五十八条 海事管理机构必须建立、健全内河交通安全监督检查制度,并组织落实。

第五十九条 海事管理机构必须依法履行职责,加强对船舶、浮动设施、船员和通航安全环境的监督检查。发现内河交通安全隐患时,应当责令有关单位和个人立即消除或者限期消除;有关单位和个人不立即消除或者逾期不消除的,海事管理机构必须采取责令其临时停航、停止作业,禁止进港、离港等强制性措施。

第六十条 对内河交通密集区域、多发事故水域以及货物装卸、乘客上下比较集中的港口,对客渡船、滚装客船、高速客轮、旅游船和载运危险货物的船舶,海事管理机构必须加强安全巡查。

第六十一条 海事管理机构依照本条例实施监督检查时,可以根据情况对违反本条例有关规定的船舶,采取责令临时停航、驶向指定地点、禁止进港、离港、强制卸载、拆除动力装置、暂扣船舶等保障通航安全的措施。

第六十二条 海事管理机构的工作人员依法在内河通航水域对船舶、浮动设施进行内河交通安全监督检查,任何单位和个人不得拒绝或者阻挠。

有关单位或者个人应当接受海事管理机构依法实施的安全监督检查,并为其提供方便。

海事管理机构的工作人员依照本条例实施监督检查时,应当出示执法证件,表明身份。

第十章 法律责任

第六十三条 违反本条例的规定,应当报废的船舶、浮动设施在内河航行或者作业的,由海事管理机构责令停航或者停止作业,并对船舶、浮动设施予以没收。

第六十四条 违反本条例的规定,船舶、浮动设施未持有合格的检验证书、登记证书或者船舶未持有必要的航行资料,擅自航行或者作业的,由海事管理机构责令停止航行或者作业;拒不停止的,暂扣船舶、浮动设施;情节严重的,予以没收。

第六十五条 违反本条例的规定,船舶未按照国务院交通主管部门的规定配备船员擅自航行,或者浮动设施未按照国务院交通主管部门的规定配备掌握水上交通安全技能的船员擅自作业的,由海事管理机构责令限期改正,对船舶、浮动设施所有人或者经营人处1万元以上10万元以下的罚款;逾期不改正的,责令停航或者停止作业。

第六十六条 违反本条例的规定,未经考试合格并取得适任证书或者其他适任证件的人员擅自从事船舶航行的,由海事管理机构责令其立即离岗,对直接责任人员处2000元以上2万元以下的罚款,并对聘用单位处1万元以上10万元以下的罚款。

第六十七条 违反本条例的规定,按照国家规定必须取得船舶污染损害责任、沉船打捞责任的保险文书或者财务保证书的船舶的所有人或者经营人,未取得船舶污染损害责任、沉船打捞责任保险文书或者财务担保证明的,由海事管理机构责令限期改正;逾期不改正的,责令停航,并处1万元以上10万元以下的罚款。

第六十八条 违反本条例的规定,船舶在内河航行时,有下列情形之一的,由海事管理机构责令改正,处5000元以上5万元以下的罚款;情节严重的,禁止船舶进出港口或者责令停航,并可以对责任船员给予暂扣适任证书或者其他适任证件3个月至6个月的处罚:

(一)未按照规定悬挂国旗,标明船名、船籍港、载重线的;

(二)未按照规定向海事管理机构报告船舶的航次计划、适航状态、船员配备和载货载客等情况的;

(三)未按照规定申请引航的;

(四)擅自进出内河港口,强行通过交通管制区、通航密集区、航行条件受限制区域或者禁航区的;

(五)载运或者拖带超重、超长、超高、超宽、半潜的物体,未申请或者未按照核定的航路、时间航行的。

第六十九条 违反本条例的规定,船舶未在码头、泊位或者依法公布的锚地、停泊区、作业区停泊的,由海事管理机构责令改正;拒不改正的,予以强行拖离,因拖离发生的费用由船舶所有人或者经营人承担。

第七十条 违反本条例的规定,在内河通航水域或者岸线上进行有关作业或者活动未经批准或者备案,或者未设置标志、显示信号的,由海事管理机构责令改正,处5000元以上5万元以下的罚款。

第七十一条 违反本条例的规定,从事危险货物作业,有下列情形之一的,由海事管理机构责令停止作业或者航行,对负有责任的主管人员或者其他直接责任人员处2万元以上10万元以下的罚款;属于船员的,并给予暂扣适任证书或者其他适任证件6个月以上直至吊销适任证书或者其他适任证件的处罚:

(一)从事危险货物运输的船舶,未编制危险货物事故应急预案或者未配备相应的应急救援设备和器材的;

（二）船舶装卸、过驳危险货物或者载运危险货物进出港口未经海事管理机构、港口管理机构同意的。

未持有危险货物适装证书擅自载运危险货物或者未按照安全技术规范进行配载和运输的，依照《危险化学品安全管理条例》的规定处罚。

第七十二条　违反本条例的规定，未经批准擅自设置或者撤销渡口的，由渡口所在地县级人民政府指定的部门责令限期改正；逾期不改正的，予以强制拆除或者恢复，因强制拆除或者恢复发生的费用分别由设置人、撤销人承担。

第七十三条　违反本条例的规定，渡口船舶未标明识别标志、载客定额、安全注意事项的，由渡口所在地县级人民政府指定的部门责令改正，处 2000 元以上 1 万元以下的罚款；逾期不改正的，责令停航。

第七十四条　违反本条例的规定，在内河通航水域的航道内养殖、种植植物、水生物或者设置永久性固定设施的，由海事管理机构责令限期改正；逾期不改正的，予以强制清除，因清除发生的费用由其所有人或者经营人承担。

第七十五条　违反本条例的规定，内河通航水域中的沉没物、漂流物、搁浅物的所有人或者经营人，未按照国家有关规定设置标志或者未在规定的时间内打捞清除的，由海事管理机构责令限期改正；逾期不改正的，海事管理机构强制设置标志或者组织打捞清除；需要立即组织打捞清除的，海事管理机构应当及时组织打捞清除。海事管理机构因设置标志或者打捞清除发生的费用，由沉没物、漂流物、搁浅物的所有人或者经营人承担。

第七十六条　违反本条例的规定，船舶、浮动设施遇险后未履行报告义务或者不积极施救的，由海事管理机构给予警告，并可以对责任船员给予暂扣适任证书或者其他适任证件 3 个月至 6 个月直至吊销适任证书或者其他适任证件的处罚。

第七十七条　违反本条例的规定，船舶、浮动设施发生内河交通事故的，除依法承担相应的法律责任外，由海事管理机构根据调查结论，对责任船员给予暂扣适任证书或者其他适任证件 6 个月以上直至吊销适任证书或者其他适任证件的处罚。

第七十八条　违反本条例的规定，遇险现场和附近的船舶、船员不服从海事管理机构的统一调度和指挥的，由海事管理机构给予警告，并可以对责任船员给予暂扣适任证书或者其他适任证件 3 个月至 6 个月直至吊销适任证书或者其他适任证件的处罚。

第七十九条　违反本条例的规定，伪造、变造、买卖、转借、冒用船舶检验证书、船舶登记证书、船员适任证书或者其他适任证件的，由海事管理机构没收有关的证书或者证件；有违法所得的，没收违法所得，并处违法所得 2 倍以上 5 倍以下的罚款；没有违法所得或者违法所得不足 2 万元的，处 1 万元以上 5 万元以下的罚款；触犯刑律的，依照刑法关于伪造、变造、买卖国家机关公文、证件罪或者其他罪的规定，依法追究刑事责任。

第八十条　违反本条例的规定，船舶、浮动设施的所有人或者经营人指使、强令船员违章操作的，由海事管理机构给予警告，处 1 万元以上 5 万元以下的罚款，并可以责令停航或者停止作业；造成重大伤亡事故或者严重后果的，依照刑法关于重大责任事故罪或者其他罪的规定，依法追究刑事责任。

第八十一条　违反本条例的规定，船舶在内河航行、停泊或者作业，不遵守航行、避让和信号显示规则的，由海事管理机构责令改正，处1000元以上1万元以下的罚款；情节严重的，对责任船员给予暂扣适任证书或者其他适任证件3个月至6个月直至吊销适任证书或者其他适任证件的处罚；造成重大内河交通事故的，依照刑法关于交通肇事罪或者其他罪的规定，依法追究刑事责任。

第八十二条 违反本条例的规定，船舶不具备安全技术条件从事货物、旅客运输，或者超载运输货物、旅客的，由海事管理机构责令改正，处2万元以上10万元以下的罚款，可以对责任船员给予暂扣适任证书或者其他适任证件6个月以上直至吊销适任证书或者其他适任证件的处罚，并对超载运输的船舶强制卸载，因卸载而发生的卸货费、存货费、旅客安置费和船舶监管费由船舶所有人或者经营人承担；发生重大伤亡事故或者造成其他严重后果的，依照刑法关于重大劳动安全事故罪或者其他罪的规定，依法追究刑事责任。

第八十三条 违反本条例的规定，船舶、浮动设施发生内河交通事故后逃逸的，由海事管理机构对责任船员给予吊销适任证书或者其他适任证件的处罚；证书或者证件吊销后，5年内不得重新从业；触犯刑律的，依照刑法关于交通肇事罪或者其他罪的规定，依法追究刑事责任。

第八十四条 违反本条例的规定，阻碍、妨碍内河交通事故调查取证，或者谎报、隐匿、毁灭证据的，由海事管理机构给予警告，并对直接责任人员处1000元以上1万元以下的罚款；属于船员的，并给予暂扣适任证书或者其他适任证件12个月以上直至吊销适任证书或者其他适任证件的处罚；以暴力、威胁方法阻碍内河交通事故调查取证的，依照刑法关于妨害公务罪的规定，依法追究刑事责任。

第八十五条 违反本条例的规定，海事管理机构不依据法定的安全条件进行审批、许可的，对负有责任的主管人员和其他直接责任人员根据不同情节，给予降级或者撤职的行政处分；造成重大内河交通事故或者致使公共财产、国家和人民利益遭受重大损失的，依照刑法关于滥用职权罪、玩忽职守罪或者其他罪的规定，依法追究刑事责任。

第八十六条 违反本条例的规定，海事管理机构对审批、许可的安全事项不实施监督检查的，对负有责任的主管人员和其他直接责任人员根据不同情节，给予记大过、降级或者撤职的行政处分；造成重大内河交通事故或者致使公共财产、国家和人民利益遭受重大损失的，依照刑法关于滥用职权罪、玩忽职守罪或者其他罪的规定，依法追究刑事责任。

第八十七条 违反本条例的规定，海事管理机构发现船舶、浮动设施不再具备安全航行、停泊、作业条件而不及时撤销批准或者许可并予以处理的，对负有责任的主管人员和其他直接责任人员根据不同情节，给予记大过、降级或者撤职的行政处分；造成重大内河交通事故或者致使公共财产、国家和人民利益遭受重大损失的，依照刑法关于滥用职权罪、玩忽职守罪或者其他罪的规定，依法追究刑事责任。

第八十八条 违反本条例的规定，海事管理机构对未经审批、许可擅自从事旅客、危险货物运输的船舶不实施监督检查，或者发现内河交通安全隐患不及时依法处理，或者对违法行为不依法予以处罚的，对负有责任的主管人员和其他直接责任人员根据不同情节，给予降级或者撤职的行政处分；造成重大内河交通事故或者致使公共财产、国家和人民利益遭受重大损失的，依照刑法关于滥用职权罪、玩忽职守罪或者其他罪的规定，依法追究刑事责任。

第八十九条　违反本条例的规定，渡口所在地县级人民政府指定的部门，有下列情形之一的，根据不同情节，对负有责任的主管人员和其他直接责任人员，给予降级或者撤职的行政处分；造成重大内河交通事故或者致使公共财产、国家和人民利益遭受重大损失的，依照刑法关于滥用职权罪、玩忽职守罪或者其他罪的规定，依法追究刑事责任：

（一）对县级人民政府批准的渡口不依法实施监督检查的；

（二）对未经县级人民政府批准擅自设立的渡口不予以查处的；

（三）对渡船超载、人与大牲畜混载、人与爆炸品、压缩气体和液化气体、易燃液体、易燃固体、自燃物品和遇湿易燃物品、氧化剂和有机过氧化物、有毒品和腐蚀品等危险品混载以及其他危及安全的行为不及时纠正并依法处理的。

第九十条　违反本条例的规定，触犯《中华人民共和国治安管理处罚法》，构成违反治安管理行为的，由公安机关给予治安管理处罚。

第十一章　附　则

第九十一条　本条例下列用语的含义：

（一）内河通航水域，是指由海事管理机构认定的可供船舶航行的江、河、湖泊、水库、运河等水域。

（二）船舶，是指各类排水或者非排水的船、艇、筏、水上飞行器、潜水器、移动式平台以及其他水上移动装置。

（三）浮动设施，是指采用缆绳或者锚链等非刚性固定方式系固并漂浮或者潜于水中的建筑、装置。

（四）交通事故，是指船舶、浮动设施在内河通航水域发生的碰撞、触碰、触礁、浪损、搁浅、火灾、爆炸、沉没等引起人身伤亡和财产损失的事件。

第九十二条　军事船舶在内河通航水域航行，应当遵守内河航行、避让和信号显示规则。军事船舶的检验、登记和船员的考试、发证等管理办法，按照国家有关规定执行。

第九十三条　渔船的登记以及进出渔港报告，渔船船员的考试、发证，渔船之间交通事故的调查处理，以及渔港水域内渔船的交通安全管理办法，由国务院渔业行政主管部门依据本条例另行规定。

渔业船舶的检验及相关监督管理，由国务院交通运输主管部门按照相关渔业船舶检验的行政法规执行。

第九十四条　城市园林水域水上交通安全管理的具体办法，由省、自治区、直辖市人民政府制定；但是，有关船舶检验、登记和船员管理，依照国家有关规定执行。

第九十五条　本条例自 2002 年 8 月 1 日起施行。1986 年 12 月 16 日国务院发布的《中华人民共和国内河交通安全管理条例》同时废止。

放射性物品运输安全管理条例

发布单位：国务院　发布日期：2009年9月14日
实施日期：2010年1月1日
中华人民共和国国务院令第562号

第一章　总　则

第一条　为了加强对放射性物品运输的安全管理，保障人体健康，保护环境，促进核能、核技术的开发与和平利用，根据《中华人民共和国放射性污染防治法》，制定本条例。

第二条　放射性物品的运输和放射性物品运输容器的设计、制造等活动，适用本条例。

本条例所称放射性物品，是指含有放射性核素，并且其活度和比活度均高于国家规定的豁免值的物品。

第三条　根据放射性物品的特性及其对人体健康和环境的潜在危害程度，将放射性物品分为一类、二类和三类。

一类放射性物品，是指Ⅰ类放射源、高水平放射性废物、乏燃料等释放到环境后对人体健康和环境产生重大辐射影响的放射性物品。

二类放射性物品，是指Ⅱ类和Ⅲ类放射源、中等水平放射性废物等释放到环境后对人体健康和环境产生一般辐射影响的放射性物品。

三类放射性物品，是指Ⅳ类和Ⅴ类放射源、低水平放射性废物、放射性药品等释放到环境后对人体健康和环境产生较小辐射影响的放射性物品。

放射性物品的具体分类和名录，由国务院核安全监管部门会同国务院公安、卫生、海关、交通运输、铁路、民航、核工业行业主管部门制定。

第四条　国务院核安全监管部门对放射性物品运输的核与辐射安全实施监督管理。

国务院公安、交通运输、铁路、民航等有关主管部门依照本条例规定和各自的职责，负责放射性物品运输安全的有关监督管理工作。

县级以上地方人民政府环境保护主管部门和公安、交通运输等有关主管部门，依照本条例规定和各自的职责，负责本行政区域放射性物品运输安全的有关监督管理工作。

第五条　运输放射性物品，应当使用专用的放射性物品运输包装容器（以下简称运输容器）。

放射性物品的运输和放射性物品运输容器的设计、制造，应当符合国家放射性物品运输安全标准。

国家放射性物品运输安全标准，由国务院核安全监管部门制定，由国务院核安全监管部门和国务院标准化主管部门联合发布。国务院核安全监管部门制定国家放射性物品运输安全标准，应当征求国务院公安、卫生、交通运输、铁路、民航、核工业行业主管部门的意见。

第六条 放射性物品运输容器的设计、制造单位应当建立健全责任制度，加强质量管理，并对所从事的放射性物品运输容器的设计、制造活动负责。

放射性物品的托运人（以下简称托运人）应当制定核与辐射事故应急方案，在放射性物品运输中采取有效的辐射防护和安全保卫措施，并对放射性物品运输中的核与辐射安全负责。

第七条 任何单位和个人对违反本条例规定的行为，有权向国务院核安全监管部门或者其他依法履行放射性物品运输安全监督管理职责的部门举报。

接到举报的部门应当依法调查处理，并为举报人保密。

第二章 放射性物品运输容器的设计

第八条 放射性物品运输容器设计单位应当建立健全和有效实施质量保证体系，按照国家放射性物品运输安全标准进行设计，并通过试验验证或者分析论证等方式，对设计的放射性物品运输容器的安全性能进行评价。

第九条 放射性物品运输容器设计单位应当建立健全档案制度，按照质量保证体系的要求，如实记录放射性物品运输容器的设计和安全性能评价过程。

进行一类放射性物品运输容器设计，应当编制设计安全评价报告书；进行二类放射性物品运输容器设计，应当编制设计安全评价报告表。

第十条 一类放射性物品运输容器的设计，应当在首次用于制造前报国务院核安全监管部门审查批准。

申请批准一类放射性物品运输容器的设计，设计单位应当向国务院核安全监管部门提出书面申请，并提交下列材料：

（一）设计总图及其设计说明书；

（二）设计安全评价报告书；

（三）质量保证大纲。

第十一条 国务院核安全监管部门应当自受理申请之日起45个工作日内完成审查，对符合国家放射性物品运输安全标准的，颁发一类放射性物品运输容器设计批准书，并公告批准文号；对不符合国家放射性物品运输安全标准的，书面通知申请单位并说明理由。

第十二条 设计单位修改已批准的一类放射性物品运输容器设计中有关安全内容的，应当按照原申请程序向国务院核安全监管部门重新申请领取一类放射性物品运输容器设计批准书。

第十三条 二类放射性物品运输容器的设计，设计单位应当在首次用于制造前，将设计总图及其设计说明书、设计安全评价报告表报国务院核安全监管部门备案。

第十四条 三类放射性物品运输容器的设计,设计单位应当编制设计符合国家放射性物品运输安全标准的证明文件并存档备查。

第三章 放射性物品运输容器的制造与使用

第十五条 放射性物品运输容器制造单位,应当按照设计要求和国家放射性物品运输安全标准,对制造的放射性物品运输容器进行质量检验,编制质量检验报告。

未经质量检验或者经检验不合格的放射性物品运输容器,不得交付使用。

第十六条 从事一类放射性物品运输容器制造活动的单位,应当具备下列条件:

(一)有与所从事的制造活动相适应的专业技术人员;

(二)有与所从事的制造活动相适应的生产条件和检测手段;

(三)有健全的管理制度和完善的质量保证体系。

第十七条 从事一类放射性物品运输容器制造活动的单位,应当申请领取一类放射性物品运输容器制造许可证(以下简称制造许可证)。

申请领取制造许可证的单位,应当向国务院核安全监管部门提出书面申请,并提交其符合本条例第十六条规定条件的证明材料和申请制造的运输容器型号。

禁止无制造许可证或者超出制造许可证规定的范围从事一类放射性物品运输容器的制造活动。

第十八条 国务院核安全监管部门应当自受理申请之日起45个工作日内完成审查,对符合条件的,颁发制造许可证,并予以公告;对不符合条件的,书面通知申请单位并说明理由。

第十九条 制造许可证应当载明下列内容:

(一)制造单位名称、住所和法定代表人;

(二)许可制造的运输容器的型号;

(三)有效期限;

(四)发证机关、发证日期和证书编号。

第二十条 一类放射性物品运输容器制造单位变更单位名称、住所或者法定代表人的,应当自工商变更登记之日起20日内,向国务院核安全监管部门办理制造许可证变更手续。

一类放射性物品运输容器制造单位变更制造的运输容器型号的,应当按照原申请程序向国务院核安全监管部门重新申请领取制造许可证。

第二十一条 制造许可证有效期为5年。

制造许可证有效期届满,需要延续的,一类放射性物品运输容器制造单位应当于制造许可证有效期届满6个月前,向国务院核安全监管部门提出延续申请。

国务院核安全监管部门应当在制造许可证有效期届满前作出是否准予延续的决定。

第二十二条 从事二类放射性物品运输容器制造活动的单位,应当在首次制造活动开始30日前,将其具备与所从事的制造活动相适应的专业技术人员、生产条件、检测手段,以及具有健全的管理制度和完善的质量保证体系的证明材料,报国务院核安全监管部门备案。

第二十三条 一类、二类放射性物品运输容器制造单位,应当按照国务院核安全监管部门制定的编码规则,对其制造的一类、二类放射性物品运输容器统一编码,并于每年1月31日前将上一年度的运输容器编码清单报国务院核安全监管部门备案。

第二十四条 从事三类放射性物品运输容器制造活动的单位,应当于每年1月31日前将上一年度制造的运输容器的型号和数量报国务院核安全监管部门备案。

第二十五条 放射性物品运输容器使用单位应当对其使用的放射性物品运输容器定期进行保养和维护,并建立保养和维护档案;放射性物品运输容器达到设计使用年限,或者发现放射性物品运输容器存在安全隐患的,应当停止使用,进行处理。

一类放射性物品运输容器使用单位还应当对其使用的一类放射性物品运输容器每两年进行一次安全性能评价,并将评价结果报国务院核安全监管部门备案。

第二十六条 使用境外单位制造的一类放射性物品运输容器的,应当在首次使用前报国务院核安全监管部门审查批准。

申请使用境外单位制造的一类放射性物品运输容器的单位,应当向国务院核安全监管部门提出书面申请,并提交下列材料:

(一)设计单位所在国核安全监管部门颁发的设计批准文件的复印件;

(二)设计安全评价报告书;

(三)制造单位相关业绩的证明材料;

(四)质量合格证明;

(五)符合中华人民共和国法律、行政法规规定,以及国家放射性物品运输安全标准或者经国务院核安全监管部门认可的标准的说明材料。

国务院核安全监管部门应当自受理申请之日起45个工作日内完成审查,对符合国家放射性物品运输安全标准的,颁发使用批准书;对不符合国家放射性物品运输安全标准的,书面通知申请单位并说明理由。

第二十七条 使用境外单位制造的二类放射性物品运输容器的,应当在首次使用前将运输容器质量合格证明和符合中华人民共和国法律、行政法规规定,以及国家放射性物品运输安全标准或者经国务院核安全监管部门认可的标准的说明材料,报国务院核安全监管部门备案。

第二十八条 国务院核安全监管部门办理使用境外单位制造的一类、二类放射性物品运输容器审查批准和备案手续,应当同时为运输容器确定编码。

第四章 放射性物品的运输

第二十九条 托运放射性物品的,托运人应当持有生产、销售、使用或者处置放射性物品的有效证明,使用与所托运的放射性物品类别相适应的运输容器进行包装,配备必要的辐射监测设备、防护用品和防盗、防破坏设备,并编制运输说明书、核与辐射事故应急响应指南、装卸作业方法、安全防护指南。

运输说明书应当包括放射性物品的品名、数量、物理化学形态、危害风险等内容。

第三十条 托运一类放射性物品的，托运人应当委托有资质的辐射监测机构对其表面污染和辐射水平实施监测，辐射监测机构应当出具辐射监测报告。

托运二类、三类放射性物品的，托运人应当对其表面污染和辐射水平实施监测，并编制辐射监测报告。

监测结果不符合国家放射性物品运输安全标准的，不得托运。

第三十一条 承运放射性物品应当取得国家规定的运输资质。承运人的资质管理，依照有关法律、行政法规和国务院交通运输、铁路、民航、邮政主管部门的规定执行。

第三十二条 托运人和承运人应当对直接从事放射性物品运输的工作人员进行运输安全和应急响应知识的培训，并进行考核；考核不合格的，不得从事相关工作。

托运人和承运人应当按照国家放射性物品运输安全标准和国家有关规定，在放射性物品运输容器和运输工具上设置警示标志。

国家利用卫星定位系统对一类、二类放射性物品运输工具的运输过程实行在线监控。具体办法由国务院核安全监管部门会同国务院有关部门制定。

第三十三条 托运人和承运人应当按照国家职业病防治的有关规定，对直接从事放射性物品运输的工作人员进行个人剂量监测，建立个人剂量档案和职业健康监护档案。

第三十四条 托运人应当向承运人提交运输说明书、辐射监测报告、核与辐射事故应急响应指南、装卸作业方法、安全防护指南，承运人应当查验、收存。托运人提交文件不齐全的，承运人不得承运。

第三十五条 托运一类放射性物品的，托运人应当编制放射性物品运输的核与辐射安全分析报告书，报国务院核安全监管部门审查批准。

放射性物品运输的核与辐射安全分析报告书应当包括放射性物品的品名、数量、运输容器型号、运输方式、辐射防护措施、应急措施等内容。

国务院核安全监管部门应当自受理申请之日起45个工作日内完成审查，对符合国家放射性物品运输安全标准的，颁发核与辐射安全分析报告批准书；对不符合国家放射性物品运输安全标准的，书面通知申请单位并说明理由。

第三十六条 放射性物品运输的核与辐射安全分析报告批准书应当载明下列主要内容：

（一）托运人的名称、地址、法定代表人；

（二）运输放射性物品的品名、数量；

（三）运输放射性物品的运输容器型号和运输方式；

（四）批准日期和有效期限。

第三十七条 一类放射性物品启运前，托运人应当将放射性物品运输的核与辐射安全分析报告批准书、辐射监测报告，报启运地的省、自治区、直辖市人民政府环境保护主管部门备案。

收到备案材料的环境保护主管部门应当及时将有关情况通报放射性物品运输的途经地和抵达地的省、自治区、直辖市人民政府环境保护主管部门。

第三十八条 通过道路运输放射性物品的，应当经公安机关批准，按照指定的时间、路线、速度行驶，并悬挂警示标志，配备押运人员，使放射性物品处于押运人员的监管之下。

通过道路运输核反应堆乏燃料的，托运人应当报国务院公安部门批准。通过道路运输其他放射性物品的，托运人应当报启运地县级以上人民政府公安机关批准。具体办法由国务院公安部门商国务院核安全监管部门制定。

第三十九条　通过水路运输放射性物品的，按照水路危险货物运输的法律、行政法规和规章的有关规定执行。

通过铁路、航空运输放射性物品的，按照国务院铁路、民航主管部门的有关规定执行。

禁止邮寄一类、二类放射性物品。邮寄三类放射性物品的，按照国务院邮政管理部门的有关规定执行。

第四十条　生产、销售、使用或者处置放射性物品的单位，可以依照《中华人民共和国道路运输条例》的规定，向设区的市级人民政府道路运输管理机构申请非营业性道路危险货物运输资质，运输本单位的放射性物品，并承担本条例规定的托运人和承运人的义务。

申请放射性物品非营业性道路危险货物运输资质的单位，应当具备下列条件：

（一）持有生产、销售、使用或者处置放射性物品的有效证明；

（二）有符合本条例规定要求的放射性物品运输容器；

（三）有具备辐射防护与安全防护知识的专业技术人员和经考试合格的驾驶人员；

（四）有符合放射性物品运输安全防护要求，并经检测合格的运输工具、设施和设备；

（五）配备必要的防护用品和依法经定期检定合格的监测仪器；

（六）有运输安全和辐射防护管理规章制度以及核与辐射事故应急措施。

放射性物品非营业性道路危险货物运输资质的具体条件，由国务院交通运输主管部门会同国务院核安全监管部门制定。

第四十一条　一类放射性物品从境外运抵中华人民共和国境内，或者途经中华人民共和国境内运输的，托运人应当编制放射性物品运输的核与辐射安全分析报告书，报国务院核安全监管部门审查批准。审查批准程序依照本条例第三十五条第三款的规定执行。

二类、三类放射性物品从境外运抵中华人民共和国境内，或者途经中华人民共和国境内运输的，托运人应当编制放射性物品运输的辐射监测报告，报国务院核安全监管部门备案。

托运人、承运人或者其代理人向海关办理有关手续，应当提交国务院核安全监管部门颁发的放射性物品运输的核与辐射安全分析报告批准书或者放射性物品运输的辐射监测报告备案证明。

第四十二条　县级以上人民政府组织编制的突发环境事件应急预案，应当包括放射性物品运输中可能发生的核与辐射事故应急响应的内容。

第四十三条　放射性物品运输中发生核与辐射事故的，承运人、托运人应当按照核与辐射事故应急响应指南的要求，做好事故应急工作，并立即报告事故发生地的县级以上人民政府环境保护主管部门。接到报告的环境保护主管部门应当立即派人赶赴现场，进行现场调查，采取有效措施控制事故影响，并及时向本级人民政府报告，通报同级公安、卫生、交通运输等有关主管部门。

接到报告的县级以上人民政府及其有关主管部门应当按照应急预案做好应急工作,并按照国家突发事件分级报告的规定及时上报核与辐射事故信息。

核反应堆乏燃料运输的核事故应急准备与响应,还应当遵守国家核应急的有关规定。

第五章 监督检查

第四十四条 国务院核安全监管部门和其他依法履行放射性物品运输安全监督管理职责的部门,应当依据各自职责对放射性物品运输安全实施监督检查。

国务院核安全监管部门应当将其已批准或者备案的一类、二类、三类放射性物品运输容器的设计、制造情况和放射性物品运输情况通报设计、制造单位所在地和运输途经地的省、自治区、直辖市人民政府环境保护主管部门。省、自治区、直辖市人民政府环境保护主管部门应当加强对本行政区域放射性物品运输安全的监督检查和监督性监测。

被检查单位应当予以配合,如实反映情况,提供必要的资料,不得拒绝和阻碍。

第四十五条 国务院核安全监管部门和省、自治区、直辖市人民政府环境保护主管部门以及其他依法履行放射性物品运输安全监督管理职责的部门进行监督检查,监督检查人员不得少于2人,并应当出示有效的行政执法证件。

国务院核安全监管部门和省、自治区、直辖市人民政府环境保护主管部门以及其他依法履行放射性物品运输安全监督管理职责的部门的工作人员,对监督检查中知悉的商业秘密负有保密义务。

第四十六条 监督检查中发现经批准的一类放射性物品运输容器设计确有重大设计安全缺陷的,由国务院核安全监管部门责令停止该型号运输容器的制造或者使用,撤销一类放射性物品运输容器设计批准书。

第四十七条 监督检查中发现放射性物品运输活动有不符合国家放射性物品运输安全标准情形的,或者一类放射性物品运输容器制造单位有不符合制造许可证规定条件情形的,应当责令限期整改;发现放射性物品运输活动可能对人体健康和环境造成核与辐射危害的,应当责令停止运输。

第四十八条 国务院核安全监管部门和省、自治区、直辖市人民政府环境保护主管部门以及其他依法履行放射性物品运输安全监督管理职责的部门,对放射性物品运输活动实施监测,不得收取监测费用。

国务院核安全监管部门和省、自治区、直辖市人民政府环境保护主管部门以及其他依法履行放射性物品运输安全监督管理职责的部门,应当加强对监督管理人员辐射防护与安全防护知识的培训。

第六章 法律责任

第四十九条 国务院核安全监管部门和省、自治区、直辖市人民政府环境保护主管部门或者其他依法履行放射性物品运输安全监督管理职责的部门有下列行为之一的，对直接负责的主管人员和其他直接责任人员依法给予处分；直接负责的主管人员和其他直接责任人员构成犯罪的，依法追究刑事责任：

（一）未依照本条例规定作出行政许可或者办理批准文件的；

（二）发现违反本条例规定的行为不予查处，或者接到举报不依法处理的；

（三）未依法履行放射性物品运输核与辐射事故应急职责的；

（四）对放射性物品运输活动实施监测收取监测费用的；

（五）其他不依法履行监督管理职责的行为。

第五十条 放射性物品运输容器设计、制造单位有下列行为之一的，由国务院核安全监管部门责令停止违法行为，处50万元以上100万元以下的罚款；有违法所得的，没收违法所得：

（一）将未取得设计批准书的一类放射性物品运输容器设计用于制造的；

（二）修改已批准的一类放射性物品运输容器设计中有关安全内容，未重新取得设计批准书即用于制造的。

第五十一条 放射性物品运输容器设计、制造单位有下列行为之一的，由国务院核安全监管部门责令停止违法行为，处5万元以上10万元以下的罚款；有违法所得的，没收违法所得：

（一）将不符合国家放射性物品运输安全标准的二类、三类放射性物品运输容器设计用于制造的；

（二）将未备案的二类放射性物品运输容器设计用于制造的。

第五十二条 放射性物品运输容器设计单位有下列行为之一的，由国务院核安全监管部门责令限期改正；逾期不改正的，处1万元以上5万元以下的罚款：

（一）未对二类、三类放射性物品运输容器的设计进行安全性能评价的；

（二）未如实记录二类、三类放射性物品运输容器设计和安全性能评价过程的；

（三）未编制三类放射性物品运输容器设计符合国家放射性物品运输安全标准的证明文件并存档备查的。

第五十三条 放射性物品运输容器制造单位有下列行为之一的，由国务院核安全监管部门责令停止违法行为，处50万元以上100万元以下的罚款；有违法所得的，没收违法所得：

（一）未取得制造许可证从事一类放射性物品运输容器制造活动的；

（二）制造许可证有效期届满，未按照规定办理延续手续，继续从事一类放射性物品运输容器制造活动的；

（三）超出制造许可证规定的范围从事一类放射性物品运输容器制造活动的；

（四）变更制造的一类放射性物品运输容器型号，未按照规定重新领取制造许可证的；

（五）将未经质量检验或者经检验不合格的一类放射性物品运输容器交付使用的。

有前款第（三）项、第（四）项和第（五）项行为之一的，情节严重的，吊销制造许可证。

第五十四条 一类放射性物品运输容器制造单位变更单位名称、住所或者法定代表人，未依法办理制造许可证变更手续的，由国务院核安全监管部门责令限期改正；逾期不改正的，处 2 万元的罚款。

第五十五条 放射性物品运输容器制造单位有下列行为之一的，由国务院核安全监管部门责令停止违法行为，处 5 万元以上 10 万元以下的罚款；有违法所得的，没收违法所得：

（一）在二类放射性物品运输容器首次制造活动开始前，未按照规定将有关证明材料报国务院核安全监管部门备案的；

（二）将未经质量检验或者经检验不合格的二类、三类放射性物品运输容器交付使用的。

第五十六条 放射性物品运输容器制造单位有下列行为之一的，由国务院核安全监管部门责令限期改正；逾期不改正的，处 1 万元以上 5 万元以下的罚款：

（一）未按照规定对制造的一类、二类放射性物品运输容器统一编码的；

（二）未按照规定将制造的一类、二类放射性物品运输容器编码清单报国务院核安全监管部门备案的；

（三）未按照规定将制造的三类放射性物品运输容器的型号和数量报国务院核安全监管部门备案的。

第五十七条 放射性物品运输容器使用单位未按照规定对使用的一类放射性物品运输容器进行安全性能评价，或者未将评价结果报国务院核安全监管部门备案的，由国务院核安全监管部门责令限期改正；逾期不改正的，处 1 万元以上 5 万元以下的罚款。

第五十八条 未按照规定取得使用批准书使用境外单位制造的一类放射性物品运输容器的，由国务院核安全监管部门责令停止违法行为，处 50 万元以上 100 万元以下的罚款。

未按照规定办理备案手续使用境外单位制造的二类放射性物品运输容器的，由国务院核安全监管部门责令停止违法行为，处 5 万元以上 10 万元以下的罚款。

第五十九条 托运人未按照规定编制放射性物品运输说明书、核与辐射事故应急响应指南、装卸作业方法、安全防护指南的，由国务院核安全监管部门责令限期改正；逾期不改正的，处 1 万元以上 5 万元以下的罚款。

托运人未按照规定将放射性物品运输的核与辐射安全分析报告批准书、辐射监测报告备案的，由启运地的省、自治区、直辖市人民政府环境保护主管部门责令限期改正；逾期不改正的，处 1 万元以上 5 万元以下的罚款。

第六十条 托运人或者承运人在放射性物品运输活动中，有违反有关法律、行政法规关于危险货物运输管理规定行为的，由交通运输、铁路、民航等有关主管部门依法予以处罚。

违反有关法律、行政法规规定邮寄放射性物品的，由公安机关和邮政管理部门依法予以处罚。在邮寄进境物品中发现放射性物品的，由海关依照有关法律、行政法规的规定处理。

第六十一条 托运人未取得放射性物品运输的核与辐射安全分析报告批准书托运一类

放射性物品的,由国务院核安全监管部门责令停止违法行为,处 50 万元以上 100 万元以下的罚款。

第六十二条 通过道路运输放射性物品,有下列行为之一的,由公安机关责令限期改正,处 2 万元以上 10 万元以下的罚款;构成犯罪的,依法追究刑事责任:

(一) 未经公安机关批准通过道路运输放射性物品的;

(二) 运输车辆未按照指定的时间、路线、速度行驶或者未悬挂警示标志的;

(三) 未配备押运人员或者放射性物品脱离押运人员监管的。

第六十三条 托运人有下列行为之一的,由启运地的省、自治区、直辖市人民政府环境保护主管部门责令停止违法行为,处 5 万元以上 20 万元以下的罚款:

(一) 未按照规定对托运的放射性物品表面污染和辐射水平实施监测的;

(二) 将经监测不符合国家放射性物品运输安全标准的放射性物品交付托运的;

(三) 出具虚假辐射监测报告的。

第六十四条 未取得放射性物品运输的核与辐射安全分析报告批准书或者放射性物品运输的辐射监测报告备案证明,将境外的放射性物品运抵中华人民共和国境内,或者途经中华人民共和国境内运输的,由海关责令托运人退运该放射性物品,并依照海关法律、行政法规给予处罚;构成犯罪的,依法追究刑事责任。托运人不明的,由承运人承担退运该放射性物品的责任,或者承担该放射性物品的处置费用。

第六十五条 违反本条例规定,在放射性物品运输中造成核与辐射事故的,由县级以上地方人民政府环境保护主管部门处以罚款,罚款数额按照核与辐射事故造成的直接损失的 20% 计算;构成犯罪的,依法追究刑事责任。

托运人、承运人未按照核与辐射事故应急响应指南的要求,做好事故应急工作并报告事故的,由县级以上地方人民政府环境保护主管部门处 5 万元以上 20 万元以下的罚款。

因核与辐射事故造成他人损害的,依法承担民事责任。

第六十六条 拒绝、阻碍国务院核安全监管部门或者其他依法履行放射性物品运输安全监督管理职责的部门进行监督检查,或者在接受监督检查时弄虚作假的,由监督检查部门责令改正,处 1 万元以上 2 万元以下的罚款;构成违反治安管理行为的,由公安机关依法给予治安管理处罚;构成犯罪的,依法追究刑事责任。

第七章 附 则

第六十七条 军用放射性物品运输安全的监督管理,依照《中华人民共和国放射性污染防治法》第六十条的规定执行。

第六十八条 本条例自 2010 年 1 月 1 日起施行。

(四)建筑施工安全

建设工程质量管理条例

发布单位:国务院 发布日期:2000年1月30日
修改并实施日期:2019年4月23日
中华人民共和国国务院令第714号

第一章 总 则

第一条 为了加强对建设工程质量的管理,保证建设工程质量,保护人民生命和财产安全,根据《中华人民共和国建筑法》,制定本条例。

第二条 凡在中华人民共和国境内从事建设工程的新建、扩建、改建等有关活动及实施对建设工程质量监督管理的,必须遵守本条例。

本条例所称建设工程,是指土木工程、建筑工程、线路管道和设备安装工程及装修工程。

第三条 建设单位、勘察单位、设计单位、施工单位、工程监理单位依法对建设工程质量负责。

第四条 县级以上人民政府建设行政主管部门和其他有关部门应当加强对建设工程质量的监督管理。

第五条 从事建设工程活动,必须严格执行基本建设程序,坚持先勘察、后设计、再施工的原则。

县级以上人民政府及其有关部门不得超越权限审批建设项目或者擅自简化基本建设程序。

第六条 国家鼓励采用先进的科学技术和管理方法,提高建设工程质量。

第二章 建设单位的质量责任和义务

第七条 建设单位应当将工程发包给具有相应资质等级的单位。

建设单位不得将建设工程肢解发包。

第八条 建设单位应当依法对工程建设项目的勘察、设计、施工、监理以及与工程建设有关的重要设备、材料等的采购进行招标。

第九条 建设单位必须向有关的勘察、设计、施工、工程监理等单位提供与建设工程有关的原始资料。

原始资料必须真实、准确、齐全。

第十条 建设工程发包单位不得迫使承包方以低于成本的价格竞标，不得任意压缩合理工期。

建设单位不得明示或者暗示设计单位或者施工单位违反工程建设强制性标准，降低建设工程质量。

第十一条 施工图设计文件审查的具体办法，由国务院建设行政主管部门、国务院其他有关部门制定。

施工图设计文件未经审查批准的，不得使用。

第十二条 实行监理的建设工程，建设单位应当委托具有相应资质等级的工程监理单位进行监理，也可以委托具有工程监理相应资质等级并与被监理工程的施工承包单位没有隶属关系或者其他利害关系的该工程的设计单位进行监理。

下列建设工程必须实行监理：

（一）国家重点建设工程；

（二）大中型公用事业工程；

（三）成片开发建设的住宅小区工程；

（四）利用外国政府或者国际组织贷款、援助资金的工程；

（五）国家规定必须实行监理的其他工程。

第十三条 建设单位在开工前，应当按照国家有关规定办理工程质量监督手续，工程质量监督手续可以与施工许可证或者开工报告合并办理。

第十四条 按照合同约定，由建设单位采购建筑材料、建筑构配件和设备的，建设单位应当保证建筑材料、建筑构配件和设备符合设计文件和合同要求。

建设单位不得明示或者暗示施工单位使用不合格的建筑材料、建筑构配件和设备。

第十五条 涉及建筑主体和承重结构变动的装修工程，建设单位应当在施工前委托原设计单位或者具有相应资质等级的设计单位提出设计方案；没有设计方案的，不得施工。

房屋建筑使用者在装修过程中，不得擅自变动房屋建筑主体和承重结构。

第十六条 建设单位收到建设工程竣工报告后，应当组织设计、施工、工程监理等有关单位进行竣工验收。

建设工程竣工验收应当具备下列条件：

（一）完成建设工程设计和合同约定的各项内容；

（二）有完整的技术档案和施工管理资料；

（三）有工程使用的主要建筑材料、建筑构配件和设备的进场试验报告；

（四）有勘察、设计、施工、工程监理等单位分别签署的质量合格文件；

（五）有施工单位签署的工程保修书。

建设工程经验收合格的，方可交付使用。

第十七条 建设单位应当严格按照国家有关档案管理的规定，及时收集、整理建设项目各环节的文件资料，建立、健全建设项目档案，并在建设工程竣工验收后，及时向建设行政主管部门或者其他有关部门移交建设项目档案。

第三章　勘察、设计单位的质量责任和义务

第十八条　从事建设工程勘察、设计的单位应当依法取得相应等级的资质证书，并在其资质等级许可的范围内承揽工程。

禁止勘察、设计单位超越其资质等级许可的范围或者以其他勘察、设计单位的名义承揽工程。禁止勘察、设计单位允许其他单位或者个人以本单位的名义承揽工程。

勘察、设计单位不得转包或者违法分包所承揽的工程。

第十九条　勘察、设计单位必须按照工程建设强制性标准进行勘察、设计，并对其勘察、设计的质量负责。

注册建筑师、注册结构工程师等注册执业人员应当在设计文件上签字，对设计文件负责。

第二十条　勘察单位提供的地质、测量、水文等勘察成果必须真实、准确。

第二十一条　设计单位应当根据勘察成果文件进行建设工程设计。

设计文件应当符合国家规定的设计深度要求，注明工程合理使用年限。

第二十二条　设计单位在设计文件中选用的建筑材料、建筑构配件和设备，应当注明规格、型号、性能等技术指标，其质量要求必须符合国家规定的标准。

除有特殊要求的建筑材料、专用设备、工艺生产线等外，设计单位不得指定生产厂、供应商。

第二十三条　设计单位应当就审查合格的施工图设计文件向施工单位作出详细说明。

第二十四条　设计单位应当参与建设工程质量事故分析，并对因设计造成的质量事故，提出相应的技术处理方案。

第四章　施工单位的质量责任和义务

第二十五条　施工单位应当依法取得相应等级的资质证书，并在其资质等级许可的范围内承揽工程。

禁止施工单位超越本单位资质等级许可的业务范围或者以其他施工单位的名义承揽工程。禁止施工单位允许其他单位或者个人以本单位的名义承揽工程。

施工单位不得转包或者违法分包工程。

第二十六条　施工单位对建设工程的施工质量负责。

施工单位应当建立质量责任制，确定工程项目的项目经理、技术负责人和施工管理负责人。

建设工程实行总承包的，总承包单位应当对全部建设工程质量负责；建设工程勘察、设计、施工、设备采购的一项或者多项实行总承包的，总承包单位应当对其承包的建设工

程或者采购的设备的质量负责。

第二十七条 总承包单位依法将建设工程分包给其他单位的,分包单位应当按照分包合同的约定对其分包工程的质量向总承包单位负责,总承包单位与分包单位对分包工程的质量承担连带责任。

第二十八条 施工单位必须按照工程设计图纸和施工技术标准施工,不得擅自修改工程设计,不得偷工减料。

施工单位在施工过程中发现设计文件和图纸有差错的,应当及时提出意见和建议。

第二十九条 施工单位必须按照工程设计要求、施工技术标准和合同约定,对建筑材料、建筑构配件、设备和商品混凝土进行检验,检验应当有书面记录和专人签字;未经检验或者检验不合格的,不得使用。

第三十条 施工单位必须建立、健全施工质量的检验制度,严格工序管理,作好隐蔽工程的质量检查和记录。隐蔽工程在隐蔽前,施工单位应当通知建设单位和建设工程质量监督机构。

第三十一条 施工人员对涉及结构安全的试块、试件以及有关材料,应当在建设单位或者工程监理单位监督下现场取样,并送具有相应资质等级的质量检测单位进行检测。

第三十二条 施工单位对施工中出现质量问题的建设工程或者竣工验收不合格的建设工程,应当负责返修。

第三十三条 施工单位应当建立、健全教育培训制度,加强对职工的教育培训;未经教育培训或者考核不合格的人员,不得上岗作业。

第五章 工程监理单位的质量责任和义务

第三十四条 工程监理单位应当依法取得相应等级的资质证书,并在其资质等级许可的范围内承担工程监理业务。

禁止工程监理单位超越本单位资质等级许可的范围或者以其他工程监理单位的名义承担工程监理业务。禁止工程监理单位允许其他单位或者个人以本单位的名义承担工程监理业务。

工程监理单位不得转让工程监理业务。

第三十五条 工程监理单位与被监理工程的施工承包单位以及建筑材料、建筑构配件和设备供应单位有隶属关系或者其他利害关系的,不得承担该项建设工程的监理业务。

第三十六条 工程监理单位应当依照法律、法规以及有关技术标准、设计文件和建设工程承包合同,代表建设单位对施工质量实施监理,并对施工质量承担监理责任。

第三十七条 工程监理单位应当选派具备相应资格的总监理工程师和监理工程师进驻施工现场。

未经监理工程师签字,建筑材料、建筑构配件和设备不得在工程上使用或者安装,施工单位不得进行下一道工序的施工。未经总监理工程师签字,建设单位不拨付工程款,不进行竣工验收。

第三十八条 监理工程师应当按照工程监理规范的要求,采取旁站、巡视和平行检验等形式,对建设工程实施监理。

第六章 建设工程质量保修

第三十九条 建设工程实行质量保修制度。

建设工程承包单位在向建设单位提交工程竣工验收报告时,应当向建设单位出具质量保修书。质量保修书中应当明确建设工程的保修范围、保修期限和保修责任等。

第四十条 在正常使用条件下,建设工程的最低保修期限为:

(一)基础设施工程、房屋建筑的地基基础工程和主体结构工程,为设计文件规定的该工程的合理使用年限;

(二)屋面防水工程、有防水要求的卫生间、房间和外墙面的防渗漏,为5年;

(三)供热与供冷系统,为2个采暖期、供冷期;

(四)电气管线、给排水管道、设备安装和装修工程,为2年。

其他项目的保修期限由发包方与承包方约定。

建设工程的保修期,自竣工验收合格之日起计算。

第四十一条 建设工程在保修范围和保修期限内发生质量问题的,施工单位应当履行保修义务,并对造成的损失承担赔偿责任。

第四十二条 建设工程在超过合理使用年限后需要继续使用的,产权所有人应当委托具有相应资质等级的勘察、设计单位鉴定,并根据鉴定结果采取加固、维修等措施,重新界定使用期。

第七章 监督管理

第四十三条 国家实行建设工程质量监督管理制度。

国务院建设行政主管部门对全国的建设工程质量实施统一监督管理。国务院铁路、交通、水利等有关部门按照国务院规定的职责分工,负责对全国的有关专业建设工程质量的监督管理。

县级以上地方人民政府建设行政主管部门对本行政区域内的建设工程质量实施监督管理。县级以上地方人民政府交通、水利等有关部门在各自的职责范围内,负责对本行政区域内的专业建设工程质量的监督管理。

第四十四条 国务院建设行政主管部门和国务院铁路、交通、水利等有关部门应当加强对有关建设工程质量的法律、法规和强制性标准执行情况的监督检查。

第四十五条 国务院发展计划部门按照国务院规定的职责,组织稽察特派员,对国家出资的重大建设项目实施监督检查。

国务院经济贸易主管部门按照国务院规定的职责,对国家重大技术改造项目实施监督检查。

第四十六条 建设工程质量监督管理,可以由建设行政主管部门或者其他有关部门委托的建设工程质量监督机构具体实施。

从事房屋建筑工程和市政基础设施工程质量监督的机构,必须按照国家有关规定经国务院建设行政主管部门或者省、自治区、直辖市人民政府建设行政主管部门考核;从事专业建设工程质量监督的机构,必须按照国家有关规定经国务院有关部门或者省、自治区、直辖市人民政府有关部门考核。经考核合格后,方可实施质量监督。

第四十七条 县级以上地方人民政府建设行政主管部门和其他有关部门应当加强对有关建设工程质量的法律、法规和强制性标准执行情况的监督检查。

第四十八条 县级以上人民政府建设行政主管部门和其他有关部门履行监督检查职责时,有权采取下列措施:

(一)要求被检查的单位提供有关工程质量的文件和资料;
(二)进入被检查单位的施工现场进行检查;
(三)发现有影响工程质量的问题时,责令改正。

第四十九条 建设单位应当自建设工程竣工验收合格之日起15日内,将建设工程竣工验收报告和规划、公安消防、环保等部门出具的认可文件或者准许使用文件报建设行政主管部门或者其他有关部门备案。

建设行政主管部门或者其他有关部门发现建设单位在竣工验收过程中有违反国家有关建设工程质量管理规定行为的,责令停止使用,重新组织竣工验收。

第五十条 有关单位和个人对县级以上人民政府建设行政主管部门和其他有关部门进行的监督检查应当支持与配合,不得拒绝或者阻碍建设工程质量监督检查人员依法执行职务。

第五十一条 供水、供电、供气、公安消防等部门或者单位不得明示或者暗示建设单位、施工单位购买其指定的生产供应单位的建筑材料、建筑构配件和设备。

第五十二条 建设工程发生质量事故,有关单位应当在24小时内向当地建设行政主管部门和其他有关部门报告。对重大质量事故,事故发生地的建设行政主管部门和其他有关部门应当按照事故类别和等级向当地人民政府和上级建设行政主管部门和其他有关部门报告。

特别重大质量事故的调查程序按照国务院有关规定办理。

第五十三条 任何单位和个人对建设工程的质量事故、质量缺陷都有权检举、控告、投诉。

第八章 罚 则

第五十四条 违反本条例规定,建设单位将建设工程发包给不具有相应资质等级的勘察、设计、施工单位或者委托给不具有相应资质等级的工程监理单位的,责令改正,处50万元以上100万元以下的罚款。

第五十五条 违反本条例规定,建设单位将建设工程肢解发包的,责令改正,处工程合同价款0.5%以上1%以下的罚款；对全部或者部分使用国有资金的项目，并可以暂停项目执行或者暂停资金拨付。

第五十六条 违反本条例规定，建设单位有下列行为之一的，责令改正，处20万元以上50万元以下的罚款：

（一）迫使承包方以低于成本的价格竞标的；

（二）任意压缩合理工期的；

（三）明示或者暗示设计单位或者施工单位违反工程建设强制性标准，降低工程质量的；

（四）施工图设计文件未经审查或者审查不合格，擅自施工的；

（五）建设项目必须实行工程监理而未实行工程监理的；

（六）未按照国家规定办理工程质量监督手续的；

（七）明示或者暗示施工单位使用不合格的建筑材料、建筑构配件和设备的；

（八）未按照国家规定将竣工验收报告、有关认可文件或者准许使用文件报送备案的。

第五十七条 违反本条例规定，建设单位未取得施工许可证或者开工报告未经批准，擅自施工的，责令停止施工，限期改正，处工程合同价款百分之一以上百分之二以下的罚款。

第五十八条 违反本条例规定，建设单位有下列行为之一的，责令改正，处工程合同价款百分之二以上百分之四以下的罚款；造成损失的，依法承担赔偿责任：

（一）未组织竣工验收，擅自交付使用的；

（二）验收不合格，擅自交付使用的；

（三）对不合格的建设工程按照合格工程验收的。

第五十九条 违反本条例规定，建设工程竣工验收后，建设单位未向建设行政主管部门或者其他有关部门移交建设项目档案的，责令改正，处1万元以上10万元以下的罚款。

第六十条 违反本条例规定，勘察、设计、施工、工程监理单位超越本单位资质等级承揽工程的，责令停止违法行为，对勘察、设计单位或者工程监理单位处合同约定的勘察费、设计费或者监理酬金1倍以上2倍以下的罚款；对施工单位处工程合同价款2%以上4%以下的罚款，可以责令停业整顿，降低资质等级；情节严重的，吊销资质证书；有违法所得的，予以没收。

未取得资质证书承揽工程的，予以取缔，依照前款规定处以罚款；有违法所得的，予以没收。

以欺骗手段取得资质证书承揽工程的，吊销资质证书，依照本条第一款规定处以罚款；有违法所得的，予以没收。

第六十一条 违反本条例规定，勘察、设计、施工、工程监理单位允许其他单位或者个人以本单位名义承揽工程的，责令改正，没收违法所得，对勘察、设计单位和工程监理单位处合同约定的勘察费、设计费和监理酬金1倍以上2倍以下的罚款；对施工单位处工程合同价款2%以上4%以下的罚款；可以责令停业整顿，降低资质等级；情节严重的，吊销资质证书。

第六十二条 违反本条例规定,承包单位将承包的工程转包或者违法分包的,责令改正,没收违法所得,对勘察、设计单位处合同约定的勘察费、设计费25%以上50%以下的罚款;对施工单位处工程合同价款0.5%以上1%以下的罚款;可以责令停业整顿,降低资质等级;情节严重的,吊销资质证书。

工程监理单位转让工程监理业务的,责令改正,没收违法所得,处合同约定的监理酬金25%以上50%以下的罚款;可以责令停业整顿,降低资质等级;情节严重的,吊销资质证书。

第六十三条 违反本条例规定,有下列行为之一的,责令改正,处10万元以上30万元以下的罚款:

(一)勘察单位未按照工程建设强制性标准进行勘察的;

(二)设计单位未根据勘察成果文件进行工程设计的;

(三)设计单位指定建筑材料、建筑构配件的生产厂、供应商的;

(四)设计单位未按照工程建设强制性标准进行设计的。

有前款所列行为,造成工程质量事故的,责令停业整顿,降低资质等级;情节严重的,吊销资质证书;造成损失的,依法承担赔偿责任。

第六十四条 违反本条例规定,施工单位在施工中偷工减料的,使用不合格的建筑材料、建筑构配件和设备的,或者有不按照工程设计图纸或者施工技术标准施工的其他行为的,责令改正,处工程合同价款2%以上4%以下的罚款;造成建设工程质量不符合规定的质量标准的,负责返工、修理,并赔偿因此造成的损失;情节严重的,责令停业整顿,降低资质等级或者吊销资质证书。

第六十五条 违反本条例规定,施工单位未对建筑材料、建筑构配件、设备和商品混凝土进行检验,或者未对涉及结构安全的试块、试件以及有关材料取样检测的,责令改正,处10万元以上20万元以下的罚款;情节严重的,责令停业整顿,降低资质等级或者吊销资质证书;造成损失的,依法承担赔偿责任。

第六十六条 违反本条例规定,施工单位不履行保修义务或者拖延履行保修义务的,责令改正,处10万元以上20万元以下的罚款,并对在保修期内因质量缺陷造成的损失承担赔偿责任。

第六十七条 工程监理单位有下列行为之一的,责令改正,处50万元以上100万元以下的罚款,降低资质等级或者吊销资质证书;有违法所得的,予以没收;造成损失的,承担连带赔偿责任:

(一)与建设单位或者施工单位串通,弄虚作假、降低工程质量的;

(二)将不合格的建设工程、建筑材料、建筑构配件和设备按照合格签字的。

第六十八条 违反本条例规定,工程监理单位与被监理工程的施工承包单位以及建筑材料、建筑构配件和设备供应单位有隶属关系或者其他利害关系承担该项建设工程的监理业务的,责令改正,处5万元以上10万元以下的罚款,降低资质等级或者吊销资质证书;有违法所得的,予以没收。

第六十九条 违反本条例规定,涉及建筑主体或者承重结构变动的装修工程,没有设计方案擅自施工的，责令改正，处 50 万元以上 100 万元以下的罚款；房屋建筑使用者在装修过程中擅自变动房屋建筑主体和承重结构的，责令改正，处 5 万元以上 10 万元以下的罚款。

有前款所列行为，造成损失的，依法承担赔偿责任。

第七十条　发生重大工程质量事故隐瞒不报、谎报或者拖延报告期限的，对直接负责的主管人员和其他责任人员依法给予行政处分。

第七十一条　违反本条例规定，供水、供电、供气、公安消防等部门或者单位明示或者暗示建设单位或者施工单位购买其指定的生产供应单位的建筑材料、建筑构配件和设备的，责令改正。

第七十二条　违反本条例规定，注册建筑师、注册结构工程师、监理工程师等注册执业人员因过错造成质量事故的，责令停止执业 1 年；造成重大质量事故的，吊销执业资格证书，5 年以内不予注册；情节特别恶劣的，终身不予注册。

第七十三条　依照本条例规定，给予单位罚款处罚的，对单位直接负责的主管人员和其他直接责任人员处单位罚款数额 5% 以上 10% 以下的罚款。

第七十四条　建设单位、设计单位、施工单位、工程监理单位违反国家规定，降低工程质量标准，造成重大安全事故，构成犯罪的，对直接责任人员依法追究刑事责任。

第七十五条　本条例规定的责令停业整顿，降低资质等级和吊销资质证书的行政处罚，由颁发资质证书的机关决定；其他行政处罚，由建设行政主管部门或者其他有关部门依照法定职权决定。

依照本条例规定被吊销资质证书的，由工商行政管理部门吊销其营业执照。

第七十六条　国家机关工作人员在建设工程质量监督管理工作中玩忽职守、滥用职权、徇私舞弊，构成犯罪的，依法追究刑事责任；尚不构成犯罪的，依法给予行政处分。

第七十七条　建设、勘察、设计、施工、工程监理单位的工作人员因调动工作、退休等原因离开该单位后，被发现在该单位工作期间违反国家有关建设工程质量管理规定，造成重大工程质量事故的，仍应当依法追究法律责任。

第九章　附　则

第七十八条　本条例所称肢解发包，是指建设单位将应当由一个承包单位完成的建设工程分解成若干部分发包给不同的承包单位的行为。

本条例所称违法分包，是指下列行为：

（一）总承包单位将建设工程分包给不具备相应资质条件的单位的；

（二）建设工程总承包合同中未有约定，又未经建设单位认可，承包单位将其承包的部分建设工程交由其他单位完成的；

（三）施工总承包单位将建设工程主体结构的施工分包给其他单位的；

（四）分包单位将其承包的建设工程再分包的。

本条例所称转包，是指承包单位承包建设工程后，不履行合同约定的责任和义务，将其承包的全部建设工程转给他人或者将其承包的全部建设工程肢解以后以分包的名义分别转给其他单位承包的行为。

第七十九条 本条例规定的罚款和没收的违法所得，必须全部上缴国库。

第八十条 抢险救灾及其他临时性房屋建筑和农民自建低层住宅的建设活动，不适用本条例。

第八十一条 军事建设工程的管理，按照中央军事委员会的有关规定执行。

第八十二条 本条例自发布之日起施行。

建设工程安全生产管理条例

发布单位：国务院　发布日期：2003年11月24日
实施日期：2004年2月1日
中华人民共和国国务院令第393号

第一章　总　则

第一条　为了加强建设工程安全生产监督管理，保障人民群众生命和财产安全，根据《中华人民共和国建筑法》、《中华人民共和国安全生产法》，制定本条例。

第二条　在中华人民共和国境内从事建设工程的新建、扩建、改建和拆除等有关活动及实施对建设工程安全生产的监督管理，必须遵守本条例。

本条例所称建设工程，是指土木工程、建筑工程、线路管道和设备安装工程及装修工程。

第三条　建设工程安全生产管理，坚持安全第一、预防为主的方针。

第四条　建设单位、勘察单位、设计单位、施工单位、工程监理单位及其他与建设工程安全生产有关的单位，必须遵守安全生产法律、法规的规定，保证建设工程安全生产，依法承担建设工程安全生产责任。

第五条　国家鼓励建设工程安全生产的科学技术研究和先进技术的推广应用，推进建设工程安全生产的科学管理。

第二章　建设单位的安全责任

第六条　建设单位应当向施工单位提供施工现场及毗邻区域内供水、排水、供电、供气、供热、通信、广播电视等地下管线资料，气象和水文观测资料，相邻建筑物和构筑物、地下工程的有关资料，并保证资料的真实、准确、完整。

建设单位因建设工程需要，向有关部门或者单位查询前款规定的资料时，有关部门或者单位应当及时提供。

第七条　建设单位不得对勘察、设计、施工、工程监理等单位提出不符合建设工程安全生产法律、法规和强制性标准规定的要求，不得压缩合同约定的工期。

第八条　建设单位在编制工程概算时，应当确定建设工程安全作业环境及安全施工措施所需费用。

第九条 建设单位不得明示或者暗示施工单位购买、租赁、使用不符合安全施工要求的安全防护用具、机械设备、施工机具及配件、消防设施和器材。

第十条 建设单位在申请领取施工许可证时,应当提供建设工程有关安全施工措施的资料。

依法批准开工报告的建设工程,建设单位应当自开工报告批准之日起15日内,将保证安全施工的措施报送建设工程所在地的县级以上地方人民政府建设行政主管部门或者其他有关部门备案。

第十一条 建设单位应当将拆除工程发包给具有相应资质等级的施工单位。

建设单位应当在拆除工程施工15日前,将下列资料报送建设工程所在地的县级以上地方人民政府建设行政主管部门或者其他有关部门备案:

(一)施工单位资质等级证明;

(二)拟拆除建筑物、构筑物及可能危及毗邻建筑的说明;

(三)拆除施工组织方案;

(四)堆放、清除废弃物的措施。

实施爆破作业的,应当遵守国家有关民用爆炸物品管理的规定。

第三章 勘察、设计、工程监理及其他有关单位的安全责任

第十二条 勘察单位应当按照法律、法规和工程建设强制性标准进行勘察,提供的勘察文件应当真实、准确,满足建设工程安全生产的需要。

勘察单位在勘察作业时,应当严格执行操作规程,采取措施保证各类管线、设施和周边建筑物、构筑物的安全。

第十三条 设计单位应当按照法律、法规和工程建设强制性标准进行设计,防止因设计不合理导致生产安全事故的发生。

设计单位应当考虑施工安全操作和防护的需要,对涉及施工安全的重点部位和环节在设计文件中注明,并对防范生产安全事故提出指导意见。

采用新结构、新材料、新工艺的建设工程和特殊结构的建设工程,设计单位应当在设计中提出保障施工作业人员安全和预防生产安全事故的措施建议。

设计单位和注册建筑师等注册执业人员应当对其设计负责。

第十四条 工程监理单位应当审查施工组织设计中的安全技术措施或者专项施工方案是否符合工程建设强制性标准。

工程监理单位在实施监理过程中,发现存在安全事故隐患的,应当要求施工单位整改;情况严重的,应当要求施工单位暂时停止施工,并及时报告建设单位。施工单位拒不整改或者不停止施工的,工程监理单位应当及时向有关主管部门报告。

工程监理单位和监理工程师应当按照法律、法规和工程建设强制性标准实施监理,并对建设工程安全生产承担监理责任。

第十五条 为建设工程提供机械设备和配件的单位,应当按照安全施工的要求配备齐

全有效的保险、限位等安全设施和装置。

第十六条 出租的机械设备和施工机具及配件，应当具有生产（制造）许可证、产品合格证。

出租单位应当对出租的机械设备和施工机具及配件的安全性能进行检测，在签订租赁协议时，应当出具检测合格证明。

禁止出租检测不合格的机械设备和施工机具及配件。

第十七条 在施工现场安装、拆卸施工起重机械和整体提升脚手架、模板等自升式架设设施，必须由具有相应资质的单位承担。

安装、拆卸施工起重机械和整体提升脚手架、模板等自升式架设设施，应当编制拆装方案、制定安全施工措施，并由专业技术人员现场监督。

施工起重机械和整体提升脚手架、模板等自升式架设设施安装完毕后，安装单位应当自检，出具自检合格证明，并向施工单位进行安全使用说明，办理验收手续并签字。

第十八条 施工起重机械和整体提升脚手架、模板等自升式架设设施的使用达到国家规定的检验检测期限的，必须经具有专业资质的检验检测机构检测。经检测不合格的，不得继续使用。

第十九条 检验检测机构对检测合格的施工起重机械和整体提升脚手架、模板等自升式架设设施，应当出具安全合格证明文件，并对检测结果负责。

第四章 施工单位的安全责任

第二十条 施工单位从事建设工程的新建、扩建、改建和拆除等活动，应当具备国家规定的注册资本、专业技术人员、技术装备和安全生产等条件，依法取得相应等级的资质证书，并在其资质等级许可的范围内承揽工程。

第二十一条 施工单位主要负责人依法对本单位的安全生产工作全面负责。施工单位应当建立健全安全生产责任制度和安全生产教育培训制度，制定安全生产规章制度和操作规程，保证本单位安全生产条件所需资金的投入，对所承担的建设工程进行定期和专项安全检查，并做好安全检查记录。

施工单位的项目负责人应当由取得相应执业资格的人员担任，对建设工程项目的安全施工负责，落实安全生产责任制度、安全生产规章制度和操作规程，确保安全生产费用的有效使用，并根据工程的特点组织制定安全施工措施，消除安全事故隐患，及时、如实报告生产安全事故。

第二十二条 施工单位对列入建设工程概算的安全作业环境及安全施工措施所需费用，应当用于施工安全防护用具及设施的采购和更新、安全施工措施的落实、安全生产条件的改善，不得挪作他用。

第二十三条 施工单位应当设立安全生产管理机构，配备专职安全生产管理人员。

专职安全生产管理人员负责对安全生产进行现场监督检查。发现安全事故隐患，应当及时向项目负责人和安全生产管理机构报告；对违章指挥、违章操作的，应当立即制止。

专职安全生产管理人员的配备办法由国务院建设行政主管部门会同国务院其他有关部门制定。

第二十四条 建设工程实行施工总承包的,由总承包单位对施工现场的安全生产负总责。

总承包单位应当自行完成建设工程主体结构的施工。

总承包单位依法将建设工程分包给其他单位的,分包合同中应当明确各自的安全生产方面的权利、义务。总承包单位和分包单位对分包工程的安全生产承担连带责任。

分包单位应当服从总承包单位的安全生产管理,分包单位不服从管理导致生产安全事故的,由分包单位承担主要责任。

第二十五条 垂直运输机械作业人员、安装拆卸工、爆破作业人员、起重信号工、登高架设作业人员等特种作业人员,必须按照国家有关规定经过专门的安全作业培训,并取得特种作业操作资格证书后,方可上岗作业。

第二十六条 施工单位应当在施工组织设计中编制安全技术措施和施工现场临时用电方案,对下列达到一定规模的危险性较大的分部分项工程编制专项施工方案,并附具安全验算结果,经施工单位技术负责人、总监理工程师签字后实施,由专职安全生产管理人员进行现场监督:

(一)基坑支护与降水工程;

(二)土方开挖工程;

(三)模板工程;

(四)起重吊装工程;

(五)脚手架工程;

(六)拆除、爆破工程;

(七)国务院建设行政主管部门或者其他有关部门规定的其他危险性较大的工程。

对前款所列工程中涉及深基坑、地下暗挖工程、高大模板工程的专项施工方案,施工单位还应当组织专家进行论证、审查。

本条第一款规定的达到一定规模的危险性较大工程的标准,由国务院建设行政主管部门会同国务院其他有关部门制定。

第二十七条 建设工程施工前,施工单位负责项目管理的技术人员应当对有关安全施工的技术要求向施工作业班组、作业人员作出详细说明,并由双方签字确认。

第二十八条 施工单位应当在施工现场入口处、施工起重机械、临时用电设施、脚手架、出入通道口、楼梯口、电梯井口、孔洞口、桥梁口、隧道口、基坑边沿、爆破物及有害危险气体和液体存放处等危险部位,设置明显的安全警示标志。安全警示标志必须符合国家标准。

施工单位应当根据不同施工阶段和周围环境及季节、气候的变化,在施工现场采取相应的安全施工措施。施工现场暂时停止施工的,施工单位应当做好现场防护,所需费用由责任方承担,或者按照合同约定执行。

第二十九条 施工单位应当将施工现场的办公、生活区与作业区分开设置,并保持安全距离；办公、生活区的选址应当符合安全性要求。职工的膳食、饮水、休息场所等应当符合卫生标准。施工单位不得在尚未竣工的建筑物内设置员工集体宿舍。

施工现场临时搭建的建筑物应当符合安全使用要求。施工现场使用的装配式活动房屋应当具有产品合格证。

第三十条 施工单位对因建设工程施工可能造成损害的毗邻建筑物、构筑物和地下管线等，应当采取专项防护措施。

施工单位应当遵守有关环境保护法律、法规的规定，在施工现场采取措施，防止或者减少粉尘、废气、废水、固体废物、噪声、振动和施工照明对人和环境的危害和污染。

在城市市区内的建设工程，施工单位应当对施工现场实行封闭围挡。

第三十一条 施工单位应当在施工现场建立消防安全责任制度，确定消防安全责任人，制定用火、用电、使用易燃易爆材料等各项消防安全管理制度和操作规程，设置消防通道、消防水源，配备消防设施和灭火器材，并在施工现场入口处设置明显标志。

第三十二条 施工单位应当向作业人员提供安全防护用具和安全防护服装，并书面告知危险岗位的操作规程和违章操作的危害。

作业人员有权对施工现场的作业条件、作业程序和作业方式中存在的安全问题提出批评、检举和控告，有权拒绝违章指挥和强令冒险作业。

在施工中发生危及人身安全的紧急情况时，作业人员有权立即停止作业或者在采取必要的应急措施后撤离危险区域。

第三十三条 作业人员应当遵守安全施工的强制性标准、规章制度和操作规程，正确使用安全防护用具、机械设备等。

第三十四条 施工单位采购、租赁的安全防护用具、机械设备、施工机具及配件，应当具有生产（制造）许可证、产品合格证，并在进入施工现场前进行查验。

施工现场的安全防护用具、机械设备、施工机具及配件必须由专人管理，定期进行检查、维修和保养，建立相应的资料档案，并按照国家有关规定及时报废。

第三十五条 施工单位在使用施工起重机械和整体提升脚手架、模板等自升式架设设施前，应当组织有关单位进行验收，也可以委托具有相应资质的检验检测机构进行验收；使用承租的机械设备和施工机具及配件的，由施工总承包单位、分包单位、出租单位和安装单位共同进行验收。验收合格的方可使用。

《特种设备安全监察条例》规定的施工起重机械，在验收前应当经有相应资质的检验检测机构监督检验合格。

施工单位应当自施工起重机械和整体提升脚手架、模板等自升式架设设施验收合格之日起30日内，向建设行政主管部门或者其他有关部门登记。登记标志应当置于或者附着于该设备的显著位置。

第三十六条 施工单位的主要负责人、项目负责人、专职安全生产管理人员应当经建设行政主管部门或者其他有关部门考核合格后方可任职。

施工单位应当对管理人员和作业人员每年至少进行一次安全生产教育培训，其教育培训情况记入个人工作档案。安全生产教育培训考核不合格的人员，不得上岗。

第三十七条 作业人员进入新的岗位或者新的施工现场前，应当接受安全生产教育培训。未经教育培训或者教育培训考核不合格的人员，不得上岗作业。

施工单位在采用新技术、新工艺、新设备、新材料时，应当对作业人员进行相应的安全生产教育培训。

第三十八条 施工单位应当为施工现场从事危险作业的人员办理意外伤害保险。

意外伤害保险费由施工单位支付。实行施工总承包的，由总承包单位支付意外伤害保险费。意外伤害保险期限自建设工程开工之日起至竣工验收合格止。

第五章 监督管理

第三十九条 国务院负责安全生产监督管理的部门依照《中华人民共和国安全生产法》的规定，对全国建设工程安全生产工作实施综合监督管理。

县级以上地方人民政府负责安全生产监督管理的部门依照《中华人民共和国安全生产法》的规定，对本行政区域内建设工程安全生产工作实施综合监督管理。

第四十条 国务院建设行政主管部门对全国的建设工程安全生产实施监督管理。国务院铁路、交通、水利等有关部门按照国务院规定的职责分工，负责有关专业建设工程安全生产的监督管理。

县级以上地方人民政府建设行政主管部门对本行政区域内的建设工程安全生产实施监督管理。县级以上地方人民政府交通、水利等有关部门在各自的职责范围内，负责本行政区域内的专业建设工程安全生产的监督管理。

第四十一条 建设行政主管部门和其他有关部门应当将本条例第十条、第十一条规定的有关资料的主要内容抄送同级负责安全生产监督管理的部门。

第四十二条 建设行政主管部门在审核发放施工许可证时，应当对建设工程是否有安全施工措施进行审查，对没有安全施工措施的，不得颁发施工许可证。

建设行政主管部门或者其他有关部门对建设工程是否有安全施工措施进行审查时，不得收取费用。

第四十三条 县级以上人民政府负有建设工程安全生产监督管理职责的部门在各自的职责范围内履行安全监督检查职责时，有权采取下列措施：

（一）要求被检查单位提供有关建设工程安全生产的文件和资料；

（二）进入被检查单位施工现场进行检查；

（三）纠正施工中违反安全生产要求的行为；

（四）对检查中发现的安全事故隐患，责令立即排除；重大安全事故隐患排除前或者排除过程中无法保证安全的，责令从危险区域内撤出作业人员或者暂时停止施工。

第四十四条 建设行政主管部门或者其他有关部门可以将施工现场的监督检查委托给建设工程安全监督机构具体实施。

第四十五条 国家对严重危及施工安全的工艺、设备、材料实行淘汰制度。具体目录由国务院建设行政主管部门会同国务院其他有关部门制定并公布。

第四十六条　县级以上人民政府建设行政主管部门和其他有关部门应当及时受理对建设工程生产安全事故及安全事故隐患的检举、控告和投诉。

第六章　生产安全事故的应急救援和调查处理

第四十七条　县级以上地方人民政府建设行政主管部门应当根据本级人民政府的要求，制定本行政区域内建设工程特大生产安全事故应急救援预案。

第四十八条　施工单位应当制定本单位生产安全事故应急救援预案，建立应急救援组织或者配备应急救援人员，配备必要的应急救援器材、设备，并定期组织演练。

第四十九条　施工单位应当根据建设工程施工的特点、范围，对施工现场易发生重大事故的部位、环节进行监控，制定施工现场生产安全事故应急救援预案。实行施工总承包的，由总承包单位统一组织编制建设工程生产安全事故应急救援预案，工程总承包单位和分包单位按照应急救援预案，各自建立应急救援组织或者配备应急救援人员，配备救援器材、设备，并定期组织演练。

第五十条　施工单位发生生产安全事故，应当按照国家有关伤亡事故报告和调查处理的规定，及时、如实地向负责安全生产监督管理的部门、建设行政主管部门或者其他有关部门报告；特种设备发生事故的，还应当同时向特种设备安全监督管理部门报告。接到报告的部门应当按照国家有关规定，如实上报。

实行施工总承包的建设工程，由总承包单位负责上报事故。

第五十一条　发生生产安全事故后，施工单位应当采取措施防止事故扩大，保护事故现场。需要移动现场物品时，应当做出标记和书面记录，妥善保管有关证物。

第五十二条　建设工程生产安全事故的调查、对事故责任单位和责任人的处罚与处理，按照有关法律、法规的规定执行。

第七章　法律责任

第五十三条　违反本条例的规定，县级以上人民政府建设行政主管部门或者其他有关行政管理部门的工作人员，有下列行为之一的，给予降级或者撤职的行政处分；构成犯罪的，依照刑法有关规定追究刑事责任：

（一）对不具备安全生产条件的施工单位颁发资质证书的；

（二）对没有安全施工措施的建设工程颁发施工许可证的；

（三）发现违法行为不予查处的；

（四）不依法履行监督管理职责的其他行为。

第五十四条　违反本条例的规定，建设单位未提供建设工程安全生产作业环境及安全施工措施所需费用的，责令限期改正；逾期未改正的，责令该建设工程停止施工。

建设单位未将保证安全施工的措施或者拆除工程的有关资料报送有关部门备案的，责令限期改正，给予警告。

第五十五条 违反本条例的规定，建设单位有下列行为之一的，责令限期改正，处20万元以上50万元以下的罚款；造成重大安全事故，构成犯罪的，对直接责任人员，依照刑法有关规定追究刑事责任；造成损失的，依法承担赔偿责任：

（一）对勘察、设计、施工、工程监理等单位提出不符合安全生产法律、法规和强制性标准规定的要求的；

（二）要求施工单位压缩合同约定的工期的；

（三）将拆除工程发包给不具有相应资质等级的施工单位的。

第五十六条 违反本条例的规定，勘察单位、设计单位有下列行为之一的，责令限期改正，处10万元以上30万元以下的罚款；情节严重的，责令停业整顿，降低资质等级，直至吊销资质证书；造成重大安全事故，构成犯罪的，对直接责任人员，依照刑法有关规定追究刑事责任；造成损失的，依法承担赔偿责任：

（一）未按照法律、法规和工程建设强制性标准进行勘察、设计的；

（二）采用新结构、新材料、新工艺的建设工程和特殊结构的建设工程，设计单位未在设计中提出保障施工作业人员安全和预防生产安全事故的措施建议的。

第五十七条 违反本条例的规定，工程监理单位有下列行为之一的，责令限期改正；逾期未改正的，责令停业整顿，并处10万元以上30万元以下的罚款；情节严重的，降低资质等级，直至吊销资质证书；造成重大安全事故，构成犯罪的，对直接责任人员，依照刑法有关规定追究刑事责任；造成损失的，依法承担赔偿责任：

（一）未对施工组织设计中的安全技术措施或者专项施工方案进行审查的；

（二）发现安全事故隐患未及时要求施工单位整改或者暂时停止施工的；

（三）施工单位拒不整改或者不停止施工，未及时向有关主管部门报告的；

（四）未依照法律、法规和工程建设强制性标准实施监理的。

第五十八条 注册执业人员未执行法律、法规和工程建设强制性标准的，责令停止执业3个月以上1年以下；情节严重的，吊销执业资格证书，5年内不予注册；造成重大安全事故的，终身不予注册；构成犯罪的，依照刑法有关规定追究刑事责任。

第五十九条 违反本条例的规定，为建设工程提供机械设备和配件的单位，未按照安全施工的要求配备齐全有效的保险、限位等安全设施和装置的，责令限期改正，处合同价款1倍以上3倍以下的罚款；造成损失的，依法承担赔偿责任。

第六十条 违反本条例的规定，出租单位出租未经安全性能检测或者经检测不合格的机械设备和施工机具及配件的，责令停业整顿，并处5万元以上10万元以下的罚款；造成损失的，依法承担赔偿责任。

第六十一条 违反本条例的规定，施工起重机械和整体提升脚手架、模板等自升式架设设施安装、拆卸单位有下列行为之一的，责令限期改正，处5万元以上10万元以下的罚款；情节严重的，责令停业整顿，降低资质等级，直至吊销资质证书；造成损失的，依法承担赔偿责任：

（一）未编制拆装方案、制定安全施工措施的；

（二）未由专业技术人员现场监督的；

（三）未出具自检合格证明或者出具虚假证明的；

（四）未向施工单位进行安全使用说明，办理移交手续的。

施工起重机械和整体提升脚手架、模板等自升式架设设施安装、拆卸单位有前款规定的第（一）项、第（三）项行为，经有关部门或者单位职工提出后，对事故隐患仍不采取措施，因而发生重大伤亡事故或者造成其他严重后果，构成犯罪的，对直接责任人员，依照刑法有关规定追究刑事责任。

第六十二条 违反本条例的规定，施工单位有下列行为之一的，责令限期改正；逾期未改正的，责令停业整顿，依照《中华人民共和国安全生产法》的有关规定处以罚款；造成重大安全事故，构成犯罪的，对直接责任人员，依照刑法有关规定追究刑事责任：

（一）未设立安全生产管理机构、配备专职安全生产管理人员或者分部分项工程施工时无专职安全生产管理人员现场监督的；

（二）施工单位的主要负责人、项目负责人、专职安全生产管理人员、作业人员或者特种作业人员，未经安全教育培训或者经考核不合格即从事相关工作的；

（三）未在施工现场的危险部位设置明显的安全警示标志，或者未按照国家有关规定在施工现场设置消防通道、消防水源、配备消防设施和灭火器材的；

（四）未向作业人员提供安全防护用具和安全防护服装的；

（五）未按照规定在施工起重机械和整体提升脚手架、模板等自升式架设设施验收合格后登记的；

（六）使用国家明令淘汰、禁止使用的危及施工安全的工艺、设备、材料的。

第六十三条 违反本条例的规定，施工单位挪用列入建设工程概算的安全生产作业环境及安全施工措施所需费用的，责令限期改正，处挪用费用20%以上50%以下的罚款；造成损失的，依法承担赔偿责任。

第六十四条 违反本条例的规定，施工单位有下列行为之一的，责令限期改正；逾期未改正的，责令停业整顿，并处5万元以上10万元以下的罚款；造成重大安全事故，构成犯罪的，对直接责任人员，依照刑法有关规定追究刑事责任：

（一）施工前未对有关安全施工的技术要求作出详细说明的；

（二）未根据不同施工阶段和周围环境及季节、气候的变化，在施工现场采取相应的安全施工措施，或者在城市市区内的建设工程的施工现场未实行封闭围挡的；

（三）在尚未竣工的建筑物内设置员工集体宿舍的；

（四）施工现场临时搭建的建筑物不符合安全使用要求的；

（五）未对因建设工程施工可能造成损害的毗邻建筑物、构筑物和地下管线等采取专项防护措施的。

施工单位有前款规定第（四）项、第（五）项行为，造成损失的，依法承担赔偿责任。

第六十五条 违反本条例的规定，施工单位有下列行为之一的，责令限期改正；逾期未改正的，责令停业整顿，并处10万元以上30万元以下的罚款；情节严重的，降低资质等级，直至吊销资质证书；造成重大安全事故，构成犯罪的，对直接责任人员，依照刑法有关规定追究刑事责任；造成损失的，依法承担赔偿责任：

（一）安全防护用具、机械设备、施工机具及配件在进入施工现场前未经查验或者查验不合格即投入使用的；

（二）使用未经验收或者验收不合格的施工起重机械和整体提升脚手架、模板等自升式架设设施的；

（三）委托不具有相应资质的单位承担施工现场安装、拆卸施工起重机械和整体提升脚手架、模板等自升式架设设施的；

（四）在施工组织设计中未编制安全技术措施、施工现场临时用电方案或者专项施工方案的。

第六十六条 违反本条例的规定，施工单位的主要负责人、项目负责人未履行安全生产管理职责的，责令限期改正；逾期未改正的，责令施工单位停业整顿；造成重大安全事故、重大伤亡事故或者其他严重后果，构成犯罪的，依照刑法有关规定追究刑事责任。

作业人员不服管理、违反规章制度和操作规程冒险作业造成重大伤亡事故或者其他严重后果，构成犯罪的，依照刑法有关规定追究刑事责任。

施工单位的主要负责人、项目负责人有前款违法行为，尚不够刑事处罚的，处2万元以上20万元以下的罚款或者按照管理权限给予撤职处分；自刑罚执行完毕或者受处分之日起，5年内不得担任任何施工单位的主要负责人、项目负责人。

第六十七条 施工单位取得资质证书后，降低安全生产条件的，责令限期改正；经整改仍未达到与其资质等级相适应的安全生产条件的，责令停业整顿，降低其资质等级直至吊销资质证书。

第六十八条 本条例规定的行政处罚，由建设行政主管部门或者其他有关部门依照法定职权决定。

违反消防安全管理规定的行为，由公安消防机构依法处罚。

有关法律、行政法规对建设工程安全生产违法行为的行政处罚决定机关另有规定的，从其规定。

第八章 附 则

第六十九条 抢险救灾和农民自建低层住宅的安全生产管理，不适用本条例。

第七十条 军事建设工程的安全生产管理，按照中央军事委员会的有关规定执行。

第七十一条 本条例自2004年2月1日起施行。

建设项目安全设施"三同时"监督管理办法

发布单位：国家安全生产监督管理总局　发布日期：2010年12月14日
修改日期：2015年4月2日　实施日期：2015年5月1日
中华人民共和国国家安全生产监督管理总局令第77号

第一章　总　则

第一条　为加强建设项目安全管理，预防和减少生产安全事故，保障从业人员生命和财产安全，根据《中华人民共和国安全生产法》和《国务院关于进一步加强企业安全生产工作的通知》等法律、行政法规和规定，制定本办法。

第二条　经县级以上人民政府及其有关主管部门依法审批、核准或者备案的生产经营单位新建、改建、扩建工程项目（以下统称建设项目）安全设施的建设及其监督管理，适用本办法。

法律、行政法规及国务院对建设项目安全设施建设及其监督管理另有规定的，依照其规定。

第三条　本办法所称的建设项目安全设施，是指生产经营单位在生产经营活动中用于预防生产安全事故的设备、设施、装置、构（建）筑物和其他技术措施的总称。

第四条　生产经营单位是建设项目安全设施建设的责任主体。建设项目安全设施必须与主体工程同时设计、同时施工、同时投入生产和使用（以下简称"三同时"）。安全设施投资应当纳入建设项目概算。

第五条　国家安全生产监督管理总局对全国建设项目安全设施"三同时"实施综合监督管理，并在国务院规定的职责范围内承担有关建设项目安全设施"三同时"的监督管理。

县级以上地方各级安全生产监督管理部门对本行政区域内的建设项目安全设施"三同时"实施综合监督管理，并在本级人民政府规定的职责范围内承担本级人民政府及其有关主管部门审批、核准或者备案的建设项目安全设施"三同时"的监督管理。

跨两个及两个以上行政区域的建设项目安全设施"三同时"由其共同的上一级人民政府安全生产监督管理部门实施监督管理。

上一级人民政府安全生产监督管理部门根据工作需要，可以将其负责监督管理的建设项目安全设施"三同时"工作委托下一级人民政府安全生产监督管理部门实施监督管理。

第六条　安全生产监督管理部门应当加强建设项目安全设施建设的日常安全监管，落实有关行政许可及其监管责任，督促生产经营单位落实安全设施建设责任。

第二章　建设项目安全预评价

第七条　下列建设项目在进行可行性研究时，生产经营单位应当按照国家规定，进行安全预评价：
（一）非煤矿矿山建设项目；
（二）生产、储存危险化学品（包括使用长输管道输送危险化学品，下同）的建设项目；
（三）生产、储存烟花爆竹的建设项目；
（四）金属冶炼建设项目；
（五）使用危险化学品从事生产并且使用量达到规定数量的化工建设项目（属于危险化学品生产的除外，以下简称化工建设项目）；
（六）法律、行政法规和国务院规定的其他建设项目。

第八条　生产经营单位应当委托具有相应资质的安全评价机构，对其建设项目进行安全预评价，并编制安全预评价报告。

建设项目安全预评价报告应当符合国家标准或者行业标准的规定。

生产、储存危险化学品的建设项目和化工建设项目安全预评价报告除符合本条第二款的规定外，还应当符合有关危险化学品建设项目的规定。

第九条　本办法第七条规定以外的其他建设项目，生产经营单位应当对其安全生产条件和设施进行综合分析，形成书面报告备查。

第三章　建设项目安全设施设计审查

第十条　生产经营单位在建设项目初步设计时，应当委托有相应资质的初步设计单位对建设项目安全设施同时进行设计，编制安全设施设计。

安全设施设计必须符合有关法律、法规、规章和国家标准或者行业标准、技术规范的规定，并尽可能采用先进适用的工艺、技术和可靠的设备、设施。本办法第七条规定的建设项目安全设施设计还应当充分考虑建设项目安全预评价报告提出的安全对策措施。

安全设施设计单位、设计人应当对其编制的设计文件负责。

第十一条　建设项目安全设施设计应当包括下列内容：
（一）设计依据；
（二）建设项目概述；
（三）建设项目潜在的危险、有害因素和危险、有害程度及周边环境安全分析；
（四）建筑及场地布置；
（五）重大危险源分析及检测监控；
（六）安全设施设计采取的防范措施；

（七）安全生产管理机构设置或者安全生产管理人员配备要求；

（八）从业人员教育培训要求；

（九）工艺、技术和设备、设施的先进性和可靠性分析；

（十）安全设施专项投资概算；

（十一）安全预评价报告中的安全对策及建议采纳情况；

（十二）预期效果以及存在的问题与建议；

（十三）可能出现的事故预防及应急救援措施；

（十四）法律、法规、规章、标准规定需要说明的其他事项。

第十二条 本办法第七条第（一）项、第（二）项、第（三）项、第四项规定的建设项目安全设施设计完成后，生产经营单位应当按照本办法第五条的规定向安全生产监督管理部门提出审查申请，并提交下列文件资料：

（一）建设项目审批、核准或者备案的文件；

（二）建设项目安全设施设计审查申请；

（三）设计单位的设计资质证明文件；

（四）建设项目安全设施设计；

（五）建设项目安全预评价报告及相关文件资料；

（六）法律、行政法规、规章规定的其他文件资料。

安全生产监督管理部门收到申请后，对属于本部门职责范围内的，应当及时进行审查，并在收到申请后5个工作日内作出受理或者不予受理的决定，书面告知申请人；对不属于本部门职责范围内的，应当将有关文件资料转送有审查权的安全生产监督管理部门，并书面告知申请人。

第十三条 对已经受理的建设项目安全设施设计审查申请，安全生产监督管理部门应当自受理之日起20个工作日内作出是否批准的决定，并书面告知申请人。20个工作日内不能作出决定的，经本部门负责人批准，可以延长10个工作日，并应当将延长期限的理由书面告知申请人。

第十四条 建设项目安全设施设计有下列情形之一的，不予批准，并不得开工建设：

（一）无建设项目审批、核准或者备案文件的；

（二）未委托具有相应资质的设计单位进行设计的；

（三）安全预评价报告由未取得相应资质的安全评价机构编制的；

（四）设计内容不符合有关安全生产的法律、法规、规章和国家标准或者行业标准、技术规范的规定的；

（五）未采纳安全预评价报告中的安全对策和建议，且未作充分论证说明的；

（六）不符合法律、行政法规规定的其他条件的。

建设项目安全设施设计审查未予批准的，生产经营单位经过整改后可以向原审查部门申请再审。

第十五条 已经批准的建设项目及其安全设施设计有下列情形之一的，生产经营单位应当报原批准部门审查同意；未经审查同意的，不得开工建设：

（一）建设项目的规模、生产工艺、原料、设备发生重大变更的；

（二）改变安全设施设计且可能降低安全性能的；

（三）在施工期间重新设计的。

第十六条 本办法第七条第（一）项、第（二）项、第（三）项和第（四）项规定以外的建设项目安全设施设计，由生产经营单位组织审查，形成书面报告备查。

第四章 建设项目安全设施施工和竣工验收

第十七条 建设项目安全设施的施工应当由取得相应资质的施工单位进行，并与建设项目主体工程同时施工。

施工单位应当在施工组织设计中编制安全技术措施和施工现场临时用电方案，同时对危险性较大的分部分项工程依法编制专项施工方案，并附具安全验算结果，经施工单位技术负责人、总监理工程师签字后实施。

施工单位应当严格按照安全设施设计和相关施工技术标准、规范施工，并对安全设施的工程质量负责。

第十八条 施工单位发现安全设施设计文件有错漏的，应当及时向生产经营单位、设计单位提出。生产经营单位、设计单位应当及时处理。

施工单位发现安全设施存在重大事故隐患时，应当立即停止施工并报告生产经营单位进行整改。整改合格后，方可恢复施工。

第十九条 工程监理单位应当审查施工组织设计中的安全技术措施或者专项施工方案是否符合工程建设强制性标准。

工程监理单位在实施监理过程中，发现存在事故隐患的，应当要求施工单位整改；情况严重的，应当要求施工单位暂时停止施工，并及时报告生产经营单位。施工单位拒不整改或者不停止施工的，工程监理单位应当及时向有关主管部门报告。

工程监理单位、监理人员应当按照法律、法规和工程建设强制性标准实施监理，并对安全设施工程的工程质量承担监理责任。

第二十条 建设项目安全设施建成后，生产经营单位应当对安全设施进行检查，对发现的问题及时整改。

第二十一条 本办法第七条规定的建设项目竣工后，根据规定建设项目需要试运行（包括生产、使用，下同）的，应当在正式投入生产或者使用前进行试运行。

试运行时间应当不少于30日，最长不得超过180日，国家有关部门有规定或者特殊要求的行业除外。

生产、储存危险化学品的建设项目和化工建设项目，应当在建设项目试运行前将试运行方案报负责建设项目安全许可的安全生产监督管理部门备案。

第二十二条 本办法第七条规定的建设项目安全设施竣工或者试运行完成后，生产经营单位应当委托具有相应资质的安全评价机构对安全设施进行验收评价，并编制建设项目安全验收评价报告。

建设项目安全验收评价报告应当符合国家标准或者行业标准的规定。

生产、储存危险化学品的建设项目和化工建设项目安全验收评价报告除符合本条第二款的规定外,还应当符合有关危险化学品建设项目的规定。

第二十三条 建设项目竣工投入生产或者使用前,生产经营单位应当组织对安全设施进行竣工验收,并形成书面报告备查。安全设施竣工验收合格后,方可投入生产和使用。

安全监管部门应当按照下列方式之一对本办法第七条第(一)项、第(二)项、第(三)项和第(四)项规定建设项目的竣工验收活动和验收结果的监督核查:

(一)对安全设施竣工验收报告按照不少于总数10%的比例进行随机抽查;

(二)在实施有关安全许可时,对建设项目安全设施竣工验收报告进行审查。

抽查和审查以书面方式为主。对竣工验收报告的实质内容存在疑问,需要到现场核查的,安全监管部门应当指派两名以上工作人员对有关内容进行现场核查。工作人员应当提出现场核查意见,并如实记录在案。

第二十四条 建设项目的安全设施有下列情形之一的,建设单位不得通过竣工验收,并不得投入生产或者使用:

(一)未选择具有相应资质的施工单位施工的;

(二)未按照建设项目安全设施设计文件施工或者施工质量未达到建设项目安全设施设计文件要求的;

(三)建设项目安全设施的施工不符合国家有关施工技术标准的;

(四)未选择具有相应资质的安全评价机构进行安全验收评价或者安全验收评价不合格的;

(五)安全设施和安全生产条件不符合有关安全生产法律、法规、规章和国家标准或者行业标准、技术规范规定的;

(六)发现建设项目试运行期间存在事故隐患未整改的;

(七)未依法设置安全生产管理机构或者配备安全生产管理人员的;

(八)从业人员未经过安全生产教育和培训或者不具备相应资格的;

(九)不符合法律、行政法规规定的其他条件的。

第二十五条 生产经营单位应当按照档案管理的规定,建立建设项目安全设施"三同时"文件资料档案,并妥善保存。

第二十六条 建设项目安全设施未与主体工程同时设计、同时施工或者同时投入使用的,安全生产监督管理部门对与此有关的行政许可一律不予审批,同时责令生产经营单位立即停止施工、限期改正违法行为,对有关生产经营单位和人员依法给予行政处罚。

第五章 法律责任

第二十七条 建设项目安全设施"三同时"违反本办法的规定,安全生产监督管理部门及其工作人员给予审批通过或者颁发有关许可证的,依法给予行政处分。

第二十八条 生产经营单位对本办法第七条第（一）项、第（二）项、第（三）项和第（四）项规定的建设项目有下列情形之一的，责令停止建设或者停产停业整顿，限期改正；逾期未改正的，处50万元以上100万元以下的罚款，对其直接负责的主管人员和其他直接责任人员处2万元以上5万元以下的罚款；构成犯罪的，依照刑法有关规定追究刑事责任：

（一）未按照本办法规定对建设项目进行安全评价的；

（二）没有安全设施设计或者安全设施设计未按照规定报经安全生产监督管理部门审查同意，擅自开工的；

（三）施工单位未按照批准的安全设施设计施工的；

（四）投入生产或者使用前，安全设施未经验收合格的。

第二十九条 已经批准的建设项目安全设施设计发生重大变更，生产经营单位未报原批准部门审查同意擅自开工建设的，责令限期改正，可以并处1万元以上3万元以下的罚款。

第三十条 本办法第七条第（一）项、第（二）项、第（三）项和第（四）项规定以外的建设项目有下列情形之一的，对有关生产经营单位责令限期改正，可以并处5000元以上3万元以下的罚款：

（一）没有安全设施设计的；

（二）安全设施设计未组织审查，并形成书面审查报告的；

（三）施工单位未按照安全设施设计施工的；

（四）投入生产或者使用前，安全设施未经竣工验收合格，并形成书面报告的。

第三十一条 承担建设项目安全评价的机构弄虚作假、出具虚假报告，尚未构成犯罪的，没收违法所得，违法所得在10万元以上的，并处违法所得2倍以上5倍以下的罚款；没有违法所得或者违法所得不足10万元的，单处或者并处10万元以上20万元以下的罚款，对其直接负责的主管人员和其他直接责任人员处2万元以上5万元以下的罚款；给他人造成损害的，与生产经营单位承担连带赔偿责任。

对有前款违法行为的机构，吊销其相应资质。

第三十二条 本办法规定的行政处罚由安全生产监督管理部门决定。法律、行政法规对行政处罚的种类、幅度和决定机关另有规定的，依照其规定。

安全生产监督管理部门对应当由其他有关部门进行处理的"三同时"问题，应当及时移送有关部门并形成记录备查。

第六章 附 则

第三十三条 本办法自2015年5月1日起施行。

（五）消防安全

消防安全责任制实施办法

发布单位：国务院　发布并实施日期：2017年10月29日

国办发〔2017〕87号

第一章　总　则

第一条　为深入贯彻《中华人民共和国消防法》、《中华人民共和国安全生产法》和党中央、国务院关于安全生产及消防安全的重要决策部署，按照政府统一领导、部门依法监管、单位全面负责、公民积极参与的原则，坚持党政同责、一岗双责、齐抓共管、失职追责，进一步健全消防安全责任制，提高公共消防安全水平，预防火灾和减少火灾危害，保障人民群众生命财产安全，制定本办法。

第二条　地方各级人民政府负责本行政区域内的消防工作，政府主要负责人为第一责任人，分管负责人为主要责任人，班子其他成员对分管范围内的消防工作负领导责任。

第三条　国务院公安部门对全国的消防工作实施监督管理。县级以上地方人民政府公安机关对本行政区域内的消防工作实施监督管理。县级以上人民政府其他有关部门按照管行业必须管安全、管业务必须管安全、管生产经营必须管安全的要求，在各自职责范围内依法依规做好本行业、本系统的消防安全工作。

第四条　坚持安全自查、隐患自除、责任自负。机关、团体、企业、事业等单位是消防安全的责任主体，法定代表人、主要负责人或实际控制人是本单位、本场所消防安全责任人，对本单位、本场所消防安全全面负责。

消防安全重点单位应当确定消防安全管理人，组织实施本单位的消防安全管理工作。

第五条　坚持权责一致、依法履职、失职追责。对不履行或不按规定履行消防安全职责的单位和个人，依法依规追究责任。

第二章　地方各级人民政府消防工作职责

第六条　县级以上地方各级人民政府应当落实消防工作责任制，履行下列职责：

（一）贯彻执行国家法律法规和方针政策，以及上级党委、政府关于消防工作的部署要求，全面负责本地区消防工作，每年召开消防工作会议，研究部署本地区消防工作重大事项。每年向上级人民政府专题报告本地区消防工作情况。健全由政府主要负责人或分管负责人牵头的消防工作协调机制，推动落实消防工作责任。

（二）将消防工作纳入经济社会发展总体规划，将包括消防安全布局、消防站、消防供水、消防通信、消防车通道、消防装备等内容的消防规划纳入城乡规划，并负责组织实施，确保消防工作与经济社会发展相适应。

（三）督促所属部门和下级人民政府落实消防安全责任制，在农业收获季节、森林和草原防火期间、重大节假日和重要活动期间以及火灾多发季节，组织开展消防安全检查。推动消防科学研究和技术创新，推广使用先进消防和应急救援技术、设备。组织开展经常性的消防宣传工作。大力发展消防公益事业。采取政府购买公共服务等方式，推进消防教育培训、技术服务和物防、技防等工作。

（四）建立常态化火灾隐患排查整治机制，组织实施重大火灾隐患和区域性火灾隐患整治工作。实行重大火灾隐患挂牌督办制度。对报请挂牌督办的重大火灾隐患和停产停业整改报告，在7个工作日内作出同意或不同意的决定，并组织有关部门督促隐患单位采取措施予以整改。

（五）依法建立公安消防队和政府专职消防队。明确政府专职消防队公益属性，采取招聘、购买服务等方式招录政府专职消防队员，建设营房，配齐装备；按规定落实其工资、保险和相关福利待遇。

（六）组织领导火灾扑救和应急救援工作。组织制定灭火救援应急预案，定期组织开展演练；建立灭火救援社会联动和应急反应处置机制，落实人员、装备、经费和灭火药剂等保障，根据需要调集灭火救援所需工程机械和特殊装备。

（七）法律、法规、规章规定的其他消防工作职责。

第七条 省、自治区、直辖市人民政府除履行第六条规定的职责外，还应当履行下列职责：

（一）定期召开政府常务会议、办公会议，研究部署消防工作。

（二）针对本地区消防安全特点和实际情况，及时提请同级人大及其常委会制定、修订地方性法规，组织制定、修订政府规章、规范性文件。

（三）将消防安全的总体要求纳入城市总体规划，并严格审核。

（四）加大消防投入，保障消防事业发展所需经费。

第八条 市、县级人民政府除履行第六条规定的职责外，还应当履行下列职责：

（一）定期召开政府常务会议、办公会议，研究部署消防工作。

（二）科学编制和严格落实城乡消防规划，预留消防队站、训练设施等建设用地。加强消防水源建设，按照规定建设市政消防供水设施，制定市政消防水源管理办法，明确建设、管理维护部门和单位。

（三）在本级政府预算中安排必要的资金，保障消防站、消防供水、消防通信等公共消防设施和消防装备建设，促进消防事业发展。

（四）将消防公共服务事项纳入政府民生工程或为民办实事工程；在社会福利机构、幼儿园、托儿所、居民家庭、小旅馆、群租房以及住宿与生产、储存、经营合用的场所推广安装简易喷淋装置、独立式感烟火灾探测报警器。

（五）定期分析评估本地区消防安全形势，组织开展火灾隐患排查整治工作；对重大火灾隐患，应当组织有关部门制定整改措施，督促限期消除。

（六）加强消防宣传教育培训，有计划地建设公益性消防科普教育基地，开展消防科普教育活动。

（七）按照立法权限，针对本地区消防安全特点和实际情况，及时提请同级人大及其常委会制定、修订地方性法规，组织制定、修订地方政府规章、规范性文件。

第九条 乡镇人民政府消防工作职责：

（一）建立消防安全组织，明确专人负责消防工作，制定消防安全制度，落实消防安全措施。

（二）安排必要的资金，用于公共消防设施建设和业务经费支出。

（三）将消防安全内容纳入镇总体规划、乡规划，并严格组织实施。

（四）根据当地经济发展和消防工作的需要建立专职消防队、志愿消防队，承担火灾扑救、应急救援等职能，并开展消防宣传、防火巡查、隐患查改。

（五）因地制宜落实消防安全"网格化"管理的措施和要求，加强消防宣传和应急疏散演练。

（六）部署消防安全整治，组织开展消防安全检查，督促整改火灾隐患。

（七）指导村（居）民委员会开展群众性的消防工作，确定消防安全管理人，制定防火安全公约，根据需要建立志愿消防队或微型消防站，开展防火安全检查、消防宣传教育和应急疏散演练，提高城乡消防安全水平。

街道办事处应当履行前款第（一）、（四）、（五）、（六）、（七）项职责，并保障消防工作经费。

第十条 开发区管理机构、工业园区管理机构等地方人民政府的派出机关，负责管理区域内的消防工作，按照本办法履行同级别人民政府的消防工作职责。

第十一条 地方各级人民政府主要负责人应当组织实施消防法律法规、方针政策和上级部署要求，定期研究部署消防工作，协调解决本行政区域内的重大消防安全问题。

地方各级人民政府分管消防安全的负责人应当协助主要负责人，综合协调本行政区域内的消防工作，督促检查各有关部门、下级政府落实消防工作的情况。班子其他成员要定期研究部署分管领域的消防工作，组织工作督查，推动分管领域火灾隐患排查整治。

第三章 县级以上人民政府工作部门消防安全职责

第十二条 县级以上人民政府工作部门应当按照谁主管、谁负责的原则，在各自职责范围内履行下列职责：

（一）根据本行业、本系统业务工作特点，在行业安全生产法规政策、规划计划和应急预案中纳入消防安全内容，提高消防安全管理水平。

（二）依法督促本行业、本系统相关单位落实消防安全责任制，建立消防安全管理制度,确定专(兼)职消防安全管理人员,落实消防工作经费;开展针对性消防安全检查治理,消除火灾隐患;加强消防宣传教育培训,每年组织应急演练,提高行业从业人员消防安全意识。

(三)法律、法规和规章规定的其他消防安全职责。

第十三条 具有行政审批职能的部门,对审批事项中涉及消防安全的法定条件要依法严格审批,凡不符合法定条件的,不得核发相关许可证照或批准开办。对已经依法取得批准的单位,不再具备消防安全条件的应当依法予以处理。

(一)公安机关负责对消防工作实施监督管理,指导、督促机关、团体、企业、事业等单位履行消防工作职责。依法实施建设工程消防设计审核、消防验收,开展消防监督检查,组织针对性消防安全专项治理,实施消防行政处罚。组织和指挥火灾现场扑救,承担或参加重大灾害事故和其他以抢救人员生命为主的应急救援工作。依法组织或参与火灾事故调查处理工作,办理失火罪和消防责任事故罪案件。组织开展消防宣传教育培训和应急疏散演练。

(二)教育部门负责学校、幼儿园管理中的行业消防安全。指导学校消防安全教育宣传工作,将消防安全教育纳入学校安全教育活动统筹安排。

(三)民政部门负责社会福利、特困人员供养、救助管理、未成年人保护、婚姻、殡葬、救灾物资储备、烈士纪念、军休军供、优抚医院、光荣院、养老机构等民政服务机构审批或管理中的行业消防安全。

(四)人力资源社会保障部门负责职业培训机构、技工院校审批或管理中的行业消防安全。做好政府专职消防队员、企业专职消防队员依法参加工伤保险工作。将消防法律法规和消防知识纳入公务员培训、职业培训内容。

(五)城乡规划管理部门依据城乡规划配合制定消防设施布局专项规划,依据规划预留消防站规划用地,并负责监督实施。

(六)住房城乡建设部门负责依法督促建设工程责任单位加强对房屋建筑和市政基础设施工程建设的安全管理,在组织制定工程建设规范以及推广新技术、新材料、新工艺时,应充分考虑消防安全因素,满足有关消防安全性能及要求。

(七)交通运输部门负责在客运车站、港口、码头及交通工具管理中依法督促有关单位落实消防安全主体责任和有关消防工作制度。

(八)文化部门负责文化娱乐场所审批或管理中的行业消防安全工作,指导、监督公共图书馆、文化馆(站)、剧院等文化单位履行消防安全职责。

(九)卫生计生部门负责医疗卫生机构、计划生育技术服务机构审批或管理中的行业消防安全。

(十)工商行政管理部门负责依法对流通领域消防产品质量实施监督管理,查处流通领域消防产品质量违法行为。

(十一)质量技术监督部门负责依法督促特种设备生产单位加强特种设备生产过程中的消防安全管理,在组织制定特种设备产品及使用标准时,应充分考虑消防安全因素,满足有关消防安全性能及要求,积极推广消防新技术在特种设备产品中的应用。按照职责分工对消防产品质量实施监督管理，依法查处消防产品质量违法行为。做好消防安全相关标准制修订工作，负责消防相关产品质量认证监督管理工作。

（十二）新闻出版广电部门负责指导新闻出版广播影视机构消防安全管理，协助监督管理印刷业、网络视听节目服务机构消防安全。督促新闻媒体发布针对性消防安全提示，面向社会开展消防宣传教育。

（十三）安全生产监督管理部门要严格依法实施有关行政审批，凡不符合法定条件的，不得核发有关安全生产许可。

第十四条 具有行政管理或公共服务职能的部门，应当结合本部门职责为消防工作提供支持和保障。

（一）发展改革部门应当将消防工作纳入国民经济和社会发展中长期规划。地方发展改革部门应当将公共消防设施建设列入地方固定资产投资计划。

（二）科技部门负责将消防科技进步纳入科技发展规划和中央财政科技计划（专项、基金等）并组织实施。组织指导消防安全重大科技攻关、基础研究和应用研究，会同有关部门推动消防科研成果转化应用。将消防知识纳入科普教育内容。

（三）工业和信息化部门负责指导督促通信业、通信设施建设以及民用爆炸物品生产、销售的消防安全管理。依据职责负责危险化学品生产、储存的行业规划和布局。将消防产业纳入应急产业同规划、同部署、同发展。

（四）司法行政部门负责指导监督监狱系统、司法行政系统强制隔离戒毒场所的消防安全管理。将消防法律法规纳入普法教育内容。

（五）财政部门负责按规定对消防资金进行预算管理。

（六）商务部门负责指导、督促商贸行业的消防安全管理工作。

（七）房地产管理部门负责指导、督促物业服务企业按照合同约定做好住宅小区共用消防设施的维护管理工作，并指导业主依照有关规定使用住宅专项维修资金对住宅小区共用消防设施进行维修、更新、改造。

（八）电力管理部门依法对电力企业和用户执行电力法律、行政法规的情况进行监督检查，督促企业严格遵守国家消防技术标准，落实企业主体责任。推广采用先进的火灾防范技术设施，引导用户规范用电。

（九）燃气管理部门负责加强城镇燃气安全监督管理工作，督促燃气经营者指导用户安全用气并对燃气设施定期进行安全检查、排除隐患，会同有关部门制定燃气安全事故应急预案，依法查处燃气经营者和燃气用户等各方主体的燃气违法行为。

（十）人防部门负责对人民防空工程的维护管理进行监督检查。

（十一）文物部门负责文物保护单位、世界文化遗产和博物馆的行业消防安全管理。

（十二）体育、宗教事务、粮食等部门负责加强体育类场馆、宗教活动场所、储备粮储存环节等消防安全管理，指导开展消防安全标准化管理。

（十三）银行、证券、保险等金融监管机构负责督促银行业金融机构、证券业机构、保险机构及服务网点、派出机构落实消防安全管理。保险监管机构负责指导保险公司开展火灾公众责任保险业务，鼓励保险机构发挥火灾风险评估管控和火灾事故预防功能。

（十四）农业、水利、交通运输等部门应当将消防水源、消防车通道等公共消防设施纳入相关基础设施建设工程。

（十五）互联网信息、通信管理等部门应当指导网站、移动互联网媒体等开展公益性消防安全宣传。

（十六）气象、水利、地震部门应当及时将重大灾害事故预警信息通报公安消防部门。

（十七）负责公共消防设施维护管理的单位应当保持消防供水、消防通信、消防车通道等公共消防设施的完好有效。

第四章　单位消防安全职责

第十五条　机关、团体、企业、事业等单位应当落实消防安全主体责任，履行下列职责：

（一）明确各级、各岗位消防安全责任人及其职责，制定本单位的消防安全制度、消防安全操作规程、灭火和应急疏散预案。定期组织开展灭火和应急疏散演练，进行消防工作检查考核，保证各项规章制度落实。

（二）保证防火检查巡查、消防设施器材维护保养、建筑消防设施检测、火灾隐患整改、专职或志愿消防队和微型消防站建设等消防工作所需资金的投入。生产经营单位安全费用应当保证适当比例用于消防工作。

（三）按照相关标准配备消防设施、器材，设置消防安全标志，定期检验维修，对建筑消防设施每年至少进行一次全面检测，确保完好有效。设有消防控制室的，实行24小时值班制度，每班不少于2人，并持证上岗。

（四）保障疏散通道、安全出口、消防车通道畅通，保证防火防烟分区、防火间距符合消防技术标准。人员密集场所的门窗不得设置影响逃生和灭火救援的障碍物。保证建筑构件、建筑材料和室内装修装饰材料等符合消防技术标准。

（五）定期开展防火检查、巡查，及时消除火灾隐患。

（六）根据需要建立专职或志愿消防队、微型消防站，加强队伍建设，定期组织训练演练，加强消防装备配备和灭火药剂储备，建立与公安消防队联勤联动机制，提高扑救初起火灾能力。

（七）消防法律、法规、规章以及政策文件规定的其他职责。

第十六条　消防安全重点单位除履行第十五条规定的职责外，还应当履行下列职责：

（一）明确承担消防安全管理工作的机构和消防安全管理人并报知当地公安消防部门，组织实施本单位消防安全管理。消防安全管理人应当经过消防培训。

（二）建立消防档案，确定消防安全重点部位，设置防火标志，实行严格管理。

（三）安装、使用电器产品、燃气用具和敷设电气线路、管线必须符合相关标准和用电、用气安全管理规定，并定期维护保养、检测。

（四）组织员工进行岗前消防安全培训，定期组织消防安全培训和疏散演练。

（五）根据需要建立微型消防站，积极参与消防安全区域联防联控，提高自防自救能力。

（六）积极应用消防远程监控、电气火灾监测、物联网技术等技防物防措施。

第十七条 对容易造成群死群伤火灾的人员密集场所、易燃易爆单位和高层、地下公共建筑等火灾高危单位，除履行第十五条、第十六条规定的职责外，还应当履行下列职责：

（一）定期召开消防安全工作例会，研究本单位消防工作，处理涉及消防经费投入、消防设施设备购置、火灾隐患整改等重大问题。

（二）鼓励消防安全管理人取得注册消防工程师执业资格，消防安全责任人和特有工种人员须经消防安全培训；自动消防设施操作人员应取得建（构）筑物消防员资格证书。

（三）专职消防队或微型消防站应当根据本单位火灾危险特性配备相应的消防装备器材，储备足够的灭火救援药剂和物资，定期组织消防业务学习和灭火技能训练。

（四）按照国家标准配备应急逃生设施设备和疏散引导器材。

（五）建立消防安全评估制度，由具有资质的机构定期开展评估，评估结果向社会公开。

（六）参加火灾公众责任保险。

第十八条 同一建筑物由两个以上单位管理或使用的，应当明确各方的消防安全责任，并确定责任人对共用的疏散通道、安全出口、建筑消防设施和消防车通道进行统一管理。

物业服务企业应当按照合同约定提供消防安全防范服务，对管理区域内的共用消防设施和疏散通道、安全出口、消防车通道进行维护管理，及时劝阻和制止占用、堵塞、封闭疏散通道、安全出口、消防车通道等行为，劝阻和制止无效的，立即向公安机关等主管部门报告。定期开展防火检查巡查和消防宣传教育。

第十九条 石化、轻工等行业组织应当加强行业消防安全自律管理，推动本行业消防工作，引导行业单位落实消防安全主体责任。

第二十条 消防设施检测、维护保养和消防安全评估、咨询、监测等消防技术服务机构和执业人员应当依法获得相应的资质、资格，依法依规提供消防安全技术服务，并对服务质量负责。

第二十一条 建设工程的建设、设计、施工和监理等单位应当遵守消防法律、法规、规章和工程建设消防技术标准，在工程设计使用年限内对工程的消防设计、施工质量承担终身责任。

第五章 责任落实

第二十二条 国务院每年组织对省级人民政府消防工作完成情况进行考核，考核结果交由中央干部主管部门，作为对各省级人民政府主要负责人和领导班子综合考核评价的重要依据。

第二十三条 地方各级人民政府应当建立健全消防工作考核评价体系，明确消防工作目标责任，纳入日常检查、政务督查的重要内容，组织年度消防工作考核，确保消防安全责任落实。加强消防工作考核结果运用，建立与主要负责人、分管负责人和直接责任人履职评定、奖励惩处相挂钩的制度。

第二十四条 地方各级消防安全委员会、消防安全联席会议等消防工作协调机制应当定期召开成员单位会议，分析研判消防安全形势，协调指导消防工作开展，督促解决消防工作重大问题。

第二十五条 各有关部门应当建立单位消防安全信用记录，纳入全国信用信息共享平台，作为信用评价、项目核准、用地审批、金融扶持、财政奖补等方面的参考依据。

第二十六条 公安机关及其工作人员履行法定消防工作职责时，应当做到公正、严格、文明、高效。

公安机关及其工作人员进行消防设计审核、消防验收和消防安全检查等，不得收取费用，不得谋取利益，不得利用职务指定或者变相指定消防产品的品牌、销售单位或者消防技术服务机构、消防设施施工单位。

国务院公安部门要加强对各地公安机关及其工作人员进行消防设计审核、消防验收和消防安全检查等行为的监督管理。

第二十七条 地方各级人民政府和有关部门不依法履行职责，在涉及消防安全行政审批、公共消防设施建设、重大火灾隐患整改、消防力量发展等方面工作不力、失职渎职的，依法依规追究有关人员的责任，涉嫌犯罪的，移送司法机关处理。

第二十八条 因消防安全责任不落实发生一般及以上火灾事故的，依法依规追究单位直接责任人、法定代表人、主要负责人或实际控制人的责任，对履行职责不力、失职渎职的政府及有关部门负责人和工作人员实行问责，涉嫌犯罪的，移送司法机关处理。

发生造成人员死亡或产生社会影响的一般火灾事故的，由事故发生地县级人民政府负责组织调查处理；发生较大火灾事故的，由事故发生地设区的市级人民政府负责组织调查处理；发生重大火灾事故的，由事故发生地省级人民政府负责组织调查处理；发生特别重大火灾事故的，由国务院或国务院授权有关部门负责组织调查处理。

第六章 附 则

第二十九条 具有固定生产经营场所的个体工商户，参照本办法履行单位消防安全职责。

第三十条 微型消防站是单位、社区组建的有人员、有装备，具备扑救初起火灾能力的志愿消防队。具体标准由公安消防部门确定。

第三十一条 本办法自印发之日起施行。地方各级人民政府、国务院有关部门等可结合实际制定具体实施办法。

消防监督检查规定

发布单位：公安部　发布时间：1998 年 12 月 9 日
修改日期：2012 年 7 月 17 日　实施日期：2012 年 11 月 1 日
中华人民共和国公安部令第 120 号

第一章　总　则

第一条　为了加强和规范消防监督检查工作，督促机关、团体、企业、事业等单位（以下简称单位）履行消防安全职责，依据《中华人民共和国消防法》，制定本规定。

第二条　本规定适用于公安机关消防机构和公安派出所依法对单位遵守消防法律、法规情况进行消防监督检查。

第三条　直辖市、市（地区、州、盟）、县（市辖区、县级市、旗）公安机关消防机构具体实施消防监督检查，确定本辖区内的消防安全重点单位并由所属公安机关报本级人民政府备案。

公安派出所可以对居民住宅区的物业服务企业、居民委员会、村民委员会履行消防安全职责的情况和上级公安机关确定的单位实施日常消防监督检查。

公安派出所日常消防监督检查的单位范围由省级公安机关消防机构、公安派出所工作主管部门共同研究拟定，报省级公安机关确定。

第四条　上级公安机关消防机构应当对下级公安机关消防机构实施消防监督检查的情况进行指导和监督。

公安机关消防机构应当与公安派出所共同做好辖区消防监督工作，并对公安派出所开展日常消防监督检查工作进行指导，定期对公安派出所民警进行消防监督业务培训。

第五条　对消防监督检查的结果，公安机关消防机构可以通过适当方式向社会公告；对检查发现的影响公共安全的火灾隐患应当定期公布，提示公众注意消防安全。

第二章　消防监督检查的形式和内容

第六条　消防监督检查的形式有：
（一）对公众聚集场所在投入使用、营业前的消防安全检查；
（二）对单位履行法定消防安全职责情况的监督抽查；
（三）对举报投诉的消防安全违法行为的核查；

（四）对大型群众性活动举办前的消防安全检查；

（五）根据需要进行的其他消防监督检查。

第七条 公安机关消防机构根据本地区火灾规律、特点等消防安全需要组织监督抽查；在火灾多发季节、重大节日、重大活动前或者期间，应当组织监督抽查。

消防安全重点单位应当作为监督抽查的重点，非消防安全重点单位必须在监督抽查的单位数量中占一定比例。对属于人员密集场所的消防安全重点单位每年至少监督检查一次。

第八条 公众聚集场所在投入使用、营业前，建设单位或者使用单位应当向场所所在地的县级以上人民政府公安机关消防机构申请消防安全检查，并提交下列材料：

（一）消防安全检查申报表；

（二）营业执照复印件或者工商行政管理机关出具的企业名称预先核准通知书；

（三）依法取得的建设工程消防验收或者进行竣工验收消防备案的法律文件复印件；

（四）消防安全制度、灭火和应急疏散预案、场所平面布置图；

（五）员工岗前消防安全教育培训记录和自动消防系统操作人员取得的消防行业特有工种职业资格证书复印件；

（六）法律、行政法规规定的其他材料。

依照《建设工程消防监督管理规定》不需要进行竣工验收消防备案的公众聚集场所申请消防安全检查的，还应当提交场所室内装修消防设计施工图、消防产品质量合格证明文件，以及装修材料防火性能符合消防技术标准的证明文件、出厂合格证。

公安机关消防机构对消防安全检查的申请，应当按照行政许可有关规定受理。

第九条 对公众聚集场所投入使用、营业前进行消防安全检查，应当检查下列内容：

（一）建筑物或者场所是否依法通过消防验收合格或者进行竣工验收消防备案抽查合格；依法进行竣工验收消防备案但没有进行备案抽查的建筑物或者场所是否符合消防技术标准；

（二）消防安全制度、灭火和应急疏散预案是否制定；

（三）自动消防系统操作人员是否持证上岗，员工是否经过岗前消防安全培训；

（四）消防设施、器材是否符合消防技术标准并完好有效；

（五）疏散通道、安全出口和消防车通道是否畅通；

（六）室内装修材料是否符合消防技术标准；

（七）外墙门窗上是否设置影响逃生和灭火救援的障碍物。

第十条 对单位履行法定消防安全职责情况的监督抽查，应当根据单位的实际情况检查下列内容：

（一）建筑物或者场所是否依法通过消防验收或者进行竣工验收消防备案，公众聚集场所是否通过投入使用、营业前的消防安全检查；

（二）建筑物或者场所的使用情况是否与消防验收或者进行竣工验收消防备案时确定的使用性质相符；

（三）消防安全制度、灭火和应急疏散预案是否制定；

（四）消防设施、器材和消防安全标志是否定期组织维修保养，是否完好有效；

（五）电器线路、燃气管路是否定期维护保养、检测；

（六）疏散通道、安全出口、消防车通道是否畅通，防火分区是否改变，防火间距是否被占用；

（七）是否组织防火检查、消防演练和员工消防安全教育培训，自动消防系统操作人员是否持证上岗；

（八）生产、储存、经营易燃易爆危险品的场所是否与居住场所设置在同一建筑物内；

（九）生产、储存、经营其他物品的场所与居住场所设置在同一建筑物内的，是否符合消防技术标准；

（十）其他依法需要检查的内容。

对人员密集场所还应当抽查室内装修材料是否符合消防技术标准、外墙门窗上是否设置影响逃生和灭火救援的障碍物。

第十一条 对消防安全重点单位履行法定消防安全职责情况的监督抽查，除检查本规定第十条规定的内容外，还应当检查下列内容：

（一）是否确定消防安全管理人；

（二）是否开展每日防火巡查并建立巡查记录；

（三）是否定期组织消防安全培训和消防演练；

（四）是否建立消防档案、确定消防安全重点部位。

对属于人员密集场所的消防安全重点单位，还应当检查单位灭火和应急疏散预案中承担灭火和组织疏散任务的人员是否确定。

第十二条 在大型群众性活动举办前对活动现场进行消防安全检查，应当重点检查下列内容：

（一）室内活动使用的建筑物（场所）是否依法通过消防验收或者进行竣工验收消防备案，公众聚集场所是否通过使用、营业前的消防安全检查；

（二）临时搭建的建筑物是否符合消防安全要求；

（三）是否制定灭火和应急疏散预案并组织演练；

（四）是否明确消防安全责任分工并确定消防安全管理人员；

（五）活动现场消防设施、器材是否配备齐全并完好有效；

（六）活动现场的疏散通道、安全出口和消防车通道是否畅通；

（七）活动现场的疏散指示标志和应急照明是否符合消防技术标准并完好有效。

第十三条 对大型的人员密集场所和其他特殊建设工程的施工现场进行消防监督检查，应当重点检查施工单位履行下列消防安全职责的情况：

（一）是否明确施工现场消防安全管理人员，是否制定施工现场消防安全制度、灭火和应急疏散预案；

（二）在建工程内是否设置人员住宿、可燃材料及易燃易爆危险品储存等场所；

（三）是否设置临时消防给水系统、临时消防应急照明，是否配备消防器材，并确保完好有效；

（四）是否设有消防车通道并畅通；

（五）是否组织员工消防安全教育培训和消防演练；

（六）施工现场人员宿舍、办公用房的建筑构件燃烧性能、安全疏散是否符合消防技术标准。

第三章 消防监督检查的程序

第十四条 公安机关消防机构实施消防监督检查时，检查人员不得少于两人，并出示执法身份证件。

消防监督检查应当填写检查记录，如实记录检查情况。

第十五条 对公众聚集场所投入使用、营业前的消防安全检查，公安机关消防机构应当自受理申请之日起十个工作日内进行检查，自检查之日起三个工作日内作出同意或者不同意投入使用或者营业的决定，并送达申请人。

第十六条 对大型群众性活动现场在举办前进行的消防安全检查，公安机关消防机构应当在接到本级公安机关治安部门书面通知之日起三个工作日内进行检查，并将检查记录移交本级公安机关治安部门。

第十七条 公安机关消防机构接到对消防安全违法行为的举报投诉，应当及时受理、登记，并按照《公安机关办理行政案件程序规定》的相关规定处理。

第十八条 公安机关消防机构应当按照下列时限，对举报投诉的消防安全违法行为进行实地核查：

（一）对举报投诉占用、堵塞、封闭疏散通道、安全出口或者其他妨碍安全疏散行为，以及擅自停用消防设施的，应当在接到举报投诉后二十四小时内进行核查；

（二）对举报投诉本款第一项以外的消防安全违法行为，应当在接到举报投诉之日起三个工作日内进行核查。

核查后，对消防安全违法行为应当依法处理。处理情况应当及时告知举报投诉人；无法告知的，应当在受理登记中注明。

第十九条 在消防监督检查中，公安机关消防机构对发现的依法应当责令立即改正的消防安全违法行为，应当当场制作、送达责令立即改正通知书，并依法予以处罚；对依法应当责令限期改正的，应当自检查之日起三个工作日内制作、送达责令限期改正通知书，并依法予以处罚。

对违法行为轻微并当场改正完毕，依法可以不予行政处罚的，可以口头责令改正，并在检查记录上注明。

第二十条 对依法责令限期改正的，应当根据改正违法行为的难易程度合理确定改正期限。

公安机关消防机构应当在责令限期改正期限届满或者收到当事人的复查申请之日起三个工作日内进行复查。对逾期不改正的，依法予以处罚。

第二十一条 在消防监督检查中，发现城乡消防安全布局、公共消防设施不符合消防安全要求，或者发现本地区存在影响公共安全的重大火灾隐患的，公安机关消防机构应当组织集体研究确定，自检查之日起七个工作日内提出处理意见，由所属公安机关书面报告本级人民政府解决；对影响公共安全的重大火灾隐患，还应当在确定之日起三个工作日内制作、送达重大火灾隐患整改通知书。

重大火灾隐患判定涉及复杂或者疑难技术问题的，公安机关消防机构应当在确定前组织专家论证。组织专家论证的，前款规定的期限可以延长十个工作日。

第二十二条 公安机关消防机构在消防监督检查中发现火灾隐患，应当通知有关单位或者个人立即采取措施消除；对具有下列情形之一，不及时消除可能严重威胁公共安全的，应当对危险部位或者场所予以临时查封：

（一）疏散通道、安全出口数量不足或者严重堵塞，已不具备安全疏散条件的；

（二）建筑消防设施严重损坏，不再具备防火灭火功能的；

（三）人员密集场所违反消防安全规定，使用、储存易燃易爆危险品的；

（四）公众聚集场所违反消防技术标准，采用易燃、可燃材料装修，可能导致重大人员伤亡的；

（五）其他可能严重威胁公共安全的火灾隐患。

临时查封期限不得超过三十日。临时查封期限届满后，当事人仍未消除火灾隐患的，公安机关消防机构可以再次依法予以临时查封。

第二十三条 临时查封应当由公安机关消防机构负责人组织集体研究决定。决定临时查封的，应当研究确定查封危险部位或者场所的范围、期限和实施方法，并自检查之日起三个工作日内制作、送达临时查封决定书。

情况紧急、不当场查封可能严重威胁公共安全的，消防监督检查人员可以在口头报请公安机关消防机构负责人同意后当场对危险部位或者场所实施临时查封，并在临时查封后二十四小时内由公安机关消防机构负责人组织集体研究，制作、送达临时查封决定书。经集体研究认为不应当采取临时查封措施的，应当立即解除。

第二十四条 临时查封由公安机关消防机构负责人组织实施。需要公安机关其他部门或者公安派出所配合的，公安机关消防机构应当报请所属公安机关组织实施。

实施临时查封应当遵守下列规定：

（一）实施临时查封时，通知当事人到场，当场告知当事人采取临时查封的理由、依据以及当事人依法享有的权利、救济途径，听取当事人的陈述和申辩；

（二）当事人不到场的，邀请见证人到场，由见证人和消防监督检查人员在现场笔录上签名或者盖章；

（三）在危险部位或者场所及其有关设施、设备上加贴封条或者采取其他措施，使危险部位或者场所停止生产、经营或者使用；

（四）对实施临时查封情况制作现场笔录，必要时，可以进行现场照相或者录音录像。

实施临时查封后，当事人请求进入被查封的危险部位或者场所整改火灾隐患的，应当允许。但不得在被查封的危险部位或者场所生产、经营或者使用。

第二十五条 火灾隐患消除后，当事人应当向作出临时查封决定的公安机关消防机构申请解除临时查封。公安机关消防机构应当自收到申请之日起三个工作日内进行检查,自检查之日起三个工作日内作出是否同意解除临时查封的决定,并送达当事人。

对检查确认火灾隐患已消除的,应当作出解除临时查封的决定。

第二十六条 对当事人有《中华人民共和国消防法》第六十条第一款第三项、第四项、第五项、第六项规定的消防安全违法行为,经责令改正拒不改正的,公安机关消防机构应当按照《中华人民共和国行政强制法》第五十一条、第五十二条的规定组织强制清除或者拆除相关障碍物、妨碍物,所需费用由违法行为人承担。

第二十七条 当事人不执行公安机关消防机构作出的停产停业、停止使用、停止施工决定的,作出决定的公安机关消防机构应当自履行期限届满之日起三个工作日内催告当事人履行义务。当事人收到催告书后有权进行陈述和申辩。公安机关消防机构应当充分听取当事人的意见,记录、复核当事人提出的事实、理由和证据。当事人提出的事实、理由或者证据成立的,应当采纳。

经催告,当事人逾期仍不履行义务且无正当理由的,公安机关消防机构负责人应当组织集体研究强制执行方案,确定执行的方式和时间。强制执行决定书应当自决定之日起三个工作日内制作、送达当事人。

第二十八条 强制执行由作出决定的公安机关消防机构负责人组织实施。需要公安机关其他部门或者公安派出所配合的,公安机关消防机构应当报请所属公安机关组织实施;需要其他行政部门配合的,公安机关消防机构应当提出意见,并由所属公安机关报请本级人民政府组织实施。

实施强制执行应当遵守下列规定:

(一)实施强制执行时,通知当事人到场,当场向当事人宣读强制执行决定,听取当事人的陈述和申辩;

(二)当事人不到场的,邀请见证人到场,由见证人和消防监督检查人员在现场笔录上签名或者盖章;

(三)对实施强制执行过程制作现场笔录,必要时,可以进行现场照相或者录音录像;

(四)除情况紧急外,不得在夜间或者法定节假日实施强制执行;

(五)不得对居民生活采取停止供水、供电、供热、供燃气等方式迫使当事人履行义务。

有《中华人民共和国行政强制法》第三十九条、第四十条规定的情形之一的,中止执行或者终结执行。

第二十九条 对被责令停止施工、停止使用、停产停业处罚的当事人申请恢复施工、使用、生产、经营的,公安机关消防机构应当自收到书面申请之日起三个工作日内进行检查,自检查之日起三个工作日内作出决定,送达当事人。

对当事人已改正消防安全违法行为、具备消防安全条件的,公安机关消防机构应当同意恢复施工、使用、生产、经营;对违法行为尚未改正、不具备消防安全条件的,应当不同意恢复施工、使用、生产、经营,并说明理由。

第四章　公安派出所日常消防监督检查

第三十条　公安派出所对其日常监督检查范围的单位，应当每年至少进行一次日常消防监督检查。

公安派出所对群众举报投诉的消防安全违法行为，应当及时受理，依法处理；对属于公安机关消防机构管辖的，应当依照《公安机关办理行政案件程序规定》在受埋后及时移送公安机关消防机构处理。

第三十一条　公安派出所对单位进行日常消防监督检查，应当检查下列内容：

（一）建筑物或者场所是否依法通过消防验收或者进行竣工验收消防备案，公众聚集场所是否依法通过投入使用、营业前的消防安全检查；

（二）是否制定消防安全制度；

（三）是否组织防火检查、消防安全宣传教育培训、灭火和应急疏散演练；

（四）消防车通道、疏散通道、安全出口是否畅通，室内消火栓、疏散指示标志、应急照明、灭火器是否完好有效；

（五）生产、储存、经营易燃易爆危险品的场所是否与居住场所设置在同一建筑物内。

对设有建筑消防设施的单位，公安派出所还应当检查单位是否对建筑消防设施定期组织维修保养。

对居民住宅区的物业服务企业进行日常消防监督检查，公安派出所除检查本条第一款第（二）至（四）项内容外，还应当检查物业服务企业对管理区域内共用消防设施是否进行维护管理。

第三十二条　公安派出所对居民委员会、村民委员会进行日常消防监督检查，应当检查下列内容：

（一）消防安全管理人是否确定；

（二）消防安全工作制度、村（居）民防火安全公约是否制定；

（三）是否开展消防宣传教育、防火安全检查；

（四）是否对社区、村庄消防水源（消火栓）、消防车通道、消防器材进行维护管理；

（五）是否建立志愿消防队等多种形式消防组织。

第三十三条　公安派出所民警在日常消防监督检查时，发现被检查单位有下列行为之一的，应当责令依法改正：

（一）未制定消防安全制度、未组织防火检查和消防安全教育培训、消防演练的；

（二）占用、堵塞、封闭疏散通道、安全出口的；

（三）占用、堵塞、封闭消防车通道，妨碍消防车通行的；

（四）埋压、圈占、遮挡消火栓或者占用防火间距的；

（五）室内消火栓、灭火器、疏散指示标志和应急照明未保持完好有效的；

（六）人员密集场所在外墙门窗上设置影响逃生和灭火救援的障碍物的；

（七）违反消防安全规定进入生产、储存易燃易爆危险品场所的；

（八）违反规定使用明火作业或者在具有火灾、爆炸危险的场所吸烟、使用明火的；

（九）生产、储存和经营易燃易爆危险品的场所与居住场所设置在同一建筑物内的；

（十）未对建筑消防设施定期组织维修保养的。

公安派出所发现被检查单位的建筑物未依法通过消防验收，或者进行竣工验收消防备案，擅自投入使用的；公众聚集场所未依法通过使用、营业前的消防安全检查，擅自使用、营业的，应当在检查之日起五个工作日内书面移交公安机关消防机构处理。

公安派出所民警进行日常消防监督检查，应当填写检查记录，记录发现的消防安全违法行为、责令改正的情况。

第三十四条 公安派出所在日常消防监督检查中，发现存在严重威胁公共安全的火灾隐患，应当在责令改正的同时书面报告乡镇人民政府或者街道办事处和公安机关消防机构。

第五章 执法监督

第三十五条 公安机关消防机构应当健全消防监督检查工作制度，建立执法档案，定期进行执法质量考评，落实执法过错责任追究。

公安机关消防机构及其工作人员进行消防监督检查，应当自觉接受单位和公民的监督。

第三十六条 公安机关消防机构及其工作人员在消防监督检查中有下列情形的，对直接负责的主管人员和其他直接责任人员应当依法给予处分；构成犯罪的，依法追究刑事责任：

（一）不按规定制作、送达法律文书，不按照本规定履行消防监督检查职责，拒不改正的；

（二）对不符合消防安全条件的公众聚集场所准予消防安全检查合格的；

（三）无故拖延消防安全检查，不在法定期限内履行职责的；

（四）未按照本规定组织开展消防监督抽查的；

（五）发现火灾隐患不及时通知有关单位或者个人整改的；

（六）利用消防监督检查职权为用户指定消防产品的品牌、销售单位或者指定消防技术服务机构、消防设施施工、维修保养单位的；

（七）接受被检查单位、个人财物或者其他不正当利益的；

（八）其他滥用职权、玩忽职守、徇私舞弊的行为。

第三十七条 公安机关消防机构工作人员的近亲属严禁在其管辖的区域或者业务范围内经营消防公司、承揽消防工程、推销消防产品。

违反前款规定的，按照有关规定对公安机关消防机构工作人员予以处分。

第六章 附 则

第三十八条 具有下列情形之一的，应当确定为火灾隐患：

（一）影响人员安全疏散或者灭火救援行动，不能立即改正的；

（二）消防设施未保持完好有效，影响防火灭火功能的；

（三）擅自改变防火分区，容易导致火势蔓延、扩大的；

（四）在人员密集场所违反消防安全规定，使用、储存易燃易爆危险品，不能立即改正的；

（五）不符合城市消防安全布局要求，影响公共安全的；

（六）其他可能增加火灾实质危险性或者危害性的情形。

重大火灾隐患按照国家有关标准认定。

第三十九条 有固定生产经营场所且具有一定规模的个体工商户，应当纳入消防监督检查范围。具体标准由省、自治区、直辖市公安机关消防机构确定并公告。

第四十条 铁路、港航、民航公安机关和国有林区的森林公安机关在管辖范围内实施消防监督检查参照本规定执行。

第四十一条 执行本规定所需要的法律文书式样，由公安部制定。

第四十二条 本规定自 2009 年 5 月 1 日起施行。2004 年 6 月 9 日发布的《消防监督检查规定》（公安部令第 73 号）同时废止。

火灾事故调查规定

发布单位：公安部　发布日期：2009 年 4 月 30 日
修改日期：2012 年 7 月 17 日　实施日期：2012 年 11 月 1 日
中华人民共和国公安部令第 121 号

第一章　总　则

第一条　为了规范火灾事故调查，保障公安机关消防机构依法履行职责，保护火灾当事人的合法权益，根据《中华人民共和国消防法》，制定本规定。

第二条　公安机关消防机构调查火灾事故，适用本规定。

第三条　火灾事故调查的任务是调查火灾原因，统计火灾损失，依法对火灾事故作出处理，总结火灾教训。

第四条　火灾事故调查应当坚持及时、客观、公正、合法的原则。

任何单位和个人不得妨碍和非法干预火灾事故调查。

第二章　管　辖

第五条　火灾事故调查由县级以上人民政府公安机关主管，并由本级公安机关消防机构实施；尚未设立公安机关消防机构的，由县级人民政府公安机关实施。

公安派出所应当协助公安机关火灾事故调查部门维护火灾现场秩序，保护现场，控制火灾肇事嫌疑人。

铁路、港航、民航公安机关和国有林区的森林公安机关消防机构负责调查其消防监督范围内发生的火灾。

第六条　火灾事故调查由火灾发生地公安机关消防机构按照下列分工进行：

（一）一次火灾死亡十人以上的，重伤二十人以上或者死亡、重伤二十人以上的，受灾五十户以上的，由省、自治区人民政府公安机关消防机构负责组织调查；

（二）一次火灾死亡一人以上的，重伤十人以上的，受灾三十户以上的，由设区的市或者相当于同级的人民政府公安机关消防机构负责组织调查；

（三）一次火灾重伤十人以下或者受灾三十户以下的，由县级人民政府公安机关消防机构负责调查。

直辖市人民政府公安机关消防机构负责组织调查一次火灾死亡三人以上的，重伤二十人以上或者死亡、重伤二十人以上的，受灾五十户以上的火灾事故，直辖市的区、县级人民政府公安机关消防机构负责调查其他火灾事故。

仅有财产损失的火灾事故调查，由省级人民政府公安机关结合本地实际作出管辖规定，报公安部备案。

第七条 跨行政区域的火灾，由最先起火地的公安机关消防机构按照本规定第六条的分工负责调查，相关行政区域的公安机关消防机构予以协助。

对管辖权发生争议的，报请共同的上一级公安机关消防机构指定管辖。县级人民政府公安机关负责实施的火灾事故调查管辖权发生争议的，由共同的上一级主管公安机关指定。

第八条 上级公安机关消防机构应当对下级公安机关消防机构火灾事故调查工作进行监督和指导。

上级公安机关消防机构认为必要时，可以调查下级公安机关消防机构管辖的火灾。

第九条 公安机关消防机构接到火灾报警，应当及时派员赶赴现场，并指派火灾事故调查人员开展火灾事故调查工作。

第十条 具有下列情形之一的，公安机关消防机构应当立即报告主管公安机关通知具有管辖权的公安机关刑侦部门，公安机关刑侦部门接到通知后应当立即派员赶赴现场参加调查；涉嫌放火罪的，公安机关刑侦部门应当依法立案侦查，公安机关消防机构予以协助：

（一）有人员死亡的火灾；

（二）国家机关、广播电台、电视台、学校、医院、养老院、托儿所、幼儿园、文物保护单位、邮政和通信、交通枢纽等部门和单位发生的社会影响大的火灾；

（三）具有放火嫌疑的火灾。

第十一条 军事设施发生火灾需要公安机关消防机构协助调查的，由省级人民政府公安机关消防机构或者公安部消防局调派火灾事故调查专家协助。

第三章 简易程序

第十二条 同时具有下列情形的火灾，可以适用简易调查程序：

（一）没有人员伤亡的；

（二）直接财产损失轻微的；

（三）当事人对火灾事故事实没有异议的；

（四）没有放火嫌疑的。

前款第二项的具体标准由省级人民政府公安机关确定，报公安部备案。

第十三条 适用简易调查程序的，可以由一名火灾事故调查人员调查，并按照下列程序实施：

（一）表明执法身份，说明调查依据；

（二）调查走访当事人、证人，了解火灾发生过程、火灾烧损的主要物品及建筑物受损等与火灾有关的情况；

（三）查看火灾现场并进行照相或者录像；

（四）告知当事人调查的火灾事故事实，听取当事人的意见，当事人提出的事实、理由或者证据成立的，应当采纳；

（五）当场制作火灾事故简易调查认定书，由火灾事故调查人员、当事人签字或者捺指印后交付当事人。

火灾事故调查人员应当在二日内将火灾事故简易调查认定书报所属公安机关消防机构备案。

第四章　一般程序

第一节　一般规定

第十四条　除依照本规定适用简易调查程序的外，公安机关消防机构对火灾进行调查时，火灾事故调查人员不得少于两人。必要时，可以聘请专家或者专业人员协助调查。

第十五条　公安部和省级人民政府公安机关应当成立火灾事故调查专家组，协助调查复杂、疑难的火灾。专家组的专家协助调查火灾的，应当出具专家意见。

第十六条　火灾发生地的县级公安机关消防机构应当根据火灾现场情况，排除现场险情，保障现场调查人员的安全，并初步划定现场封闭范围，设置警戒标志，禁止无关人员进入现场，控制火灾肇事嫌疑人。

公安机关消防机构应当根据火灾事故调查需要，及时调整现场封闭范围，并在现场勘验结束后及时解除现场封闭。

第十七条　封闭火灾现场的，公安机关消防机构应当在火灾现场对封闭的范围、时间和要求等予以公告。

第十八条　公安机关消防机构应当自接到火灾报警之日起三十日内作出火灾事故认定；情况复杂、疑难的，经上一级公安机关消防机构批准，可以延长三十日。

火灾事故调查中需要进行检验、鉴定的，检验、鉴定时间不计入调查期限。

第二节　现场调查

第十九条　火灾事故调查人员应当根据调查需要，对发现、扑救火灾人员，熟悉起火场所、部位和生产工艺人员，火灾肇事嫌疑人和被侵害人等知情人员进行询问。对火灾肇事嫌疑人可以依法传唤。必要时，可以要求被询问人到火灾现场进行指认。

询问应当制作笔录，由火灾事故调查人员和被询问人签名或者捺指印。被询问人拒绝签名和捺指印的，应当在笔录中注明。

第二十条　勘验火灾现场应当遵循火灾现场勘验规则，采取现场照相或者录像、录音，制作现场勘验笔录和绘制现场图等方法记录现场情况。

对有人员死亡的火灾现场进行勘验的，火灾事故调查人员应当对尸体表面进行观察并记录，对尸体在火灾现场的位置进行调查。

现场勘验笔录应当由火灾事故调查人员、证人或者当事人签名。证人、当事人拒绝签名或者无法签名的，应当在现场勘验笔录上注明。现场图应当由制图人、审核人签字。

第二十一条　现场提取痕迹、物品，应当按照下列程序实施：

（一）量取痕迹、物品的位置、尺寸，并进行照相或者录像；

（二）填写火灾痕迹、物品提取清单，由提取人、证人或者当事人签名；证人、当事人拒绝签名或者无法签名的，应当在清单上注明；

（三）封装痕迹、物品，粘贴标签，标明火灾名称和封装痕迹、物品的名称、编号及其提取时间，由封装人、证人或者当事人签名；证人、当事人拒绝签名或者无法签名的，应当在标签上注明。

提取的痕迹、物品，应当妥善保管。

第二十二条 根据调查需要，经负责火灾事故调查的公安机关消防机构负责人批准，可以进行现场实验。现场实验应当照相或者录像，制作现场实验报告，并由实验人员签字。现场实验报告应当载明下列事项：

（一）实验的目的；

（二）实验时间、环境和地点；

（三）实验使用的仪器或者物品；

（四）实验过程；

（五）实验结果；

（六）其他与现场实验有关的事项。

第三节 检验、鉴定

第二十三条 现场提取的痕迹、物品需要进行专门性技术鉴定的，公安机关消防机构应当委托依法设立的鉴定机构进行，并与鉴定机构约定鉴定期限和鉴定检材的保管期限。

公安机关消防机构可以根据需要委托依法设立的价格鉴证机构对火灾直接财产损失进行鉴定。

第二十四条 有人员死亡的火灾，为了确定死因，公安机关消防机构应当立即通知本级公安机关刑事科学技术部门进行尸体检验。公安机关刑事科学技术部门应当出具尸体检验鉴定文书，确定死亡原因。

第二十五条 卫生行政主管部门许可的医疗机构具有执业资格的医生出具的诊断证明，可以作为公安机关消防机构认定人身伤害程度的依据。但是，具有下列情形之一的，应当由法医进行伤情鉴定：

（一）受伤程度较重，可能构成重伤的；

（二）火灾受伤人员要求作鉴定的；

（三）当事人对伤害程度有争议的；

（四）其他应当进行鉴定的情形。

第二十六条 对受损单位和个人提供的由价格鉴证机构出具的鉴定意见，公安机关消防机构应当审查下列事项：

（一）鉴证机构、鉴证人是否具有资质、资格；

（二）鉴证机构、鉴证人是否盖章签名；

（三）鉴定意见依据是否充分；

（四）鉴定是否存在其他影响鉴定意见正确性的情形。

对符合规定的,可以作为证据使用;对不符合规定的,不予采信。

第四节 火灾损失统计

第二十七条 受损单位和个人应当于火灾扑灭之日起七日内向火灾发生地的县级公安机关消防机构如实申报火灾直接财产损失,并附有效证明材料。

第二十八条 公安机关消防机构应当根据受损单位和个人的申报、依法设立的价格鉴证机构出具的火灾直接财产损失鉴定意见以及调查核实情况,按照有关规定,对火灾直接经济损失和人员伤亡进行如实统计。

第五节 火灾事故认定

第二十九条 公安机关消防机构应当根据现场勘验、调查询问和有关检验、鉴定意见等调查情况,及时作出起火原因的认定。

第三十条 对起火原因已经查清的,应当认定起火时间、起火部位、起火点和起火原因;对起火原因无法查清的,应当认定起火时间、起火点或者起火部位以及有证据能够排除和不能排除的起火原因。

第三十一条 公安机关消防机构在作出火灾事故认定前,应当召集当事人到场,说明拟认定的起火原因,听取当事人意见;当事人不到场的,应当记录在案。

第三十二条 公安机关消防机构应当制作火灾事故认定书,自作出之日起七日内送达当事人,并告知当事人申请复核的权利。无法送达的,可以在作出火灾事故认定之日起七日内公告送达。公告期为二十日,公告期满即视为送达。

第三十三条 对较大以上的火灾事故或者特殊的火灾事故,公安机关消防机构应当开展消防技术调查,形成消防技术调查报告,逐级上报至省级人民政府公安机关消防机构,重大以上的火灾事故调查报告报公安部消防局备案。调查报告应当包括下列内容:

(一)起火场所概况;

(二)起火经过和火灾扑救情况;

(三)火灾造成的人员伤亡、直接经济损失统计情况;

(四)起火原因和灾害成因分析;

(五)防范措施。

火灾事故等级的确定标准按照公安部的有关规定执行。

第三十四条 公安机关消防机构作出火灾事故认定后,当事人可以申请查阅、复制、摘录火灾事故认定书、现场勘验笔录和检验、鉴定意见,公安机关消防机构应当自接到申请之日起七日内提供,但涉及国家秘密、商业秘密、个人隐私或者移交公安机关其他部门处理的依法不予提供,并说明理由。

第六节 复 核

第三十五条 当事人对火灾事故认定有异议的,可以自火灾事故认定书送达之日起十五日内,向上一级公安机关消防机构提出书面复核申请;对省级人民政府公安机关消防机构作出的火灾事故认定有异议的,向省级人民政府公安机关提出书面复核申请。

复核申请应当载明申请人的基本情况,被申请人的名称,复核请求,申请复核的主要事实、理由和证据，申请人的签名或者盖章，申请复核的日期。

第三十六条 复核机构应当自收到复核申请之日起七日内作出是否受理的决定并书面通知申请人。有下列情形之一的，不予受理：

（一）非火灾当事人提出复核申请的；

（二）超过复核申请期限的；

（三）复核机构维持原火灾事故认定或者直接作出火灾事故复核认定的；

（四）适用简易调查程序作出火灾事故认定的。

公安机关消防机构受理复核申请的，应当书面通知其他当事人，同时通知原认定机构。

第三十七条 原认定机构应当自接到通知之日起十日内，向复核机构作出书面说明，并提交火灾事故调查案卷。

第三十八条 复核机构应当对复核申请和原火灾事故认定进行书面审查，必要时，可以向有关人员进行调查；火灾现场尚存且未被破坏的，可以进行复核勘验。

复核审查期间，复核申请人撤回复核申请的，公安机关消防机构应当终止复核。

第三十九条 复核机构应当自受理复核申请之日起三十日内，作出复核决定，并按照本规定第三十二条规定的时限送达申请人、其他当事人和原认定机构。对需要向有关人员进行调查或者火灾现场复核勘验的，经复核机构负责人批准，复核期限可以延长三十日。

原火灾事故认定主要事实清楚、证据确实充分、程序合法，起火原因认定正确的，复核机构应当维持原火灾事故认定。

原火灾事故认定具有下列情形之一的，复核机构应当直接作出火灾事故复核认定或者责令原认定机构重新作出火灾事故认定，并撤销原认定机构作出的火灾事故认定：

（一）主要事实不清，或者证据不确实充分的；

（二）违反法定程序，影响结果公正的；

（三）认定行为存在明显不当，或者起火原因认定错误的；

（四）超越或者滥用职权的。

第四十条 原认定机构接到重新作出火灾事故认定的复核决定后，应当重新调查，在十五日内重新作出火灾事故认定。

复核机构直接作出火灾事故认定和原认定机构重新作出火灾事故认定前，应当向申请人、其他当事人说明重新认定情况；原认定机构重新作出的火火事故认定书，应当按照本规定第三十二条规定的时限送达当事人，并报复核机构备案。

复核以一次为限。当事人对原认定机构重新作出的火灾事故认定，可以按照本规定第三十五条的规定申请复核。

第五章 火灾事故调查的处理

第四十一条 公安机关消防机构在火灾事故调查过程中，应当根据下列情况分别作出处理：

（一）涉嫌失火罪、消防责任事故罪的，按照《公安机关办理刑事案件程序规定》立案侦查；涉嫌其他犯罪的，及时移送有关主管部门办理；

（二）涉嫌消防安全违法行为的，按照《公安机关办理行政案件程序规定》调查处理；涉嫌其他违法行为的，及时移送有关主管部门调查处理；

（三）依照有关规定应当给予处分的，移交有关主管部门处理。

对经过调查不属于火灾事故的，公安机关消防机构应当告知当事人处理途径并记录在案。

第四十二条 公安机关消防机构向有关主管部门移送案件的，应当在本级公安机关消防机构负责人批准后的二十四小时内移送，并根据案件需要附下列材料：

（一）案件移送通知书；

（二）案件调查情况；

（三）涉案物品清单；

（四）询问笔录、现场勘验笔录、检验、鉴定意见以及照相、录像、录音等资料；

（五）其他相关材料。

构成放火罪需要移送公安机关刑侦部门处理的，火灾现场应当一并移交。

第四十三条 公安机关其他部门应当自接受公安机关消防机构移送的涉嫌犯罪案件之日起十日内，进行审查并作出决定。依法决定立案的，应当书面通知移送案件的公安机关消防机构；依法不予立案的，应当说明理由，并书面通知移送案件的公安机关消防机构，退回案卷材料。

第四十四条 公安机关消防机构及其工作人员有下列行为之一的，依照有关规定给予责任人员处分；构成犯罪的，依法追究刑事责任：

（一）指使他人错误认定或者故意错误认定起火原因的；

（二）瞒报火灾、火灾直接经济损失、人员伤亡情况的；

（三）利用职务上的便利，索取或者非法收受他人财物的；

（四）其他滥用职权、玩忽职守、徇私舞弊的行为。

第六章 附 则

第四十五条 本规定中下列用语的含义：

（一）"当事人"，是指与火灾发生、蔓延和损失有直接利害关系的单位和个人。

（二）"户"，用于统计居民、村民住宅火灾，按照公安机关登记的家庭户统计。

（三）本规定中十五日以内（含本数）期限的规定是指工作日，不含法定节假日。

（四）本规定所称的"以上"含本数、本级，"以下"不含本数。

第四十六条 火灾事故调查中有关回避、证据、调查取证、鉴定等要求，本规定没有规定的，按照《公安机关办理行政案件程序规定》执行。

第四十七条 执行本规定所需要的法律文书式样，由公安部制定。

第四十八条 本规定自2009年5月1日起施行。1999年3月15日发布施行的《火灾事故调查规定》（公安部令第37号）和2008年3月18日发布施行的《火灾事故调查规定修正案》（公安部令第100号）同时废止。

(六) 危险化学品安全

危险化学品安全管理条例

发布单位：国务院　发布日期：2012 年 1 月 17 日
修改并实施日期：2013 年 12 月 7 日
中华人民共和国　国务院令第 645 号

第一章　总　则

第一条　为了加强危险化学品的安全管理，预防和减少危险化学品事故，保障人民群众生命财产安全，保护环境，制定本条例。

第二条　危险化学品生产、储存、使用、经营和运输的安全管理，适用本条例。

废弃危险化学品的处置，依照有关环境保护的法律、行政法规和国家有关规定执行。

第三条　本条例所称危险化学品，是指具有毒害、腐蚀、爆炸、燃烧、助燃等性质，对人体、设施、环境具有危害的剧毒化学品和其他化学品。

危险化学品目录，由国务院安全生产监督管理部门会同国务院工业和信息化、公安、环境保护、卫生、质量监督检验检疫、交通运输、铁路、民用航空、农业主管部门，根据化学品危险特性的鉴别和分类标准确定、公布，并适时调整。

第四条　危险化学品安全管理，应当坚持安全第一、预防为主、综合治理的方针，强化和落实企业的主体责任。

生产、储存、使用、经营、运输危险化学品的单位（以下统称危险化学品单位）的主要负责人对本单位的危险化学品安全管理工作全面负责。

危险化学品单位应当具备法律、行政法规规定和国家标准、行业标准要求的安全条件，建立、健全安全管理规章制度和岗位安全责任制度，对从业人员进行安全教育、法制教育和岗位技术培训。从业人员应当接受教育和培训，考核合格后上岗作业；对有资格要求的岗位，应当配备依法取得相应资格的人员。

第五条　任何单位和个人不得生产、经营、使用国家禁止生产、经营、使用的危险化学品。

国家对危险化学品的使用有限制性规定的，任何单位和个人不得违反限制性规定使用危险化学品。

第六条　对危险化学品的生产、储存、使用、经营、运输实施安全监督管理的有关部门（以下统称负有危险化学品安全监督管理职责的部门），依照下列规定履行职责：

（一）安全生产监督管理部门负责危险化学品安全监督管理综合工作，组织确定、公布、调整危险化学品目录，对新建、改建、扩建生产、储存危险化学品（包括使用长输管道输送危险化学品，下同）的建设项目进行安全条件审查，核发危险化学品安全生产许可证、危险化学品安全使用许可证和危险化学品经营许可证，并负责危险化学品登记工作。

（二）公安机关负责危险化学品的公共安全管理，核发剧毒化学品购买许可证、剧毒化学品道路运输通行证，并负责危险化学品运输车辆的道路交通安全管理。

（三）质量监督检验检疫部门负责核发危险化学品及其包装物、容器（不包括储存危险化学品的固定式大型储罐，下同）生产企业的工业产品生产许可证，并依法对其产品质量实施监督，负责对进出口危险化学品及其包装实施检验。

（四）环境保护主管部门负责废弃危险化学品处置的监督管理，组织危险化学品的环境危害性鉴定和环境风险程度评估，确定实施重点环境管理的危险化学品，负责危险化学品环境管理登记和新化学物质环境管理登记；依照职责分工调查相关危险化学品环境污染事故和生态破坏事件，负责危险化学品事故现场的应急环境监测。

（五）交通运输主管部门负责危险化学品道路运输、水路运输的许可以及运输工具的安全管理，对危险化学品水路运输安全实施监督，负责危险化学品道路运输企业、水路运输企业驾驶人员、船员、装卸管理人员、押运人员、申报人员、集装箱装箱现场检查员的资格认定。铁路监管部门负责危险化学品铁路运输及其运输工具的安全管理。民用航空主管部门负责危险化学品航空运输以及航空运输企业及其运输工具的安全管理。

（六）卫生主管部门负责危险化学品毒性鉴定的管理，负责组织、协调危险化学品事故受伤人员的医疗卫生救援工作。

（七）工商行政管理部门依据有关部门的许可证件，核发危险化学品生产、储存、经营、运输企业营业执照，查处危险化学品经营企业违法采购危险化学品的行为。

（八）邮政管理部门负责依法查处寄递危险化学品的行为。

第七条　负有危险化学品安全监督管理职责的部门依法进行监督检查，可以采取下列措施：

（一）进入危险化学品作业场所实施现场检查，向有关单位和人员了解情况，查阅、复制有关文件、资料；

（二）发现危险化学品事故隐患，责令立即消除或者限期消除；

（三）对不符合法律、行政法规、规章规定或者国家标准、行业标准要求的设施、设备、装置、器材、运输工具，责令立即停止使用；

（四）经本部门主要负责人批准，查封违法生产、储存、使用、经营危险化学品的场所，扣押违法生产、储存、使用、经营、运输的危险化学品以及用于违法生产、使用、运输危险化学品的原材料、设备、运输工具；

（五）发现影响危险化学品安全的违法行为，当场予以纠正或者责令限期改正。

负有危险化学品安全监督管理职责的部门依法进行监督检查，监督检查人员不得少于2人，并应当出示执法证件；有关单位和个人对依法进行的监督检查应当予以配合，不得拒绝、阻碍。

第八条 县级以上人民政府应当建立危险化学品安全监督管理工作协调机制，支持、督促负有危险化学品安全监督管理职责的部门依法履行职责，协调、解决危险化学品安全监督管理工作中的重大问题。

负有危险化学品安全监督管理职责的部门应当相互配合、密切协作，依法加强对危险化学品的安全监督管理。

第九条 任何单位和个人对违反本条例规定的行为，有权向负有危险化学品安全监督管理职责的部门举报。负有危险化学品安全监督管理职责的部门接到举报，应当及时依法处理；对不属于本部门职责的，应当及时移送有关部门处理。

第十条 国家鼓励危险化学品生产企业和使用危险化学品从事生产的企业采用有利于提高安全保障水平的先进技术、工艺、设备以及自动控制系统，鼓励对危险化学品实行专门储存、统一配送、集中销售。

第二章 生产、储存安全

第十一条 国家对危险化学品的生产、储存实行统筹规划、合理布局。

国务院工业和信息化主管部门以及国务院其他有关部门依据各自职责，负责危险化学品生产、储存的行业规划和布局。

地方人民政府组织编制城乡规划，应当根据本地区的实际情况，按照确保安全的原则，规划适当区域专门用于危险化学品的生产、储存。

第十二条 新建、改建、扩建生产、储存危险化学品的建设项目（以下简称建设项目），应当由安全生产监督管理部门进行安全条件审查。

建设单位应当对建设项目进行安全条件论证，委托具备国家规定的资质条件的机构对建设项目进行安全评价，并将安全条件论证和安全评价的情况报告报建设项目所在地设区的市级以上人民政府安全生产监督管理部门；安全生产监督管理部门应当自收到报告之日起45日内作出审查决定，并书面通知建设单位。具体办法由国务院安全生产监督管理部门制定。

新建、改建、扩建储存、装卸危险化学品的港口建设项目，由港口行政管理部门按照国务院交通运输主管部门的规定进行安全条件审查。

第十三条 生产、储存危险化学品的单位，应当对其铺设的危险化学品管道设置明显标志，并对危险化学品管道定期检查、检测。

进行可能危及危险化学品管道安全的施工作业，施工单位应当在开工的7日前书面通知管道所属单位，并与管道所属单位共同制定应急预案，采取相应的安全防护措施。管道所属单位应当指派专门人员到现场进行管道安全保护指导。

第十四条 危险化学品生产企业进行生产前，应当依照《安全生产许可证条例》的规定，取得危险化学品安全生产许可证。

生产列入国家实行生产许可证制度的工业产品目录的危险化学品的企业，应当依照

《中华人民共和国工业产品生产许可证管理条例》的规定，取得工业产品生产许可证。

负责颁发危险化学品安全生产许可证、工业产品生产许可证的部门，应当将其颁发许可证的情况及时向同级工业和信息化主管部门、环境保护主管部门和公安机关通报。

第十五条 危险化学品生产企业应当提供与其生产的危险化学品相符的化学品安全技术说明书，并在危险化学品包装（包括外包装件）上粘贴或者挂挂与包装内危险化学品相符的化学品安全标签。化学品安全技术说明书和化学品安全标签所载明的内容应当符合国家标准的要求。

危险化学品生产企业发现其生产的危险化学品有新的危险特性的，应当立即公告，并及时修订其化学品安全技术说明书和化学品安全标签。

第十六条 生产实施重点环境管理的危险化学品的企业，应当按照国务院环境保护主管部门的规定，将该危险化学品向环境中释放等相关信息向环境保护主管部门报告。环境保护主管部门可以根据情况采取相应的环境风险控制措施。

第十七条 危险化学品的包装应当符合法律、行政法规、规章的规定以及国家标准、行业标准的要求。

危险化学品包装物、容器的材质以及危险化学品包装的型式、规格、方法和单件质量（重量），应当与所包装的危险化学品的性质和用途相适应。

第十八条 生产列入国家实行生产许可证制度的工业产品目录的危险化学品包装物、容器的企业，应当依照《中华人民共和国工业产品生产许可证管理条例》的规定，取得工业产品生产许可证；其生产的危险化学品包装物、容器经国务院质量监督检验检疫部门认定的检验机构检验合格，方可出厂销售。

运输危险化学品的船舶及其配载的容器，应当按照国家船舶检验规范进行生产，并经海事管理机构认定的船舶检验机构检验合格，方可投入使用。

对重复使用的危险化学品包装物、容器，使用单位在重复使用前应当进行检查；发现存在安全隐患的，应当维修或者更换。使用单位应当对检查情况作出记录，记录的保存期限不得少于2年。

第十九条 危险化学品生产装置或者储存数量构成重大危险源的危险化学品储存设施（运输工具加油站、加气站除外），与下列场所、设施、区域的距离应当符合国家有关规定：

（一）居住区以及商业中心、公园等人员密集场所；

（二）学校、医院、影剧院、体育场（馆）等公共设施；

（三）饮用水源、水厂以及水源保护区；

（四）车站、码头（依法经许可从事危险化学品装卸作业的除外）、机场以及通信干线、通信枢纽、铁路线路、道路交通干线、水路交通干线、地铁风亭以及地铁站出入口；

（五）基本农田保护区、基本草原、畜禽遗传资源保护区、畜禽规模化养殖场（养殖小区）、渔业水域以及种子、种畜禽、水产苗种生产基地；

（六）河流、湖泊、风景名胜区、自然保护区；

（七）军事禁区、军事管理区；

（八）法律、行政法规规定的其他场所、设施、区域。

已建的危险化学品生产装置或者储存数量构成重大危险源的危险化学品储存设施不符合前款规定的，由所在地设区的市级人民政府安全生产监督管理部门会同有关部门监督其所属单位在规定期限内进行整改；需要转产、停产、搬迁、关闭的，由本级人民政府决定并组织实施。

储存数量构成重大危险源的危险化学品储存设施的选址，应当避开地震活动断层和容易发生洪灾、地质灾害的区域。

本条例所称重大危险源，是指生产、储存、使用或者搬运危险化学品，且危险化学品的数量等于或者超过临界量的单元（包括场所和设施）。

第二十条 生产、储存危险化学品的单位，应当根据其生产、储存的危险化学品的种类和危险特性，在作业场所设置相应的监测、监控、通风、防晒、调温、防火、灭火、防爆、泄压、防毒、中和、防潮、防雷、防静电、防腐、防泄漏以及防护围堤或者隔离操作等安全设施、设备，并按照国家标准、行业标准或者国家有关规定对安全设施、设备进行经常性维护、保养，保证安全设施、设备的正常使用。

生产、储存危险化学品的单位，应当在其作业场所和安全设施、设备上设置明显的安全警示标志。

第二十一条 生产、储存危险化学品的单位，应当在其作业场所设置通信、报警装置，并保证处于适用状态。

第二十二条 生产、储存危险化学品的企业，应当委托具备国家规定的资质条件的机构，对本企业的安全生产条件每3年进行一次安全评价，提出安全评价报告。安全评价报告的内容应当包括对安全生产条件存在的问题进行整改的方案。

生产、储存危险化学品的企业，应当将安全评价报告以及整改方案的落实情况报所在地县级人民政府安全生产监督管理部门备案。在港区内储存危险化学品的企业，应当将安全评价报告以及整改方案的落实情况报港口行政管理部门备案。

第二十三条 生产、储存剧毒化学品或者国务院公安部门规定的可用于制造爆炸物品的危险化学品（以下简称易制爆危险化学品）的单位，应当如实记录其生产、储存的剧毒化学品、易制爆危险化学品的数量、流向，并采取必要的安全防范措施，防止剧毒化学品、易制爆危险化学品丢失或者被盗；发现剧毒化学品、易制爆危险化学品去失或者被盗的，应当立即向当地公安机关报告。

生产、储存剧毒化学品、易制爆危险化学品的单位，应当设置治安保卫机构，配备专职治安保卫人员。

第二十四条 危险化学品应当储存在专用仓库、专用场地或者专用储存室（以下统称专用仓库）内，并由专人负责管理；剧毒化学品以及储存数量构成重大危险源的其他危险化学品，应当在专用仓库内单独存放，并实行双人收发、双人保管制度。

危险化学品的储存方式、方法以及储存数量应当符合国家标准或者国家有关规定。

第二十五条 储存危险化学品的单位应当建立危险化学品出入库核查、登记制度。

对剧毒化学品以及储存数量构成重大危险源的其他危险化学品，储存单位应当将其储存数量、储存地点以及管理人员的情况，报所在地县级人民政府安全生产监督管理部门（在港区内储存的，报港口行政管理部门）和公安机关备案。

第二十六条 危险化学品专用仓库应当符合国家标准、行业标准的要求，并设置明显的标志。储存剧毒化学品、易制爆危险化学品的专用仓库，应当按照国家有关规定设置相应的技术防范设施。

储存危险化学品的单位应当对其危险化学品专用仓库的安全设施、设备定期进行检测、检验。

第二十七条 生产、储存危险化学品的单位转产、停产、停业或者解散的，应当采取有效措施，及时、妥善处置其危险化学品生产装置、储存设施以及库存的危险化学品，不得丢弃危险化学品；处置方案应当报所在地县级人民政府安全生产监督管理部门、工业和信息化主管部门、环境保护主管部门和公安机关备案。安全生产监督管理部门应当会同环境保护主管部门和公安机关对处置情况进行监督检查，发现未依照规定处置的，应当责令其立即处置。

第三章 使用安全

第二十八条 使用危险化学品的单位，其使用条件（包括工艺）应当符合法律、行政法规的规定和国家标准、行业标准的要求，并根据所使用的危险化学品的种类、危险特性以及使用量和使用方式，建立、健全使用危险化学品的安全管理规章制度和安全操作规程，保证危险化学品的安全使用。

第二十九条 使用危险化学品从事生产并且使用量达到规定数量的化工企业（属于危险化学品生产企业的除外，下同），应当依照本条例的规定取得危险化学品安全使用许可证。

前款规定的危险化学品使用量的数量标准，由国务院安全生产监督管理部门会同国务院公安部门、农业主管部门确定并公布。

第三十条 申请危险化学品安全使用许可证的化工企业，除应当符合本条例第二十八条的规定外，还应当具备下列条件：

（一）有与所使用的危险化学品相适应的专业技术人员；

（二）有安全管理机构和专职安全管理人员；

（三）有符合国家规定的危险化学品事故应急预案和必要的应急救援器材、设备；

（四）依法进行了安全评价。

第三十一条 申请危险化学品安全使用许可证的化工企业，应当向所在地设区的市级人民政府安全生产监督管理部门提出申请，并提交其符合本条例第三十条规定条件的证明材料。设区的市级人民政府安全生产监督管理部门应当依法进行审查，自收到证明材料之日起45日内作出批准或者不予批准的决定。予以批准的，颁发危险化学品安全使用许可证；不予批准的，书面通知申请人并说明理由。

安全生产监督管理部门应当将其颁发危险化学品安全使用许可证的情况及时向同级环

境保护主管部门和公安机关通报。

第三十二条 本条例第十六条关于生产实施重点环境管理的危险化学品的企业的规定,适用于使用实施重点环境管理的危险化学品从事生产的企业;第二十条、第二十一条、第二十三条第一款、第二十七条关于生产、储存危险化学品的单位的规定,适用于使用危险化学品的单位;第二十二条关于生产、储存危险化学品的企业的规定,适用于使用危险化学品从事生产的企业。

第四章 经营安全

第三十三条 国家对危险化学品经营(包括仓储经营,下同)实行许可制度。未经许可,任何单位和个人不得经营危险化学品。

依法设立的危险化学品生产企业在其厂区范围内销售本企业生产的危险化学品,不需要取得危险化学品经营许可。

依照《中华人民共和国港口法》的规定取得港口经营许可证的港口经营人,在港区内从事危险化学品仓储经营,不需要取得危险化学品经营许可。

第三十四条 从事危险化学品经营的企业应当具备下列条件:

(一)有符合国家标准、行业标准的经营场所,储存危险化学品的,还应当有符合国家标准、行业标准的储存设施;

(二)从业人员经过专业技术培训并经考核合格;

(三)有健全的安全管理规章制度;

(四)有专职安全管理人员;

(五)有符合国家规定的危险化学品事故应急预案和必要的应急救援器材、设备;

(六)法律、法规规定的其他条件。

第三十五条 从事剧毒化学品、易制爆危险化学品经营的企业,应当向所在地设区的市级人民政府安全生产监督管理部门提出申请,从事其他危险化学品经营的企业,应当向所在地县级人民政府安全生产监督管理部门提出申请(有储存设施的,应当向所在地设区的市级人民政府安全生产监督管理部门提出申请)。申请人应当提交其符合本条例第三十四条规定条件的证明材料。设区的市级人民政府安全生产监督管理部门或者县级人民政府安全生产监督管理部门应当依法进行审查,并对申请人的经营场所、储存设施进行现场核查,自收到证明材料之日起30日内作出批准或者不予批准的决定。予以批准的,颁发危险化学品经营许可证;不予批准的,书面通知申请人并说明理由。

设区的市级人民政府安全生产监督管理部门和县级人民政府安全生产监督管理部门应当将其颁发危险化学品经营许可证的情况及时向同级环境保护主管部门和公安机关通报。

申请人持危险化学品经营许可证向工商行政管理部门办理登记手续后,方可从事危险化学品经营活动。法律、行政法规或者国务院规定经营危险化学品还需要经其他有关部门许可的,申请人向工商行政管理部门办理登记手续时还应当持相应的许可证件。

第三十六条 危险化学品经营企业储存危险化学品的,应当遵守本条例第二章关于储存危险化学品的规定。危险化学品商店内只能存放民用小包装的危险化学品。

第三十七条 危险化学品经营企业不得从未经许可从事危险化学品生产、经营活动的企业采购危险化学品，不得经营没有化学品安全技术说明书或者化学品安全标签的危险化学品。

第三十八条 依法取得危险化学品安全生产许可证、危险化学品安全使用许可证、危险化学品经营许可证的企业，凭相应的许可证件购买剧毒化学品、易制爆危险化学品。民用爆炸物品生产企业凭民用爆炸物品生产许可证购买易制爆危险化学品。

前款规定以外的单位购买剧毒化学品的，应当向所在地县级人民政府公安机关申请取得剧毒化学品购买许可证；购买易制爆危险化学品的，应当持本单位出具的合法用途说明。

个人不得购买剧毒化学品（属于剧毒化学品的农药除外）和易制爆危险化学品。

第三十九条 申请取得剧毒化学品购买许可证，申请人应当向所在地县级人民政府公安机关提交下列材料：

（一）营业执照或者法人证书（登记证书）的复印件；

（二）拟购买的剧毒化学品品种、数量的说明；

（三）购买剧毒化学品用途的说明；

（四）经办人的身份证明。

县级人民政府公安机关应当自收到前款规定的材料之日起3日内，作出批准或者不予批准的决定。予以批准的，颁发剧毒化学品购买许可证；不予批准的，书面通知申请人并说明理由。

剧毒化学品购买许可证管理办法由国务院公安部门制定。

第四十条 危险化学品生产企业、经营企业销售剧毒化学品、易制爆危险化学品，应当查验本条例第三十八条第一款、第二款规定的相关许可证件或者证明文件，不得向不具有相关许可证件或者证明文件的单位销售剧毒化学品、易制爆危险化学品。对持剧毒化学品购买许可证购买剧毒化学品的，应当按照许可证载明的品种、数量销售。

禁止向个人销售剧毒化学品（属于剧毒化学品的农药除外）和易制爆危险化学品。

第四十一条 危险化学品生产企业、经营企业销售剧毒化学品、易制爆危险化学品，应当如实记录购买单位的名称、地址、经办人的姓名、身份证号码以及所购买的剧毒化学品、易制爆危险化学品的品种、数量、用途。销售记录以及经办人的身份证明复印件、相关许可证件复印件或者证明文件的保存期限不得少于1年。

剧毒化学品、易制爆危险化学品的销售企业、购买单位应当在销售、购买后5日内，将所销售、购买的剧毒化学品、易制爆危险化学品的品种、数量以及流向信息报所在地县级人民政府公安机关备案，并输入计算机系统。

第四十二条 使用剧毒化学品、易制爆危险化学品的单位不得出借、转让其购买的剧毒化学品、易制爆危险化学品；因转产、停产、搬迁、关闭等需转让的，应当向具有本条例第三十八条第一款、第二款规定的相关许可证件或者证明文件的单位转让，并在转让后将有关情况及时向所在地县级人民政府公安机关报告。

第五章 运输安全

第四十三条 从事危险化学品道路运输、水路运输的，应当分别依照有关道路运输、水路运输的法律、行政法规的规定，取得危险货物道路运输许可、危险货物水路运输许可，并向工商行政管理部门办理登记手续。

危险化学品道路运输企业、水路运输企业应当配备专职安全管理人员。

第四十四条 危险化学品道路运输企业、水路运输企业的驾驶人员、船员、装卸管理人员、押运人员、申报人员、集装箱装箱现场检查员应当经交通运输主管部门考核合格，取得从业资格。具体办法由国务院交通运输主管部门制定。

危险化学品的装卸作业应当遵守安全作业标准、规程和制度，并在装卸管理人员的现场指挥或者监控下进行。水路运输危险化学品的集装箱装箱作业应当在集装箱装箱现场检查员的指挥或者监控下进行，并符合积载、隔离的规范和要求；装箱作业完毕后，集装箱装箱现场检查员应当签署装箱证明书。

第四十五条 运输危险化学品，应当根据危险化学品的危险特性采取相应的安全防护措施，并配备必要的防护用品和应急救援器材。

用于运输危险化学品的槽罐以及其他容器应当封口严密，能够防止危险化学品在运输过程中因温度、湿度或者压力的变化发生渗漏、洒漏；槽罐以及其他容器的溢流和泄压装置应当设置准确、启闭灵活。

运输危险化学品的驾驶人员、船员、装卸管理人员、押运人员、申报人员、集装箱装箱现场检查员，应当了解所运输的危险化学品的危险特性及其包装物、容器的使用要求和出现危险情况时的应急处置方法。

第四十六条 通过道路运输危险化学品的，托运人应当委托依法取得危险货物道路运输许可的企业承运。

第四十七条 通过道路运输危险化学品的，应当按照运输车辆的核定载质量装载危险化学品，不得超载。

危险化学品运输车辆应当符合国家标准要求的安全技术条件，并按照国家有关规定定期进行安全技术检验。

危险化学品运输车辆应当悬挂或者喷涂符合国家标准要求的警示标志。

第四十八条 通过道路运输危险化学品的，应当配备押运人员，并保证所运输的危险化学品处于押运人员的监控之下。

运输危险化学品途中因住宿或者发生影响正常运输的情况，需要较长时间停车的，驾驶人员、押运人员应当采取相应的安全防范措施；运输剧毒化学品或者易制爆危险化学品的，还应当向当地公安机关报告。

第四十九条 未经公安机关批准，运输危险化学品的车辆不得进入危险化学品运输车辆限制通行的区域。危险化学品运输车辆限制通行的区域由县级人民政府公安机关划定，并设置明显的标志。

第五十条 通过道路运输剧毒化学品的,托运人应当向运输始发地或者目的地县级人民政府公安机关申请剧毒化学品道路运输通行证。

申请剧毒化学品道路运输通行证,托运人应当向县级人民政府公安机关提交下列材料:

(一)拟运输的剧毒化学品品种、数量的说明;

(二)运输始发地、目的地、运输时间和运输路线的说明;

(三)承运人取得危险货物道路运输许可、运输车辆取得营运证以及驾驶人员、押运人员取得上岗资格的证明文件;

(四)本条例第三十八条第一款、第二款规定的购买剧毒化学品的相关许可证件,或者海关出具的进出口证明文件。

县级人民政府公安机关应当自收到前款规定的材料之日起7日内,作出批准或者不予批准的决定。予以批准的,颁发剧毒化学品道路运输通行证;不予批准的,书面通知申请人并说明理由。

剧毒化学品道路运输通行证管理办法由国务院公安部门制定。

第五十一条 剧毒化学品、易制爆危险化学品在道路运输途中丢失、被盗、被抢或者出现流散、泄漏等情况的,驾驶人员、押运人员应当立即采取相应的警示措施和安全措施,并向当地公安机关报告。公安机关接到报告后,应当根据实际情况立即向安全生产监督管理部门、环境保护主管部门、卫生主管部门通报。有关部门应当采取必要的应急处置措施。

第五十二条 通过水路运输危险化学品的,应当遵守法律、行政法规以及国务院交通运输主管部门关于危险货物水路运输安全的规定。

第五十三条 海事管理机构应当根据危险化学品的种类和危险特性,确定船舶运输危险化学品的相关安全运输条件。

拟交付船舶运输的化学品的相关安全运输条件不明确的,货物所有人或者代理人应当委托相关技术机构进行评估,明确相关安全运输条件并经海事管理机构确认后,方可交付船舶运输。

第五十四条 禁止通过内河封闭水域运输剧毒化学品以及国家规定禁止通过内河运输的其他危险化学品。

前款规定以外的内河水域,禁止运输国家规定禁止通过内河运输的剧毒化学品以及其他危险化学品。

禁止通过内河运输的剧毒化学品以及其他危险化学品的范围,由国务院交通运输主管部门会同国务院环境保护主管部门、工业和信息化主管部门、安全生产监督管理部门,根据危险化学品的危险特性、危险化学品对人体和水环境的危害程度以及消除危害后果的难易程度等因素规定并公布。

第五十五条 国务院交通运输主管部门应当根据危险化学品的危险特性,对通过内河运输本条例第五十四条规定以外的危险化学品(以下简称通过内河运输危险化学品)实行分类管理,对各类危险化学品的运输方式、包装规范和安全防护措施等分别作出规定并监督实施。

第五十六条 通过内河运输危险化学品,应当由依法取得危险货物水路运输许可的水路运输企业承运,其他单位和个人不得承运。托运人应当委托依法取得危险货物水路运输许可的水路运输企业承运,不得委托其他单位和个人承运。

第五十七条 通过内河运输危险化学品,应当使用依法取得危险货物适装证书的运输船舶。水路运输企业应当针对所运输的危险化学品的危险特性,制定运输船舶危险化学品事故应急救援预案,并为运输船舶配备充足、有效的应急救援器材和设备。

通过内河运输危险化学品的船舶,其所有人或者经营人应当取得船舶污染损害责任保险证书或者财务担保证明。船舶污染损害责任保险证书或者财务担保证明的副本应当随船携带。

第五十八条 通过内河运输危险化学品,危险化学品包装物的材质、型式、强度以及包装方法应当符合水路运输危险化学品包装规范的要求。国务院交通运输主管部门对单船运输的危险化学品数量有限制性规定的,承运人应当按照规定安排运输数量。

第五十九条 用于危险化学品运输作业的内河码头、泊位应当符合国家有关安全规范,与饮用水取水口保持国家规定的距离。有关管理单位应当制定码头、泊位危险化学品事故应急预案,并为码头、泊位配备充足、有效的应急救援器材和设备。

用于危险化学品运输作业的内河码头、泊位,经交通运输主管部门按照国家有关规定验收合格后方可投入使用。

第六十条 船舶载运危险化学品进出内河港口,应当将危险化学品的名称、危险特性、包装以及进出港时间等事项,事先报告海事管理机构。海事管理机构接到报告后,应当在国务院交通运输主管部门规定的时间内作出是否同意的决定,通知报告人,同时通报港口行政管理部门。定船舶、定航线、定货种的船舶可以定期报告。

在内河港口内进行危险化学品的装卸、过驳作业,应当将危险化学品的名称、危险特性、包装和作业的时间、地点等事项报告港口行政管理部门。港口行政管理部门接到报告后,应当在国务院交通运输主管部门规定的时间内作出是否同意的决定,通知报告人,同时通报海事管理机构。

载运危险化学品的船舶在内河航行,通过过船建筑物的,应当提前向交通运输主管部门申报,并接受交通运输主管部门的管理。

第六十一条 载运危险化学品的船舶在内河航行、装卸或者停泊,应当悬挂专用的警示标志,按照规定显示专用信号。

载运危险化学品的船舶在内河航行,按照国务院交通运输主管部门的规定需要引航的,应当申请引航。

第六十二条 载运危险化学品的船舶在内河航行,应当遵守法律、行政法规和国家其他有关饮用水水源保护的规定。内河航道发展规划应当与依法经批准的饮用水水源保护区划定方案相协调。

第六十三条 托运危险化学品的,托运人应当向承运人说明所托运的危险化学品的种类、数量、危险特性以及发生危险情况的应急处置措施,并按照国家有关规定对所托运的危险化学品妥善包装,在外包装上设置相应的标志。

运输危险化学品需要添加抑制剂或者稳定剂的,托运人应当添加,并将有关情况告知承运人。

第六十四条 托运人不得在托运的普通货物中夹带危险化学品，不得将危险化学品匿报或者谎报为普通货物托运。

任何单位和个人不得交寄危险化学品或者在邮件、快件内夹带危险化学品，不得将危险化学品匿报或者谎报为普通物品交寄。邮政企业、快递企业不得收寄危险化学品。

对涉嫌违反本条第一款、第二款规定的，交通运输主管部门、邮政管理部门可以依法开拆查验。

第六十五条 通过铁路、航空运输危险化学品的安全管理，依照有关铁路、航空运输的法律、行政法规、规章的规定执行。

第六章 危险化学品登记与事故应急救援

第六十六条 国家实行危险化学品登记制度，为危险化学品安全管理以及危险化学品事故预防和应急救援提供技术、信息支持。

第六十七条 危险化学品生产企业、进口企业，应当向国务院安全生产监督管理部门负责危险化学品登记的机构（以下简称危险化学品登记机构）办理危险化学品登记。

危险化学品登记包括下列内容：

（一）分类和标签信息；

（二）物理、化学性质；

（三）主要用途；

（四）危险特性；

（五）储存、使用、运输的安全要求；

（六）出现危险情况的应急处置措施。

对同一企业生产、进口的同一品种的危险化学品，不进行重复登记。危险化学品生产企业、进口企业发现其生产、进口的危险化学品有新的危险特性的，应当及时向危险化学品登记机构办理登记内容变更手续。

危险化学品登记的具体办法由国务院安全生产监督管理部门制定。

第六十八条 危险化学品登记机构应当定期向工业和信息化、环境保护、公安、卫生、交通运输、铁路、质量监督检验检疫等部门提供危险化学品登记的有关信息和资料。

第六十九条 县级以上地方人民政府安全生产监督管理部门应当会同工业和信息化、环境保护、公安、卫生、交通运输、铁路、质量监督检验检疫等部门，根据本地区实际情况，制定危险化学品事故应急预案，报本级人民政府批准。

第七十条 危险化学品单位应当制定本单位危险化学品事故应急预案，配备应急救援人员和必要的应急救援器材、设备，并定期组织应急救援演练。

危险化学品单位应当将其危险化学品事故应急预案报所在地设区的市级人民政府安全生产监督管理部门备案。

第七十一条 发生危险化学品事故，事故单位主要负责人应当立即按照本单位危险化学品应急预案组织救援,并向当地安全生产监督管理部门和环境保护、公安、卫生主管部门报告;道路运输、水路运输过程中发生危险化学品事故的,驾驶人员、船员或者押运人员还应当向事故发生地交通运输主管部门报告。

第七十二条　发生危险化学品事故,有关地方人民政府应当立即组织安全生产监督管理、环境保护、公安、卫生、交通运输等有关部门,按照本地区危险化学品事故应急预案组织实施救援,不得拖延、推诿。

有关地方人民政府及其有关部门应当按照下列规定,采取必要的应急处置措施,减少事故损失,防止事故蔓延、扩大:

(一)立即组织营救和救治受害人员,疏散、撤离或者采取其他措施保护危害区域内的其他人员;

(二)迅速控制危害源,测定危险化学品的性质、事故的危害区域及危害程度;

(三)针对事故对人体、动植物、土壤、水源、大气造成的现实危害和可能产生的危害,迅速采取封闭、隔离、洗消等措施;

(四)对危险化学品事故造成的环境污染和生态破坏状况进行监测、评估,并采取相应的环境污染治理和生态修复措施。

第七十三条　有关危险化学品单位应当为危险化学品事故应急救援提供技术指导和必要的协助。

第七十四条　危险化学品事故造成环境污染的,由设区的市级以上人民政府环境保护主管部门统一发布有关信息。

第七章　法律责任

第七十五条　生产、经营、使用国家禁止生产、经营、使用的危险化学品的,由安全生产监督管理部门责令停止生产、经营、使用活动,处20万元以上50万元以下的罚款,有违法所得的,没收违法所得;构成犯罪的,依法追究刑事责任。

有前款规定行为的,安全生产监督管理部门还应当责令其对所生产、经营、使用的危险化学品进行无害化处理。

违反国家关于危险化学品使用的限制性规定使用危险化学品的,依照本条第一款的规定处理。

第七十六条　未经安全条件审查,新建、改建、扩建生产、储存危险化学品的建设项目的,由安全生产监督管理部门责令停止建设,限期改正;逾期不改正的,处50万元以上100万元以下的罚款;构成犯罪的,依法追究刑事责任。

未经安全条件审查,新建、改建、扩建储存、装卸危险化学品的港口建设项目的,由港口行政管理部门依照前款规定予以处罚。

第七十七条　未依法取得危险化学品安全生产许可证从事危险化学品生产,或者未依法取得工业产品生产许可证从事危险化学品及其包装物、容器生产的,分别依照《安全生产许可证条例》、《中华人民共和国工业产品生产许可证管理条例》的规定处罚。

违反本条例规定,化工企业未取得危险化学品安全使用许可证,使用危险化学品从事生产的,由安全生产监督管理部门责令限期改正,处10万元以上20万元以下的罚款;逾期不改正的,责令停产整顿。

违反本条例规定,未取得危险化学品经营许可证从事危险化学品经营的,由安全生产监督管理部门责令停止经营活动,没收违法经营的危险化学品以及违法所得,并处10万元以上20万元以下的罚款;构成犯罪的,依法追究刑事责任。

第七十八条 有下列情形之一的,由安全生产监督管理部门责令改正,可以处5万元以下的罚款;拒不改正的,处5万元以上10万元以下的罚款;情节严重的,责令停产停业整顿:

(一)生产、储存危险化学品的单位未对其铺设的危险化学品管道设置明显的标志,或者未对危险化学品管道定期检查、检测的;

(二)进行可能危及危险化学品管道安全的施工作业,施工单位未按照规定书面通知管道所属单位,或者未与管道所属单位共同制定应急预案、采取相应的安全防护措施,或者管道所属单位未指派专门人员到现场进行管道安全保护指导的;

(三)危险化学品生产企业未提供化学品安全技术说明书,或者未在包装(包括外包装件)上粘贴、拴挂化学品安全标签的;

(四)危险化学品生产企业提供的化学品安全技术说明书与其生产的危险化学品不相符,或者在包装(包括外包装件)粘贴、拴挂的化学品安全标签与包装内危险化学品不相符,或者化学品安全技术说明书、化学品安全标签所载明的内容不符合国家标准要求的;

(五)危险化学品生产企业发现其生产的危险化学品有新的危险特性不立即公告,或者不及时修订其化学品安全技术说明书和化学品安全标签的;

(六)危险化学品经营企业经营没有化学品安全技术说明书和化学品安全标签的危险化学品的;

(七)危险化学品包装物、容器的材质以及包装的型式、规格、方法和单件质量(重量)与所包装的危险化学品的性质和用途不相适应的;

(八)生产、储存危险化学品的单位未在作业场所和安全设施、设备上设置明显的安全警示标志,或者未在作业场所设置通信、报警装置的;

(九)危险化学品专用仓库未设专人负责管理,或者对储存的剧毒化学品以及储存数量构成重大危险源的其他危险化学品未实行双人收发、双人保管制度的;

(十)储存危险化学品的单位未建立危险化学品出入库核查、登记制度的;

(十一)危险化学品专用仓库未设置明显标志的;

(十二)危险化学品生产企业、进口企业不办理危险化学品登记,或者发现其生产、进口的危险化学品有新的危险特性不办理危险化学品登记内容变更手续的。

从事危险化学品仓储经营的港口经营人有前款规定情形的,由港口行政管理部门依照前款规定予以处罚。储存剧毒化学品、易制爆危险化学品的专用仓库未按照国家有关规定设置相应的技术防范设施的,由公安机关依照前款规定予以处罚。

生产、储存剧毒化学品、易制爆危险化学品的单位未设置治安保卫机构、配备专职治安保卫人员的,依照《企业事业单位内部治安保卫条例》的规定处罚。

第七十九条 危险化学品包装物、容器生产企业销售未经检验或者经检验不合格的危险化学品包装物、容器的,由质量监督检验检疫部门责令改正,处10万元以上20万元以下的罚款,有违法所得的,没收违法所得;拒不改正的,责令停产停业整顿;构成犯罪的,依法追究刑事责任。

将未经检验合格的运输危险化学品的船舶及其配载的容器投入使用的,由海事管理机构依照前款规定予以处罚。

第八十条 生产、储存、使用危险化学品的单位有下列情形之一的,由安全生产监督管理部门责令改正,处5万元以上10万元以下的罚款;拒不改正的,责令停产停业整顿直至由原发证机关吊销其相关许可证件,并由工商行政管理部门责令其办理经营范围变更登记或者吊销其营业执照;有关责任人员构成犯罪的,依法追究刑事责任:

(一)对重复使用的危险化学品包装物、容器,在重复使用前不进行检查的;

(二)未根据其生产、储存的危险化学品的种类和危险特性,在作业场所设置相关安全设施、设备,或者未按照国家标准、行业标准或者国家有关规定对安全设施、设备进行经常性维护、保养的;

(三)未依照本条例规定对其安全生产条件定期进行安全评价的;

(四)未将危险化学品储存在专用仓库内,或者未将剧毒化学品以及储存数量构成重大危险源的其他危险化学品在专用仓库内单独存放的;

(五)危险化学品的储存方式、方法或者储存数量不符合国家标准或者国家有关规定的;

(六)危险化学品专用仓库不符合国家标准、行业标准的要求的;

(七)未对危险化学品专用仓库的安全设施、设备定期进行检测、检验的。

从事危险化学品仓储经营的港口经营人有前款规定情形的,由港口行政管理部门依照前款规定予以处罚。

第八十一条 有下列情形之一的,由公安机关责令改正,可以处1万元以下的罚款;拒不改正的,处1万元以上5万元以下的罚款:

(一)生产、储存、使用剧毒化学品、易制爆危险化学品的单位不如实记录生产、储存、使用的剧毒化学品、易制爆危险化学品的数量、流向的;

(二)生产、储存、使用剧毒化学品、易制爆危险化学品的单位发现剧毒化学品、易制爆危险化学品丢失或者被盗,不立即向公安机关报告的;

(三)储存剧毒化学品的单位未将剧毒化学品的储存数量、储存地点以及管理人员的情况报所在地县级人民政府公安机关备案的;

(四)危险化学品生产企业、经营企业不如实记录剧毒化学品、易制爆危险化学品购买单位的名称、地址、经办人的姓名、身份证号码以及所购买的剧毒化学品、易制爆危险化学品的品种、数量、用途,或者保存销售记录和相关材料的时间少于1年的;

(五)剧毒化学品、易制爆危险化学品的销售企业、购买单位未在规定的时限内将所销售、购买的剧毒化学品、易制爆危险化学品的品种、数量以及流向信息报所在地县级人民政府公安机关备案的；

（六）使用剧毒化学品、易制爆危险化学品的单位依照本条例规定转让其购买的剧毒化学品、易制爆危险化学品，未将有关情况向所在地县级人民政府公安机关报告的。

生产、储存危险化学品的企业或者使用危险化学品从事生产的企业未按照本条例规定将安全评价报告以及整改方案的落实情况报安全生产监督管理部门或者港口行政管理部门备案，或者储存危险化学品的单位未将其剧毒化学品以及储存数量构成重大危险源的其他危险化学品的储存数量、储存地点以及管理人员的情况报安全生产监督管理部门或者港口行政管理部门备案的，分别由安全生产监督管理部门或者港口行政管理部门依照前款规定予以处罚。

生产实施重点环境管理的危险化学品的企业或者使用实施重点环境管理的危险化学品从事生产的企业未按照规定将相关信息向环境保护主管部门报告的，由环境保护主管部门依照本条第一款的规定予以处罚。

第八十二条　生产、储存、使用危险化学品的单位转产、停产、停业或者解散，未采取有效措施及时、妥善处置其危险化学品生产装置、储存设施以及库存的危险化学品，或者丢弃危险化学品的，由安全生产监督管理部门责令改正，处5万元以上10万元以下的罚款；构成犯罪的，依法追究刑事责任。

生产、储存、使用危险化学品的单位转产、停产、停业或者解散，未依照本条例规定将其危险化学品生产装置、储存设施以及库存危险化学品的处置方案报有关部门备案的，分别由有关部门责令改正，可以处1万元以下的罚款；拒不改正的，处1万元以上5万元以下的罚款。

第八十三条　危险化学品经营企业向未经许可违法从事危险化学品生产、经营活动的企业采购危险化学品的，由工商行政管理部门责令改正，处10万元以上20万元以下的罚款；拒不改正的，责令停业整顿直至由原发证机关吊销其危险化学品经营许可证，并由工商行政管理部门责令其办理经营范围变更登记或者吊销其营业执照。

第八十四条　危险化学品生产企业、经营企业有下列情形之一的，由安全生产监督管理部门责令改正，没收违法所得，并处10万元以上20万元以下的罚款；拒不改正的，责令停产停业整顿直至吊销其危险化学品安全生产许可证、危险化学品经营许可证，并由工商行政管理部门责令其办理经营范围变更登记或者吊销其营业执照：

（一）向不具有本条例第三十八条第一款、第二款规定的相关许可证件或者证明文件的单位销售剧毒化学品、易制爆危险化学品的；

（二）不按照剧毒化学品购买许可证载明的品种、数量销售剧毒化学品的；

（三）向个人销售剧毒化学品（属于剧毒化学品的农药除外）、易制爆危险化学品的。

不具有本条例第三十八条第一款、第二款规定的相关许可证件或者证明文件的单位购买剧毒化学品、易制爆危险化学品，或者个人购买剧毒化学品（属于剧毒化学品的农药除外）、易制爆危险化学品的，由公安机关没收所购买的剧毒化学品、易制爆危险化学品，可以并处5000元以下的罚款。

使用剧毒化学品、易制爆危险化学品的单位出借或者向不具有本条例第三十八条第一款、第二款规定的相关许可证件的单位转让其购买的剧毒化学品、易制爆危险化学品，或者向个人转让其购买的剧毒化学品（属于剧毒化学品的农药除外）、易制爆危险化学品的，由公安机关责令改正，处 10 万元以上 20 万元以下的罚款；拒不改正的，责令停产停业整顿。

第八十五条　未依法取得危险货物道路运输许可、危险货物水路运输许可，从事危险化学品道路运输、水路运输的，分别依照有关道路运输、水路运输的法律、行政法规的规定处罚。

第八十六条　有下列情形之一的，由交通运输主管部门责令改正，处 5 万元以上 10 万元以下的罚款；拒不改正的，责令停产停业整顿；构成犯罪的，依法追究刑事责任：

（一）危险化学品道路运输企业、水路运输企业的驾驶人员、船员、装卸管理人员、押运人员、申报人员、集装箱装箱现场检查员未取得从业资格上岗作业的；

（二）运输危险化学品，未根据危险化学品的危险特性采取相应的安全防护措施，或者未配备必要的防护用品和应急救援器材的；

（三）使用未依法取得危险货物适装证书的船舶，通过内河运输危险化学品的；

（四）通过内河运输危险化学品的承运人违反国务院交通运输主管部门对单船运输的危险化学品数量的限制性规定运输危险化学品的；

（五）用于危险化学品运输作业的内河码头、泊位不符合国家有关安全规范，或者未与饮用水取水口保持国家规定的安全距离，或者未经交通运输主管部门验收合格投入使用的；

（六）托运人不向承运人说明所托运的危险化学品的种类、数量、危险特性以及发生危险情况的应急处置措施，或者未按照国家有关规定对所托运的危险化学品妥善包装并在外包装上设置相应标志的；

（七）运输危险化学品需要添加抑制剂或者稳定剂，托运人未添加或未将有关情况告知承运人的。

第八十七条　有下列情形之一的，由交通运输主管部门责令改正，处 10 万元以上 20 万元以下的罚款，有违法所得的，没收违法所得；拒不改正的，责令停产停业整顿；构成犯罪的，依法追究刑事责任：

（一）委托未依法取得危险货物道路运输许可、危险货物水路运输许可的企业承运危险化学品的；

（二）通过内河封闭水域运输剧毒化学品以及国家规定禁止通过内河运输的其他危险化学品的；

（三）通过内河运输国家规定禁止通过内河运输的剧毒化学品以及其他危险化学品的；

（四）在托运的普通货物中夹带危险化学品，或者将危险化学品谎报或者匿报为普通货物托运的。

在邮件、快件内夹带危险化学品，或者将危险化学品谎报为普通物品交寄的，依法给予治安管理处罚；构成犯罪的，依法追究刑事责任。

邮政企业、快递企业收寄危险化学品的，依照《中华人民共和国邮政法》的规定处罚。

第八十八条 有下列情形之一的，由公安机关责令改正，处 5 万元以上 10 万元以下的罚款；构成违反治安管理行为的，依法给予治安管理处罚；构成犯罪的，依法追究刑事责任：

（一）超过运输车辆的核定载质量装载危险化学品的；

（二）使用安全技术条件不符合国家标准要求的车辆运输危险化学品的；

（三）运输危险化学品的车辆未经公安机关批准进入危险化学品运输车辆限制通行的区域的；

（四）未取得剧毒化学品道路运输通行证，通过道路运输剧毒化学品的。

第八十九条 有下列情形之一的，由公安机关责令改正，处 1 万元以上 5 万元以下的罚款；构成违反治安管理行为的，依法给予治安管理处罚：

（一）危险化学品运输车辆未悬挂或者喷涂警示标志，或者悬挂或者喷涂的警示标志不符合国家标准要求的；

（二）通过道路运输危险化学品，不配备押运人员的；

（三）运输剧毒化学品或者易制爆危险化学品途中需要较长时间停车，驾驶人员、押运人员不向当地公安机关报告的；

（四）剧毒化学品、易制爆危险化学品在道路运输途中丢失、被盗、被抢或者发生流散、泄露等情况，驾驶人员、押运人员不采取必要的警示措施和安全措施，或者不向当地公安机关报告的。

第九十条 对发生交通事故负有全部责任或者主要责任的危险化学品道路运输企业，由公安机关责令消除安全隐患，未消除安全隐患的危险化学品运输车辆，禁止上道路行驶。

第九十一条 有下列情形之一的，由交通运输主管部门责令改正，可以处 1 万元以下的罚款；拒不改正的，处 1 万元以上 5 万元以下的罚款：

（一）危险化学品道路运输企业、水路运输企业未配备专职安全管理人员的；

（二）用于危险化学品运输作业的内河码头、泊位的管理单位未制定码头、泊位危险化学品事故应急救援预案，或者未为码头、泊位配备充足、有效的应急救援器材和设备的。

第九十二条 有下列情形之一的，依照《中华人民共和国内河交通安全管理条例》的规定处罚：

（一）通过内河运输危险化学品的水路运输企业未制定运输船舶危险化学品事故应急救援预案，或者未为运输船舶配备充足、有效的应急救援器材和设备的；

（二）通过内河运输危险化学品的船舶的所有人或者经营人未取得船舶污染损害责任保险证书或者财务担保证明的；

（三）船舶载运危险化学品进出内河港口，未将有关事项事先报告海事管理机构并经其同意的；

（四）载运危险化学品的船舶在内河航行、装卸或者停泊，未悬挂专用的警示标志，或者未按照规定显示专用信号，或者未按照规定申请引航的。

未向港口行政管理部门报告并经其同意，在港口内进行危险化学品的装卸、过驳作业的,依照《中华人民共和国港口法》的规定处罚。

第九十三条 伪造、变造或者出租、出借、转让危险化学品安全生产许可证、工业产品生产许可证,或者使用伪造、变造的危险化学品安全生产许可证、工业产品生产许可证的,分别依照《安全生产许可证条例》、《中华人民共和国工业产品生产许可证管理条例》的规定处罚。

伪造、变造或者出租、出借、转让本条例规定的其他许可证,或者使用伪造、变造的本条例规定的其他许可证的,分别由相关许可证的颁发管理机关处 10 万元以上 20 万元以下的罚款,有违法所得的,没收违法所得;构成违反治安管理行为的,依法给予治安管理处罚;构成犯罪的,依法追究刑事责任。

第九十四条 危险化学品单位发生危险化学品事故,其主要负责人不立即组织救援或者不立即向有关部门报告的,依照《生产安全事故报告和调查处理条例》的规定处罚。

危险化学品单位发生危险化学品事故,造成他人人身伤害或者财产损失的,依法承担赔偿责任。

第九十五条 发生危险化学品事故,有关地方人民政府及其有关部门不立即组织实施救援,或者不采取必要的应急处置措施减少事故损失、防止事故蔓延、扩大的,对直接负责的主管人员和其他直接责任人员依法给予处分;构成犯罪的,依法追究刑事责任。

第九十六条 负有危险化学品安全监督管理职责的部门的工作人员,在危险化学品安全监督管理工作中滥用职权、玩忽职守、徇私舞弊,构成犯罪的,依法追究刑事责任;尚不构成犯罪的,依法给予处分。

第八章 附 则

第九十七条 监控化学品、属于危险化学品的药品和农药的安全管理,依照本条例的规定执行;法律、行政法规另有规定的,依照其规定。

民用爆炸物品、烟花爆竹、放射性物品、核能物质以及用于国防科研生产的危险化学品的安全管理,不适用本条例。

法律、行政法规对燃气的安全管理另有规定的,依照其规定。

危险化学品容器属于特种设备的,其安全管理依照有关特种设备安全的法律、行政法规的规定执行。

第九十八条 危险化学品的进出口管理,依照有关对外贸易的法律、行政法规、规章的规定执行;进口的危险化学品的储存、使用、经营、运输的安全管理,依照本条例的规定执行。

危险化学品环境管理登记和新化学物质环境管理登记,依照有关环境保护的法律、行政法规、规章的规定执行。危险化学品环境管理登记,按照国家有关规定收取费用。

第九十九条 公众发现、捡拾的无主危险化学品,由公安机关接收。公安机关接收或者有关部门依法没收的危险化学品,需要进行无害化处理的,交由环境保护主管部门组织其认定的专业单位进行处理,或者交由有关危险化学品生产企业进行处理。处理所需费用由国家财政负担。

第一百条 化学品的危险特性尚未确定的,由国务院安全生产监督管理部门、国务院环境保护主管部门、国务院卫生主管部门分别负责组织对该化学品的物理危险性、环境危害性、毒理特性进行鉴定。根据鉴定结果,需要调整危险化学品目录的,依照本条例第三条第二款的规定办理。

第一百零一条 本条例施行前已经使用危险化学品从事生产的化工企业,依照本条例规定需要取得危险化学品安全使用许可证的,应当在国务院安全生产监督管理部门规定的期限内,申请取得危险化学品安全使用许可证。

第一百零二条 本条例自 2011 年 12 月 1 日起施行。

危险化学品输送管道安全管理规定

发布单位：国家安全生产监督管理总局　发布日期：2012年1月17日
修改日期：2015年5月27日　实施日期：2015年7月1日
中华人民共和国国家安全监管总局令第79号

第一章　总　则

第一条　为了加强危险化学品输送管道的安全管理，预防和减少危险化学品输送管道生产安全事故，保护人民群众生命财产安全，根据《中华人民共和国安全生产法》和《危险化学品安全管理条例》，制定本规定。

第二条　生产、储存危险化学品的单位在厂区外公共区域埋地、地面和架空的危险化学品输送管道及其附属设施（以下简称危险化学品管道）的安全管理，适用本规定。

原油、成品油、天然气、煤层气、煤制气长输管道安全保护和城镇燃气管道的安全管理，不适用本规定。

第三条　对危险化学品管道享有所有权或者运行管理权的单位（以下简称管道单位）应当依照有关安全生产法律法规和本规定，落实安全生产主体责任，建立、健全有关危险化学品管道安全生产的规章制度和操作规程并实施，接受安全生产监督管理部门依法实施的监督检查。

第四条　各级安全生产监督管理部门负责危险化学品管道安全生产的监督检查，并依法对危险化学品管道建设项目实施安全条件审查。

第五条　任何单位和个人不得实施危害危险化学品管道安全生产的行为。

对危害危险化学品管道安全生产的行为，任何单位和个人均有权向安全生产监督管理部门举报。接受举报的安全生产监督管理部门应当依法予以处理。

第二章　危险化学品管道的规划

第六条　危险化学品管道建设应当遵循安全第一、节约用地和经济合理的原则，并按照相关国家标准、行业标准和技术规范进行科学规划。

第七条　禁止光气、氯气等剧毒气体化学品管道穿（跨）越公共区域。

严格控制氨、硫化氢等其他有毒气体的危险化学品管道穿（跨）越公共区域。

第八条　危险化学品管道建设的选线应当避开地震活动断层和容易发生洪灾、地质灾害的区域；确实无法避开的，应当采取可靠的工程处理措施，确保不受地质灾害影响。

危险化学品管道与居民区、学校等公共场所以及建筑物、构筑物、铁路、公路、航道、港口、市政设施、通讯设施、军事设施、电力设施的距离，应当符合有关法律、行政法规和国家标准、行业标准的规定。

第三章 危险化学品管道的建设

第九条 对新建、改建、扩建的危险化学品管道，建设单位应当依照国家安全生产监督管理总局有关危险化学品建设项目安全监督管理的规定，依法办理安全条件审查、安全设施设计审查和安全设施竣工验收手续。

第十条 对新建、改建、扩建的危险化学品管道，建设单位应当依照有关法律、行政法规的规定，委托具备相应资质的设计单位进行设计。

第十一条 承担危险化学品管道的施工单位应当具备有关法律、行政法规规定的相应资质。施工单位应当按照有关法律、法规、国家标准、行业标准和技术规范的规定，以及经过批准的安全设施设计进行施工，并对工程质量负责。

参加危险化学品管道焊接、防腐、无损检测作业的人员应当具备相应的操作资格证书。

第十二条 负责危险化学品管道工程的监理单位应当对管道的总体建设质量进行全过程监督，并对危险化学品管道的总体建设质量负责。管道施工单位应当严格按照有关国家标准、行业标准的规定对管道的焊缝和防腐质量进行检查，并按照设计要求对管道进行压力试验和气密性试验。

对敷设在江、河、湖泊或者其他环境敏感区域的危险化学品管道，应当采取增加管道压力设计等级、增加防护套管等措施，确保危险化学品管道安全。

第十三条 危险化学品管道试生产（使用）前，管道单位应当对有关保护措施进行安全检查，科学制定安全投入生产（使用）方案，并严格按照方案实施。

第十四条 危险化学品管道试压半年后一直未投入生产（使用）的，管道单位应当在其投入生产（使用）前重新进行气密性试验；对敷设在江、河或者其他环境敏感区域的危险化学品管道，应当相应缩短重新进行气密性试验的时间间隔。

第四章 危险化学品管道的运行

第十五条 危险化学品管道应当设置明显标志。发现标志毁损，管道单位应当及时予以修复或者更新。

第十六条 管道单位应当建立、健全危险化学品管道巡护制度，配备专人进行日常巡护。巡护人员发现危害危险化学品管道安全生产情形的，应当立即报告单位负责人并及时处理。

第十七条 管道单位对危险化学品管道存在的事故隐患应当及时排除；对自身排除确有困难的外部事故隐患，应当向当地安全生产监督管理部门报告。

第十八条 管道单位应当按照有关国家标准、行业标准和技术规范对危险化学品管道进行定期检测、维护,确保其处于完好状态;对安全风险较大的区段和场所,应当进行重点监测、监控;对不符合安全标准的危险化学品管道,应当及时更新、改造或者停止使用,并向当地安全生产监督管理部门报告。对涉及更新、改造的危险化学品管道,还应当按照本办法第九条的规定办理安全条件审查手续。

第十九条 管道单位发现下列危害危险化学品管道安全运行行为的,应当及时予以制止,无法处置时应当向当地安全生产监督管理部门报告:

(一)擅自开启、关闭危险化学品管道阀门;

(二)采用移动、切割、打孔、砸撬、拆卸等手段损坏管道及其附属设施;

(三)移动、毁损、涂改管道标志;

(四)在埋地管道上方和巡查便道上行驶重型车辆;

(五)对埋地、地面管道进行占压,在架空管道线路和管桥上行走或者放置重物;

(六)利用地面管道、架空管道、管架桥等固定其他设施缆绳悬挂广告牌、搭建构筑物;

(七)其他危害危险化学品管道安全运行的行为。

第二十条 禁止在危险化学品管道附属设施的上方架设电力线路、通信线路。

第二十一条 在危险化学品管道及其附属设施外缘两侧各5米地域范围内,管道单位发现下列危害管道安全运行的行为的,应当及时予以制止,无法处置时应当向当地安全生产监督管理部门报告:

(一)种植乔木、灌木、藤类、芦苇、竹子或者其他根系深达管道埋设部位可能损坏管道防腐层的深根植物;

(二)取土、采石、用火、堆放重物、排放腐蚀性物质、使用机械工具进行挖掘施工、工程钻探;

(三)挖塘、修渠、修晒场、修建水产养殖场、建温室、建家畜棚圈、建房以及修建其他建(构)筑物。

第二十二条 在危险化学品管道中心线两侧及危险化学品管道附属设施外缘两侧5米外的周边范围内,管道单位发现下列建(构)筑物与管道线路、管道附属设施的距离不符合国家标准、行业标准要求的,应当及时向当地安全生产监督管理部门报告:

(一)居民小区、学校、医院、餐饮娱乐场所、车站、商场等人口密集的建筑物;

(二)加油站、加气站、储油罐、储气罐等易燃易爆物品的生产、经营、存储场所;

(三)变电站、配电站、供水站等公用设施。

第二十三条 在穿越河流的危险化学品管道线路中心线两侧500米地域范围内,管道单位发现有实施抛锚、拖锚、挖沙、采石、水下爆破等作业的,应当及时予以制止,无法处置时应当向当地安全生产监督管理部门报告。但在保障危险化学品管道安全的条件下,为防洪和航道通畅而实施的养护疏浚作业除外。

第二十四条 在危险化学品管道专用隧道中心线两侧1000米地域范围内,管道单位发现有实施采石、采矿、爆破等作业的,应当及时予以制止,无法处置时应当向当地安全生产监督管理部门报告。

在前款规定的地域范围内，因修建铁路、公路、水利等公共工程确需实施采石、爆破等作业的，应当按照本规定第二十五条的规定执行。

第二十五条 实施下列可能危及危险化学品管道安全运行的施工作业的，施工单位应当在开工的7日前书面通知管道单位，将施工作业方案报管道单位，并与管道单位共同制定应急预案，采取相应的安全防护措施，管道单位应当指派专人到现场进行管道安全保护指导：

（一）穿（跨）越管道的施工作业；

（二）在管道线路中心线两侧5米至50米和管道附属设施周边100米地域范围内，新建、改建、扩建铁路、公路、河渠，架设电力线路，埋设地下电缆、光缆，设置安全接地体、避雷接地体；

（三）在管道线路中心线两侧200米和管道附属设施周边500米地域范围内，实施爆破、地震法勘探或者工程挖掘、工程钻探、采矿等作业。

第二十六条 施工单位实施本规定第二十四条第二款、第二十五条规定的作业，应当符合下列条件：

（一）已经制定符合危险化学品管道安全运行要求的施工作业方案；

（二）已经制定应急预案；

（三）施工作业人员已经接受相应的危险化学品管道保护知识教育和培训；

（四）具有保障安全施工作业的设备、设施。

第二十七条 危险化学品管道的专用设施、永工防护设施、专用隧道等附属设施不得用于其他用途；确需用于其他用途的，应当征得管道单位的同意，并采取相应的安全防护措施。

第二十八条 管道单位应当按照有关规定制定本单位危险化学品管道事故应急预案，配备相应的应急救援人员和设备物资，定期组织应急演练。

发生危险化学品管道生产安全事故，管道单位应当立即启动应急预案及响应程序，采取有效措施进行紧急处置，消除或者减轻事故危害，并按照国家规定立即向事故发生地县级以上安全生产监督管理部门报告。

第二十九条 对转产、停产、停止使用的危险化学品管道，管道单位应当采取有效措施及时妥善处置，并将处置方案报县级以上安全生产监督管理部门。

第五章 监督管理

第三十条 省级、设区的市级安全生产监督管理部门应当按照国家安全生产监督管理总局有关危险化学品建设项目安全监督管理的规定，对新建、改建、扩建管道建设项目办理安全条件审查、安全设施设计审查、试生产（使用）方案备案和安全设施竣工验收手续。

第三十一条 安全生产监督管理部门接到管道单位依照本规定第十七条、第十九条、

第二十一条、第二十二条、第二十三条、第二十四条提交的有关报告后,应当及时依法予以协调、移送有关主管部门处理或者报请本级人民政府组织处理。

第三十二条 县级以上安全生产监督管理部门接到危险化学品管道生产安全事故报告后,应当按照有关规定及时上报事故情况,并根据实际情况采取事故处置措施。

第六章 法律责任

第三十三条 新建、改建、扩建危险化学品管道建设项目未经安全条件审查的,由安全生产监督管理部门责令停止建设,限期改正,逾期不改正的,处50万元以上100万元以下的罚款;构成犯罪的,依法追究刑事责任。

危险化学品管道建设单位将管道建设项目发包给不具备相应资质等级的勘察、设计、施工单位或者委托给不具有相应资质等级的工程监理单位的,由安全生产监督管理部门移送建设行政主管部门依照《建设工程质量管理条例》第五十四条规定予以处罚。

第三十四条 管道单位未对危险化学品管道设置明显的安全警示标志的,由安全生产监督管理部门责令限期改正,可以处5万元以下的罚款;逾期未改正的,处5万元以上20万元以下的罚款,对其直接负责的主管人员和其他直接责任人员处1万元以上2万元以下的罚款;情节严重的,责令停产停业整顿;构成犯罪的,依照刑法有关规定追究刑事责任。

第三十五条 有下列情形之一的,由安全生产监督管理部门责令改正,可以处5万元以下的罚款;拒不改正的,处5万元以上10万元以下的罚款;情节严重的,责令停产停业整顿。

(一)管道单位未按照本规定对管道进行检测、维护的;

(二)进行可能危及危险化学品管道安全的施工作业,施工单位未按照规定书面通知管道单位,或者未与管道单位共同制定应急预案并采取相应的防护措施,或者管道单位未指派专人到现场进行管道安全保护指导的。

第三十六条 对转产、停产、停止使用的危险化学品管道,管道单位未采取有效措施及时、妥善处置的,由安全生产监督管理部门责令改正,处5万元以上10万元以下的罚款;构成犯罪的,依法追究刑事责任。

对转产、停产、停止使用的危险化学品管道,管道单位未按照本规定将处置方案报县级以上安全生产监督管理部门的,由安全生产监督管理部门责令改正,可以处1万元以下的罚款;拒不改正的,处1万元以上5万元以下的罚款。

第三十七条 违反本规定,采用移动、切割、打孔、砸撬、拆卸等手段实施危害危险化学品管道安全行为,尚不构成犯罪的,由有关主管部门依法给予治安管理处罚。

第七章 附 则

第三十八条 本规定所称公共区域是指厂区(包括化工园区、工业园区)以外的区域。

第三十九条 本规定所称危险化学品管道附属设施包括：

（一）管道的加压站、计量站、阀室、阀井、放空设施、储罐、装卸栈桥、装卸场、分输站、减压站等站场；

（二）管道的水工保护设施、防风设施、防雷设施、抗震设施、通信设施、安全监控设施、电力设施、管堤、管桥以及管道专用涵洞、隧道等穿跨越设施；

（三）管道的阴极保护站、阴极保护测试桩、阳极地床、杂散电流排流站等防腐设施；

（四）管道的其他附属设施。

第四十条 本规定施行前在管道保护距离内已经建成的人口密集场所和易燃易爆物品的生产、经营、存储场所，应当由所在地人民政府根据当地的实际情况，有计划、分步骤地搬迁、清理或者采取必要的防护措施。

第四十一条 本规定自 2012 年 3 月 1 日起施行。

民用核安全设备监督管理条例

发布单位：国务院　发布时间：2007年7月11日

修改并实施日期：2019年3月2日

中华人民共和国国务院令第709号

第一章　总　则

第一条　为了加强对民用核安全设备的监督管理，保证民用核设施的安全运行，预防核事故，保障工作人员和公众的健康，保护环境，促进核能事业的顺利发展，制定本条例。

第二条　本条例所称民用核安全设备，是指在民用核设施中使用的执行核安全功能的设备，包括核安全机械设备和核安全电气设备。

民用核安全设备目录由国务院核安全监管部门商国务院有关部门制定并发布。

第三条　民用核安全设备设计、制造、安装和无损检验活动适用本条例。

民用核安全设备运离民用核设施现场进行的维修活动，适用民用核安全设备制造活动的有关规定。

第四条　国务院核安全监管部门对民用核安全设备设计、制造、安装和无损检验活动实施监督管理。

国务院核行业主管部门和其他有关部门依照本条例和国务院规定的职责分工负责有关工作。

第五条　民用核安全设备设计、制造、安装和无损检验单位，应当建立健全责任制度，加强质量管理，并对其所从事的民用核安全设备设计、制造、安装和无损检验活动承担全面责任。

民用核设施营运单位，应当对在役的民用核安全设备进行检查、试验、检验和维修，并对民用核安全设备的使用和运行安全承担全面责任。

第六条　民用核安全设备设计、制造、安装和无损检验活动应当符合国家有关产业政策。

国家鼓励民用核安全设备设计、制造、安装和无损检验的科学技术研究，提高安全水平。

第七条　任何单位和个人对违反本条例规定的行为，有权向国务院核安全监管部门举报。国务院核安全监管部门接到举报，应当及时调查处理，并为举报人保密。

第二章 标　准

第八条　民用核安全设备标准是从事民用核安全设备设计、制造、安装和无损检验活动的技术依据。

第九条　国家建立健全民用核安全设备标准体系。制定民用核安全设备标准，应当充分考虑民用核安全设备的技术发展和使用要求，结合我国的工业基础和技术水平，做到安全可靠、技术成熟、经济合理。

民用核安全设备标准包括国家标准、行业标准和企业标准。

第十条　涉及核安全基本原则和技术要求的民用核安全设备国家标准，由国务院核安全监管部门组织拟定，由国务院标准化主管部门和国务院核安全监管部门联合发布；其他的民用核安全设备国家标准，由国务院核行业主管部门组织拟定，经国务院核安全监管部门认可，由国务院标准化主管部门发布。

民用核安全设备行业标准，由国务院核行业主管部门组织拟定，经国务院核安全监管部门认可，由国务院核行业主管部门发布，并报国务院标准化主管部门备案。

制定民用核安全设备国家标准和行业标准，应当充分听取有关部门和专家的意见。

第十一条　尚未制定相应国家标准和行业标准的，民用核安全设备设计、制造、安装和无损检验单位应当采用经国务院核安全监管部门认可的标准。

第三章 许　可

第十二条　民用核安全设备设计、制造、安装和无损检验单位应当依照本条例规定申请领取许可证。

第十三条　申请领取民用核安全设备设计、制造、安装或者无损检验许可证的单位，应当具备下列条件：

（一）具有法人资格；

（二）有与拟从事活动相关或者相近的工作业绩，并且满5年以上；

（三）有与拟从事活动相适应的、经考核合格的专业技术人员，其中从事民用核安全设备焊接和无损检验活动的专业技术人员应当取得相应的资格证书；

（四）有与拟从事活动相适应的工作场所、设施和装备；

（五）有健全的管理制度和完善的质量保证体系，以及符合核安全监督管理规定的质量保证大纲。

申请领取民用核安全设备制造许可证或者安装许可证的单位，还应当制作有代表性的模拟件。

第十四条　申请领取民用核安全设备设计、制造、安装或者无损检验许可证的单位，应当向国务院核安全监管部门提出书面申请，并提交符合本条例第十三条规定条件的证明材料。

第十五条　国务院核安全监管部门应当自受理申请之日起 45 个工作日内完成审查，并对符合条件的颁发许可证，予以公告；对不符合条件的，书面通知申请单位并说明理由。

国务院核安全监管部门在审查过程中，应当组织专家进行技术评审，并征求国务院核行业主管部门和其他有关部门的意见。技术评审所需时间不计算在前款规定的期限内。

第十六条　民用核安全设备设计、制造、安装和无损检验许可证应当载明下列内容：

（一）单位名称、地址和法定代表人；

（二）准予从事的活动种类和范围；

（三）有效期限；

（四）发证机关、发证日期和证书编号。

第十七条　民用核安全设备设计、制造、安装和无损检验单位变更单位名称、地址或者法定代表人的，应当自变更工商登记之日起 20 日内，向国务院核安全监管部门申请办理许可证变更手续。

民用核安全设备设计、制造、安装和无损检验单位变更许可证规定的活动种类或者范围的，应当按照原申请程序向国务院核安全监管部门重新申请领取许可证。

第十八条　民用核安全设备设计、制造、安装和无损检验许可证有效期为 5 年。

许可证有效期届满，民用核安全设备设计、制造、安装和无损检验单位需要继续从事相关活动的，应当于许可证有效期届满 6 个月前，向国务院核安全监管部门提出延续申请。

国务院核安全监管部门应当在许可证有效期届满前作出是否准予延续的决定；逾期未作决定的，视为准予延续。

第十九条　禁止无许可证擅自从事或者不按照许可证规定的活动种类和范围从事民用核安全设备设计、制造、安装和无损检验活动。

禁止委托未取得相应许可证的单位进行民用核安全设备设计、制造、安装和无损检验活动。

禁止伪造、变造、转让许可证。

第四章　设计、制造、安装和无损检验

第二十条　民用核安全设备设计、制造、安装和无损检验单位，应当提高核安全意识，建立完善的质量保证体系，确保民用核安全设备的质量和可靠性。

民用核设施营运单位，应当对民用核安全设备设计、制造、安装和无损检验活动进行质量管理和过程控制，做好监造和验收工作。

第二十一条　民用核安全设备设计、制造、安装和无损检验单位，应当根据其质量保证大纲和民用核设施营运单位的要求，在民用核安全设备设计、制造、安装和无损检验活动开始前编制项目质量保证分大纲，并经民用核设施营运单位审查同意。

第二十二条　民用核安全设备设计单位，应当在设计活动开始 30 日前，将下列文件报国务院核安全监管部门备案：

（一）项目设计质量保证分大纲和程序清单；

（二）设计内容和设计进度计划；

（三）设计遵循的标准和规范目录清单，设计中使用的计算机软件清单；

（四）设计验证活动清单。

第二十三条 民用核安全设备制造、安装单位，应当在制造、安装活动开始30日前，将下列文件报国务院核安全监管部门备案：

（一）项目制造、安装质量保证分大纲和程序清单；

（二）制造、安装技术规格书；

（三）分包项目清单；

（四）制造、安装质量计划。

第二十四条 民用核安全设备设计、制造、安装和无损检验单位，不得将国务院核安全监管部门确定的关键工艺环节分包给其他单位。

第二十五条 民用核安全设备制造、安装、无损检验单位和民用核设施营运单位，应当聘用取得民用核安全设备焊工、焊接操作工和无损检验人员资格证书的人员进行民用核安全设备焊接和无损检验活动。

民用核安全设备焊工、焊接操作工和无损检验人员由国务院核安全监管部门核准颁发资格证书。

民用核安全设备焊工、焊接操作工和无损检验人员在民用核安全设备焊接和无损检验活动中，应当严格遵守操作规程。

第二十六条 民用核安全设备无损检验单位应当客观、准确地出具无损检验结果报告。无损检验结果报告经取得相应资格证书的无损检验人员签字方为有效。

民用核安全设备无损检验单位和无损检验人员对无损检验结果报告负责。

第二十七条 民用核安全设备设计单位应当对其设计进行设计验证。设计验证由未参与原设计的专业人员进行。

设计验证可以采用设计评审、鉴定试验或者不同于设计中使用的计算方法的其他计算方法等形式。

第二十八条 民用核安全设备制造、安装单位应当对民用核安全设备的制造、安装质量进行检验。未经检验或者经检验不合格的，不得交付验收。

第二十九条 民用核设施营运单位应当对民用核安全设备质量进行验收。有下列情形之一的，不得验收通过：

（一）不能按照质量保证要求证明质量受控的；

（二）出现重大质量问题未处理完毕的。

第三十条 民用核安全设备设计、制造、安装和无损检验单位，应当对本单位所从事的民用核安全设备设计、制造、安装和无损检验活动进行年度评估，并于每年4月1日前向国务院核安全监管部门提交上一年度的评估报告。

评估报告应当包括本单位工作场所、设施、装备和人员等变动情况，质量保证体系实施情况，重大质量问题处理情况以及国务院核安全监管部门和民用核设施营运单位提出的整改要求落实情况等内容。

民用核安全设备设计、制造、安装和无损检验单位对本单位在民用核安全设备设计、制造、安装和无损检验活动中出现的重大质量问题，应当立即采取处理措施，并向国务院核安全监管部门报告。

第五章 进出口

第三十一条 为中华人民共和国境内民用核设施进行民用核安全设备设计、制造、安装和无损检验活动的境外单位，应当具备下列条件：

（一）遵守中华人民共和国的法律、行政法规和核安全监督管理规定；

（二）已取得所在国核安全监管部门规定的相应资质；

（三）使用的民用核安全设备设计、制造、安装和无损检验技术是成熟的或者经过验证的；

（四）采用中华人民共和国的民用核安全设备国家标准、行业标准或者国务院核安全监管部门认可的标准。

第三十二条 为中华人民共和国境内民用核设施进行民用核安全设备设计、制造、安装和无损检验活动的境外单位，应当事先到国务院核安全监管部门办理注册登记手续。国务院核安全监管部门应当将境外单位注册登记情况抄送国务院核行业主管部门和其他有关部门。

注册登记的具体办法由国务院核安全监管部门制定。

第三十三条 国务院核安全监管部门及其所属的检验机构应当依法对进口的民用核安全设备进行安全检验。

进口的民用核安全设备在安全检验合格后，由海关进行商品检验。

第三十四条 国务院核安全监管部门根据需要，可以对境外单位为中华人民共和国境内民用核设施进行的民用核安全设备设计、制造、安装和无损检验活动实施核安全监督检查。

第三十五条 民用核设施营运单位应当在对外贸易合同中约定有关民用核安全设备监造、装运前检验和监装等方面的要求。

第三十六条 民用核安全设备的出口管理依照有关法律、行政法规的规定执行。

第六章 监督检查

第三十七条 国务院核安全监管部门及其派出机构，依照本条例规定对民用核安全设备设计、制造、安装和无损检验活动进行监督检查。监督检查分为例行检查和非例行检查。

第三十八条 国务院核安全监管部门及其派出机构在进行监督检查时，有权采取下列措施：

（一）向被检查单位的法定代表人和其他有关人员调查、了解情况；

（二）进入被检查单位进行现场调查或者核查；

（三）查阅、复制相关文件、记录以及其他有关资料；

（四）要求被检查单位提交有关情况说明或者后续处理报告；

（五）对有证据表明可能存在重大质量问题的民用核安全设备或者其主要部件，予以暂时封存。

被检查单位应当予以配合，如实反映情况，提供必要资料，不得拒绝和阻碍。

第三十九条　国务院核安全监管部门及其派出机构在进行监督检查时，应当对检查的内容、发现的问题以及处理情况作出记录，并由监督检查人员和被检查单位的有关负责人签字确认。被检查单位的有关负责人拒绝签字的，监督检查人员应当将有关情况记录在案。

第四十条　民用核安全设备监督检查人员在进行监督检查时，应当出示证件，并为被检查单位保守技术秘密和业务秘密。

民用核安全设备监督检查人员不得滥用职权侵犯企业的合法权益，或者利用职务上的便利索取、收受财物。

民用核安全设备监督检查人员不得从事或者参与民用核安全设备经营活动。

第四十一条　国务院核安全监管部门发现民用核安全设备设计、制造、安装和无损检验单位有不符合发证条件的情形的，应当责令其限期整改。

第四十二条　国务院核行业主管部门应当加强对本行业民用核设施营运单位的管理，督促本行业民用核设施营运单位遵守法律、行政法规和核安全监督管理规定。

第七章　法律责任

第四十三条　国务院核安全监管部门及其民用核安全设备监督检查人员有下列行为之一的，对直接负责的主管人员和其他直接责任人员，依法给予处分；直接负责的主管人员和其他直接责任人员构成犯罪的，依法追究刑事责任：

（一）不依照本条例规定颁发许可证的；

（二）发现违反本条例规定的行为不予查处，或者接到举报后不依法处理的；

（三）滥用职权侵犯企业的合法权益，或者利用职务上的便利索取、收受财物的；

（四）从事或者参与民用核安全设备经营活动的；

（五）在民用核安全设备监督管理工作中有其他违法行为的。

第四十四条　无许可证擅自从事民用核安全设备设计、制造、安装和无损检验活动的，由国务院核安全监管部门责令停止违法行为，处50万元以上100万元以下的罚款；有违法所得的，没收违法所得；对直接负责的主管人员和其他直接责任人员，处2万元以上10万元以下的罚款。

第四十五条　民用核安全设备设计、制造、安装和无损检验单位不按照许可证规定的活动种类和范围从事民用核安全设备设计、制造、安装和无损检验活动的，由国务院核安全监管部门责令停止违法行为，限期改正，处10万元以上50万元以下的罚款；有违法所得的，没收违法所得；逾期不改正的，暂扣或者吊销许可证，对直接负责的主管人员和其他直接责任人员，处2万元以上10万元以下的罚款。

第四十六条　民用核安全设备设计、制造、安装和无损检验单位变更单位名称、地址或者法定代表人，未依法办理许可证变更手续的，由国务院核安全监管部门责令限期改正；

逾期不改正的，暂扣或者吊销许可证。

第四十七条　单位伪造、变造、转让许可证的，由国务院核安全监管部门收缴伪造、变造的许可证或者吊销许可证，处10万元以上50万元以下的罚款；有违法所得的，没收违法所得；对直接负责的主管人员和其他直接责任人员，处2万元以上10万元以下的罚款；构成违反治安管理行为的，由公安机关依法予以治安处罚；构成犯罪的，依法追究刑事责任。

第四十八条　民用核安全设备设计、制造、安装和无损检验单位未按照民用核安全设备标准进行民用核安全设备设计、制造、安装和无损检验活动的，由国务院核安全监管部门责令停止违法行为，限期改正，禁止使用相关设计、设备，处10万元以上50万元以下的罚款；有违法所得的，没收违法所得；逾期不改正的，暂扣或者吊销许可证，对直接负责的主管人员和其他直接责任人员，处2万元以上10万元以下的罚款。

第四十九条　民用核安全设备设计、制造、安装和无损检验单位有下列行为之一的，由国务院核安全监管部门责令停止违法行为，限期改正，处10万元以上50万元以下的罚款；逾期不改正的，暂扣或者吊销许可证，对直接负责的主管人员和其他直接责任人员，处2万元以上10万元以下的罚款：

（一）委托未取得相应许可证的单位进行民用核安全设备设计、制造、安装和无损检验活动的；

（二）聘用未取得相应资格证书的人员进行民用核安全设备焊接和无损检验活动的；

（三）将国务院核安全监管部门确定的关键工艺环节分包给其他单位的。

第五十条　民用核安全设备设计、制造、安装和无损检验单位对本单位在民用核安全设备设计、制造、安装和无损检验活动中出现的重大质量问题，未按照规定采取处理措施并向国务院核安全监管部门报告的，由国务院核安全监管部门责令停止民用核安全设备设计、制造、安装和无损检验活动，限期改正，处5万元以上20万元以下的罚款；逾期不改正的，暂扣或者吊销许可证，对直接负责的主管人员和其他直接责任人员，处2万元以上10万元以下的罚款。

第五十一条　民用核安全设备设计、制造、安装和无损检验单位有下列行为之一的，由国务院核安全监管部门责令停止民用核安全设备设计、制造、安装和无损检验活动，限期改正；逾期不改正的，处5万元以上20万元以下的罚款，暂扣或者吊销许可证：

（一）未按照规定编制项目质量保证分大纲并经民用核设施营运单位审查同意的；

（二）在民用核安全设备设计、制造和安装活动开始前，未按照规定将有关文件报国务院核安全监管部门备案的；

（三）未按照规定进行年度评估并向国务院核安全监管部门提交评估报告的。

第五十二条　民用核安全设备无损检验单位出具虚假无损检验结果报告的，由国务院核安全监管部门处10万元以上50万元以下的罚款，吊销许可证；有违法所得的，没收违法所得；对直接负责的主管人员和其他直接责任人员，处2万元以上10万元以下的罚款；构成犯罪的，依法追究刑事责任。

第五十三条　民用核安全设备焊工、焊接操作工违反操作规程导致严重焊接质量问题的，由国务院核安全监管部门吊销其资格证书。

第五十四条 民用核安全设备无损检验人员违反操作规程导致无损检验结果报告严重错误的，由国务院核安全监管部门吊销其资格证书。

第五十五条 民用核安全设备设计单位未按照规定进行设计验证，或者民用核安全设备制造、安装单位未按照规定进行质量检验以及经检验不合格即交付验收的，由国务院核安全监管部门责令限期改正，处10万元以上50万元以下的罚款；有违法所得的，没收违法所得；逾期不改正的，吊销许可证，对直接负责的主管人员和其他直接责任人员，处2万元以上10万元以下的罚款。

第五十六条 民用核设施营运单位有下列行为之一的，由国务院核安全监管部门责令限期改正，处100万元以上500万元以下的罚款；逾期不改正的，吊销其核设施建造许可证或者核设施运行许可证，对直接负责的主管人员和其他直接责任人员，处2万元以上10万元以下的罚款：

（一）委托未取得相应许可证的单位进行民用核安全设备设计、制造、安装和无损检验活动的；

（二）对不能按照质量保证要求证明质量受控，或者出现重大质量问题未处理完毕的民用核安全设备予以验收通过的。

第五十七条 民用核安全设备设计、制造、安装和无损检验单位被责令限期整改，逾期不整改或者经整改仍不符合发证条件的，由国务院核安全监管部门暂扣或者吊销许可证。

第五十八条 拒绝或者阻碍国务院核安全监管部门及其派出机构监督检查的，由国务院核安全监管部门责令限期改正；逾期不改正或者在接受监督检查时弄虚作假的，暂扣或者吊销许可证。

第五十九条 违反本条例规定，被依法吊销许可证的单位，自吊销许可证之日起1年内不得重新申请领取许可证。

第八章 附 则

第六十条 申请领取民用核安全设备设计、制造、安装或者无损检验许可证的单位，应当按照国家有关规定缴纳技术评审的费用。

第六十一条 本条例下列用语的含义：

（一）核安全机械设备，包括执行核安全功能的压力容器、钢制安全壳（钢衬里）、储罐、热交换器、泵、风机和压缩机、阀门、闸门、管道（含热交换器传热管）和管配件、膨胀节、波纹管、法兰、堆内构件、控制棒驱动机构、支承件、机械贯穿件以及上述设备的铸锻件等。

（二）核安全电气设备，包括执行核安全功能的传感器（包括探测器和变送器）、电缆、机柜（包括机箱和机架）、控制台屏、显示仪表、应急柴油发电机组、蓄电池（组）、电动机、阀门驱动装置、电气贯穿件等。

第六十二条 本条例自2008年1月1日起施行。

民用爆炸物品安全管理条例

发布单位：国务院 发布日期：2006 年 5 月 10 日

修改并实施日期：2014 年 7 月 29 日

中华人民共和国国务院令第 653 号

第一章 总 则

第一条 为了加强对民用爆炸物品的安全管理，预防爆炸事故发生，保障公民生命、财产安全和公共安全，制定本条例。

第二条 民用爆炸物品的生产、销售、购买、进出口、运输、爆破作业和储存以及硝酸铵的销售、购买，适用本条例。

本条例所称民用爆炸物品，是指用于非军事目的、列入民用爆炸物品品名表的各类火药、炸药及其制品和雷管、导火索等点火、起爆器材。

民用爆炸物品品名表，由国务院民用爆炸物品行业主管部门会同国务院公安部门制订、公布。

第三条 国家对民用爆炸物品的生产、销售、购买、运输和爆破作业实行许可证制度。

未经许可，任何单位或者个人不得生产、销售、购买、运输民用爆炸物品，不得从事爆破作业。

严禁转让、出借、转借、抵押、赠送、私藏或者非法持有民用爆炸物品。

第四条 民用爆炸物品行业主管部门负责民用爆炸物品生产、销售的安全监督管理。

公安机关负责民用爆炸物品公共安全管理和民用爆炸物品购买、运输、爆破作业的安全监督管理，监控民用爆炸物品流向。

安全生产监督、铁路、交通、民用航空主管部门依照法律、行政法规的规定，负责做好民用爆炸物品的有关安全监督管理工作。

民用爆炸物品行业主管部门、公安机关、工商行政管理部门按照职责分工，负责组织查处非法生产、销售、购买、储存、运输、邮寄、使用民用爆炸物品的行为。

第五条 民用爆炸物品生产、销售、购买、运输和爆破作业单位（以下称民用爆炸物品从业单位）的主要负责人是本单位民用爆炸物品安全管理责任人，对本单位的民用爆炸物品安全管理工作全面负责。

民用爆炸物品从业单位是治安保卫工作的重点单位，应当依法设置治安保卫机构或者配备治安保卫人员，设置技术防范设施，防止民用爆炸物品丢失、被盗、被抢。

民用爆炸物品从业单位应当建立安全管理制度、岗位安全责任制度，制订安全防范措施和事故应急预案，设置安全管理机构或者配备专职安全管理人员。

第六条 无民事行为能力人、限制民事行为能力人或者曾因犯罪受过刑事处罚的人，不得从事民用爆炸物品的生产、销售、购买、运输和爆破作业。

民用爆炸物品从业单位应当加强对本单位从业人员的安全教育、法制教育和岗位技术培训，从业人员经考核合格的，方可上岗作业；对有资格要求的岗位，应当配备具有相应资格的人员。

第七条 国家建立民用爆炸物品信息管理系统，对民用爆炸物品实行标识管理，监控民用爆炸物品流向。

民用爆炸物品生产企业、销售企业和爆破作业单位应当建立民用爆炸物品登记制度，如实将本单位生产、销售、购买、运输、储存、使用民用爆炸物品的品种、数量和流向信息输入计算机系统。

第八条 任何单位或者个人都有权举报违反民用爆炸物品安全管理规定的行为；接到举报的主管部门、公安机关应当立即查处，并为举报人员保密，对举报有功人员给予奖励。

第九条 国家鼓励民用爆炸物品从业单位采用提高民用爆炸物品安全性能的新技术，鼓励发展民用爆炸物品生产、配送、爆破作业一体化的经营模式。

第二章 生　产

第十条 设立民用爆炸物品生产企业，应当遵循统筹规划、合理布局的原则。

第十一条 申请从事民用爆炸物品生产的企业，应当具备下列条件：

（一）符合国家产业结构规划和产业技术标准；

（二）厂房和专用仓库的设计、结构、建筑材料、安全距离以及防火、防爆、防雷、防静电等安全设备、设施符合国家有关标准和规范；

（三）生产设备、工艺符合有关安全生产的技术标准和规程；

（四）有具备相应资格的专业技术人员、安全生产管理人员和生产岗位人员；

（五）有健全的安全管理制度、岗位安全责任制度；

（六）法律、行政法规规定的其他条件。

第十二条 申请从事民用爆炸物品生产的企业，应当向民用爆炸物品行业主管部门提交申请书、可行性研究报告以及能够证明其符合本条例第十一条规定条件的有关材料。民用爆炸物品行业主管部门应当自受理申请之日起45日内进行审查，对符合条件的，核发《民用爆炸物品生产许可证》；对不符合条件的，不予核发《民用爆炸物品生产许可证》，书面向申请人说明理由。

民用爆炸物品生产企业为调整生产能力及品种进行改建、扩建的，应当依照前款规定申请办理《民用爆炸物品生产许可证》。

民用爆炸物品生产企业持《民用爆炸物品生产许可证》到工商行政管理部门办理工商登记，并在办理工商登记后3日内，向所在地县级人民政府公安机关备案。

第十三条 取得《民用爆炸物品生产许可证》的企业应当在基本建设完成后，向省、自治区、直辖市人民政府民用爆炸物品行业主管部门申请安全生产许可。省、自治区、直辖市人民政府民用爆炸物品行业主管部门应当依照《安全生产许可证条例》的规定对其进行查验，对符合条件的，核发《民用爆炸物品安全生产许可证》。民用爆炸物品生产企业取得《民用爆炸物品安全生产许可证》后，方可生产民用爆炸物品。

第十四条 民用爆炸物品生产企业应当严格按照《民用爆炸物品生产许可证》核定的品种和产量进行生产，生产作业应当严格执行安全技术规程的规定。

第十五条 民用爆炸物品生产企业应当对民用爆炸物品做出警示标识、登记标识，对雷管编码打号。民用爆炸物品警示标识、登记标识和雷管编码规则，由国务院公安部门会同国务院民用爆炸物品行业主管部门规定。

第十六条 民用爆炸物品生产企业应当建立健全产品检验制度，保证民用爆炸物品的质量符合相关标准。民用爆炸物品的包装，应当符合法律、行政法规的规定以及相关标准。

第十七条 试验或者试制民用爆炸物品，必须在专门场地或者专门的试验室进行。严禁在生产车间或者仓库内试验或者试制民用爆炸物品。

第三章 销售和购买

第十八条 申请从事民用爆炸物品销售的企业，应当具备下列条件：
（一）符合对民用爆炸物品销售企业规划的要求；
（二）销售场所和专用仓库符合国家有关标准和规范；
（三）有具备相应资格的安全管理人员、仓库管理人员；
（四）有健全的安全管理制度、岗位安全责任制度；
（五）法律、行政法规规定的其他条件。

第十九条 申请从事民用爆炸物品销售的企业，应当向所在地省、自治区、直辖市人民政府民用爆炸物品行业主管部门提交申请书、可行性研究报告以及能够证明其符合本条例第十八条规定条件的有关材料。省、自治区、直辖市人民政府民用爆炸物品行业主管部门应当自受理申请之日起30日内进行审查，并对申请单位的销售场所和专用仓库等经营设施进行查验，对符合条件的，核发《民用爆炸物品销售许可证》；对不符合条件的，不予核发《民用爆炸物品销售许可证》，书面向申请人说明理由。

民用爆炸物品销售企业持《民用爆炸物品销售许可证》到工商行政管理部门办理工商登记后，方可销售民用爆炸物品。

民用爆炸物品销售企业应当在办理工商登记后3日内，向所在地县级人民政府公安机关备案。

第二十条 民用爆炸物品生产企业凭《民用爆炸物品生产许可证》，可以销售本企业生产的民用爆炸物品。

民用爆炸物品生产企业销售本企业生产的民用爆炸物品，不得超出核定的品种、产量。

第二十一条 民用爆炸物品使用单位申请购买民用爆炸物品的，应当向所在地县级人民政府公安机关提出购买申请，并提交下列有关材料：

（一）工商营业执照或者事业单位法人证书；

（二）《爆破作业单位许可证》或者其他合法使用的证明；

（三）购买单位的名称、地址、银行账户；

（四）购买的品种、数量和用途说明。

受理申请的公安机关应当自受理申请之日起5日内对提交的有关材料进行审查，对符合条件的，核发《民用爆炸物品购买许可证》；对不符合条件的，不予核发《民用爆炸物品购买许可证》，书面向申请人说明理由。

《民用爆炸物品购买许可证》应当载明许可购买的品种、数量、购买单位以及许可的有效期限。

第二十二条　民用爆炸物品生产企业凭《民用爆炸物品生产许可证》购买属于民用爆炸物品的原料，民用爆炸物品销售企业凭《民用爆炸物品销售许可证》向民用爆炸物品生产企业购买民用爆炸物品，民用爆炸物品使用单位凭《民用爆炸物品购买许可证》购买民用爆炸物品，还应当提供经办人的身份证明。

销售民用爆炸物品的企业，应当查验前款规定的许可证和经办人的身份证明；对持《民用爆炸物品购买许可证》购买的，应当按照许可的品种、数量销售。

第二十三条　销售、购买民用爆炸物品，应当通过银行账户进行交易，不得使用现金或者实物进行交易。

销售民用爆炸物品的企业，应当将购买单位的许可证、银行账户转账凭证、经办人的身份证明复印件保存2年备查。

第二十四条　销售民用爆炸物品的企业，应当自民用爆炸物品买卖成交之日起3日内，将销售的品种、数量和购买单位向所在地省、自治区、直辖市人民政府民用爆炸物品行业主管部门和所在地县级人民政府公安机关备案。

购买民用爆炸物品的单位，应当自民用爆炸物品买卖成交之日起3日内，将购买的品种、数量向所在地县级人民政府公安机关备案。

第二十五条　进出口民用爆炸物品，应当经国务院民用爆炸物品行业主管部门审批。进出口民用爆炸物品审批办法，由国务院民用爆炸物品行业主管部门会同国务院公安部门、海关总署规定。

进出口单位应当将进出口的民用爆炸物品的品种、数量向收货地或者出境口岸所在地县级人民政府公安机关备案。

第四章　运　输

第二十六条　运输民用爆炸物品，收货单位应当向运达地县级人民政府公安机关提出申请，并提交包括下列内容的材料：

（一）民用爆炸物品生产企业、销售企业、使用单位以及进出口单位分别提供的《民用爆炸物品生产许可证》、《民用爆炸物品销售许可证》、《民用爆炸物品购买许可证》或者进出口批准证明；

（二）运输民用爆炸物品的品种、数量、包装材料和包装方式；

（三）运输民用爆炸物品的特性、出现险情的应急处置方法；

（四）运输时间、起始地点、运输路线、经停地点。

受理申请的公安机关应当自受理申请之日起3日内对提交的有关材料进行审查，对符合条件的，核发《民用爆炸物品运输许可证》；对不符合条件的，不予核发《民用爆炸物品运输许可证》，书面向申请人说明理由。

《民用爆炸物品运输许可证》应当载明收货单位、销售企业、承运人，一次性运输有效期限、起始地点、运输路线、经停地点，民用爆炸物品的品种、数量。

第二十七条 运输民用爆炸物品的，应当凭《民用爆炸物品运输许可证》，按照许可的品种、数量运输。

第二十八条 经由道路运输民用爆炸物品的，应当遵守下列规定：

（一）携带《民用爆炸物品运输许可证》；

（二）民用爆炸物品的装载符合国家有关标准和规范，车厢内不得载人；

（三）运输车辆安全技术状况应当符合国家有关安全技术标准的要求，并按照规定悬挂或者安装符合国家标准的易燃易爆危险物品警示标志；

（四）运输民用爆炸物品的车辆应当保持安全车速；

（五）按照规定的路线行驶，途中经停应当有专人看守，并远离建筑设施和人口稠密的地方，不得在许可以外的地点经停；

（六）按照安全操作规程装卸民用爆炸物品，并在装卸现场设置警戒，禁止无关人员进入；

（七）出现危险情况立即采取必要的应急处置措施，并报告当地公安机关。

第二十九条 民用爆炸物品运达目的地，收货单位应当进行验收后在《民用爆炸物品运输许可证》上签注，并在3日内将《民用爆炸物品运输许可证》交回发证机关核销。

第三十条 禁止携带民用爆炸物品搭乘公共交通工具或者进入公共场所。

禁止邮寄民用爆炸物品，禁止在托运的货物、行李、包裹、邮件中夹带民用爆炸物品。

第五章 爆破作业

第三十一条 申请从事爆破作业的单位，应当具备下列条件：

（一）爆破作业属于合法的生产活动；

（二）有符合国家有关标准和规范的民用爆炸物品专用仓库；

（三）有具备相应资格的安全管理人员、仓库管理人员和具备国家规定执业资格的爆破作业人员；

（四）有健全的安全管理制度、岗位安全责任制度；

（五）有符合国家标准、行业标准的爆破作业专用设备；

（六）法律、行政法规规定的其他条件。

第三十二条　申请从事爆破作业的单位,应当按照国务院公安部门的规定,向有关人民政府公安机关提出申请,并提供能够证明其符合本条例第三十一条规定条件的有关材料。受理申请的公安机关应当自受理申请之日起 20 日内进行审查,对符合条件的,核发《爆破作业单位许可证》;对不符合条件的,不予核发《爆破作业单位许可证》,书面向申请人说明理由。

营业性爆破作业单位持《爆破作业单位许可证》到工商行政管理部门办理工商登记后,方可从事营业性爆破作业活动。

爆破作业单位应当在办理工商登记后 3 日内,向所在地县级人民政府公安机关备案。

第三十三条　爆破作业单位应当对本单位的爆破作业人员、安全管理人员、仓库管理人员进行专业技术培训。爆破作业人员应当经设区的市级人民政府公安机关考核合格,取得《爆破作业人员许可证》后,方可从事爆破作业。

第三十四条　爆破作业单位应当按照其资质等级承接爆破作业项目,爆破作业人员应当按照其资格等级从事爆破作业。爆破作业的分级管理办法由国务院公安部门规定。

第三十五条　在城市、风景名胜区和重要工程设施附近实施爆破作业的,应当向爆破作业所在地设区的市级人民政府公安机关提出申请,提交《爆破作业单位许可证》和具有相应资质的安全评估企业出具的爆破设计、施工方案评估报告。受理申请的公安机关应当自受理申请之日起 20 日内对提交的有关材料进行审查,对符合条件的,作出批准的决定;对不符合条件的,作出不予批准的决定,并书面向申请人说明理由。

实施前款规定的爆破作业,应当由具有相应资质的安全监理企业进行监理,由爆破作业所在地县级人民政府公安机关负责组织实施安全警戒。

第三十六条　爆破作业单位跨省、自治区、直辖市行政区域从事爆破作业的,应当事先将爆破作业项目的有关情况向爆破作业所在地县级人民政府公安机关报告。

第三十七条　爆破作业单位应当如实记载领取、发放民用爆炸物品的品种、数量、编号以及领取、发放人员姓名。领取民用爆炸物品的数量不得超过当班用量,作业后剩余的民用爆炸物品必须当班清退回库。

爆破作业单位应当将领取、发放民用爆炸物品的原始记录保存 2 年备查。

第三十八条　实施爆破作业,应当遵守国家有关标准和规范,在安全距离以外设置警示标志并安排警戒人员,防止无关人员进入;爆破作业结束后应当及时检查、排除未引爆的民用爆炸物品。

第三十九条　爆破作业单位不再使用民用爆炸物品时,应当将剩余的民用爆炸物品登记造册,报所在地县级人民政府公安机关组织监督销毁。

发现、拣拾无主民用爆炸物品的,应当立即报告当地公安机关。

第六章　储　存

第四十条　民用爆炸物品应当储存在专用仓库内,并按照国家规定设置技术防范设施。

第四十一条　储存民用爆炸物品应当遵守下列规定:

（一）建立出入库检查、登记制度，收存和发放民用爆炸物品必须进行登记，做到账目清楚，账物相符；

（二）储存的民用爆炸物品数量不得超过储存设计容量，对性质相抵触的民用爆炸物品必须分库储存，严禁在库房内存放其他物品；

（三）专用仓库应当指定专人管理、看护，严禁无关人员进入仓库区内，严禁在仓库区内吸烟和用火，严禁把其他容易引起燃烧、爆炸的物品带入仓库区内，严禁在库房内住宿和进行其他活动；

（四）民用爆炸物品丢失、被盗、被抢，应当立即报告当地公安机关。

第四十二条 在爆破作业现场临时存放民用爆炸物品的，应当具备临时存放民用爆炸物品的条件，并设专人管理、看护，不得在不具备安全存放条件的场所存放民用爆炸物品。

第四十三条 民用爆炸物品变质和过期失效的，应当及时清理出库，并予以销毁。销毁前应当登记造册，提出销毁实施方案，报省、自治区、直辖市人民政府民用爆炸物品行业主管部门、所在地县级人民政府公安机关组织监督销毁。

第七章 法律责任

第四十四条 非法制造、买卖、运输、储存民用爆炸物品，构成犯罪的，依法追究刑事责任；尚不构成犯罪，有违反治安管理行为的，依法给予治安管理处罚。

违反本条例规定，在生产、储存、运输、使用民用爆炸物品中发生重大事故，造成严重后果或者后果特别严重，构成犯罪的，依法追究刑事责任。

违反本条例规定，未经许可生产、销售民用爆炸物品的，由民用爆炸物品行业主管部门责令停止非法生产、销售活动，处10万元以上50万元以下的罚款，并没收非法生产、销售的民用爆炸物品及其违法所得。

违反本条例规定，未经许可购买、运输民用爆炸物品或者从事爆破作业的，由公安机关责令停止非法购买、运输、爆破作业活动，处5万元以上20万元以下的罚款，并没收非法购买、运输以及从事爆破作业使用的民用爆炸物品及其违法所得。

民用爆炸物品行业主管部门、公安机关对没收的非法民用爆炸物品，应当组织销毁。

第四十五条 违反本条例规定，生产、销售民用爆炸物品的企业有下列行为之一的，由民用爆炸物品行业主管部门责令限期改正，处10万元以上50万元以下的罚款；逾期不改正的，责令停产停业整顿；情节严重的，吊销《民用爆炸物品生产许可证》或者《民用爆炸物品销售许可证》：

（一）超出生产许可的品种、产量进行生产、销售的；

（二）违反安全技术规程生产作业的；

（三）民用爆炸物品的质量不符合相关标准的；

（四）民用爆炸物品的包装不符合法律、行政法规的规定以及相关标准的；

（五）超出购买许可的品种、数量销售民用爆炸物品的；

（六）向没有《民用爆炸物品生产许可证》、《民用爆炸物品销售许可证》、《民用爆炸

物品购买许可证》的单位销售民用爆炸物品的;

（七）民用爆炸物品生产企业销售本企业生产的民用爆炸物品未按照规定向民用爆炸物品行业主管部门备案的;

（八）未经审批进出口民用爆炸物品的。

第四十六条 违反本条例规定，有下列情形之一的，由公安机关责令限期改正，处5万元以上20万元以下的罚款；逾期不改正的，责令停产停业整顿：

（一）未按照规定对民用爆炸物品做出警示标识、登记标识或者未对雷管编码打号的;

（二）超出购买许可的品种、数量购买民用爆炸物品的;

（三）使用现金或者实物进行民用爆炸物品交易的;

（四）未按照规定保存购买单位的许可证、银行账户转账凭证、经办人的身份证明复印件的;

（五）销售、购买、进出口民用爆炸物品，未按照规定向公安机关备案的;

（六）未按照规定建立民用爆炸物品登记制度，如实将本单位生产、销售、购买、运输、储存、使用民用爆炸物品的品种、数量和流向信息输入计算机系统的;

（七）未按照规定将《民用爆炸物品运输许可证》交回发证机关核销的。

第四十七条 违反本条例规定，经由道路运输民用爆炸物品，有下列情形之一的，由公安机关责令改正，处5万元以上20万元以下的罚款：

（一）违反运输许可事项的;

（二）未携带《民用爆炸物品运输许可证》的;

（三）违反有关标准和规范混装民用爆炸物品的;

（四）运输车辆未按照规定悬挂或者安装符合国家标准的易燃易爆危险物品警示标志的;

（五）未按照规定的路线行驶，途中经停没有专人看守或者在许可以外的地点经停的;

（六）装载民用爆炸物品的车厢载人的;

（七）出现危险情况未立即采取必要的应急处置措施、报告当地公安机关的。

第四十八条 违反本条例规定，从事爆破作业的单位有下列情形之一的，由公安机关责令停止违法行为或者限期改正，处10万元以上50万元以下的罚款；逾期不改正的，责令停产停业整顿；情节严重的，吊销《爆破作业单位许可证》：

（一）爆破作业单位未按照其资质等级从事爆破作业的;

（二）营业性爆破作业单位跨省、自治区、直辖市行政区域实施爆破作业，未按照规定事先向爆破作业所在地的县级人民政府公安机关报告的;

（三）爆破作业单位未按照规定建立民用爆炸物品领取登记制度、保存领取登记记录的;

（四）违反国家有关标准和规范实施爆破作业的。

爆破作业人员违反国家有关标准和规范的规定实施爆破作业的，由公安机关责令限期改正，情节严重的，吊销《爆破作业人员许可证》。

第四十九条 违反本条例规定，有下列情形之一的，由民用爆炸物品行业主管部门、公安机关按照职责责令限期改正，可以并处5万元以上20万元以下的罚款；逾期不改正的，责令停产停业整顿；情节严重的，吊销许可证：

（一）未按照规定在专用仓库设置技术防范设施的；

（二）未按照规定建立出入库检查、登记制度或者收存和发放民用爆炸物品，致使账物不符的；

（三）超量储存、在非专用仓库储存或者违反储存标准和规范储存民用爆炸物品的；

（四）有本条例规定的其他违反民用爆炸物品储存管理规定行为的。

第五十条 违反本条例规定，民用爆炸物品从业单位有下列情形之一的，由公安机关处2万元以上10万元以下的罚款；情节严重的，吊销其许可证；有违反治安管理行为的，依法给予治安管理处罚：

（一）违反安全管理制度，致使民用爆炸物品丢失、被盗、被抢的；

（二）民用爆炸物品丢失、被盗、被抢，未按照规定向当地公安机关报告或者故意隐瞒不报的；

（三）转让、出借、转借、抵押、赠送民用爆炸物品的。

第五十一条 违反本条例规定，携带民用爆炸物品搭乘公共交通工具或者进入公共场所，邮寄或者在托运的货物、行李、包裹、邮件中夹带民用爆炸物品，构成犯罪的，依法追究刑事责任；尚不构成犯罪的，由公安机关依法给予治安管理处罚，没收非法的民用爆炸物品，处1000元以上1万元以下的罚款。

第五十二条 民用爆炸物品从业单位的主要负责人未履行本条例规定的安全管理责任，导致发生重大伤亡事故或者造成其他严重后果，构成犯罪的，依法追究刑事责任；尚不构成犯罪的，对主要负责人给予撤职处分，对个人经营的投资人处2万元以上20万元以下的罚款。

第五十三条 民用爆炸物品行业主管部门、公安机关、工商行政管理部门的工作人员，在民用爆炸物品安全监督管理工作中滥用职权、玩忽职守或者徇私舞弊，构成犯罪的，依法追究刑事责任；尚不构成犯罪的，依法给予行政处分。

第八章 附 则

第五十四条 《民用爆炸物品生产许可证》、《民用爆炸物品销售许可证》，由国务院国民用爆炸物品行业主管部门规定式样；《民用爆炸物品购买许可证》、《民用爆炸物品运输许可证》、《爆破作业单位许可证》、《爆破作业人员许可证》，由国务院公安部门规定式样。

第五十五条 本条例自2006年9月1日起施行。1984年1月6日国务院发布的《中华人民共和国民用爆炸物品管理条例》同时废止。

烟花爆竹安全管理条例

发布单位：国务院　发布日期：2006年1月21日
修改并实施日期：2016年2月6日
中华人民共和国国务院令第666号

第一章　总　则

第一条　为了加强烟花爆竹安全管理，预防爆炸事故发生，保障公共安全和人身、财产的安全，制定本条例。

第二条　烟花爆竹的生产、经营、运输和燃放，适用本条例。

本条例所称烟花爆竹，是指烟花爆竹制品和用于生产烟花爆竹的民用黑火药、烟火药、引火线等物品。

第三条　国家对烟花爆竹的生产、经营、运输和举办焰火晚会以及其他大型焰火燃放活动，实行许可证制度。

未经许可，任何单位或者个人不得生产、经营、运输烟花爆竹，不得举办焰火晚会以及其他大型焰火燃放活动。

第四条　安全生产监督管理部门负责烟花爆竹的安全生产监督管理；公安部门负责烟花爆竹的公共安全管理；质量监督检验部门负责烟花爆竹的质量监督和进出口检验。

第五条　公安部门、安全生产监督管理部门、质量监督检验部门、工商行政管理部门应当按照职责分工，组织查处非法生产、经营、储存、运输、邮寄烟花爆竹以及非法燃放烟花爆竹的行为。

第六条　烟花爆竹生产、经营、运输企业和焰火晚会以及其他大型焰火燃放活动主办单位的主要负责人，对本单位的烟花爆竹安全工作负责。

烟花爆竹生产、经营、运输企业和焰火晚会以及其他大型焰火燃放活动主办单位应当建立健全安全责任制，制定各项安全管理制度和操作规程，并对从业人员定期进行安全教育、法制教育和岗位技术培训。

中华全国供销合作总社应当加强对本系统企业烟花爆竹经营活动的管理。

第七条　国家鼓励烟花爆竹生产企业采用提高安全程度和提升行业整体水平的新工艺、新配方和新技术。

第二章　生产安全

第八条　生产烟花爆竹的企业，应当具备下列条件：

（一）符合当地产业结构规划；

（二）基本建设项目经过批准；

（三）选址符合城乡规划，并与周边建筑、设施保持必要的安全距离；

（四）厂房和仓库的设计、结构和材料以及防火、防爆、防雷、防静电等安全设备、设施符合国家有关标准和规范；

（五）生产设备、工艺符合安全标准；

（六）产品品种、规格、质量符合国家标准；

（七）有健全的安全生产责任制；

（八）有安全生产管理机构和专职安全生产管理人员；

（九）依法进行了安全评价；

（十）有事故应急救援预案、应急救援组织和人员，并配备必要的应急救援器材、设备；

（十一）法律、法规规定的其他条件。

第九条 生产烟花爆竹的企业，应当在投入生产前向所在地设区的市人民政府安全生产监督管理部门提出安全审查申请，并提交能够证明符合本条例第八条规定条件的有关材料。设区的市人民政府安全生产监督管理部门应当自收到材料之日起20日内提出安全审查初步意见，报省、自治区、直辖市人民政府安全生产监督管理部门审查。省、自治区、直辖市人民政府安全生产监督管理部门应当自受理申请之日起45日内进行安全审查，对符合条件的，核发《烟花爆竹安全生产许可证》；对不符合条件的，应当说明理由。

第十条 生产烟花爆竹的企业为扩大生产能力进行基本建设或者技术改造的，应当依照本条例的规定申请办理安全生产许可证。

生产烟花爆竹的企业，持《烟花爆竹安全生产许可证》到工商行政管理部门办理登记手续后，方可从事烟花爆竹生产活动。

第十一条 生产烟花爆竹的企业，应当按照安全生产许可证核定的产品种类进行生产，生产工序和生产作业应当执行有关国家标准和行业标准。

第十二条 生产烟花爆竹的企业，应当对生产作业人员进行安全生产知识教育，对从事药物混合、造粒、筛选、装药、筑药、压药、切引、搬运等危险工序的作业人员进行专业技术培训。从事危险工序的作业人员经设区的市人民政府安全生产监督管理部门考核合格，方可上岗作业。

第十三条 生产烟花爆竹使用的原料，应当符合国家标准的规定。生产烟花爆竹使用的原料，国家标准有用量限制的，不得超过规定的用量。不得使用国家标准规定禁止使用或者禁忌配伍的物质生产烟花爆竹。

第十四条 生产烟花爆竹的企业，应当按照国家标准的规定，在烟花爆竹产品上标注燃放说明，并在烟花爆竹包装物上印制易燃易爆危险物品警示标志。

第十五条 生产烟花爆竹的企业，应当对黑火药、烟火药、引火线的保管采取必要的安全技术措施，建立购买、领用、销售登记制度，防止黑火药、烟火药、引火线丢失。黑火药、烟火药、引火线丢失的，企业应当立即向当地安全生产监督管理部门和公安部门报告。

第三章 经营安全

第十六条 烟花爆竹的经营分为批发和零售。

从事烟花爆竹批发的企业和零售经营者的经营布点,应当经安全生产监督管理部门审批。

禁止在城市市区布设烟花爆竹批发场所;城市市区的烟花爆竹零售网点,应当按照严格控制的原则合理布设。

第十七条 从事烟花爆竹批发的企业,应当具备下列条件:

(一)具有企业法人条件;

(二)经营场所与周边建筑、设施保持必要的安全距离;

(三)有符合国家标准的经营场所和储存仓库;

(四)有保管员、仓库守护员;

(五)依法进行了安全评价;

(六)有事故应急救援预案、应急救援组织和人员,并配备必要的应急救援器材、设备;

(七)法律、法规规定的其他条件。

第十八条 烟花爆竹零售经营者,应当具备下列条件:

(一)主要负责人经过安全知识教育;

(二)实行专店或者专柜销售,设专人负责安全管理;

(三)经营场所配备必要的消防器材,张贴明显的安全警示标志;

(四)法律、法规规定的其他条件。

第十九条 申请从事烟花爆竹批发的企业,应当向所在地设区的市人民政府安全生产监督管理部门提出申请,并提供能够证明符合本条例第十七条规定条件的有关材料。受理申请的安全生产监督管理部门应当自受理申请之日起 30 日内对提交的有关材料和经营场所进行审查,对符合条件的,核发《烟花爆竹经营(批发)许可证》;对不符合条件的,应当说明理由。

申请从事烟花爆竹零售的经营者,应当向所在地县级人民政府安全生产监督管理部门提出申请,并提供能够证明符合本条例第十八条规定条件的有关材料。受理申请的安全生产监督管理部门应当自受理申请之日起 20 日内对提交的有关材料和经营场所进行审查,对符合条件的,核发《烟花爆竹经营(零售)许可证》;对不符合条件的,应当说明理由。

《烟花爆竹经营(零售)许可证》,应当载明经营负责人、经营场所地址、经营期限、烟花爆竹种类和限制存放量。

第二十条 从事烟花爆竹批发的企业,应当向生产烟花爆竹的企业采购烟花爆竹,向从事烟花爆竹零售的经营者供应烟花爆竹。从事烟花爆竹零售的经营者,应当向从事烟花爆竹批发的企业采购烟花爆竹。

从事烟花爆竹批发的企业、零售经营者不得采购和销售非法生产、经营的烟花爆竹。

从事烟花爆竹批发的企业，不得向从事烟花爆竹零售的经营者供应按照国家标准规定应由专业燃放人员燃放的烟花爆竹。从事烟花爆竹零售的经营者，不得销售按照国家标准规定应由专业燃放人员燃放的烟花爆竹。

第二十一条　生产、经营黑火药、烟火药、引火线的企业，不得向未取得烟花爆竹安全生产许可的任何单位或者个人销售黑火药、烟火药和引火线。

第四章　运输安全

第二十二条　经由道路运输烟花爆竹的，应当经公安部门许可。

经由铁路、水路、航空运输烟花爆竹的，依照铁路、水路、航空运输安全管理的有关法律、法规、规章的规定执行。

第二十三条　经由道路运输烟花爆竹的，托运人应当向运达地县级人民政府公安部门提出申请，并提交下列有关材料：

（一）承运人从事危险货物运输的资质证明；

（二）驾驶员、押运员从事危险货物运输的资格证明；

（三）危险货物运输车辆的道路运输证明；

（四）托运人从事烟花爆竹生产、经营的资质证明；

（五）烟花爆竹的购销合同及运输烟花爆竹的种类、规格、数量；

（六）烟花爆竹的产品质量和包装合格证明；

（七）运输车辆牌号、运输时间、起始地点、行驶路线、经停地点。

第二十四条　受理申请的公安部门应当自受理申请之日起3日内对提交的有关材料进行审查，对符合条件的，核发《烟花爆竹道路运输许可证》；对不符合条件的，应当说明理由。

《烟花爆竹道路运输许可证》应当载明托运人、承运人、一次性运输有效期限、起始地点、行驶路线、经停地点、烟花爆竹的种类、规格和数量。

第二十五条　经由道路运输烟花爆竹的，除应当遵守《中华人民共和国道路交通安全法》外，还应当遵守下列规定：

（一）随车携带《烟花爆竹道路运输许可证》；

（二）不得违反运输许可事项；

（三）运输车辆悬挂或者安装符合国家标准的易燃易爆危险物品警示标志；

（四）烟花爆竹的装载符合国家有关标准和规范；

（五）装载烟花爆竹的车厢不得载人；

（六）运输车辆限速行驶，途中经停必须有专人看守；

（七）出现危险情况立即采取必要的措施，并报告当地公安部门。

第二十六条　烟花爆竹运达目的地后，收货人应当在3日内将《烟花爆竹道路运输许可证》交回发证机关核销。

第二十七条　禁止携带烟花爆竹搭乘公共交通工具。

禁止邮寄烟花爆竹，禁止在托运的行李、包裹、邮件中夹带烟花爆竹。

第五章 燃放安全

第二十八条 燃放烟花爆竹，应当遵守有关法律、法规和规章的规定。县级以上地方人民政府可以根据本行政区域的实际情况，确定限制或者禁止燃放烟花爆竹的时间、地点和种类。

第二十九条 各级人民政府和政府有关部门应当开展社会宣传活动，教育公民遵守有关法律、法规和规章，安全燃放烟花爆竹。

广播、电视、报刊等新闻媒体，应当做好安全燃放烟花爆竹的宣传、教育工作。

未成年人的监护人应当对未成年人进行安全燃放烟花爆竹的教育。

第三十条 禁止在下列地点燃放烟花爆竹：

（一）文物保护单位；

（二）车站、码头、飞机场等交通枢纽以及铁路线路安全保护区内；

（三）易燃易爆物品生产、储存单位；

（四）输变电设施安全保护区内；

（五）医疗机构、幼儿园、中小学校、敬老院；

（六）山林、草原等重点防火区；

（七）县级以上地方人民政府规定的禁止燃放烟花爆竹的其他地点。

第三十一条 燃放烟花爆竹，应当按照燃放说明燃放，不得以危害公共安全和人身、财产安全的方式燃放烟花爆竹。

第三十二条 举办焰火晚会以及其他大型焰火燃放活动，应当按照举办的时间、地点、环境、活动性质、规模以及燃放烟花爆竹的种类、规格和数量，确定危险等级，实行分级管理。分级管理的具体办法，由国务院公安部门规定。

第三十三条 申请举办焰火晚会以及其他大型焰火燃放活动，主办单位应当按照分级管理的规定，向有关人民政府公安部门提出申请，并提交下列有关材料：

（一）举办焰火晚会以及其他大型焰火燃放活动的时间、地点、环境、活动性质、规模；

（二）燃放烟花爆竹的种类、规格、数量；

（三）燃放作业方案；

（四）燃放作业单位、作业人员符合行业标准规定条件的证明。

受理申请的公安部门应当自受理申请之日起20日内对提交的有关材料进行审查，对符合条件的，核发《焰火燃放许可证》；对不符合条件的，应当说明理由。

第三十四条 焰火晚会以及其他大型焰火燃放活动燃放作业单位和作业人员，应当按照焰火燃放安全规程和经许可的燃放作业方案进行燃放作业。

第三十五条 公安部门应当加强对危险等级较高的焰火晚会以及其他大型焰火燃放活动的监督检查。

第六章　法律责任

第三十六条　对未经许可生产、经营烟花爆竹制品，或者向未取得烟花爆竹安全生产许可的单位或者个人销售黑火药、烟火药、引火线的，由安全生产监督管理部门责令停止非法生产、经营活动，处 2 万元以上 10 万元以下的罚款，并没收非法生产、经营的物品及违法所得。

对未经许可经由道路运输烟花爆竹的，由公安部门责令停止非法运输活动，处 1 万元以上 5 万元以下的罚款，并没收非法运输的物品及违法所得。

非法生产、经营、运输烟花爆竹，构成违反治安管理行为的，依法给予治安管理处罚；构成犯罪的，依法追究刑事责任。

第三十七条　生产烟花爆竹的企业有下列行为之一的，由安全生产监督管理部门责令限期改正，处 1 万元以上 5 万元以下的罚款；逾期不改正的，责令停产停业整顿，情节严重的，吊销安全生产许可证：

（一）未按照安全生产许可证核定的产品种类进行生产的；

（二）生产工序或者生产作业不符合有关国家标准、行业标准的；

（三）雇佣未经设区的市人民政府安全生产监督管理部门考核合格的人员从事危险工序作业的；

（四）生产烟花爆竹使用的原料不符合国家标准规定的，或者使用的原料超过国家标准规定的用量限制的；

（五）使用按照国家标准规定禁止使用或者禁忌配伍的物质生产烟花爆竹的；

（六）未按照国家标准的规定在烟花爆竹产品上标注燃放说明，或者未在烟花爆竹的包装物上印制易燃易爆危险物品警示标志的。

第三十八条　从事烟花爆竹批发的企业向从事烟花爆竹零售的经营者供应非法生产、经营的烟花爆竹，或者供应按照国家标准规定应由专业燃放人员燃放的烟花爆竹的，由安全生产监督管理部门责令停止违法行为，处 2 万元以上 10 万元以下的罚款，并没收非法经营的物品及违法所得；情节严重的，吊销烟花爆竹经营许可证。

从事烟花爆竹零售的经营者销售非法生产、经营的烟花爆竹，或者销售按照国家标准规定应由专业燃放人员燃放的烟花爆竹的，由安全生产监督管理部门责令停止违法行为，处 1000 元以上 5000 元以下的罚款，并没收非法经营的物品及违法所得；情节严重的，吊销烟花爆竹经营许可证。

第三十九条　生产、经营、使用黑火药、烟火药、引火线的企业，丢失黑火药、烟火药、引火线未及时向当地安全生产监督管理部门和公安部门报告的，由公安部门对企业主要负责人处 5000 元以上 2 万元以下的罚款，对丢失的物品予以追缴。

第四十条　经由道路运输烟花爆竹，有下列行为之一的，由公安部门责令改正，处 200 元以上 2000 元以下的罚款：

（一）违反运输许可事项的；

（二）未随车携带《烟花爆竹道路运输许可证》的；
（三）运输车辆没有悬挂或者安装符合国家标准的易燃易爆危险物品警示标志的；
（四）烟花爆竹的装载不符合国家有关标准和规范的；
（五）装载烟花爆竹的车厢载人的；
（六）超过危险物品运输车辆规定时速行驶的；
（七）运输车辆途中经停没有专人看守的；
（八）运达目的地后，未按规定时间将《烟花爆竹道路运输许可证》交回发证机关核销。

第四十一条 对携带烟花爆竹搭乘公共交通工具，或者邮寄烟花爆竹以及在托运的行李、包裹、邮件中夹带烟花爆竹的，由公安部门没收非法携带、邮寄、夹带的烟花爆竹，可以并处 200 元以上 1000 元以下的罚款。

第四十二条 对未经许可举办焰火晚会以及其他大型焰火燃放活动，或者焰火晚会以及其他大型焰火燃放活动燃放作业单位和作业人员违反焰火燃放安全规程、燃放作业方案进行燃放作业的，由公安部门责令停止燃放，对责任单位处 1 万元以上 5 万元以下的罚款。

在禁止燃放烟花爆竹的时间、地点燃放烟花爆竹，或者以危害公共安全和人身、财产安全的方式燃放烟花爆竹的，由公安部门责令停止燃放，处 100 元以上 500 元以下的罚款；构成违反治安管理行为的，依法给予治安管理处罚。

第四十三条 对没收的非法烟花爆竹以及生产、经营企业弃置的废旧烟花爆竹，应当就地封存，并由公安部门组织销毁、处置。

第四十四条 安全生产监督管理部门、公安部门、质量监督检验部门、工商行政管理部门的工作人员，在烟花爆竹安全监管工作中滥用职权、玩忽职守、徇私舞弊，构成犯罪的，依法追究刑事责任；尚不构成犯罪的，依法给予行政处分。

第七章 附 则

第四十五条 《烟花爆竹安全生产许可证》、《烟花爆竹经营（批发）许可证》、《烟花爆竹经营（零售）许可证》，由国务院安全生产监督管理部门规定式样；《烟花爆竹道路运输许可证》、《焰火燃放许可证》，由国务院公安部门规定式样。

第四十六条 本条例自公布之日起施行。

（七）劳动安全保护

工伤保险条例

发布单位：国务院　发布时间：2003年4月27日
修改时间：2010年12月20日　实施时间：2011年1月1日
中华人民共和国国务院令第586号

第一章　总　则

第一条　为了保障因工作遭受事故伤害或者患职业病的职工获得医疗救治和经济补偿，促进工伤预防和职业康复，分散用人单位的工伤风险，制定本条例。

第二条　中华人民共和国境内的企业、事业单位、社会团体、民办非企业单位、基金会、律师事务所、会计师事务所等组织和有雇工的个体工商户（以下称用人单位）应当依照本条例规定参加工伤保险，为本单位全部职工或者雇工（以下称职工）缴纳工伤保险费。

中华人民共和国境内的企业、事业单位、社会团体、民办非企业单位、基金会、律师事务所、会计师事务所等组织的职工和个体工商户的雇工，均有依照本条例的规定享受工伤保险待遇的权利。

第三条　工伤保险费的征缴按照《社会保险费征缴暂行条例》关于基本养老保险费、基本医疗保险费、失业保险费的征缴规定执行。

第四条　用人单位应当将参加工伤保险的有关情况在本单位内公示。

用人单位和职工应当遵守有关安全生产和职业病防治的法律法规，执行安全卫生规程和标准，预防工伤事故发生，避免和减少职业病危害。

职工发生工伤时，用人单位应当采取措施使工伤职工得到及时救治。

第五条　国务院社会保险行政部门负责全国的工伤保险工作。

县级以上地方各级人民政府社会保险行政部门负责本行政区域内的工伤保险工作。

社会保险行政部门按照国务院有关规定设立的社会保险经办机构（以下称经办机构）具体承办工伤保险事务。

第六条　社会保险行政部门等部门制定工伤保险的政策、标准，应当征求工会组织、用人单位代表的意见。

第二章 工伤保险基金

第七条 工伤保险基金由用人单位缴纳的工伤保险费、工伤保险基金的利息和依法纳入工伤保险基金的其他资金构成。

第八条 工伤保险费根据以支定收、收支平衡的原则，确定费率。

国家根据不同行业的工伤风险程度确定行业的差别费率，并根据工伤保险费使用、工伤发生率等情况在每个行业内确定若干费率档次。行业差别费率及行业内费率档次由国务院社会保险行政部门制定，报国务院批准后公布施行。

统筹地区经办机构根据用人单位工伤保险费使用、工伤发生率等情况，适用所属行业内相应的费率档次确定单位缴费费率。

第九条 国务院社会保险行政部门应当定期了解全国各统筹地区工伤保险基金收支情况，及时提出调整行业差别费率及行业内费率档次的方案，报国务院批准后公布施行。

第十条 用人单位应当按时缴纳工伤保险费。职工个人不缴纳工伤保险费。

用人单位缴纳工伤保险费的数额为本单位职工工资总额乘以单位缴费费率之积。

对难以按照工资总额缴纳工伤保险费的行业，其缴纳工伤保险费的具体方式，由国务院社会保险行政部门规定。

第十一条 工伤保险基金逐步实行省级统筹。

跨地区、生产流动性较大的行业，可以采取相对集中的方式异地参加统筹地区的工伤保险。具体办法由国务院社会保险行政部门会同有关行业的主管部门制定。

第十二条 工伤保险基金存入社会保障基金财政专户，用于本条例规定的工伤保险待遇，劳动能力鉴定，工伤预防的宣传、培训等费用，以及法律、法规规定的用于工伤保险的其他费用的支付。

工伤预防费用的提取比例、使用和管理的具体办法，由国务院社会保险行政部门会同国务院财政、卫生行政、安全生产监督管理等部门规定。

任何单位或者个人不得将工伤保险基金用于投资运营、兴建或者改建办公场所、发放奖金，或者挪作其他用途。

第十三条 工伤保险基金应当留有一定比例的储备金，用于统筹地区重大事故的工伤保险待遇支付；储备金不足支付的，由统筹地区的人民政府垫付。储备金占基金总额的具体比例和储备金的使用办法，由省、自治区、直辖市人民政府规定。

第三章 工伤认定

第十四条 职工有下列情形之一的，应当认定为工伤：

（一）在工作时间和工作场所内，因工作原因受到事故伤害的；

（二）工作时间前后在工作场所内，从事与工作有关的预备性或者收尾性工作受到事故伤害的；

（三）在工作时间和工作场所内，因履行工作职责受到暴力等意外伤害的；

（四）患职业病的；

（五）因工外出期间，由于工作原因受到伤害或者发生事故下落不明的；

（六）在上下班途中，受到非本人主要责任的交通事故或者城市轨道交通、客运轮渡、火车事故伤害的；

（七）法律、行政法规规定应当认定为工伤的其他情形。

第十五条 职工有下列情形之一的，视同工伤：

（一）在工作时间和工作岗位，突发疾病死亡或者在48小时之内经抢救无效死亡的；

（二）在抢险救灾等维护国家利益、公共利益活动中受到伤害的；

（三）职工原在军队服役，因战、因公负伤致残，已取得革命伤残军人证，到用人单位后旧伤复发的。

职工有前款第（一）项、第（二）项情形的，按照本条例的有关规定享受工伤保险待遇；职工有前款第（三）项情形的，按照本条例的有关规定享受除一次性伤残补助金以外的工伤保险待遇。

第十六条 职工符合本条例第十四条、第十五条的规定，但是有下列情形之一的，不得认定为工伤或者视同工伤：

（一）故意犯罪的；

（二）醉酒或者吸毒的；

（三）自残或者自杀的。

第十七条 职工发生事故伤害或者按照职业病防治法规定被诊断、鉴定为职业病，所在单位应当自事故伤害发生之日或者被诊断、鉴定为职业病之日起30日内，向统筹地区社会保险行政部门提出工伤认定申请。遇有特殊情况，经报社会保险行政部门同意，申请时限可以适当延长。

用人单位未按前款规定提出工伤认定申请的，工伤职工或者其近亲属、工会组织在事故伤害发生之日或者被诊断、鉴定为职业病之日起1年内，可以直接向用人单位所在地统筹地区社会保险行政部门提出工伤认定申请。

按照本条第一款规定应当由省级社会保险行政部门进行工伤认定的事项，根据属地原则由用人单位所在地的设区的市级社会保险行政部门办理。

用人单位未在本条第一款规定的时限内提交工伤认定申请，在此期间发生符合本条例规定的工伤待遇等有关费用由该用人单位负担。

第十八条 提出工伤认定申请应当提交下列材料：

（一）工伤认定申请表；

（二）与用人单位存在劳动关系（包括事实劳动关系）的证明材料；

（三）医疗诊断证明或者职业病诊断证明书（或者职业病诊断鉴定书）。

工伤认定申请表应当包括事故发生的时间、地点、原因以及职工伤害程度等基本情况。

工伤认定申请人提供材料不完整的，社会保险行政部门应当一次性书面告知工伤认定申请人需要补正的全部材料。申请人按照书面告知要求补正材料后，社会保险行政部门应当受理。

第十九条 社会保险行政部门受理工伤认定申请后，根据审核需要可以对事故伤害进行调查核实，用人单位、职工、工会组织、医疗机构以及有关部门应当予以协助。职业病诊断和诊断争议的鉴定，依照职业病防治法的有关规定执行。对依法取得职业病诊断证明书或者职业病诊断鉴定书的，社会保险行政部门不再进行调查核实。

职工或者其近亲属认为是工伤，用人单位不认为是工伤的，由用人单位承担举证责任。

第二十条 社会保险行政部门应当自受理工伤认定申请之日起60日内作出工伤认定的决定，并书面通知申请工伤认定的职工或者其近亲属和该职工所在单位。

社会保险行政部门对受理的事实清楚、权利义务明确的工伤认定申请，应当在15日内作出工伤认定的决定。

作出工伤认定决定需要以司法机关或者有关行政主管部门的结论为依据的，在司法机关或者有关行政主管部门尚未作出结论期间，作出工伤认定决定的时限中止。

社会保险行政部门工作人员与工伤认定申请人有利害关系的，应当回避。

第四章 劳动能力鉴定

第二十一条 职工发生工伤，经治疗伤情相对稳定后存在残疾、影响劳动能力的，应当进行劳动能力鉴定。

第二十二条 劳动能力鉴定是指劳动功能障碍程度和生活自理障碍程度的等级鉴定。

劳动功能障碍分为十个伤残等级，最重的为一级，最轻的为十级。

生活自理障碍分为三个等级：生活完全不能自理、生活大部分不能自理和生活部分不能自理。

劳动能力鉴定标准由国务院社会保险行政部门会同国务院卫生行政部门等部门制定。

第二十三条 劳动能力鉴定由用人单位、工伤职工或者其近亲属向设区的市级劳动能力鉴定委员会提出申请，并提供工伤认定决定和职工工伤医疗的有关资料。

第二十四条 省、自治区、直辖市劳动能力鉴定委员会和设区的市级劳动能力鉴定委员会分别由省、自治区、直辖市和设区的市级社会保险行政部门、卫生行政部门、工会组织、经办机构代表以及用人单位代表组成。

劳动能力鉴定委员会建立医疗卫生专家库。列入专家库的医疗卫生专业技术人员应当具备下列条件：

（一）具有医疗卫生高级专业技术职务任职资格；

（二）掌握劳动能力鉴定的相关知识；

（三）具有良好的职业品德。

第二十五条 设区的市级劳动能力鉴定委员会收到劳动能力鉴定申请后，应当从其建立的医疗卫生专家库中随机抽取3名或者5名相关专家组成专家组，由专家组提出鉴定意见。设区的市级劳动能力鉴定委员会根据专家组的鉴定意见作出工伤职工劳动能力鉴定结论；必要时，可以委托具备资格的医疗机构协助进行有关的诊断。

设区的市级劳动能力鉴定委员会应当自收到劳动能力鉴定申请之日起60日内作出劳动能力鉴定结论，必要时，作出劳动能力鉴定结论的期限可以延长30日。劳动能力鉴定结论应当及时送达申请鉴定的单位和个人。

第二十六条 申请鉴定的单位或者个人对设区的市级劳动能力鉴定委员会作出的鉴定结论不服的，可以在收到该鉴定结论之日起15日内向省、自治区、直辖市劳动能力鉴定委员会提出再次鉴定申请。省、自治区、直辖市劳动能力鉴定委员会作出的劳动能力鉴定结论为最终结论。

第二十七条 劳动能力鉴定工作应当客观、公正。劳动能力鉴定委员会组成人员或者参加鉴定的专家与当事人有利害关系的，应当回避。

第二十八条 自劳动能力鉴定结论作出之日起1年后，工伤职工或者其近亲属、所在单位或者经办机构认为伤残情况发生变化的，可以申请劳动能力复查鉴定。

第二十九条 劳动能力鉴定委员会依照本条例第二十六条和第二十八条的规定进行再次鉴定和复查鉴定的期限，依照本条例第二十五条第二款的规定执行。

第五章　工伤保险待遇

第三十条 职工因工作遭受事故伤害或者患职业病进行治疗，享受工伤医疗待遇。

职工治疗工伤应当在签订服务协议的医疗机构就医，情况紧急时可以先到就近的医疗机构急救。

治疗工伤所需费用符合工伤保险诊疗项目目录、工伤保险药品目录、工伤保险住院服务标准的，从工伤保险基金支付。工伤保险诊疗项目目录、工伤保险药品目录、工伤保险住院服务标准，由国务院社会保险行政部门会同国务院卫生行政部门、食品药品监督管理部门等部门规定。

职工住院治疗工伤的伙食补助费，以及经医疗机构出具证明，报经办机构同意，工伤职工到统筹地区以外就医所需的交通、食宿费用从工伤保险基金支付，基金支付的具体标准由统筹地区人民政府规定。

工伤职工治疗非工伤引发的疾病，不享受工伤医疗待遇，按照基本医疗保险办法处理。

工伤职工到签订服务协议的医疗机构进行工伤康复的费用，符合规定的，从工伤保险基金支付。

第三十一条 社会保险行政部门作出认定为工伤的决定后发生行政复议、行政诉讼的，行政复议和行政诉讼期间不停止支付工伤职工治疗工伤的医疗费用。

第三十二条 工伤职工因日常生活或者就业需要，经劳动能力鉴定委员会确认，可以安装假肢、矫形器、假眼、假牙和配置轮椅等辅助器具，所需费用按照国家规定的标准从工伤保险基金支付。

第三十三条 职工因工作遭受事故伤害或者患职业病需要暂停工作接受工伤医疗的，在停工留薪期内，原工资福利待遇不变，由所在单位按月支付。

停工留薪期一般不超过12个月。伤情严重或者情况特殊，经设区的市级劳动能力鉴定委员会确认,可以适当延长,但延长不得超过12个月。工伤职工评定伤残等级后,停发原待遇,按照本章的有关规定享受伤残待遇。工伤职工在停工留薪期满后仍需治疗的,继续享受工伤医疗待遇。

生活不能自理的工伤职工在停工留薪期需要护理的,由所在单位负责。

第三十四条 工伤职工已经评定伤残等级并经劳动能力鉴定委员会确认需要生活护理的,从工伤保险基金按月支付生活护理费。

生活护理费按照生活完全不能自理、生活大部分不能自理或者生活部分不能自理3个不同等级支付,其标准分别为统筹地区上年度职工月平均工资的50%、40%或者30%。

第三十五条 职工因工致残被鉴定为一级至四级伤残的,保留劳动关系,退出工作岗位,享受以下待遇:

(一)从工伤保险基金按伤残等级支付一次性伤残补助金,标准为:一级伤残为27个月的本人工资,二级伤残为25个月的本人工资,三级伤残为23个月的本人工资,四级伤残为21个月的本人工资;

(二)从工伤保险基金按月支付伤残津贴,标准为:一级伤残为本人工资的90%,二级伤残为本人工资的85%,三级伤残为本人工资的80%,四级伤残为本人工资的75%。伤残津贴实际金额低于当地最低工资标准的,由工伤保险基金补足差额;

(三)工伤职工达到退休年龄并办理退休手续后,停发伤残津贴,按照国家有关规定享受基本养老保险待遇。基本养老保险待遇低于伤残津贴的,由工伤保险基金补足差额。

职工因工致残被鉴定为一级至四级伤残的,由用人单位和职工个人以伤残津贴为基数,缴纳基本医疗保险费。

第三十六条 职工因工致残被鉴定为五级、六级伤残的,享受以下待遇:

(一)从工伤保险基金按伤残等级支付一次性伤残补助金,标准为:五级伤残为18个月的本人工资,六级伤残为16个月的本人工资;

(二)保留与用人单位的劳动关系,由用人单位安排适当工作。难以安排工作的,由用人单位按月发给伤残津贴,标准为:五级伤残为本人工资的70%,六级伤残为本人工资的60%,并由用人单位按照规定为其缴纳应缴纳的各项社会保险费。伤残津贴实际金额低于当地最低工资标准的,由用人单位补足差额。

经工伤职工本人提出,该职工可以与用人单位解除或者终止劳动关系,由工伤保险基金支付一次性工伤医疗补助金,由用人单位支付一次性伤残就业补助金。一次性工伤医疗补助金和一次性伤残就业补助金的具体标准由省、自治区、直辖市人民政府规定。

第三十七条 职工因工致残被鉴定为七级至十级伤残的,享受以下待遇:

(一)从工伤保险基金按伤残等级支付一次性伤残补助金,标准为:七级伤残为13个月的本人工资,八级伤残为11个月的本人工资,九级伤残为9个月的本人工资,十级伤残为7个月的本人工资;

(二)劳动、聘用合同期满终止,或者职工本人提出解除劳动、聘用合同的,由工伤保险基金支付一次性工伤医疗补助金,由用人单位支付一次性伤残就业补助金。一次性工伤医疗补助金和一次性伤残就业补助金的具体标准由省、自治区、直辖市人民政府规定。

第三十八条　工伤职工工伤复发，确认需要治疗的，享受本条例第三十条、第三十二条和第三十三条规定的工伤待遇。

第三十九条　职工因工死亡，其近亲属按照下列规定从工伤保险基金领取丧葬补助金、供养亲属抚恤金和一次性工亡补助金：

（一）丧葬补助金为6个月的统筹地区上年度职工月平均工资；

（二）供养亲属抚恤金按照职工本人工资的一定比例发给由因工死亡职工生前提供主要生活来源、无劳动能力的亲属。标准为：配偶每月40%，其他亲属每人每月30%，孤寡老人或者孤儿每人每月在上述标准的基础上增加10%。核定的各供养亲属的抚恤金之和不应高于因工死亡职工生前的工资。供养亲属的具体范围由国务院社会保险行政部门规定；

（三）一次性工亡补助金标准为上一年度全国城镇居民人均可支配收入的20倍。

伤残职工在停工留薪期内因工伤导致死亡的，其近亲属享受本条第一款规定的待遇。

一级至四级伤残职工在停工留薪期满后死亡的，其近亲属可以享受本条第一款第（一）项、第（二）项规定的待遇。

第四十条　伤残津贴、供养亲属抚恤金、生活护理费由统筹地区社会保险行政部门根据职工平均工资和生活费用变化等情况适时调整。调整办法由省、自治区、直辖市人民政府规定。

第四十一条　职工因工外出期间发生事故或者在抢险救灾中下落不明的，从事故发生当月起3个月内照发工资，从第4个月起停发工资，由工伤保险基金向其供养亲属按月支付供养亲属抚恤金。生活有困难的，可以预支一次性工亡补助金的50%。职工被人民法院宣告死亡的，按照本条例第三十九条职工因工死亡的规定处理。

第四十二条　工伤职工有下列情形之一的，停止享受工伤保险待遇：

（一）丧失享受待遇条件的；

（二）拒不接受劳动能力鉴定的；

（三）拒绝治疗的。

第四十三条　用人单位分立、合并、转让的，承继单位应当承担原用人单位的工伤保险责任；原用人单位已经参加工伤保险的，承继单位应当到当地经办机构办理工伤保险变更登记。

用人单位实行承包经营的，工伤保险责任由职工劳动关系所在单位承担。

职工被借调期间受到工伤事故伤害的，由原用人单位承担工伤保险责任，但原用人单位与借调单位可以约定补偿办法。

企业破产的，在破产清算时依法拨付应当由单位支付的工伤保险待遇费用。

第四十四条　职工被派遣出境工作，依据前往国家或者地区的法律应当参加当地工伤保险的，参加当地工伤保险，其国内工伤保险关系中止；不能参加当地工伤保险的，其国内工伤保险关系不中止。

第四十五条　职工再次发生工伤，根据规定应当享受伤残津贴的，按照新认定的伤残等级享受伤残津贴待遇。

第六章　监督管理

第四十六条　经办机构具体承办工伤保险事务，履行下列职责：

（一）根据省、自治区、直辖市人民政府规定，征收工伤保险费；

（二）核查用人单位的工资总额和职工人数，办理工伤保险登记，并负责保存用人单位缴费和职工享受工伤保险待遇情况的记录；

（三）进行工伤保险的调查、统计；

（四）按照规定管理工伤保险基金的支出；

（五）按照规定核定工伤保险待遇；

（六）为工伤职工或者其近亲属免费提供咨询服务。

第四十七条　经办机构与医疗机构、辅助器具配置机构在平等协商的基础上签订服务协议，并公布签订服务协议的医疗机构、辅助器具配置机构的名单。具体办法由国务院社会保险行政部门分别会同国务院卫生行政部门、民政部门等部门制定。

第四十八条　经办机构按照协议和国家有关目录、标准对工伤职工医疗费用、康复费用、辅助器具费用的使用情况进行核查，并按时足额结算费用。

第四十九条　经办机构应当定期公布工伤保险基金的收支情况，及时向社会保险行政部门提出调整费率的建议。

第五十条　社会保险行政部门、经办机构应当定期听取工伤职工、医疗机构、辅助器具配置机构以及社会各界对改进工伤保险工作的意见。

第五十一条　社会保险行政部门依法对工伤保险费的征缴和工伤保险基金的支付情况进行监督检查。

财政部门和审计机关依法对工伤保险基金的收支、管理情况进行监督。

第五十二条　任何组织和个人对有关工伤保险的违法行为，有权举报。社会保险行政部门对举报应当及时调查，按照规定处理，并为举报人保密。

第五十三条　工会组织依法维护工伤职工的合法权益，对用人单位的工伤保险工作实行监督。

第五十四条　职工与用人单位发生工伤待遇方面的争议，按照处理劳动争议的有关规定处理。

第五十五条　有下列情形之一的，有关单位或者个人可以依法申请行政复议，也可以依法向人民法院提起行政诉讼：

（一）申请工伤认定的职工或者其近亲属、该职工所在单位对工伤认定申请不予受理的决定不服的；

（二）申请工伤认定的职工或者其近亲属、该职工所在单位对工伤认定结论不服的；

（三）用人单位对经办机构确定的单位缴费费率不服的；

（四）签订服务协议的医疗机构、辅助器具配置机构认为经办机构未履行有关协议或者规定的；

（五）工伤职工或者其近亲属对经办机构核定的工伤保险待遇有异议的。

第七章　法律责任

第五十六条　单位或者个人违反本条例第十二条规定挪用工伤保险基金，构成犯罪的，依法追究刑事责任；尚不构成犯罪的，依法给予处分或者纪律处分。被挪用的基金由社会保险行政部门追回，并入工伤保险基金；没收的违法所得依法上缴国库。

第五十七条　社会保险行政部门工作人员有下列情形之一的，依法给予处分；情节严重，构成犯罪的，依法追究刑事责任：

（一）无正当理由不受理工伤认定申请，或者弄虚作假将不符合工伤条件的人员认定为工伤职工的；

（二）未妥善保管申请工伤认定的证据材料，致使有关证据灭失的；

（三）收受当事人财物的。

第五十八条　经办机构有下列行为之一的，由社会保险行政部门责令改正，对直接负责的主管人员和其他责任人员依法给予纪律处分；情节严重，构成犯罪的，依法追究刑事责任；造成当事人经济损失的，由经办机构依法承担赔偿责任：

（一）未按规定保存用人单位缴费和职工享受工伤保险待遇情况记录的；

（二）不按规定核定工伤保险待遇的；

（三）收受当事人财物的。

第五十九条　医疗机构、辅助器具配置机构不按服务协议提供服务的，经办机构可以解除服务协议。

经办机构不按时足额结算费用的，由社会保险行政部门责令改正；医疗机构、辅助器具配置机构可以解除服务协议。

第六十条　用人单位、工伤职工或者其近亲属骗取工伤保险待遇，医疗机构、辅助器具配置机构骗取工伤保险基金支出的，由社会保险行政部门责令退还，处骗取金额2倍以上5倍以下的罚款；情节严重，构成犯罪的，依法追究刑事责任。

第六十一条　从事劳动能力鉴定的组织或者个人有下列情形之一的，由社会保险行政部门责令改正，处2000元以上1万元以下的罚款；情节严重，构成犯罪的，依法追究刑事责任：

（一）提供虚假鉴定意见的；

（二）提供虚假诊断证明的；

（三）收受当事人财物的。

第六十二条　用人单位依照本条例规定应当参加工伤保险而未参加的，由社会保险行政部门责令限期参加，补缴应当缴纳的工伤保险费，并自欠缴之日起，按日加收万分之五的滞纳金；逾期仍不缴纳的，处欠缴数额1倍以上3倍以下的罚款。

依照本条例规定应当参加工伤保险而未参加工伤保险的用人单位职工发生工伤的，由该用人单位按照本条例规定的工伤保险待遇项目和标准支付费用。

用人单位参加工伤保险并补缴应当缴纳的工伤保险费、滞纳金后，由工伤保险基金和用人单位依照本条例的规定支付新发生的费用。

第六十三条 用人单位违反本条例第十九条的规定，拒不协助社会保险行政部门对事故进行调查核实的，由社会保险行政部门责令改正，处 2000 元以上 2 万元以下的罚款。

第八章 附 则

第六十四条 本条例所称工资总额，是指用人单位直接支付给本单位全部职工的劳动报酬总额。

本条例所称本人工资，是指工伤职工因工作遭受事故伤害或者患职业病前 12 个月平均月缴费工资。本人工资高于统筹地区职工平均工资 300% 的，按照统筹地区职工平均工资的 300% 计算；本人工资低于统筹地区职工平均工资 60% 的，按照统筹地区职工平均工资的 60% 计算。

第六十五条 公务员和参照公务员法管理的事业单位、社会团体的工作人员因工作遭受事故伤害或者患职业病的，由所在单位支付费用。具体办法由国务院社会保险行政部门会同国务院财政部门规定。

第六十六条 无营业执照或者未经依法登记、备案的单位以及被依法吊销营业执照或者撤销登记、备案的单位的职工受到事故伤害或者患职业病的，由该单位向伤残职工或者死亡职工的近亲属给予一次性赔偿，赔偿标准不得低于本条例规定的工伤保险待遇；用人单位不得使用童工，用人单位使用童工造成童工伤残、死亡的，由该单位向童工或者童工的近亲属给予一次性赔偿，赔偿标准不得低于本条例规定的工伤保险待遇。具体办法由国务院社会保险行政部门规定。

前款规定的伤残职工或者死亡职工的近亲属就赔偿数额与单位发生争议的，以及前款规定的童工或者童工的近亲属就赔偿数额与单位发生争议的，按照处理劳动争议的有关规定处理。

第六十七条 本条例自 2004 年 1 月 1 日起施行。本条例施行前已受到事故伤害或者患职业病的职工尚未完成工伤认定的，按照本条例的规定执行。

女职工劳动保护特别规定

发布单位：国务院　　发布并实施日期：2012年4月28日

中华人民共和国国务院令第619号

第一条　为了减少和解决女职工在劳动中因生理特点造成的特殊困难，保护女职工健康，制定本规定。

第二条　中华人民共和国境内的国家机关、企业、事业单位、社会团体、个体经济组织以及其他社会组织等用人单位及其女职工，适用本规定。

第三条　用人单位应当加强女职工劳动保护，采取措施改善女职工劳动安全卫生条件，对女职工进行劳动安全卫生知识培训。

第四条　用人单位应当遵守女职工禁忌从事的劳动范围的规定。用人单位应当将本单位属于女职工禁忌从事的劳动范围的岗位书面告知女职工。

女职工禁忌从事的劳动范围由本规定附录列示。国务院安全生产监督管理部门会同国务院人力资源社会保障行政部门、国务院卫生行政部门根据经济社会发展情况，对女职工禁忌从事的劳动范围进行调整。

第五条　用人单位不得因女职工怀孕、生育、哺乳而降低其工资、予以辞退、与其解除劳动或者聘用合同。

第六条　女职工在孕期不能适应原劳动的，用人单位应根据医疗机构的证明，予以减轻劳动量或者安排其他能够适应的劳动。

对怀孕7个月以上的女职工，用人单位不得延长劳动时间或者安排夜班劳动，并应当在劳动时间内安排一定的休息时间。

怀孕女职工在劳动时间内进行产前检查，所需时间计入劳动时间。

第七条　女职工生育享受98天产假，其中产前可以休假15天；难产的，应增加产假15天；生育多胞胎的，每多生育1个婴儿，可增加产假15天。

女职工怀孕未满4个月流产的，享受15天产假；怀孕满4个月流产的，享受42天产假。

第八条　女职工产假期间的生育津贴，对已经参加生育保险的，按照用人单位上年度职工月平均工资的标准由生育保险基金支付；对未参加生育保险的，按照女职工产假前工资的标准由用人单位支付。

女职工生育或者流产的医疗费用，按照生育保险规定的项目和标准，对已经参加生育保险的，由生育保险基金支付；对未参加生育保险的，由用人单位支付。

第九条　对哺乳未满1周岁婴儿的女职工，用人单位不得延长劳动时间或者安排夜班劳动。

用人单位应当在每天的劳动时间内为哺乳期女职工安排 1 小时哺乳时间；女职工生育多胞胎的，每多哺乳 1 个婴儿每天增加 1 小时哺乳时间。

第十条 女职工比较多的用人单位应当根据女职工的需要，建立女职工卫生室、孕妇休息室、哺乳室等设施，妥善解决女职工在生理卫生、哺乳方面的困难。

第十一条 在劳动场所，用人单位应当预防和制止对女职工的性骚扰。

第十二条 县级以上人民政府人力资源社会保障行政部门、安全生产监督管理部门按照各自职责负责对用人单位遵守本规定的情况进行监督检查。

工会、妇女组织依法对用人单位遵守本规定的情况进行监督。

第十三条 用人单位违反本规定第六条第二款、第七条、第九条第一款规定的，由县级以上人民政府人力资源社会保障行政部门责令限期改正，按照受侵害女职工每人 1000 元以上 5000 元以下的标准计算，处以罚款。

用人单位违反本规定附录第一条、第二条规定的，由县级以上人民政府安全生产监督管理部门责令限期改正，按照受侵害女职工每人 1000 元以上 5000 元以下的标准计算，并处以罚款。用人单位违反本规定附录第三条、第四条规定的，由县级以上人民政府安全生产监督管理部门责令限期治理，处 5 万元以上 30 万元以下的罚款；情节严重的，责令停止有关作业，或者提请有关人民政府按照国务院规定的权限责令关闭。

第十四条 用人单位违反本规定，侵害女职工合法权益的，女职工可以依法投诉、举报、申诉，依法向劳动人事争议调解仲裁机构申请调解仲裁，对仲裁裁决不服的，依法向人民法院提起诉讼。

第十五条 用人单位违反本规定，侵害女职工合法权益，造成女职工损害的，依法给予赔偿；用人单位及其直接负责的主管人员和其他直接责任人员构成犯罪的，依法追究刑事责任。

第十六条 本规定自公布之日起施行。1988 年 7 月 21 日国务院发布的《女职工劳动保护规定》同时废止。

附录：女职工禁忌从事的劳动范围

一、女职工禁忌从事的劳动范围：

（一）矿山井下作业；

（二）体力劳动强度分级标准中规定的第四级体力劳动强度的作业；

（三）每小时负重 6 次以上、每次负重超过 20 公斤的作业，或者间断负重、每次负重超过 25 公斤的作业。

二、女职工在经期禁忌从事的劳动范围：

（一）冷水作业分级标准中规定的第二级、第三级、第四级冷水作业；

（二）低温作业分级标准中规定的第二级、第三级、第四级低温作业；

（三）体力劳动强度分级标准中规定的第三级、第四级体力劳动强度的作业；

（四）高处作业分级标准中规定的第三级、第四级高处作业。

三、女职工在孕期禁忌从事的劳动范围：

（一）作业场所空气中铅及其化合物、汞及其化合物、苯、镉、铍、砷、氰化物、氮氧化物、一氧化碳、二硫化碳、氯、己内酰胺、氯丁二烯、氯乙烯、环氧乙烷、苯胺、甲醛等有毒物质浓度超过国家职业卫生标准的作业；

（二）从事抗癌药物、己烯雌酚生产，接触麻醉剂气体等的作业；

（三）非密封源放射性物质的操作，核事故与放射事故的应急处置；

（四）高处作业分级标准中规定的高处作业；

（五）冷水作业分级标准中规定的冷水作业；

（六）低温作业分级标准中规定的低温作业；

（七）高温作业分级标准中规定的第三级、第四级的作业；

（八）噪声作业分级标准中规定的第三级、第四级的作业；

（九）体力劳动强度分级标准中规定的第三级、第四级体力劳动强度的作业；

（十）在密闭空间、高压室作业或者潜水作业，伴有强烈振动的作业，或者需要频繁弯腰、攀高、下蹲的作业。

四、女职工在哺乳期禁忌从事的劳动范围：

（一）孕期禁忌从事的劳动范围的第一项、第三项、第九项；

（二）作业场所空气中锰、氟、溴、甲醇、有机磷化合物、有机氯化合物等有毒物质浓度超过国家职业卫生标准的作业。

未成年工特殊保护规定

发布单位：劳动和社会保障部①

发布日期：1994年12月9日　实施日期：1995年1月1日

劳部发〔1994〕498号

第一条　为维护未成年工的合法权益，保护其在生产劳动中的健康，根据《中华人民共和国劳动法》的有关规定，制定本规定。

第二条　未成年工是指年满十六周岁，未满十八周岁的劳动者。

未成年工的特殊保护是针对未成年工处于生长发育期的特点，以及接受义务教育的需要，采取的特殊劳动保护措施。

第三条　用人单位不得安排未成年工从事以下范围的劳动：

（一）《生产性粉尘作业危害程度分级》国家标准中第一级以上的接尘作业；

（二）《有毒作业分级》国家标准中第一级以上的有毒作业；

（三）《高处作业分级》国家标准中第二级以上的高处作业；

（四）《冷水作业分级》国家标准中第二级以上的冷水作业；

（五）《高温作业分级》国家标准中第三级以上的高温作业；

（六）《低温作业分级》国家标准中第三级以上的低温作业；

（七）《体力劳动强度分级》国家标准中第四级体力劳动强度的作业；

（八）矿山井下及矿山地面采石作业；

（九）森林业中的伐木、流放及守林作业；

（十）工作场所接触放射性物质的作业；

（十一）有易燃易爆、化学性烧伤和热烧伤等危险性大的作业；

（十二）地质勘探和资源勘探的野外作业；

（十三）潜水、涵洞、涵道作业和海拔三千米以上的高原作业（不包括世居高原者）；

（十四）连续负重每小时在六次以上并每次超过20公斤，间断负重每次超过25公斤的作业；

（十五）使用凿岩机、捣固机、气镐、气铲、铆钉机、电锤的作业；

（十六）工作中需要长时间保持低头、弯腰、上举、下蹲等强迫体位和动作频率每分钟大于五十次的流水线作业；

（十七）锅炉司炉。

---

① 2008年3月，劳动和社会保障部撤销。

第四条 未成年工患有某种疾病或具有某些生理缺陷（非残疾型）时，用人单位不得安排其从事以下范围的劳动：

（一）《高处作业分级》国家标准中第一级以上的高处作业；

（二）《低温作业分级》国家标准中第二级以上的低温作业；

（三）《高温作业分级》国家标准中第二级以上的高温作业；

（四）《体力劳动强度分级》国家标准中第三级以上体力劳动强度的作业；

（五）接触铅、苯、汞、甲醛、二硫化碳等易引起过敏反应的作业。

第五条 患有某种疾病或具有某些生理缺陷（非残疾型）的未成年工，是指有以下一种或一种以上情况者：

（一）心血管系统

1. 先天性心脏病；

2. 克山病；

3. 收缩期或舒张期二级以上心脏杂音。

（二）呼吸系统

1. 中度以上气管炎或支气管哮喘；

2. 呼吸音明显减弱；

3. 各类结核病；

4. 体弱儿，呼吸道反复感染者。

（三）消化系统

1. 各类肝炎；

2. 肝、脾肿大；

3. 胃、十二指肠溃疡；

4. 各种消化道疝。

（四）泌尿系统

1. 急、慢性肾炎；

2. 泌尿系感染。

（五）内分泌系统

1. 甲状腺机能亢进；

2. 中度以上糖尿病。

（六）精神神经系统

1. 智力明显低下；

2. 精神忧郁或狂暴。

（七）肌肉、骨骼运动系统

1. 身高和体重低于同龄人标准；

2. 一个及一个以上肢体存在明显功能障碍；

3. 躯干四分之一以上部位活动受限，包括强直或不能旋转。

（八）其它

1. 结核性胸膜炎；
2. 各类重度关节炎；
3. 血吸虫病；
4. 严重贫血，其血色素每升低于 95 克（<9.5g/dL）。

第六条 用人单位应按下列要求对未成年工定期进行健康检查：

（一）安排工作岗位之前；

（二）工作满 1 年；

（三）年满 18 周岁，距前一次的体检时间已超过半年。

第七条 未成年工的健康检查，应按本规定所附《未成年工健康检查表》列出的项目进行。

第八条 用人单位应根据未成年工的健康检查结果安排其从事适合的劳动，对不能胜任原劳动岗位的，应根据医务部门的证明，予以减轻劳动量或安排其他劳动。

第九条 对未成年工的使用和特殊保护实行登记制度。

（一）用人单位招收使用未成年工，除符合一般用工要求外，还须向所在地的县级以上劳动行政部门办理登记。劳动行政部门根据《未成年工健康检查表》、《未成年工登记表》，核发《未成年工登记证》。

（二）各级劳动行政部门须按本规定第三、四、五、七条的有关规定，审核体检情况和拟安排的劳动范围。

（三）未成年工须持《未成年工登记证》上岗。

（四）《未成年工登记证》由国务院劳动行政部门统一印制。

第十条 未成年工上岗前用人单位应对其进行有关的职业安全卫生教育、培训；未成年工体检和登记，由用人单位统一办理和承担费用。

第十一条 县级以上劳动行政部门对用人单位执行本规定的情况进行监督检查，对违反本规定的行为依照有关法规进行处罚。

各级工会组织对本规定的执行情况进行监督。

第十二条 省、自治区、直辖市劳动行政部门可以根据本规定制定实施办法。

第十三条 本规定自 1995 年 1 月 1 日起施行。

附件：1. 未成年工健康检查表（略）

　　　2. 未成年工登记表（略）

使用有毒物品作业场所劳动保护条例

发布单位：国务院　发布并实施日期：2002年5月12日
中华人民共和国国务院令第352号

第一章　总　则

第一条　为了保证作业场所安全使用有毒物品，预防、控制和消除职业中毒危害，保护劳动者的生命安全、身体健康及其相关权益，根据职业病防治法和其他有关法律、行政法规的规定，制定本条例。

第二条　作业场所使用有毒物品可能产生职业中毒危害的劳动保护，适用本条例。

第三条　按照有毒物品产生的职业中毒危害程度，有毒物品分为一般有毒物品和高毒物品。国家对作业场所使用高毒物品实行特殊管理。

一般有毒物品目录、高毒物品目录由国务院卫生行政部门会同有关部门依据国家标准制定、调整并公布。

第四条　从事使用有毒物品作业的用人单位（以下简称用人单位）应当使用符合国家标准的有毒物品，不得在作业场所使用国家明令禁止使用的有毒物品或者使用不符合国家标准的有毒物品。

用人单位应当尽可能使用无毒物品；需要使用有毒物品的，应当优先选择使用低毒物品。

第五条　用人单位应当依照本条例和其他有关法律、行政法规的规定，采取有效的防护措施，预防职业中毒事故的发生，依法参加工伤保险，保障劳动者的生命安全和身体健康。

第六条　国家鼓励研制、开发、推广、应用有利于预防、控制、消除职业中毒危害和保护劳动者健康的新技术、新工艺、新材料；限制使用或者淘汰有关职业中毒危害严重的技术、工艺、材料；加强对有关职业病的机理和发生规律的基础研究，提高有关职业病防治科学技术水平。

第七条　禁止使用童工。

用人单位不得安排未成年人和孕期、哺乳期的女职工从事使用有毒物品的作业。

第八条　工会组织应当督促并协助用人单位开展职业卫生宣传教育和培训，对用人单位的职业卫生工作提出意见和建议，与用人单位就劳动者反映的职业病防治问题进行协调并督促解决。

工会组织对用人单位违反法律、法规，侵犯劳动者合法权益的行为，有权要求纠正；产生严重职业中毒危害时，有权要求用人单位采取防护措施，或者向政府有关部门建议采取强制性措施；发生职业中毒事故时，有权参与事故调查处理；发现危及劳动者生命、健康的情形时，有权建议用人单位组织劳动者撤离危险现场，用人单位应当立即作出处理。

第九条 县级以上人民政府卫生行政部门及其他有关行政部门应当依据各自的职责，监督用人单位严格遵守本条例和其他有关法律、法规的规定，加强作业场所使用有毒物品的劳动保护，防止职业中毒事故发生，确保劳动者依法享有的权利。

第十条 各级人民政府应当加强对使用有毒物品作业场所职业卫生安全及相关劳动保护工作的领导，督促、支持卫生行政部门及其他有关行政部门依法履行监督检查职责，及时协调、解决有关重大问题；在发生职业中毒事故时，应当采取有效措施，控制事故危害的蔓延并消除事故危害，并妥善处理有关善后工作。

第二章 作业场所的预防措施

第十一条 用人单位的设立，应当符合有关法律、行政法规规定的设立条件，并依法办理有关手续，取得营业执照。

用人单位的使用有毒物品作业场所，除应当符合职业病防治法规定的职业卫生要求外，还必须符合下列要求：

（一）作业场所与生活场所分开，作业场所不得住人；

（二）有害作业与无害作业分开，高毒作业场所与其他作业场所隔离；

（三）设置有效的通风装置；可能突然泄漏大量有毒物品或者易造成急性中毒的作业场所，设置自动报警装置和事故通风设施；

（四）高毒作业场所设置应急撤离通道和必要的泄险区。

用人单位及其作业场所符合前两款规定的，由卫生行政部门发给职业卫生安全许可证，方可从事使用有毒物品的作业。

第十二条 使用有毒物品作业场所应当设置黄色区域警示线、警示标识和中文警示说明。警示说明应当载明产生职业中毒危害的种类、后果、预防以及应急救治措施等内容。

高毒作业场所应当设置红色区域警示线、警示标识和中文警示说明，并设置通讯报警设备。

第十三条 新建、扩建、改建的建设项目和技术改造、技术引进项目（以下统称建设项目），可能产生职业中毒危害的，应当依照职业病防治法的规定进行职业中毒危害预评价，并经卫生行政部门审核同意；可能产生职业中毒危害的建设项目的职业中毒危害防护设施应当与主体工程同时设计，同时施工，同时投入生产和使用；建设项目竣工，应当进行职业中毒危害控制效果评价，并经卫生行政部门验收合格。

存在高毒作业的建设项目的职业中毒危害防护设施设计，应当经卫生行政部门进行卫生审查；经审查，符合国家职业卫生标准和卫生要求的，方可施工。

第十四条 用人单位应当按照国务院卫生行政部门的规定，向卫生行政部门及时、如实申报存在职业中毒危害项目。

从事使用高毒物品作业的用人单位，在申报使用高毒物品作业项目时，应当向卫生行政部门提交下列有关资料：

（一）职业中毒危害控制效果评价报告；

（二）职业卫生管理制度和操作规程等材料；

（三）职业中毒事故应急救援预案。

从事使用高毒物品作业的用人单位变更所使用的高毒物品品种的，应当依照前款规定向原受理申报的卫生行政部门重新申报。

第十五条 用人单位变更名称、法定代表人或者负责人的，应当向原受理申报的卫生行政部门备案。

第十六条 从事使用高毒物品作业的用人单位，应当配备应急救援人员和必要的应急救援器材、设备，制定事故应急救援预案，并根据实际情况变化对应急救援预案适时进行修订，定期组织演练。事故应急救援预案和演练记录应当报当地卫生行政部门、安全生产监督管理部门和公安部门备案。

第三章 劳动过程的防护

第十七条 用人单位应当依照职业病防治法的有关规定，采取有效的职业卫生防护管理措施，加强劳动过程中的防护与管理。

从事使用高毒物品作业的用人单位，应当配备专职的或者兼职的职业卫生医师和护士；不具备配备专职的或者兼职的职业卫生医师和护士条件的，应当与依法取得资质认证的职业卫生技术服务机构签订合同，由其提供职业卫生服务。

第十八条 用人单位应当与劳动者订立劳动合同，将工作过程中可能产生的职业中毒危害及其后果、职业中毒危害防护措施和待遇等如实告知劳动者，并在劳动合同中写明，不得隐瞒或者欺骗。

劳动者在已订立劳动合同期间因工作岗位或者工作内容变更，从事劳动合同中未告知的存在职业中毒危害的作业时，用人单位应当依照前款规定，如实告知劳动者，并协商变更原劳动合同有关条款。

用人单位违反前两款规定的，劳动者有权拒绝从事存在职业中毒危害的作业，用人单位不得因此单方面解除或者终止与劳动者所订立的劳动合同。

第十九条 用人单位有关管理人员应当熟悉有关职业病防治的法律、法规以及确保劳动者安全使用有毒物品作业的知识。

用人单位应当对劳动者进行上岗前的职业卫生培训和在岗期间的定期职业卫生培训，普及有关职业卫生知识，督促劳动者遵守有关法律、法规和操作规程，指导劳动者正确使用职业中毒危害防护设备和个人使用的职业中毒危害防护用品。

劳动者经培训考核合格，方可上岗作业。

第二十条 用人单位应当确保职业中毒危害防护设备、应急救援设施、通讯报警装置处于正常适用状态，不得擅自拆除或者停止运行。

用人单位应当对前款所列设施进行经常性的维护、检修，定期检测其性能和效果，确保其处于良好运行状态。

职业中毒危害防护设备、应急救援设施和通讯报警装置处于不正常状态时，用人单位应当立即停止使用有毒物品作业；恢复正常状态后，方可重新作业。

第二十一条 用人单位应当为从事使用有毒物品作业的劳动者提供符合国家职业卫生标准的防护用品，并确保劳动者正确使用。

第二十二条 有毒物品必须附具说明书，如实载明产品特性、主要成分、存在的职业中毒危害因素、可能产生的危害后果、安全使用注意事项、职业中毒危害防护以及应急救治措施等内容；没有说明书或者说明书不符合要求的，不得向用人单位销售。

用人单位有权向生产、经营有毒物品的单位索取说明书。

第二十三条 有毒物品的包装应当符合国家标准，并以易于劳动者理解的方式加贴或者拴挂有毒物品安全标签。有毒物品的包装必须有醒目的警示标识和中文警示说明。

经营、使用有毒物品的单位，不得经营、使用没有安全标签、警示标识和中文警示说明的有毒物品。

第二十四条 用人单位维护、检修存在高毒物品的生产装置，必须事先制订维护、检修方案，明确职业中毒危害防护措施，确保维护、检修人员的生命安全和身体健康。

维护、检修存在高毒物品的生产装置，必须严格按照维护、检修方案和操作规程进行。

维护、检修现场应当有专人监护，并设置警示标志。

第二十五条 需要进入存在高毒物品的设备、容器或者狭窄封闭场所作业时，用人单位应当事先采取下列措施：

（一）保持作业场所良好的通风状态，确保作业场所职业中毒危害因素浓度符合国家职业卫生标准；

（二）为劳动者配备符合国家职业卫生标准的防护用品；

（三）设置现场监护人员和现场救援设备。

未采取前款规定措施或者采取的措施不符合要求的，用人单位不得安排劳动者进入存在高毒物品的设备、容器或者狭窄封闭场所作业。

第二十六条 用人单位应当按照国务院卫生行政部门的规定，定期对使用有毒物品作业场所职业中毒危害因素进行检测、评价。检测、评价结果存入用人单位职业卫生档案，定期向所在地卫生行政部门报告并向劳动者公布。

从事使用高毒物品作业的用人单位应当至少每一个月对高毒作业场所进行一次职业中毒危害因素检测；至少每半年进行一次职业中毒危害控制效果评价。

高毒作业场所职业中毒危害因素不符合国家职业卫生标准和卫生要求时，用人单位必须立即停止高毒作业，并采取相应的治理措施；经治理，职业中毒危害因素符合国家职业卫生标准和卫生要求的，方可重新作业。

第二十七条 从事使用高毒物品作业的用人单位应当设置淋浴间和更衣室，并设置清洗、存放或者处理从事使用高毒物品作业劳动者的工作服、工作鞋帽等物品的专用间。

劳动者结束作业时，其使用的工作服、工作鞋帽等物品必须存放在高毒作业区域内，不得穿戴到非高毒作业区域。

第二十八条 用人单位应当按照规定对从事使用高毒物品作业的劳动者进行岗位轮换。

用人单位应当为从事使用高毒物品作业的劳动者提供岗位津贴。

第二十九条 用人单位转产、停产、停业或者解散、破产的，应当采取有效措施，妥善处理留存或者残留有毒物品的设备、包装物和容器。

第三十条 用人单位应当对本单位执行本条例规定的情况进行经常性的监督检查；发现问题，应当及时依照本条例规定的要求进行处理。

第四章　职业健康监护

第三十一条 用人单位应当组织从事使用有毒物品作业的劳动者进行上岗前职业健康检查。

用人单位不得安排未经上岗前职业健康检查的劳动者从事使用有毒物品的作业，不得安排有职业禁忌的劳动者从事其所禁忌的作业。

第三十二条 用人单位应当对从事使用有毒物品作业的劳动者进行定期职业健康检查。

用人单位发现有职业禁忌或者有与所从事职业相关的健康损害的劳动者，应当将其及时调离原工作岗位，并妥善安置。

用人单位对需要复查和医学观察的劳动者，应当按照体检机构的要求安排其复查和医学观察。

第三十三条 用人单位应当对从事使用有毒物品作业的劳动者进行离岗时的职业健康检查；对离岗时未进行职业健康检查的劳动者，不得解除或者终止与其订立的劳动合同。

用人单位发生分立、合并、解散、破产等情形的，应当对从事使用有毒物品作业的劳动者进行健康检查，并按照国家有关规定妥善安置职业病病人。

第三十四条 用人单位对受到或者可能受到急性职业中毒危害的劳动者，应当及时组织进行健康检查和医学观察。

第三十五条 劳动者职业健康检查和医学观察的费用，由用人单位承担。

第三十六条 用人单位应当建立职业健康监护档案。

职业健康监护档案应当包括下列内容：

（一）劳动者的职业史和职业中毒危害接触史；

（二）相应作业场所职业中毒危害因素监测结果；

（三）职业健康检查结果及处理情况；

（四）职业病诊疗等劳动者健康资料。

第五章　劳动者的权利与义务

第三十七条 从事使用有毒物品作业的劳动者在存在威胁生命安全或者身体健康危险

的情况下，有权通知用人单位并从使用有毒物品造成的危险现场撤离。

用人单位不得因劳动者依据前款规定行使权利，而取消或者减少劳动者在正常工作时享有的工资、福利待遇。

第三十八条 劳动者享有下列职业卫生保护权利：

（一）获得职业卫生教育、培训；

（二）获得职业健康检查、职业病诊疗、康复等职业病防治服务；

（三）了解工作场所产生或者可能产生的职业中毒危害因素、危害后果和应当采取的职业中毒危害防护措施；

（四）要求用人单位提供符合防治职业病要求的职业中毒危害防护设施和个人使用的职业中毒危害防护用品，改善工作条件；

（五）对违反职业病防治法律、法规，危及生命、健康的行为提出批评、检举和控告；

（六）拒绝违章指挥和强令进行没有职业中毒危害防护措施的作业；

（七）参与用人单位职业卫生工作的民主管理，对职业病防治工作提出意见和建议。

用人单位应当保障劳动者行使前款所列权利。禁止因劳动者依法行使正当权利而降低其工资、福利等待遇或者解除、终止与其订立的劳动合同。

第三十九条 劳动者有权在正式上岗前从用人单位获得下列资料：

（一）作业场所使用的有毒物品的特性、有害成分、预防措施、教育和培训资料；

（二）有毒物品的标签、标识及有关资料；

（三）有毒物品安全使用说明书；

（四）可能影响安全使用有毒物品的其他有关资料。

第四十条 劳动者有权查阅、复印其本人职业健康监护档案。

劳动者离开用人单位时，有权索取本人健康监护档案复印件；用人单位应当如实、无偿提供，并在所提供的复印件上签章。

第四十一条 用人单位按照国家规定参加工伤保险的，患职业病的劳动者有权按照国家有关工伤保险的规定，享受下列工伤保险待遇：

（一）医疗费：因患职业病进行诊疗所需费用，由工伤保险基金按照规定标准支付；

（二）住院伙食补助费：由用人单位按照当地因公出差伙食标准的一定比例支付；

（三）康复费：由工伤保险基金按照规定标准支付；

（四）残疾用具费：因残疾需要配置辅助器具的，所需费用由工伤保险基金按照普及型辅助器具标准支付；

（五）停工留薪期待遇：原工资、福利待遇不变，由用人单位支付；

（六）生活护理补助费：经评残并确认需要生活护理的，生活护理补助费由工伤保险基金按照规定标准支付；

（七）一次性伤残补助金：经鉴定为十级至一级伤残的，按照伤残等级享受相当于6个月至24个月的本人工资的一次性伤残补助金，由工伤保险基金支付；

（八）伤残津贴：经鉴定为四级至一级伤残的，按照规定享受相当于本人工资75%至90%的伤残津贴，由工伤保险基金支付；

（九）死亡补助金：因职业中毒死亡的，由工伤保险基金按照不低于48个月的统筹地区上年度职工月平均工资的标准一次支付；

（十）丧葬补助金：因职业中毒死亡的，由工伤保险基金按照6个月的统筹地区上年度职工月平均工资的标准一次支付；

（十一）供养亲属抚恤金：因职业中毒死亡的，对由死者生前提供主要生活来源的亲属由工伤保险基金支付抚恤金：对其配偶每月按照统筹地区上年度职工月平均工资的40%发给，对其生前供养的直系亲属每人每月按照统筹地区上年度职工月平均工资的30%发给；

（十二）国家规定的其他工伤保险待遇。

本条例施行后，国家对工伤保险待遇的项目和标准作出调整时，从其规定。

第四十二条 用人单位未参加工伤保险的，其劳动者从事有毒物品作业患职业病的，用人单位应当按照国家有关工伤保险规定的项目和标准，保证劳动者享受工伤待遇。

第四十三条 用人单位无营业执照以及被依法吊销营业执照，其劳动者从事使用有毒物品作业患职业病的，应当按照国家有关工伤保险规定的项目和标准，给予劳动者一次性赔偿。

第四十四条 用人单位分立、合并的，承继单位应当承担由原用人单位对患职业病的劳动者承担的补偿责任。

用人单位解散、破产的，应当依法从其清算财产中优先支付患职业病的劳动者的补偿费用。

第四十五条 劳动者除依法享有工伤保险外，依照有关民事法律的规定，尚有获得赔偿的权利的，有权向用人单位提出赔偿要求。

第四十六条 劳动者应当学习和掌握相关职业卫生知识，遵守有关劳动保护的法律、法规和操作规程，正确使用和维护职业中毒危害防护设施及其用品；发现职业中毒事故隐患时，应当及时报告。

作业场所出现使用有毒物品产生的危险时，劳动者应当采取必要措施，按照规定正确使用防护设施，将危险加以消除或者减少到最低限度。

第六章 监督管理

第四十七条 县级以上人民政府卫生行政部门应当依照本条例的规定和国家有关职业卫生要求，依据职责划分，对作业场所使用有毒物品作业及职业中毒危害检测、评价活动进行监督检查。

卫生行政部门实施监督检查，不得收取费用，不得接受用人单位的财物或者其他利益。

第四十八条 卫生行政部门应当建立、健全监督制度，核查反映用人单位有关劳动保护的材料，履行监督责任。

用人单位应当向卫生行政部门如实、具体提供反映有关劳动保护的材料；必要时，卫生行政部门可以查阅或者要求用人单位报送有关材料。

第四十九条 卫生行政部门应当监督用人单位严格执行有关职业卫生规范。

卫生行政部门应当依照本条例的规定对使用有毒物品作业场所的职业卫生防护设备、设施的防护性能进行定期检验和不定期的抽查；发现职业卫生防护设备、设施存在隐患时，应当责令用人单位立即消除隐患；消除隐患期间，应当责令其停止作业。

第五十条 卫生行政部门应当采取措施，鼓励对用人单位的违法行为进行举报、投诉、检举和控告。

卫生行政部门对举报、投诉、检举和控告应当及时核实，依法作出处理，并将处理结果予以公布。

卫生行政部门对举报人、投诉人、检举人和控告人负有保密的义务。

第五十一条 卫生行政部门执法人员依法执行职务时，应当出示执法证件。

卫生行政部门执法人员应当忠于职守，秉公执法；涉及用人单位秘密的，应当为其保密。

第五十二条 卫生行政部门依法实施罚款的行政处罚，应当依照有关法律、行政法规的规定，实施罚款决定与罚款收缴分离；收缴的罚款以及依法没收的经营所得，必须全部上缴国库。

第五十三条 卫生行政部门履行监督检查职责时，有权采取下列措施：

（一）进入用人单位和使用有毒物品作业场所现场，了解情况，调查取证，进行抽样检查、检测、检验，进行实地检查；

（二）查阅或者复制与违反本条例行为有关的资料，采集样品；

（三）责令违反本条例规定的单位和个人停止违法行为。

第五十四条 发生职业中毒事故或者有证据证明职业中毒危害状态可能导致事故发生时，卫生行政部门有权采取下列临时控制措施：

（一）责令暂停导致职业中毒事故的作业；

（二）封存造成职业中毒事故或者可能导致事故发生的物品；

（三）组织控制职业中毒事故现场。

在职业中毒事故或者危害状态得到有效控制后，卫生行政部门应当及时解除控制措施。

第五十五条 卫生行政部门执法人员依法执行职务时，被检查单位应当接受检查并予以支持、配合，不得拒绝和阻碍。

第五十六条 卫生行政部门应当加强队伍建设，提高执法人员的政治、业务素质，依照本条例的规定，建立、健全内部监督制度，对执法人员执行法律、法规和遵守纪律的情况进行监督检查。

第七章 罚 则

第五十七条 卫生行政部门的工作人员有下列行为之一，导致职业中毒事故发生的，依照刑法关于滥用职权罪、玩忽职守罪或者其他罪的规定，依法追究刑事责任；造成职业中毒危害但尚未导致职业中毒事故发生，不够刑事处罚的，根据不同情节，依法给予降级、撤职或者开除的行政处分：

（一）对不符合本条例规定条件的涉及使用有毒物品作业事项，予以批准的；

（二）发现用人单位擅自从事使用有毒物品作业，不予取缔的；

（三）对依法取得批准的用人单位不履行监督检查职责，发现其不再具备本条例规定的条件而不撤销原批准或者发现违反本条例的其他行为不予查处的；

（四）发现用人单位存在职业中毒危害，可能造成职业中毒事故，不及时依法采取控制措施的。

第五十八条 用人单位违反本条例的规定，有下列情形之一的，由卫生行政部门给予警告，责令限期改正，处10万元以上50万元以下的罚款；逾期不改正的，提请有关人民政府按照国务院规定的权限责令停建、予以关闭；造成严重职业中毒危害或者导致职业中毒事故发生的，对负有责任的主管人员和其他直接责任人员依照刑法关于重大劳动安全事故罪或者其他罪的规定，依法追究刑事责任：

（一）可能产生职业中毒危害的建设项目，未依照职业病防治法的规定进行职业中毒危害预评价，或者预评价未经卫生行政部门审核同意，擅自开工的；

（二）职业卫生防护设施未与主体工程同时设计、同时施工、同时投入生产和使用的；

（三）建设项目竣工，未进行职业中毒危害控制效果评价，或者未经卫生行政部门验收或者验收不合格，擅自投入使用的；

（四）存在高毒作业的建设项目的防护设施设计未经卫生行政部门审查同意，擅自施工的。

第五十九条 用人单位违反本条例的规定，有下列情形之一的，由卫生行政部门给予警告，责令限期改正，处5万元以上20万元以下的罚款；逾期不改正的，提请有关人民政府按照国务院规定的权限予以关闭；造成严重职业中毒危害或者导致职业中毒事故发生的，对负有责任的主管人员和其他直接责任人员依照刑法关于重大劳动安全事故罪或者其他罪的规定，依法追究刑事责任：

（一）使用有毒物品作业场所未按照规定设置警示标识和中文警示说明的；

（二）未对职业卫生防护设备、应急救援设施、通讯报警装置进行维护、检修和定期检测，导致上述设施处于不正常状态的；

（三）未依照本条例的规定进行职业中毒危害因素检测和职业中毒危害控制效果评价的；

（四）高毒作业场所未按照规定设置撤离通道和泄险区的；

（五）高毒作业场所未按照规定设置警示线的；

（六）未向从事使用有毒物品作业的劳动者提供符合国家职业卫生标准的防护用品，或者未保证劳动者正确使用的。

第六十条 用人单位违反本条例的规定，有下列情形之一的，由卫生行政部门给予警告，责令限期改正，处5万元以上30万元以下的罚款；逾期不改正的，提请有关人民政府按照国务院规定的权限予以关闭；造成严重职业中毒危害或者导致职业中毒事故发生的，对负有责任的主管人员和其他直接责任人员依照刑法关于重大责任事故罪、重大劳动安全

事故罪或者其他罪的规定,依法追究刑事责任:

(一) 使用有毒物品作业场所未设置有效通风装置的,或者可能突然泄漏大量有毒物品或者易造成急性中毒的作业场所未设置自动报警装置或者事故通风设施的;

(二) 职业卫生防护设备、应急救援设施、通讯报警装置处于不正常状态而不停止作业,或者擅自拆除或者停止运行职业卫生防护设备、应急救援设施、通讯报警装置的。

第六十一条 从事使用高毒物品作业的用人单位违反本条例的规定,有下列行为之一的,由卫生行政部门给予警告,责令限期改正,处5万元以上20万元以下的罚款;逾期不改正的,提请有关人民政府按照国务院规定的权限予以关闭;造成严重职业中毒危害或者导致职业中毒事故发生的,对负有责任的主管人员和其他直接责任人员依照刑法关于重大责任事故罪或者其他罪的规定,依法追究刑事责任:

(一) 作业场所职业中毒危害因素不符合国家职业卫生标准和卫生要求而不立即停止高毒作业并采取相应的治理措施的,或者职业中毒危害因素治理不符合国家职业卫生标准和卫生要求重新作业的;

(二) 未依照本条例的规定维护、检修存在高毒物品的生产装置的;

(三) 未采取本条例规定的措施,安排劳动者进入存在高毒物品的设备、容器或者狭窄封闭场所作业的。

第六十二条 在作业场所使用国家明令禁止使用的有毒物品或者使用不符合国家标准的有毒物品的,由卫生行政部门责令立即停止使用,处5万元以上30万元以下的罚款;情节严重的,责令停止使用有毒物品作业,或者提请有关人民政府按照国务院规定的权限予以关闭;造成严重职业中毒危害或者导致职业中毒事故发生的,对负有责任的主管人员和其他直接责任人员依照刑法关于危险物品肇事罪、重大责任事故罪或者其他罪的规定,依法追究刑事责任。

第六十三条 用人单位违反本条例的规定,有下列行为之一的,由卫生行政部门给予警告,责令限期改正;逾期不改正的,处5万元以上30万元以下的罚款;造成严重职业中毒危害或者导致职业中毒事故发生的,对负有责任的主管人员和其他直接责任人员依照刑法关于重大责任事故罪或者其他罪的规定,依法追究刑事责任:

(一) 使用未经培训考核合格的劳动者从事高毒作业的;

(二) 安排有职业禁忌的劳动者从事所禁忌的作业的;

(三) 发现有职业禁忌或者有与所从事职业相关的健康损害的劳动者,未及时调离原工作岗位,并妥善安置的;

(四) 安排未成年人或者孕期、哺乳期的女职工从事使用有毒物品作业的;

(五) 使用童工的。

第六十四条 违反本条例的规定,未经许可,擅自从事使用有毒物品作业的,由工商行政管理部门、卫生行政部门依据各自职权予以取缔;造成职业中毒事故的,依照刑法关于危险物品肇事罪或者其他罪的规定,依法追究刑事责任;尚不够刑事处罚的,由卫生行政部门没收经营所得,并处经营所得3倍以上5倍以下的罚款;对劳动者造成人身伤害的,依法承担赔偿责任。

第六十五条 从事使用有毒物品作业的用人单位违反本条例的规定,在转产、停产、停业或者解散、破产时未采取有效措施,妥善处理留存或者残留高毒物品的设备、包装物和容器的,由卫生行政部门责令改正,处 2 万元以上 10 万元以下的罚款;触犯刑律的,对负有责任的主管人员和其他直接责任人员依照刑法关于重大环境污染事故罪、危险物品肇事罪或者其他罪的规定,依法追究刑事责任。

第六十六条 用人单位违反本条例的规定,有下列情形之一的,由卫生行政部门给予警告,责令限期改正,处 5000 元以上 2 万元以下的罚款;逾期不改正的,责令停止使用有毒物品作业,或者提请有关人民政府按照国务院规定的权限予以关闭;造成严重职业中毒危害或者导致职业中毒事故发生的,对负有责任的主管人员和其他直接责任人员依照刑法关于重大劳动安全事故罪、危险物品肇事罪或者其他罪的规定,依法追究刑事责任:

(一)使用有毒物品作业场所未与生活场所分开或者在作业场所住人的;

(二)未将有害作业与无害作业分开的;

(三)高毒作业场所未与其他作业场所有效隔离的;

(四)从事高毒作业未按照规定配备应急救援设施或者制定事故应急救援预案的。

第六十七条 用人单位违反本条例的规定,有下列情形之一的,由卫生行政部门给予警告,责令限期改正,处 2 万元以上 5 万元以下的罚款;逾期不改正的,提请有关人民政府按照国务院规定的权限予以关闭:

(一)未按照规定向卫生行政部门申报高毒作业项目的;

(二)变更使用高毒物品品种,未按照规定向原受理申报的卫生行政部门重新申报,或者申报不及时、有虚假的。

第六十八条 用人单位违反本条例的规定,有下列行为之一的,由卫生行政部门给予警告,责令限期改正,处 2 万元以上 5 万元以下的罚款;逾期不改正的,责令停止使用有毒物品作业,或者提请有关人民政府按照国务院规定的权限予以关闭:

(一)未组织从事使用有毒物品作业的劳动者进行上岗前职业健康检查,安排未经上岗前职业健康检查的劳动者从事使用有毒物品作业的;

(二)未组织从事使用有毒物品作业的劳动者进行定期职业健康检查的;

(三)未组织从事使用有毒物品作业的劳动者进行离岗职业健康检查的;

(四)对未进行离岗职业健康检查的劳动者,解除或者终止与其订立的劳动合同的;

(五)发生分立、合并、解散、破产情形,未对从事使用有毒物品作业的劳动者进行健康检查,并按照国家有关规定妥善安置职业病病人的;

(六)对受到或者可能受到急性职业中毒危害的劳动者,未及时组织进行健康检查和医学观察的;

(七)未建立职业健康监护档案的;

(八)劳动者离开用人单位时,用人单位未如实、无偿提供职业健康监护档案的;

(九)未依照职业病防治法和本条例的规定将工作过程中可能产生的职业中毒危害及其后果、有关职业卫生防护措施和待遇等如实告知劳动者并在劳动合同中写明的;

(十)劳动者在存在威胁生命、健康危险的情况下,从危险现场中撤离,而被取消或者减少应当享有的待遇的。

第六十九条 用人单位违反本条例的规定，有下列行为之一的，由卫生行政部门给予警告，责令限期改正，处 5000 元以上 2 万元以下的罚款；逾期不改正的，责令停止使用有毒物品作业，或者提请有关人民政府按照国务院规定的权限予以关闭：

（一）未按照规定配备或者聘请职业卫生医师和护士的；

（二）未为从事使用高毒物品作业的劳动者设置淋浴间、更衣室或者未设置清洗、存放和处理工作服、工作鞋帽等物品的专用间，或者不能正常使用的；

（三）未安排从事使用高毒物品作业一定年限的劳动者进行岗位轮换的。

第八章　附　则

第七十条 涉及作业场所使用有毒物品可能产生职业中毒危害的劳动保护的有关事项，本条例未作规定的，依照职业病防治法和其他有关法律、行政法规的规定执行。

有毒物品的生产、经营、储存、运输、使用和废弃处置的安全管理，依照危险化学品安全管理条例执行。

第七十一条 本条例自公布之日起施行。

煤矿作业场所职业病危害防治规定

发布单位：国家安全生产监督管理局　发布日期：2015年2月28日
实施日期：2015年4月1日
中华人民共和国国家安全生产监督管理总局令第73号

第一章　总　则

第一条　为加强煤矿作业场所职业病危害的防治工作，强化煤矿企业职业病危害防治主体责任，预防、控制职业病危害，保护煤矿劳动者健康，依据《中华人民共和国职业病防治法》、《中华人民共和国安全生产法》、《煤矿安全监察条例》等法律、行政法规，制定本规定。

第二条　本规定适用于中华人民共和国领域内各类煤矿及其所属为煤矿服务的矿井建设施工、洗煤厂、选煤厂等存在职业病危害的作业场所职业病危害预防和治理活动。

第三条　本规定所称煤矿作业场所职业病危害（以下简称职业病危害），是指由粉尘、噪声、热害、有毒有害物质等因素导致煤矿劳动者职业病的危害。

第四条　煤矿是本企业职业病危害防治的责任主体。

职业病危害防治坚持以人为本、预防为主、综合治理的方针，按照源头治理、科学防治、严格管理、依法监督的要求开展工作。

第二章　职业病危害防治管理

第五条　煤矿主要负责人（法定代表人、实际控制人，下同）是本单位职业病危害防治工作的第一责任人，对本单位职业病危害防治工作全面负责。

第六条　煤矿应当建立健全职业病危害防治领导机构，制定职业病危害防治规划，明确职责分工和落实工作经费，加强职业病危害防治工作。

第七条　煤矿应当设置或者指定职业病危害防治的管理机构，配备专职职业卫生管理人员，负责职业病危害防治日常管理工作。

第八条　煤矿应当制定职业病危害防治年度计划和实施方案，并建立健全下列制度：

（一）职业病危害防治责任制度；

（二）职业病危害警示与告知制度；

（三）职业病危害项目申报制度；

（四）职业病防治宣传、教育和培训制度；

（五）职业病防护设施管理制度；

（六）职业病个体防护用品管理制度；

（七）职业病危害日常监测及检测、评价管理制度；

（八）建设项目职业病防护设施与主体工程同时设计、同时施工、同时投入生产和使用（以下简称建设项目职业卫生"三同时"）的制度；

（九）劳动者职业健康监护及其档案管理制度；

（十）职业病诊断、鉴定及报告制度；

（十一）职业病危害防治经费保障及使用管理制度；

（十二）职业卫生档案管理制度；

（十三）职业病危害事故应急管理制度；

（十四）法律、法规、规章规定的其他职业病危害防治制度。

第九条　煤矿应当配备专职或者兼职的职业病危害因素监测人员，装备相应的监测仪器设备。监测人员应当经培训合格；未经培训合格的，不得上岗作业。

第十条　煤矿应当以矿井为单位开展职业病危害因素日常监测，并委托具有资质的职业卫生技术服务机构，每年进行一次作业场所职业病危害因素检测，每3年进行1次职业病危害现状评价。根据监测、检测、评价结果，落实整改措施，同时将日常监测、检测、评价、落实整改情况存入本单位职业卫生档案。检测、评价结果向所在地安全生产监督管理部门和驻地煤矿安全监察机构报告，并向劳动者公布。

第十一条　煤矿不得使用国家明令禁止使用的可能产生职业病危害的技术、工艺、设备和材料，限制使用或者淘汰职业病危害严重的技术、工艺、设备和材料。

第十二条　煤矿应当优化生产布局和工艺流程，使有害作业和无害作业分开，减少接触职业病危害的人数和接触时间。

第十三条　煤矿应当按照《煤矿职业安全卫生个体防护用品配备标准》（AQ1051）规定，为接触职业病危害的劳动者提供符合标准的个体防护用品，并指导和督促其正确使用。

第十四条　煤矿应当履行职业病危害告知义务，与劳动者订立或者变更劳动合同时，应当将作业过程中可能产生的职业病危害及其后果、防护措施和相关待遇等如实告知劳动者，并在劳动合同中载明，不得隐瞒或者欺骗。

第十五条　煤矿应当在醒目位置设置公告栏，公布有关职业病危害防治的规章制度、操作规程和作业场所职业病危害因素检测结果；对产生严重职业病危害的作业岗位，应当在醒目位置设置警示标识和中文警示说明。

第十六条　煤矿主要负责人、职业卫生管理人员应当具备煤矿职业卫生知识和管理能力，接受职业病危害防治培训。培训内容应当包括职业卫生相关法律、法规、规章和标准，职业病危害预防和控制的基本知识，职业卫生管理相关知识等内容。

煤矿应当对劳动者进行上岗前、在岗期间的定期职业病危害防治知识培训，督促劳动者遵守职业病防治法律、法规、规章、标准和操作规程，指导劳动者正确使用职业病防护设备和个体防护用品。上岗前培训时间不少于4学时，在岗期间的定期培训时间每年不少于 2 学时。

第十七条 煤矿应当建立健全企业职业卫生档案。企业职业卫生档案应当包括下列内容：

（一）职业病防治责任制文件；

（二）职业卫生管理规章制度；

（三）作业场所职业病危害因素种类清单、岗位分布以及作业人员接触情况等资料；

（四）职业病防护设施、应急救援设施基本信息及其配置、使用、维护、检修与更换等记录；

（五）作业场所职业病危害因素检测、评价报告与记录；

（六）职业病个体防护用品配备、发放、维护与更换等记录；

（七）煤矿企业主要负责人、职业卫生管理人员和劳动者的职业卫生培训资料；

（八）职业病危害事故报告与应急处置记录；

（九）劳动者职业健康检查结果汇总资料，存在职业禁忌证、职业健康损害或者职业病的劳动者处理和安置情况记录；

（十）建设项目职业卫生"三同时"有关技术资料；

（十一）职业病危害项目申报情况记录；

（十二）其他有关职业卫生管理的资料或者文件。

第十八条 煤矿应当保障职业病危害防治专项经费，经费在财政部、国家安全监管总局《关于印发〈企业安全生产费用提取和使用管理办法〉的通知》（财企〔2012〕16 号）第十七条"（十）其他与安全生产直接相关的支出"中列支。

第十九条 煤矿发生职业病危害事故，应当及时向所在地安全生产监督管理部门和驻地煤矿安全监察机构报告，同时积极采取有效措施，减少或者消除职业病危害因素，防止事故扩大。对遭受或者可能遭受急性职业病危害的劳动者，应当及时组织救治，并承担所需费用。

煤矿不得迟报、漏报、谎报或者瞒报煤矿职业病危害事故。

第三章 建设项目职业病防护设施"三同时"管理

第二十条 煤矿建设项目职业病防护设施必须与主体工程同时设计、同时施工、同时投入生产和使用。职业病防护设施所需费用应当纳入建设项目工程预算。

第二十一条 煤矿建设项目在可行性论证阶段，建设单位应当委托具有资质的职业卫生技术服务机构进行职业病危害预评价，编制预评价报告。

第二十二条 煤矿建设项目在初步设计阶段，应当委托具有资质的设计单位编制职业病防护设施设计专篇。

第二十三条 煤矿建设项目完工后，在试运行期内，应当委托具有资质的职业卫生技术服务机构进行职业病危害控制效果评价，编制控制效果评价报告。

第四章　职业病危害项目申报

第二十四条　煤矿在申领、换发煤矿安全生产许可证时，应当如实向驻地煤矿安全监察机构申报职业病危害项目，同时抄报所在地安全生产监督管理部门。

第二十五条　煤矿申报职业病危害项目时，应当提交下列文件、资料：

（一）煤矿的基本情况；

（二）煤矿职业病危害防治领导机构、管理机构情况；

（三）煤矿建立职业病危害防治制度情况；

（四）职业病危害因素名称、监测人员及仪器设备配备情况；

（五）职业病防护设施及个体防护用品配备情况；

（六）煤矿主要负责人、职业卫生管理人员及劳动者职业卫生培训情况证明材料；

（七）劳动者职业健康检查结果汇总资料，存在职业禁忌症、职业健康损害或者职业病的劳动者处理和安置情况记录；

（八）职业病危害警示标识设置与告知情况；

（九）煤矿职业卫生档案管理情况；

（十）法律、法规和规章规定的其他资料。

第二十六条　安全生产监督管理部门和煤矿安全监察机构及其工作人员应当对煤矿企业职业病危害项目申报材料中涉及的商业和技术等秘密保密。违反有关保密义务的，应当承担相应的法律责任。

第五章　职业健康监护

第二十七条　对接触职业病危害的劳动者，煤矿应当按照国家有关规定组织上岗前、在岗期间和离岗时的职业健康检查，并将检查结果书面告知劳动者。职业健康检查费用由煤矿承担。职业健康检查由省级以上人民政府卫生行政部门批准的医疗卫生机构承担。

第二十八条　煤矿不得安排未经上岗前职业健康检查的人员从事接触职业病危害的作业；不得安排有职业禁忌的人员从事其所禁忌的作业；不得安排未成年工从事接触职业病危害的作业；不得安排孕期、哺乳期的女职工从事对本人和胎儿、婴儿有危害的作业。

第二十九条　劳动者接受职业健康检查应当视同正常出勤，煤矿企业不得以常规健康检查代替职业健康检查。接触职业病危害作业的劳动者的职业健康检查周期按照表1执行。

表 1　接触职业病危害作业的劳动者的职业健康检查周期

接触有害物质	体检对象	检查周期
煤尘（以煤尘为主）	在岗人员	2 年 1 次
	观察对象、Ⅰ期煤工尘肺患者	每年 1 次
岩尘（以岩尘为主）	在岗人员、观察对象、Ⅰ期矽肺患者	
噪声	在岗人员	
高温	在岗人员	
化学毒物	在岗人员	根据所接触的化学毒物确定检查周期
接触粉尘危害作业退休人员的职业健康检查周期按照有关规定执行		

第三十条　煤矿不得以劳动者上岗前职业健康检查代替在岗期间定期的职业健康检查，也不得以劳动者在岗期间职业健康检查代替离岗时职业健康检查，但最后一次在岗期间的职业健康检查在离岗前的 90 日内的，可以视为离岗时检查。对未进行离岗前职业健康检查的劳动者，煤矿不得解除或者终止与其订立的劳动合同。

第三十一条　煤矿应当根据职业健康检查报告，采取下列措施：

（一）对有职业禁忌的劳动者，调离或者暂时脱离原工作岗位；

（二）对健康损害可能与所从事的职业相关的劳动者，进行妥善安置；

（三）对需要复查的劳动者，按照职业健康检查机构要求的时间安排复查和医学观察；

（四）对疑似职业病病人，按照职业健康检查机构的建议安排其进行医学观察或者职业病诊断；

（五）对存在职业病危害的岗位，改善劳动条件，完善职业病防护设施。

第三十二条　煤矿应当为劳动者个人建立职业健康监护档案，并按照有关规定的期限妥善保存。

职业健康监护档案应当包括劳动者个人基本情况、劳动者职业史和职业病危害接触史、历次职业健康检查结果及处理情况、职业病诊疗等资料。

劳动者离开煤矿时，有权索取本人职业健康监护档案复印件，煤矿必须如实、无偿提供，并在所提供的复印件上签章。

第三十三条　劳动者健康出现损害需要进行职业病诊断、鉴定的，煤矿企业应当如实提供职业病诊断、鉴定所需的劳动者职业史和职业病危害接触史、作业场所职业病危害因素检测结果等资料。

第六章　粉尘危害防治

第三十四条　煤矿应当在正常生产情况下对作业场所的粉尘浓度进行监测。粉尘浓度应当符合表 2 的要求；不符合要求的，应当采取有效措施。

表 2　煤矿作业场所粉尘浓度要求

粉尘种类	游离 SiO_2 含量（%）	时间加权平均容许浓度（mg/m^3）	
		总粉尘	呼吸性粉尘
煤尘	<10	4	2.5
矽尘	10≤ ~ ≤50	1	0.7
	50< ~ ≤80	0.7	0.3
	>80	0.5	0.2
水泥尘	<10	4	1.5

第三十五条　煤矿进行粉尘监测时，其监测点的选择和布置应当符合表 3 的要求。

表 3　煤矿作业场所测尘点的选择和布置要求

类别	生产工艺	测尘点布置
采煤工作面	司机操作采煤机、打眼、人工落煤及攉煤	工人作业地点
	多工序同时作业	回风巷距工作面 10~15m 处
掘进工作面	司机操作掘进机、打眼、装岩（煤）、锚喷支护	工人作业地点
	多工序同时作业（爆破作业除外）	距掘进头 10~15m 回风侧
其他场所	翻罐笼作业、巷道维修、转载点	工人作业地点
露天煤矿	穿孔机作业、挖掘机作业	下风侧 3~5m 处
	司机操作穿孔机、司机操作挖掘机、汽车运输	操作室内
地面作业场所	地面煤仓、储煤场、输送机运输等处生产作业	作业人员活动范围内

第三十六条　粉尘监测采用定点或者个体方法进行，推广实时在线监测系统。粉尘监测应当符合下列要求：

（一）总粉尘浓度，煤矿井下每月测定 2 次或者采用实时在线监测，地面及露天煤矿每月测定 1 次或者采用实时在线监测；

（二）呼吸性粉尘浓度每月测定1次；

（三）粉尘分散度每6个月监测1次；

（四）粉尘中游离SiO_2含量，每6个月测定1次，在变更工作面时也应当测定1次。

第三十七条　煤矿应当使用粉尘采样器、直读式粉尘浓度测定仪等仪器设备进行粉尘浓度的测定。井工煤矿的采煤工作面回风巷、掘进工作面回风侧应当设置粉尘浓度传感器，并接入安全监测监控系统。

第三十八条　井工煤矿必须建立防尘洒水系统。永久性防尘水池容量不得小于200m^3，且贮水量不得小于井下连续2h的用水量，备用水池贮水量不得小于永久性防尘水池的50%。

防尘管路应当敷设到所有能产生粉尘和沉积粉尘的地点，没有防尘供水管路的采掘工作面不得生产。静压供水管路管径应当满足矿井防尘用水量的要求，强度应当满足静压水压力的要求。

防尘用水水质悬浮物的含量不得超过30mg/L，粒径不大于0.3mm，水的pH值应当在6~9范围内，水的碳酸盐硬度不超过3mmol/L。使用降尘剂时，降尘剂应当无毒、无腐蚀、不污染环境。

第三十九条　井工煤矿掘进井巷和硐室时，必须采用湿式钻眼，使用水炮泥，爆破前后冲洗井壁巷帮，爆破过程中采用高压喷雾（喷雾压力不低于8MPa）或者压气喷雾降尘、装岩（煤）洒水和净化风流等综合防尘措施。

第四十条　井工煤矿在煤、岩层中钻孔，应当采取湿式作业。煤（岩）与瓦斯突出煤层或者软煤层中难以采取湿式钻孔时，可以采取干式钻孔，但必须采取除尘器捕尘、除尘，除尘器的呼吸性粉尘除尘效率不得低于90%。

第四十一条　井工煤矿炮采工作面应当采取湿式钻眼，使用水炮泥，爆破前后应当冲洗煤壁，爆破时应当采用高压喷雾（喷雾压力不低于8MPa）或者压气喷雾降尘，出煤时应当洒水降尘。

第四十二条　井工煤矿采煤机作业时，必须使用内、外喷雾装置。内喷雾压力不得低于2MPa，外喷雾压力不得低于4MPa。内喷雾装置不能正常使用时，外喷雾压力不得低于8MPa，否则采煤机必须停机。液压支架必须安装自动喷雾降尘装置，实现降柱、移架同步喷雾。破碎机必须安装防尘罩，并加装喷雾装置或者除尘器。放顶煤采煤工作面的放煤口，必须安装高压喷雾装置（喷雾压力不低于8MPa）或者采取压气喷雾降尘。

第四十三条　井工煤矿掘进机作业时，应当使用内、外喷雾装置和控尘装置、除尘器等构成的综合防尘系统。掘进机内喷雾压力不得低于2MPa，外喷雾压力不得低于4MPa。内喷雾装置不能正常使用时，外喷雾压力不得低于8MPa；除尘器的呼吸性粉尘除尘效率不得低于90%。

第四十四条　井工煤矿的采煤工作面回风巷、掘进工作面回风侧应当分别安设至少2道自动控制风流净化水幕。

第四十五条　煤矿井下煤仓放煤口、溜煤眼放煤口以及地面带式输送机走廊必须安设喷雾装置或者除尘器，作业时进行喷雾降尘或者用除尘器除尘。煤仓放煤口、溜煤眼放煤口采用喷雾降尘时，喷雾压力不得低于 8MPa。

第四十六条 井工煤矿的所有煤层必须进行煤层注水可注性测试。对于可注水煤层必须进行煤层注水。煤层注水过程中应当对注水流量、注水量及压力等参数进行监测和控制，单孔注水总量应当使该钻孔预湿煤体的平均水分含量增量不得低于 1.5%，封孔深度应当保证注水过程中煤壁及钻孔不漏水、不跑水。在厚煤层分层开采时，在确保安全前提下，应当采取在上一分层的采空区内灌水，对下一分层的煤体进行湿润。

第四十七条 井工煤矿打锚杆眼应当实施湿式钻孔，喷射混凝土时应当采用潮喷或者湿喷工艺，喷射机、喷浆点应当配备捕尘、除尘装置，距离锚喷作业点下风向 100m 内，应当设置 2 道以上自动控制风流净化水幕。

第四十八条 井工煤矿转载点应当采用自动喷雾降尘（喷雾压力应当大于 0.7MPa）或者密闭尘源除尘器抽尘净化等措施。转载点落差超过 0.5m，必须安装溜槽或者导向板。装煤点下风侧 20m 内，必须设置一道自动控制风流净化水幕。运输巷道内应当设置自动控制风流净化水幕。

第四十九条 露天煤矿粉尘防治应当符合下列要求：

（一）设置有专门稳定可靠供水水源的加水站（池），加水能力满足洒水降尘所需的最大供给量。

（二）采取湿式钻孔；不能实现湿式钻孔时，设置有效的孔口捕尘装置。

（三）破碎作业时，密闭作业区域并采用喷雾降尘或者除尘器除尘。

（四）加强对穿孔机、挖掘机、汽车等司机操作室的防护。

（五）挖掘机装车前，对煤（岩）洒水，卸煤（岩）时喷雾降尘。

（六）对运输路面经常清理浮尘、洒水，加强维护，保持路面平整。

第五十条 洗选煤厂原煤准备（给煤、破碎、筛分、转载）过程中宜密闭尘源，并采取喷雾降尘或除尘器除尘。

第五十一条 储煤场厂区应当定期洒水抑尘，储煤场四周应当设抑尘网，装卸煤炭应当喷雾降尘或者洒水车降尘，煤炭外运时应当采取密闭措施。

第七章 噪声危害防治

第五十二条 煤矿作业场所噪声危害依照下列标准判定：

（一）劳动者每天连续接触噪声时间达到或者超过 8h 的，噪声声级限值为 85dB（A）；

（二）劳动者每天接触噪声时间不足 8h 的，可以根据实际接触噪声的时间，按照接触噪声时间减半、噪声声级限值增加 3dB（A）的原则确定其声级限值。

第五十三条 煤矿应当配备 2 台以上噪声测定仪器，并对作业场所噪声每 6 个月监测 1 次。

第五十四条 煤矿作业场所噪声的监测地点主要包括：

（一）井工煤矿的主要通风机、提升机、空气压缩机、局部通风机、采煤机、掘进机、风动凿岩机、风钻、乳化液泵、水泵等地点；

（二）露天煤矿的挖掘机、穿孔机、矿用汽车、输送机、排土机和爆破作业等地点；

（三）选煤厂破碎机、筛分机、空压机等地点。

煤矿进行监测时，应当在每个监测地点选择3个测点，监测结果以3个监测点的平均值为准。

第五十五条 煤矿应当优先选用低噪声设备，通过隔声、消声、吸声、减振、减少接触时间、佩戴防护耳塞（罩）等措施降低噪声危害。

第八章　热害防治

第五十六条 井工煤矿采掘工作面的空气温度不得超过26℃，机电设备硐室的空气温度不得超过30℃。当空气温度超过上述要求时，煤矿必须缩短超温地点工作人员的工作时间，并给予劳动者高温保健待遇。采掘工作面的空气温度超过30℃、机电设备硐室的空气温度超过34℃时，必须停止作业。

第五十七条 井工煤矿采掘工作面和机电设备硐室应当设置温度传感器。

第五十八条 井工煤矿应当采取通风降温、采用分区式开拓方式缩短入风线路长度等措施，降低工作面的温度；当采用上述措施仍然无法达到作业环境标准温度的，应当采用制冷等降温措施。

第五十九条 井工煤矿地面辅助生产系统和露天煤矿应当合理安排劳动者工作时间，减少高温时段室外作业。

第九章　职业中毒防治

第六十条 煤矿作业场所主要化学毒物浓度不得超过表4的要求。

表4　煤矿主要化学毒物最高允许浓度

化学毒物名称	最高允许浓度（%）
CO	0.0024
H_2S	0.00066
NO（换算成 NO_2）	0.00025
SO_2	0.0005

第六十一条 煤矿进行化学毒物监测时，应当选择有代表性的作业地点，其中包括空气中有害物质浓度最高、作业人员接触时间最长的作业地点。采样应当在正常生产状态下进行。

第六十二条 煤矿应当对NO（换算成 NO_2）、CO、SO_2 每3个月至少监测1次，对 H_2S 每月至少监测1次。煤层有自燃倾向的，应当根据需要随时监测。

第六十三条 煤矿作业场所应当加强通风降低有害气体的浓度，在采用通风措施无法达到表4的规定时，应当采用净化、化学吸收等措施降低有害气体的浓度。

第十章 法律责任

第六十四条 煤矿违反本规定，有下列行为之一的，给予警告，责令限期改正；逾期不改正的，处10万元以下的罚款：

（一）作业场所职业病危害因素检测、评价结果没有存档、上报、公布的；

（二）未设置职业病防治管理机构或者配备专职职业卫生管理人员的；

（三）未制定职业病防治计划或者实施方案的；

（四）未建立健全职业病危害防治制度的；

（五）未建立健全企业职业卫生档案或者劳动者职业健康监护档案的；

（六）未公布有关职业病防治的规章制度、操作规程、职业病危害事故应急救援措施的；

（七）未组织劳动者进行职业卫生培训，或者未对劳动者个人职业病防护采取指导、督促措施的。

第六十五条 煤矿违反本规定，有下列行为之一的，给予警告，可以并处5万元以上10万元以下的罚款：

（一）未如实申报产生职业病危害的项目的；

（二）未实施由专人负责的职业病危害因素日常监测，或者监测系统不能正常监测的；

（三）订立或者变更劳动合同时，未告知劳动者职业病危害真实情况的；

（四）未组织职业健康检查、建立职业健康监护档案，或者未将检查结果书面告知劳动者的；

（五）未在劳动者离开煤矿企业时提供职业健康监护档案复印件的。

第六十六条 煤矿违反本规定，有下列行为之一的，责令限期改正，逾期不改正的，处5万元以上20万元以下的罚款；情节严重的，责令停止产生职业病危害的作业，或者提请有关人民政府按照国务院规定的权限责令关闭：

（一）作业场所职业病危害因素的强度或者浓度超过本规定要求的；

（二）未提供职业病防护设施和个人使用的职业病防护用品，或者提供的职业病防护设施和个人使用的职业病防护用品不符合本规定要求的；

（三）未对作业场所职业病危害因素进行检测、评价的；

（四）作业场所职业病危害因素经治理仍然达不到本规定要求时，未停止存在职业病危害因素的作业的；

（五）发生或者可能发生急性职业病危害事故时，未立即采取应急救援和控制措施，或者未按照规定及时报告的；

（六）未按照规定在产生严重职业病危害的作业岗位醒目位置设置警示标识和中文警示说明的。

第六十七条 煤矿违反本规定,有下列情形之一的,责令限期治理,并处 5 万元以上 30 万元以下的罚款;情节严重的,责令停止产生职业病危害的作业,或者暂扣、吊销煤矿安全生产许可证:

(一)隐瞒本单位职业卫生真实情况的;

(二)使用国家明令禁止使用的可能产生职业病危害的设备或者材料的;

(三)安排未经职业健康检查的劳动者、有职业禁忌的劳动者、未成年工或者孕期、哺乳期女职工从事接触职业病危害的作业或者禁忌作业的。

第六十八条 煤矿违反本规定,有下列行为之一的,给予警告,责令限期改正,逾期不改正的,处 3 万元以下的罚款:

(一)未投入职业病防治经费的;

(二)未建立职业病防治领导机构的;

(三)煤矿企业主要负责人、职业卫生管理人员和职业病危害因素监测人员未接受职业卫生培训的。

第六十九条 煤矿违反本规定,造成重大职业病危害事故或者其他严重后果,构成犯罪的,对直接负责的主管人员和其他直接责任人员,依法追究刑事责任。

第七十条 煤矿违反本规定的其他违法行为,依照《中华人民共和国职业病防治法》和其他行政法规、规章的规定给予行政处罚。

第七十一条 本规定设定的行政处罚,由煤矿安全监察机构实施。

第十一章 附 则

第七十二条 本规定中未涉及的其他职业病危害因素,按照国家有关规定执行。

第七十三条 本规定自 2015 年 4 月 1 日起施行。

(八) 应急管理

突发事件应急预案管理办法

发布单位：国务院办公厅　　发布并实施日期：2013 年 10 月 25 日

国办发〔2013〕101 号

第一章　总　则

第一条　为规范突发事件应急预案（以下简称应急预案）管理，增强应急预案的针对性、实用性和可操作性，依据《中华人民共和国突发事件应对法》等法律、行政法规，制订本办法。

第二条　本办法所称应急预案，是指各级人民政府及其部门、基层组织、企事业单位、社会团体等为依法、迅速、科学、有序应对突发事件，最大程度减少突发事件及其造成的损害而预先制定的工作方案。

第三条　应急预案的规划、编制、审批、发布、备案、演练、修订、培训、宣传教育等工作，适用本办法。

第四条　应急预案管理遵循统一规划、分类指导、分级负责、动态管理的原则。

第五条　应急预案编制要依据有关法律、行政法规和制度，紧密结合实际，合理确定内容，切实提高针对性、实用性和可操作性。

第二章　分类和内容

第六条　应急预案按照制定主体划分，分为政府及其部门应急预案、单位和基层组织应急预案两大类。

第七条　政府及其部门应急预案由各级人民政府及其部门制定，包括总体应急预案、专项应急预案、部门应急预案等。

总体应急预案是应急预案体系的总纲，是政府组织应对突发事件的总体制度安排，由县级以上各级人民政府制定。

专项应急预案是政府为应对某一类型或某几种类型突发事件，或者针对重要目标物保护、重大活动保障、应急资源保障等重要专项工作而预先制定的涉及多个部门职责的工作方案，由有关部门牵头制订，报本级人民政府批准后印发实施。

部门应急预案是政府有关部门根据总体应急预案、专项应急预案和部门职责，为应对本部门（行业、领域）突发事件，或者针对重要目标物保护、重大活动保障、应急资源保障等涉及部门工作而预先制定的工作方案，由各级政府有关部门制定。

鼓励相邻、相近的地方人民政府及其有关部门联合制定应对区域性、流域性突发事件的联合应急预案。

第八条 总体应急预案主要规定突发事件应对的基本原则、组织体系、运行机制，以及应急保障的总体安排等，明确相关各方的职责和任务。

针对突发事件应对的专项和部门应急预案，不同层级的预案内容各有所侧重。国家层面专项和部门应急预案侧重明确突发事件的应对原则、组织指挥机制、预警分级和事件分级标准、信息报告要求、分级响应及响应行动、应急保障措施等，重点规范国家层面应对行动，同时体现政策性和指导性；省级专项和部门应急预案侧重明确突发事件的组织指挥机制、信息报告要求、分级响应及响应行动、队伍物资保障及调动程序、市县级政府职责等，重点规范省级层面应对行动，同时体现指导性；市县级专项和部门应急预案侧重明确突发事件的组织指挥机制、风险评估、监测预警、信息报告、应急处置措施、队伍物资保障及调动程序等内容，重点规范市（地）级和县级层面应对行动，体现应急处置的主体职能；乡镇街道专项和部门应急预案侧重明确突发事件的预警信息传播、组织先期处置和自救互救、信息收集报告、人员临时安置等内容，重点规范乡镇层面应对行动，体现先期处置特点。

针对重要基础设施、生命线工程等重要目标物保护的专项和部门应急预案，侧重明确风险隐患及防范措施、监测预警、信息报告、应急处置和紧急恢复等内容。

针对重大活动保障制定的专项和部门应急预案，侧重明确活动安全风险隐患及防范措施、监测预警、信息报告、应急处置、人员疏散撤离组织和路线等内容。

针对为突发事件应对工作提供队伍、物资、装备、资金等资源保障的专项和部门应急预案，侧重明确组织指挥机制、资源布局、不同种类和级别突发事件发生后的资源调用程序等内容。

联合应急预案侧重明确相邻、相近地方人民政府及其部门间信息通报、处置措施衔接、应急资源共享等应急联动机制。

第九条 单位和基层组织应急预案由机关、企业、事业单位、社会团体和居委会、村委会等法人和基层组织制定，侧重明确应急响应责任人、风险隐患监测、信息报告、预警响应、应急处置、人员疏散撤离组织和路线、可调用或可请求援助的应急资源情况及如何实施等，体现自救互救、信息报告和先期处置特点。

大型企业集团可根据相关标准规范和实际工作需要，参照国际惯例，建立本集团应急预案体系。

第十条 政府及其部门、有关单位和基层组织可根据应急预案，并针对突发事件现场处置工作灵活制定现场工作方案，侧重明确现场组织指挥机制、应急队伍分工、不同情况下的应对措施、应急装备保障和自我保障等内容。

第十一条 政府及其部门、有关单位和基层组织可结合本地区、本部门和本单位具体情况，编制应急预案操作手册，内容一般包括风险隐患分析、处置工作程序、响应措施、应急队伍和装备物资情况,以及相关单位联络人员和电话等。

第十二条　对预案应急响应是否分级、如何分级、如何界定分级响应措施等,由预案制定单位根据本地区、本部门和本单位的实际情况确定。

第三章　预案编制

第十三条　各级人民政府应当针对本行政区域多发易发突发事件、主要风险等,制定本级政府及其部门应急预案编制规划,并根据实际情况变化适时修订完善。

单位和基层组织可根据应对突发事件需要,制定本单位、本基层组织应急预案编制计划。

第十四条　应急预案编制部门和单位应组成预案编制工作小组,吸收预案涉及主要部门和单位业务相关人员、有关专家及有现场处置经验的人员参加。编制工作小组组长由应急预案编制部门或单位有关负责人担任。

第十五条　编制应急预案应当在开展风险评估和应急资源调查的基础上进行。

(一)风险评估。针对突发事件特点,识别事件的危害因素,分析事件可能产生的直接后果以及次生、衍生后果,评估各种后果的危害程度,提出控制风险、治理隐患的措施。

(二)应急资源调查。全面调查本地区、本单位第一时间可调用的应急队伍、装备、物资、场所等应急资源状况和合作区域内可请求援助的应急资源状况,必要时对本地居民应急资源情况进行调查,为制定应急响应措施提供依据。

第十六条　政府及其部门应急预案编制过程中应当广泛听取有关部门、单位和专家的意见,与相关的预案作好衔接。涉及其他单位职责的,应当书面征求相关单位意见。必要时,向社会公开征求意见。

单位和基层组织应急预案编制过程中,应根据法律、行政法规要求或实际需要,征求相关公民、法人或其他组织的意见。

第四章　审批、备案和公布

第十七条　预案编制工作小组或牵头单位应当将预案送审稿及各有关单位复函和意见采纳情况说明、编制工作说明等有关材料报送应急预案审批单位。因保密等原因需要发布应急预案简本的,应当将应急预案简本一起报送审批。

第十八条　应急预案审核内容主要包括预案是否符合有关法律、行政法规,是否与有关应急预案进行了衔接,各方面意见是否一致,主体内容是否完备,责任分工是否合理明确,应急响应级别设计是否合理,应对措施是否具体简明、管用可行等。必要时,应急预案审批单位可组织有关专家对应急预案进行评审。

第十九条　国家总体应急预案报国务院审批,以国务院名义印发;专项应急预案报国务院审批,以国务院办公厅名义印发;部门应急预案由部门有关会议审议决定,以部门名义印发,必要时,可以由国务院办公厅转发。

地方各级人民政府总体应急预案应当经本级人民政府常务会议审议,以本级人民政府名义印发；专项应急预案应当经本级人民政府审批，必要时经本级人民政府常务会议或专题会议审议，以本级人民政府办公厅（室）名义印发；部门应急预案应当经部门有关会议审议，以部门名义印发，必要时，可以由本级人民政府办公厅（室）转发。

单位和基层组织应急预案须经本单位或基层组织主要负责人或分管负责人签发，审批方式根据实际情况确定。

第二十条 应急预案审批单位应当在应急预案印发后的20个工作日内依照下列规定向有关单位备案：

（一）地方人民政府总体应急预案报送上一级人民政府备案。

（二）地方人民政府专项应急预案抄送上一级人民政府有关主管部门备案。

（三）部门应急预案报送本级人民政府备案。

（四）涉及需要与所在地政府联合应急处置的中央单位应急预案，应当向所在地县级人民政府备案。

法律、行政法规另有规定的从其规定。

第二十一条 自然灾害、事故灾难、公共卫生类政府及其部门应急预案，应向社会公布。对确需保密的应急预案，按有关规定执行。

第五章 应急演练

第二十二条 应急预案编制单位应当建立应急演练制度，根据实际情况采取实战演练、桌面推演等方式，组织开展人员广泛参与、处置联动性强、形式多样、节约高效的应急演练。

专项应急预案、部门应急预案至少每3年进行一次应急演练。

地震、台风、洪涝、滑坡、山洪泥石流等自然灾害易发区域所在地政府，重要基础设施和城市供水、供电、供气、供热等生命线工程经营管理单位，矿山、建筑施工单位和易燃易爆物品、危险化学品、放射性物品等危险物品生产、经营、储运、使用单位，公共交通工具、公共场所和医院、学校等人员密集场所的经营单位或者管理单位等，应当有针对性地经常组织开展应急演练。

第二十三条 应急演练组织单位应当组织演练评估。评估的主要内容包括：演练的执行情况，预案的合理性与可操作性，指挥协调和应急联动情况，应急人员的处置情况，演练所用设备装备的适用性，对完善预案、应急准备、应急机制、应急措施等方面的意见和建议等。

鼓励委托第三方进行演练评估。

第六章 评估和修订

第二十四条 应急预案编制单位应当建立定期评估制度，分析评价预案内容的针对性、实用性和可操作性，实现应急预案的动态优化和科学规范管理。

第二十五条 有下列情形之一的，应当及时修订应急预案：

（一）有关法律、行政法规、规章、标准、上位预案中的有关规定发生变化的；

（二）应急指挥机构及其职责发生重大调整的；
（三）面临的风险发生重大变化的；
（四）重要应急资源发生重大变化的；
（五）预案中的其他重要信息发生变化的；
（六）在突发事件实际应对和应急演练中发现问题需要作出重大调整的；
（七）应急预案制定单位认为应当修订的其他情况。

第二十六条 应急预案修订涉及组织指挥体系与职责、应急处置程序、主要处置措施、突发事件分级标准等重要内容的，修订工作应参照本办法规定的预案编制、审批、备案、公布程序组织进行。仅涉及其他内容的，修订程序可根据情况适当简化。

第二十七条 各级政府及其部门、企事业单位、社会团体、公民等，可以向有关预案编制单位提出修订建议。

第七章 培训和宣传教育

第二十八条 应急预案编制单位应当通过编发培训材料、举办培训班、开展工作研讨等方式，对与应急预案实施密切相关的管理人员和专业救援人员等组织开展应急预案培训。

各级政府及其有关部门应将应急预案培训作为应急管理培训的重要内容，纳入领导干部培训、公务员培训、应急管理干部日常培训内容。

第二十九条 对需要公众广泛参与的非涉密的应急预案，编制单位应当充分利用互联网、广播、电视、报刊等多种媒体广泛宣传，制作通俗易懂、好记管用的宣传普及材料，向公众免费发放。

第八章 组织保障

第三十条 各级政府及其有关部门应对本行政区域、本行业（领域）应急预案管理工作加强指导和监督。国务院有关部门可根据需要编写应急预案编制指南，指导本行业（领域）应急预案编制工作。

第三十一条 各级政府及其有关部门、各有关单位要指定专门机构和人员负责相关具体工作，将应急预案规划、编制、审批、发布、演练、修订、培训、宣传教育等工作所需经费纳入预算统筹安排。

第九章 附　则

第三十二条 国务院有关部门、地方各级人民政府及其有关部门、大型企业集团等可根据实际情况，制定相关实施办法。

第三十三条 本办法由国务院办公厅负责解释。

第三十四条 本办法自印发之日起施行。

生产安全事故应急条例

发布单位：国务院　发布日期：2019年2月17日
实施日期：2019年4月1日
中华人民共和国国务院令第708号

第一章　总　则

第一条　为了规范生产安全事故应急工作，保障人民群众生命和财产安全，根据《中华人民共和国安全生产法》和《中华人民共和国突发事件应对法》，制定本条例。

第二条　本条例适用于生产安全事故应急工作；法律、行政法规另有规定的，适用其规定。

第三条　国务院统一领导全国的生产安全事故应急工作，县级以上地方人民政府统一领导本行政区域内的生产安全事故应急工作。生产安全事故应急工作涉及两个以上行政区域的，由有关行政区域共同的上一级人民政府负责，或者由各有关行政区域的上一级人民政府共同负责。

县级以上人民政府应急管理部门和其他对有关行业、领域的安全生产工作实施监督管理的部门（以下统称负有安全生产监督管理职责的部门）在各自职责范围内，做好有关行业、领域的生产安全事故应急工作。

县级以上人民政府应急管理部门指导、协调本级人民政府其他负有安全生产监督管理职责的部门和下级人民政府的生产安全事故应急工作。

乡、镇人民政府以及街道办事处等地方人民政府派出机关应当协助上级人民政府有关部门依法履行生产安全事故应急工作职责。

第四条　生产经营单位应当加强生产安全事故应急工作，建立、健全生产安全事故应急工作责任制，其主要负责人对本单位的生产安全事故应急工作全面负责。

第二章　应急准备

第五条　县级以上人民政府及其负有安全生产监督管理职责的部门和乡、镇人民政府以及街道办事处等地方人民政府派出机关，应当针对可能发生的生产安全事故的特点和危害，进行风险辨识和评估，制定相应的生产安全事故应急救援预案，并依法向社会公布。

生产经营单位应当针对本单位可能发生的生产安全事故的特点和危害，进行风险辨识和评估，制定相应的生产安全事故应急救援预案，并向本单位从业人员公布。

第六条 生产安全事故应急救援预案应当符合有关法律、法规、规章和标准的规定，具有科学性、针对性和可操作性，明确规定应急组织体系、职责分工以及应急救援程序和措施。

有下列情形之一的，生产安全事故应急救援预案制定单位应当及时修订相关预案：

（一）制定预案所依据的法律、法规、规章、标准发生重大变化；

（二）应急指挥机构及其职责发生调整；

（三）安全生产面临的风险发生重大变化；

（四）重要应急资源发生重大变化；

（五）在预案演练或者应急救援中发现需要修订预案的重大问题；

（六）其他应当修订的情形。

第七条 县级以上人民政府负有安全生产监督管理职责的部门应当将其制定的生产安全事故应急救援预案报送本级人民政府备案；易燃易爆物品、危险化学品等危险物品的生产、经营、储存、运输单位，矿山、金属冶炼、城市轨道交通运营、建筑施工单位，以及宾馆、商场、娱乐场所、旅游景区等人员密集场所经营单位，应当将其制定的生产安全事故应急救援预案按照国家有关规定报送县级以上人民政府负有安全生产监督管理职责的部门备案，并依法向社会公布。

第八条 县级以上地方人民政府以及县级以上人民政府负有安全生产监督管理职责的部门，乡、镇人民政府以及街道办事处等地方人民政府派出机关，应当至少每2年组织1次生产安全事故应急救援预案演练。

易燃易爆物品、危险化学品等危险物品的生产、经营、储存、运输单位，矿山、金属冶炼、城市轨道交通运营、建筑施工单位，以及宾馆、商场、娱乐场所、旅游景区等人员密集场所经营单位，应当至少每半年组织1次生产安全事故应急救援预案演练，并将演练情况报送所在地县级以上地方人民政府负有安全生产监督管理职责的部门。

县级以上地方人民政府负有安全生产监督管理职责的部门应当对本行政区域内前款规定的重点生产经营单位的生产安全事故应急救援预案演练进行抽查；发现演练不符合要求的，应当责令限期改正。

第九条 县级以上人民政府应当加强对生产安全事故应急救援队伍建设的统一规划、组织和指导。

县级以上人民政府负有安全生产监督管理职责的部门根据生产安全事故应急工作的实际需要，在重点行业、领域单独建立或者依托有条件的生产经营单位、社会组织共同建立应急救援队伍。

国家鼓励和支持生产经营单位和其他社会力量建立提供社会化应急救援服务的应急救援队伍。

第十条 易燃易爆物品、危险化学品等危险物品的生产、经营、储存、运输单位，矿山、金属冶炼、城市轨道交通运营、建筑施工单位，以及宾馆、商场、娱乐场所、旅游景区等人员密集场所经营单位，应当建立应急救援队伍；其中，小型企业或者微型企业等规模较小的生产经营单位，可以不建立应急救援队伍，但应当指定兼职的应急救援人员，并且可以与邻近的应急救援队伍签订应急救援协议。

工业园区、开发区等产业聚集区域内的生产经营单位，可以联合建立应急救援队伍。

第十一条 应急救援队伍的应急救援人员应当具备必要的专业知识、技能、身体素质和心理素质。

应急救援队伍建立单位或者兼职应急救援人员所在单位应当按照国家有关规定对应急救援人员进行培训；应急救援人员经培训合格后，方可参加应急救援工作。

应急救援队伍应当配备必要的应急救援装备和物资，并定期组织训练。

第十二条 生产经营单位应当及时将本单位应急救援队伍建立情况按照国家有关规定报送县级以上人民政府负有安全生产监督管理职责的部门，并依法向社会公布。

县级以上人民政府负有安全生产监督管理职责的部门应当定期将本行业、本领域的应急救援队伍建立情况报送本级人民政府，并依法向社会公布。

第十三条 县级以上地方人民政府应当根据本行政区域内可能发生的生产安全事故的特点和危害，储备必要的应急救援装备和物资，并及时更新和补充。

易燃易爆物品、危险化学品等危险物品的生产、经营、储存、运输单位，矿山、金属冶炼、城市轨道交通运营、建筑施工单位，以及宾馆、商场、娱乐场所、旅游景区等人员密集场所经营单位，应当根据本单位可能发生的生产安全事故的特点和危害，配备必要的灭火、排水、通风以及危险物品稀释、掩埋、收集等应急救援器材、设备和物资，并进行经常性维护、保养，保证正常运转。

第十四条 下列单位应当建立应急值班制度，配备应急值班人员：

（一）县级以上人民政府及其负有安全生产监督管理职责的部门；

（二）危险物品的生产、经营、储存、运输单位以及矿山、金属冶炼、城市轨道交通运营、建筑施工单位；

（三）应急救援队伍。

规模较大、危险性较高的易燃易爆物品、危险化学品等危险物品的生产、经营、储存、运输单位应当成立应急处置技术组，实行 24 小时应急值班。

第十五条 生产经营单位应当对从业人员进行应急教育和培训，保证从业人员具备必要的应急知识，掌握风险防范技能和事故应急措施。

第十六条 国务院负有安全生产监督管理职责的部门应当按照国家有关规定建立生产安全事故应急救援信息系统，并采取有效措施，实现数据互联互通、信息共享。

生产经营单位可以通过生产安全事故应急救援信息系统办理生产安全事故应急救援预案备案手续，报送应急救援预案演练情况和应急救援队伍建设情况；但依法需要保密的除外。

第三章 应急救援

第十七条 发生生产安全事故后，生产经营单位应当立即启动生产安全事故应急救援预案，采取下列一项或者多项应急救援措施，并按照国家有关规定报告事故情况：

（一）迅速控制危险源，组织抢救遇险人员；

（二）根据事故危害程度，组织现场人员撤离或者采取可能的应急措施后撤离；

（三）及时通知可能受到事故影响的单位和人员；

（四）采取必要措施，防止事故危害扩大和次生、衍生灾害发生；

（五）根据需要请求邻近的应急救援队伍参加救援，并向参加救援的应急救援队伍提供相关技术资料、信息和处置方法；

（六）维护事故现场秩序，保护事故现场和相关证据；

（七）法律、法规规定的其他应急救援措施。

第十八条　有关地方人民政府及其部门接到生产安全事故报告后，应当按照国家有关规定上报事故情况，启动相应的生产安全事故应急救援预案，并按照应急救援预案的规定采取下列一项或者多项应急救援措施：

（一）组织抢救遇险人员，救治受伤人员，研判事故发展趋势以及可能造成的危害；

（二）通知可能受到事故影响的单位和人员，隔离事故现场，划定警戒区域，疏散受到威胁的人员，实施交通管制；

（三）采取必要措施，防止事故危害扩大和次生、衍生灾害发生，避免或者减少事故对环境造成的危害；

（四）依法发布调用和征用应急资源的决定；

（五）依法向应急救援队伍下达救援命令；

（六）维护事故现场秩序，组织安抚遇险人员和遇险遇难人员亲属；

（七）依法发布有关事故情况和应急救援工作的信息；

（八）法律、法规规定的其他应急救援措施。

有关地方人民政府不能有效控制生产安全事故的，应当及时向上级人民政府报告。上级人民政府应当及时采取措施，统一指挥应急救援。

第十九条　应急救援队伍接到有关人民政府及其部门的救援命令或者签有应急救援协议的生产经营单位的救援请求后，应当立即参加生产安全事故应急救援。

应急救援队伍根据救援命令参加生产安全事故应急救援所耗费用，由事故责任单位承担；事故责任单位无力承担的，由有关人民政府协调解决。

第二十条　发生生产安全事故后，有关人民政府认为有必要的，可以设立由本级人民政府及其有关部门负责人、应急救援专家、应急救援队伍负责人、事故发生单位负责人等人员组成的应急救援现场指挥部，并指定现场指挥部总指挥。

第二十一条　现场指挥部实行总指挥负责制，按照本级人民政府的授权组织制定并实施生产安全事故现场应急救援方案，协调、指挥有关单位和个人参加现场应急救援。

参加生产安全事故现场应急救援的单位和个人应当服从现场指挥部的统一指挥。

第二十二条　在生产安全事故应急救援过程中，发现可能直接危及应急救援人员生命安全的紧急情况时，现场指挥部或者统一指挥应急救援的人民政府应当立即采取相应措施消除隐患，降低或者化解风险，必要时可以暂时撤离应急救援人员。

第二十三条 生产安全事故发生地人民政府应当为应急救援人员提供必需的后勤保障，并组织通信、交通运输、医疗卫生、气象、水文、地质、电力、供水等单位协助应急救援。

第二十四条 现场指挥部或者统一指挥生产安全事故应急救援的人民政府及其有关部门应当完整、准确地记录应急救援的重要事项，妥善保存相关原始资料和证据。

第二十五条 生产安全事故的威胁和危害得到控制或者消除后，有关人民政府应当决定停止执行依照本条例和有关法律、法规采取的全部或者部分应急救援措施。

第二十六条 有关人民政府及其部门根据生产安全事故应急救援需要依法调用和征用的财产，在使用完毕或者应急救援结束后，应当及时归还。财产被调用、征用或者调用、征用后毁损、灭失的，有关人民政府及其部门应当按照国家有关规定给予补偿。

第二十七条 按照国家有关规定成立的生产安全事故调查组应当对应急救援工作进行评估，并在事故调查报告中作出评估结论。

第二十八条 县级以上地方人民政府应当按照国家有关规定，对在生产安全事故应急救援中伤亡的人员及时给予救治和抚恤；符合烈士评定条件的，按照国家有关规定评定为烈士。

第四章 法律责任

第二十九条 地方各级人民政府和街道办事处等地方人民政府派出机关以及县级以上人民政府有关部门违反本条例规定的，由其上级行政机关责令改正；情节严重的，对直接负责的主管人员和其他直接责任人员依法给予处分。

第三十条 生产经营单位未制定生产安全事故应急救援预案、未定期组织应急救援预案演练、未对从业人员进行应急教育和培训，生产经营单位的主要负责人在本单位发生生产安全事故时不立即组织抢救的，由县级以上人民政府负有安全生产监督管理职责的部门依照《中华人民共和国安全生产法》有关规定追究法律责任。

第三十一条 生产经营单位未对应急救援器材、设备和物资进行经常性维护、保养，导致发生严重生产安全事故或者生产安全事故危害扩大，或者在本单位发生生产安全事故后未立即采取相应的应急救援措施，造成严重后果的，由县级以上人民政府负有安全生产监督管理职责的部门依照《中华人民共和国突发事件应对法》有关规定追究法律责任。

第三十二条 生产经营单位未将生产安全事故应急救援预案报送备案、未建立应急值班制度或者配备应急值班人员的，由县级以上人民政府负有安全生产监督管理职责的部门责令限期改正；逾期未改正的，处3万元以上5万元以下的罚款，对直接负责的主管人员和其他直接责任人员处1万元以上2万元以下的罚款。

第三十三条 违反本条例规定，构成违反治安管理行为的，由公安机关依法给予处罚；构成犯罪的，依法追究刑事责任。

第五章 附 则

第三十四条 储存、使用易燃易爆物品、危险化学品等危险物品的科研机构、学校、医院等单位的安全事故应急工作，参照本条例有关规定执行。

第三十五条 本条例自 2019 年 4 月 1 日起施行。

生产安全事故应急预案管理办法

发布单位：应急管理部　发布日期：2016年6月3日
修改日期：2019年7月11日　实施日期：2019年9月1日
中华人民共和国应急管理部令第2号

第一章　总　则

第一条　为规范生产安全事故应急预案管理工作，迅速有效处置生产安全事故，依据《中华人民共和国突发事件应对法》《中华人民共和国安全生产法》《生产安全事故应急条例》等法律、行政法规和《突发事件应急预案管理办法》（国办发〔2013〕101号），制定本办法。

第二条　生产安全事故应急预案（以下简称应急预案）的编制、评审、公布、备案、实施及监督管理工作，适用本办法。

第三条　应急预案的管理实行属地为主、分级负责、分类指导、综合协调、动态管理的原则。

第四条　应急管理部负责全国应急预案的综合协调管理工作。国务院其他负有安全生产监督管理职责的部门在各自职责范围内，负责相关行业、领域应急预案的管理工作。

县级以上地方各级人民政府应急管理部门负责本行政区域内应急预案的综合协调管理工作。县级以上地方各级人民政府其他负有安全生产监督管理职责的部门按照各自的职责负责有关行业、领域应急预案的管理工作。

第五条　生产经营单位主要负责人负责组织编制和实施本单位的应急预案，并对应急预案的真实性和实用性负责；各分管负责人应当按照职责分工落实应急预案规定的职责。

第六条　生产经营单位应急预案分为综合应急预案、专项应急预案和现场处置方案。

综合应急预案，是指生产经营单位为应对各种生产安全事故而制定的综合性工作方案，是本单位应对生产安全事故的总体工作程序、措施和应急预案体系的总纲。

专项应急预案，是指生产经营单位为应对某一种或者多种类型生产安全事故，或者针对重要生产设施、重大危险源、重大活动防止生产安全事故而制定的专项性工作方案。

现场处置方案，是指生产经营单位根据不同生产安全事故类型，针对具体场所、装置或者设施所制定的应急处置措施。

第二章　应急预案的编制

第七条　应急预案的编制应当遵循以人为本、依法依规、符合实际、注重实效的原则，以应急处置为核心,明确应急职责、规范应急程序、细化保障措施。

第八条 应急预案的编制应当符合下列基本要求:

(一) 有关法律、法规、规章和标准的规定;

(二) 本地区、本部门、本单位的安全生产实际情况;

(三) 本地区、本部门、本单位的危险性分析情况;

(四) 应急组织和人员的职责分工明确,并有具体的落实措施;

(五) 有明确、具体的应急程序和处置措施,并与其应急能力相适应;

(六) 有明确的应急保障措施,满足本地区、本部门、本单位的应急工作需要;

(七) 应急预案基本要素齐全、完整,应急预案附件提供的信息准确;

(八) 应急预案内容与相关应急预案相互衔接。

第九条 编制应急预案应当成立编制工作小组,由本单位有关负责人任组长,吸收与应急预案有关的职能部门和单位的人员,以及有现场处置经验的人员参加。

第十条 编制应急预案前,编制单位应当进行事故风险辨识、评估和应急资源调查。

事故风险辨识、评估,是指针对不同事故种类及特点,识别存在的危险危害因素,分析事故可能产生的直接后果以及次生、衍生后果,评估各种后果的危害程度和影响范围,提出防范和控制事故风险措施的过程。

应急资源调查,是指全面调查本地区、本单位第一时间可以调用的应急资源状况和合作区域内可以请求援助的应急资源状况,并结合事故风险辨识评估结论制定应急措施的过程。

第十一条 地方各级人民政府应急管理部门和其他负有安全生产监督管理职责的部门应当根据法律、法规、规章和同级人民政府以及上一级人民政府应急管理部门和其他负有安全生产监督管理职责的部门的应急预案,结合工作实际,组织编制相应的部门应急预案。

部门应急预案应当根据本地区、本部门的实际情况,明确信息报告、响应分级、指挥权移交、警戒疏散等内容。

第十二条 生产经营单位应当根据有关法律、法规、规章和相关标准,结合本单位组织管理体系、生产规模和可能发生的事故特点,与相关预案保持衔接,确立本单位的应急预案体系,编制相应的应急预案,并体现自救互救和先期处置等特点。

第十三条 生产经营单位风险种类多、可能发生多种类型事故的,应当组织编制综合应急预案。

综合应急预案应当规定应急组织机构及其职责、应急预案体系、事故风险描述、预警及信息报告、应急响应、保障措施、应急预案管理等内容。

第十四条 对于某一种或者多种类型的事故风险,生产经营单位可以编制相应的专项应急预案,或将专项应急预案并入综合应急预案。

专项应急预案应当规定应急指挥机构与职责、处置程序和措施等内容。

第十五条 对于危险性较大的场所、装置或者设施,生产经营单位应当编制现场处置方案。

现场处置方案应当规定应急工作职责、应急处置措施和注意事项等内容。

事故风险单一、危险性小的生产经营单位，可以只编制现场处置方案。

第十六条 生产经营单位应急预案应当包括向上级应急管理机构报告的内容、应急组织机构和人员的联系方式、应急物资储备清单等附件信息。附件信息发生变化时，应当及时更新，确保准确有效。

第十七条 生产经营单位组织应急预案编制过程中，应当根据法律、法规、规章的规定或者实际需要，征求相关应急救援队伍、公民、法人或者其他组织的意见。

第十八条 生产经营单位编制的各类应急预案之间应当相互衔接，并与相关人民政府及其部门、应急救援队伍和涉及的其他单位的应急预案相衔接。

第十九条 生产经营单位应当在编制应急预案的基础上，针对工作场所、岗位的特点，编制简明、实用、有效的应急处置卡。

应急处置卡应当规定重点岗位、人员的应急处置程序和措施，以及相关联络人员和联系方式，便于从业人员携带。

第三章 应急预案的评审、公布和备案

第二十条 地方各级人民政府应急管理部门应当组织有关专家对本部门编制的部门应急预案进行审定；必要时，可以召开听证会，听取社会有关方面的意见。

第二十一条 矿山、金属冶炼企业和易燃易爆物品、危险化学品的生产、经营（带储存设施的，下同）、储存、运输企业，以及使用危险化学品达到国家规定数量的化工企业、烟花爆竹生产、批发经营企业和中型规模以上的其他生产经营单位，应当对本单位编制的应急预案进行评审，并形成书面评审纪要。

前款规定以外的其他生产经营单位可以根据自身需要，对本单位编制的应急预案进行论证。

第二十二条 参加应急预案评审的人员应当包括有关安全生产及应急管理方面的专家。评审人员与所评审应急预案的生产经营单位有利害关系的，应当回避。

第二十三条 应急预案的评审或者论证应当注重基本要素的完整性、组织体系的合理性、应急处置程序和措施的针对性、应急保障措施的可行性、应急预案的衔接性等内容。

第二十四条 生产经营单位的应急预案经评审或者论证后，由本单位主要负责人签署，向本单位从业人员公布，并及时发放到本单位有关部门、岗位和相关应急救援队伍。

事故风险可能影响周边其他单位、人员的，生产经营单位应当将有关事故风险的性质、影响范围和应急防范措施告知周边的其他单位和人员。

第二十五条 地方各级人民政府应急管理部门的应急预案，应当报同级人民政府备案，同时抄送上一级人民政府应急管理部门，并依法向社会公布。

地方各级人民政府其他负有安全生产监督管理职责的部门的应急预案，应当抄送同级人民政府应急管理部门。

第二十六条 易燃易爆物品、危险化学品等危险物品的生产、经营、储存、运输单位，矿山、金属冶炼、城市轨道交通运营、建筑施工单位，以及宾馆、商场、娱乐场所、旅游

景区等人员密集场所经营单位,应当在应急预案公布之日起 20 个工作日内,按照分级属地原则,向县级以上人民政府应急管理部门和其他负有安全生产监督管理职责的部门进行备案,并依法向社会公布。

前款所列单位属于中央企业的,其总部(上市公司)的应急预案,报国务院主管的负有安全生产监督管理职责的部门备案,并抄送应急管理部;其所属单位的应急预案报所在地的省、自治区、直辖市或者设区的市级人民政府主管的负有安全生产监督管理职责的部门备案,并抄送同级人民政府应急管理部门。

本条第一款所列单位不属于中央企业的,其中非煤矿山、金属冶炼和危险化学品生产、经营、储存、运输企业,以及使用危险化学品达到国家规定数量的化工企业、烟花爆竹生产、批发经营企业的应急预案,按照隶属关系报所在地县级以上地方人民政府应急管理部门备案;本款前述单位以外的其他生产经营单位应急预案的备案,由省、自治区、直辖市人民政府负有安全生产监督管理职责的部门确定。

油气输送管道运营单位的应急预案,除按照本条第一款、第二款的规定备案外,还应当抄送所经行政区域的县级人民政府应急管理部门。

海洋石油开采企业的应急预案,除按照本条第一款、第二款的规定备案外,还应当抄送所经行政区域的县级人民政府应急管理部门和海洋石油安全监管机构。

煤矿企业的应急预案除按照本条第一款、第二款的规定备案外,还应当抄送所在地的煤矿安全监察机构。

第二十七条 生产经营单位申报应急预案备案,应当提交下列材料:

(一)应急预案备案申报表;

(二)本办法第二十一条所列单位,应当提供应急预案评审意见;

(三)应急预案电子文档;

(四)风险评估结果和应急资源调查清单。

第二十八条 受理备案登记的负有安全生产监督管理职责的部门应当在 5 个工作日内对应急预案材料进行核对,材料齐全的,应当予以备案并出具应急预案备案登记表;材料不齐全的,不予备案并一次性告知需要补齐的材料。逾期不予备案又不说明理由的,视为已经备案。

对于实行安全生产许可的生产经营单位,已经进行应急预案备案的,在申请安全生产许可证时,可以不提供相应的应急预案,仅提供应急预案备案登记表。

第二十九条 各级人民政府负有安全生产监督管理职责的部门应当建立应急预案备案登记建档制度,指导、督促生产经营单位做好应急预案的备案登记工作。

第四章 应急预案的实施

第三十条 各级人民政府应急管理部门、各类生产经营单位应当采取多种形式开展应急预案的宣传教育,普及生产安全事故避险、自救和互救知识,提高从业人员和社会公众的安全意识与应急处置技能。

第三十一条 各级人民政府应急管理部门应当将本部门应急预案的培训纳入安全生产培训工作计划,并组织实施本行政区域内重点生产经营单位的应急预案培训工作。

生产经营单位应当组织开展本单位的应急预案、应急知识、自救互救和避险逃生技能的培训活动,使有关人员了解应急预案内容,熟悉应急职责、应急处置程序和措施。

应急培训的时间、地点、内容、师资、参加人员和考核结果等情况应当如实记入本单位的安全生产教育和培训档案。

第三十二条 各级人民政府应急管理部门应当至少每两年组织一次应急预案演练,提高本部门、本地区生产安全事故应急处置能力。

第三十三条 生产经营单位应当制定本单位的应急预案演练计划,根据本单位的事故风险特点,每年至少组织一次综合应急预案演练或者专项应急预案演练,每半年至少组织一次现场处置方案演练。

易燃易爆物品、危险化学品等危险物品的生产、经营、储存、运输单位,矿山、金属冶炼、城市轨道交通运营、建筑施工单位,以及宾馆、商场、娱乐场所、旅游景区等人员密集场所经营单位,应当至少每半年组织一次生产安全事故应急预案演练,并将演练情况报送所在地县级以上地方人民政府负有安全生产监督管理职责的部门。

县级以上地方人民政府负有安全生产监督管理职责的部门应当对本行政区域内前款规定的重点生产经营单位的生产安全事故应急救援预案演练进行抽查;发现演练不符合要求的,应当责令限期改正。

第三十四条 应急预案演练结束后,应急预案演练组织单位应当对应急预案演练效果进行评估,撰写应急预案演练评估报告,分析存在的问题,并对应急预案提出修订意见。

第三十五条 应急预案编制单位应当建立应急预案定期评估制度,对预案内容的针对性和实用性进行分析,并对应急预案是否需要修订作出结论。

矿山、金属冶炼、建筑施工企业和易燃易爆物品、危险化学品等危险物品的生产、经营、储存、运输企业,使用危险化学品达到国家规定数量的化工企业、烟花爆竹生产、批发经营企业和中型规模以上的其他生产经营单位,应当每三年进行一次应急预案评估。

应急预案评估可以邀请相关专业机构或者有关专家、有实际应急救援工作经验的人员参加,必要时可以委托安全生产技术服务机构实施。

第三十六条 有下列情形之一的,应急预案应当及时修订并归档:

(一)依据的法律、法规、规章、标准及上位预案中的有关规定发生重大变化的;

(二)应急指挥机构及其职责发生调整的;

(三)安全生产面临的风险发生重大变化的;

(四)重要应急资源发生重大变化的;

(五)在应急演练和事故应急救援中发现需要修订预案的重大问题的;

(六)编制单位认为应当修订的其他情况。

第三十七条 应急预案修订涉及组织指挥体系与职责、应急处置程序、主要处置措施、应急响应分级等内容变更的,修订工作应当参照本办法规定的应急预案编制程序进行,并按照有关应急预案报备程序重新备案。

第三十八条 生产经营单位应当按照应急预案的规定,落实应急指挥体系、应急救援队伍、应急物资及装备,建立应急物资、装备配备及其使用档案,并对应急物资、装备进行定期检测和维护,使其处于适用状态。

第三十九条 生产经营单位发生事故时,应当第一时间启动应急响应,组织有关力量进行救援,并按照规定将事故信息及应急响应启动情况报告事故发生地县级以上人民政府应急管理部门和其他负有安全生产监督管理职责的部门。

第四十条 生产安全事故应急处置和应急救援结束后,事故发生单位应当对应急预案实施情况进行总结评估。

第五章 监督管理

第四十一条 各级人民政府应急管理部门和煤矿安全监察机构应当将生产经营单位应急预案工作纳入年度监督检查计划,明确检查的重点内容和标准,并严格按照计划开展执法检查。

第四十二条 地方各级人民政府应急管理部门应当每年对应急预案的监督管理工作情况进行总结,并报上一级人民政府应急管理部门。

第四十三条 对于在应急预案管理工作中做出显著成绩的单位和人员,各级人民政府应急管理部门、生产经营单位可以给予表彰和奖励。

第六章 法律责任

第四十四条 生产经营单位有下列情形之一的,由县级以上人民政府应急管理等部门依照《中华人民共和国安全生产法》第九十四条的规定,责令限期改正,可以处5万元以下罚款;逾期未改正的,责令停产停业整顿,并处5万元以上10万元以下的罚款,对直接负责的主管人员和其他直接责任人员处1万元以上2万元以下的罚款:

(一)未按照规定编制应急预案的;

(二)未按照规定定期组织应急预案演练的。

第四十五条 生产经营单位有下列情形之一的,由县级以上人民政府应急管理部门责令限期改正,可以处1万元以上3万元以下的罚款:

(一)在应急预案编制前未按照规定开展风险辨识、评估和应急资源调查的;

(二)未按照规定开展应急预案评审的;

(三)事故风险可能影响周边单位、人员的,未将事故风险的性质、影响范围和应急防范措施告知周边单位和人员的;

(四)未按照规定开展应急预案评估的;

(五)未按照规定进行应急预案修订的;

(六)未落实应急预案规定的应急物资及装备的。

生产经营单位未按照规定进行应急预案备案的,由县级以上人民政府应急管理等部门依照职责责令限期改正；逾期未改正的，处 3 万元以上 5 万元以下的罚款，对直接负责的主管人员和其他直接责任人员处 1 万元以上 2 万元以下的罚款。

第七章 附 则

第四十六条 《生产经营单位生产安全事故应急预案备案申报表》和《生产经营单位生产安全事故应急预案备案登记表》由应急管理部统一制定。

第四十七条 各省、自治区、直辖市应急管理部门可以依据本办法的规定，结合本地区实际制定实施细则。

第四十八条 对储存、使用易燃易爆物品、危险化学品等危险物品的科研机构、学校、医院等单位的安全事故应急预案的管理，参照本办法的有关规定执行。

第四十九条 本办法自 2016 年 7 月 1 日起施行。

生产安全事故报告和调查处理条例

发布单位：国务院　发布日期：2007年4月9日

实施日期：2007年6月1日

中华人民共和国国务院令第493号

第一章　总　则

第一条　为了规范生产安全事故的报告和调查处理，落实生产安全事故责任追究制度，防止和减少生产安全事故，根据《中华人民共和国安全生产法》和有关法律，制定本条例。

第二条　生产经营活动中发生的造成人身伤亡或者直接经济损失的生产安全事故的报告和调查处理，适用本条例；环境污染事故、核设施事故、国防科研生产事故的报告和调查处理不适用本条例。

第三条　根据生产安全事故（以下简称事故）造成的人员伤亡或者直接经济损失，事故一般分为以下等级：

（一）特别重大事故，是指造成30人以上死亡，或者100人以上重伤（包括急性工业中毒，下同），或者1亿元以上直接经济损失的事故；

（二）重大事故，是指造成10人以上30人以下死亡，或者50人以上100人以下重伤，或者5000万元以上1亿元以下直接经济损失的事故；

（三）较大事故，是指造成3人以上10人以下死亡，或者10人以上50人以下重伤，或者1000万元以上5000万元以下直接经济损失的事故；

（四）一般事故，是指造成3人以下死亡，或者10人以下重伤，或者1000万元以下直接经济损失的事故。

国务院安全生产监督管理部门可以会同国务院有关部门，制定事故等级划分的补充性规定。

本条第一款所称的"以上"包括本数，所称的"以下"不包括本数。

第四条　事故报告应当及时、准确、完整，任何单位和个人对事故不得迟报、漏报、谎报或者瞒报。

事故调查处理应当坚持实事求是、尊重科学的原则，及时、准确地查清事故经过、事故原因和事故损失，查明事故性质，认定事故责任，总结事故教训，提出整改措施，并对事故责任者依法追究责任。

第五条 县级以上人民政府应当依照本条例的规定,严格履行职责,及时、准确地完成事故调查处理工作。

事故发生地有关地方人民政府应当支持、配合上级人民政府或者有关部门的事故调查处理工作,并提供必要的便利条件。

参加事故调查处理的部门和单位应当互相配合,提高事故调查处理工作的效率。

第六条 工会依法参加事故调查处理,有权向有关部门提出处理意见。

第七条 任何单位和个人不得阻挠和干涉对事故的报告和依法调查处理。

第八条 对事故报告和调查处理中的违法行为,任何单位和个人有权向安全生产监督管理部门、监察机关或者其他有关部门举报,接到举报的部门应当依法及时处理。

第二章 事故报告

第九条 事故发生后,事故现场有关人员应当立即向本单位负责人报告;单位负责人接到报告后,应当于1小时内向事故发生地县级以上人民政府安全生产监督管理部门和负有安全生产监督管理职责的有关部门报告。

情况紧急时,事故现场有关人员可以直接向事故发生地县级以上人民政府安全生产监督管理部门和负有安全生产监督管理职责的有关部门报告。

第十条 安全生产监督管理部门和负有安全生产监督管理职责的有关部门接到事故报告后,应当依照下列规定上报事故情况,并通知公安机关、劳动保障行政部门、工会和人民检察院:

(一)特别重大事故、重大事故逐级上报至国务院安全生产监督管理部门和负有安全生产监督管理职责的有关部门;

(二)较大事故逐级上报至省、自治区、直辖市人民政府安全生产监督管理部门和负有安全生产监督管理职责的有关部门;

(三)一般事故上报至设区的市级人民政府安全生产监督管理部门和负有安全生产监督管理职责的有关部门。

安全生产监督管理部门和负有安全生产监督管理职责的有关部门依照前款规定上报事故情况,应当同时报告本级人民政府。国务院安全生产监督管理部门和负有安全生产监督管理职责的有关部门以及省级人民政府接到发生特别重大事故、重大事故的报告后,应当立即报告国务院。

必要时,安全生产监督管理部门和负有安全生产监督管理职责的有关部门可以越级上报事故情况。

第十一条 安全生产监督管理部门和负有安全生产监督管理职责的有关部门逐级上报事故情况,每级上报的时间不得超过2小时。

第十二条 报告事故应当包括下列内容:

(一)事故发生单位概况;

(二)事故发生的时间、地点以及事故现场情况;

（三）事故的简要经过；

（四）事故已经造成或者可能造成的伤亡人数（包括下落不明的人数）和初步估计的直接经济损失；

（五）已经采取的措施；

（六）其他应当报告的情况。

第十三条 事故报告后出现新情况的，应当及时补报。

自事故发生之日起30日内，事故造成的伤亡人数发生变化的，应当及时补报。道路交通事故、火灾事故自发生之日起7日内，事故造成的伤亡人数发生变化的，应当及时补报。

第十四条 事故发生单位负责人接到事故报告后，应当立即启动事故相应应急预案，或者采取有效措施，组织抢救，防止事故扩大，减少人员伤亡和财产损失。

第十五条 事故发生地有关地方人民政府、安全生产监督管理部门和负有安全生产监督管理职责的有关部门接到事故报告后，其负责人应当立即赶赴事故现场，组织事故救援。

第十六条 事故发生后，有关单位和人员应当妥善保护事故现场以及相关证据，任何单位和个人不得破坏事故现场、毁灭相关证据。

因抢救人员、防止事故扩大以及疏通交通等原因，需要移动事故现场物件的，应当做出标志，绘制现场简图并做出书面记录，妥善保存现场重要痕迹、物证。

第十七条 事故发生地公安机关根据事故的情况，对涉嫌犯罪的，应当依法立案侦查，采取强制措施和侦查措施。犯罪嫌疑人逃匿的，公安机关应当迅速追捕归案。

第十八条 安全生产监督管理部门和负有安全生产监督管理职责的有关部门应当建立值班制度，并向社会公布值班电话，受理事故报告和举报。

第三章 事故调查

第十九条 特别重大事故由国务院或者国务院授权有关部门组织事故调查组进行调查。

重大事故、较大事故、一般事故分别由事故发生地省级人民政府、设区的市级人民政府、县级人民政府负责调查。省级人民政府、设区的市级人民政府、县级人民政府可以直接组织事故调查组进行调查，也可以授权或者委托有关部门组织事故调查组进行调查。

未造成人员伤亡的一般事故，县级人民政府也可以委托事故发生单位组织事故调查组进行调查。

第二十条 上级人民政府认为必要时，可以调查由下级人民政府负责调查的事故。

自事故发生之日起30日内（道路交通事故、火灾事故自发生之日起7日内），因事故伤亡人数变化导致事故等级发生变化，依照本条例规定应当由上级人民政府负责调查的，上级人民政府可以另行组织事故调查组进行调查。

第二十一条 特别重大事故以下等级事故，事故发生地与事故发生单位不在同一个县级以上行政区域的，由事故发生地人民政府负责调查，事故发生单位所在地人民政府应当派人参加。

第二十二条 事故调查组的组成应当遵循精简、效能的原则。

根据事故的具体情况，事故调查组由有关人民政府、安全生产监督管理部门、负有安全生产监督管理职责的有关部门、监察机关、公安机关以及工会派人组成，并应当邀请人民检察院派人参加。

事故调查组可以聘请有关专家参与调查。

第二十三条 事故调查组成员应当具有事故调查所需要的知识和专长，并与所调查的事故没有直接利害关系。

第二十四条 事故调查组组长由负责事故调查的人民政府指定。事故调查组组长主持事故调查组的工作。

第二十五条 事故调查组履行下列职责：

（一）查明事故发生的经过、原因、人员伤亡情况及直接经济损失；

（二）认定事故的性质和事故责任；

（三）提出对事故责任者的处理建议；

（四）总结事故教训，提出防范和整改措施；

（五）提交事故调查报告。

第二十六条 事故调查组有权向有关单位和个人了解与事故有关的情况，并要求其提供相关文件、资料，有关单位和个人不得拒绝。

事故发生单位的负责人和有关人员在事故调查期间不得擅离职守，并应当随时接受事故调查组的询问，如实提供有关情况。

事故调查中发现涉嫌犯罪的，事故调查组应当及时将有关材料或者其复印件移交司法机关处理。

第二十七条 事故调查中需要进行技术鉴定的，事故调查组应当委托具有国家规定资质的单位进行技术鉴定。必要时，事故调查组可以直接组织专家进行技术鉴定。技术鉴定所需时间不计入事故调查期限。

第二十八条 事故调查组成员在事故调查工作中应当诚信公正、恪尽职守，遵守事故调查组的纪律，保守事故调查的秘密。

未经事故调查组组长允许，事故调查组成员不得擅自发布有关事故的信息。

第二十九条 事故调查组应当自事故发生之日起 60 日内提交事故调查报告；特殊情况下，经负责事故调查的人民政府批准，提交事故调查报告的期限可以适当延长，但延长的期限最长不超过 60 日。

第三十条 事故调查报告应当包括下列内容：

（一）事故发生单位概况；

（二）事故发生经过和事故救援情况；

（三）事故造成的人员伤亡和直接经济损失；

（四）事故发生的原因和事故性质；

（五）事故责任的认定以及对事故责任者的处理建议；

（六）事故防范和整改措施。

事故调查报告应当附具有关证据材料。事故调查组成员应当在事故调查报告上签名。

第三十一条 事故调查报告报送负责事故调查的人民政府后，事故调查工作即告结束。事故调查的有关资料应当归档保存。

第四章 事故处理

第三十二条 重大事故、较大事故、一般事故，负责事故调查的人民政府应当自收到事故调查报告之日起 15 日内做出批复；特别重大事故，30 日内做出批复，特殊情况下，批复时间可以适当延长，但延长的时间最长不超过 30 日。

有关机关应当按照人民政府的批复，依照法律、行政法规规定的权限和程序，对事故发生单位和有关人员进行行政处罚，对负有事故责任的国家工作人员进行处分。

事故发生单位应当按照负责事故调查的人民政府的批复，对本单位负有事故责任的人员进行处理。

负有事故责任的人员涉嫌犯罪的，依法追究刑事责任。

第三十三条 事故发生单位应当认真吸取事故教训，落实防范和整改措施，防止事故再次发生。防范和整改措施的落实情况应当接受工会和职工的监督。

安全生产监督管理部门和负有安全生产监督管理职责的有关部门应当对事故发生单位落实防范和整改措施的情况进行监督检查。

第三十四条 事故处理的情况由负责事故调查的人民政府或者其授权的有关部门、机构向社会公布，依法应当保密的除外。

第五章 法律责任

第三十五条 事故发生单位主要负责人有下列行为之一的，处上一年年收入 40% 至 80% 的罚款；属于国家工作人员的，并依法给予处分；构成犯罪的，依法追究刑事责任：

（一）不立即组织事故抢救的；

（二）迟报或者漏报事故的；

（三）在事故调查处理期间擅离职守的。

第三十六条 事故发生单位及其有关人员有下列行为之一的，对事故发生单位处 100 万元以上 500 万元以下的罚款；对主要负责人、直接负责的主管人员和其他直接责任人员处上一年年收入 60% 至 100% 的罚款；属于国家工作人员的，并依法给予处分；构成违反治安管理行为的，由公安机关依法给予治安管理处罚；构成犯罪的，依法追究刑事责任：

（一）谎报或者瞒报事故的；

（二）伪造或者故意破坏事故现场的；

（三）转移、隐匿资金、财产，或者销毁有关证据、资料的；

（四）拒绝接受调查或者拒绝提供有关情况和资料的；

（五）在事故调查中作伪证或者指使他人作伪证的；

（六）事故发生后逃匿的。

第三十七条 事故发生单位对事故发生负有责任的，依照下列规定处以罚款：

（一）发生一般事故的，处 10 万元以上 20 万元以下的罚款；

（二）发生较大事故的，处 20 万元以上 50 万元以下的罚款；

（三）发生重大事故的，处 50 万元以上 200 万元以下的罚款；

（四）发生特别重大事故的，处 200 万元以上 500 万元以下的罚款。

第三十八条 事故发生单位主要负责人未依法履行安全生产管理职责，导致事故发生的，依照下列规定处以罚款；属于国家工作人员的，并依法给予处分；构成犯罪的，依法追究刑事责任：

（一）发生一般事故的，处上一年年收入 30% 的罚款；

（二）发生较大事故的，处上一年年收入 40% 的罚款；

（三）发生重大事故的，处上一年年收入 60% 的罚款；

（四）发生特别重大事故的，处上一年年收入 80% 的罚款。

第三十九条 有关地方人民政府、安全生产监督管理部门和负有安全生产监督管理职责的有关部门有下列行为之一的，对直接负责的主管人员和其他直接责任人员依法给予处分；构成犯罪的，依法追究刑事责任：

（一）不立即组织事故抢救的；

（二）迟报、漏报、谎报或者瞒报事故的；

（三）阻碍、干涉事故调查工作的；

（四）在事故调查中作伪证或者指使他人作伪证的。

第四十条 事故发生单位对事故发生负有责任的，由有关部门依法暂扣或者吊销其有关证照；对事故发生单位负有事故责任的有关人员，依法暂停或者撤销其与安全生产有关的执业资格、岗位证书；事故发生单位主要负责人受到刑事处罚或者撤职处分的，自刑罚执行完毕或者受处分之日起，5 年内不得担任任何生产经营单位的主要负责人。

为发生事故的单位提供虚假证明的中介机构，由有关部门依法暂扣或者吊销其有关证照及其相关人员的执业资格；构成犯罪的，依法追究刑事责任。

第四十一条 参与事故调查的人员在事故调查中有下列行为之一的，依法给予处分；构成犯罪的，依法追究刑事责任：

（一）对事故调查工作不负责任，致使事故调查工作有重大疏漏的；

（二）包庇、袒护负有事故责任的人员或者借机打击报复的。

第四十二条 违反本条例规定，有关地方人民政府或者有关部门故意拖延或者拒绝落实经批复的对事故责任人的处理意见的，由监察机关对有关责任人员依法给予处分。

第四十三条 本条例规定的罚款的行政处罚，由安全生产监督管理部门决定。

法律、行政法规对行政处罚的种类、幅度和决定机关另有规定的，依照其规定。

第六章 附 则

第四十四条 没有造成人员伤亡，但是社会影响恶劣的事故，国务院或者有关地方人民政府认为需要调查处理的，依照本条例的有关规定执行。

国家机关、事业单位、人民团体发生的事故的报告和调查处理，参照本条例的规定执行。

第四十五条 特别重大事故以下等级事故的报告和调查处理，有关法律、行政法规或者国务院另有规定的，依照其规定。

第四十六条 本条例自 2007 年 6 月 1 日起施行。国务院 1989 年 3 月 29 日公布的《特别重大事故调查程序暂行规定》和 1991 年 2 月 22 日公布的《企业职工伤亡事故报告和处理规定》同时废止。

(九) 法律责任

安全生产行政复议规定

发布单位：国家安全生产监督管理局　发布日期：2007年10月8日
实施日期：2007年11月1日
中华人民共和国国家安全生产监督管理总局令第14号

第一章　总　则

第一条　为了规范安全生产行政复议工作，解决行政争议，根据《中华人民共和国行政复议法》和《中华人民共和国行政复议法实施条例》，制定本规定。

第二条　公民、法人或者其他组织认为安全生产监督管理部门、煤矿安全监察机构（以下统称安全监管监察部门）的具体行政行为侵犯其合法权益，向安全生产行政复议机关申请行政复议，安全生产行政复议机关受理行政复议申请，作出行政复议决定，适用本规定。

第三条　依法履行行政复议职责的安全监管监察部门是安全生产行政复议机关。安全生产行政复议机关负责法制工作的机构是本机关的行政复议机构（以下简称安全生产行政复议机构）。

安全生产行政复议机关应当领导、支持本机关行政复议机构依法办理行政复议事项，并依照有关规定充实、配备专职行政复议人员，保证行政复议机构的办案能力与工作任务相适应。

第四条　国家安全生产监督管理总局办理行政复议案件按照下列程序，统一受理，分工负责：

（一）政策法规司按照本规定规定的期限，对行政复议申请进行初步审查，做出受理或者不予受理的决定。对决定受理的，将案卷材料转送相关业务司局分口承办；

（二）相关业务司局收到案卷材料后，应当在30日内了解核实有关情况，提出处理意见；

（三）政策法规司根据处理意见，在20日内拟定行政复议决定书，提交本局负责人集体讨论或者主管负责人审定；

（四）本局负责人集体讨论通过或者主管负责人同意后，政策法规司制作行政复议决定书，并送达申请人、被申请人和第三人。

国家煤矿安全监察局和省级及省级以下安全监管监察部门办理行政复议案件参照上述程序执行。

第二章 行政复议范围与管辖

第五条 公民、法人或者其他组织对安全监管监察部门作出的下列具体行政行为不服，可以申请行政复议：
（一）行政处罚决定；
（二）行政强制措施；
（三）行政许可的变更、中止、撤销、撤回等决定；
（四）认为符合法定条件，申请安全监管监察部门办理许可证、资格证等行政许可手续，安全监管监察部门没有依法办理的；
（五）认为安全监管监察部门违法收费或者违法要求履行义务的；
（六）认为安全监管监察部门其他具体行政行为侵犯其合法权益的。

第六条 公民、法人或者其他组织认为安全监管监察部门的具体行政行为所依据的规定不合法，在对具体行政行为申请行政复议时，可以依据行政复议法第七条的规定一并提出审查申请。

第七条 安全监管监察部门作出的下列行政行为，不属于安全生产行政复议范围：
（一）生产安全事故调查报告；
（二）不具有强制力的行政指导行为和信访答复行为；
（三）生产安全事故隐患认定；
（四）公告信息发布；
（五）法律、行政法规规定的非具体行政行为。

第八条 对县级以上地方人民政府安全生产监督管理部门作出的具体行政行为不服的，可以向上一级安全生产监督管理部门申请行政复议，也可以向同级人民政府申请行政复议。已向同级人民政府提出行政复议申请，且同级人民政府已经受理的，上一级安全生产监督管理部门不再受理。

对国家安全生产监督管理总局作出的具体行政行为不服的，向国家安全生产监督管理总局申请行政复议。

第九条 对煤矿安全监察分局作出的具体行政行为不服的，向该分局所隶属的省级煤矿安全监察局申请行政复议。

对省级煤矿安全监察机构作出的具体行政行为不服的，向国家安全生产监督管理总局申请行政复议。

对国家煤矿安全监察局作出的具体行政行为不服的，向国家煤矿安全监察局申请行政复议。

第十条 安全监管监察部门设立的派出机构、内设机构或者其他组织，未经法律、行政法规授权，对外以自己名义作出具体行政行为的，该安全监管监察部门为被申请人。

第十一条 对安全监管监察部门依法委托的机构，以委托的安全监管监察部门名义作出的具体行政行为不服的，依照本规定第八条和第九条的规定申请行政复议。

第十二条 对安全监管监察部门与有关部门共同作出的具体行政行为不服的，可以向其共同的上一级行政机关申请行政复议。共同作出具体行政行为的安全监管监察部门与有关部门为共同被申请人。

对国家安全生产监督管理总局与国务院其他部门共同作出的具体行政行为不服的，可以向国家安全生产监督管理总局或者共同作出具体行政行为的其他任何一个部门提起行政复议申请，由作出具体行政行为的部门共同作出行政复议决定。

第十三条 下级安全监管监察部门依照法律、行政法规、规章规定，经上级安全监管监察部门批准作出具体行政行为的，批准机关为被申请人。

第三章 行政复议的申请与受理

第十四条 安全监管监察部门作出具体行政行为，依法应当向有关公民、法人或者其他组织送达法律文书而未送达的，视为该公民、法人或者其他组织不知道该具体行政行为。

安全监管监察部门作出的具体行政行为对公民、法人或者其他组织的权利、义务可能产生不利影响的，应当告知其申请行政复议的权利、行政复议机关和行政复议申请期限。

第十五条 行政复议可以书面申请，也可以当场口头申请。书面申请可以采取当面递交、邮寄或者传真等方式提出，并在行政复议申请书中载明《行政复议法实施条例》第十九条规定的事项。

当场口头申请的，安全生产行政复议机构应当按照第一款规定的事项，当场制作行政复议申请笔录交申请人核对或者向申请人宣读，并由申请人签字确认。

第十六条 安全生产行政复议机构应当自收到行政复议申请之日起3日内对复议申请是否符合下列条件进行初步审查：

（一）有明确的申请人和被申请人；

（二）申请人与具体行政行为有利害关系；

（三）有具体的行政复议请求和事实依据；

（四）在法定申请期限内提出；

（五）属于本规定第五条规定的行政复议范围；

（六）属于收到行政复议申请的行政复议机关的职责范围；

（七）其他行政复议机关尚未受理同一行政复议申请，人民法院尚未受理同一主体就同一事实提起的行政诉讼。

第十七条 行政复议申请错列被申请人的，安全生产行政复议机构应当告知申请人变更被申请人。

第十八条 行政复议申请材料不齐全或者表述不清楚的，安全生产行政复议机构可以自收到该行政复议申请之日起5日内书面通知申请人补正。补正通知应当载明需要补正的事项和合理的补正期限。无正当理由逾期不补正的，视为申请人放弃行政复议申请。补正申请材料所用时间不计入行政复议审理期限。

第十九条 经初步审查后,安全生产行政复议机构应当自收到行政复议申请之日起 5 日内按下列规定作出处理:

(一)符合本规定第十六条规定的,予以受理,并制发行政复议受理决定书;

(二)不符合本规定第十六条规定的,决定不予受理,并制发行政复议申请不予受理决定书;

(三)不属于本机关职责范围的,应当告知申请人向有权受理的行政复议机关提出。

第二十条 行政复议期间,安全生产行政复议机构认为申请人以外的公民、法人或者其他组织与被审查的具体行政行为有利害关系的,可以通知其作为第三人参加行政复议。

行政复议期间,申请人以外的公民、法人或者其他组织与被审查的具体行政行为有利害关系的,可以向安全生产行政复议机构申请作为第三人参加行政复议。

第四章 行政复议的审理和决定

第二十一条 安全生产行政复议机构审理行政复议案件,应当由 2 名以上行政复议人员参加。

第二十二条 安全生产行政复议机构应当自行政复议申请受理之日起 7 日内,将行政复议申请书副本或者行政复议申请笔录复印件发送被申请人。

被申请人应当自收到申请书副本或者行政复议申请笔录复印件之日起 10 日内,按照复议机构要求的份数提出书面答复,并提交当初作出具体行政行为的证据、依据和其他有关材料。

被申请人书面答复应当载明下列事项,并加盖单位公章:

(一)作出具体行政行为的基本过程和情况;

(二)作出具体行政行为的事实依据和有关证据材料;

(三)作出具体行政行为所依据的法律、行政法规、规章和规范性文件的文号、具体条款和内容;

(四)对申请人复议请求的意见和理由;

(五)答复的年月日。

第二十三条 有下列情形之一的,被申请人经安全生产行政复议机构允许可以补充相关证据:

(一)在作出具体行政行为时已经收集证据,但因不可抗力等正当理由不能提供的;

(二)申请人或者第三人在行政复议过程中,提出了其在安全监管监察部门实施具体行政行为过程中没有提出的申辩理由或者证据的。

第二十四条 有下列情形之一的,申请人应当提供证明材料:

(一)认为被申请人不履行法定职责的,提供曾经要求被申请人履行法定职责而被申请人未履行的证明材料,但被申请人依法应当主动履行的除外;

(二)申请行政复议时一并提出行政赔偿请求的,提供受具体行政行为侵害而造成损害的证明材料；

（三）申请人自己主张的事实；

（四）法律、行政法规规定由申请人提供证据材料的其他情形。

第二十五条 申请人、被申请人、第三人应当对其提交的证据材料分类编号，对证据材料的来源、证明对象和内容作简要说明，并在证据材料上签字或者盖章，注明提交日期。

证据材料是复印件的，应当经复议机构核对无误，并注明原件存放的单位和处所。

第二十六条 行政复议原则上采取书面审理的方式，但对重大、复杂的案件，申请人提出要求或者安全生产行政复议机构认为必要时，可以采取听证的方式审理。

听证应当保障当事人平等的陈述、质证和辩论的权利。

第二十七条 安全生产行政复议机构采取听证的方式审理复议案件，应当制作听证笔录并载明下列事项：

（一）案由，听证的时间、地点；

（二）申请人、被申请人、第三人及其代理人的基本情况；

（三）听证主持人、听证员、书记员的姓名、职务等；

（四）申请人、被申请人、第三人争议的焦点问题，有关事实、证据和依据；

（五）其他应当记载的事项。

申请人、被申请人、第三人应当核对听证笔录并签字或者盖章。

第二十八条 安全生产行政复议机构认为必要时，可以实地调查核实证据。调查核实时，行政复议人员不得少于2人，并应当向当事人或者有关人员出示证件。

需要现场勘验的，现场勘验所用时间不计入行政复议审理期限。

第二十九条 安全生产行政复议期间涉及专门事项需要鉴定的，当事人可以自行委托鉴定机构进行鉴定，也可以申请行政复议机构委托鉴定机构进行鉴定。鉴定费由当事人承担。鉴定所用时间不计入行政复议审理期限。

第三十条 申请人在行政复议决定作出前自愿撤回行政复议申请的，经行政复议机构同意，可以撤回。

申请人撤回行政复议申请的，不得以同一事实和理由再次提出行政复议申请。但是，申请人能够证明撤回行政复议申请违背其真实意思表示的除外。

第三十一条 行政复议申请由两个以上申请人共同提出，在行政复议决定作出前，部分申请人撤回行政复议申请的，安全生产行政复议机关应当就其他申请人未撤回的行政复议申请作出行政复议决定。

第三十二条 被申请人在复议期间改变原具体行政行为的，应当书面告知复议机构。

被申请人改变原具体行政行为，申请人撤回复议申请的，行政复议终止；申请人不撤回复议申请的，安全生产行政复议机关经审查认为原具体行政行为违法的，应当作出确认其违法的复议决定；认为原具体行政行为合法的，应当作出维持的复议决定。

第三十三条 公民、法人或者其他组织对安全监管监察部门行使法律、行政法规规定的自由裁量权作出的具体行政行为不服申请行政复议，申请人与被申请人在行政复议决定作出前自愿达成和解的，应当向安全生产行政复议机构提交书面和解协议；和解内容不损害社会公共利益和他人合法权益的，安全生产行政复议机构应当准许。

第三十四条 有下列情形之一的，安全生产行政复议机构可以按照自愿、合法的原则进行调解：

（一）公民、法人或者其他组织对安全监管监察部门行使法律、行政法规规定的自由裁量权作出的具体行政行为不服申请行政复议的；

（二）当事人之间的行政赔偿或者行政补偿的纠纷。

当事人经调解达成协议的，安全生产行政复议机关应当制作行政复议调解书。调解书应当载明行政复议请求、事实、理由和调解结果，并加盖安全生产行政复议机关印章。行政复议调解书经双方当事人签字，即具有法律效力。

调解未达成协议或者调解书生效前一方反悔的，安全生产行政复议机关应当及时作出行政复议决定。

第三十五条 安全生产行政复议机构应当对被申请人作出的具体行政行为进行审查，提出意见，经安全生产行政复议机关集体讨论通过或者负责人同意后，依法作出行政复议决定。

第三十六条 被申请人被责令重新作出具体行政行为的，应当在法律、行政法规、规章规定的期限内重新作出具体行政行为；法律、行政法规、规章未规定期限的，重新作出具体行政行为的期限为60日。

被申请人不得以同一事实和理由作出与原具体行政行为相同或者基本相同的具体行政行为。但因违反法定程序被责令重新作出具体行政行为的除外。

第三十七条 申请人在申请行政复议时一并提出行政赔偿请求，安全生产行政复议机关对符合国家赔偿法有关规定应当给予赔偿的，在决定撤销、变更具体行政行为或者确认具体行政行为违法时，应当同时决定被申请人依法给予赔偿。

申请人在申请行政复议时没有提出行政赔偿请求的，安全生产行政复议机关在依法决定撤销或者变更原具体行政行为确定的罚款以及对设备、设施、器材的扣押、查封等强制措施时，应当同时责令被申请人返还罚款，解除对设备、设施、器材的扣押、查封等强制措施。

第三十八条 安全生产行政复议机关在申请人的行政复议请求范围内，不得作出对申请人更为不利的行政复议决定。

第五章 附 则

第三十九条 安全生产行政复议机关及其工作人员和被申请人在安全生产行政复议工作中违反本规定的，依照行政复议法及其实施条例的规定，追究法律责任。

第四十条 行政复议期间的计算和行政复议文书的送达，依照民事诉讼法关于期间、送达的规定执行。

本规定关于行政复议期间有关"3日""5日""7日"的规定是指工作日，不含节假日。

第四十一条 安全生产行政复议案件审理完毕，案件承办人应当将案件材料在 10 日内立卷、归档。

下一级安全生产行政复议机关应当在作出行政复议决定之日起 15 日内将行政复议决定书报上一级安全生产行政复议机构备案。

第四十二条 安全监管行政复议机关办理行政复议案件，使用国家安全生产监督管理总局统一制定的文书式样。

煤矿安全监察行政复议机关办理行政复议案件，使用国家煤矿安全监察局统一制定的文书式样。

第四十三条 本规定自 2007 年 11 月 1 日起施行。原国家经济贸易委员会 2003 年 2 月 18 日公布的《安全生产行政复议暂行办法》和原国家安全生产监督管理局（国家煤矿安全监察局）2003 年 6 月 20 日公布的《煤矿安全监察行政复议规定》同时废止。

安全生产违法行为行政处罚办法

发布单位：国家安全生产监督管理总局　发布日期：2007年11月30日
修改日期：2015年4月2日　实施日期：2015年5月1日
中华人民共和国国家安全监管总局令第77号

第一章　总　则

第一条　为了制裁安全生产违法行为，规范安全生产行政处罚工作，依照行政处罚法、安全生产法及其他有关法律、行政法规的规定，制定本办法。

第二条　县级以上人民政府安全生产监督管理部门对生产经营单位及其有关人员在生产经营活动中违反有关安全生产的法律、行政法规、部门规章、国家标准、行业标准和规程的违法行为（以下统称安全生产违法行为）实施行政处罚，适用本办法。

煤矿安全监察机构依照本办法和煤矿安全监察行政处罚办法，对煤矿、煤矿安全生产中介机构等生产经营单位及其有关人员的安全生产违法行为实施行政处罚。

有关法律、行政法规对安全生产违法行为行政处罚的种类、幅度或者决定机关另有规定的，依照其规定。

第三条　对安全生产违法行为实施行政处罚，应当遵循公平、公正、公开的原则。

安全生产监督管理部门或者煤矿安全监察机构（以下统称安全监管监察部门）及其行政执法人员实施行政处罚，必须以事实为依据。行政处罚应当与安全生产违法行为的事实、性质、情节以及社会危害程度相当。

第四条　生产经营单位及其有关人员对安全监管监察部门给予的行政处罚，依法享有陈述权、申辩权和听证权；对行政处罚不服的，有权依法申请行政复议或者提起行政诉讼；因违法给予行政处罚受到损害的，有权依法申请国家赔偿。

第二章　行政处罚的种类、管辖

第五条　安全生产违法行为行政处罚的种类：
（一）警告；
（二）罚款；
（三）没收违法所得、没收非法开采的煤炭产品、采掘设备；
（四）责令停产停业整顿、责令停产停业、责令停止建设、责令停止施工；

（五）暂扣或者吊销有关许可证，暂停或者撤销有关执业资格、岗位证书；

（六）关闭；

（七）拘留；

（八）安全生产法律、行政法规规定的其他行政处罚。

第六条 县级以上安全监管监察部门应当按照本章的规定，在各自的职责范围内对安全生产违法行为行政处罚行使管辖权。

安全生产违法行为的行政处罚，由安全生产违法行为发生地的县级以上安全监管监察部门管辖。中央企业及其所属企业、有关人员的安全生产违法行为的行政处罚，由安全生产违法行为发生地的设区的市级以上安全监管监察部门管辖。

暂扣、吊销有关许可证和暂停、撤销有关执业资格、岗位证书的行政处罚，由发证机关决定。其中，暂扣有关许可证和暂停有关执业资格、岗位证书的期限一般不得超过6个月；法律、行政法规另有规定的，依照其规定。

给予关闭的行政处罚，由县级以上安全监管监察部门报请县级以上人民政府按照国务院规定的权限决定。

给予拘留的行政处罚，由县级以上安全监管监察部门建议公安机关依照治安管理处罚法的规定决定。

第七条 两个以上安全监管监察部门因行政处罚管辖权发生争议的，由其共同的上一级安全监管监察部门指定管辖。

第八条 对报告或者举报的安全生产违法行为，安全监管监察部门应当受理；发现不属于自己管辖的，应当及时移送有管辖权的部门。

受移送的安全监管监察部门对管辖权有异议的，应当报请共同的上一级安全监管监察部门指定管辖。

第九条 安全生产违法行为涉嫌犯罪的，安全监管监察部门应当将案件移送司法机关，依法追究刑事责任；尚不够刑事处罚但依法应当给予行政处罚的，由安全监管监察部门管辖。

第十条 上级安全监管监察部门可以直接查处下级安全监管监察部门管辖的案件，也可以将自己管辖的案件交由下级安全监管监察部门管辖。

下级安全监管监察部门可以将重大、疑难案件报请上级安全监管监察部门管辖。

第十一条 上级安全监管监察部门有权对下级安全监管监察部门违法或者不适当的行政处罚予以纠正或者撤销。

第十二条 安全监管监察部门根据需要，可以在其法定职权范围内委托符合《行政处罚法》第十九条规定条件的组织或者乡、镇人民政府以及街道办事处、开发区管理机构等地方人民政府的派出机构实施行政处罚。受委托的单位在委托范围内，以委托的安全监管监察部门名义实施行政处罚。

委托的安全监管监察部门应当监督检查受委托的单位实施行政处罚，并对其实施行政处罚的后果承担法律责任。

第三章 行政处罚的程序

第十三条 安全生产行政执法人员在执行公务时，必须出示省级以上安全生产监督管理部门或者县级以上地方人民政府统一制作的有效行政执法证件。其中对煤矿进行安全监察，必须出示国家安全生产监督管理总局统一制作的煤矿安全监察员证。

第十四条 安全监管监察部门及其行政执法人员在监督检查时发现生产经营单位存在事故隐患的，应当按照下列规定采取现场处理措施：

（一）能够立即排除的，应当责令立即排除；

（二）重大事故隐患排除前或者排除过程中无法保证安全的，应当责令从危险区域撤出作业人员，并责令暂时停产停业、停止建设、停止施工或者停止使用相关设施、设备，限期排除隐患。

隐患排除后，经安全监管监察部门审查同意，方可恢复生产经营和使用。

本条第一款第（二）项规定的责令暂时停产停业、停止建设、停止施工或停止使用相关设施、设备的期限一般不超过 6 个月；法律、行政法规另有规定的，依照其规定。

第十五条 对有根据认为不符合安全生产的国家标准或者行业标准的在用设施、设备、器材，违法生产、储存、使用、经营、运输的危险物品，以及违法生产、储存、使用、经营危险物品的作业场所，安全监管监察部门应当依照《行政强制法》的规定予以查封或者扣押。查封或者扣押的期限不得超过 30 日，情况复杂的，经安全监管监察部门负责人批准，最多可以延长 30 日，并在查封或者扣押期限内作出处理决定：

（一）对违法事实清楚、依法应当没收的非法财物予以没收；

（二）法律、行政法规规定应当销毁的，依法销毁；

（三）法律、行政法规规定应当解除查封、扣押的，作出解除查封、扣押的决定。

实施查封、扣押，应当制作并当场交付查封、扣押决定书和清单。

第十六条 安全监管监察部门依法对存在重大事故隐患的生产经营单位作出停产停业、停止施工、停止使用相关设施、设备的决定，生产经营单位应当依法执行，及时消除事故隐患。生产经营单位拒不执行，有发生生产安全事故的现实危险的，在保证安全的前提下，经本部门主要负责人批准，安全监管监察部门可以采取通知有关单位停止供电、停止供应民用爆炸物品等措施，强制生产经营单位履行决定。通知应当采用书面形式，有关单位应当予以配合。

安全监管监察部门依照前款规定采取停止供电措施，除有危及生产安全的紧急情形外，应当提前 24 小时通知生产经营单位。生产经营单位依法履行行政决定、采取相应措施消除事故隐患的，安全监管监察部门应当及时解除前款规定的措施。

第十七条 生产经营单位被责令限期改正或者限期进行隐患排除治理的，应当在规定限期内完成。因不可抗力无法在规定限期内完成的，应当在进行整改或者治理的同时，于限期届满前 10 日内提出书面延期申请，安全监管监察部门应当在收到申请之日起 5 日内书面答复是否准予延期。

生产经营单位提出复查申请或者整改、治理限期届满的，安全监管监察部门应当自申请或者限期届满之日起 10 日内进行复查，填写复查意见书，由被复查单位和安全监管监察部门复查人员签名后存档。逾期未整改、未治理或者整改、治理不合格的，安全监管监察部门应当依法给予行政处罚。

第十八条 安全监管监察部门在作出行政处罚决定前，应当填写行政处罚告知书，告知当事人作出行政处罚决定的事实、理由、依据，以及当事人依法享有的权利，并送达当事人。当事人应当在收到行政处罚告知书之日起 3 日内进行陈述、申辩，或者依法提出听证要求，逾期视为放弃上述权利。

第十九条 安全监管监察部门应当充分听取当事人的陈述和申辩，对当事人提出的事实、理由和证据，应当进行复核；当事人提出的事实、理由和证据成立的，安全监管监察部门应当采纳。

安全监管监察部门不得因当事人陈述或者申辩而加重处罚。

第二十条 安全监管监察部门对安全生产违法行为实施行政处罚，应当符合法定程序，制作行政执法文书。

第一节 简易程序

第二十一条 违法事实确凿并有法定依据，对个人处以 50 元以下罚款、对生产经营单位处以 1000 元以下罚款或者警告的行政处罚的，安全生产行政执法人员可以当场作出行政处罚决定。

第二十二条 安全生产行政执法人员当场作出行政处罚决定，应当填写预定格式、编有号码的行政处罚决定书并当场交付当事人。

安全生产行政执法人员当场作出行政处罚决定后应当及时报告，并在 5 日内报所属安全监管监察部门备案。

第二节 一般程序

第二十三条 除依照简易程序当场作出的行政处罚外，安全监管监察部门发现生产经营单位及其有关人员有应当给予行政处罚的行为的，应当予以立案，填写立案审批表，并全面、客观、公正地进行调查，收集有关证据。对确需立即查处的安全生产违法行为，可以先行调查取证，并在 5 日内补办立案手续。

第二十四条 对已经立案的案件，由立案审批人指定两名或者两名以上安全生产行政执法人员进行调查。

有下列情形之一的，承办案件的安全生产行政执法人员应当回避：

（一）本人是本案的当事人或者当事人的近亲属的；

（二）本人或者其近亲属与本案有利害关系的；

（三）与本人有其他利害关系，可能影响案件的公正处理的。

安全生产行政执法人员的回避，由派出其进行调查的安全监管监察部门的负责人决定。进行调查的安全监管监察部门负责人的回避，由该部门负责人集体讨论决定。回避决定作出之前，承办案件的安全生产行政执法人员不得擅自停止对案件的调查。

第二十五条　进行案件调查时,安全生产行政执法人员不得少于两名。当事人或者有关人员应当如实回答安全生产行政执法人员的询问,并协助调查或者检查,不得拒绝、阻挠或者提供虚假情况。

询问或者检查应当制作笔录。笔录应当记载时间、地点、询问和检查情况,并由被询问人、被检查单位和安全生产行政执法人员签名或者盖章;被询问人、被检查单位要求补正的,应当允许。被询问人或者被检查单位拒绝签名或者盖章的,安全生产行政执法人员应当在笔录上注明原因并签名。

第二十六条　安全生产行政执法人员应当收集、调取与案件有关的原始凭证作为证据。调取原始凭证确有困难的,可以复制,复制件应当注明"经核对与原件无异"的字样和原始凭证存放的单位及其处所,并由出具证据的人员签名或者单位盖章。

第二十七条　安全生产行政执法人员在收集证据时,可以采取抽样取证的方法;在证据可能灭失或者以后难以取得的情况下,经本单位负责人批准,可以先行登记保存,并应当在7日内作出处理决定:

（一）违法事实成立依法应当没收的,作出行政处罚决定,予以没收;依法应当扣留或者封存的,予以扣留或者封存;

（二）违法事实不成立,或者依法不应当予以没收、扣留、封存的,解除登记保存。

第二十八条　安全生产行政执法人员对与案件有关的物品、场所进行勘验检查时,应当通知当事人到场,制作勘验笔录,并由当事人核对无误后签名或者盖章。当事人拒绝到场的,可以邀请在场的其他人员作证,并在勘验笔录中注明原因并签名;也可以采用录音、录像等方式记录有关物品、场所的情况后,再进行勘验检查。

第二十九条　案件调查终结后,负责承办案件的安全生产行政执法人员应当填写案件处理呈批表,连同有关证据材料一并报本部门负责人审批。

安全监管监察部门负责人应当及时对案件调查结果进行审查,根据不同情况,分别作出以下决定:

（一）确有应受行政处罚的违法行为的,根据情节轻重及具体情况,作出行政处罚决定;

（二）违法行为轻微,依法可以不予行政处罚的,不予行政处罚;

（三）违法事实不能成立,不得给予行政处罚;

（四）违法行为涉嫌犯罪的,移送司法机关处理。

对严重安全生产违法行为给予责令停产停业整顿、责令停产停业、责令停止建设、责令停止施工、吊销有关许可证、撤销有关执业资格或者岗位证书、5万元以上罚款、没收违法所得、没收非法开采的煤炭产品或者采掘设备价值5万元以上的行政处罚的,应当由安全监管监察部门的负责人集体讨论决定。

第三十条　安全监管监察部门依照本办法第二十九条的规定给予行政处罚,应当制作行政处罚决定书。行政处罚决定书应当载明下列事项:

（一）当事人的姓名或者名称、地址或者住址;

（二）违法事实和证据;

（三）行政处罚的种类和依据；

（四）行政处罚的履行方式和期限；

（五）不服行政处罚决定，申请行政复议或者提起行政诉讼的途径和期限；

（六）作出行政处罚决定的安全监管监察部门的名称和作出决定的日期。

行政处罚决定书必须盖有作出行政处罚决定的安全监管监察部门的印章。

第三十一条 行政处罚决定书应当在宣告后当场交付当事人；当事人不在场的，安全监管监察部门应当在7日内依照民事诉讼法的有关规定，将行政处罚决定书送达当事人或者其他的法定受送达人：

（一）送达必须有送达回执，由受送达人在送达回执上注明收到日期，签名或者盖章；

（二）送达应当直接送交受送达人。受送达人是个人的，本人不在交他的同住成年家属签收，并在行政处罚决定书送达回执的备注栏内注明与受送达人的关系；

（三）受送达人是法人或者其他组织的，应当由法人的法定代表人、其他组织的主要负责人或者该法人、组织负责收件的人签收；

（四）受送达人指定代收人的，交代收人签收并注明受当事人委托的情况；

（五）直接送达确有困难的，可以挂号邮寄送达，也可以委托当地安全监管监察部门代为送达，代为送达的安全监管监察部门收到文书后，必须立即交受送达人签收；

（六）当事人或者他的同住成年家属拒绝接收的，送达人应当邀请有关基层组织或者所在单位的代表到场，说明情况，在行政处罚决定书送达回执上记明拒收的事由和日期，由送达人、见证人签名或者盖章，将行政处罚决定书留在当事人的住所；也可以把行政处罚决定书留在受送达人的住所，并采用拍照、录像等方式记录送达过程，即视为送达；

（七）受送达人下落不明，或者用以上方式无法送达的，可以公告送达，自公告发布之日起经过60日，即视为送达。公告送达，应当在案卷中注明原因和经过。

安全监管监察部门送达其他行政处罚执法文书，按照前款规定办理。

第三十二条 行政处罚案件应当自立案之日起30日内作出行政处罚决定；由于客观原因不能完成的，经安全监管监察部门负责人同意，可以延长，但不得超过90日；特殊情况需进一步延长的，应当经上一级安全监管监察部门批准，可延长至180日。

第三节 听证程序

第三十三条 安全监管监察部门作出责令停产停业整顿、责令停产停业、吊销有关许可证、撤销有关执业资格、岗位证书或者较大数额罚款的行政处罚决定之前，应当告知当事人有要求举行听证的权利；当事人要求听证的，安全监管监察部门应当组织听证，不得向当事人收取听证费用。

前款所称较大数额罚款，为省、自治区、直辖市人大常委会或者人民政府规定的数额；没有规定数额的，其数额对个人罚款为2万元以上，对生产经营单位罚款为5万元以上。

第三十四条 当事人要求听证的，应当在安全监管监察部门依照本办法第十八条规定告知后3日内以书面方式提出。

第三十五条 当事人提出听证要求后，安全监管监察部门应当在收到书面申请之日起15日内举行听证会，并在举行听证会的7日前，通知当事人举行听证的时间、地点。

当事人应当按期参加听证。当事人有正当理由要求延期的，经组织听证的安全监管监察部门负责人批准可以延期1次；当事人未按期参加听证，并且未事先说明理由的，视为放弃听证权利。

第三十六条 听证参加人由听证主持人、听证员、案件调查人员、当事人及其委托代理人、书记员组成。

听证主持人、听证员、书记员应当由组织听证的安全监管监察部门负责人指定的非本案调查人员担任。

当事人可以委托1至2名代理人参加听证，并提交委托书。

第三十七条 除涉及国家秘密、商业秘密或者个人隐私外，听证应当公开举行。

第三十八条 当事人在听证中的权利和义务：

（一）有权对案件涉及的事实、适用法律及有关情况进行陈述和申辩；

（二）有权对案件调查人员提出的证据质证并提出新的证据；

（三）如实回答主持人的提问；

（四）遵守听证会场纪律，服从听证主持人指挥。

第三十九条 听证按照下列程序进行：

（一）书记员宣布听证会场纪律、当事人的权利和义务。听证主持人宣布案由，核实听证参加人名单，宣布听证开始；

（二）案件调查人员提出当事人的违法事实、出示证据，说明拟作出的行政处罚的内容及法律依据；

（三）当事人或者其委托代理人对案件的事实、证据、适用的法律等进行陈述和申辩，提交新的证据材料；

（四）听证主持人就案件的有关问题向当事人、案件调查人员、证人询问；

（五）案件调查人员、当事人或者其委托代理人相互辩论；

（六）当事人或者其委托代理人作最后陈述；

（七）听证主持人宣布听证结束。

听证笔录应当当场交当事人核对无误后签名或者盖章。

第四十条 有下列情形之一的，应当中止听证：

（一）需要重新调查取证的；

（二）需要通知新证人到场作证的；

（三）因不可抗力无法继续进行听证的。

第四十一条 有下列情形之一的，应当终止听证：

（一）当事人撤回听证要求的；

（二）当事人无正当理由不按时参加听证的；

（三）拟作出的行政处罚决定已经变更，不适用听证程序的。

第四十二条 听证结束后，听证主持人应当依据听证情况，填写听证会报告书，提出处理意见并附听证笔录报安全监管监察部门负责人审查。安全监管监察部门依照本办法第二十九条的规定作出决定。

第四章 行政处罚的适用

第四十三条 生产经营单位的决策机构、主要负责人、个人经营的投资人（包括实际控制人，下同）未依法保证下列安全生产所必需的资金投入之一，致使生产经营单位不具备安全生产条件的，责令限期改正，提供必需的资金，可以对生产经营单位处 1 万元以上 3 万元以下罚款，对生产经营单位的主要负责人、个人经营的投资人处 5000 元以上 1 万元以下罚款；逾期未改正的，责令生产经营单位停产停业整顿：

（一）提取或者使用安全生产费用；

（二）用于配备劳动防护用品的经费；

（三）用于安全生产教育和培训的经费；

（四）国家规定的其他安全生产所必须的资金投入。

生产经营单位主要负责人、个人经营的投资人有前款违法行为，导致发生生产安全事故的，依照《生产安全事故罚款处罚规定（试行）》的规定给予处罚。

第四十四条 生产经营单位的主要负责人未依法履行安全生产管理职责，导致生产安全事故发生的，依照《生产安全事故罚款处罚规定（试行）》的规定给予处罚。

第四十五条 生产经营单位及其主要负责人或者其他人员有下列行为之一的，给予警告，并可以对生产经营单位处 1 万元以上 3 万元以下罚款，对其主要负责人、其他有关人员处 1000 元以上 1 万元以下的罚款：

（一）违反操作规程或者安全管理规定作业的；

（二）违章指挥从业人员或者强令从业人员违章、冒险作业的；

（三）发现从业人员违章作业不加制止的；

（四）超过核定的生产能力、强度或者定员进行生产的；

（五）对被查封或者扣押的设施、设备、器材、危险物品和作业场所，擅自启封或者使用的；

（六）故意提供虚假情况或者隐瞒存在的事故隐患以及其他安全问题的；

（七）拒不执行安全监管监察部门依法下达的安全监管监察指令的。

第四十六条 危险物品的生产、经营、储存单位以及矿山、金属冶炼单位有下列行为之一的，责令改正，并可以处 1 万元以上 3 万元以下的罚款：

（一）未建立应急救援组织或者生产经营规模较小、未指定兼职应急救援人员的；

（二）未配备必要的应急救援器材、设备和物资，并进行经常性维护、保养，保证正常运转的。

第四十七条 生产经营单位与从业人员订立协议，免除或者减轻其对从业人员因生产安全事故伤亡依法应承担的责任的，该协议无效；对生产经营单位的主要负责人、个人经营的投资人按照下列规定处以罚款：

（一）在协议中减轻因生产安全事故伤亡对从业人员依法应承担的责任的，处 2 万元以上 5 万元以下的罚款；

（二）在协议中免除因生产安全事故伤亡对从业人员依法应承担的责任的，处 5 万元以上 10 万元以下的罚款。

第四十八条 生产经营单位不具备法律、行政法规和国家标准、行业标准规定的安全生产条件，经责令停产停业整顿仍不具备安全生产条件的，安全监管监察部门应当提请有管辖权的人民政府予以关闭；人民政府决定关闭的，安全监管监察部门应当依法吊销其有关许可证。

第四十九条 生产经营单位转让安全生产许可证的，没收违法所得，吊销安全生产许可证，并按照下列规定处以罚款：

（一）接受转让的单位和个人未发生生产安全事故的，处 10 万元以上 30 万元以下的罚款；

（二）接受转让的单位和个人发生生产安全事故但没有造成人员死亡的，处 30 万元以上 40 万元以下的罚款；

（三）接受转让的单位和个人发生人员死亡生产安全事故的，处 40 万元以上 50 万元以下的罚款。

第五十条 知道或者应当知道生产经营单位未取得安全生产许可证或者其他批准文件擅自从事生产经营活动，仍为其提供生产经营场所、运输、保管、仓储等条件的，责令立即停止违法行为，有违法所得的，没收违法所得，并处违法所得 1 倍以上 3 倍以下的罚款，但是最高不得超过 3 万元；没有违法所得的，并处 5000 元以上 1 万元以下的罚款。

第五十一条 生产经营单位及其有关人员弄虚作假，骗取或者勾结、串通行政审批工作人员取得安全生产许可证书及其他批准文件的，撤销许可及批准文件，并按照下列规定处以罚款：

（一）生产经营单位有违法所得的，没收违法所得，并处违法所得 1 倍以上 3 倍以下的罚款，但是最高不得超过 3 万元；没有违法所得的，并处 5000 元以上 1 万元以下的罚款；

（二）对有关人员处 1000 元以上 1 万元以下的罚款。

有前款规定违法行为的生产经营单位及其有关人员在 3 年内不得再次申请该行政许可。

生产经营单位及其有关人员未依法办理安全生产许可证书变更手续的，责令限期改正，并对生产经营单位处 1 万元以上 3 万元以下的罚款，对有关人员处 1000 元以上 5000 元以下的罚款。

第五十二条 未取得相应资格、资质证书的机构及其有关人员从事安全评价、认证、检测、检验工作，责令停止违法行为，并按照下列规定处以罚款：

（一）机构有违法所得的，没收违法所得，并处违法所得 1 倍以上 3 倍以下的罚款，但是最高不得超过 3 万元；没有违法所得的，并处 5000 元以上 1 万元以下的罚款；

（二）有关人员处 5000 元以上 1 万元以下的罚款。

第五十三条 生产经营单位及其有关人员触犯不同的法律规定，有两个以上应当给予行政处罚的安全生产违法行为的，安全监管监察部门应当适用不同的法律规定，分别裁量，合并处罚。

第五十四条　对同一生产经营单位及其有关人员的同一安全生产违法行为，不得给予两次以上罚款的行政处罚。

第五十五条　生产经营单位及其有关人员有下列情形之一的，应当从重处罚：

（一）危及公共安全或者其他生产经营单位安全的，经责令限期改正，逾期未改正的；

（二）一年内因同一违法行为受到两次以上行政处罚的；

（三）拒不整改或者整改不力，其违法行为呈持续状态的；

（四）拒绝、阻碍或者以暴力威胁行政执法人员的。

第五十六条　生产经营单位及其有关人员有下列情形之一的，应当依法从轻或者减轻行政处罚：

（一）已满14周岁不满18周岁的公民实施安全生产违法行为的；

（二）主动消除或者减轻安全生产违法行为危害后果的；

（三）受他人胁迫实施安全生产违法行为的；

（四）配合安全监管监察部门查处安全生产违法行为，有立功表现的；

（五）主动投案，向安全监管监察部门如实交待自己的违法行为的；

（六）具有法律、行政法规规定的其他从轻或者减轻处罚情形的。

有从轻处罚情节的，应当在法定处罚幅度的中档以下确定行政处罚标准，但不得低于法定处罚幅度的下限。

本条第一款第（四）项所称的立功表现，是指当事人有揭发他人安全生产违法行为，并经查证属实；或者提供查处其他安全生产违法行为的重要线索，并经查证属实；或者阻止他人实施安全生产违法行为；或者协助司法机关抓捕其他违法犯罪嫌疑人的行为。

安全生产违法行为轻微并及时纠正，没有造成危害后果的，不予行政处罚。

第五章　行政处罚的执行和备案

第五十七条　安全监管监察部门实施行政处罚时，应当同时责令生产经营单位及其有关人员停止、改正或者限期改正违法行为。

第五十八条　本办法所称的违法所得，按照下列规定计算：

（一）生产、加工产品的，以生产、加工产品的销售收入作为违法所得；

（二）销售商品的，以销售收入作为违法所得；

（三）提供安全生产中介、租赁等服务的，以服务收入或者报酬作为违法所得；

（四）销售收入无法计算的，按当地同类同等规模的生产经营单位的平均销售收入计算；

（五）服务收入、报酬无法计算的，按照当地同行业同种服务的平均收入或者报酬计算。

第五十九条　行政处罚决定依法作出后，当事人应当在行政处罚决定的期限内，予以履行；当事人逾期不履行的，作出行政处罚决定的安全监管监察部门可以采取下列措施：

（一）到期不缴纳罚款的，每日按罚款数额的3%加处罚款，但不得超过罚款数额；

（二）根据法律规定，将查封、扣押的设施、设备、器材和危险物品拍卖所得价款抵缴罚款；

（三）申请人民法院强制执行。

当事人对行政处罚决定不服申请行政复议或者提起行政诉讼的，行政处罚不停止执行，法律另有规定的除外。

第六十条 安全生产行政执法人员当场收缴罚款的，应当出具省、自治区、直辖市财政部门统一制发的罚款收据；当场收缴的罚款，应当自收缴罚款之日起2日内，交至所属安全监管监察部门；安全监管监察部门应当在2日内将罚款缴付指定的银行。

第六十一条 除依法应当予以销毁的物品外，需要将查封、扣押的设施、设备、器材和危险物品拍卖抵缴罚款的，依照法律或者国家有关规定处理。销毁物品，依照国家有关规定处理；没有规定的，经县级以上安全监管监察部门负责人批准，由两名以上安全生产行政执法人员监督销毁，并制作销毁记录。处理物品，应当制作清单。

第六十二条 罚款、没收违法所得的款项和没收非法开采的煤炭产品、采掘设备，必须按照有关规定上缴，任何单位和个人不得截留、私分或者变相私分。

第六十三条 县级安全生产监督管理部门处以5万元以上罚款、没收违法所得、没收非法生产的煤炭产品或者采掘设备价值5万元以上、责令停产停业、停止建设、停止施工、停产停业整顿、吊销有关资格、岗位证书或者许可证的行政处罚的，应当自作出行政处罚决定之日起10日内报设区的市级安全生产监督管理部门备案。

第六十四条 设区的市级安全生产监管监察部门处以10万元以上罚款、没收违法所得、没收非法生产的煤炭产品或者采掘设备价值10万元以上、责令停产停业、停止建设、停止施工、停产停业整顿、吊销有关资格、岗位证书或者许可证的行政处罚的，应当自作出行政处罚决定之日起10日内报省级安全监管监察部门备案。

第六十五条 省级安全监管监察部门处以50万元以上罚款、没收违法所得、没收非法生产的煤炭产品或者采掘设备价值50万元以上、责令停产停业、停止建设、停止施工、停产停业整顿、吊销有关资格、岗位证书或者许可证的行政处罚的，应当自作出行政处罚决定之日起10日内报国家安全生产监督管理总局或者国家煤矿安全监察局备案。

对上级安全监管监察部门交办案件给予行政处罚的，由决定行政处罚的安全监管监察部门自作出行政处罚决定之日起10日内报上级安全监管监察部门备案。

第六十六条 行政处罚执行完毕后，案件材料应当按照有关规定立卷归档。

案卷立案归档后，任何单位和个人不得擅自增加、抽取、涂改和销毁案卷材料。未经安全监管监察部门负责人批准，任何单位和个人不得借阅案卷。

第六章 附 则

第六十七条 安全生产监督管理部门所用的行政处罚文书式样，由国家安全生产监督管理总局统一制定。

煤矿安全监察机构所用的行政处罚文书式样，由国家煤矿安全监察局统一制定。

第六十八条 本办法所称的生产经营单位,是指合法和非法从事生产或者经营活动的基本单元,包括企业法人、不具备企业法人资格的合伙组织、个体工商户和自然人等生产经营主体。

第六十九条 本办法自 2008 年 1 月 1 日起施行。原国家安全生产监督管理局(国家煤矿安全监察局)2003 年 5 月 19 日公布的《安全生产违法行为行政处罚办法》、2001 年 4 月 27 日公布的《煤矿安全监察程序暂行规定》同时废止。

安全生产监管监察职责和行政执法责任追究的规定

发布单位：国家安全生产监督管理总局 发布日期：2009年7月25日
修改日期：2015年4月2日 实施日期：2015年5月1日
中华人民共和国国家安全监管总局令第77号

第一章 总 则

第一条 为促进安全生产监督管理部门、煤矿安全监察机构及其行政执法人员依法履行职责，落实行政执法责任，保障公民、法人和其他组织合法权益，根据《公务员法》、《安全生产法》、《安全生产许可证条例》等法律法规和国务院有关规定，制定本规定。

第二条 县级以上人民政府安全生产监督管理部门、煤矿安全监察机构（以下统称安全监管监察部门）及其内设机构、行政执法人员履行安全生产监管监察职责和实施行政执法责任追究，适用本规定；法律、法规对行政执法责任追究或者党政领导干部问责另有规定的，依照其规定。

本规定所称行政执法责任追究，是指对作出违法、不当的安全监管监察行政执法行为（以下简称行政执法行为），或者未履行法定职责的安全监管监察部门及其内设机构、行政执法人员，实施行政责任追究（以下简称责任追究）。

第三条 责任追究应当遵循公正公平、有错必纠、责罚相当、惩教结合的原则，做到事实清楚、证据确凿、定性准确、处理适当、程序合法、手续完备。

第四条 责任追究实行回避制度。与违法、不当行政执法行为或者责任人有利害关系，或者有其他特殊关系，可能影响公正处理的人员，实施责任追究时应当回避。

安全监管监察部门负责人的回避由该部门负责人集体讨论决定，其他人员的回避由该部门负责人决定。

第二章 安全生产监管监察和行政执法职责

第五条 县级以上人民政府安全生产监督管理部门依法对本行政区域内安全生产工作实施综合监督管理，指导协调和监督检查本级人民政府有关部门依法履行安全生产监督管理职责；对本行政区域内没有其他行政主管部门负责安全生产监督管理的生产经营单位实施安全生产监督管理；对下级人民政府安全生产工作进行监督检查。

煤矿安全监察机构依法履行国家煤矿安全监察职责，实施煤矿安全监察行政执法，对煤矿安全进行重点监察、专项监察和定期监察，对地方人民政府依法履行煤矿安全生产监督管理职责的情况进行监督检查。

第六条 安全监管监察部门应当依照《安全生产法》和其他有关法律、法规、规章和本级人民政府、上级安全监管监察部门规定的安全监管监察职责，根据各自的监管监察权限、行政执法人员数量、监管监察的生产经营单位状况、技术装备和经费保障等实际情况，制定本部门年度安全监管或者煤矿安全监察执法工作计划，并按照执法工作计划进行监管监察，发现事故隐患，应当依法及时处理。

安全监管执法工作计划应当报本级人民政府批准后实施，并报上一级安全监管部门备案；煤矿安全监察执法工作计划应当报上一级煤矿安全监察机构批准后实施。安全监管和煤矿安全监察执法工作计划因特殊情况需要作出重大调整或者变更的，应当及时报原批准单位批准，并按照批准后的计划执行。

安全监管和煤矿安全监察执法工作计划应当包括监管监察的对象、时间、次数、主要事项、方式和职责分工等内容。根据安全监管监察工作需要，安全监管监察部门可以按照安全监管和煤矿安全监察执法工作计划编制现场检查方案，对作业现场的安全生产实施监督检查。

第七条 安全监管监察部门应当按照各自权限，依照法律、法规、规章和国家标准或者行业标准规定的安全生产条件和程序，履行下列行政审批或者考核职责：

（一）矿山、金属冶炼建设项目和用于生产、储存危险物品的建设项目安全设施的设计审查；

（二）矿山企业、危险化学品和烟花爆竹生产企业的安全生产许可；

（三）危险化学品经营许可；

（四）非药品类易制毒化学品生产、经营许可；

（五）烟花爆竹经营（批发、零售）许可；

（六）矿山、危险化学品、烟花爆竹生产经营单位和金属冶炼单位主要负责人、安全生产管理人员的安全资格认定，特种作业人员（特种设备作业人员除外）操作资格认定；

（七）涉及人身安全、危险性较大的海洋石油开采特种设备和矿山井下特种设备安全使用证或者安全标志的核发；

（八）安全生产检测检验、安全评价机构资质的认可；

（九）注册助理安全工程师资格、注册安全工程师执业资格的考试和注册；

（十）法律、行政法规和国务院设定的其他行政审批或者考核职责。

行政许可申请人对其申请材料实质内容的真实性负责。安全监管监察部门对符合法定条件的申请，应当依法予以受理，并作出准予或者不予行政许可的决定。根据法定条件和程序，需要对申请材料的实质内容进行核实的，应当指派两名以上行政执法人员进行核查。

对未依法取得行政许可或者验收合格擅自从事有关活动的生产经营单位，安全监管监察部门发现或者接到举报后，属于本部门行政许可职责范围的，应当及时依法查处；属于其他部门行政许可职责范围的，应当及时移送相关部门。对已经依法取得本部门行政许可的生产经营单位，发现其不再具备安全生产条件的，安全监管监察部门应当依法暂扣或者吊销原行政许可证件。

第八条 安全监管监察部门应当按照年度安全监管和煤矿安全监察执法工作计划、现场检查方案，对生产经营单位是否具备有关法律、法规、规章和国家标准或者行业标准规定的安全生产条件进行监督检查，重点监督检查下列事项：

（一）依法通过有关安全生产行政审批的情况；

（二）有关人员的安全生产教育和培训、考核情况；

（三）建立和落实安全生产责任制、安全生产规章制度和操作规程、作业规程的情况；

（四）按照国家规定提取和使用安全生产费用，安排用于配备劳动防护用品、进行安全生产教育和培训的经费，以及其他安全生产投入的情况；

（五）依法设置安全生产管理机构和配备安全生产管理人员的情况；

（六）危险物品的生产、储存单位以及矿山、金属冶炼单位配备或者聘用注册安全工程师的情况；

（七）从业人员、被派遣劳动者和实习学生受到安全生产教育、培训及其教育培训档案的情况；

（八）新建、改建、扩建工程项目的安全设施与主体工程同时设计、同时施工、同时投入生产和使用，以及按规定办理设计审查和竣工验收的情况；

（九）在有较大危险因素的生产经营场所和有关设施、设备上，设置安全警示标志的情况；

（十）对安全设备的维护、保养、定期检测的情况；

（十一）重大危险源登记建档、定期检测、评估、监控和制定应急预案的情况；

（十二）教育和督促从业人员严格执行本单位的安全生产规章制度和安全操作规程，并向从业人员如实告知作业场所和工作岗位存在的危险因素、防范措施以及事故应急措施的情况；

（十三）为从业人员提供符合国家标准或者行业标准的劳动防护用品，并监督、教育从业人员按照使用规则正确佩戴和使用的情况；

（十四）在同一作业区域内进行生产经营活动，可能危及对方生产安全的，与对方签订安全生产管理协议，明确各自的安全生产管理职责和应当采取的安全措施，并指定专职安全生产管理人员进行安全检查与协调的情况；

（十五）对承包单位、承租单位的安全生产工作实行统一协调、管理，定期进行安全检查，督促整改安全问题的情况；

（十六）建立健全生产安全事故隐患排查治理制度，及时发现并消除事故隐患，如实记录事故隐患治理，以及向从业人员通报的情况；

（十七）制定、实施生产安全事故应急预案，定期组织应急预案演练，以及有关应急预案备案的情况；

（十八）危险物品的生产、经营、储存单位以及矿山、金属冶炼单位建立应急救援组织或者兼职救援队伍、签订应急救援协议，以及应急救援器材、设备和物资的配备、维护、保养的情况；

（十九）按照规定报告生产安全事故的情况；

（二十）依法应当监督检查的其他情况。

第九条 安全监管监察部门在监督检查中，发现生产经营单位存在安全生产违法行为或者事故隐患的，应当依法采取下列现场处理措施：

（一）当场予以纠正；

（二）责令限期改正、责令限期达到要求；

（三）责令立即停止作业（施工）、责令立即停止使用、责令立即排除事故隐患；

（四）责令从危险区域撤出作业人员；

（五）责令暂时停产停业、停止建设、停止施工或者停止使用相关设备、设施；

（六）依法应当采取的其他现场处理措施。

第十条 被责令限期改正、限期达到要求、暂时停产停业、停止建设、停止施工或者停止使用的生产经营单位提出复查申请或者整改、治理限期届满的，安全监管监察部门应当自收到申请或者限期届满之日起10日内进行复查，并填写复查意见书，由被复查单位和安全监管监察部门复查人员签名后存档。

煤矿安全监察机构依照有关规定将复查工作移交给县级以上地方人民政府负责煤矿安全生产监督管理的部门的，应当及时将相应的执法文书抄送该部门并备案。县级以上地方人民政府负责煤矿安全生产监督管理的部门应当自收到煤矿申请或者限期届满之日起10日内进行复查，并填写复查意见书，由被复查煤矿和复查人员签名后存档，并将复查意见书及时抄送移交复查的煤矿安全监察机构。

对逾期未整改、治理或者整改、治理不合格的生产经营单位，安全监管监察部门应当依法给予行政处罚，并依法提请县级以上地方人民政府按照规定的权限决定关闭。

第十一条 安全监管监察部门在监督检查中，发现生产经营单位存在安全生产非法、违法行为的，有权依法采取下列行政强制措施：

（一）对有根据认为不符合安全生产的国家标准或者行业标准的在用设施、设备、器材，违法生产、储存、使用、经营、运输的危险物品，以及违法生产、储存、使用、经营危险物品的作业场所予以查封或者扣押，并依法作出处理决定；

（二）扣押相关的证据材料和违法物品，临时查封有关场所；

（三）法律、法规规定的其他行政强制措施。

实施查封、扣押的，应当制作并当场交付查封、扣押决定书和清单。

第十二条 安全监管监察部门依法对存在重大事故隐患的生产经营单位作出停产停业、停止施工、停止使用相关设施、设备的决定，生产经营单位应当依法执行，及时消除事故隐患。生产经营单位拒不执行，有发生生产安全事故的现实危险的，在保证安全的前提下，经本部门主要负责人批准，安全监管监察部门可以采取通知有关单位停止供电、停止供应民用爆炸物品等措施，强制生产经营单位履行决定。通知应当采用书面形式，有关单位应当予以配合。

安全监管监察部门依照前款规定采取停止供电措施，除有危及生产安全的紧急情形外，应当提前二十四小时通知生产经营单位。生产经营单位依法履行行政决定、采取相应措施消除事故隐患的,安全监管监察部门应当及时解除前款规定的措施。

第十三条 安全监管监察部门在监督检查中,发现生产经营单位存在的安全问题涉及有关地方人民政府或其有关部门的,应当及时向有关地方人民政府报告或其有关部门通报。

第十四条 安全监管监察部门应当严格依照法律、法规和规章规定的行政处罚的行为、种类、幅度和程序,按照各自的管辖权限,对监督检查中发现的生产经营单位及有关人员的安全生产非法、违法行为实施行政处罚。

对到期不缴纳罚款的,安全监管监察部门可以每日按罚款数额的百分之三加处罚款。

生产经营单位拒不执行安全监管监察部门行政处罚决定的,作出行政处罚决定的安全监管监察部门可以依法申请人民法院强制执行;拒不执行处罚决定可能导致生产安全事故的,应当及时向有关地方人民政府报告或其有关部门通报。

第十五条 安全监管监察部门对生产经营单位及其从业人员作出现场处理措施、行政强制措施和行政处罚决定等行政执法行为前,应当充分听取当事人的陈述、申辩,对其提出的事实、理由和证据,应当进行复核。当事人提出的事实、理由和证据成立的,应当予以采纳。

安全监管监察部门对生产经营单位及其从业人员作出现场处理措施、行政强制措施和行政处罚决定等行政执法行为时,应当依法制作有关法律文书,并按照规定送达当事人。

第十六条 安全监管监察部门应当依法履行下列生产安全事故报告和调查处理职责:

(一)建立值班制度,并向社会公布值班电话,受理事故报告和举报;

(二)按照法定的时限、内容和程序逐级上报和补报事故;

(三)接到事故报告后,按照规定派人立即赶赴事故现场,组织或者指导协调事故救援;

(四)按照规定组织或者参加事故调查处理;

(五)对事故发生单位落实事故防范和整改措施的情况进行监督检查;

(六)依法对事故责任单位和有关责任人员实施行政处罚;

(七)依法应当履行的其他职责。

第十七条 安全监管监察部门应当依法受理、调查和处理本部门法定职责范围内的举报事项,并形成书面材料。调查处理情况应当答复举报人,但举报人的姓名、名称、住址不清的除外。对不属于本部门职责范围的举报事项,应当依法予以登记,并告知举报人向有权机关提出。

第十八条 安全监管监察部门应当依法受理行政复议申请,审理行政复议案件,并作出处理或者决定。

第三章 责任追究的范围与承担责任的主体

第十九条 安全监管监察部门及其内设机构、行政执法人员履行本规定第二章规定的行政执法职责,有下列违法或者不当的情形之一,致使行政执法行为被撤销、变更、确认违法,或者被责令履行法定职责、承担行政赔偿责任的,应当实施责任追究:

（一）超越、滥用法定职权的；

（二）主要事实不清、证据不足的；

（三）适用依据错误的；

（四）行政裁量明显不当的；

（五）违反法定程序的；

（六）未按照年度安全监管或者煤矿安全监察执法工作计划、现场检查方案履行法定职责的；

（七）其他违法或者不当的情形。

前款所称的行政执法行为被撤销、变更、确认违法，或者被责令履行法定职责、承担行政赔偿责任，是指行政执法行为被人民法院生效的判决、裁定，或者行政复议机关等有权机关的决定予以撤销、变更、确认违法或者被责令履行法定职责、承担行政赔偿责任的情形。

第二十条 有下列情形之一的，安全监管监察部门及其内设机构、行政执法人员不承担责任：

（一）因生产经营单位、中介机构等行政管理相对人的行为，致使安全监管监察部门及其内设机构、行政执法人员无法作出正确行政执法行为的；

（二）因有关行政执法依据规定不一致，致使行政执法行为适用法律、法规和规章依据不当的；

（三）因不能预见、不能避免并不能克服的不可抗力致使行政执法行为违法、不当或者未履行法定职责的；

（四）违法、不当的行政执法行为情节轻微并及时纠正，没有造成不良后果或者不良后果被及时消除的；

（五）按照批准、备案的安全监管或者煤矿安全监察执法工作计划、现场检查方案和法律、法规、规章规定的方式、程序已经履行安全生产监管监察职责的；

（六）对发现的安全生产非法、违法行为和事故隐患已经依法查处，因生产经营单位及其从业人员拒不执行安全生产监管监察指令导致生产安全事故的；

（七）生产经营单位非法生产或者经责令停产停业整顿后仍不具备安全生产条件，安全监管监察部门已经依法提请县级以上地方人民政府决定取缔或者关闭的；

（八）对拒不执行行政处罚决定的生产经营单位，安全监管监察部门已经依法申请人民法院强制执行的；

（九）安全监管监察部门已经依法向县级以上地方人民政府提出加强和改善安全生产监督管理建议的；

（十）依法不承担责任的其他情形。

第二十一条 承办人直接作出违法或者不当行政执法行为的，由承办人承担责任。

第二十二条 对安全监管监察部门应当经审核、批准作出的行政执法行为，分别按照下列情形区分并承担责任：

（一）承办人未经审核人、批准人审批擅自作出行政执法行为，或者不按审核、批准

的内容实施,致使行政执法行为违法或者不当的,由承办人承担责任;

(二)承办人弄虚作假、徇私舞弊,或者承办人提出的意见错误,审核人、批准人没有发现或者发现后未予以纠正,致使行政执法行为违法或者不当的,由承办人承担主要责任,审核人、批准人承担次要责任;

(三)审核人改变或者不采纳承办人的正确意见,批准人批准该审核意见,致使行政执法行为违法或者不当的,由审核人承担主要责任,批准人承担次要责任;

(四)审核人未报请批准人批准而擅自作出决定,致使行政执法行为违法或者不当的,由审核人承担责任;

(五)审核人弄虚作假、徇私舞弊,致使批准人作出错误决定的,由审核人承担责任;

(六)批准人改变或者不采纳承办人、审核人的正确意见,致使行政执法行为违法或者不当的,由批准人承担责任;

(七)未经承办人拟办、审核人审核,批准人直接作出违法或者不当的行政执法行为的,由批准人承担责任。

第二十三条 因安全监管监察部门指派不具有行政执法资格的单位或者人员执法,致使行政执法行为违法或者不当的,由指派部门及其负责人承担责任。

第二十四条 因安全监管监察部门负责人集体研究决定,致使行政执法行为违法或者不当的,主要负责人应当承担主要责任,参与作出决定的其他负责人应当分别承担相应的责任。

安全监管监察部门负责人擅自改变集体决定,致使行政执法行为违法或者不当的,由该负责人承担全部责任。

第二十五条 两名以上行政执法人员共同作出违法或者不当行政执法行为的,由主办人员承担主要责任,其他人员承担次要责任;不能区分主要、次要责任人的,共同承担责任。

因安全监管监察部门内设机构单独决定,致使行政执法行为违法或者不当的,由该机构承担全部责任;因两个以上内设机构共同决定,致使行政执法行为违法或者不当的,由有关内设机构共同承担责任。

第二十六条 经安全监管监察部门内设机构会签作出的行政执法行为,分别按照下列情形区分并承担责任:

(一)主办机构提供的有关事实、证据不真实、不准确或者不完整,会签机构通过审查能够提出正确意见但没有提出,致使行政执法行为违法或者不当的,由主办机构承担主要责任,会签机构承担次要责任;

(二)主办机构没有采纳会签机构提出的正确意见,致使行政执法行为违法或者不当的,由主办机构承担责任。

第二十七条 因执行上级安全监管监察部门的指示、批复,致使行政执法行为违法或者不当的,由作出指示、批复的上级安全监管监察部门承担责任。

因请示、报告单位隐瞒事实或者未完整提供真实情况等原因,致使上级安全监管监察部门作出错误指示、批复的,由请示、报告单位承担责任。

第二十八条　下级安全监管监察部门认为上级的决定或者命令有错误的，可以向上级提出改正、撤销该决定或者命令的意见；上级不改变该决定或者命令，或者要求立即执行的，下级安全监管监察部门应当执行该决定或者命令，其不当或者违法责任由上级安全监管监察部门承担。

第二十九条　上级安全监管监察部门改变、撤销下级安全监管监察部门作出的行政执法行为，致使行政执法行为违法或者不当的，由上级安全监管监察部门及其有关内设机构、行政执法人员依照本章规定分别承担相应责任。

第三十条　安全监管监察部门及其内设机构、行政执法人员不履行法定职责的，应当根据各自的职责分工，依照本章规定区分并承担责任。

第四章　责任追究的方式与适用

第三十一条　对安全监管监察部门及其内设机构的责任追究包括下列方式：

（一）责令限期改正；

（二）通报批评；

（三）取消当年评优评先资格；

（四）法律、法规和规章规定的其他方式。

对行政执法人员的责任追究包括下列方式：

（一）批评教育；

（二）离岗培训；

（三）取消当年评优评先资格；

（四）暂扣行政执法证件；

（五）调离执法岗位；

（六）法律、法规和规章规定的其他方式。

本条第一款和第二款规定的责任追究方式，可以单独或者合并适用。

第三十二条　对安全监管监察部门及其内设机构、行政执法人员实施责任追究的时候，应当根据违法、不当行政执法行为的事实、性质、情节和对于社会的危害程度，依照本规定的有关条款决定。

第三十三条　违法或者不当行政执法行为的情节较轻、危害较小的，对安全监管监察部门责令限期改正，对行政执法人员予以批评教育或者离岗培训，并取消当年评优评先资格。

违法或者不当行政执法行为的情节较重、危害较大的，对安全监管监察部门责令限期改正，予以通报批评，并取消当年评优评先资格；对行政执法人员予以调离执法岗位或者暂扣行政执法证件，并取消当年评优评先资格。

第三十四条　安全监管监察部门及其内设机构在年度行政执法评议考核中被确定为不合格的，责令限期改正，并予以通报批评、取消当年评优评先资格。

行政执法人员在年度行政执法评议考核中被确定为不称职的，予以离岗培训、暂扣行政执法证件，并取消当年评优评先资格。

第三十五条 一年内被申请行政复议或者被提起行政诉讼的行政执法行为中，被撤销、变更、确认违法的比例占 20% 以上（含本数，下同）的，应当责令有关安全监管监察部门限期改正，并取消当年评优评先资格。

第三十六条 安全监管监察部门承担行政赔偿责任的，应当依照《国家赔偿法》第十四条的规定，责令有故意或者重大过失的行政执法人员承担全部或者部分行政赔偿费用。

第三十七条 对实施违法或者不当的行政执法行为，或者未履行法定职责的行政执法人员，依照《公务员法》、《行政机关公务员处分条例》等的规定应当给予行政处分或者辞退处理的，依照其规定。

第三十八条 行政执法人员的行政执法行为涉嫌犯罪的，移交司法机关处理。

第三十九条 有下列情形之一的，可以从轻或者减轻追究责任：

（一）违反本规定第十一条至第十四条所规定的职责，未造成严重后果的；

（二）主动采取措施，有效避免损失或者挽回影响的；

（三）积极配合责任追究，并且主动承担责任的；

（四）依法可以从轻的其他情形。

第四十条 有下列情形之一的，应当从重追究责任：

（一）因违法、不当行政执法行为或者不履行法定职责，严重损害国家声誉，或者造成恶劣社会影响，或者致使公共财产、国家和人民利益遭受重大损失的；

（二）滥用职权、玩忽职守、徇私舞弊，致使行政执法行为违法、不当的；

（三）弄虚作假、隐瞒真相、干扰、阻碍责任追究的；

（四）对检举人、控告人、申诉人和实施责任追究的人员打击、报复、陷害的；

（五）一年内出现两次以上应当追究责任的情形的；

（六）依法应当从重追究责任的其他情形。

第五章　责任追究的机关与程序

第四十一条 安全生产监督管理部门及其负责人的责任，按照干部管理权限，由其上级安全生产监督管理部门或者本级人民政府行政监察机关追究；所属内设机构和其他行政执法人员的责任，由所在安全生产监督管理部门追究。

煤矿安全监察机构及其负责人的责任，按照干部管理权限，由其上级煤矿安全监察机构追究；所属内设机构及其行政执法人员的责任，由所在煤矿安全监察机构追究。

第四十二条 安全监管监察部门进行责任追究，按照下列程序办理：

（一）负责法制工作的机构自行政执法行为被确认违法、不当之日起 15 日内，将有关当事人的情况书面通报本部门负责行政监察工作的机构；

（二）负责行政监察工作的机构自收到法制工作机构通报或者直接收到有关行政执法行为违法、不当的举报之日起 60 日内调查核实有关情况，提出责任追究的建议，报本部门领导班子集体讨论决定；

（三）负责人事工作的机构自责任追究决定作出之日起 15 日内落实决定事项。

法律、法规对责任追究的程序另有规定的，依照其规定。

第四十三条　安全监管监察部门实施责任追究应当制作《行政执法责任追究决定书》。《行政执法责任追究决定书》由负责行政监察工作的机构草拟，安全监管监察部门作出决定。

《行政执法责任追究决定书》应当写明责任追究的事实、依据、方式、批准机关、生效时间、当事人的申诉期限及受理机关等。离岗培训和暂扣行政执法证件的，还应当写明培训和暂扣的期限等。

第四十四条　安全监管监察部门作出责任追究决定前，负责行政监察工作的机构应当将追究责任的有关事实、理由和依据告知当事人，并听取其陈述和申辩。对其合理意见，应当予以采纳。

《行政执法责任追究决定书》应当送到当事人，以及当事人所在的单位和内设机构。责任追究决定作出后，作出决定的安全监管监察部门应当派人与当事人谈话，做好思想工作，督促其做好工作交接等后续工作。

当事人对责任追究决定不服的，可以依照《公务员法》等规定申请复核和提出申诉。申诉期间，不停止责任追究决定的执行。

第四十五条　对当事人的责任追究情况应当作为其考核、奖惩、任免的重要依据。安全监管监察部门负责人事工作的机构应当将责任追究的有关材料记入当事人个人档案。

第六章　附　则

第四十六条　本规定所称的安全生产非法行为，是指公民、法人或者其他组织未依法取得安全监管监察部门的行政许可，擅自从事生产经营活动的行为，或者该行政许可已经失效，继续从事生产经营活动的行为。

本规定所称的安全生产违法行为，是指公民、法人或者其他组织违反有关安全生产的法律、法规、规章、国家标准、行业标准的规定，从事生产经营活动的行为。

本规定所称的违法的行政执法行为，是指违反法律、法规、规章规定的职责、程序所作出的具体行政行为。

本规定所称的不当的行政执法行为，是指违反客观、适度、公平、公正、合理等适用法律的一般原则所作出的具体行政行为。

第四十七条　依法授权或者委托行使安全生产行政执法职责的单位及其行政执法人员的责任追究，参照本规定执行。

第四十八条　本规定自 2009 年 10 月 1 日起施行。省、自治区、直辖市人民代表大会及其常务委员会或者省、自治区、直辖市人民政府对地方安全生产监督管理部门及其内设机构、行政执法人员的责任追究另有规定的，依照其规定。

国务院关于特大安全事故
行政责任追究的规定

发布单位：国务院　发布并实施日期：2001年4月21日
中华人民共和国国务院令第302号

第一条　为了有效地防范特大安全事故的发生，严肃追究特大安全事故的行政责任，保障人民群众生命、财产安全，制定本规定。

第二条　地方人民政府主要领导人和政府有关部门正职负责人对下列特大安全事故的防范、发生，依照法律、行政法规和本规定的规定有失职、渎职情形或者负有领导责任的，依照本规定给予行政处分；构成玩忽职守罪或者其他罪的，依法追究刑事责任：

（一）特大火灾事故

（二）特大交通安全事故

（三）特大建筑质量安全事故

（四）民用爆炸物品和化学危险品特大安全事故

（五）煤矿和其他矿山特大安全事故

（六）锅炉、压力容器、压力管道和特种设备特大安全事故

（七）其他特大安全事故。

地方人民政府和政府有关部门对特大安全事故的防范、发生直接负责的主管人员和其他直接责任人员，比照本规定给予行政处分；构成玩忽职守罪或者其他罪的，依法追究刑事责任。

特大安全事故肇事单位和个人的刑事处罚、行政处罚和民事责任，依照有关法律、法规和规章的规定执行。

第三条　特大安全事故的具体标准，按照国家有关规定执行。

第四条　地方各级人民政府及政府有关部门应当依照有关法律、法规和规章的规定，采取行政措施，对本地区实施安全监督管理，保障本地区人民群众生命、财产安全，对本地区或者职责范围内防范特大安全事故的发生、特大安全事故发生后的迅速和妥善处理负责。

第五条　地方各级人民政府应当每个季度至少召开一次防范特大安全事故工作会议，由政府主要领导人或者政府主要领导人委托政府分管领导人召集有关部门正职负责人参加，分析、布置、督促、检查本地区防范特大安全事故的工作。会议应当作出决定并形成纪要，会议确定的各项防范措施必须严格实施。

第六条　市（地、州）、县（市、区）人民政府应当组织有关部门按照职责分工对本

地区容易发生特大安全事故的单位、设施和场所安全事故的防范明确责任、采取措施，并组织有关部门对上述单位、设施和场所进行严格检查。

第七条　市（地、州）、县（市、区）人民政府必须制定本地区特大安全事故应急处理预案。本地区特大安全事故应急处理预案经政府主要领导人签署后，报上一级人民政府备案。

第八条　市（地、州）、县（市、区）人民政府应当组织有关部门对本规定第二条所列各类特大安全事故的隐患进行查处；发现特大安全事故隐患的，责令立即排除；特大安全事故隐患排除前或者排除过程中，无法保证安全的，责令暂时停产、停业或者停止使用。法律、行政法规对查处机关另有规定的，依照其规定。

第九条　市（地、州）、县（市、区）人民政府及其有关部门对本地区存在的特大安全事故隐患，超出其管辖或者职责范围的，应当立即向有管辖权或者负有职责的上级人民政府或者政府有关部门报告；情况紧急的，可以立即采取包括责令暂时停产、停业在内的紧急措施，同时报告；有关上级人民政府或者政府有关部门接到报告后，应当立即组织查处。

第十条　中小学校对学生进行劳动技能教育以及组织学生参加公益劳动等社会实践活动，必须确保学生安全。严禁以任何形式、名义组织学生从事接触易燃、易爆、有毒、有害等危险品的劳动或者其他危险性劳动。严禁将学校场地出租作为从事易燃、易爆、有毒、有害等危险品的生产、经营场所。

中小学校违反前款规定的，按照学校隶属关系，对县（市、区）、乡（镇）人民政府主要领导人和县（市、区）人民政府教育行政部门正职负责人，根据情节轻重，给予记过、降级直至撤职的行政处分；构成玩忽职守罪或者其他罪的，依法追究刑事责任。

中小学校违反本条第一款规定的，对校长给予撤职的行政处分，对直接组织者给予开除公职的行政处分；构成非法制造爆炸物罪或者其他罪的，依法追究刑事责任。

第十一条　依法对涉及安全生产事项负责行政审批（包括批准、核准、许可、注册、认证、颁发证照、竣工验收等，下同）的政府部门或者机构，必须严格依照法律、法规和规章规定的安全条件和程序进行审查；不符合法律、法规和规章规定的安全条件的，不得批准；不符合法律、法规和规章规定的安全条件，弄虚作假，骗取批准或者勾结串通行政审批工作人员取得批准的，负责行政审批的政府部门或者机构除必须立即撤销原批准外，应当对弄虚作假骗取批准或者勾结串通行政审批工作人员的当事人依法给予行政处罚；构成行贿罪或者其他罪的，依法追究刑事责任。

负责行政审批的政府部门或者机构违反前款规定，对不符合法律、法规和规章规定的安全条件予以批准的，对部门或者机构的正职负责人，根据情节轻重，给予降级、撤职直至开除公职的行政处分；与当事人勾结串通的，应当开除公职；构成受贿罪、玩忽职守罪或者其他罪的，依法追究刑事责任。

第十二条　对依照本规定第十一条第一款的规定取得批准的单位和个人，负责行政审批的政府部门或者机构必须对其实施严格监督检查；发现其不再具备安全条件的，必须立即撤销原批准。

负责行政审批的政府部门或者机构违反前款规定，不对取得批准的单位和个人实施严格监督检查，或者发现其不再具备安全条件而不立即撤销原批准的，对部门或者机构的正职负责人，根据情节轻重，给予降级或者撤职的行政处分；构成受贿罪、玩忽职守罪或者其他罪的，依法追究刑事责任。

第十三条　对未依法取得批准，擅自从事有关活动的，负责行政审批的政府部门或者机构发现或者接到举报后，应当立即予以查封、取缔，并依法给予行政处罚；属于经营单位的，由工商行政管理部门依法相应吊销营业执照。

负责行政审批的政府部门或者机构违反前款规定，对发现或者举报的未依法取得批准而擅自从事有关活动的，不予查封、取缔、不依法给予行政处罚，工商行政管理部门不予吊销营业执照的，对部门或者机构的正职负责人，根据情节轻重，给予降级或者撤职的行政处分；构成受贿罪、玩忽职守罪或者其他罪的，依法追究刑事责任。

第十四条　市（地、州）、县（市、区）人民政府依照本规定应当履行职责而未履行，或者未按照规定的职责和程序履行，本地区发生特大安全事故的，对政府主要领导人，根据情节轻重，给予降级或者撤职的行政处分；构成玩忽职守罪的，依法追究刑事责任。

负责行政审批的政府部门或者机构、负责安全监督管理的政府有关部门，未依照本规定履行职责，发生特大安全事故的，对部门或者机构的正职负责人，根据情节轻重，给予撤职或者开除公职的行政处分；构成玩忽职守罪或者其他罪的，依法追究刑事责任。

第十五条　发生特大安全事故，社会影响特别恶劣或者性质特别严重的，由国务院对负有领导责任的省长、自治区主席、直辖市市长和国务院有关部门正职负责人给予行政处分。

第十六条　特大安全事故发生后，有关县（市、区）、市（地、州）和省、自治区、直辖市人民政府及政府有关部门应当按照国家规定的程序和时限立即上报，不得隐瞒不报、谎报或者拖延报告，并应当配合、协助事故调查，不得以任何方式阻碍、干涉事故调查。

特大安全事故发生后，有关地方人民政府及政府有关部门违反前款规定的，对政府主要领导人和政府部门正职负责人给予降级的行政处分。

第十七条　特大安全事故发生后，有关地方人民政府应当迅速组织救助，有关部门应当服从指挥、调度，参加或者配合救助，将事故损失降到最低限度。

第十八条　特大安全事故发生后，省、自治区、直辖市人民政府应当按照国家有关规定迅速、如实发布事故消息。

第十九条　特大安全事故发生后，按照国家有关规定组织调查组对事故进行调查。事故调查工作应当自事故发生之日起60日内完成，并由调查组提出调查报告；遇有特殊情况的，经调查组提出并报国家安全生产监督管理机构批准后，可以适当延长时间。调查报告应当包括依照本规定对有关责任人员追究行政责任或者其他法律责任的意见。

省、自治区、直辖市人民政府应当自调查报告提交之日起30日内，对有关责任人员作出处理决定；必要时，国务院可以对特大安全事故的有关责任人员作出处理决定。

第二十条　地方人民政府或者政府部门阻挠、干涉对特大安全事故有关责任人员追究行政责任的，对该地方人民政府主要领导人或者政府部门正职负责人，根据情节轻重，给予降级或者撤职的行政处分。

第二十一条 任何单位和个人均有权向有关地方人民政府或者政府部门报告特大安全事故隐患,有权向上级人民政府或者政府部门举报地方人民政府或者政府部门不履行安全监督管理职责或者不按照规定履行职责的情况。接到报告或者举报的有关人民政府或者政府部门,应当立即组织对事故隐患进行查处,或者对举报的不履行、不按照规定履行安全监督管理职责的情况进行调查处理。

第二十二条 监察机关依照行政监察法的规定,对地方各级人民政府和政府部门及其工作人员履行安全监督管理职责实施监察。

第二十三条 对特大安全事故以外的其他安全事故的防范、发生追究行政责任的办法,由省、自治区、直辖市人民政府参照本规定制定。

第二十四条 本规定自公布之日起施行。